Helmut Leipold und Dirk Wentzel (Hg.)

Ordnungsökonomik als aktuelle Herausforderung

Schriften zu Ordnungsfragen der Wirtschaft

Band 78: Ordnungsökonomik als aktuelle Herausforderung

Lucius & Lucius · Stuttgart · 2005

Ordnungsökonomik als aktuelle Herausforderung

Herausgegeben von

Helmut Leipold und **Dirk Wentzel**

Mit Beiträgen von

Henrik Armbrecht, Dieter Cassel, Karl von Delhaes, Ulrich Fehl, Jochen Fleischmann, Gernot Gutmann, Walter Hamm, Karl-Hans Hartwig, Wolfgang Kerber, Hans-Günter Krüsselberg, Helmut Leipold, Wilhelm Meyer, Wernhard Möschel, Josef Molsberger, Peter Oberender, Karl-Ernst Schenk, Gerhard Schwarz, H. Jörg Thieme, Manfred Tietzel, Viktor Vanberg, Ulrich Wagner, Christian Watrin, Dirk Wentzel, Hans Willgerodt

Lucius & Lucius · Stuttgart · 2005

Anschriften der Herausgeber:

Prof. Dr. Helmut Leipold
Forschungsstelle zum Vergleich wirtschaftlicher Lenkungssysteme der Philipps-Universität Marburg
Barfüßertor 2
35037 Marburg

Prof. Dr. Dirk Wentzel
Fachhochschule Pforzheim
Abt. Volkswirtschaft
Tiefenbronner Straße 65

75175 Pforzheim

Bibliografische Information der Deutschen Bibliothek

Die Deutsche Bibliothek verzeichnet diese Publikation in der Deutschen Nationalbibliografie; detaillierte bibliografische Daten sind im Internet über http://dnb.ddb.de abrufbar.

Druck und Einband: ROSCH-BUCH Druckerei GmbH, 96110 Scheßlitz
Printed in Germany

ISBN 3-8282-0319-1
ISSN 1432-9220

Vorwort

Am 21. Juni 2005 feiert Professor Dr. *Alfred Schüller* seinen 68. Geburtstag und beendet mit dem Sommersemester 2005 seinen aktiven Dienst als Hochschullehrer und als Direktor der Forschungsstelle zum Vergleich wirtschaftlicher Lenkungssysteme der Philipps-Universität Marburg. Diese wichtige Weichenstellung im Leben des engagierten Ordnungsökonomen ist Anlaß genug für seine langjährigen akademischen Weggefährten, Freunde und Schüler, ihm diesen Band zu widmen.

Die Liste der akademischen Meriten von *Alfred Schüller* ist umfangreich. Nachdem er 1976 als Nachfolger von *K. Paul Hensel* auf den Lehrstuhl für Ordnungstheorie und als Direktor der Forschungsstelle zum Vergleich wirtschaftlicher Lenkungssysteme der Philipps-Universität Marburg berufen wurde, begann eine ungemein produktive und abwechslungsreiche Schaffensperiode in Marburg. Zahlreiche Publikationen mit den Schwerpunkten Ordnungstheorie, Systemvergleich, Außenwirtschaft, Geld und Währung und europäische Integration zeugen von seinen vielfältigen wissenschaftlichen Interessen. Die langjährige Mitherausgabe und Schriftleitung des ORDO-Jahrbuches sowie der Schriften zu Ordnungsfragen der Wirtschaft und die aktive Mitarbeit im Vorstand des internationalen Forschungsseminars Radein sind weitere Betätigungsfelder eines Wissenschaftlers, der sich offensichtlich weniger Ruhepausen gönnt als andere.

Neben den vielfältigen Forschungsaktivitäten waren für *Alfred Schüller* „seine Studenten“ immer ein besonderer Quell der Freude und Genugtuung. Als er 1993 einen ehrenvollen Ruf als Gründungsdirektor des Max-Planck-Instituts zur Erforschung von Wirtschaftssystemen in Jena erhielt, zogen Dutzende von Studierenden in der alten akademischen Tradition eines Fackelzuges vor sein Haus in der Feldbergstraße, um ihn zum Bleiben zu bewegen. Es gab mehrere Gründe für ihn den Ruf nach Jena abzulehnen, aber ein Grund war sicherlich, daß er in einem reinen Forschungsinstitut weitgehend auf die Lehre hätte verzichten müssen. Das *Humboldt*sche Ideal der Einheit von Forschung und Lehre war für *Alfred Schüller* ein Grundprinzip seines akademischen Wirkens.

Das vielleicht herausragende wissenschaftliche Charakteristikum von *Alfred Schüller* ist, daß er immer einen klaren Blick für das Wesentliche einer freien und produktiven Wirtschaftsordnung behielt. Die deutsche Volkswirtschaft leidet immer mehr unter den Folgen eines staatlichen Dirigismus, der den einzelnen Menschen entmündigt und zu einem staatlichen Versorgungsempfänger macht. Staatsverschuldung, Massenarbeitslosigkeit und Wachstumsschwäche sind keine Naturereignisse, sondern das Resultat eines immer offensichtlicher werdenden Staatsversagens und ordnungspolitischer Fehlorientierung. *Alfred Schüller* hat auf diese Entwicklungen schon früh und mit großer Vehemenz hingewiesen, und zwar in der Wissenschaft, aber auch in den Medien. Er hat dabei auch diejenigen Ökonomen kritisiert, die mit Hilfe von sehr abstrakten mathematischen Modellen zu der gefährlichen Vorstellung beitragen, die Wirtschaftsprozesse seien beliebig steuerbar, wenn man nur an den richtigen Stellschrauben dreht. Demgegenüber stand und steht für ihn die *Interdependenz der Ordnungen* im Vordergrund.

In dem vorliegenden Sammelband ist eben diese *Interdependenz der Ordnungen* als roter Faden angelegt, der sich in allen Beiträgen wiederfindet. Im ersten Teil des Buches geht es um die ethischen, methodischen und institutionellen Grundlagen und Herausforderungen einer marktwirtschaftlichen Ordnung. Im zweiten Teil werden ordnungspolitische Fehlentwicklungen in Deutschland diskutiert und tragfähige Reformoptionen aufgezeigt. Im dritten Teil des Buches geht es schließlich um die ordnungspolitische Gestaltung der europäischen Integration und der Weltwirtschaft.

Anläßlich der Fertigstellung dieses umfangreichen Bandes ist es uns ein Anliegen, für vielfältige Unterstützung zu danken. In erster Linie gilt unser Dank den Autoren, die bereitwillig und engagiert zum Gelingen unseres Vorhabens beigetragen haben. Weiterhin danken wir Frau Dr. *Hannelore Hamel*, die alle Beiträge in bewährter Weise Korrektur gelesen und in fertige Texte verwandelt hat, sowie Frau *Christel Dehlinger* für die unermüdliche und sorgfältige Arbeit bei der Anfertigung der druckfertigen Vorlage.

Nicht zuletzt gilt unser Dank der *Hanns-Martin-Schleyer-Stiftung*, Köln, Herrn *Horst Heimer*, Bielefeld, sowie den Alt-Marburger Absolventen Dr. *Wilhelm Bing*, Korbach, Dr. *Rudolf Bühler*, Stuttgart und Dr. *Michael Hagemann*, Wiesbaden – die sich der Marburger Schule der Ordnungstheorie nach wie vor verbunden fühlen – für ihre großzügige finanzielle Unterstützung.

Marburg und Pforzheim, im Juni 2005 *Helmut Leipold* und *Dirk Wentzel*

Professor Dr. Alfred Schüller
zum 68. Geburtstag

Inhalt

I. Ethische und methodische Herausforderungen der Ordnungsökonomik

II. Ordnungspolitischer Reformbedarf in Deutschland

I.

Ethische und methodische Herausforderungen der Ordnungsökonomik

Helmut Leipold und Dirk Wentzel (Hg.), Ordnungsökonomik als aktuelle Herausforderung
Schriften zu Ordnungsfragen der Wirtschaft · Band 78 · Stuttgart · 2005

Der Vergleich und der Wettbewerb der Wirtschaftssysteme vor globalen Herausforderungen

Helmut Leipold

Inhalt

1. Einleitung

Der wirtschaftliche Systemvergleich nimmt im wissenschaftlichen Werk von *Alfred Schüller* einen gewichtigen Schwerpunkt ein. Dazu hat er eine Vielzahl methodischer und anwendungsbezogener Studien verfaßt (vgl. z. B. *Schüller* 1986, 1999, 2000). Seine Methode des wirtschaftlichen Systemvergleichs orientiert sich an der Ordnungstheorie, wie sie von *Walter Eucken* geschaffen und von dessen Schüler *K. Paul Hensel* ausgebaut worden ist. Deren Verständnis des Systemvergleichs ist von der Klärung der elementaren Fragen bestimmt, was Wirtschaftssysteme sind, worin sie sich unterscheiden und wie sie funktionieren. Die Beantwortung dieser Fragen setzt bei *Eucken* (1950) am universalen Problem der Güterknappheit an, dessen Lösung ein knappheitsbezogenes und planvolles Handeln der Wirtschaftssubjekte erfordere. Von daher mußte sich die Zahl der planenden Wirtschaftseinheiten und das Zustandekommen eines gesamtwirtschaftlichen Planungs- und Rechnungszusammenhangs als plausibles Kriterium zur Erfassung der historischen Vielfalt des Wirtschaftens und zur Unterscheidung der beiden Wirtschaftssysteme der Zentralverwaltungswirtschaft einerseits und der Verkehrs- oder Marktwirtschaft andererseits aufdrängen. Mit der weiteren Untergliederung beider Grundsysteme in Gestalt der morphologischen Ordnungsformen liefert die Ordnungstheorie ein Instrumentarium zur Erfassung und Vergleichung der Vielfalt und damit auch der Individualität realer Wirtschaftsordnungen. Diesen Grundansatz hat *Schüller* übernommen, wobei sein spezielles Bestreben darin zu sehen ist, ihn mit bewährten anderen ordnungstheoretischen Ansätzen etwa von *F. A. von Hayek* oder *W. Röpke* einerseits und mit Ansätzen der modernen Institutionenökonomik und hierbei insbesondere der Property Rights-Theorie andererseits zu einer zeitgemäßen Ordnungsökonomik weiterzuentwickeln. Erwähnt sei hier nur das Unterfangen, die ordnungstheoretischen Kategorien der Planungsrechte und der Planträger mithilfe der Eigentums- oder Verfügungsrechte zu differenzieren und für die Analyse der sozialistischen Wirtschaftssysteme zu nutzen (vgl. exemplarisch dafür *Schüller* 1988 und 2000).

Damit sind die Bemühungen angesprochen, die ordnungstheoretische Grundlagenforschung für die Analyse und den Vergleich konkreter Wirtschaftssysteme anzuwenden. Als bevorzugte Vergleichsobjekte dienten zeitbedingt bis 1989 die westlichen Marktwirtschaften, die sozialistischen Zentralplanwirtschaften und die Varianten der sozialistischen Marktwirtschaften. Die schon früh diagnostizierten Funktionsmängel der verschiedenen sozialistischen Wirtschaftssysteme sind durch deren späteres Scheitern eindrucksvoll bestätigt worden. Wie der Verfasser aufgrund seiner eigenen Vergleichsstudien bestätigen kann, hat sich die ordnungs- und institutionentheoretische Fundierung des wirtschaftlichen Systemvergleichs im Falle des Ost-West-Vergleichs also offensichtlich bewährt (vgl. *Leipold* 1988). Im Lichte der nun verfügbaren Informationen besehen, ist kein Bedarf an einer Korrektur der Diagnosen und Bewertungen der verschiedenen Varianten des ehemals real existierenden Sozialismus erkennbar.

Seit dem Zusammenbruch des Sozialismus haben sich die Ordnungsbedingungen in der Wirtschaft, der Politik und in den zwischenstaatlichen Beziehungen grundlegend gewandelt. Zu Beginn des 21. Jahrhunderts ist die ordnungspolitische Entscheidung weltweit in der Wirtschaft zugunsten der Marktwirtschaft und in der Politik überwiegend zugunsten der Demokratie gefallen. Diese Wandlungen sind von einigen Beobachtern voreilig als das Ende des Systemvergleichs, ja sogar als das Ende der Geschichte gedeutet worden (vgl. *Fukuyama* 1992). Dieses Weltverständnis verkennt die Vielfalt und damit den Wettbewerb und die Konfliktträchtigkeit der wirtschaftlichen, politischen und kulturellen Ordnungen. Plakativ formuliert, steht der wirtschaftliche Systemvergleich nicht vor seinem Ende, sondern vor ganz neuen Herausforderungen. In diesem Beitrag sollen einige dieser Herausforderungen sowie die Möglichkeiten ihrer Bewältigung thematisiert werden. Im Mittelpunkt stehen folgende Fragen:

- Inwieweit haben sich die realen Wirtschaftssysteme und deren Beziehungen untereinander zu Beginn des 21. Jahrhunderts gegenüber den Verhältnissen im 20. Jahrhundert und dessen rivalitätsträchtiger Koexistenz von kapitalistischen und sozialistischen Wirtschaftsystemen qualitativ und quantitativ verändert? (2.)
- Inwieweit bietet die skizzierte ordnungs- und institutionentheoretische Fundierung des wirtschaftlichen Systemvergleichs noch ein tragfähiges Theoriefundament für die Analyse und den Vergleich der neuen weltweiten Ordnungsverhältnisse? (3. und 4.)
- Abschließend soll danach gefragt werden, ob und inwieweit in der Theorie des Systemvergleichs ein Paradigmen- oder zumindest ein Perspektivenwechsel geboten ist und – wenn ja – wie er methodisch-theoretisch konzipiert werden sollte oder könnte. (5.)

2. Einige markante globale Veränderungen im Überblick

2.1. Die Intensivierung des ökonomischen Wettbewerbs

Es bedarf keiner näheren Begründung, daß sich die globalen wirtschaftlichen und politischen Ordnungsbedingungen durch den Kollaps der sozialistischen Systeme, für den der Fall der Berliner Mauer am 9.11.1989 als Symbol steht, dramatisch verändert haben. Dem Mauerfall kommt deshalb ein Symbolcharakter zu, weil er eine Wegscheide für das Scheitern einer einflußreichen säkularen Ideologie und damit den relativen Bedeutungsverlust auch konkurrierender Ideologien markiert, deren Gegensätze das späte 19. und durchgehend das 20. Jahrhunderts bestimmt haben. Parallel zum Niedergang der säkularen Ideologien ist die Renaissance der Religionen unübersehbar (vgl. dazu *Huntington* 1996; *Graf* 2004). Im Unterschied zu säkularen Ideologien sind Religionen umfassender konzipiert. Sie liefern Antworten auf existentielle Grundfragen der Menschen und postulieren moralische Werte für das menschliche Zusammenleben, deren Befolgung und Verbindlichkeit von einer transzendenten, von menschlichen Unvollkommenheiten enthobenen Instanz sanktioniert werden. Aufgrund ihrer Sinndeutungs- und Ordnungsfunktion sind in den Religionen die prägenden Einfluß- und Ordnungsfaktoren einzelner Kulturen zu vermuten. Als Symbol für die Renaissance der Religionen stehen die terroristischen Anschläge islamischer Fundamentalisten am 11.9.2001 in New York und in Washington. Sie lenkten die Aufmerksamkeit der Weltöffentlichkeit und indirekt auch der Sozialwissenschaften auf den meist unterschätzten und unter der Oberfläche wirksamen Einfluß der Religion auf die Entwicklung und Gestaltung der kulturell verschiedenen gesellschaftlichen, politischen und wirtschaftlichen

Ordnungen. Auch die Theorie des wirtschaftlichen Systemvergleichs hat den Einfluß kultureller und religiöser Faktoren allein aufgrund der parallel verlaufenden zunehmenden weltweiten Verflechtung der Märkte angemessen zu berücksichtigen, womit die zweite große Veränderung angesprochen ist.

Diese bereits Anfang der 1980er Jahre einsetzende Veränderung wird üblicherweise mit dem Schlagwort der Globalisierung charakterisiert und diskutiert. Damit ist eine vielschichtige Entwicklung angesprochen, von der alle Gesellschaftsbereiche betroffen sind. Bezogen auf den Wirtschaftsbereich, sind die damit verbundenen Veränderungen evident und lassen sich stichwortartig benennen.

Globalisierung bedeutet die Intensivierung der internationalen Arbeitsteilung und Spezialisierung bei der Produktion und dem Tausch der Güter und deren Koordination über globale Märkte. Im einzelnen handelt es sich um die Zunahme des grenzüberschreitenden Handels, damit um die Zunahme der Weltexporte und -importe, um die Zunahme der internationalen Mobilität des Realkapitals in Gestalt der ausländischen Direktinvestitionen und um die Zunahme der Mobilität des Humankapitals, verbunden mit der zunehmenden Kooperation zwischen Unternehmen, schließlich um die massive Expansion und Verflechtung der Finanzmärkte, deren tägliche Umsätze weit über das Volumen zur Finanzierung der grenzüberschreitenden Gütertransaktionen hinausgehen.

Die hier nur stichwortartig genannten Entwicklungstendenzen sind ursächlich in technischen Fortschritten des Informations-, Kommunikations- und Transportwesens sowie in der weltweiten Liberalisierung der nationalen Güter- und Kapitalmärkte begründet. Diese Faktoren haben das zunehmende Tempo und Ausmaß der internationalen Arbeitsteilung, Spezialisierung und Verflechtung der Wirtschaftsprozesse begünstigt, die historisch gesehen per se keine qualitativ neuartigen Erscheinungen repräsentieren.

Beispielhaft dafür sei die Studie der *Weltbank* (2002) über „Globalisierung, Wachstum und Armut" angeführt (vgl. auch *Hertner* 2002; *Osterhammel* und *Petersson* 2003). Hier werden für die letzten 150 Jahre drei Globalisierungswellen unterschieden. Die erste Welle wird auf den Zeitraum zwischen 1870 und 1914, die zweite zwischen 1950 und 1980 datiert. Die erste Welle wurde durch sinkende Transportkosten und Zollsätze ausgelöst und durch den Handel der relativ industrialisierten westlichen Länder untereinander getragen, der die Entwicklungsländer insofern einschloß, als es sich um Kolonien des Westens handelte. Getauscht wurden gewerbliche und industrielle Güter (manufactured goods) sowie landintensive Primärgüter, wobei der Welthandel im Jahre 1914 fast die Zehnprozentmarke des Welteinkommens streifte. Noch wichtiger als die Handels- und Kapitalströme war die weltweite Migration, die 10 v.H. der Weltbevölkerung betraf. Auch in der zweiten Globalisierungswelle zwischen 1950-1980 blieben die westlichen Industrieländer neben dem aufkommenden Japan die Hauptakteure des Handels, während die Teilhabe der Entwicklungsländer sich auf Exporte von primären Gütern beschränkte.

Die dritte Welle wird ab 1980 angesetzt und dauert mit zunehmender Intensität bis heute an. Die *Weltbank* (2002) unterscheidet drei Ländergruppen:

- Erstens die Gruppe der reichen Industrieländer, die im Zeitraum zwischen 1990-2000 im Durchschnitt jährliche Wachstumsraten des realen Bruttoinlandsprodukts von 2,2 v.H. erreichten.
- Zweitens die Gruppe der gut zwei Dutzend Entwicklungsländer mit einer Gesamtzahl von 3 Mrd. Menschen, die sich ab 1980 verstärkt für den Welthandel öffneten. Durch Verdopplung des Handelsanteils am Sozialprodukt konnten die Länder jährliche Einkommenszuwächse von 5 v.H. erzielen, wobei unterstellt wird, daß eine anteilige Zunahme des Außenhandels am BIP um 20 v.H. ein Wachstum des Sozialprodukts zwischen 0,5 – 1 v.H. bewirkt hat. Der Erfolg dieser Länder, unter denen China und Indien mit mehr als 2 Mrd. Menschen die größten sind, ging mit einer Erhöhung der Lebenserwartung sowie mit einer Armutsverminderung breiter Bevölkerungskreise einher. Als wesentlicher Erfolg wird der Umstand gewertet, daß sich diese Gruppe im verstärkten Maße in die Weltmärkte für Industriegüter und Dienstleistungen integrieren konnte.
- Dieser Entwicklung wird die 3. Gruppe jener Entwicklungsländer mit ca. 2 Mrd. Einwohnern entgegengestellt, denen die Integration in die Weltwirtschaft mißlang. Die jährliche Einkommensentwicklung stagnierte oder belief sich in den 90er Jahren in vielen Ländern im Durchschnitt rückläufig, die Armut breiter Bevölkerungskreise verschärfte sich, und die Beteiligung am Welthandel fiel sogar hinter jene von 1980 zurück. Wie im Bericht der *Weltbank* (2002, S. 1) lapidar festgestellt wird, produzierte die Globalisierung also Gewinner und Verlierer, und zwar sowohl zwischen den Ländern als auch innerhalb der Länder. Die Studie der Weltbank indiziert einige Besonderheiten der aktuellen Globalisierung.

Eine erste Besonderheit betrifft das Sortiment der gehandelten Güter. Wurden früher hauptsächlich Primärgüter, also Rohstoffe und Agrarprodukte sowie industriell gefertigte Investitions- und Konsumgüter gehandelt, so fallen nun die zunehmende grenzüberschreitende Zerlegung der Produktionsprozesse dieser Güter und vor allem der zunehmende Handel von Dienstleistungen auf, deren Bereitstellung bisher räumlich gebunden war. Dazu zählen industrienahe Dienstleistungen und eine Fülle neuer Kommunikations-, Beratungs-, Versicherungs- und Finanzdienste, die grenzüberschreitend weltweit gehandelt werden.

Damit ist die zweite Besonderheit angesprochen, die in der weltweiten Ausweitung der Produktions- und Marktprozesse auf Länder mit unterschiedlichem wirtschaftlichem Entwicklungstand und unterschiedlicher kultureller Zugehörigkeit besteht. Freilich sollten dabei die unterschiedlichen Integrationsgrade in die weltwirtschaftliche Arbeitsteilung nicht verschwiegen werden. In der angeführten Weltbankstudie wird die Liste der Globalisierungsgewinner eindeutig von den asiatischen Ländern dominiert. In der Gruppe der Verlierer dominieren dagegen die afrikanischen Länder südlich der Sahara, die ehemaligen zur Sowjetunion gehörenden Länder und nunmehr unabhängigen Staaten und die islamischen Länder Nordafrikas und des Mittleren Ostens. Die mittel- und südamerikanischen Staaten nehmen eine Zwischenstellung ein mit eher bescheidenen Integrationserfolgen (vgl. auch *Sautter* 2004, S. 47 und S. 51). Die Erklärung der hier nur angedeuteten internationalen Erfolgs- bzw. Mißerfolgsbilanzen stellt für die Theorie des Systemvergleichs eine zeitgemäße Herausforderung dar. Allein die geographische

Nähe der Länder innerhalb der Gruppe der Gewinner und der Verlierer deutet darauf hin, daß neben wirtschaftlichen und politischen auch kulturelle Einflußfaktoren zu berücksichtigen sind.

Damit ist die dritte Besonderheit angesprochen, daß die Globalisierung keine rein wirtschaftliche, sondern eine alle sozialen Teilbereiche betreffende Entwicklungs- und Anpassungsdynamik aufweist. Denn es werden ja nicht nur Wirtschaftsgüter, sondern Ideen, Überzeugungen, wissenschaftliche Erkenntnisse sowie die ganze Vielfalt alltäglicher Ereignisse ausgetauscht und mitgeteilt. Diese qualitativ neuen und kommunikations- und transporttechnisch bedingten Möglichkeiten zur Überwindung tradierter kultureller oder staatlicher Grenzen gelten für alle sozialen Beziehungen und machen vermutlich die Essenz der qualitativ neuen Veränderungen der aktuellen Globalisierung aus.

Folgerichtig hat die Frage nach den Bedingungen und Wirkungen der Globalisierung in allen sozialwissenschaftlichen Disziplinen eine große Priorität erfahren. Stichwortartig seien hier nur die Fragen der Soziologen, Kulturwissenschaftler oder Theologen nach dem global bedingten Wandel von Wertesystemen, von Konsum- und Verhaltensmustern, von lokalen und kulturellen Konventionen, Sitten oder Identitäten, von den Problemen der Integration ethnokultureller Minderheiten in andere Kulturen und der Existenz von Parallelgesellschaften oder der Entstehung eines Weltethos und damit verbunden von den Problemen der Transferierbarkeit von Menschenrechten und anderen formalen Regeln in Länder mit eigenen gewachsenen informalen Regelwerken (vgl. exemplarisch *Tetzlaff* 2000). Die Liste der neuen Fragestellungen ließe sich leicht verlängern. Alle Fragen sind auch für die Analyse und den Vergleich von Wirtschaftssystemen von Belang.

Für den wirtschaftlichen Systemvergleich interessieren jedoch noch mehr die global bedingten Veränderungen, die sich auf den Wandel der staatlichen Souveränität und damit auch der Wirtschafts- und Sozialpolitik beziehen. Aufgrund der skizzierten zunehmenden Mobilität des Real- und Finanzkapitals sowie des qualifizierten Humankapitals gerät die tradierte nationalstaatliche Souveränität von mehreren Seiten her unter Druck. Das Bestreben der international mobilen Faktoren ist verständlicherweise auf die Suche nach attraktiven Standorten und Verwertungsmöglichkeiten gerichtet. Die jeweiligen Motive können sehr verschieden sein. Zu nennen sind die marktnahe Positionierung der Produktion und des Vertriebs der Güter, die Minimierung der Produktions- und insbesondere der Lohnkosten, die Reduzierung der Steuer- und Abgabenbelastungen oder die Nutzung großzügiger Regulierungsbedingungen etwa in der Umweltpolitik sowie die Existenz verläßlicher Justiz- und Verwaltungsapparate.

2.2. Die Intensivierung des ideellen und institutionellen Wettbewerbs

Die dadurch ausgelöste oder auch nur angedrohte Wanderung hin zu attraktiven Standorten intensiviert den Wettbewerb zwischen staatlich gesetzten und gewachsenen Regeln der Marktprozesse, wofür sich die Begriffe des Wettbewerbs der Systeme, der Institutionen, der Jurisdiktionen oder der Standorte eingebürgert haben. Dieser institutionelle Wettbewerb hat eine lange, teils leidvolle, aber noch mehr kreative Vorgeschichte (vgl. *Leipold* 1997). Neuartig ist jedoch seine kommunikations- und transporttechnisch ermöglichte Intensität, deren Folgen für tradierte wirtschafts- und sozialpolitische Regelwerke und damit indirekt für Wirtschaftswachstum, Beschäftigung oder Wettbewerbsfähigkeit einzelner Wirtschaftssysteme immer noch endemisch unterschätzt und zudem kontrovers diskutiert werden. Die Befürworter stellen die Entdekkungs- und Disziplinierungsfunktion des institutionellen Wettbewerbs heraus, der analog zu wettbewerblichen Marktprozessen das Aufkommen und den Vergleich neuer Regelsysteme und damit die Ablösung überkommener und häufig machtbedingt gesetzter und Sonderinteressen privilegierender Regelwerke begünstige. Kritiker betonen statt dessen die Entmachtung der nationalstaatlichen Souveränität und damit der wirtschafts- und sozialpolitischen Gestaltungsmöglichkeiten aufgrund des undemokratischen Diktats seitens marktmächtiger, global agierender Konzerne und anonymer, nur auf maximale Kapitalrenditen bedachter oder spekulierender Finanzakteure. Die Kritik kulminiert in der Hypothese vom Unterbietungswettbewerb (race to the bottom-These) in den Varianten des Lohn-, Sozial-, Umwelt- oder Steuerdumpings. Der institutionelle Wettbewerb führe zum Rückgang der Reallöhne der gering qualifizierten und immobilen Arbeitskräfte bei gleichzeitiger relativer Zunahme der Steuer- und Sozialabgaben gegenüber den mobilen Faktoren, zum Abbau der Sozialstandards, also z. B. der mühsam erkämpften Rechte des Arbeitsschutzes, der Mitbestimmung, des Kündigungsschutzes, der Mindesteinkommen und schließlich zur Erosion der Umweltstandards, also der zulässigen Emissionen umweltschädigender Stoffe oder der Vernichtung von knappen natürlichen Ressourcen. Auch hier läßt sich die Liste der Kritikpunkte leicht erweitern.

Jedenfalls sollte deutlich geworden sein, daß nicht nur die Wirtschaft, sondern im gleichen Maße auch die nationalstaatlichen Wirtschafts- und Sozialpolitiken verstärkt dem globalen Wettbewerb ausgesetzt sind. Die rationale Reaktion auf diese vermutlich unumkehrbare Entwicklung kann nur in der Schaffung einer menschengerechten und freiheitlichen Ordnung sowohl des wirtschaftlichen als auch des institutionellen Wettbewerbs gesehen werden.

Überträgt man die bewährten Einsichten der Ordnungs- und Institutionenökonomik von der nationalstaatlichen auf die internationale Ebene, so ist auch hier die Abwicklung wechselseitig vorteilhafter und fairer Transaktionen ordnungsbedürftig und ordnungsabhängig. Erforderlich erscheint der Ausbau folgender Teilordnungen:

- eine globale Wettbewerbsordnung, die den Leistungswettbewerb ermöglicht und staatliche oder private Wettbewerbsbeschränkungen verhindert,
- eine Welthandelsordnung, die den freien Austausch der Güter garantiert,
- eine Weltwährungsordnung, die stabile internationale Währungs- und Finanzsysteme sichert,
- eine globale Umweltordnung, die Standards für zulässige und grenzüberschreitende Schadstoffemissionen setzt und den nachhaltigen Bestand gefährdeter Pflanzen und Tiere sichert,
- eine globale Sozialordnung, die Mindeststandards für elementare Menschenrechte sichert und die dazu beiträgt, das internationale Entwicklungs- und Armutsgefälle zu verringern,

- schließlich eine Ordnung des institutionellen Wettbewerbs, die die freie Mobilität der Individuen, die Offenheit für Ideen und Regeländerungen, den fairen Wettbewerb der Transaktionen und insbesondere die gleiche Behandlung der mobilen und der immobilen Faktoren und Personen sicherstellt (vgl. *Sautter* 2004, S. 53 ff.).

So plausibel diese Postulate einer internationalen Ordnungspolitik erscheinen mögen, so schwierig fallen ihre konkrete praktische Ausgestaltung und Akzeptanz aus. Es gibt keine supranationale Ordnungsinstanz, welche verbindliche Regeln setzen und durchsetzen kann. Die Regeln sind vielmehr zwischen einer Vielzahl staatlicher. gesellschaftlicher und privater Akteure mit denkbar unterschiedlichen ideellen und materiellen Interessen zu vereinbaren, zu befolgen und d. h. auch Regelbrüche negativ zu sanktionieren. Es gilt also eine angemessene Balance zwischen dem Prinzip gleicher Regeln für alle betroffenen Länder oder Individuen einerseits und dem Prinzip der Anerkenntnis der vorhandenen ideellen, politischen oder wirtschaftlichen Unterschiedlichkeiten zu finden. Internationale Regelwerke können oder sollten also nicht losgelöst von den nationalstaatlichen Regelwerken und deren ideellen und materiell-ökonomischen Fundierung gesetzt und noch weniger durchgesetzt werden. Denn die nationalstaatlichen Ordnungen bilden ja noch die eigentliche Grundlage der Weltordnung und insbesondere der Weltwirtschaftsordnung. Dieser Bedingungszusammenhang wird von *Schüller* und *Fey* (2002, S. 17) auf den Punkt gebracht:

> „Das grundlegende Kraftfeld der globalen wirtschaftlichen Entwicklung besteht offensichtlich in einer globalisierungsfähigen Ordnungspolitik auf der nationalen Ebene."

Von daher ist in den nationalen wirtschaftlichen und politischen Ordnungen der wichtigste Bedingungs- und Einflußfaktor sowohl für die weitere Ausgestaltung der internationalen Ordnungspolitik als auch für die Integration einzelner Länder in die weltwirtschaftliche Arbeitsteilung zu vermuten. Die Nationalstaaten bleiben in absehbarer Zeit also die entscheidenden Akteure der internationalen wie auch der nationalen Regelwerke und Prozesse.

Das geläufige Paradigma, wonach Staaten bzw. Jurisdiktionen aufgrund des legitimen Gewaltmonopols als Monopolist zur Regelung politischer und wirtschaftlicher Prozesse modelliert werden, behält auch im Rahmen der Globalisierung seine Berechtigung. Die Staaten und deren Ordnungspolitik geraten jedoch aufgrund der dargestellten ökonomisch-technischen Veränderungen unter einen intensiveren Anpassungsdruck. Von daher erhält das Paradigma der Staaten bzw. der Jurisdiktionen als Wettbewerber einen neuen Stellenwert (vgl. *Kerber* 1998).

Die gesellschaftlichen und wirtschaftlichen Folgen, die sich aus der parallelen Wirksamkeit beider Paradigmen ergeben, sind noch weitgehend ungeklärt. Führt der globale Wettbewerb zu einer Angleichung der Regelwerke oder begünstigt er eher die bisher noch bestehende Vielfalt und damit auch den weiteren Wettbewerb der Systeme? Eine Entwicklung in Richtung einer Angleichung würde den Bedarf an systemvergleichenden Studien merklich beeinträchtigen, während die andere Entwicklung das komparative Forschungsinteresse natürlich begünstigen würde. Von daher ist die Theorie des wirtschaftlichen Systemvergleichs herausgefordert, sich intensiv mit den Ursachen des institutionellen und wirtschaftlichen Wandels in einer zunehmend ideell wie auch materiell-ökonomisch vernetzten Welt zu beschäftigen.

Bekanntlich hat die Kontroverse über die Gewichtung des relativen Einflusses ideeller gegenüber materiell-ökonomischen Entwicklungsfaktoren eine beachtenswerte Tradition (vgl. *Leipold* 2004). Daran gilt es anzuknüpfen, indem dieses Spannungsverhältnis unter veränderten globalen Bedingungen aktualisiert wird. Die neuen Veränderungen betreffen die oben skizzierten materiell-technischen Bedingungen und die damit verbundenen Möglichkeiten eines nahezu entgrenzten Austausches der Güter einschließlich der Informationen. Noch gravierender sind die Veränderungen der ideellen Bedingungen zu bewerten. Aufgrund der ökonomisch-technischen Veränderungen sind wohl erstmals in der Menschheitsgeschichte alle Kulturkreise und damit alle kulturell gewachsenen Lebensformen und Regelwerke beteiligt und betroffen und damit einem Wettbewerb ausgesetzt. Die Theorie des wirtschaftlichen Systemvergleichs muß gerade diesem Tatbestand Rechnung tragen. Es gilt also den Bedingungszusammenhang zwischen ideellem, institutionellem und wirtschaftlichem Wettbewerb zu analysieren. Institutionenökonomisch formuliert, bedeutet das die intensivere Berücksichtigung informeller, also kulturell gewachsener und geprägter Regeln und deren Einfluß sowohl auf die ordnungspolitische Gestaltbarkeit als auch auf die globale Wettbewerbsfähigkeit der nationalen Wirtschaftssysteme. Notwendig ist also eine Erweiterung der Theorie des wirtschaftlichen Systemvergleichs in Richtung einer kulturvergleichenden Ordnungs- oder Institutionenökonomik. Vor dem Hintergrund der zunehmenden Verflechtung der wirtschaftlichen und gesellschaftlichen Teilsysteme erscheint die Klärung folgender Fragen vorrangig:

- Welche ideellen und institutionellen Unterschiede bestehen zwischen den am globalen Tauschhandel beteiligten und den nach üblicher Typologie fast ausnahmslos marktwirtschaftlich verfaßten Wirtschaftsystemen und nach welchem Kriterium sind die Unterschiede zu identifizieren?
- Welche Wirkungen ergeben sich für die Entwicklung der kultur- und länderspezifischen wirtschaftlichen und gesellschaftlichen Ordnungen? Begünstigt der Wettbewerb der Systeme eher eine Angleichung oder aber eine neuartige Vielfalt der Ordnungssysteme?
- Welche Wirkungen ergeben sich für die Entwicklung des Verhältnisses zwischen Wirtschaft und Politik? Wird die institutionelle Entwicklung stärker von ökonomisch-technischen oder aber von kulturell-ideellen Einflußfaktoren bestimmt, und welche Gestaltungsmöglichkeiten verbleiben für die Politik?
- Welche Wirkungen ergeben sich für die wirtschaftlichen und politischen Prozesse und Ergebnisse innerhalb der einzelnen und noch mehr zwischen den an der weltwirtschaftlichen Arbeitsteilung beteiligten Ländern?

Überzeugende Antworten auf diese brisanten Fragen seitens der Ökonomen stehen bisher noch aus. Verantwortlich dafür ist vermutlich deren Anspruch, allgemeine und damit interkulturell gültige Erklärungen ökonomischer Kausalzusammenhänge leisten zu können. Bei diesem Anspruch bleibt jedoch das Antinomieproblem der Ökonomie außer Betracht, dessen Lösung bereits im Mittelpunkt des Methodenstreits zwischen *C. Menger* und *G. von Schmoller* stand und Generationen von Ökonomen beschäftigt hat. Kurzgefaßt verbindet sich damit die Frage, ob und inwieweit die historische und kulturelle Vielfalt des wirtschaftlichen Geschehens mittels einer allgemeinen, von raum- und zeitspezifischen Eigenarten abstrahierenden ökonomischen Theorie erklärt und damit auch auf einer theoretisch verläßlichen Grundlage verglichen werden kann (vgl. *Leipold* 1998). Mit dem Antinomieproblem stellt sich das nicht weniger kontroverse Problem nach dem Primat ideeller oder materieller, also ökonomisch-technischer Einflußfaktoren der institutionellen und wirtschaftlichen Entwicklung. Eine Dominanz der ideellen gegenüber den materiellen Einflußfaktoren im globalen Wettbewerb wäre ein Indiz für das Nebeneinander und die Konkurrenz verschiedener kapitalistisch-marktwirtschaftlicher Wirtschaftssysteme, während die Dominanz ökonomisch-technischer Einflußfaktoren eine zunehmende Angleichung dieser Systeme implizieren und damit auch deren einheitliche Analyse und Vergleichung mittels einer allgemeinen ökonomischen Theorie legitimieren würde. Die zunehmende globale Verflechtung und Konkurrenz der kulturellen, staatlichen und wirtschaftlichen Systeme sind als Herausforderung und als Chance zu sehen, den Erklärungsgehalt ökonomischer Theorieansätze im Wege der nunmehr weltweit möglichen Vergleichsstudien empirisch zu überprüfen und gegebenenfalls zu revidieren.

Vor dem Hintergrund der globalen Veränderungen soll zunächst gefragt werden, ob und inwieweit erstens die Ordnungstheorie in der Tradition von *Eucken* und zweitens die neuere Institutionenökonomik eine plausible Fundierung für den Vergleich der global veränderten Ordnungsbedingungen liefern können.

3. Die ordnungstheoretische Fundierung des Systemvergleichs

Das imposante wissenschaftliche Werk von *Eucken* ist von dem Spannungsverhältnis zwischen der geschichtlich-kulturellen Vielfalt des wirtschaftlichen Geschehens und der Möglichkeit einer einheitlichen, also universal gültigen ökonomischen Erklärung geprägt, was *Eucken* (1950, S. 15 ff.) auch als das Kardinalproblem oder das große Antinomieproblem der Nationalökonomie bezeichnet hat. Sein Gespür für dieses Problem erwuchs aus seiner akademischen Herkunft aus der Historischen Schule, von der er viele Anregungen für seine Ordnungstheorie übernahm. Gleichwohl konstatierte er das völlige Versagen aller Stufen-, System- und Stiltheorien. Die wesentliche Ursache dafür sah er in dem Anspruch, für jedes der verschiedenen Ordnungssysteme raum- und zeitspezifische ökonomische Theorien nachweisen zu wollen. Dieses Vorhaben sei bisher mißlungen, weil es sich um einen unerfüllbaren Anspruch handele. In der bloßen Modifikation sowohl der Historischen Schule als auch der klassischen Nationalökonomie und deren Anspruch auf die Begründung universal gültiger Wirtschafts- und d. h. vor allem Marktgesetze konnte er keine Lösung sehen. Er entwickelte vielmehr ein neues, originäres Forschungsprogramm, eben jenes der Ordnungstheorie. Im Unterschied zur Historischen Schule erkannte *Eucken*, daß sich die Vielfalt des wirtschaftlichen Geschehens nicht dadurch auszeichnet und erfassen läßt, indem man raum-zeitgebundene Gemeinsamkeiten, etwa in Gestalt eines vorherrschenden Gemein- oder Wirtschaftsgeistes, vermutet und zu Realtypen stilisiert. Statt dessen war er darauf aus, mit Hilfe der pointierend-hervorhebenden Abstraktion das Besondere historisch-konkreter Verhältnisse herauszuarbeiten und zu reinen Ordnungsformen des Wirtschaftens zu destillieren. Er strebte mit der isolierenden Abstraktion also verstehende Einzelbeschreibung und -erfassung der Wirklichkeit an, die von allgemeinen theoretischen Problemstellungen angeleitet sein sollte. Den Leitfaden dafür erkannte *Eucken* im Grundproblem der Nationalökonomie, nämlich im universalen Tatbestand der Güterknappheit, deren Bewältigung sich durch eine allgemeine Theorie der Wirtschaftsrechnung erschließe.

Da Wirtschaften stets planvolles Handeln der Wirtschaftseinheiten sei, das eine knappheitsbezogene Rechnung und Abstimmung der Tätigkeiten erfordere, mußte sich ihm die Zahl der planenden Wirtschaftseinheiten und das Zustandekommen eines Plan- und Rechnungssystems als objektives Kriterium zur Erfassung und Ordnung der historischen Vielförmigkeit des Wirtschaften geradezu aufdrängen. Von daher gelangte *Eucken* zur Unterscheidung der beiden Wirtschaftssysteme, der zentralgeleiteten Wirtschaft einerseits und der Verkehrs- oder Marktwirtschaft andererseits, die er jeweils mittels der morphologischen Formen weiter differenziert hat. Die Zahl der so gewonnenen reinen Ordnungsformen ist nach *Eucken* begrenzt. Er verglich sie mit den zwei Dutzend Buchstaben, aus denen eine gewaltige Vielfalt von Worten und Sätzen gebildet werden kann. Analog dazu erklärte er die Mannigfaltigkeiten historisch-konkreter Wirtschaftsordnungen damit, daß die Zusammensetzung der Ordnungsformen außerordentlich verschieden sei. Wo die Vertreter der Historischen Schule nach Einheit der Ordnungen suchten, fand *Eucken* also Verschiedenheit. Jedenfalls sah er in der Morphologie das adäquate Instrument zur Beschreibung und Erfassung der Wirtschaftsordnung einer jeden Zeit und eines jeden Landes, womit für ihn auch die eine Hauptfrage der Nationalökonomie beantwortet war. Erst auf dieser Grundlage erachtete *Eucken* die Lösung der anderen Hauptfrage der Nationalökonomie, nämlich die Analyse des ökonomischen Systemzusammenhangs mittels allgemeiner ökonomischer Gesetze, als möglich.

Die Ordnungstheorie von *Eucken* ist ein originelles Theorieprogramm, das der geschichtlichen Vielfalt des Wirtschaftslebens gerecht werden will und sie durch Anwendung abstrakter ökonomischer Theorien zu erschließen sucht. Die geschichtliche Vielfalt wird in Form des variablen und stets individuellen Gefüges der wirtschaftlichen Ordnungsformen erfaßt, deren prozessuale Wirkungen durch die Anwendung der relevanten ökonomischen Theorien analysiert werden. Indem *Eucken* die Individualität jeglicher Wirtschaftsordnung herausstellt, vermeidet er die einseitige theoretische Ausrichtung der Nationalökonomie, die in der Klassischen Schule auf die Analyse der Konkurrenzordnung, in der Historischen Schule auf die Analyse epochen- und arteigener Ordnungsgefüge fixiert war. Dadurch eröffnet er zugleich neue historische Dimensionen für die Anwendung abstrakt formulierter ökonomischer Theorien.

Ist damit die Verschmelzung zwischen geschichtlicher Anschauung und theoretischem Denken gelungen? Nur bedingt, denn der morphologische Apparat weist unübersehbare Schwächen bei der Erfassung der historischen und kulturellen Ordnungsbedingungen auf, die auch die theoretische Erklärung der prozessualen Wirkungen von Ordnungen beeinträchtigt. Es sei daran erinnert, daß *Eucken* die reinen Ordnungsformen im Wege der pointierend-hervorhebenden Abstraktion gewonnen hat. Um die Urformen aus der realen Vielfalt herausdestillieren zu können, müssen sie von allen historisch-konkreten Bezügen isoliert werden. Diese rigorose Abstraktion von jeglichem Raum-Zeit-Bezug bedingt ein rigoroses Geschichtsverständnis, das nur dann nachvollziehbar ist, wenn Geschichte als Wiederkehr gleicher Probleme und gleichartiger Zusammenhänge der Tatbestände verstanden wird.

Der morphologische Apparat, der ja nur um den Preis der rigorosen Abstraktion gewonnen werden konnte, weist deshalb einen Geburtsmakel auf, der bei der Erfassung realer Wirtschaftsordnungen deutlich zutage tritt. Diesen Makel hat *Eucken* nicht verkannt. Er stellt zwar stets die Eignung der Morphologie heraus, den Aufbau und die Eigenart der Wirtschaftsordnung eines jeden Volkes und einer jeden Zeit erkennen zu können. Zugleich konzediert *Eucken* (1950, S. 169), daß eine volle geschichtliche Anschauung erst dann gelingen könne, wenn die „... Einfügung der Wirtschaftsordnung in die jeweilige natürlich-geistige-politisch-soziale Umwelt" berücksichtigt werde. Zur Erfassung der „gesamtwirtschaftlichen Umwelt" empfiehlt er die Methode der generalisierenden Abstraktion, die „das Ganze der Wirtschaft einer Zeit und eines Volkes" ins Auge zu fassen habe. Die Erläuterung dieser Methode fällt wohl nicht zufällig etwas spärlich aus. Allein die unbestimmte Forderung, das „Ganze der Wirtschaft" zu berücksichtigen, müßte selbst spezialisierte Wirtschaftshistoriker hoffnungslos überfordern, die ja stets nur aufgrund problem- und theoriegeleiteter Fragestellungen historische Besonderheiten erfassen und erforschen können.

Die problemadäquate Forschungsanleitung wäre von einer Theorie der Entstehung und des Wandels von Wirtschaftsordnungen zu erwarten, die jedoch die Ordnungstheorie von *Eucken* aufgrund werkimmanenter Prämissen und Bedenken nicht bieten kann und will. Verantwortlich für die Skepsis von *Eucken* gegenüber einer dynamischen Ordnungstheorie sind wohl erstens sein eigenes spezielles Geschichtsverständnis, zweitens seine Kenntnis der eher stümperhaften Versuche, geschichtliche Vielfalt und Entwicklungen in Gestalt von Wirtschaftsstufen oder -stilen einzufangen, und drittens seine Bedenken, daß eine seriöse Theorie der Entwicklung von Wirtschaftsordnungen die ökonomische Theorie überfordere.

Das mag erklären, weshalb er historische und kulturelle Entwicklungsfaktoren in den Datenkranz verweist, worunter er alle Tatsachen subsumiert, die den ökonomischen Kosmos beeinflussen, ohne selbst von ökonomischen Faktoren bestimmt zu sein. Neben den Bedürfnissen und dem raum- und zeitgegebenen Bestand an ökonomischen Faktoren und technischem Wissen werden dazu die jeweiligen politischen, rechtlichen und sozialen Ordnungen gezählt. *Eucken* erkennt und demonstriert an vielen historischen Fallbeispielen, daß Veränderungen der Daten den wirtschaftlichen Wandel beeinflussen. Gleichwohl erklärt er den Datenkranz zur Tabuzone, weil er mit der ökonomischen Theorie nicht erklärt werden könne.

Diese methodische Selbstbeschränkung hat jedoch entsprechende analytische Beschränkungen bei der eingeforderten vollen geschichtlichen Anschauung zur Konsequenz. Denn die Morphologie liefert kein Rüstzeug, um die historisch-konkrete Einbettung der Ordnungsformen erfassen zu können. Diese Schwäche ist vor allem von *Weippert* (1941) als zentraler Kritikpunkt herausgestellt worden. Die volle geschichtliche Anschauung könne nur dann gelingen, wenn die jeweiligen Ordnungsformen in ihrer Gebundenheit an einen bestimmten Ort und eine bestimmte Zeit gesehen werde.

Mit diesem Kritikpunkt ist das Verhältnis zwischen dem Wandel und der Konstanz der einzelnen Ordnungsformen angesprochen. Nach dem Verständnis von *Eucken* bleiben die einzelnen wirtschaftlichen Ordnungsformen und deren prozessuale Wirkungen über Zeit und Raum konstant. Es wandelt sich lediglich das Gefüge der Ordnungsformen, das konstante und deshalb erklärbare wirtschaftliche Verhaltensreaktionen bewirke. Die Erklärbarkeit der Reaktionen basiert dabei auf der fundamentalen Annahme, daß die Menschen stets und überall ihre wirtschaftlichen und im Detail wandelbaren Zwecke mit einem möglichst geringen Aufwand zu realisieren trachten. Erst die universale Gültigkeit des Handelns nach dem wirtschaftlichen Prinzip legitimiert und erfordert nach *Eucken* (1950, S. 205 ff.) die Anwendung eines einzigen theoretischen Apparats.

Diese Lösung des Antinomieproblems vermag deshalb nicht zu überzeugen, weil der wechselseitige Bedingungszusammenhang zwischen Ordnungs- und Prozeßebene oder anders – im *Hayek*ianischen Verständnis formuliert – weil die Koevolution von Regel- und Handelnsebene ungeklärt bleibt. Sollte das wirtschaftliche Verhalten der Menschen stets und überall dem wirtschaftlichen Prinzip der Aufwandsminimierung verpflichtet gewesen und noch immer universal verpflichtet sein, so müßte es auch seine Spuren in effizienten, also in aufwands- bzw. transaktionskostenminimalen Regeln oder Ordnungsformen des sozialen und wirtschaftlichen Zusammenlebens hinterlassen haben. Übertragen auf die Ordnungsebene, impliziert daher die Annahme der universalen Konstanz und Geltung des wirtschaftlichen Verhaltens gemäß dem wirtschaftlichen Rationalprinzip auch die Annahme der effizienten Entwicklung und damit letztlich der Angleichung der wirtschaftlichen und sozialen Ordnungen oder – modern formuliert – der Institutionen. Bei einer konsequenten dynamischen Interpretation der von *Eucken* präsentierten Lösung des Antinomieproblems müßte man diese als eigenständige und frühe Version der These von der effizienten Institutionenentwicklung bewerten, wie sie später in verschiedenen institutionenökonomischen Ansätzen vertreten worden ist und bis heute wird (vgl. dazu die Ausführungen in 4.1.). Das liefe freilich auf eine unzulässige hypothetische Interpretation hinaus, weil *Eucken* erstens eine ökonomische Erklärung des institutionellen Wandels aus den erwähnten methodischen Bedenken ablehnte und weil ihm zweitens die Idee einer Koevolution von Ordnungs- und Prozeßebene bzw. von Regel- und Handelnsebene aufgrund seines Geschichtsverständnisses eine befremdliche Vorstellung bleiben mußte.

Bezogen auf die Ausgangsfrage, ob und inwieweit die Ordnungstheorie von *Eucken* einschließlich ihrer Weiterentwicklungen noch ein tragfähiges Theoriefundament für den Vergleich der Wirtschaftssysteme in der zunehmend zusammenwachsenden Welt bieten kann, scheint eine eher zwiespältige Bewertung geboten. So sehr sie sich für den Vergleich der privatwirtschaftlichen Marktwirtschaften und sozialistischen Plan- oder Marktwirtschaften bewährt und ausgezeichnet hat, so sehr ist ihre Eignung für die aktuellen Vergleiche zwischen kulturell unterschiedlich eingebetteten und wirtschaftlich unterschiedlich entwickelten Marktwirtschaften aufgrund ihrer immanenten methodischen und explikativen Bedenken hinsichtlich der Erklärung des Wandels und der Wettbewerbsfähigkeit der Wirtschaftssysteme in Frage zu stellen (vgl. ähnlich *Bodenhöfer* 2000).

Die methodischen und analytischen Grenzen seiner Ordnungstheorie hat *Eucken* (1950, S. 268) selbst angedeutet, wenn er feststellt, daß man zu einer richtigen Erkenntnis des wirtschaftenden Menschen und der wirtschaftlichen Zusammenhänge erst durch eine gelungene Synthese von gleichbleibender Individualität und geschichtlicher, damit auch kultureller Gebundenheit der Menschen und ihrer sozialen Ordnungen gelangen wird. Diese Synthese erscheint möglich, wenn der Datenkranz entflochten und in eine Theorie der Entstehung und des Wandels von Ordnungen eingewebt wird. Gefordert ist also die Dynamisierung der Ordnungstheorie (vgl. *Herrmann-Pillath* 1991). Diese Forderung ist von der Neuen Institutionenökonomik aufgenommen worden. Von daher ist zu fragen, ob und inwieweit die verschiedenen institutionentheoretischen Ansätze ein überlegenes methodisches und analytisches Theoriefundament für den Systemvergleich offerieren können.

4. Die institutionenökonomische Fundierung des wirtschaftlichen Systemvergleichs

4.1. Der Erklärungsansatz der rationalen Institutionenwahl

Die seit einigen Jahrzehnten weltweit entstandene Renaissance der Institutionenökonomie erwuchs aus dem Unbehagen über die weitgehende Ignoranz und Irrelevanz der Institutionen in der vorherrschenden neoklassischen Theorie (vgl. *Leipold* 1989 und 2004). Die Schrittmacherrolle für die ökonomische Analyse des Wandels und der Wirkungen der Institutionen spielten die Property Rights-Theorie und die Transaktionskostenökonomik, deren Forschungsprogramm maßgeblich von den Arbeiten von *R. Coase* inspiriert wurde. Dieser Einfluß kommt in der Basisthese zum Ausdruck, wonach die Wahl und damit auch der Wandel von Institutionen vom Kriterium der Minimierung der Transaktionskosten bzw. der Maximierung des Nettoertrags der Gütertransaktionen bestimmt werden. Diese Effizienzthese macht den harten Theoriekern sowohl der Property Rights-Theorie, der Trannsaktionskostenökonomik als auch der frühen Version der Theorie des institutionellen und des wirtschaftlichen Wandels von *North* aus. Die Theorie von *North* soll im folgenden als repräsentative Vorlage zur Beantwortung der Frage dienen, ob und inwieweit die Institutionenökonomik eine tragfähige und vergleichsweise zur Ordnungstheorie bessere Fundierung für den wirtschaftlichen Systemvergleich in einer zunehmend verbundenen Weltgesellschaft liefern kann.

North hat weltweit Anerkennung gefunden, weil er als einer der ersten Wirtschaftshistoriker die Theorie der Eigentumsrechte zusammen mit der Kategorie der institutionenabhängigen Transaktionskosten auf die Wirtschaftsgeschichte angewendet hat. Konkret ging es ihm in seinen frühen Studien um die Anwendung und Bestätigung der angeführten Effizienzthese. Bezogen auf die Entwicklung der Eigentumsrechte, besagt die Effizienzthese, daß die Wahl und damit der Wandel der Eigentumsrechte vom Bestreben der Individuen bestimmt werden, sich die Erträge ihrer Aktivitäten möglichst ungeschmälert anzueignen, womit sich die These verbindet, daß die Struktur und insbesondere der Exklusivitätsgrad der Eigentumsrechte die Allokation und die Nutzung der Güter in systematischer Weise beeinflussen. *Demsetz* (1967), einer der Begründer dieses Theorieansatzes, hat die zuletzt genannte These am Beispiel der Indianerstämme Nordamerikas zu Beginn des 18. Jahrhunderts illustriert, die sich als Folge der gestiegenen Nachfrage nach Biberpelzen auf die Biberjagd spezialisierten. Weil es dadurch zur Überjagung der Biber gekommen sei, lag die Privatisierung der Biberbestände als effiziente Lösung nahe. An dieser ökonomischen Interpretation sind allein schon deshalb Zweifel angebracht, weil das Privateigentum an Jagdbeständen im Weltbild der Indianerstämme eher als eine fremde Idee empfunden werden mußte. Wie *McManus* (1972) nachgewiesen hat, wurde die Privatisierung der Jagdgebiete und -bestände tatsächlich nicht von den Indianern, sondern von den Pelzhändlern europäischer Abstammung betrieben. Die Kenntnis kulturspezifischer Weltbilder und Ideen kann also vor vorschnellen ökonomischen Erklärungen schützen.

Diese Lektion mußte auch *North* erfahren. Seine erste große, zusammen mit *R. Thomas* verfaßte Arbeit über den Aufstieg der westlichen Welt sollte sich aufgrund der nachfolgenden Kritik als kontoverse, weil einseitig ökonomistische bzw. materialistische Geschichtsdeutung erweisen. Die als „new economic history" deklarierte Analyse holt historisch weit aus. Sie beginnt mit der Erklärung der neolithischen Revolution, also mit dem Übergang der Jäger- und Sammlergesellschaften hin zu den seßhaften Akkerbaugesellschaften, der von den Autoren als erste ökonomische Revolution bezeichnet wird (vgl. *North* und *Thomas* 1973). Wie selbst der reife *North* (1988, S. 93) insistiert, war der Übergang deshalb eine Revolution, weil er

> „... für den Menschen eine ganz grundlegende Verschiebung der Anreizstruktur bewirkte. Die Anreizänderung ist in der Verschiedenheit der Eigentumsrechte in den beiden Systemen begründet. Wenn die Subsistenzmittel im Gemeineigentum stehen, so gibt es wenig Anreiz zum Erlernen einer besseren Technik oder zum Erwerb größeren Wissens. Im Gegenteil: Exklusive Eigentumsrechte, die dem Eigentümer etwas einbringen, bieten einen unmittelbaren Anreiz zur Erhöhung von Effizienz und Produktivität."

Auch der Aufstieg und der Niedergang der nachfolgenden Wirtschafts- und Gesellschaftsordnungen, so der antiken Welt und nachfolgend der feudalen Ordnung in Europa bis hin zum Aufstieg der kapitalistischen Ordnung werden durchgängig als ökonomisch effiziente Anpassung der Institutionen und insbesondere der Eigentumsrechte an veränderte Knappheitsrelationen der Güter und der damit einhergehenden veränderten Preis- und Kostenrelationen interpretiert. So werden auch die vielfältigen Arbeitsleistungen und Abgaben etwa der abhängigen Bauernschaft gegenüber den Feudalherren als rational vereinbartes „sharing arrangement", also als Tauschgeschäft der abhängigen Bauern mit den Feudalherren für die von diesen gewährleistete Sicherheit von Leben und Besitz gedeutet. Auch hier bleiben die im mittelalterlichen Weltbild angelegte Vorstellung einer ständisch abgestuften Sozialordnung mit angestammten Rechten und Pflichten außer Betracht. Das Unterfangen, die feudalen wie auch andere historische Verhältnisse nachträglich ökonomisch zu rationalisieren, ist daher zu Recht als modernistische bzw. rationalistische Fehldeutung kritisiert worden (vgl. *Kahan* 1973; *Fenoaltea* 1975).

Daneben wurde eingewendet, daß die Annahme der rationalen Wahl von Institutionen gemäß dem Transaktionskostenkalkül methodisch nur dann plausibel sei, wenn es um die Wahl zwischen gegebenen Institutionen mit gegebenen und berechenbaren Transaktionskosten gehe. Der rationale Wahlhandelskalkül versage jedoch bei der Erklärung der Entstehung neuer Institutionen, weil hier die Opportunitätskosten alternativer Institutionen schlicht nicht bekannt seien (vgl. dazu *Herrmann-Pillath* 1991). Dieser methodische Einwand markiert sicherlich auf einfache Weise die Grenzen aller rationalistischen oder ökonomistischen Erklärungen des institutionellen Wandels und verweist unmißverständlich auf den Einfluß ideeller Faktoren. Wäre der gesellschaftliche Wandel stets nach rationalen Kriterien verlaufen, hätte das auch zur allmählichen Angleichung der realen Verhältnisse und insbesondere der Institutionen führen müssen. Die Aufgabe der Erklärung des Wandels wäre dann, wie *Max Weber* (1922b, S. 227) bereits früh erkannte, „unendlich erleichtert." Die geschichtliche Realität zeichnet sich jedoch durch eine Vielfalt der institutionellen und wirtschaftlichen Verhältnisse selbst innerhalb benachbarter Räume und identischer Zeiträume aus, die sich nur schwerlich mit der These der rationalen Wahl und Gestaltung der Institutionen erklären und vereinbaren läßt.

Der Wirtschaftshistoriker *K. Borchardt* (1977, S. 154) hat ebenfalls früh auf die mit dem Rationalwahlkalkül verbundene Gefahr der rationalistischen und naiven Fehldeutung aufmerksam gemacht, weil dessen wirtschaftsgeschichtliche Anwendung auf die Unterstellung hinauslaufe, „... daß alles, was einmal bestanden hat, im ökonomischen Sinne auch ‚vernünftig' war, und alles was sich änderte, ‚unvernünftig' geworden ist". Damit sind zugleich die methodischen und explikativen Grenzen der dem Rationalwahlkalkül verhafteten institutionenökonomischen Ansätze als theoretisches Fundament für den Vergleich kulturell unterschiedlich eingebetteter Marktwirtschaften angesprochen. Denn in einer Welt des intensivierten Wettbewerbs der Systeme müßte die universale Geltung des Rationalwahlkalküls zur tendenziellen Konvergenz zumindest der wirtschaftlichen Regelwerke und damit auch der wirtschaftlichen Prozesse und Ergebnisse führen. Gegen diese ökonomistische Schlußfolgerung sprechen jedoch sowohl die wirtschaftshistorischen als auch die aktuellen empirischen Fakten, was auch *North* natürlich nicht übersehen konnte.

4.2. Der modifizierte Erklärungsansatz von D.C. North

Die in seinen breitangelegten historischen Vergleichstudien gewonnene Einsicht in die raum-zeit-spezifischen Unterschiede des institutionellen und wirtschaftlichen Wandels und insbesondere in die langfristige Persistenz ineffizienter Institutionen mußten daher auch früher oder später *North* dazu führen, seine Ausgangsthese der rationalen und effizienten Institutionenwahl zu modifizieren. Die Wende vom frühen zum reifen *North* und die damit verbundene unterschiedliche Gewichtung materiell-ökonomischer und ideeller Einflußfaktoren des Wandels werden zuerst in dem 1981 veröffentlichten und 1988 in deutscher Übersetzung erschienenen Buch „Theorie des institutionellen Wandels" offensichtlich und in den nachfolgenden Arbeiten dann weiterentwickelt. Die modifizierte Erklärung des Wandels zeigt sich bei *North* (1995, S. 8) in folgender Aussage:

> „Modification of the rationality assumption means that ideas, dogmas, prejudices, and ideologies matter ... And specificially it means that we must incorporate into our analysis the belief systems that the actors hold that determine the choices they make. And that brings us to time and human learning."

Die damit verbundene Modifizierung der frühen Version des institutionellen und wirtschaftlichen Wandels soll an dieser Stelle nicht weiter interessieren (vgl. *Leipold* 2004).

Sie beziehen sich auf die stärkere Gewichtung des Einflusses sowohl des Staates als auch gesellschaftlicher und wirtschaftlicher Organisationen auf die institutionelle und wirtschaftliche Entwicklung. Hier soll nur die Modifizierung des ökonomischen Rationalwahlkalküls und die damit verbundene Einsicht, daß Ideen von Belang sind, thematisiert werden.

Das auslösende Moment dafür bildeten die wirtschaftshistorischen Belege für die Verschiedenheit der institutionellen und wirtschaftlichen Entwicklung und vor allem für die Persistenz ineffizienter Institutionen, die sich einer plausiblen ökonomischen Erklärung verschließen. Von daher war die Anerkenntnis der historischen und aktuellen Geltung ideeller und kulturell verschiedener Faktoren ein unübersehbares Faktum. Anfänglich versuchte *North* (1988, S. 50), den Einfluß der Ideen oder Ideologien noch rein ökonomisch zu erklären:

> „Ideologie ist eine Sparmaßnahme: Mit ihrer Hilfe richtet sich der einzelne in seiner Umwelt ein; sie liefert ihm eine ‚Weltanschauung', so daß sein Entscheidungsprozess vereinfacht wird ... Der einzelne verändert seinen ideologischen Standpunkt, wenn seine Erfahrung mit seiner Ideologie nicht vereinbar ist."

Dieses doch simple Verständnis von Ideologie hat er allmählich verfeinert und mittels der Kategorie der mentalen oder kognitiven Modelle der Weltsicht zu präzisieren versucht. *North* (1994; vgl. auch *Denzau* und *North* 1994) will mit Hilfe der kognitiven (mentalen) Modelle die raum- und zeit-spezifischen Beschränkungen des Rationalverhaltens erfassen. Er interpretiert diese Modelle als ein Mixtum erstens des jeweiligen kulturellen Erbes, zweitens der lokalen Probleme und des Wissens von Raum und Zeit und drittens des zugänglichen nichtlokalen allgemeinen Wissens. Das kulturelle Erbe umfaßt die gewachsenen Werte und Sitten und die davon geprägten kulturellen Regeln, die generationsübergreifend durch kollektives Lernen weitergegeben werden. Das Verständnis des kulturellen Erbes und dessen Entwicklung im Wege erfolgsgeleiteter Erfahrungs- und Lernprozesse ist eindeutig dem *Hayek*ianischen Verständnis der kulturellen Regelevolution verpflichtet (vgl. *North* 1999). Das kulturell erworbene und weitergegebene Wissen in Verbindung mit dem lokalen und dem zugänglichen allgemeinen Wissen ergeben zusammen subjektive Wissensmodelle, wobei die raum- und zeitabhängige divergente Zusammensetzung der Wissensquellen nach *North* sich in verschiedenen Entscheidungen und Verhaltensweisen der Individuen widerspiegelt. Er konzediert zwar, daß unzulängliche Mentalmodelle bei korrekter Rückkoppelung der Entscheidungsfolgen revidiert werden, so daß sich die Entscheidungen von Individuen mit identischer Nutzenfunktion losgelöst von der Raum- und Zeitgebundenheit annähern können. Sie können sich jedoch auch zu relativ starren Glaubenssystemen (belief systems) verfestigen, die letztlich den ideellen Wandel behindern und somit die Persistenz ineffizienter Institutionensysteme begründen. Die Grade der Offenheit für Lernprozesse oder aber der Starrheit der mentalen Modelle bestimmen daher in letzter Instanz den institutionellen und wirtschaftlichen Wandel, der deshalb stets und zuerst als pfadabhängiger Wandel zu begreifen ist.

Pfadabhängigkeit bedeutet ja die einfache Einsicht, daß historische und oft zufällige Bedingungen aktuelle Entscheidungen und damit auch zukünftige Entwicklungen präformieren (vgl. *Leipold* 1996). Diese Eigenart gilt auch und gerade für den institutionellen Wandel, bei dem die gewachsenen und geltenden Regeln die Objekte der Veränderungen sind. Der gegebene Regelbestand engt also die Möglichkeiten der potentiellen Änderungen ein und verbindet diese mit der Vergangenheit. Die Starrheit bzw. die Offenheit der mentalen Modelle gegenüber Regeländerungen bestimmen die Zukunft des institutionellen Wandels. Die historische Gebundenheit der Regelgeltung und -befolgung ist der eigentliche Grund dafür, daß umfassende oder gar revolutionäre Veränderungen eines Regelsystems eher geschichtliche Ausnahmen geblieben sind. Die wenigen Revolutionen waren deshalb selten so revolutionär wie erhofft. *North* (1994) konzediert zwar, daß das Phänomen der Pfadabhängigkeit in der Theorie des institutionellen Wandels bisher noch weitgehend ungeklärt sei. Gleichwohl sieht er in der Kultur und in deren pfadabhängiger Geltung den Schlüssel für ein angemessenes Verstehen und Erklären der Vielfalt der politischen und wirtschaftlichen Ordnungen und der davon abhängigen Verschiedenheit der wirtschaftlichen Entwicklung.

Die hier nur skizzierte Modifikation des institutionenökonomischen Erklärungsansatzes durch *North* ist ein Lehrstück für die Pfadabhängigkeit der Theorieentwicklung und damit indirekt der Ideenentwicklung. Aufgrund der Einsicht, daß Ideen von Belang sind, hat *North* theoretische Pfade wiederentdeckt, die schon in früheren Theorien eingeschlagen und kultiviert worden sind. Das Spannungsverhältnis zwischen ideellen und materiellen Einflußfaktoren des geschichtlichen Wandels macht ja den eigentlichen Problemkern der großen Antinomie der Nationalökonomie aus, wie es *Eucken* (1950, S. 15 ff.) bezeichnet hat. *North* hat für diese Antinomie, die ja auch das Forschungsprogramm von *Max Weber* geprägt hat, eine eigenständige Lösung geliefert. Im Lichte der früheren Theorien ist die Originalität des *North*schen Entwurfs jedoch eher als bescheiden einzuschätzen. Seine modifizierte Erklärung bleibt immer noch stark dem einfachen ökonomischen Erklärungsansatz verhaftet.

Diese Einschätzung wird durch das Stufenmodell der Tauschformen bestätigt, das er am Ende seines Buches vorstellt, das als Standardwerk des reifen *North* (1992, S. 140 ff.) gilt. Als Klassifikationskriterien dienen die Grade der Arbeitsteilung und Spezialisierung und die davon abhängige Höhe der Transaktionskosten. Unterschieden werden

- erstens der persönliche Gütertausch mit niedrigen Graden der Arbeitsteilung und der Transaktionskosten (Beispiel: primitive und tribale Gesellschaften),
- zweitens der unpersönliche Tausch auf der Grundlage primär informeller Regeln und kulturspezifischer Wirtschaftsorganisationen mit erweiterter Arbeitsteilung und mittelhohen Transaktionskosten (Beispiel: antiker und mittelalterlicher Fernhandel) und
- drittens der unpersönliche Markttausch im Rahmen eines vom Staat als unabhängiger dritter Partei gesetzten und kontrollierten Institutionensystems mit hoher Arbeitsteilung und hohen Transaktionskosten (Beispiel: entwickelte Industriegesellschaften).

Das Stufen- oder Entwicklungsmodell der Tauschformen ist aus verschiedenen Gründen aufschlußreich. Es wird dazu benutzt, den Einfluß der Transaktionskosten, damit in letzter Instanz ja der materiell-ökonomischen Interessen auf die Wahl und den

Wandel der Institutionen zu demonstrieren und zu begründen. Es zeigt ferner, daß *North* zwar die ideelle Prägung der mentalen Modelle konzediert, deren Korrektur er aber in letzter Instanz von den realen Erfahrungen und alltäglichen Verifikationen, also primär von materiellen Erfolgen und Mißerfolgen erwartet. Da *North* (1994) die mentalen Modelle als innere, ideelle Grundlage für die Wahrnehmung und Ordnung der Außenwelt und damit als die Grundlage für die Gestaltung der realen Welt interpretiert, Institutionen also als die äußere Rückseite der Ideen erachtet, sollte die erfahrungsabhängige Korrektur der mentalen Modelle letztlich auch zur kontinuierlichen Angleichung der Institutionen und damit der wirtschaftlichen Entwicklung führen. Die sowohl historisch als auch aktuell belegbaren institutionellen und wirtschaftlichen Divergenzen werden letztlich vom Grad der Geschlossenheit bzw. Offenheit der kulturellen und pfadabhängig gewachsenen Ideen- und Glaubenssysteme abhängig gemacht, weshalb *North* (1995, S. 12) in ihnen „the ultimate determinants" der institutionellen und der wirtschaftlichen Entwicklung erkennt. Wenn diese Diagnose richtig ist, ergibt sich daraus die Forderung, die Entwicklung der Ideen- und Glaubenssysteme bei der Analyse und dem Vergleich der Wirtschaftssysteme angemessen zu berücksichtigen.

Damit ist die Ausgangsfrage angesprochen, ob und inwieweit die neuere Institutionenökonomik eine tragfähige theoretische Fundierung für den Vergleich existierender wirtschaftlicher und d. h. ja dominant marktwirtschaftlich verfaßter Systeme liefern kann. Für die dem Rationalwahlkalkül verpflichteten Ansätze, zu denen ja auch die frühen Arbeiten von *North* zu zählen sind, fällt die Antwort zwiespältig aus. Ihre theoretische Anwendungs- und Erklärungsrelevanz beschränkt sich auf die Analyse und den Vergleich moderner, gesellschaftlich ausdifferenzierter Marktwirtschaften westlichen Musters und hierbei auf die Erklärung der zweckrational bestimmten Abläufe und Ergebnisse im Rahmen effizient konzipierter und verläßlich geltender Institutionen. Weil diese Bedingungen weder in der Wirtschaftsgeschichte noch in der aktuellen globalisierten Welt vorausgesetzt werden können, waren und sind rationale Erklärungen als Grundlage interkultureller Vergleiche dem Verdacht und Verdikt der rationalistischen oder modernistischen Fehldeutung ausgesetzt. Diese Einwände gegenüber den frühen Erklärungen wie auch die in den späteren wirtschaftshistorischen Vergleichsstudien erfahrenen empirischen Belege legten für *North* eine historische und kulturelle Modifizierung der Effizienz- und damit der Rationalwahlthese nahe. Das eigentliche Verdienst von *North* ist darin zu sehen, daß er damit gerade die jüngere Zunft der Institutionenökonomen auf die Relevanz des Antinomieproblems und auf das Spannungsverhältnis zwischen ideellen und ökonomisch-technischen Einflußfaktoren der institutionellen und wirtschaftlichen Entwicklung aufmerksam gemacht hat. Mit den Kategorien der mentalen Modelle und der sie prägenden Ideen- und Glaubenssysteme sowie deren Offenheit oder Resistenz gegenüber Lernprozessen und Revisionen, den informalen Institutionen und der Pfadabhängigkeit der institutionellen und der wirtschaftlichen Entwicklung hat er Erklärungsvariablen beigesteuert, die für den wirtschaftlichen Systemvergleich von Bedeutung sind. Vergleichsweise zu den rein ökonomischen Erklärungsansätzen der Institutionenökonomie offeriert daher die *North*sche Theorie ein besseres Fundament für den interkulturellen Systemvergleich. Dabei gilt es allerdings zu berücksichtigen, daß fast alle seiner Erklärungsvariablen nicht so neu sind, wie sie den Anschein erwecken. Vielmehr sind sie schon in älteren Theorieansätzen vorgedacht und auch vergleichsweise zu *North* im Wege interkultureller Vergleichstudien einer empirischen Überprüfung unterzogen worden. Gemessen daran bleibt die Theorie der ideellen Einflußfaktoren des institutionellen und wirtschaftlichen Wandels bisher noch abstrakt und deshalb ein „unbeschriebenes Blatt," also eine „unvollständige Theorie" (so *Herrmann-Pillath* 1992, S. 511).

4.3. Der Erklärungsansatz von D.C. North und Max Weber im Vergleich

Erinnert sei an dieser Stelle an das imposante wissenschaftliche Werk von *Max Weber*, in dem alle Erklärungsvariablen von *North* bereits thematisiert und durch umfassende Vergleichsstudien begründet wurden. An dessen Anfang stand die vieldiskutierte Studie über „Die protestantische Ethik und der Geist des Kapitalismus", in der *Weber* (1972) die unintendierte Wirkmächtigkeit religiöser Ideen und Überzeugungen aufzeigen wollte. Aufgrund der früh einsetzenden Kritik, die im Vorwurf einer einseitigen ideellen Entwicklungserklärung kulminierte, ging es *Weber* darum, der komplexen Wechselwirkung zwischen Ideen und materiellen Interessen im Wege kultur- und religionsvergleichender Studien auf die Spur zu kommen. Das Fazit dieser Studien hat Weber (1991, S. 11) dahingehend zusammengefaßt, daß Interessen zwar das Handeln der Menschen beherrschen, daß aber die ideell geprägten Weltbilder letztlich als Weichensteller die Bahnen bestimmen, in denen sich die Dynamik der Interessen bewegt. Ideen und Weltbilder interpretierte er als konstruierte und gemeinschaftlich geteilte Vorstellungen der Menschen über die wesentlichen Bedingungen ihrer Existenz, als Antworten auf grundlegende Sinnfragen, die sowohl kognitive als auch normative Elemente enthalten und deshalb interkulturell verschieden ausfallen. Ihre Ausformung folgt einer Eigenlogik, die *Weber* mittels der kultur- und religionsvergleichenden Rekonstruktion der Rationalisierung der Weltbilder zu erfassen trachtete. Bei dem heute weltweit vorherrschenden kognitiven Verständnis der Kultur als selbstgesponnenes Sinn- und Bedeutungsgewebe, das die Menschen raum- und zeitspezifisch gestrickt und in das sie sich nicht selten ungewollt verstrickt haben, ist der Bezug zu *Weber* unübersehbar (vgl. *Geertz* 1991; *Leipold* 2003). *Weber*s Kulturverständnis basiert auf der Einsicht, daß alles menschliche Zusammenleben stets von gemeinschaftlich geteilten Bedeutungen und Bewertungen durchtränkt war und ist. Welche davon sind kulturspezifisch relevant, und welche sind weshalb relativ konstant und für die Wirtschaftsentwicklung bestimmend? Die Antwort darauf erkannte er in der Wertidee bzw. Wertbeziehung, mithin in dem spezifischen Erkenntnisinteresse der an Kulturvergleichen interessierten Personen, weshalb Kultur und kulturelle Differenzen stets als konstruierte Kategorien zu verstehen seien (vgl. *Weber* 1922a, S. 180).

*Weber*s Erkenntnisinteresse war auf die Erklärung der okzidentalen Gesellschafts- und speziell der kapitalistischen Wirtschaftsentwicklung gerichtet. Seine frühe Erklärung mittels der Protestantismusthese hat er später relativiert. Aufgrund seiner Beschäftigung mit anderen Kulturkreisen und als Reaktion auf die Kritik der Protestantismusthese reifte bei *Weber* (1914 und 1924) die Einsicht, daß die westliche Wirtschaftsentwicklung nicht nur auf religiöse Ursachen, sondern auf komplementäre Rationalisierungsprozesse in Staat, Recht, Wissenschaft, Technik und Wirtschaft zurückzuführen sei, wobei die gesellschaftlich komplementäre Rationalisierung ja nur eine eigenständige begriffliche Fassung dessen ist, was aktuell als funktionale Ausdifferenzierung der

Gesellschaft in autonome und spezialisierte Teilsysteme mit je eigenen Regeln und Gesetzmäßigkeiten verstanden wird. Auch die Relevanz dieser These hat *Weber* mittels der Methode des Vergleichs verschiedener Kulturen und Religionen zu erhärten versucht. Als Vergleichskriterien benutzte er dabei die für die westliche Entwicklung als maßgebend erkannten Einflußfaktoren (vgl. *Weber* 1972, S. 45 f.). Seine Vergleichsmethode läßt sich als heuristischen Eurozentrismus bezeichnen (vgl. *Schluchter* 1988, S. 162). Sie ist zulässig, solange sie nicht in einen normativen Eurozentrismus umschlägt, der in der europäischen Entwicklung und seinen Regelwerken den Königsweg sieht, den auch andere Kulturen nachzuvollziehen haben. Auf die damit verbundene Neigung zu rationalistischen oder modernistischen Fehldeutungen weist *Bendix* (1972, S. 55) mit der Aufforderung hin, die Sozialwissenschaften sollten sich heute „... von einer allein an Europa orientierten Fragestellung befreien, die ein Teil des *Weber*schen Werkes bestimmt hat.“ Zu welchen Irritationen der heuristische Eurozentrismus führen kann, sei am Vergleich der wirtschaftlichen Entwicklung Asiens mit der des Westens von *Weede* (2000) illustriert, der dafür den Erklärungsansatz von *Weber* in Verbindung mit rationalen institutionenökonomischen Erklärungsansätzen zugrundelegt. *Weede* (2000, S. 129) muß dabei ernüchternd konzedieren, daß man angesichts der unübersehbaren Defizite an Rechtsstaatlichkeit und der Unsicherheit der Eigentumsrechte und anderer formaler Institutionen für China und andere ostasiatische Länder eigentlich weniger wirtschaftliche Dynamik erwarten sollte, als man beobachten konnte. Diese Einsicht verweist zugleich auf die Relevanz informaler Regeln für die wirtschaftliche Entwicklung, die immer wieder von *North* betont wird. Deren angemessene analytische Erfassung gestaltet sich deshalb als schwierig, weil sie Teile kultureller und systemischer Sinn- und Bedeutungszuammenhänge sind, die in ihrer Ganzheit die Geltung und Wirkungen der Regeln und der Verhaltensweisen bestimmen. Viele der gelebten Regeln sind impliziter Natur, die weder den unmittelbaren Individuen und noch weniger den externen Forschern bewußt sind. Die implizite Natur der Regeln ist dann unproblematisch, wenn Individuen oder Forscher sie aufgrund ihrer eigenen kulturellen Sozialisation kennen und teilen. Problematisch sind die Fälle, in denen ein Forscher entweder eine ihm fremde oder aber eine historisch zurückliegende Kultur untersucht und bewertet. Im ersten Fall besteht die Gefahr, daß Eigenarten der anderen Kulturen an der eigenen gemessen werden, im zweiten Fall, daß historische Weltbilder unangemessen berücksichtigt oder aber modernistisch fehlinterpretiert werden. Kultur umfaßt jedenfalls mehr als das Gefüge der gewachsenen informalen Institutionen. Ihre Essenz ist vielmehr in den dem gesamten Regelgefüge zugrundeliegenden und von einer Gemeinschaft von Individuen geteilten und gelebten Wissens-, Werte- und Bedeutungssystemen zu sehen (vgl. *Hegmann* 2004).

Als Fazit bleibt festzuhalten, daß *North* und *Max Weber* ungeachtet der hier konstatierten Defizite richtungweisende Grundlagen für den aktuellen, interkulturellen Systemvergleich geliefert haben. Abschließend sollen einige Ansatzpunkte dafür aufgezeigt werden, wie man die Defizite beheben und die Vorzüge zum Ausbau einer kulturvergleichenden Institutionenökonomie nutzen könnte.

5. Ansatzpunkte einer kulturvergleichenden Institutionenökonomik

Zur Vermeidung kulturbefangener und d. h. aus westlicher Sicht ja vor allem rationalistischer Fehldeutungen der Analyse und des Vergleichs von Wirtschaftssystemen erscheint ein allgemeines, kulturunabhängiges Vergleichskriterium geboten. Für den Ökonomen drängt sich das ewig aktuelle Knappheitsproblem der Güter auf, das ja auch das Oberkriterium (genus proximum) für die Morphologie der Wirtschaftssysteme bei *Eucken* bildet und mit dem er seine Unterscheidung zwischen der Verkehrs- bzw. Marktwirtschaft und der Zentralverwaltungswirtschaft begründet. Wie erläutert, liegen dieser Unterscheidung die ökonomischen und speziell die gesamtwirtschaftlichen Funktions- und Ordnungsbedingungen knappheitsbezogener Plan- und Koordinationssysteme als Kriterium zugrunde. Die Erklärung der Entstehung und des Wandels dieser Funktionsbedingungen bleibt bei *Eucken* aufgrund der erwähnten methodischen Bedenken ungeklärt. Im Lichte der nachfolgenden Entwicklung der Institutionenökonmie besehen, erscheinen diese Bedenken weniger plausibel. Die Entstehung und der Wandel der wirtschaftlichen Ordnungsbedingungen sind durchaus einer ökonomischen Erklärung zugänglich. Wie *North* gezeigt hat, bedarf es dazu der Modifizierung des Rationalwahlkalküls und der Berücksichtigung der Ideen, der Glaubenssysteme und der kulturell und historisch bedingten Pfadabhänigkeit der Entwicklung dieser Einflußfaktoren und damit auch der Institutionen.

Hier soll die These vertreten und begründet werden, daß die eigentliche Ursache des wirtschaftlichen Knappheitsproblems ursächlich im institutionellen Knappheitsproblem begründet ist und daß in der Lösung des institutionellen Knappheitsproblems der Schlüssel zur Erfassung und zum Vergleich verschiedener kultureller Institutionen- oder Ordnungssysteme, damit auch zum Vergleich unterschiedlicher Marktwirtschaften zu vermuten ist. Die Begründung dieser These setzt zunächst eine Klärung der besonderen Merkmale der Institutionen als knappe Güter und damit auch der interkulturell verschiedenen Lösungen des institutionellen Knappheitsproblems voraus.

Gemäß dem üblichen Verständnis verkörpert eine Institution eine Regel (bzw. Regelmenge) in zwischenmenschlichen Beziehungen, die erstens bestimmte Verhaltensweisen gebietet oder verbietet, die zweitens entweder gewachsen ist oder bewußt gesetzt wird und die drittens entweder gewohnheitsbedingt befolgt oder aber durch spezielle Autoritäten notfalls mithilfe von besonderen Institutionen zweiter oder höheren Ordnung, wie z. B. dem Staat, durch negative Sanktionen oder Zwang zur Geltung gebracht werden. Institutionen verleihen sozialen Interessen und Beziehungen eine Regelmäßigkeit, wodurch mehr oder weniger verläßliche Erwartungen und Vertrauensbeziehungen geschaffen werden, in denen die Grundlage für die Entwicklung arbeitsteilig organisierter Produktionsprozesse und damit für die Erzielung wechselseitig verläßlich organisierter Tauschprozesse und Tauschvorteile zu sehen ist. Diese für die Menschen als vernunftbegabte Wesen schon früh einsehbare und erfahrbare Einsicht sollte eigentlich die Entwicklung der gesellschaftlichen und wirtschaftlichen Arbeitsteilung und Spezialisierung stimulieren. Tatsächlich verlief und verläuft diese Entwicklung bis heute zählebig und interkulturell divergent. Die maßgebenden Ursachen dafür sind in den vertrackten Anreizen für die verläßliche Befolgung von Regeln sowie in der geringen genetischen Begabung der Menschen für das Zusammenleben in erweiterten und differenzierten

Gesellschaften und damit für die Entwicklung und Akzeptanz der dafür erforderlichen Regeln zu vermuten. Die besonderen Merkmale der Institutionen als Güter sui generis und die daraus resultierenden Anreize zur Regelmißachtung habe ich an anderer Stelle verdeutlicht (vgl. *Leipold* 2003). Sie sind bereits in aller Klarheit bei *Kant* (1968, S. 22) benannt worden. Obwohl die Menschen als vernunftbegabte Wesen verläßliche Regeln und Gesetze wünschten, wolle sich jeder von deren Befolgung ausnehmen. Deshalb benötigten sie einen Souverän, der die Geltung der Regeln überwacht. Da dieser Souverän jedoch ebenfalls ein selbstinteressierter Mensch sei, der sich von der allgemeinen Regelgeltung ausnehmen wolle, sei die Erreichung einer allgemein das Recht verwaltenden Gesellschaft das schwerste und größte Problem der Menschengattung.

Neben der Befolgung bestehender Regeln gestaltet sich noch mehr die Entwicklung und Akzeptanz neuer Regeln als schwieriges Problem. Denn von ihrer genetischen Ausstattung her sind die Menschen offensichtlich für das Zusammenleben in kleinen, egalitären und unspezialisiert organisierten Gemeinschaftsformen angelegt, in denen sie in der längsten Zeit ihrer Geschichte tatsächlich auch lebten und kooperierten. Die Kooperation in und zwischen den Gruppen erfolgte aufgrund emotional-verwandtschaftlich gebundener Regeln, die sämtlich den nach der verwandtschaftlichen Nähe abgestuften Prinzipien der Reziprozität verpflichtet waren und bis heute sind. Die ideelle Grundlage dafür bildet eine holistisch-unspezialisierte Weltsicht, die auf der Vorstellung einer Einheit der übernatürlichen, der natürlichen und der sozialen Welt mit einheitlichen Regeln beruht.

Die Eigenarten, die ungebrochene Persistenz und die entwicklungshemmenden Wirkungen dieses Weltbildes und der damit verbundenen Regelwerke hat besonders *von Hayek* (1980 und 1996) in seiner Theorie der kulturellen Regelevolution betont. Die Menschen seien gegen ihre Instinkte und ihren Willen in die Zivilisation gestolpert, indem sie die Idee des Privateigentums, des Markttausches und damit des Vertragsdenkens sowie des Geldes akzeptiert hätten und dadurch erst der Entstehung erweiterter Gesellschaften und wechselseitig vorteilhafter Tauschbeziehungen zum Durchbruch verholfen hätten.

Bei der hier nur angedeuteten Erklärung wird die Rolle des Zufalls und des an der Gruppenselektion festgemachten Erfolgs der Regelevolution einseitig betont. Der Wandel der Regeln hatte historisch erst dann und dort eine Chance, wann und wo er durch einen Wandel der Weltbilder, der moralischen Ideen und Glaubenssysteme begünstigt oder zumindest flankiert wurde. Hierzu geben die Erklärungen von *Max Weber* und *North* die weitergehenden Aufschlüsse (vgl. auch *Leipold* 2004). Der frühe Wandel des holistisch-unspezialisierten Weltbildes hin zum hierarchisch-teilspezialisierten Weltbild wurde vor allem durch die Entdeckung und Nutzung der Religion und damit des Glaubens an die eigenständige Gestaltungs- und Sanktionsmacht von übernatürlichen und als mehr oder weniger vollkommen vorgestellten Instanzen als eigenständiger Ordnungsfaktor ermöglicht. Wenn die oben angeführten Thesen realistisch sind, daß Religionen relativ gegenüber den säkularen Ideologien im 21. Jahrhundert an Bedeutung gewinnen und daß die Persistenz oder aber der Wandel von mentalen Modellen der Weltsicht maßgeblich von der Geschlossenheit oder Offenheit der Glaubenssysteme bestimmt wird, so ist der Einfluß der Religionen bei dem Vergleich der Wirtschaftssysteme angemessen zu berücksichtigen. Die analoge Anforderung gilt für die säkularen Glaubenssysteme, also die Ideologien. Das besondere Augenmerk ist dabei auf die Grade der Emanzipation der Vernunft als autonomer Ordnungsfaktor von religiösen oder ideologischen Glaubenswahrheiten zu richten. In dieser Ablösung und damit der Entdeckung der Vernunft als mächtiger Ordnungsfaktor ist die eigentliche Ursache für die Entwicklung der westlichen Kultur zu vermuten, die wiederum das Aufkommen der rechtsstaatlichen Demokratie, der Marktwirtschaft und der autonomen Wissenschaften ermöglichte. Ideell waren die Trennung und Anerkenntnis der jeweiligen Eigenreiche und Eigengesetze des Glaubens und der Vernunft die Voraussetzung für die Überwindung des hierarchisch-teilspezialisierten Weltbildes hin zur funktional-hochsspezialisierten Weltsicht und damit zur Anerkenntnis von funktional zweckrationalen Regeln der jeweiligen Teilsysteme. Die gesellschaftliche Arbeitsteilung und Spezialisierung bilden die notwendige Bedingung für die wirtschaftliche Entwicklung. Denn die arbeitsteilige und marktmäßig organisierte Wirtschaft setzt komplementäre Spezialisierungs- und Rationalisierungsprozesse in Staat, Recht, Verwaltung, Bildung, Wissenschaft, Technik und anderen gesellschaftlichen Teilbereichen voraus. Wie sich in interkulturellen Vergleichsstudien belegen läßt, weisen einzelne Kulturräume gerade in bezug auf diesen Bedingungszusammenhang merkliche Unterschiede auf, die ursächlich und in letzter Instanz auf die kulturspezifisch konstruierten und zeit- und generationenübergreifend tradierten Weltansichten zurückzuführen sind.

Die afrikanischen Länder und Wirtschaftssysteme bieten sich als Beispiele für die Dominanz einer immer noch holistischen Weltsicht in Verbindung mit der Dominanz emotional-tribal gebundener Regelsysteme an (vgl. *Leipold* 2002). Die ungebrochene Geltung dieser Regelsysteme läßt sich auch für den ostasiatischen und speziell chinesischen Kulturraum zeigen, in dem diese Regeln jedoch in ein tradiertes und hochentwickeltes moralisches Ideen- und Regelsystem eingebettet sind (vgl. *Leipold* 2002). Die Eigenarten der Wirtschaftssysteme der zum islamischen Kulturraum gehörenden Länder sind in der Dominanz der religiös geprägten Ideen- und Regelsysteme zu sehen (*Leipold* 2001; für Rußland vgl. *Leipold* 2003; für den Vergleich von USA und Deutschland vgl. *Leipold* 2000).

In diesem Beitrag sollten nur einige methodische Probleme und Anregungen für eine kulturvergleichend konzipierte Ordnungs- oder Institutionenökonomik thematisiert werden. Die Kunst der interkulturellen vergleichenden Analyse von Wirtschaftssystemen und insbesondere von marktwirtschaftlichen Systemen besteht in der Analyse der jeweiligen Einbettung der Wirtschaft in das gesellschaftliche Regelgefüge und in dessen kulturspezifischer, ideeller Fundierung.

Literatur

Bendix, Reinhard (1972), Max Webers Soziologie heute, in: *Dirk Käsler* (Hg.), Max Weber: Sein Werk und seine Wirkung, München, S. 50-67.

Bodenhöfer, Hans-Joachim (2000), Vergleich von Wirtschaftssystemen: Von der Ordnungstheorie zur evolutionären Theorie institutioneller Strukturen, in: *Peter V. Zima* (Hg.),

Vergleichende Wissenschaften: Interdisziplinarität und Interkulturalitäten in den Komparatistiken, Tübingen, S. 63-76.

Borchardt, Knut (1977), Der „Property-Rights-Ansatz" in der Wirtschaftsgeschichte - Zeichen für eine systematische Neuorientierung des Fachs?, in: *Jürgen Kocka* (Hg.), Theorien in der Praxis des Historikers, Göttingen, S. 140-156.

Demsetz, Harold (1967): Toward a Theory of Property Rights, in: American Economic Review, Vol. 57, pp. 347-359.

Denzau, Arthur T. und *North, Douglass C.* (1994): Shared Mental Models: Ideologies and Traditions, in: Kyklos, Vol. 47, pp. 3-31.

Eucken, Walter (1950): Die Grundlagen der Nationalökonomie, 6. Aufl., Berlin, Göttingen und Heidelberg 1990.

Fenoaltea, Stefano (1975): The Rise and Fall of a Theoretical Model: The Manorial System, in: Journal of Economic History, Vol. 35, pp. 386-409.

Fukuyama, Francis (1992), Das Ende der Geschichte, München.

Geertz, Clifford (1991): Dichte Beschreibung: Beiträge zum Verstehen kultureller Systeme, 2. Aufl., Frankfurt a. M.

Graf, Friedrich Wilhelm (2004), Die Wiederkehr der Götter: Religion in der modernen Kultur, München.

Hayek, Friedrich A. von (1980), Recht, Gesetzgebung und Freiheit, Bd.1: Regeln und Ordnung, München.

Hayek, Friedrich A. von (1996), Die verhängnisvolle Anmaßung: Die Irrtümer des Sozialismus, Tübingen.

Hegmann, Horst (2004), Implizites Wissen und die Grenzen mikroökonomischer Institutionenanalyse, in: *Gerold Blümle, Nils Goldschmidt, Rainer Klump, Bernd Schauenberg* und *Harro von Senger* (Hg.), Perspektiven einer kulturellen Ökonomik, Münster, Hamburg und London, S. 11-28.

Herrmann-Pillath, Carsten (1991), Der Vergleich von Wirtschafts- und Gesellschaftssystemen: Wirtschaftsphilosophische und methodologische Betrachtungen zur Zukunft eines ordnungstheoretischen Forschungsprogramms, in: ORDO, Bd. 42, S. 15-68.

Herrmann-Pillath, Carsten (1992), Die ökonomische Theorie der Geschichte, in: ORDO, Bd. 43, S. 503-513.

Hertner, Peter (2002), Unterschiedliche wirtschaftliche Integrationsphasen: ein historischer Vergleich, in: *Alfred Schüller* und *H. Jörg Thieme* (Hg.), Ordnungsprobleme der Weltwirtschaft, Stuttgart, S. 27-43.

Huntington, Samuel P. (1996), Der Kampf der Kulturen - The Clash of Civilizations: Die Neugestaltung der Weltpolitik im 21. Jahrhundert, München und Wien.

Kahan, Arcadius (1973), Notes on Serfdom in Western and Eastern Europe, in: Journal of Economic History, Vol. 33, pp. 86-99.

Kant, Immanuel (1968), Idee zu einer allgemeinen Geschichte in weltbürgerlicher Absicht, in: Kants Werke (Akademie Textausgabe), Bd. VIII, Berlin, S. 15-32.

Kerber, Wolfgang (1998), Erfordern Globalisierung und Standortwettbewerb einen Paradigmenwechsel in der Theorie der Wirtschaftspolitik?, in: ORDO, Bd. 49, S. 253-268.

Leipold, Helmut (1988), Wirtschafts- und Gesellschaftssysteme im Vergleich, 5. Aufl. Stuttgart.

Leipold, Helmut (1989), Das Ordnungsproblem in der ökonomischen Institutionentheorie, in: ORDO, Bd.40, S. 129-146.

Leipold, Helmut (1996), Zur Pfadabhängigkeit der institutionellen Entwicklung, in: *Dieter Cassel* (Hg.), Entstehung und Wettbewerb von Systemen, Berlin, S. 93-115.

Leipold, Helmut (1997), Der Zusammenhang zwischen der Entstehung und dem Wettbewerb von Ordnungen, in: *Karl von Delhaes* und *Ulrich Fehl* (Hg.), Dimensionen des Wettbewerbs, Stuttgart, S. 397-427.

Leipold, Helmut (1998), Die große Antinomie der Nationalökonomie: Versuch einer Standortbestimmung, in: ORDO, Bd. 49, S. 15-42.

Leipold, Helmut (2000), Die kulturelle Einbettung der Wirtschaftsordnungen: Bürgergesellschaft versus Sozialstaatsgesellschaft, in: *Bettina Wentzel* und *Dirk Wentzel* (Hg.), Wirtschaftlicher Systemvergleich Deutschland/USA, Stuttgart, S. 1-52.

Leipold, Helmut (2001), Islam, institutioneller Wandel und wirtschaftliche Entwicklung, Studien zur Ordnungsökonomik, Nr. 27, Stuttgart.

Leipold, Helmut (2002), Kulturelle Einflußfaktoren der Integration in die weltwirtschaftliche Arbeitsteilung, in: *Alfred Schüller* und *H. Jörg Thieme* (Hg.), Ordnungsprobleme der Weltwirtschaft, Stuttgart, S. 45-71.

Leipold, Helmut (2003), Kulturelle Determinanten der wirtschaftlichen Entwicklung, in: *Hans-Hermann Höhmann* und *Heiko Pleines* (Hg.), Wirtschaftspolitik in Osteuropa zwischen ökonomischer Kultur, Institutionenbildung und Akteursverhalten: Russland, Polen und Tschechische Republik im Vergleich, Bremen, S. 14-41.

Leipold, Helmut (2004), Grundlegende Institutionenreformen im Spannungsverhältnis zwischen ideellen und materiellen Einflussfaktoren, Volkswirtschaftliche Beiträge des Fachbereichs Wirtschaftswissenschaften der Philipps-Universität Marburg, Nr. 31, Marburg. Erscheint in: *Thomas Eger* (Hg.), Voraussetzungen für grundlegende institutionelle Reformen, Berlin 2005.

McManus, John (1972), An Economic Analysis of Indian Behavior in the North American Fur Trade, in: Journal of Economic History, Vol. 32, pp. 36-53.

North, Douglass C. (1988), Theorie des institutionellen Wandels, Tübingen 1988.

North, Douglass C. (1992): Institutionen, institutioneller Wandel und Wirtschaftsleistung, Tübingen.

North, Douglass C. (1994), Economic Performance through Time, in: American Economic Review, Vol. 84, pp. 359-368.

North, Douglass C. (1995), The Adam Smith Address: Economic Theory in a Dynamic Economic World, in: Business Economics, Vol. 30, pp. 7-12.

North, Douglass C. (1999), Hayeks Beitrag zum Verständnis des Prozesses wirtschaftlichen Wandels, in: *Viktor Vanberg* (Hg.), Freiheit, Wettbewerb und Wirtschaftsordnung: Hommage zum 100. Geburtstag von Friedrich A. von Hayek, Freiburg i.Br., Berlin und München, S. 57-78.

North, Douglass C. und *Robert Thomas*(1973), The Rise of the Western World: A New Economic History, Cambridge.

Osterhammel, Jürgen und *Niels P. Petersson* (2003), Geschichte der Globalisierung: Dimensionen, Prozesse, Epochen, München.

Sautter, Hermann (2004), Weltwirtschaftsordnung: Die Institutionen der globalen Ökonomie, München.

Schluchter, Wolfgang (1988), Religion und Lebensführung, Bd. 2: Studien zu Max Webers Religions- und Herrschaftsideologie, Frankfurt a. M.

Schüller, Alfred (1986), Der theoretische Institutionalismus als Methode des Systemvergleichs, in: *Gernot Gutmann* und *Siegfried Mampel* (Hg.), Probleme systemvergleichender Betrachtung, Berlin, S. 131-162.

Schüller, Alfred (1988), Ökonomik der Eigentumsrechte in ordnungstheorischer Sicht, in: *Dieter Cassel, Bernd-Thomas Ramb* und *H. Jörg Thieme* (Hg.), Ordnnungspolitik, München, S. 155-183.

Schüller, Alfred (1999), Vergleichende Systemforschung und Ordnungstheorie: Der Beitrag der Marburger Forschungsstelle, in: *Alfred Schüller* und *Christian Watrin*, Wirtschaftliche Systemforschung und Ordnungstheorie: 40-Jahre Forschungsstelle zum Vergleich wirtschaftlicher Lenkungssysteme der Philipps-Universität Marburg, Studien zur Ordnungsökonomik, Nr. 22, Stuttgart, S. 5-34.

Schüller, Alfred (2000), Theorie des wirtschaftlichen Systemvergleichs: Ausgangspunkte, Weiterentwicklungen und Perspektiven, in: *Helmut Leipold* und *Ingo Pies* (Hg.), Ordnungstheorie und Ordnungsspolitik: Konzeptionen und Entwicklungsperspektiven, Stuttgart, S. 51-81.

Schüller, Alfred und *Gerrit Fey* (2002), Internationale Integrationsprozesse: Ursachen, Auswirkungen und ordnungspolitische Spannungsfelder, in: *Alfred Schüller* und *H. Jörg Thieme* (Hg.), Ordnungsprobleme der Weltwirtschaft, Stuttgart, S. 3-25.

Tetzlaff, Rainer (Hg.) (2000), Weltkultur unter Globalisierungsdruck: Erfahrungen und Antworten aus den Kontinenten, Bonn.

Weber, Max (1914), Vorwort, in: *Max Weber*, Grundriss der Sozialökonomik, I. Abt. Wirtschaft und Wirtschaftswissenschaft, Tübingen, S. VII-IX.

Weber, Max (1922a), Die Objektivität sozialwissenschaftlicher und sozialpolitischer Erkenntnis, in: *Max Weber*, Gesammelte Aufsätze zur Wissenschaftslehre, Tübingen, S. 146-214.

Weber, Max (1922b), Kritische Studien auf dem Gebiet der kulturwissenschaftlichen Logik, in: *Max Weber*, Gesammelte Aufsätze zur Wissenschaftslehre, Tübingen, S. 215-290.

Weber, Max (1924), Wirtschaftsgeschichte, 2. Aufl., München und Leipzig.

Weber, Max (1972), Gesammelte Aufsätze zur Religionssoziologie, Bd. I, Tübingen.

Weber, Max (1976), Wirtschaft und Gesellschaft: Grundriss der verstehenden Soziologie, 5. rev. Aufl., Tübingen.

Weber, Max (1991): Die Wirtschaftsethik der Weltreligionen: Konfuzianismus und Taoismus. Schriften 1915-1920, Tübingen.

Weede, Erich (2000), Asien und der Westen: Politische und kulturelle Determinanten der wirtschaftlichen Entwicklung, Baden-Baden.

Weippert, Georg (1941), Walter Euckens Grundlagen der Nationalökonomie, in: Zeitschrift für die gesamte Staatswissenschaft, Bd. 102, S. 1-58.

Weltbank (2002), Globalization, Growth, and Poverty: Building an inclusive World Economy, New York.

Helmut Leipold und Dirk Wentzel (Hg.), Ordnungsökonomik als aktuelle Herausforderung
Schriften zu Ordnungsfragen der Wirtschaft · Band 78 · Stuttgart · 2005

Globalisierung, Weltwirtschaftsordnung, Soziale Marktwirtschaft, Wettbewerb und Ethik

– Einige kritische Überlegungen –

Gernot Gutmann

Inhalt

1. Die Globalisierung im Widerstreit der Argumente

1. Es gibt in der allgemeinen politischen Diskussion seit Jahren ein Schlagwort, das für die einen als Chiffre für weltweiten ökonomischen und sozialen Fortschritt steht, für andere hingegen für nahezu alles Verwerfliche, was auf dieser Welt geschieht, nämlich das Wort ‚Globalisierung'. Dabei ist der Umstand befremdlich, daß das Wissen um die Art und die Auswirkungen der Globalisierung offenbar äußerst begrenzt ist, obgleich alle Welt darüber spricht. So hat eine vom Institut für Demoskopie, Allensbach, im März des Jahres 1998 durchgeführte Befragung von 2285 Deutschen zu Tage gefördert, daß lediglich 18 % der befragten Personen eine deutliche Vorstellung von Globalisierung besaßen, 44 % hingegen nur ein vages Bild davon hatten und schließlich 28 % das Wort „Globalisierung" zum ersten Mal hörten (*Müller* und *Kornmaier* 2001, S. 81 f.). Es ist daher kaum verwunderlich, daß es nicht möglich ist, aus der Vielzahl der Meinungen eine präzise, umfassende und allgemein akzeptierte Definition dessen herauszufiltern, was diese Globalisierung denn eigentlich ist. So ist schon unklar, ob sie als ein rein oder vorwiegend ökonomisches Phänomen verstanden werden muß oder auch als ein soziales und politisches. Es gibt vielerlei Versuche, Globalisierung zu umschreiben. Seriöse Bemühungen dieser Art betonen entweder mehr den ökonomischen Charakter des Phänomens, andere beziehen zusätzliche Aspekte mit in die Explikation ein. Wenige Beispiele mögen dies verdeutlichen.

2. So versteht *Lachmann* (1998, S. 97) unter Globalisierung „... eine Fortsetzung der Internationalisierung des Handels ...", in welcher vor allem die „Global Players" eine wichtige Rolle spielen, weil diese in der Lage seien, in hohem Maße und rasch Ressourcen international zu verschieben. Zu dieser Internationalisierung des Handels komme eine solche des Produktionsprozesses hinzu („slicing the value-added-chain") (*Lachmann* 2003, S. 8). Nach *Thurow* (2004, S. 31) ist Globalisierung ein Prozeß der Ablösung von nationalen Volkswirtschaften durch die Weltwirtschaft und eine von derzeit drei gleichzeitig stattfindenden Revolutionen in der ökonomischen Welt, wobei die beiden anderen darin zu sehen sind, daß wissensgestützte Ökonomien die bisherigen industriellen verdrängen und daß der Kapitalismus den Sozialismus bzw. den „Quasisozialismus" ablöst.

> „Die Globalisierung ist nur eine von ihnen und wahrscheinlich nicht die wichtigste. Viele der Effekte, die der Globalisierung zugeschrieben werden, entspringen den beiden anderen oder der Wechselwirkung zwischen der Globalisierung und den beiden anderen."

Schüller und *Fey* (2002, S. 4) hingegen interpretieren Globalisierung als Prozeß beschleunigter weltwirtschaftlicher Öffnung, der verbunden sei mit „... Zunahme von Assoziationsmöglichkeiten über herkömmliche Raum- und Zeitgrenzen hinaus – in geistig-kultureller, politischer, militärischer und wirtschaftlicher Hinsicht". Und schließlich kennzeichnet *Kaufmann* (1997) Globalisierung als das Zusammenwirken von Elementen einer dreifachen Art gesellschaftlicher Entfaltungen, nämlich einer Internationalisierung, einer Transnationalisierung und einer beschleunigten Entwicklung länderübergreifender Informations- und Kommunikationsprozesse. Beschränkt man sich dabei auf den wirtschaftlichen Bereich, dann sind hier mit Internationalisierung jene ökonomischen Vorgänge gemeint, welche die Bedeutung grenzüberschreitender Handlungen für die je eigene Gesellschaft erhöhen, was u. a. dann der Fall ist, wenn der Anteil von Export und Import am Sozialprodukt für den nationalen Wirtschaftsprozeß immer wichtiger wird, der Offenheitsgrad der Volkswirtschaft also zunimmt.[1] Unter Transnationalisierung des Wirtschaftlichen ist das Entstehen von Organisationen wie die WTO oder die EWU gemeint, also von Einrichtungen, welche die nationalen Rechtsordnungen überschreiten, und darüber hinaus auch das Entstehen von Unternehmensstrukturen, bei denen die verschiedenen unternehmerischen Aktivitäten an jedem Standort der Welt getrennt von den jeweils anderen stattfinden können.

3. Von den Kritikern des Globalisierungsgeschehens werden – meist mit großem Engagement und oft auch sehr emotional – Argumente dafür vorgetragen, daß dieser Prozeß schädliche oder gar zerstörerische Konsequenzen mit sich bringe, wobei manche dieser Argumente auch widersprüchlich sind. Einige dieser Vorwürfe sind die folgenden:

- Entwicklungsländer würden durch die Industriestaaten „ausgebeutet" und in ihrer wirtschaftlichen Entwicklung gehindert, wenn sie sich in die internationale Arbeitsteilung eingliedern. Sie sollten sich besser vom Welthandel fern halten (*Senghass* 1977).
- Im Gegensatz hierzu steht das Argument, die Industrieländer würden im Welthandel durch die Entwicklungsländer „ausgebeutet", vor allem im Bereich der Dienstleistungen. Es wird von Lohndumping gesprochen, und man wertet die entsprechenden Wettbewerbsvorteile der Entwicklungsländer als Gefährdung der eigenen Wohlfahrt (*Lachmann* 1998, S. 99), weil die Lohnkostendifferenzen zum Offshoring von Arbeitsplätzen führe.
- Globalisierung – vor allem in ihrer Erscheinungsform eines zunehmenden Massentourismus – gefährde die Gesundheit ganzer Völker. Dies werde durch die Ausbreitung oder Wiederausbreitung von Malaria, Hepatitis, SARS, Vogelgrippe und andere Krankheiten hinreichend bestätigt. Auch bewirke solcher Tourismus in die Entwicklungsländer erhebliche Schäden der dortigen Infrastruktur und vor allem der Natur (*Müller* und *Kornmaier* 2001, S. 42-49).
- Globalisierung fördere zudem „Mülltourismus", zunehmende Exporte von Rüstungsgütern und den Handel mit Drogen aller Art (*Hauchler* 1995, S. 57). So sei etwa die historisch berühmt gewordene Seidenstraße längst zum „drug highway" verkommen.
- Auch habe Globalisierung schwere negative Wirkungen sozialer und sozialpolitischer Natur. Sie fördere einerseits in den Entwicklungsländern Kinderarbeit, nutze die dortige Armut im Interesse kapitalkräftiger Unternehmen in den Industriestaaten aus und blockiere in der dritten Welt das Entstehen von Systemen der sozialen Sicherheit. Dies sei die Folge des Umstands, daß zwischen dem Eigeninteresse mächtiger nationaler Konzerne einerseits und den Anforderungen an moralisches Verhalten andererseits ein unüberbrückbarer Gegensatz bestehe (*Lütge* 2004). Andererseits je-

1 Definiert man diesen als die Summe der prozentualen Export- und Importanteile am nationalen Bruttoinlandsprodukt und dividiert durch 2, dann entwickelte sich der Offenheitsgrad der Wirtschaft der Bundesrepublik Deutschland von rund 12 % im Jahre 1950 auf 34 % im Jahre 2000 und in Frankreich von 15 % (1950) auf 27,3 % (2000) (*Wagner* 2003, S. 5 ff.).

doch wird argumentiert, die Globalisierung bewirke infolge eines Wettbewerbs der Institutionen in den Industriestaaten den Abbau der dort erreichten hohen Standards der sozialen Absicherung („soziale Demontage").

- Über solche wirtschaftliche, ökologische und soziale Schäden hinaus werden der Globalisierung aber noch weitere negative Folgen angelastet. So sei sie in manchen Entwicklungsländern mit einem Verfall der kulturellen Tradition verbunden, weil die dort tradierten Ordnungsregeln Verhaltensweisen bedingen, die zu denen im Widerspruch stehen, die in einer vom Westen geprägten internationalen Arbeitsteilung für diese Länder erforderlich sind, wenn sie ökonomisch aufholen wollen oder weil sich in diesen Ländern häufig westliche Konsumgewohnheiten (Tragen von Jeans, Trinken von Coca Cola, Essen von Big Mac) ausbreiten, wodurch dann gleichzeitig die Einstellung zum Westen auch negativ geprägt werde. *Huntington* (1996, S. 79 f.) mokiert sich über diesen letzteren Vorwurf mit der Bemerkung:

  > „Naive Arroganz verleitet Westler zu der Annahme, Nichtwestler würden durch den Erwerb von westlichen Gütern ‚verwestlicht'. Was sagt es aber der Welt wirklich über den Westen, wenn Westler ihre Zivilisation mit Sprudelgetränken, ausgebleichten Hosen und fetthaltigen Speisen gleichsetzen?"

  Auch führe Globalisierung vor allem in den entwickelten Ländern zwangsläufig dazu, daß Wirtschaft die Politik dominiert (*Küng* 1997, S. 280, 286; *Hauchler* 1995, S. 10 ff.), weil aus Gründen der Standortsicherung bestimmte politische Ziele entweder gar nicht mehr oder nur noch mit solchen Mitteln verwirklicht werden können, die eigentlich unerwünscht sind. – Schließlich wird darauf hingewiesen, daß im Zuge der Globalisierung das Vertrauen insbesondere in die Finanzinstitutionen und in die Verläßlichkeit von Beratern verlorengehe, mit schweren Folgen für das Ansehen der marktwirtschaftlichen Ordnung. Dieses Vertrauen sei zusammengebrochen, „... als die Märkte sich den Herausforderungen der Globalisierung stellen mussten und die professionelle Ethik einem aggressiven Kommerz gewichen war. Banker, Anwälte und Berater arbeiteten für jeden, der mit einem Scheckbuch winkte" (*Kay* 2004).

4. Ökonomen, die wohl mehrheitlich die Globalisierung befürworten, halten dem entgegen, daß dieser Prozeß zwar temporär mit einigen Problemen verbunden sei, daß er aber höchst erstrebenswerte positive Wirkungen hervorbringe. Dabei werden unter anderem die folgenden immer wieder herausgestellt:

- Globalisierung gehe einher mit einer starken Erweiterung der (internationalen) Arbeitsteilung und damit verbundener Professionalisierung der arbeitenden Menschen (*v. Weizsäcker* 2000, S. 13 ff.) mit den spätestens seit *Adam Smith* (1759) bekannten Wohlfahrtsgewinnen für die Gesellschaft.
- Globalisierung stärke den (internationalen) Wettbewerb mit der Folge, daß die Nachfrager auf den Produktmärkten leichter auf alternative Angebote ausweichen können und daß die Anbieter gezwungen werden, Kosten zu reduzieren und ihre Absatzpreise zu senken sowie nach Innovationen bei Produkten, Verfahren und Standorten zu suchen, um im Wettbewerb überleben zu können, was sich förderlich auf das wirtschaftliche Wachstum in der Welt auswirke.
- Globalisierung erweitere die Möglichkeiten zur Wanderung von Produktionsfaktoren durch den Abbau von Beschränkungen im Kapitalverkehr, aber auch in der Wande-

rung von Arbeitskräften. Hiermit verbunden seien sinkende Herstellungs-, Informations- und Kommunikationskosten, was Preissenkungen ermögliche.

Diese und ähnliche Argumente sind konsequent aus dem ökonomischen Denken abgeleitete Wirkungen des Globalisierungsprozesses. Sie legen das Urteil nahe, daß Globalisierung – zumindest mittelfristig – zu erhöhtem Wohlstand führt, und zwar für die Menschen in allen an diesem Prozeß beteiligten Ländern. Es wird dabei davon ausgegangen, daß das Marktgeschehen letztlich kein Nullsummenspiel ist, daß also Freihandel und zusätzliche Akteure im Marktgeschehen positive gesamtwirtschaftliche Wohlfahrtseffekte haben (*Gerecke* 1998, S. 7) und daß die wirtschaftenden Menschen grundsätzlich rational entscheiden und handeln, wobei hinter dieser Annahme unsere abendländische Vorstellung von Rationalität steht. Die positiven Effekte der Globalisierung lassen sich auch mit Beispielen belegen.

> „Die Globalisierung an sich ist weder gut noch schlecht. Sie hat das Potential, auf breiter Front Gutes zu bewirken, und die Länder Ostasiens, die sich der Globalisierung zu ihren Bedingungen und dem Tempo öffneten, das ihnen behagte, haben trotz des Rückschlags der Krise von 1997 enorm von ihr profitiert" (*Stiglitz* 2002, S. 35).

5. Nun dürfte es keineswegs schwierig sein, für nahezu jede dieser und noch anderer der Globalisierung zugeschriebenen positiven oder negativen Wirkungen eines oder eine ganze Reihe von empirischen Beispielen zu finden (*Stiglitz* 2002), die geeignet erscheinen, die jeweils in Rede stehende These zu stützen, freilich ohne daß sie dadurch ein für allemal als bewiesen und für generell bestätigt angesehen werden könnte. Man kann auch getrost davon ausgehen, daß selbst dann, wenn sich alle Länder der Globalisierung – sei es infolge von religiösem Fanatismus, antikapitalistischem Affekt, der Angst vor dem Verlust der nationalen Identität oder antiamerikanischem Ressentiment – dadurch zu entziehen suchten, daß sie sich gegenüber einigen oder allen anderen Ländern völlig isolieren, nicht damit gerechnet werden darf, daß alle der Globalisierung angelasteten und als schädlich deklarierten Folgen ausbleiben und daß man aller ihr als positiv zugeschriebenen Folgen völlig verlustig gehen würde. Zu letzterem Aspekt gilt wohl die Auffassung von *Lester Thurow* (2004, S. 90):

> „In diesem Fall würde der Lebensstandard einer Durchschnittsfamilie in großen, reichen Ländern geringfügig, in kleinen, reichen Ländern stärker und in der Dritten Welt erheblich fallen."

Es blieben in den isolierten Volkswirtschaften auch genügend Probleme zu lösen übrig, von denen man heute behauptet, sie würden durch Globalisierung verursacht. Dennoch kann man sich kritisch fragen, ob die aus unserem Verständnis von ökonomischer Rationalität abgeleiteten positiven Konsequenzen der Globalisierung mit Sicherheit eintreten müssen, wenn man nur in allen Ländern dieser Welt den Prinzipien dieser Rationalität folgt.

2. Zur Problematik des Begriffs der Weltwirtschaftsordnung

1. Der mitunter sehr hitzige Austausch von Argumenten für und wider die Globalisierung wird in der Politik, aber zum Teil auch in der wissenschaftlichen Literatur oft geführt, ohne einen zentralen Aspekt zureichend – oder diesen nur in einer merkwürdig

eingeschränkten Weise – im Auge zu haben, nämlich den, daß alles ökonomische Geschehen ordnungsbedingt ist.

> „Die Menschen handeln stets im Rahmen der jeweils realisierten Ordnung der Wirtschaft. Ändert sich die Beschaffenheit der Wirtschaftsordnung im ganzen oder in ihren Teilen, dann reagieren die Menschen auf diese Änderung, sie ändern ihre Pläne, und weil das wirtschaftliche Geschehen stets aus wirtschaftlichen Plänen hervorgeht, ändern sich damit die Wirtschaftsprozesse und auch die arbeitsteiligen Beziehungen der Menschen zueinander" (*Hensel* 1972/1992, S. 16).

Soweit es die Probleme der Globalisierung und deren Folgen betrifft, ist diesbezüglich erstaunlicherweise oft nur ein wenig sybillinisch die Rede von der Notwendigkeit einer Ordnung des internationalen Handels oder davon, daß der internationale Kapitalverkehr gewisser Regeln bedürfe (*Schlecht* 2000, S. 18; *Hauchler* 1995, S 178 ff.). Die verschiedensten empirisch feststellbaren Fehlleistungen des Globalisierungsprozesses werden dann oft vorschnell auf angebliche oder tatsächliche Defekte in der bestehenden (oder fehlenden) Ordnung des internationalen Handels- und Kapitalverkehrs zurückgeführt, wohinter sich die Vorstellung verbirgt, durch Behebung dieser Mängel kämen die positiven Folgen der verstärkten internationalen Arbeitsteilung voll zum Tragen, negative hingegen würden verschwinden. Ist aber diese Sichtweise der Dinge hinreichend?

Ohne den Sinn einer zweckmäßigen Ausgestaltung solcher internationaler Ordnungsbereiche in Frage stellen zu wollen, muß dennoch gesagt werden, daß dies eine verkürzte Sicht der Dinge ist. Die weitergehende und wirklich entscheidende Frage ist nämlich die, ob dem weltwirtschaftlichen Geschehen in seiner Gesamtheit – also der Wirtschaft dieser Welt – eine adäquate Weltwirtschaftsordnung zugrunde liegt oder gelegt werden kann, die gewährleistet, daß die als negativ apostrophierten Konsequenzen der Globalisierung unterbleiben und die positiven tatsächlich entstehen können. Was aber ist die ‚Weltwirtschaftsordnung'?

2. Beschäftigt man sich mit der Frage nach einer sinnvollen Weltwirtschaftsordnung, dann stößt man sehr schnell auf den Umstand, daß in der einschlägigen Literatur der Begriff der Weltwirtschaft in einem merkwürdig eingeschränkten Sinne benutzt wird.

> „Unter ‚Weltwirtschaft' versteht man herkömmlicher Weise alle Beziehungen und Verflechtungen, die durch den internationalen Handel sowie durch Bewegungen von Kapital und Arbeit zwischen den Volkswirtschaften entstehen" (*Wagner* 2003, S. 1).

Geht man von einer solchen mehr makroökonomischen Vorstellung von ‚Weltwirtschaft' aus, bei der ‚Volkswirtschaften' ganz offensichtlich als eine Art von Entitäten betrachtet werden, dann läuft man Gefahr, die Güter- und Faktorbewegungen und die Produktions- und Verteilungsprozesse auszublenden, die sich jeweils binnenwirtschaftlich in und zwischen den mikroökonomischen Einheiten in den einzelnen Ländern selbst abspielen und wie diese im Rahmen der jeweils nationalen Wirtschaftsordnung auf die Impulse des Globalisierungsgeschehens reagieren. Diese Prozesse sind zwar mit dem grenzüberschreitenden ökonomischen Geschehen unlöslich verbunden und wirken ihrerseits auf dieses zurück, aber es handelt sich dabei um erheblich komplexere Abläufe als um makroökonomisch betrachtete ‚Verflechtungen zwischen Volkswirtschaften'. Man hat es letztlich mit dem Handeln der aus Milliarden von mikroökonomischen Akteuren bestehenden ‚einen Welt' und mit den Ergebnissen dieses Handelns der wirtschaftenden Menschen zu tun.

3. Die etwas eingeschränkte Sichtweise von ‚Weltwirtschaft' führt dann auch folgerichtig dazu, daß das Verständnis von ‚Weltwirtschaftsordnung' meist ebenfalls zu eng ist. Man versteht darunter nämlich gemeinhin nur jenes System von Regeln für den zwischenstaatlichen Güter- und Kapitalverkehr, welches durch internationale Organisationen wie die WTO, den IMF, die Weltbank, die OECD, die NAFTA oder die EU und andere bereitgehalten und eingefordert wird. „Angesichts der Zunahme weltwirtschaftlicher Verflechtungen ... scheint ein steigender Ordnungs- oder Regelungsbedarf internationaler Wirtschaftsbeziehungen zu bestehen" (*Wagner* 2003, S. 47 ff.) und dies wegen der Möglichkeit des Entstehens von außenwirtschaftlichen Ungleichgewichten. Es wurde und wird viel Gedankenarbeit zu der Frage geleistet, wie die Regeln dieser Wirtschaftsbeziehungen konkret beschaffen sein sollen und wie man deren Einhaltung durch die Mitgliedsländer erzwingen kann. Auch wird gelegentlich erwähnt, daß es Zusammenhänge zwischen dieser Art von Regeln für die internationalen Wirtschaftsbeziehungen und den spezifischen Ordnungsbedingungen innerhalb der einzelnen Länder gibt.

> „With the right sort of rules, the WTO can help to improve the economic policy framework and the business environment within nations, particularly by buttressing the protection of private property rights and the enforcement of contracts in international transactions" (*Sally* 2002, S. 99).

Noch deutlicher wird dieser Zusammenhang bei *Schüller* und *Fey* (2002, S. 17) betont:

> „Das grundlegende Kraftfeld der globalen wirtschaftlichen Entwicklung besteht offensichtlich in einer globalisierungsfähigen Ordnungspolitik auf der nationalen Ebene. Diese Aufgabe ist gleichzusetzen mit der Herstellung der institutionellen Bedingungen monetärer und realwirtschaftlicher Konvertibilität – als Voraussetzung multilateraler Tauschbeziehungen."

Da sich Überlegungen zu diesem Konnex von Regeln für den internationalen Handels- und Kapitalverkehr einerseits und den nationalen Wirtschaftsablauf andererseits vorwiegend auf die nationale Eigentumsordnung (*Sally*) oder die nationalen Regeln für den Außenwirtschaftsverkehr (*Schüller* und *Fey*) beziehen, hat man jeweils nur Teilaspekte des gesamten Problembereichs im Blick.

Geht man dagegen von dem oben skizzierten umfassenden Begriff von ‚Weltwirtschaft' aus[2], dann besteht die Weltwirtschaftsordnung nicht nur aus den nationalen und internationalen Regeln für die grenzüberschreitenden Wirtschaftsbeziehungen und die Ausübung von Eigentumsrechten, sondern sie ist in Wirklichkeit nichts anderes als jenes ungeheuer komplexe und vielgestaltige, in sich oft völlig widersprüchliche Gefüge aller jener Regeln, die das ökonomische und soziale Verhalten der in allen Ländern wirtschaftlich handelnden Akteure steuern. Zur ‚Weltwirtschaftsordnung' gehören die kompletten nationalen Wirtschafts- und Sozialordnungen uneingeschränkt dazu. Nega-

---

2 Diese brachte im Jahr 2000 ein zusammengefaßtes Welt-BIP im Wert von 31 Billionen US-$ (= 31 000 Mrd US-$) hervor, wenn man die nationalen BIPs mit Hilfe von Wechselkursen in US-$ umrechnet. Rechnet man in Kaufkraftparitäten, dann belief es sich auf 44 Billionen US-$ (*Thurow* 2004, S. 16 f.).

tive Begleiterscheinungen der Globalisierung oder Blockierung der positiven können somit nicht nur verursacht sein durch Defekte in den Regeln für die ‚internationalen Wirtschaftsbeziehungen' – oder den Umstand, daß diese nicht beachtet werden[3], sondern auch durch solche in den nationalen Wirtschafts- und Gesellschaftsordnungen der vielen Länder selbst. Wenn in einem Entwicklungsland Gesetze und aus ihnen hervorgehende Kontrollen fehlen, die es verhindern könnten, daß die Geschäftsbanken auf politischen Druck hin in großem Umfang Kredite an marode Unternehmen geben, was die Geldmenge entsprechend vermehrt und daher Inflationsrisiken drohen, und wenn daraufhin ausländische Kapitalgeber ihre Einlagen auf dem schnellsten Wege wieder abzuziehen versuchen – mit den entsprechenden Konsequenzen für die Wirtschaft des Landes –, dann hat dies wenig mit Globalisierung, aber viel mit einem Defekt der inländischen Ordnung des Geldwesens zu tun. Wenn andererseits in einem Industrieland infolge einer funktionsunfähigen Ordnung des Geschehens auf den Arbeitsmärkten und wegen Fehler im Aufbau des Systems der sozialen Sicherung Arbeitsplätze in das Ausland „exportiert" werden, dann ist dies ebenfalls nicht der Globalisierung anzulasten, sondern der Fehlkonstruktion der eigenen Wirtschafts- und Sozialordnung.

Betrachtet man ‚Weltwirtschaftsordnung' in diesem umfassenden Sinne, dann wird die aufregende Problematik erst richtig deutlich, um die es geht, wenn man sich mit der Frage befaßt, ob dem Gesamtgefüge der ‚Weltwirtschaft' eine sinnvolle und wirksame Ordnung unterlegt werden kann. Es müssen dann nämlich nicht nur die Regeln für die ‚internationalen Wirtschaftsbeziehungen' stimmen, sondern es müssen auch die länderspezifischen (nationalen) Wirtschafts- und Sozialordnungen so ausgestaltet werden, daß die gewünschten Ergebnisse zustande kommen können. Es ist also der Blick auf die Frage zu richten, ob und wie man erreichen kann, daß sich die jeweils nationalen Ordnungen sowohl in den Industriestaaten als auch in den Entwicklungsländern ‚richtig' ausgestalten lassen. Diese Frage zu stellen, mag an Vermessenheit grenzen, aber man kann ihr nicht ausweichen, wenn man das Problem diskutiert, wie sich die Wirkungen von Globalisierung optimieren lassen.

4. Ökonomen neigen mitunter zu der Auffassung, die erwünschte Entwicklung des Globalisierungsprozesses ließe sich schon dadurch erreichen, daß die Wirtschaftsordnungen aller Länder, die in internationaler Arbeitsteilung stehen, Liberalisierung des Handels[4] und des Kapitalverkehrs ermöglichen, private Eigentumsrechte sichern und daß darüber hinaus für makroökonomische Stabilisierung der nationalen Prozeßabläufe gesorgt wird.[5] Es gibt jedoch „... eine Zeit und einen Ort für die Schaffung freier Märk-

3 Dies führt dann häufig zu internationalen Handelskonflikten (*Decker* und *Mildner* 2004).

4 Diese Forderung wird leider mit der Tatsache konfrontiert, daß ihr häufig auch in entwikkelten Industriestaaten nicht entsprochen wird. „Die Kritiker der Globalisierung werfen den westlichen Ländern Heuchelei vor, und die Kritiker haben Recht. Sie haben arme Länder dazu gedrängt, Handelshemmnisse abzubauen, während sie gleichzeitig ihre eigenen Handelsschranken beibehielten, so daß die Entwicklungsländer ihre Agrarprodukte nicht in die Industrieländer ausführen können und so um dringend benötigte Exporteinnahmen gebracht werden" (*Stiglitz* 2002, S. 21).

5 Zu diesen sich im sogenannten „Washington Consensus" niederschlagenden Vorstellungen vgl. *Williamson* (1990, 2000); *Leschke* (2002, S. 425 und 439).

te, indem man Branchen privatisiert. Aber die Entwicklung beginnt mit der Einsicht, daß Wirtschaftswachstum etwas mehr als freie Märkte erfordert. Sie sind nötig, doch sie genügen nicht" (*Thurow* 2004, S. 144). Mit Rückgriff auf empirische Beispiele weist *Thurow* auf die Bedeutung technologischer Entwicklungen und der Bildung als weitere unverzichtbare Triebkräfte für die globalisierte wirtschaftliche Entwicklung hin. Diese sind freilich wiederum beeinflußt von den dahinter liegenden nationalen Ordnungen. Liberalisierung und private Eigentumsrechte sind zwar ganz zweifellos eine notwendige, aber noch keineswegs eine hinreichende Bedingung für ein allseits als gedeihlich empfundenes Geschehen der gesamten Weltwirtschaft. Die hinreichende Bedingung für das Entstehen der vollen Funktionsfähigkeit der ‚Weltwirtschaftsordnung' wäre erst dann erfüllt, wenn auch die konkreten Ordnungsbedingungen in allen Ländern dieser Welt geeignete Regeln bereitstellen würden. Dies ist freilich derzeit allenfalls ein ordnungspolitisches Ideal, aber keine realistische Vorstellung über die bestehende Weltwirtschaftsordnung.

Wegen der nationalen Eigenständigkeit der Staaten ist nicht damit zu rechnen, daß eine weltweit akzeptierte Organisation als politische Ordnungsmacht fungieren und die Aufgabe übernehmen könnte, in den Ländern dieser Welt ‚für Ordnung' zu sorgen. Es ist vorerst nicht damit zu rechnen, daß in naher Zukunft weltweit jene „allgemein das Recht verwaltende bürgerliche Gesellschaft" entsteht, von deren Zustandekommen *Kant* (1784/1949, S. 15) der Ansicht war, man könne „... die Geschichte der Menschengattung im großen als die Vollziehung eines verborgenen Plans der Natur ansehen, um eine ... vollkommene Staatsverfassung zustande zu bringen, als dem einzigen Zustand, in welchem sie alle ihre Anlagen in der Menschheit völlig entwickeln kann". Es wird vorläufig dabei bleiben, daß sich die informellen Regeln des Verhaltens auf der Basis ganz unterschiedlicher kultureller Traditionen entwickeln und die formellen durch die jeweiligen nationalen Gewalten gesetzt werden, wobei nicht alle geeignet sind, den Segnungen der Globalisierung zum Durchbruch zu verhelfen und schädliche Wirkungen zu verhindern.

Gleichwohl wird man sich mit dieser resignierenden Feststellung nicht begnügen können, sondern es gilt zu erforschen, ob und wie sich künftig für den internationalen Wirtschaftsverkehr und in den einzelnen Ländern geeignete Wirtschaftsordnungen etablieren lassen, auch wenn die von *Kant* für eine spätere Zukunft erwartete weltweit „allgemein das Recht verwaltende bürgerliche Gesellschaft" noch lange auf sich warten lassen wird. Dabei wird man freilich gut daran tun, den kritischen Hinweis von *v. Weizsäcker* (2000, S. 122) ernst zu nehmen, der da lautet: „Es hat wenig Sinn, sich eine Ordnung zu erträumen, deren Realisierungschancen Null sind." Wie aber könnte eine realistische und geeignete Wirtschaftsordnung in den verschiedenen Ländern als Teil der ‚Weltwirtschaftsordnung' aussehen, und wie könnte man sie verwirklichen? Dies ist eine bis heute ungelöste Frage. Um hierauf eine einigermaßen verläßliche Antwort geben zu können, wird noch viel (interdisziplinäre) ordnungstheoretische Forschung zu leisten sein, die – längerfristig gesehen – wichtiger ist als mancher modische modelltheoretische Schnickschnack, der gelegentlich unsere Fachgazetten ziert.

3. Die Soziale Marktwirtschaft als globales Leitbild?

1. Mitunter wird – sei es explizit oder mehr implizit – die Ansicht vertreten, das Konzept einer „modernisierten" Sozialen Marktwirtschaft sei für das Zeitalter der Globalisierung ein solches geeignetes Ordnungsleitbild (*Schlecht* 2000, S. 18). Als Ökonom, der aus der Denktradition der Freiburger Schule kommt und der die Grundaussagen dieser Ordnungstheorie, trotz mancher Erweiterungen, die sie in der Neuen Institutionenökonomik erfährt (*Erlei, Leschke* und *Sauerland* 1999) – deren Teilbereiche sich freilich bis heute nicht zu einem in sich geschlossenen Theoriekonzept zusammenfügen lassen (*Feldmann* 1999; *Evers* 2003) – noch immer für zeitgemäß und in vielen Fällen genügend realitätsbezogen ansieht, ist man zunächst versucht, solchen Überlegungen vorbehaltlos zuzustimmen. Durch die Etablierung einer Ordnung, die den Prinzipien der Sozialen Marktwirtschaft folgt – in welcher konkreten Ausgestaltung auch immer –, wäre sicherlich die Chance groß, daß sich viele der befürchteten negativen Auswirkungen von Globalisierung vermeiden und die erwarteten positiven durch die diesem Ordnungsleitbild eigene Verbindung von „Freiheit auf dem Markt mit sozialem Ausgleich" weitgehend realisieren ließen. Dies entspräche dann auch der Auffassung *Müller-Armacks* (1972, S. 28) der davon überzeugt war, daß „alle Ordnungen der Zukunft, in welchen freien Ländern der Welt sie auch praktiziert werden mögen, ... irgendwie den Linien dieses Gedankens der Sozialen Marktwirtschaft folgen müssen." Freilich sind an diesem zitierten Satz zwei Formulierungen besonders bemerkenswert: Zum einen spricht *Müller-Armack* von „freien Ländern der Welt", und zum anderen gebraucht er das Wort „irgendwie". Das weist darauf hin, daß er sich voll dessen bewußt war, daß Soziale Marktwirtschaft kaum in unfreien Ländern entstehen wird, von denen es eine nicht unbeträchtliche Anzahl gibt, und er nicht erwartete, daß die konkrete Ausgestaltung einer Sozialen Marktwirtschaft dort, wo sie entstehen kann, lediglich ein Duplikat dessen sein würde, was ihm aus der spezifischen Situation in Westdeutschland nach dem Ende des Zweiten Weltkriegs heraus im Detail richtig erschien.

2. Mit welchen Schwierigkeiten jedoch der Versuch verbunden wäre, eine den Prinzipien der Sozialen Marktwirtschaft entsprechende wettbewerbliche Wirtschaftsordnung in den in internationaler Arbeitsteilung verbundenen Ländern dieser Welt einzuführen, um so die Globalisierung zu einem vollen Erfolg zu bringen, wird schnell deutlich, wenn man sich an die Voraussetzungen zurückerinnert, die *Eucken* für den Aufbau einer Wettbewerbsordnung – also des ökonomischen Kernstücks der Sozialen Marktwirtschaft – als notwendig erachtete. Zunächst stellte er generell fest, daß der Aufbau einer Wettbewerbsordnung eine Aufgabe darstellt, die als extrem schwierig zu bezeichnen ist.

> „Sehr starke historische Kräfte wirken gegen den Aufbau einer zureichenden Ordnung. Die arbeitsteilige industrielle Wirtschaft bietet eben Chancen zur Herrschaft und zur Machtausübung, wie sie früher in der Geschichte nicht bestanden ... Von einer Lösung des ordnungspolitischen Problems ist das 20. Jahrhundert in seiner Mitte weiter entfernt als zu seinem Beginn" (*Eucken* 1960, S. 241).

Diese sehr realistische Zustandsbeschreibung für die Mitte des 20. Jahrhunderts läßt sich – national wie international – ohne Abstriche auf den Beginn des 21. Jahrhunderts übertragen. Auch machte *Eucken* (1960, S. 251) in aller Deutlichkeit klar, daß die jeweiligen konkreten Umstände, die in einem Land zu dem Zeitpunkt bestehen, zu dem man eine Wettbewerbsordnung errichten will, ganz unterschiedlich sein können, worauf entsprechend Rücksicht genommen werden muß.

3. Jedoch stellte sich *Eucken* die Frage nach den Grundsätzen, die in der Politik beachtet werden müssen, wenn man eine Wettbewerbsordnung entstehen lassen will. Dabei hebt er zwei staatspolitische Prinzipien hervor, deren Befolgung eine Grundvoraussetzung dafür darstellt *(Eucken* 1960, S. 334). Der erste dieser beiden Grundsätze verlangt, die Politik darauf zu richten, vorhandene wirtschaftliche und auch gesellschaftliche Machtgruppen aufzulösen oder deren Funktionen so zu begrenzen, daß staatliches Handeln nicht von Gruppeninteressen korrumpiert wird. Wie schwierig dies schon in den entwickelten Ländern ist, zeigt die ökonomische Theorie der Politik in aller Deutlichkeit. Es mag sich auch jeder sein eigenes Urteil darüber bilden, inwiefern allein in der Bundesrepublik Deutschland diesem Prinzip tatsächlich entsprochen wurde und wird angesichts der Fülle machtversessener Verbände, an deren Spitze lediglich Gewerkschaften, Arbeitgeberverbände, der Bauernverband und eine Vielzahl von Verbänden in der gewerblichen Wirtschaft genannt werden sollen.[6] Um wieviel schwieriger wird diese Aufgabe in Staaten zu lösen sein, in denen keine Demokratien bestehen, sondern die durch politische Diktaturen, autokratische Herrschaftssysteme, Stammes- und Familienloyalitäten oder mafiöse Clan-Strukturen geprägt sind. In Ländern dieser Art dürfte es schon an dem Willen daran fehlen, sich an dieses erste staatspolitische Prinzip *Euckens* zu halten, wodurch das Entstehen einer Ordnung, die den Grundsätzen der Sozialen Marktwirtschaft entspricht, unmöglich wird.

Das zweite Prinzip für das politische Handeln des Staates verlangt, daß die wirtschaftspolitische Tätigkeit auf die Implementierung der Ordnungsformen – also auf die Gestaltung der formalen Verhaltensregeln – ausgerichtet sein soll und nicht auf die Lenkung des Wirtschaftsprozesses selbst. Daß auch hiergegen in vielen Ländern durch eine Vielzahl von staatseigenen Unternehmen und ein Übermaß von häufig an Gruppeninteressen orientierter Prozeßpolitik in permanent wechselnden Formen seit langem vehement verstoßen wird, bedarf wohl keiner näheren Beweisführung. Bei solchen wirtschaftspolitischen Aktivitäten konzentriert sich das „... Handeln der politischen Akteure, die in den gesetzgebenden Versammlungen ihre jeweilige Kundschaft repräsentieren, ... in vorhersehbarer Weise darauf, eine Sonderbehandlung für diese Partikularinteressen zu erwirken – oder umgekehrt darauf, eine gezielte Ausbeutung abzuwehren, zum Beispiel durch eine Steuer. Vor dem Hintergrund einer (*verfassungsrechtlichen*, G. G.) Grundstruktur, die zuläßt, daß politisches Handeln in seiner Wirkung diskriminierend ist, kann man von Politikern nicht erwarten, daß sie anders handeln, als sie es in der Wirklichkeit tun" (*Buchanan* 2004).

---

6 Daß es sich dabei um eine ganze Heerschar von Einflußträgern der Wirtschaftspolitik handeln kann, zeigt der Umstand, daß es in der Bundesrepublik Deutschland derzeit knapp 2000 Lobbygruppen gibt, die beim Deutschen Bundestag registriert sind. „Fast alle DAX-Unternehmen unterhalten sogenannte Hauptstadt-Repräsentanzen, vom gemieteten Minibüro bis zum Prachtbau der Deutschen Bank mit angeschlossenem Museum. Dazu kommen Dachverbände, Industrie- und Handelskammern und immer mehr unabhängige Berater, Agenturen und ‚Public Affairs'-Büros, wie das Geschäftsfeld im Branchenjargon heißt. Mit der Deutschen Gesellschaft für Politikberatertum (degepol) haben sich die Interessenvertreter Mitte 2002 sogar einen eigenen Verband gegeben" (*Machold* 2004).

Darüber hinaus kommt *Eucken* (1960, S. 254-291) zu seinem bekannten Katalog der „konstituierenden Prinzipien" der Wirtschaftspolitik. Deren Beachtung – wenn ihr Sinn überhaupt verstanden wird – dürfte die Politik in nicht wenigen Ländern dieser Welt schlicht überfordern. Dies gilt ja schon für das ‚Mutterland' der Sozialen Marktwirtschaft, nämlich Deutschland. Es scheint daher mehr als fraglich, ob in naher Zukunft in ausreichend vielen Staaten das Entstehen einer Variante von Sozialer Marktwirtschaft erwartet werden darf oder ob man nicht gar zu befürchten hat, daß diese in Ländern, in denen das Konzept zumindest andeutungsweise realisiert wurde, im Laufe der Zeit noch weiter deformiert wird.

4. Zum Konzept der Sozialen Marktwirtschaft als einem für Entwicklungen offenen Leitbild für die Wirtschafts- und Gesellschaftsordnung gehören zum einen die Wirtschaftsordnung einer unter Wettbewerb funktionierenden Marktwirtschaft, die ökonomische Effizienz bewirkt, Macht begrenzt, Freiheit gewährleistet und Selbstverantwortung fördert, und zum anderen eine Gesellschaftsordnung, die sozialen Ausgleich zu bewirken vermag, wobei dieses Konzept auf einer theoretisch-normativen Basis beruht. In dieser Basis spielen ordnungstheoretische und wirtschaftspolitische Theorien und Erfahrungen – insbesondere solche über die Funktionsweise und die Wirkungen von Wettbewerb – sowie ethische und anthropologische Theorien und Überzeugungen eine entscheidende Rolle (*Gutmann* 2001). Es ist daher auch die Frage zu stellen, ob in den verschiedenen Regionen und Ländern der Welt die Prämissen der theoretisch-normativen Basis gegeben sind. Zwei Momente aus dieser Grundlage des Konzepts seien hier herausgegriffen, nämlich erstens der Wettbewerb und zweitens die ethischen Prinzipien, die auf anthropologischen Grundüberzeugungen der Väter des Konzepts basieren.

4. Zur kulturellen Bedingtheit von Wettbewerb und Ethik

1. Ohne hier auf rivalisierende Theorien über Wesen und Funktionen des Wettbewerbs eingehen zu wollen, dürfte es kaum kontroverse Ansichten darüber geben, daß gewisse Voraussetzungen gegeben sein müssen, wenn ein funktionsfähiger Wettbewerb entstehen soll.

> „Wettbewerb kann nur entstehen, wenn in einer Marktwirtschaftsgesellschaft bestimmte rechtliche und institutionelle Bedingungen vorliegen und Anbieter und Nachfrager fähig und gewillt sind, sich wettbewerblich zu verhalten" (*Olten* 1995, S. 15).

Wenn hier von den rechtlichen und institutionellen Bedingungen für Wettbewerb die Rede ist, dann darf man daran erinnern, daß Institutionen – verstanden als Ordnungselemente und als Regeln für das Verhalten von Menschen – unterschiedliche Wurzeln haben und sich in unterschiedlicher Weise dokumentieren (*Leipold* 2000, 2002a, 2002b), nämlich als

- informelle Regeln in der Form von Sitten und Gebräuchen, Ritualen und anderen kulturspezifischen Gewohnheiten, die von Generation zu Generation im Wege der Erziehung und Bildung tradiert werden, und als
- formelle Regeln, die vom staatlich gesetzten Recht (Verfassung, Gesetze, Verordnungen, Verfügungen) gefordert werden und deren Einhaltung von der staatlichen

Zwangsgewalt kontrolliert wird. *North* (1992) zählt hierzu noch jene Verpflichtungen, die man durch den Abschluß von Verträgen eingegangen ist. Verwandt mit diesen im staatlich gesetzten Recht festgelegten Verhaltensnormen sind jene, die in den mannigfachen Formen des selbstgeschaffenen Rechts der privaten Wirtschaft bestehen, also in Handelsbräuchen, Verhaltenscodices, Muster- und Handelsklauseln und Standardvereinbarungen (*Schüller* und *Fey* 2002, S. 8, Fußnote 6; *von der Heydte* u. a.1961), deren Einhaltung durch Private überwacht und deren Mißachtung von diesen auch sanktioniert wird, sei es mit Ausschluß aus der Gemeinschaft der Geschäftspartner oder durch andere Formen der sozialen Ächtung.

2. Ist nun ohne weiteres damit zu rechnen, daß in allen Ländern die jeweils tradierten und meist zählebigen informellen Regeln des Verhaltens kompatibel sind mit jenen vielfach durch den Staat neu zu setzenden Regeln formeller Art, deren Beachtung notwendig ist, damit Wettbewerb entstehen und funktionieren kann? Damit ist nur sehr eingeschränkt zu rechnen: „Die kulturelle Vielfalt der Regelsysteme wird ... auch im Zeitalter der zunehmenden Integration der Weltwirtschaft auf absehbare Zeit ein Fakt bleiben" (*Leipold* 2002a, S. 48). Und deshalb kommt es in nicht wenigen Fällen zu auch den Wettbewerb blockierenden Konflikten zwischen den beiden Regelformen. So läßt sich beispielsweise über die formalen Regeln für den Wettbewerb hinausgehend für das Entwicklungsland Mosambik feststellen, daß es eine weitgehende Nichtakzeptanz von staatlich festgelegten Rechtsregeln gibt, weil dessen Kanon „,... den gewohnten Traditionen und der ländlichen Kultur so fremd ist, daß weite Teile der Bevölkerung Berührungsängste haben" (*Simons-Kaufmann* 2003, S. 83). Für die Wirtschaftsordnung gilt eben analog das, was *Henry Kissinger* (2004) für die politische Ordnung eines Landes konstatiert: „Da die Demokratie Wurzeln im Inneren eines Landes haben muß, gedeiht sie nur, wo sie den kulturellen, historischen und institutionellen Begebenheiten entspricht."

3. Wie sehr diese „historischen und institutionellen Begebenheiten" dem Aufbau von Wettbewerb und einer Sozialen Marktwirtschaft entgegenstehen können, läßt sich am zentralasiatischen Staat Usbekistan exemplifizieren. Wie *Sidikov* (2000), ein einheimischer Sachkenner, darlegt, ist in diesem Land nicht damit zu rechnen, daß es in absehbarer Zeit gelingt, eine Soziale Marktwirtschaft zu etablieren. *Sidikov*[7] begründet diese Skepsis zunächst mit der Feststellung, daß die aus Usbeken und Tadschiken bestehende Bevölkerung des Landes eine Nation von Händlern darstelle, welche ein völlig anderes Arbeitsethos besitzen und welchen der erforderliche „business spirit" und der Wille zum Aufbau eines Wirtschaftssektors, in welchem reale Güterproduktion stattfindet, fehlen. Darüber hinaus sei die Bevölkerung weitgehend in Clan-Strukturen und Gruppen gegliedert, bei denen das Prinzip gelte: „Eine Hand wäscht die andere". Diese strukturelle Zergliederung der Gesellschaft verhindere auch das Entstehen echten Wettbewerbs.

> „Uzbekistan's economy is lacking free competition, constituting a very important element of the western socially-oriented economy. However, no free competition is basically conceivable in the environment where economic positions of market players are determined

7 *Bahodir Sidikov* ist Senior Lecturer an einem Lehrstuhl des State Institut of Oriental Science in Taschkent (Usbekistan).

> by the regional or clans loyalities and/or closeness to government structures, with government officials swearing allegiance to their clans rather to the state controlling all economic channels to benefit their ‚men' and harm ‚outsiders'. Free competition is retarded primarily by the absence of political and economic freedoms, by the political elite which is irreplacable and uncontrollable by the people“ (*Sidikov* 2000).

Zu vergleichbaren Ergebnissen kommt *Leipold* (2002a, S. 58) in einer Analyse der Verhältnisse im afrikanischen Kulturraum.

Wo aber wettbewerbliches Handeln teils gar nicht gewollt und teils unmöglich gemacht wird, kann vom Entstehen einer Wettbewerbsordnung als Voraussetzung für eine Soziale Marktwirtschaft keine Rede sein. Freilich gibt es hier auch Gegenbeispiele. Als der amerikanische Präsident *Eisenhower* Taiwan als ein von den USA ausgesuchtes Land zur Förderung der dortigen wirtschaftlichen Entwicklung bestimmte, wurde er von den entwicklungspolitischen Beratern seines Landes heftig kritisiert. Die Chinesen seien Händler und nicht daran interessiert, Produktionsanlagen langfristig aufzubauen. Außerdem führe der Buddhismus dazu, daß die Anreize für eine wirtschaftliche Entwicklung in Taiwan nicht gegeben seien. *Eisenhower* bestand aber darauf, in Taiwan den „amerikanischen Entwicklungsweg“ in Form einer marktwirtschaftlichen Ordnung vorzuexerzieren. Wie sich später zeigte, mit Erfolg.[8]

4. Dem Leitbild der Sozialen Marktwirtschaft liegt ein ethischer Anspruch zugrunde. Dies ist daran erkennbar, daß *Eucken* hinsichtlich der Frage, wie die Wirtschaftsordnung aussehen soll, auf den mittelalterlichen Begriff des ORDO zurückgriff und forderte, daß diese Ordnung einerseits funktionsfähig und andererseits menschenwürdig sein solle, damit sie dazu beitragen kann, sowohl die Güterknappheit zu mindern als auch den Menschen ein selbstverantwortliches Leben zu ermöglichen (*Eucken* 1959, S. 240). Daß der Sozialen Marktwirtschaft eine ethische Komponente zu eigen ist, zeigt sich deutlich auch daran, daß *Müller-Armack* (1976, S. 243) betonte, es gehe um die Synthese von Freiheit und sozialem Ausgleich. Hinter diesen ethischen Überzeugungen der Gründungsväter des Konzepts stehen anthropologische Vorstellungen, die zwar durchaus differenziert sind[9], sich aber im Kern zusammenfassen lassen in der Überzeugung, der Mensch sei ein zwar in die Grenzen seiner kulturellen, politischen, sozialen und geschichtlichen Prägungen eingebundenes, aber innerhalb dieser Grenzen freies Wesen mit Gestaltungsfähigkeit, dessen Lebensformen dynamisch – also in ständiger Bewegung begriffen – sind und der genötigt ist, die Knappheit der materiellen Güter zu vermindern, um seine Lebensmöglichkeiten entfalten zu können (*Müller* 1997, S. 242 f.).

Kann man nun damit rechnen, daß überall in der Welt diese ethisch-anthropologischen Überzeugungen als rational anerkannt werden und somit Soziale Marktwirtschaft zumindest im Grundsatz als erstrebenswert für die Gestaltung der Wirt-

---

8 Diesen Hinweis verdanke ich *Werner Lachmann*.

9 Vgl. vor allem die Auffassung von *Röpke* (1947, S. 12) sowie die von *Max Scheler* und *Helmuth Plessner* inspirierten Überlegungen *Müller-Armack*s zur philosophischen Anthropologie (*Müller-Armack* 1963). Vgl. auch *Lachmann* (2000).

schafts- und Sozialordnung akzeptiert wird? Hierüber gibt es derzeit ganz gegensätzliche Urteile von Vertretern der ethischen und theologischen Wissenschaften.

Nach Auffassung von *Ratzinger* (2004) muß man derzeit von einer Gespaltenheit der Kulturen ausgehen.

> „Interkulturalität scheint mir heute eine unerlässliche Dimension für die Debatte nach den Grundlagen des Menschseins, die weder rein binnenchristlich noch innerhalb der abendländischen Vernunfttraditionen geführt werden kann. Beide halten sich ihrem Selbstverständnis nach für universal, de facto müssen sie anerkennen, daß sie nur von Teilen der Menschen angenommen und nur für Teile der Menschheit verständlich sind."

Infolgedessen sei unsere säkulare Rationalität, so sehr sie auch für uns einleuchtend ist, nicht jeder anderen Ratio einsichtig.

> „Die Evidenz der Ratio ist an kulturelle Kontexte gebunden, und sie muß anerkennen, daß sie als solche nicht in der ganzen Menschheit nachvollziehbar und daher nicht überall operativ wirksam sein kann. Die rationale, ethische oder religiöse Weltformel, auf die alle sich einigen, gibt es nicht, jedenfalls ist sie gegenwärtig unerreichbar."

Und in der Tat dürften bestimmte Handlungen, die in anderen Kulturkreisen als ethisch unbedenklich oder als rational angesehen werden, schwerlich mit unserem üblichen Empfinden von Rationalität in Einklang zu bringen sein. Zwar wird man auch – unter rein formalem Gesichtspunkt – einem gläubigen Moslem, der sich unter absichtlicher Tötung anderer Menschen vermittels eines Sprengstoffpakets selbst das Leben nimmt, um auf diese Weise vermeintlich im Jenseits schneller wieder mit den bereits Verstorbenen seiner eigenen Familie vereint zu werden, die Rationalität seines Tuns nicht absprechen können. Jedoch scheint dies nach unserem Eindruck eine reichlich perverse Vorstellung von vernünftigem Handeln zu sein.

Falls dieses Urteil zutreffend sein sollte, es also keine „ethische Weltformel" gibt, dann ist zumindest völlig ungeklärt, ob die ethisch-anthropologischen Auffassungen in anderen Kulturkreisen denen der Sozialen Marktwirtschaft erheblich widersprechen und ob es dort eine andere Grundlage gibt, die der dortigen Ratio einleuchtend ist und die dann als Basis für eine nach dortigen Vorstellungen funktionsfähige und menschenwürdige Ordnung dienen kann, die sich von Sozialer Marktwirtschaft völlig unterscheidet. Damit wäre dann freilich auch die Frage verknüpft, ob ein solches andersartiges Leitbild nicht schon beim Ringen um die Gestaltung jener Regeln, die für den internationalen Wirtschaftsverkehr gelten sollen, zu letztlich gar nicht lösbaren Konflikten führen muß.

Soweit es die Frage der Ethik betrifft, steht der skeptischen Ansicht *Ratzingers* die Auffassung von *Küng* über die Existenz eines „Weltethos" diametral entgegen (*Küng* 1997, S. 304 ff.). Er beruft sich dabei auf die Erklärung zum Weltethos des „Parlaments der Religionen",[10] das am 4. September 1993 in Chikago tagte und dem ein vom *Inter Action Council* ehemaliger Staats- und Regierungschefs unter dem Vorsitz von Altbun-

---

10 Zur Geschichte des Parlaments der Religionen, welches Tausende von nichtoffiziellen Mitgliedern der Religionen dieser Welt umfaßt (Angehörige des Judentums, des Christentums, des Islam, des Hinduismus, des Buddhismus, des Konfuzianismus, des Taoismus, japanischer Religionen sowie der afrikanischen, asiatischen, ozeanischen und amerikanischen Stammesreligionen), vgl. *Kuschel* (2002).

deskanzler *Helmut Schmidt* erarbeitetes Papier zur Abstimmung vorgelegt wurde, in welchem die Prinzipien eines „Weltethos" vorgestellt wurden.

> „Mit Weltethos meinen wir keine neue Weltideologie, auch keine einheitliche Weltreligion jenseits aller bestehenden Religionen, erst recht nicht die Herrschaft einer Religion über alle anderen. Mit Weltethos meinen wir einen Grundkonsens bezüglich bestehender Werte, unverrückbarer Maßstäbe und persönlicher Grundhaltungen" (*Parlament der Weltreligionen* 2002, S. 22).

Mit der Annahme des vorgelegten Papiers wurde durch dieses „Parlament" bestätigt, daß es in den Lehren der Religionen dieser Welt einen gemeinsamen Bestand an Kernwerten gebe, welche die Grundlage für dieses „Weltethos" bilden. Es wurde ferner unterstellt, daß die diesem „Weltethos" zugrunde liegenden Prinzipien von allen Menschen mit ethischen Überzeugungen – seien sie religiös begründet oder nicht – mitgetragen werden können. Zwar biete das „Weltethos" keine direkten konkreten Lösungen für alle Weltprobleme, wohl aber die Grundlage für eine allseits akzeptable Ordnung von Politik, Wirtschaft und Gesellschaft.

Eine gewisse Unterstützung erfährt die Vorstellung von gemeinsamen Grundüberzeugungen auch in Teilen der Literatur (*Wilson* 1993; *Walzer* 1994). Es wird dort – wie es *Huntington* (1996, S. 76) beschreibt – die These vertreten, es gäbe ein generelles Zusammenrücken der Menschheit und eine zunehmende Akzeptanz von gemeinsamen Werten und Überzeugungen.

> „(Es) ... anerkennen die Menschen praktisch aller Gesellschaften gewisse Grundwerte, zum Beispiel, daß Mord böse ist, und gewisse Grundinstitutionen, etwa eine bestimmte Form der Familie. Die meisten Menschen in den meisten Gesellschaften besitzen ein ähnlich gelagertes ‚sittliches Empfinden', es besteht ein ‚dünner' minimaler sittlicher Konsens darüber, was richtig und falsch ist."

Ob freilich „Mord" überall in der Welt gleichartig definiert wird, das mag man derzeit bezweifeln. Wenn es ein solches Weltethos tatsächlich gibt, dann ist zu klären, inwieweit es der ethisch-anthropologischen Basis des Konzepts der Sozialen Marktwirtschaft entspricht. Die Lektüre der einschlägigen Literatur (*Küng* 1997, S. 294-322, 2002) vermittelt den Eindruck, daß hier weitgehende Übereinstimmung, wenn nicht Identität in den Positionen bestehen könnte.

5. Die Auffassung *Müller-Armacks*, alle Ordnungen der Zukunft in freien Ländern dieser Welt müßten irgendwie den Linien des Gedankens einer Sozialen Marktwirtschaft folgen und die von manchen Anhängern dieses Ordnungstyps hieraus abgeleitete Idee, dies müsse dann dazu führen, daß sich die als positiv zu bewertenden Wirkungen der Globalisierung durchsetzen und die negativen unterbinden ließen, entpuppt sich – zumindest auf absehbare Zeit – als Wunschvorstellung. Unser Kenntnisstand um die vielfachen ordnungspolitischen Fakten in den Ländern dieser Erde und unser ordnungstheoretisches Wissen um die relevanten Zusammenhänge erweisen sich darüber hinaus als zu unvollkommen, um eine Prognose wagen zu können, wie die künftigen Ordnungen aussehen werden. Es ist daher damit zu rechnen, daß noch lange über die Globalisierung und ihre Chancen und Risiken gestritten wird, politisch und wissenschaftlich.

Literatur

Buchanan, James (2004), Gleiche Spieler, anderes Spiel. Wie bessere Regeln der Politik auf die Sprünge helfen. Mit geeigneten Anreizen zum Gemeinwohl, in: Frankfurter Allgemeine Zeitung, Nr. 80 vom 3.4.2004, S. 13.

Decker, Claudia und *Stormy Mildner* (2004), Trübe Aussichten für die transatlantischen Handelsbeziehungen, in: Ludwig-Erhard-Stiftung (Hg.), Orientierungen zur Wirtschafts- und Gesellschaftspolitik, Nr. 99, Bonn, S. 61-65.

Erlei, Matthias, Martin Leschke und *Dirk Sauerland* (1999), Neue Institutionenökonomik, Stuttgart.

Eucken, Walter (1959), Die Grundlagen der Nationalökonomie, 7. Aufl., Berlin, Göttingen und Heidelberg.

Eucken, Walter (1960), Grundsätze der Wirtschaftspolitik, 3. Aufl., Tübingen.

Evers, Marc (2003), Die institutionelle Ausgestaltung von Wirtschaftsordnungen, Berlin.

Feldmann, Horst (1999), Ordnungstheoretische Aspekte der Institutionenökonomik, Berlin.

Gerecke, Uwe (1998), Ethik der Globalisierung, in: *Werner Lachmann, Karl Farmer* und *Reinhard Haupt* (Hg.), Globalisierung: Arbeitsteilung oder Wohlstandsteilung?, Münster, S. 1-24.

Gutmann, Gernot (2001), Die ethischen Grundlagen der Sozialen Marktwirtschaft, in: Wirtschaftswissenschaft in gesellschaftlicher Verantwortung. Zum 70. Geburtstag von Prof. em. Dr. Heinz Lampert, Augsburger Universitätsreden 41, hrsg. vom Rektor der Universität Augsburg, Augsburg, S. 27-48.

Hauchler, Ingomar (1995), Globale Trends, Fakten, Analysen, Prognosen, Frankfurt a. M.

Hensel, K. Paul (1972/1992), Grundformen der Wirtschaftsordnung: Marktwirtschaft – Zentralverwaltungswirtschaft, 4. Aufl., Münster und Hamburg 1992.

Heydte, Friedrich, August, Frhr. von der und andere (1961), Artikel: Recht, in: Staatslexikon: Recht, Wirtschaft, Gesellschaft, 6. Band, Freiburg, Sp. 616-646.

Huntington, Samuel P. (1996), Der Kampf der Kulturen, München und Wien.

Kant, Immanuel (1784/1949), Idee zu einer allgemeinen Geschichte in weltbürgerlicher Absicht, Göttingen und Hamburg 1949.

Kaufmann, Franz Xaver (1997), Was hält die Gesellschaft zusammen? In der sich globalisierenden Welt nehmen die Bindungskräfte ab, in: Frankfurter Allgemeinen Zeitung, Nr. 256 vom 4.11.1997.

Kay, John (2004), Die Macht des guten Rufes, in: Handelsblatt, Nr. 67 vom 5.4.2004.

Kissinger, Henry (2004), Mehr Bescheidenheit wagen, in: Welt am Sonntag, Nr. 15 vom 11. April 2004, S. 10.

Küng, Hans (1997), Weltethos für Weltpolitik und Weltwirtschaft, 2. Aufl., München.

Küng, Hans (Hg.) (2002), Dokumentation zum Weltethos, München und Zürich.

Kuschel, Karl-Josef (2002), Das Parlament der Weltreligionen 1893/1993, in: *Hans Küng*, (Hg.), Dokumentation zum Weltethos, München, S. 69-96.

Lachmann, Werner (1998), Ordnungspolitische Aspekte der Globalisierung, in: *Werner Lachmann, Karl Farmer* und *Reinhard Haupt* (Hg.), Globalisierung: Arbeitsteilung oder Wohlstandsteilung?, Münster, S. 97-119.

Lachmann, Werner (2000), Protestantische Wurzeln der Sozialen Marktwirtschaft und ihre biblische Bewertung, in: *Ingo Resch* (Hg.), Mehr als man glaubt: Christliche Fundamente in Recht, Wirtschaft und Gesellschaft, Gräfelfing, S. 187-217.

Lachmann, Werner (2003), Ethische Aspekte der Globalisierung, in: Mitteilungen der Gesellschaft zur Förderung von Wirtschaftswissenschaft und Ethik e.V. (GWE), Jahrgang 14, Nr. 2 (November), S. 7-12.

Leipold, Helmut (2000), Informale und formale Institutionen – Typologische und kulturspezifische Relationen, in: *Helmut Leipold* und *Ingo Pies* (Hg.), Ordnungstheorie und Ordnungspolitik: Konzeptionen und Entwicklungsperspektiven, Stuttgart, S. 401-428.

Leipold, Helmut (2002a), Kulturelle Einflußfaktoren der Integration in die weltwirtschaftliche Arbeitsteilung, in: *Alfred Schüller* und *H. Jörg Thieme* (Hg.), Ordnungsprobleme der Weltwirtschaft, Stuttgart, S. 45-71.

Leipold, Helmut (2002b), Kulturspezifische Zusammenhänge zwischen gesellschaftlicher Regelteilung und marktwirtschaftlicher Arbeitsteilung, in: *Thomas Eger* (Hg.), Kulturelle Prägungen wirtschaftlicher Institutionen und wirtschaftspolitischer Reformen, Berlin, S. 17-46.

Leschke, Martin (2002), Reformvorschläge zu Politik und Gestaltung des Internationalen Währungsfonds und der Weltbank aus ordnungspolitischer Sicht, in: *Alfred Schüller* und *H Jörg Thieme* (Hg.), Ordnungsprobleme der Weltwirtschaft, Stuttgart, S. 419- 441.

Lütge, Christoph (2004), Zum Vorteil aller. Die Marktwirtschaft verbindet Moral und Eigeninteresse. Eine Ethik der Mäßigung paßt nicht in die moderne Welt, in: Frankfurter Allgemeinen Zeitung, Nr. 56 vom 6.3.2004.

Machold, Ulrich (2004), Die Einflüsterer, in: Welt am Sonntag, Nr. 10 vom 7.3.2004.

Müller, Eckart (1997), Evangelische Wirtschaftsethik und Soziale Marktwirtschaft, Neukirchen-Vluyn.

Müller, Stefan und *Martin Kornmaier* (2001), Streitfall Globalisierung, München und Wien.

Müller-Armack, Alfred (1963), Gedanken zu einer sozialwissenschaftlichen Anthropologie, in: *Friedrich Kassenberg* und *Hans Albert.* (Hg.), Sozialwissenschaft und Gesellschaftsgestaltung. Festschrift für Gerhard Weisser, Berlin, S. 3-16.

Müller-Armack, Alfred (1972), Die Soziale Marktwirtschaft und ihre Widersacher, in: *Ludwig Erhard* und *Alfred Müller-Armack,* Soziale Marktwirtschaft: Ordnung der Zukunft, Frankfurt und Berlin.

Müller-Armack, Alfred (1976), Artikel: Soziale Marktwirtschaft, in: Handwörterbuch der Sozialwissenschaften, Bd. 9, Stuttgart u. a. 1956, wieder abgedruckt in: *Alfred Müller-Armack,* Wirtschaftsordnung und Wirtschaftspolitik, 2. Aufl., Bern und Stuttgart 1976, S. 243-249.

North, Douglass C. (1992), Institutionen, institutioneller Wandel und Wirtschaftsleistung, Tübingen.

Olten, Rainer (1995), Wettbewerbstheorie und Wettbewerbspolitik, München und Wien.

Parlament der Weltreligionen (2002), Erklärung zum Weltethos, in: *Hans Küng* (Hg.), Dokumentation zum Weltethos, München, S. 15-35.

Ratzinger, Joseph (2004), Die Vernunft ist an Grenzen gestoßen, Diskussion zwischen Jürgen Habermas und Joseph Ratzimger über die Frage: Wie können sich die Kulturen der Welt über gemeinsame Grundlagen verständigen?, wiedergegeben in: Christ und Welt, Nr. 4 vom 22. Januar 2004.

Röpke, Wilhelm (1947), Das Kulturideal des Liberalismus, Frankfurt a. M.

Sally, Razeen (2002), Globalisation, Governance and Trade Policy, in: *Alfred Schüller* und *H. Jörg Thieme* (Hg.), Ordnungsprobleme der Weltwirtschaft, Stuttgart, S. 73-103.

Schlecht, Otto (2000), Muß die Soziale Marktwirtschaft der Globalisierung geopfert werden?, in: Ludwig-Erhard-Stiftung (Hg.), Orientierungen zur Wirtschafts- und Gesellschaftspolitik, Nr. 85, Bonn, S. 16-18.

Schüller, Alfred und *Gerrit Fey* (2002), Internationale Integrationsprozesse: Ursachen, Auswirkungen und ordnungspolitische Spannungsfelder in: *Alfred Schüller* und *H. Jörg Thieme* (Hg.), Ordnungsprobleme der Weltwirtschaft, Stuttgart, S. 3-25.

Senghaas, Dieter (1977), Weltwirtschaftsordnung und Entwicklungspolitik. Plädoyer für Dissoziation, Frankfurt a. M.

Sidikov, Bahodir (2000), Lottery-Like economics, in: Times of Central Asia, 31. August 2000.

Simons-Kaufmann, Claudia (2003), Transformationsprozeß von Entwicklungsländern: Das Beispiel Mosambik, Wiesbaden.

Smith, Adam (1759), Theory of moral sentiments, London.

Stiglitz, Joseph (2002), Die Schatten der Globalisierung, Berlin.

Thurow, Lester (2004), Die Zukunft der Weltwirtschaft, Frankfurt a. M. und New York.

Wagner, Helmut (2003), Einführung in die Weltwirtschaftspolitik, 5. Aufl., München und Wien.

Walzer, Michael (1994), Thick and Thin: Moral Argument at Home and Abroad, Notre Dame.

Weizsäcker, Christian C. von (2000), Logik der Globalisierung, 2. Aufl., Göttingen.

Williamson, John (1990), What Washington Means by Policy Reform, in: *John Williamson* (ed.), Latin American Adjustment has happened, Washington, pp. 7-20.

Williamson, John (2000), What should the World Bank think about the Washington Consensus, Paper prepared as background to the World Bank's World Development Report 2000. http://info.worldbank. org/etools/bspan/PresentationView.asp?PID=1004&EID=520-51k-

Wilson, James Q. (1993), The moral Sense, New York.

Helmut Leipold und Dirk Wentzel (Hg.), Ordnungsökonomik als aktuelle Herausforderung
Schriften zu Ordnungsfragen der Wirtschaft · Band 78 · Stuttgart · 2005

Das Paradoxon der Marktwirtschaft: Die Verfassung des Marktes und das Problem der „sozialen Sicherheit“

Viktor Vanberg

Inhalt

1. Einleitung

Im Frühjahr 1990, noch aus der ‚Außenperspektive', hatten 77 % der Menschen in Ostdeutschland eine „gute Meinung" vom Wirtschaftssystem der Bundesrepublik. Im Jahre 2001 war dieser Anteil auf 21 % der Bevölkerung in den neuen Bundesländern geschrumpft. Auf die Frage, wie sie sich bei einer Volksabstimmung zwischen beiden Systemen entscheiden würden, votierten im Jahre 2000 83 % der West- und 63 % der Ostdeutschen für die Soziale Marktwirtschaft, während nur 4 % (West) bzw. 11 % (Ost) einer sozialistischen Planwirtschaft den Vorzug gaben. „Menschlichkeit" verbanden in derselben Umfrage aber nur 29 % der Menschen in Ostdeutschland mit der Marktwirtschaft, während 64 % dieses Attribut der Planwirtschaft zubilligten. In einer Befragung im Jahre 1996 stimmten 74 % der West- und 75 % der Ostdeutschen der Aussage zu: „Wettbewerb ist gut. Er bringt die Leute dazu, hart zu arbeiten und neue Ideen zu entwickeln." Gleichzeitig sind 63 % (Ost) bzw. 31 % (West) der Meinung, daß wir „zuwenig soziale Regelungen" haben (Befragung 1995), und sprechen sich 45 % der bundesrepublikanischen Bevölkerung dafür aus, „dass in Deutschland die soziale Sicherheit weiter ausgedehnt wird, auch wenn dafür mehr Vorschriften und mehr Steuern kommen" (Umfrage März 2002).[1]

Die genannten Daten illustrieren ein grundlegendes *Paradoxon der marktwirtschaftlichen Ordnung*. Sie ist zwar unter allen bekannten Wirtschaftsordnungen die bei weitem produktivste und wird als solche auch von den Menschen anerkannt, bleibt aber dennoch ungeliebt. Und sie ist zwar in der direkten Konkurrenz mit alternativen Ordnungen äußerst robust, bleibt aber im politischen Prozeß dauernd gefährdet. Überall dort, wo Menschen *für sich selbst* eine Wahl zu treffen haben, zeigen sie eine deutliche Präferenz für marktwirtschaftliche gegenüber alternativen Wirtschaftssystemen. Die Wanderungsströme der modernen Zeit bieten dafür einen ebenso deutlichen Beleg wie die Abwanderungsbarrieren, die sozialistische Regime zu errichten sich genötigt sahen. Dort, wo sie in marktwirtschaftlichen Ordnungen leben, richten Menschen aber allzu oft Forderungen an den politischen Prozeß, deren Erfüllung die Funktionsfähigkeit dieser Ordnungen systematisch erodiert.

Nun wird man natürlich in Fragen der von Menschen geäußerten Vorliebe für wirtschaftliche Ordnungssysteme stets sorgfältig zwischen Ordnungsprinzipien und real existierenden Regimen unterscheiden müssen. So dürften viele, die der sozialistischen Planwirtschaft „Menschlichkeit" zubilligen, einen „idealen Sozialismus" im Auge haben, nicht aber die Begleiterscheinung von Mauer und Schießbefehl eines real existierenden DDR-Sozialismus. Und viele der Vorbehalte, die Menschen in den neuen Bundesländern mittlerweile gegenüber der Sozialen Marktwirtschaft hegen, dürften Eigenschaften der in der Bundesrepublik real existierenden Wirtschaftsordnung gelten, die gar nicht marktlichen Ordnungsprinzipien anzulasten sind, sondern politischen Entscheidungen, die diese Prinzipien außer Kraft gesetzt haben. Diese Unterscheidung zwi-

---

1 Alle Angaben sind dem *Allensbacher Jahrbuch der Demoskopie*, Bd. 10 und Bd. 11, entnommen. – Allgemein zur Frage der Bedeutung „öffentlicher Meinung" für die Gestaltung der Wirtschaftspolitik siehe *Zoll* (2003).

schen grundlegenden Ordnungsprinzipien und real existierenden Ordnungsformen ist entscheidend, wenn es darum geht, die tatsächlichen Ursachen von Erscheinungen zu identifizieren, die Anlaß für Unzufriedenheit bieten, und um die Richtung identifizieren zu können, in die Reformen gehen müssen, sollen sie diese Ursachen beseitigen. Sie ändert jedoch nichts an dem grundsätzlichen Problem der zwiespältigen Einstellung der Menschen zum Marktwettbewerb.

Im folgenden soll das der marktwirtschaftlichen Ordnung inhärente Spannungsverhältnis von geschätzten Vorzügen und ungeliebten Anforderungen etwas näher untersucht und die Frage nach den Möglichkeiten erörtert werden, mit dem *Paradoxon der Marktwirtschaft* umzugehen.

2. Der Markt als Arena freiwilliger Kooperation und die Bürden des Wettbewerbs

Bei den in Lehrbüchern und Lexika zu findenden Definitionen gerät allzu leicht aus dem Blick, daß der Markt neben sonstigen Eigenschaften, die ihm zugeschrieben werden, vor allem eines ist: eine *Arena freiwilligen Tauschs und freiwilliger Kooperation.* Märkte finden wir dort, wo Menschen die Wahl zwischen potentiellen alternativen Austausch- und Kooperationspartnern offen steht und wo sie in ihrer Freiheit geschützt sind, selbst bestimmen zu können, mit wem sie Austauschbeziehungen eingehen und mit wem sie sich zu kooperativen Unternehmungen zusammenschließen wollen. Damit diese Freiheit gesichert ist, bedarf es bestimmter institutioneller Voraussetzungen (*Schüller* 2002a), insbesondere der Definition und Durchsetzung von Eigentumsrechten, der Unterbindung von Gewalt und Betrug als Bereicherungsstrategien, der Sicherung von Vertragsfreiheit und der Einhaltung vertraglich eingegangener Verpflichtungen.[2] Dadurch, daß der Staat die Geltung dieser „Spielregeln" garantiert und für ihre wirksame Durchsetzung sorgt, fördert er die Schaffung von Wohlstand.[3] Er stellt einen institutionell abgesicherten Rahmen bereit, der darauf angelegt ist, Möglichkeiten der Bereicherung durch Raub, Betrug und andere Formen unfreiwilliger Transfers zu unterbinden und das Erwerbsstreben der Menschen darauf auszurichten, die eigene Besserstellung durch Produktion und durch freiwilligen Tausch oder freiwillige Zusammenarbeit mit anderen zu suchen. In dem Maße, in dem dies gelingt, kann man davon ausgehen, daß

2 *Watrin* (1999, S. 241): „Eine Marktwirtschaft beruht in entscheidendem Maße darauf, daß die Gesellschaftsmitglieder sich friedlicher Mittel bedienen, um ihren Wohlstand zu verbessern, und auf Betrug, Täuschung, Diebstahl oder vergleichbare Mittel verzichten." – *Knight* (1921, S. 78) bemerkt zu diesem Thema: „(W)e exclude all preying of individuals upon each other. There must be no way of acquiring goods except through production and free exchange in the open market." – Siehe auch etwa *Hayek* (1971, S. 294).

3 Zentrales Thema der von *Eucken* und *Böhm* begründeten *Freiburger Schule* ist bekanntlich die Rolle des Staates bei der Gestaltung und Durchsetzung des Ordnungsrahmens, innerhalb dessen der Markt seine Vorzüge als Arena freiwilligen Tauschs und freiwilliger Kooperation entfalten kann. Diese Betonung der Rolle von *Ordnungspolitik* steht im Kontrast zu einem „neoclassical spirit", von dem *Arrow* (1974, S. 7 f.) sagt: „(T)he true neoclassical spirit (insists) that when a market could be created, it will be. … If an opportunity for a Pareto improvement exists, then there will be an effort to achieve it through some social device or another."

nur solche soziale Transaktionen zustande kommen und nur solche Unternehmungen organisierter Zusammenarbeit durchgeführt werden, denen alle Beteiligten freiwillig zustimmen, weil sie sich davon eine Verbesserung ihrer Lage versprechen.

Die Wahlfreiheit, die eine solche Arena freiwilligen Austauschs und freiwilliger Kooperation sichert, bietet dem einzelnen Schutz, unterwirft ihn jedoch zugleich Beschränkungen, die aus der Symmetrie der Freiheitsrechte erwachsen. Er genießt den Schutz vor Abhängigkeiten, der daraus erwächst, daß es ihm freisteht, unter alternativen Kandidaten diejenigen zu wählen, die ihm als Austausch- oder Kooperationspartner am attraktivsten erscheinen. Umgekehrt sind seine Erwerbschancen aber auch davon abhängig, daß sich andere freiwillig auf Austausch und kooperative Unternehmungen mit ihm einlassen. Dort, wo alle Beteiligten gleichermaßen die Freiheit nutzen können, ihre Austausch- und Kooperationspartner zu wählen, steht auch jeder im Wettbewerb mit anderen um Gelegenheiten zur Realisierung von Austausch- und Kooperationsgewinnen.[4] Dieser Wettbewerb schafft für jeden den Vorteil, daß andere sich bemühen werden, sich durch Leistungsangebote als Austausch- und Kooperationspartner attraktiv zu machen, verlangt aber auch von ihm, daß er sich anderen durch eigene Leistung als Austausch- und Kooperationspartner empfiehlt.

Über die wirtschaftlichen Verhältnisse, die sich unter den beschriebenen Rahmenbedingungen einstellen werden, stellt *F. A. Hayek* (2003, S. 380) fest:

> „Ungehinderter Wettbewerb pflegt einen Zustand herbeizuführen, in dem *erstens* alles produziert werden wird, was irgend jemand zu produzieren versteht und gewinnbringend zu einem Preis absetzen kann, zu dem die Nachfrager es den verfügbaren Alternativen vorziehen; in dem *zweitens* alles, was produziert wird, von Personen produziert wird, die das zumindest so billig wie jeder andere, der es tatsächlich nicht produziert, tun können; und in dem *drittens* alles zu Preisen verkauft wird, die niedriger als oder zumindest ebenso niedrig wie diejenigen sind, zu denen es von irgend jemandem, der das tatsächlich nicht tut, verkauft werden könnte.“

Die Produktivität von Marktwirtschaften hat ihre Quelle in der Dynamik eines freien Wettbewerbs, der dazu führt, daß alle wirtschaftlichen Ressourcen stets in die Verwendungen gelenkt werden, in denen sie den höchsten Beitrag zur Befriedigung von Konsumentenwünschen leisten. Was sich auf der einen Seite als bessere Befriedigung von Konsumentenwünschen durch neue Produkte, neue Produktionsverfahren oder neue Vertriebsmethoden darstellt, bringt auf der anderen Seite aber auch das ständige Risiko mit sich, daß die eigenen Einkommenschancen durch solche Neuerungen gemindert werden, weil der Absatz der eigenen Produkte zurückgeht oder die Produktionsverfahren bzw. Vertriebsmethoden, auf die man sich gestützt hat, nunmehr überholt sind.[5] Die „Konkurrenz der neuen Ware, der neuen Technik, der neuen Versorgungsquelle, des

---

4 *Hayek* (2002, S. 187): „Aber wo jeder in diesem Sinne frei ist, gerät der einzelne in einen Prozess hinein, den niemand beherrscht und dessen Ergebnis für jeden einzelnen weitgehend unvorhersehbar ist. Freiheit und Risiko sind also voneinander untrennbar.“

5 *Meyer* (2002, S. 132): „Dem leichten Leben des Konsumenten stehen die erhöhten Risiken des über spezifische Fähigkeiten und Kapitalgüter verfügenden Produzenten gegenüber, dessen Kapital beziehungsweise Fähigkeiten durch kaum beeinflußbare Änderungen der Nachfrage oder unerwartete Findigkeit von Konkurrenten entwertet werden können.“

neuen Organisationstyps" (*Schumpeter* 1950, S. 140), also die Eigenschaft des marktlichen Prozesses, die *Joseph Schumpeter* (S. 134) als „schöpferische Zerstörung" beschrieben hat, ist den Menschen als Konsumenten durchaus willkommen, als Produzenten empfinden sie sie als unwillkommene Bürde.[6] Investitionen, die sie in Anlagen zur Produktion eines bestimmten Gutes getätigt haben, können von heute auf morgen einen Großteil ihres Wertes verlieren, wenn das betreffende Produkt aufgrund einer neuen Erfindung kostengünstiger hergestellt werden kann oder gar durch ein neu eingeführtes Produkt in der Konsumentengunst verdrängt wird. Und ein durch mühsame Ausbildung und langjährige Praxis aufgebautes Humankapital kann über Nacht durch die Erfindung einer neuen Technologie dramatisch entwertet werden, mit entsprechenden Auswirkungen auf die Einkommensmöglichkeiten der von solcher Entwertung Betroffenen.

Es kann nicht verwundern, wenn Menschen diese ständige Bedrohung ihrer Einkommensquellen durch dem eigenen Einfluß vollkommen entzogene Veränderungen in marktlichen Bedingungen als belastend empfinden und wenn sie versucht sind, sich dieser Bedrohung zu entziehen, sei es durch ‚private' Strategien der Wettbewerbsvermeidung (Kartellbildung o. ä.), sei es, indem sie auf dem Wege politischer Einflußnahmen Schutz vor Wettbewerb (Protektion) oder Kompensation für Wettbewerbsfolgen (Subventionen) zu erwirken suchen. Menschen sind schließlich nicht nur als Konsumenten, sondern immer auch als Produzenten betroffen, und so könnte denn auch der Schluß nahe liegen, daß eine angemessene Wirtschaftsordnung zwischen ihren konfligierenden Interessen als Konsumenten und als Produzenten in einer Weise abwägen sollte, die der menschlichen Bedürfnislage insgesamt am besten gerecht wird. Wenn die Wirtschaftsordnungen, die sich als Resultat von Bestrebungen herausgebildet haben, den Druck des Wettbewerbs abzumildern, tatsächlich in diesem Sinne den Bedürfnissen der betroffenen Menschen besser gerecht werden würden als eine ‚unkorrigierte' marktliche Wettbewerbsordnung, so gäbe es für denjenigen wenig Grund zur Kritik, der davon ausgeht, daß die Güte einer Wirtschaftsordnung letztlich nur daran gemessen werden kann, wie wünschenswert sie für die in ihr lebenden Menschen ist. Es gibt aber Grund zu der Annahme, daß die Bemühungen der Menschen, sich den Belastungen des Wettbewerbs zu entziehen, in ihrer unintendierten kumulativen Wirkung dazu tendieren, die marktwirtschaftliche Ordnung schleichend in einen Ordnungsrahmen zu transformieren, der in seinen Funktionseigenschaften für sie in Wirklichkeit weit weniger attraktiv ist, als es eine marktliche Wettbewerbsordnung wäre, und für den sie sich wohl nicht entscheiden würden, wenn sie direkt zwischen ihm und einem marktwirtschaftlichen Ordnungsrahmen zu wählen hätten. Oder anders gesagt, mit ihrem Bestreben, sich deren unbequeme Seite zu ersparen, tragen sie systematisch zur Zerstörung der Ordnung bei, der sie, vor die Wahl zwischen Alternativen gestellt, den Vorzug geben würden.

---

6 *Hayek* (2003, S. 383): „Für diejenigen, mit denen andere konkurrieren, ist die Tatsache, dass sie Konkurrenten haben, immer eine Lästigkeit, die ein geruhsames Leben verhindert; und solche unmittelbaren Wirkungen des Wettbewerbs sind immer viel deutlicher sichtbar als die mittelbaren Vorteile, die wir von ihm haben. Insbesondere werden die unmittelbaren Wirkungen von den Angehörigen desselben Gewerbes verspürt, die sehen, wie der Wettbewerb wirkt, während die Konsumenten im allgemeinen wenig Vorstellung davon haben, auf wessen Wirken Preissenkungen oder Qualitätsverbesserungen zurückgehen."

3. Markt als „Katallaxie“ oder „Tauschspiel“: Die Attraktivität des Spiels und die ungeliebte Disziplin der Spielregeln

Die Funktionsweise des Marktsystems kann man, so stellt *Hayek* (2003, S. 266) fest, am besten verstehen, wenn man es sich als ein Spiel vorstellt, das man als „Spiel der Katallaxie“ (oder „Tauschspiel“) bezeichnen kann,[7] und er bemerkt dazu:

> „Wie alle Spiele hat es Regeln, die das Handeln der einzelnen Teilnehmer leiten, deren Ziele, Geschick und Wissen verschieden sind, mit der Folge, dass das Ergebnis unvorhersehbar ist und dass es regelmäßig Gewinner und Verlierer geben wird“ (S. 222).

Der Beweggrund, aus dem Menschen sich auf dieses Spiel einlassen können, liegt darin, daß es „ein wohlstandschaffendes Spiel (ist) ..., das heißt, eines, das eine Vergrößerung der Güterströme und eine Verbesserung der Aussichten aller Teilnehmer auf Befriedigung ihrer Bedürfnisse bewirkt“ (S. 266).[8]

Sein wohlstandschaffendes Potential verdankt das „Spiel des Marktwettbewerbs“ (*Hayek* 2003, S. 222) dem Umstand, daß die Entscheidungs- und Wahlfreiheit, die es den einzelnen gewährt, die Nutzung von mehr Wissen und eine schnellere Anpassung an sich wandelnde Bedingungen ermöglicht, als dies in anderen Ordnungssystemen der Fall wäre.[9] Die sich im Wettbewerb bildenden Marktpreise informieren alle Beteiligten über Änderungen in den relativen Knappheiten und bieten den einzelnen Anreize, sich unter Nutzung ihrer spezifischen Kenntnisse örtlicher und zeitlicher Gegebenheiten an die geänderten Bedingungen anzupassen. Auf diese Weise wird einerseits sichergestellt, daß die einzelnen bei ihren Entscheidungen die (sozialen) Opportunitätskosten der von ihnen genutzten Ressourcen in Rechnung stellen, also den Nutzen, den diese Ressourcen in Verwendungen stiften könnten, von denen andere Menschen Kenntnis haben, und andererseits wird erreicht, daß das nichtzentralisierbare, verstreut in den Köpfen der einzelnen vorhandene Wissen um relevante Tatbestände genutzt wird, um notwendige Anpassungen an geänderte wirtschaftliche Bedingungen zu vollziehen.

Marktpreise haben, wie *Hayek* (2003, S. 222 f.) es formuliert, „nicht so sehr den Zweck, die Leute für das zu belohnen, was sie getan *haben*, als vielmehr, ihnen zu sagen, was sie in ihrem eigenen wie im allgemeinen Interesse tun *sollten*“. Sie erfüllen ihre Funktion gerade dadurch, daß sie ihre Wirkung ohne Rücksicht auf vergangene Anstrengungen oder frühere Investitionen ausüben (*Hayek* 2003, S. 272; 1969, S. 258). Diese ‚Blindheit‘ des Marktes gegenüber durch vergangene Anstrengung erworbenen

---

7 Zur Erläuterung des vom griechischen Wort für ‚tauschen‘ (‚katallatein‘) abgeleiteten Begriffs ‚*Katallaxie*‘ und des korrespondierenden Begriffs ‚*Katallaktik*‘ als Name für die mit der Erforschung der marktlichen Ordnung befaßten Wissenschaft, der Ökonomik, siehe *Hayek* (2003, S. 259 f.).

8 *Hayek* (2002, S. 104 f.): „Die einzelnen Menschen handeln vernünftig, wenn sie sich auf dieses Spiel einlassen, weil hier der Fond, aus dem die Anteile gezogen werden, größer wird als bei irgendeiner anderen Methode. Gleichzeitig aber bleibt der Anteil des einzelnen allen möglichen Zufällen unterworfen und wird gewiss nicht immer seinen persönlichen Verdiensten entsprechen oder der Wertschätzung, die andere seinem Bemühen beimessen.“ – Siehe dazu auch *Hayek* (1969, S. 255).

9 Der klassische Beitrag zu dieser Frage ist *Hayeks* Aufsatz „Die Verwertung des Wissens in der Gesellschaft“ (*Hayek* 1976, S. 103-121).

Positionen ist es aber gerade auch, die Menschen als belastend empfinden. In den durch Änderungen in Marktbedingungen verursachten unverdienten „Verschlechterungen der materiellen Position ganzer Gruppen" vermutet *Hayek* (2003, S. 272) denn auch den „Grund für einen Haupteinwand gegen die marktliche Ordnung". – Die Funktionsprinzipien, die das „Spiel des Marktwettbewerbs" für Menschen attraktiv machen, „weil es die Chancen aller verbessert" (S. 268), sind gleichzeitig auch der Grund für ihre Vorbehalte gegen die marktliche Ordnung, bedeutet doch die durch sie erzwungene Anpassung an sich ändernde Umstände, daß Erwartungen enttäuscht und Anstrengungen nicht den erhofften Ertrag bringen werden (*Hayek* 2003, S. 66; 1969, S. 260 f.).

Die Metapher des Spiels erweist sich als hilfreich, wenn es um die Klärung der Frage geht, wie Menschen mit dem *Paradoxon der Marktwirtschaft* umgehen sollten. Es ist nur natürlich, daß Menschen, die im Verlauf eines Spiels, an dem sie beteiligt sind, unerwünschte Erfahrungen machen, auf Möglichkeiten der Besserstellung sinnen. Die entscheidende Frage ist, mit welchen Methoden und auf welchen Wegen sie dies zu tun versuchen. Jedes wettbewerbliche Spiel – das gilt für Spiele, die Menschen zu ihrer reinen Unterhaltung betreiben, nicht weniger als für das „Spiel des Marktwettbewerbs" – wird den Teilnehmern im Spielverlauf zwangsläufig ungeliebte Erfahrungen bereiten. Nicht alle Spielzüge, die einem Teilnehmer einen Vorteil bringen, werden auch für alle anderen von Vorteil sein können, sondern werden für einige nachteilige Folgen zeitigen. In diesem Sinne wird es im Verlauf des Spiels, bei den konkreten Spielzügen, immer „Gewinner und Verlierer" geben. Dies bedeutet aber keineswegs, daß deshalb das Spiel nicht für alle Beteiligten attraktiver sein kann als die Alternative, sich überhaupt nicht darauf einzulassen oder ein anderes Spiel zu spielen.

Die Tatsache, daß jedes Spiel für die Teilnehmer im erläuterten Sinne zwangsläufig mit unerwünschten Erfahrungen verbunden sein wird, bedeutet jedoch keineswegs, daß Spiele nicht verbesserungsfähig sind, d. h. daß man die Spielregeln nicht in einer Weise ändern könnte, die unerwünschte Begleiterscheinungen zu mildern und den Spielverlauf insgesamt für alle Beteiligten attraktiver zu machen versprechen. Solche Bemühungen um eine *Verbesserung des Spiels* durch geeignete Reformen in den *für alle gleichermaßen geltenden Spielregeln* müssen jedoch sorgfältig von Bemühungen einzelner Spieler oder Spielergruppen unterschieden werden, die eigene Situation dadurch zu verbessern, daß sie sich versteckt über die Spielregeln hinwegsetzen oder offen für sich Ausnahmeregelungen zu erwirken suchen, die sie von den Beschränkungen der ansonsten geltenden Spielregeln verschonen. Die Versuchung, sich den Zwängen der geltenden Spielregeln zu entziehen, ist in allen wettbewerblichen Spielen gegeben. Dort, wo der Versuchung zur Regelübertretung nicht ausreichend entgegengewirkt wird, kann man überhaupt nicht davon sprechen, daß ein durch Regeln definiertes Spiel gespielt wird. Spielregelverletzungen drücken nicht den Wunsch aus, das Spiel nach anderen Regeln zu spielen, sondern entspringen allein dem Bestreben, einen Sondervorteil zu erschleichen, den man überhaupt nur so lange erzielen kann, wie andere sich an die Regeln halten.[10]

---

10 *Franz Böhm* (1960, S. 165) stellt zu diesem Problem in plastischer Sprache fest: „Ein Dieb ist kein Revolutionär, sondern ein konservativer Ordnungsfreund. Er wünscht eine Ordnung, an die sich alle halten, bloß er nicht." – In ganz ähnlichen Worten stellt *J. M. Buchanan*

Wesentlich wirksamer als durch Regelverletzung kann man sich den Zwängen der geltenden Spielregeln dadurch entziehen, daß man für sich spezielle Ausnahmeregelungen erwirkt, also eine Sonderbehandlung, die anderen Spielern nicht gleichermaßen gewährt wird.[11] Wären solche Sonderregelungen für die, die sie fordern, auch dann noch wünschenswert, wenn ihre Geltung gleichermaßen auf alle Beteiligten ausgedehnt würde, dann könnte der erwünschte Effekt durch eine allgemeine Regelreform, also eine Verbesserung des Spiels für alle erreicht werden. Das „Spiel des Marktwettbewerbs" für alle Beteiligten attraktiver machen – oder es zumindest für einige attraktiver zu machen, ohne es für andere zu verschlechtern,[12] ist eine wesentlich schwierigere Aufgabe, als mit ad hoc-Interventionen oder mit situationsbezogenen Ausnahmeregeln zu reagieren, wenn Menschen sich im Verlauf des marktlichen Kattalaxie-Spiels mit Problemen konfrontiert finden, für die sie nach politischer Abhilfe rufen. In konkreten Problemsituationen wird es zumeist leicht sein, Maßnahmen zu finden, die nicht nur von den direkten Nutznießern willkommen geheißen werden, sondern auch in der breiteren Öffentlichkeit Billigung finden (z. B. staatliche Kreditgarantien für vom Konkurs bedrohte Großunternehmen, Subventionen für krisenbedrohte Industriezweige, Außenhandelsprotektion für durch Importkonkurrenz bedrängte Branchen etc.). Ungleich schwieriger ist es, Maßnahmen zu finden, die dem oben genannten *Test der Verallgemeinerbarkeit* standhalten, für die also gezeigt werden kann, daß sie auch dann noch als wünschenswert betrachtet würden, wenn sie zur allgemeinen Regel gemacht würden, wenn also ausdrücklich festgelegt würde, daß sie in Zukunft in allen vergleichbaren Fällen angewandt werden müssen.[13] Wenn in Betracht gezogene Maßnahmen diesen Test bestehen können, dann ist

---

(1960, S. 115) fest: „Presumably, those individuals who are thieves at any moment have supported laws which are designed to prevent theft."

11 *Böhm* (1980, S. 158 f.): „Empirisch freilich liegen die Dinge so, daß bei jeder Ordnung, die auf die organisierende Kraft von Spielregeln angewiesen ist, für *jeden* Teilnehmer und für jede partikuläre Gruppe von Teilnehmern die Möglichkeit besteht, *durch Spielregelverletzungen* Vorteile zu erlangen. ... Auch in der Marktwirtschaft besteht die Möglichkeit, das Mogeln zu einer Einnahmequelle zu machen. ... Ungleich viel wirksamer ist jedoch der Versuch von Teilnehmergruppen, sich an die Tatsache zu erinnern, daß ihre Mitglieder ja auch Wähler und Mitträger der Volkssouveränität sind, und diese Qualitäten ihrer Beitragszahler im Raum des Staats und der Politik zur Geltung bringen. Hier setzt man sich erst gar nicht dem Odium aus, selbst zu mogeln, sondern erhebt mit dem besten Gewissen der Welt die Forderung an den Gesetzgeber oder die Regierung, ... (um) Schutzzölle, Steuerprivilegien, direkte Subventionen, Preisstützungen, Starthilfen für Monopolisierungen und sogenannte ‚Marktordnungen' (zu) fordern."

12 *Hayek* (2003, S. 266): „Das Ziel wird eine Ordnung sein müssen, die jedermanns Chancen so weit wie möglich erhöht – nicht in jedem Augenblick, sondern nur ‚insgesamt' und langfristig."

13 *Hayek* (2003, S. 280): „Die spezifischen Ergebnisse, die man durch Veränderung einer bestimmten Handlung des Systems herbeiführt, werden mit seiner Gesamtordnung immer unvereinbar sein: Wären sie das nicht, so hätten sie auch durch eine Änderung der Regeln, nach denen das System fortan arbeiten soll, erreicht werden können. ... (E)in Eingriff (ist) definitionsgemäß ein vereinzelter Zwangsakt, unternommen zum Zweck der Erzielung eines spezifischen Ergebnisses und ohne Verpflichtung, in allen Fällen, in denen gewisse, durch eine Regel definierte Umstände die gleichen sind, das Gleiche zu tun. ... Jeder einzelne Eingriff schafft somit ein Privileg in dem Sinne, dass er den einen auf Kosten der anderen Vorteile verschafft, in einer Weise, die durch Prinzipien von allgemeiner Anwendbarkeit nicht zu rechtfertigen sind."

aber auch nicht zu sehen, weshalb man statt einer ad hoc-Intervention nicht gleich eine entsprechende Änderung in den allgemein geltenden Spielregeln einführt. Scheut man davor zurück, sich in solcher Weise an eine allgemeine Regel zu binden, so wird man dies wohl als Indikator dafür werten müssen, daß es eher um eine Privilegierung bestimmter Gruppen *im Spiel* des Marktwettbewerbs geht als um das Bemühen, das *Spiel selbst* zu verbessern, also ihm für alle Beteiligten wünschenswertere Funktionseigenschaften zu geben.

Die Bereitschaft, sich bei „Korrekturen des Marktes" an allgemeine Regeln zu binden, kann natürlich nur dann ein aussagekräftiger Test dafür sein, daß es um eine allgemeine Verbesserung des Spiels und nicht um privilegierende Ausnahmen geht, wenn Regeln ausreichend lange in Kraft bleiben. Werden die Spielregeln des Marktes häufig in kurzen Abständen geändert, dann verliert die Unterscheidung zwischen ad hoc-Interventionen und Regeländerungen jede Bedeutung. Ohne die glaubhafte Verpflichtung, eine neu eingeführte Spielregel auf eine noch unbekannte Zahl zukünftiger vergleichbarer Fälle anzuwenden, kann auch das Mittel der Regeländerung allzu leicht für rein situationsbezogene Eingriffe mißbraucht werden, die allein der Begünstigung bestimmter Gruppen dienen. Der Sinn einer Bindung an Regeln ist nur bei ausreichender Geltungsdauer erfüllt. Unter den Bedingungen einer Dauerreform geht er verloren.[14]

4. Markt und „soziale Sicherheit"

Wenn *Hayek* (2002, S. 83) über eine „optimale Politik in der Katallaxie" sagt, sie ziele darauf ab, „für jedes zufällig herausgegriffene Mitglied der Gesellschaft die Chance zu verbessern, die es hat, ein hohes Einkommen zu erzielen", so mag diese Vorstellung von einer „optimalen Politik" nicht unbedingt auf allgemeine Zustimmung stoßen, es sei denn, man interpretiert „hohes Einkommen" so allgemein, daß damit die Fähigkeit zur Befriedigung des gesamten Spektrums möglicher menschlicher Bedürfnisse gemeint ist und nicht nur die Fähigkeit zum Erwerb marktgängiger Güter.[15] Wenn sich in der eingangs zitierten Meinungsumfrage 45 % der bundesrepublikanischen Bevölkerung dafür aussprechen, „dass in Deutschland die soziale Sicherheit weiter ausgedehnt wird, auch wenn dafür mehr Vorschriften und mehr Steuern kommen", und wenn 38 % der Befragten erklären, daß „soziale Sicherheit" für sie „persönlich das Wichtigste in unserer Marktwirtschaft" sei, gegenüber 24 %, für die „Freiheit", und 27 %, für die „die gute Versorgung, die große Auswahl an Waren" im Vordergrund stehen,[16] so muß man,

14 *Hayek* (2003, S. 179): „Regeln sind ein Mittel, um mit unserer Unwissenheit hinsichtlich der Wirkungen bestimmter Handlungen fertig zu werden. ... Daraus geht hervor, dass solche Regeln ihre Aufgabe nur erfüllen, wenn sie lange Zeit hindurch Geltung haben." – Siehe dazu auch *Hayek* (1971, S. 85 f.).

15 Das Kriterium für eine „optimale Politik in der Katallaxie" findet sich bei *Hayek* (2003, S. 265) auch in einer so zu interpretierenden, allgemeinen Formulierung: „Ziel der Politik in solch einer Gesellschaft müßte es sein, für jedes beliebige, unbekannte Mitglied der Gesellschaft die Chancen, seine, ebenfalls unbekannten Ziele aussichtsreich zu verfolgen, in gleichem Maße zu erhöhen."

16 Die Daten sind dem *Allensbacher Jahrbuch der Demoskopie 1998-2002*, Bd. 11, entnommen und beziehen sich auf eine Befragung vom Oktober 1999.

bei aller Vorsicht, die gegenüber Umfragedaten angebracht ist, wohl daraus schließen, daß Menschen sich eine Wirtschaftsordnung wünschen, die ihrem Wunsch nach „sozialer Sicherheit“ Rechnung trägt, auch wenn dies die Chance, „ein hohes Einkommen zu erzielen“, mindern wird. Wenn dem aber so ist, dann kann der Einwand, daß Vorkehrungen zur sozialen Sicherung zu Lasten des allgemeinen Wohlstandes gehen werden, für sich allein kein ausschlaggebendes Argument gegen solche Vorkehrungen sein. Dann wird es vielmehr notwendig sein, mögliche Maßnahmen der sozialen Absicherung, die geeignet sein können, eine marktwirtschaftliche Ordnung in der Einschätzung der Menschen zu verbessern, von solchen zu unterscheiden, die die Funktionseigenschaften der Marktwirtschaft in für sie unerwünschter Weise verändern oder das „Spiel des Marktwettbewerbs“ in ein für sie weniger attraktives Spiel verwandeln,[17] in ein Spiel, das sie nicht vorziehen würden, wenn sie vor die direkte Wahl gestellt wären. – Was das alternative Spiel „sozialistische Planwirtschaft“ anbelangt, so würden wohl, wie oben bereits gesagt, selbst diejenigen es nicht vorziehen wollen, die in ihm die „soziale Sicherheit“ weit besser aufgehoben meinen als in der Marktwirtschaft.[18]

Von besonderer Bedeutung in der genannten Hinsicht ist eine von *Hayek* (1971, S. 330; 1952, S. 156 f.) betonte Unterscheidung zwischen zwei grundlegend verschiedenen Vorstellungen von „sozialer Sicherheit“, nämlich einerseits als *Sicherung gegen Armut* und andererseits als *Schutz vor sozialem Abstieg*. Eine Sicherung gegen Armut kann in einem staatlichen Gemeinwesen durch die Garantie eines Mindesteinkommens erreicht werden, also dadurch, daß allen Bürgern der Anspruch auf ein bestimmtes, durch Transfers zu gewährleistendes Einkommensniveau für den Fall zugesichert wird, daß sie nicht in der Lage sind, dieses durch eigene Erwerbstätigkeit im Markt selbst zu erwirtschaften.[19] Je nach der Höhe, die für ein solches Mindesteinkommen angesetzt wird, und je nach der Ausgestaltung der Vergabeverfahren (mit oder ohne Bedürftigkeitsprüfung u. ä.) kann ein solcher Anspruch auf soziale Sicherung mehr oder minder mit Fehlanreizen verbunden sein, die sich auf die wohlstandschaffende Kraft des Marktes auswirken. Und solche Auswirkungen wird es bei der Wahl zwischen möglichen unterschiedlichen Ausgestaltungsformen der Sicherung eines Mindesteinkommens zu beachten gelten. Im Grundsatz geht es hier aber um die Absicherung von „versicherungsfähigen Risiken“ (*Hayek* 1952, S. 158). Diese Art der Absicherung kann im Intergenerationenverband „Staat“ durch einen für alle Beteiligten vorteilhaften, und damit zustimmungsfähigen, *Versicherungspakt* gewährt werden, in dem sich die Bürger wechselseitig verpflichten, einander und ihre Nachkommen davor zu bewahren, unter ein

17 Zur Frage „marktkompatibler“ und „marktinkompatibler“ Formen der sozialen Sicherung siehe auch *Schüller* (2002b).

18 Wie eingangs erwähnt, würde laut einer Umfrage vom November 2000 nur eine kleine Minderheit (4 % in den alten und 11 % in den neuen Bundesländern) in einem Volksentscheid der „sozialistischen Planwirtschaft“ vor der Sozialen Marktwirtschaft den Vorzug geben, obwohl 89 % der Befragten in Ostdeutschland in derselben Umfrage erklärten, daß sie mit der sozialistischen Planwirtschaft „soziale Sicherheit“ verbinden – gegenüber 37 %, die „soziale Sicherheit“ mit Sozialer Marktwirtschaft in Verbindung bringen.

19 *Hayek* (2002, S. 84): „Es gibt natürlich keinen Grund, warum eine Gesellschaft, die so reich ist wie die moderne, nicht *außerhalb des Marktes* für diejenigen, die im Markt unter einen gewissen Standard fallen, ein Minimum an Sicherheit vorsehen sollte.“

bestimmtes absolutes Einkommensniveau zu fallen (*Hayek* 2003, S. 294). Einen solchen Versicherungspakt können die Bürger zu ihrem wechselseitigen Vorteil schließen, ohne das „Spiel des Marktwettbewerbs" aufgeben zu müssen, auch wenn dadurch ihre Chancen, „ein hohes Einkommen zu erzielen", geringer sein mögen als in einer Marktwirtschaft ohne Versicherungspakt.[20]

Völlig anders liegen die Dinge jedoch, wenn „soziale Sicherheit" nicht nur Garantie eines für alle gleichen Mindest-Versorgungsniveaus, sondern Schutz vor sozialem Abstieg bedeuten soll, also eine Absicherung dagegen, hinter ein einmal erreichtes Einkommensniveau zurückzufallen, bzw. gegen den Zwang, eine gewohnte Tätigkeit aufgeben und eine andere Erwerbsmöglichkeit finden zu müssen. In einer sich wandelnden Welt, in der eine ständige Anpassung wirtschaftlicher Aktivitäten an veränderte Bedingungen gefordert ist, kann unmöglich für alle die Wahrung eines einmal erreichten Einkommensniveaus oder der Erhalt des gewohnten Arbeitsplatzes garantiert werden. Das Risiko der Entwertung vergangener Investitionen und der Verschlechterung der Erwerbschancen in einer einmal gewählten Wirtschaftstätigkeit gehören untrennbar zum „Spiel des Marktwettbewerbs". Im Gegensatz zu einer *Existenzminimum-Versicherung* geht es bei solchen inhärenten Marktrisiken um *nicht versicherungsfähige* Risken.[21] Der Schutz vor solchen Risiken kann zwar bestimmten Personen oder Gruppen als Privileg eingeräumt werden, man kann ihn aber unmöglich allen gleichermaßen gewähren und gleichzeitig das „Spiel des Marktwettbewerbs" aufrechterhalten (*Hayek* 1969, S. 258; 1952, S. 160 f.; 2003, S. 362).

In der politischen Praxis findet man denn auch „soziale Sicherheit" der zweiten Variante nirgendwo als allgemeines Prinzip realisiert, sondern typischerweise lediglich als Privileg, das bestimmten Gruppen vorbehalten bleibt, denen es gelungen ist, diese Vorzugsbehandlung im politischen Wettbewerb für sich zu erstreiten. In der politischen Realität geht es nie darum, derartige Regelungen der „sozialen Sicherheit" unterschiedslos für alle durchzusetzen, sondern, wie *Hayek* (1952, S. 161) es formuliert:

---

20 *Hayek* (2003, S. 361 f.): „Die Sicherung eines gewissen Mindesteinkommens für jeden oder eine Art von Minimum, unter das keiner sinken muss, selbst wenn er unfähig ist, für sich selbst zu sorgen, scheint nicht nur ein völlig legitimer Schutz gegen ein allen gemeinsames Risiko, sondern ein notwendiger Bestandteil der Großen Gesellschaft, in welcher der einzelne keine spezifischen Ansprüche mehr an die Mitglieder der besonderen kleinen Gruppe hat, in die er hineingeboren wurde. Ein System, das darauf abzielt, Menschen in großer Zahl zu bewegen, die vergleichsweise Sicherheit aufzugeben, die die Zugehörigkeit zur kleinen Gruppe geboten hat, würde wahrscheinlich bald große Unzufriedenheit und gewaltsame Reaktionen auslösen, wenn diejenigen, die bislang dessen Vorteile genossen, ohne Hilfe dastünden, sobald sie ohne ihr Verschulden ihre Fähigkeit einbüßen, sich ihren Lebensunterhalt zu verschaffen."

21 Was natürlich nicht ausschließt, daß Individuen private Vorkehrungen zur Sicherung ihres zukünftigen Lebensstandards treffen können. – Dazu *Hayek* (1971, S. 382): „Die vernünftige Lösung dieser Probleme in einer freien Gesellschaft scheint zu sein, daß, während der Staat für alle, die sich nicht selbst erhalten können, ein einheitliches Minimum vorsieht …, alle weitere Vorsorge, die zur Beibehaltung des gewohnten Lebensstandards notwendig ist, wettbewerblichen und freiwilligen Unternehmen überlassen bleibt."

> „Was man statt dessen fortgesetzt tut, besteht darin, diese Art von Sicherheit von Fall zu Fall zu gewähren, bald dieser und bald jener Gruppe, was dazu führt, daß die Unsicherheit für diejenigen, die beiseite stehen müssen, beständig wächst."[22]

Wie jede Vorzugsbehandlung so hat auch das an einige vergebene Privileg der „sozialen Sicherheit" seine Kehrseite in der Diskriminierung anderer Menschen, die die Kosten der Privilegierung einiger zu tragen haben, und zwar nicht nur die direkten Kosten, die darin bestehen, daß sie als Konsumenten mit höheren Preisen oder als Steuerzahler mit höheren Steuern belastet werden, als es ansonsten der Fall wäre, sondern auch die indirekten Kosten, die darin liegen, daß der Druck zur Anpassung an die sich ändernden wirtschaftlichen Bedingungen in der Umwelt in verstärktem Maße von denen getragen werden muß, denen das „Vorrecht der Sicherheit" (*Hayek* ebd.) vorenthalten bleibt. Über die zwangsläufige Folge stellt *Hayek* (1952, S. 168) fest:

> „Je mehr wir also versuchen, volle Sicherheit durch ein Eingreifen in den Marktmechanismus zu verschaffen, umso größer wird die Unsicherheit, und, was schlimmer ist, um so größer wird der Gegensatz zwischen der Sicherheit derjenigen, denen sie als Privileg gewährt wird, und der ständig steigenden Unsicherheit der Zukurzgekommenen."[23]

Auch eine marktwirtschaftliche Ordnung mit ihren inhärenten Wettbewerbszwängen kann und muß dem Bedürfnis nach materieller Absicherung in wirksamer Weise Rechnung tragen, wenn sie von den Menschen als eine insgesamt wünschenswerte Ordnung erlebt werden soll. Im Kern geht es beim Problem der „sozialen Sicherheit" in einer marktwirtschaftlichen Ordnung darum, daß ein kategorialer Unterschied gemacht werden muß zwischen Formen der sozialen Sicherung, die in dem Sinne mit einer Marktwirtschaft kompatibel sind, daß sie in ihr als allgemeines Prinzip Anwendung finden können, und solchen Formen, die entweder nur als Privileg an ausgewählte Gruppen vergeben werden können oder aber bei diskriminierungsfreier, allgemeiner Anwendung das „Spiel des Marktwettbewerbs" außer Kraft setzten würden.[24] In einer aufgeklärten öffentlichen Auseinandersetzung um die Frage der sozialen Sicherheit wird es daher darum gehen müssen, diesen kategorialen Unterschied stets deutlich zu machen und zu betonen, daß man alle Forderungen, die auf den Schutz vor – oder die Kompensation für – Wettbewerbswirkungen zielen, grundsätzlich zurückweisen muß, wenn man nicht in

---

22 Auf den Zusammenhang zwischen der Gewährung „sozialer Sicherheit" als Privileg und der Schaffung von Unsicherheit weist auch *Walter Eucken* (1990, S. 371) hin, wenn er feststellt: „Und wenn der Markt herrschen soll, dann darf man sich auch nicht weigern, sich ihm anzupassen. Man darf Unsicherheit nicht dadurch bekämpfen wollen, daß man neue Unsicherheit schafft."

23 Siehe dazu auch *Hayek* (1976, S. 34, Fn. 21).

24 *Hayek* (2001, S. 86): „Dem modernen Staat stehen viele andere Methoden zur Verfügung, um mit den ihm anvertrauten Mitteln ernstlich bedrohten Gruppen vorübergehend zu helfen. Dazu braucht er nicht in der Lage zu sein, die allgemeinen Spielregeln zugunsten einzelner Gruppen abzuändern oder solchen Gruppen zu erlauben, intern besondere, das Spiel des Marktes behindernde Regeln zu erzwingen. Was wieder tabu werden muß, wenn wir verhindern wollen, daß der Staat gezwungen wird, immer mehr großen Gruppen ihr Einkommen zu garantieren, ist, daß er zu diesem Zweck Modifikationen des für alle gleich geltenden Rechts vornimmt und für einzelne Gruppen Sonderrechte schafft." – Siehe dazu auch *Hayek* (1952, S. 260).

das Dilemma der Wahl zwischen Privilegienvergabe und dem gänzlichen Verzicht auf produktive Leistung marktlichen Wettbewerbs geraten will.

5. Die Verfassung des Marktes als Gesellschaftsvertrag

Die bereits zitierten Meinungsumfragen ebenso wie vielfältige Erfahrungen der Alltagspolitik weisen deutlich darauf hin, daß viele Menschen bereit zu sein scheinen, die Freiheit, die die marktwirtschaftliche Ordnung bietet, zugunsten staatlicher Vorkehrungen „sozialer Sicherheit" beschränken zu lassen. Die mindere Wertschätzung des Eigenwerts individueller Freiheit, die man dahinter vermuten muß, wird für einen liberalen Ökonomen enttäuschend sein, doch wird gerade er das Recht der Menschen anerkennen müssen, sich für eine Wirtschafts- und Gesellschaftsordnung entscheiden zu können, in der sie das Gesamt ihrer Bedürfnisse und Wünsche am besten befriedigt finden. Wenn eine soziale Ordnung letztlich nur durch die freiwillige Zustimmung der unter ihr lebenden Menschen legitimiert werden kann, dann kann auch die marktwirtschaftliche Ordnung ihre Legitimation nicht direkt aus der Freiheit herleiten, die die Menschen *im* „Spiel des Marktes" genießen, sondern nur aus ihrer freiwilligen Entscheidung *für* dieses Spiel, also ihrer freiwilligen Einigung darauf, sich seinen Regeln zu unterwerfen. Die Funktionseigenschaften einer Ordnung – und so auch die Funktionseigenschaften der marktwirtschaftlichen Ordnung, einschließlich ihres Freiheit sichernden Charakters – bieten Argumente, mit denen um die Zustimmung zu ihr geworben werden kann, sie sind aber nicht *per se* Legitimation stiftend. Menschen sind nicht verpflichtet, sich für eine freiheitliche Ordnung zu entscheiden, wenn diese nicht ihren eigenen Vorstellungen von einer wünschenswerten Lebensumwelt entspricht. Sie sind allerdings verpflichtet, und das ist im vorliegenden Zusammenhang der entscheidende Punkt, die Spielregeln eines Spiels, auf das sie sich mit anderen freiwillig einigen, auch in den Fällen zu respektieren, in denen sie sich in für sie unerwünschter Weise auswirken. Mit der Entscheidung dafür, ein bestimmtes Spiel zu spielen, gehen die Beteiligten – ob nun explizit oder implizit – einen Sozialpakt ein, einen Verfassungsvertrag, in dem sie sich wechselseitig versprechen, die Regeln des Spiels einzuhalten, solange sie an dem Spiel teilnehmen. Wo eine solche wechselseitige Bindung an Spielregeln fehlt, kann man nicht davon sprechen, daß Menschen sich überhaupt auf ein bestimmtes Spiel einlassen. Und dort, wo eine solche wechselseitige Verpflichtung zur Regeleinhaltung nicht wirksam durchgesetzt wird, muß es zwangsläufig zur Erosion und Zerstörung eines gewählten Spiels kommen.

In der Sprache der Moralphilosophie kann man den hier in Frage stehenden Sachverhalt auch so ausdrücken: Bei der Empfehlung, der marktwirtschaftlichen Ordnung vor möglichen Alternativen den Vorzug zu geben, geht es um einen *hypothetischen* Imperativ, also um ein *bedingtes* Sollensurteil, das nur für den Fall Geltung beansprucht, daß der Adressat tatsächlich wünscht, was ihm als vorzugswürdige Funktionseigenschaft dieser Ordnung dargestellt wird. Bei der Forderung, die Spielregeln des Marktes zu akzeptieren, *wenn* man sich einmal für das „Spiel der Marktwettbewerbs" entschieden hat, geht es um einen *kategorischen* Imperativ, also um eine *unbedingte* moralische Forderung, die auch in den Fällen Geltung beansprucht, in denen ihre Befolgung den Interessen des Adressaten zuwiderläuft.

Hypothetische Imperative appellieren an die *Interessen* der Empfehlungsadressaten. Sie sagen ihnen, was sie aus Klugheitsgründen tun sollten, wenn sie bestimmte Interessen möglichst wirksam verfolgen wollen, – und sie gehen ins Leere, wenn die Adressaten die unterstellten Interessen, in Wirklichkeit gar nicht verfolgen. Empfehlungen, sich für eine marktwirtschaftliche Ordnung zu entscheiden, sind in diesem Sinne hypothetische Imperative, und auch sie gehen ins Leere, wenn die Adressaten tatsächlich eine Ordnung mit anderen Funktionseigenschaften vorziehen sollten. – Kategorische Imperative appellieren nicht an Interessen. sondern weisen auf *Pflichten* hin, die die Adressaten unabhängig von ihrer aktuellen Interessenlage zu erfüllen haben, weil sie freiwillig entsprechende Bindungen eingegangen sind. Die Forderung, die Anpassungszwänge des Marktes zu akzeptieren, wenn man sich auf das „Spiel des Marktwettbewerbs" eingelassen hat, ist in diesem Sinne ein kategorisches Postulat. Die Entscheidung zu diesem Spiel setzt die Bereitschaft voraus, die aus seinem regelkonformen Ablauf resultierenden Auswirkungen zu akzeptieren, auch wenn sie den eigenen Interessen entgegenstehen.

In der einen oder anderen Form, wenn auch zumeist eher implizit als explizit, ist von verschiedenen Autoren darauf hingewiesen worden, daß die Verfassung des Marktes, also die Regelordnung, die das „Spiel der Katallaxie" konstituiert, im oben erläuterten Sinne als ein Sozialpakt oder Gesellschaftsvertrag angesehen werden kann, in dem sich die Beteiligten wechselseitig verpflichten, um der Vorteilhaftigkeit des Spiels willen, die Anforderungen des Wettbewerbs zu akzeptieren, denen sie im Spielverlauf ausgesetzt sind. So bemerkt etwa *Hayek* (2002, S. 84) über das Marktspiel:

> „Die aggregierten Resultate dieses Spiels und die Anteile jedes einzelnen an diesen Resultaten sind nur deswegen so groß, wie sie sind, weil wir uns darauf geeinigt haben, dieses Spiel zu spielen. Und nachdem wir uns einmal auf dieses Spiel eingelassen haben und aus ihm Gewinn zogen, sind wir moralisch verpflichtet, Änderungen auch dann hinzunehmen, wenn sie sich gegen uns richten."

Und *Christian von Weizsäcker* (1984, S. 131; 1998, S. 279) nimmt ausdrücklich Bezug auf den Gedanken des Gesellschaftsvertrages, wenn er auf den Umstand hinweist, daß die marktliche Wettbewerbsordnung insgesamt und auf die Dauer allen Beteiligten Vorteile bietet, die die Nachteile, die ihnen im Verlauf des Spiels aus Wettbewerbszwängen erwachsen, bei weitem übersteigen. Er spricht in diesem Zusammenhang von „Generalkompensation" und betont die Analogie zum „Hobbes'schen Gesellschaftsvertrag".[25] In der Terminologie *von Weizsäckers* geht es bei dem Gesellschaftsvertrag, der dem „Spiel des Marktwettbewerbs" zugrunde liegt, darum, daß die Beteiligten sich verpflichten, um der „Generalkompensation" willen, die sie durch die allgemeinen Vorteile des Spiels erhalten, auf Forderungen nach „Einzelkompensation" für ihnen im Spielverlauf erwachsende Nachteile zu verzichten. Im Einzelfall könnte zwar, so *von Weizsäcker* (1998, S. 280), der Schutz vor unerwünschten Wettbewerbswirkungen „dem einzelnen Bürger helfen. In der Summe aber und unter Berücksichtigung des

---

25 Den Gedanken der Generalkompensation spricht auch *Hayek* (2003, S. 273) an, wenn er im Hinblick auf die Einzeleffekte des Marktspiels feststellt, dass „langfristig die Summe all dieser Einzeleffekte, auch wenn sie immer irgend jemandem schaden werden, die Chancen für alle wahrscheinlich verbessern" wird.

gleichzeitigen Verzichts der anderen Bürger ... profitiert er von diesem gemeinsamen Verzicht". Die entscheidende Gefährdung des für alle vorteilhaften „Regimes der Generalkompensation" sieht *von Weizsäcker* darin, daß die einzelnen bei für sie nachteiligen Veränderungen in den Marktbedingungen nicht die allgemeinen Funktionseigenschaften alternativer Regime als solche vergleichen, also eine wettbewerbliche Marktwirtschaft mit einem „interventionistischen Verteilungssystem" (*von Weizsäcker* 1984, S. 131), „sondern den Zustand mit dieser spezifischen Veränderung mit dem Zustand ohne diese spezifische Veränderung" (S. 281).

Aus den von Interventionen erhofften Vorteilen für bestimmte Gruppen speisen sich die im politischen Prozeß geäußerten Forderungen nach dem Schutz vor, bzw. der Kompensation für, Wettbewerbswirkungen, Forderungen, denen man nur wirksam begegnen kann, wenn man die gemeinsamen Verpflichtungen betont und durchsetzt, die für alle Beteiligten kategorisch gelten müssen, wenn man das „Spiel der Katallaxie" spielen will. Allen Beteiligten muß bewußt gehalten werden, daß die konstitutionelle Entscheidung dafür, das „Spiel des Marktwettbewerbs" zu spielen, Vorrang haben muß vor den Erwägungen, die auf der sub-konstitutionellen Ebene, also im Verlauf des Spiels, zulässig sind. Für Eingriffe in das Marktspiel, für die Gewährung von Ausnahmen und Privilegien, mögen sich in jedem Einzelfall mehr oder minder plausible Zweckmäßigkeitsgründe angeben lassen. Doch dürfen einzelfallbezogene Zweckmäßigkeitsgründe keine Entschuldigung dafür sein, die geltenden Spielregeln außer Kraft zu setzen. Bei der Entscheidung für das „Spiel der Katallaxie" und auch bei der Entscheidung über Änderungen in den allgemeinen, für alle Beteiligten gleichermaßen geltenden Spielregeln der Katallaxie haben Zweckmäßigkeitserwägungen durchaus einen legitimen Platz. Aber hier wie bei jedem Spiel müssen die Regeln eines einmal gewählten Spiels auf der sub-konstitutionellen Ebene *kategorisch* gelten.

6. Schluß

Das Paradoxon der marktwirtschaftlichen Ordnung hat seinen Grund darin, daß sich ihre Wertschätzung ebenso wie die Vorbehalte gegen sie aus derselben Quelle speisen, dem Wettbewerb. Die Menschen schätzen seine wohlstandschaffende Leistung, aber die Anpassungszwänge, die er ihnen auferlegt, widerstreben ihnen. Als Konsumenten genießen sie seine Früchte, als Produzenten möchten sie sich seinen Anforderungen nach Möglichkeit entziehen. Aber man kann nicht beides gleichzeitig haben, die Früchte des Wettbewerbs und Schutz vor seinen Anforderungen. Oder genauer gesagt, *nicht alle können beides haben.* Einzelnen Personen oder ausgewählten Gruppen mag dies als Privileg gewährt werden, freilich nur auf Kosten anderer. Und je größer der Kreis der Privilegierten wird, um so gewichtiger werden die kumulierten Nachteile sein, die aus der Beeinträchtigung der marktlichen Koordinationsleistung folgen. Recht bald ist im Prozeß der Privilegienvergabe die Schwelle überschritten, von der ab die nachteiligen Wirkungen auf die Leistungsfähigkeit des Marktes so schwerwiegend sind, daß der erreichte Zustand nicht nur für die Diskriminierten, die die Kosten der Vorteilsgewährung an andere zu tragen haben, sondern auch für die Nutznießer der Privilegien weniger wünschenswert ist, als es eine privilegienfreie Wettbewerbsordnung wäre.

Die Ursache des *Paradoxons der Marktwirtschaft*, die unauflösliche Verbindung zwischen der geliebten und der ungeliebten Seite des Wettbewerbs, wird man unmöglich aufheben können, wenn man das „Spiel der Katallaxie" spielen will. Aber man kann Vorkehrungen zu treffen suchen, die das Risiko mindern, daß ihr gespaltenes Verhältnis zum Wettbewerb die Menschen dazu verleitet, von der Politik etwas zu fordern, was es nicht geben kann – nämlich die Herstellung einer Welt, in der man die Früchte des Wettbewerbs ernten kann, ohne seine Lasten tragen zu müssen –, und daß sie mit solchen Forderungen zur Zerstörung der Ordnung beitragen, der sie ihr Wohlergehen verdanken. Von primärer Bedeutung sind in dieser Hinsicht natürlich *institutionelle* Vorkehrungen, die die *Autorität* und die *Macht* von Regierung und Gesetzgeber zur Gewährung von Ausnahmeregelungen und Privilegien einschränken.[26] Darüber hinaus besteht jedoch auch die fortdauernde Notwendigkeit, durch *Aufklärung* Verständnis für das „Spiel des Marktwettbewerbs" mit seinen inhärenten Funktionsprinzipien zu schaffen und zu fördern, das Bewußtsein für die der Marktwirtschaft zugrunde liegende *Verfassungs*ethik einer privilegienfreien Spielregelordnung zu schärfen und wach zu halten sowie immer wieder deutlich zu machen, daß an die Politik gerichtete Forderungen nach Schutz vor den Anpassungszwängen des Wettbewerbs entweder auf eine völlige Aufgabe des Marktspiels oder auf die Privilegierung einiger auf Kosten anderer hinauslaufen. Denn die Wirksamkeit der institutionellen Vorkehrungen hängt in nicht geringem Maße von den in der Öffentlichkeit vorherrschenden Meinungen und Einstellungen ab, ein Aspekt, auf den *Hayek* (2001, S. 116) hinweist, wenn er feststellt:

> „Ob sich eine freie Wettbewerbswirtschaft erhalten ... wird, ...hängt in letzter Linie von der Einstellung der Masse zur Wirtschaftsordnung ab, und diese Einstellung hängt unvermeidlich nicht so sehr von den wahren Interessen, sondern von den Einsichten und dem Verständnis ab."[27]

Literatur

Arrow, Kenneth (1974), Limited Knowledge and Economic Analysis, in: American Economic Review, Bd. 64, S. 1-10.

Böhm, Franz (1960), Reden und Schriften, Karlsruhe.

Böhm, Franz (1980), Privatrechtsgesellschaft und Marktwirtschaft, in: *Franz Böhm*, Freiheit und Ordnung in der Marktwirtschaft, hg. von *Ernst-Joachim Mestmäcker*, Baden-Baden, S. 105-168. (Zuerst erschienen in: ORDO, Bd. 17, 1966, S. 75-151.)

---

26 Der Beschränkung der *Autorität* zur Privilegienvergabe dienen Verfassungsbestimmungen, die Regierung und Gesetzgeber an das Gebot der Rechtsgleichheit aller Bürger binden sollen, ein Gebot das gerade in der Wirtschaftsgesetzgebung allzu häufig verletzt worden ist. Der Beschränkung der *Macht* zur Privilegienvergabe dienen die politischen Organisationsprinzipien der *Subsidiarität* und des *Wettbewerbs zwischen Gebietskörperschaften*, die die Möglichkeiten des einzelnen verbessern, sich unerwünschten politischen Bedingungen zu entziehen.

27 *E.-J. Mestmäcker* (1978, S. 10) schreibt in ähnlichem Sinne über *Franz Böhm*: „Er war vielmehr der Auffassung, daß politische Ordnungen, auch Wirtschaftsordnungen, ohne die Einsicht der Bürger in ihre Strukturprinzipien auf Dauer nicht lebensfähig seien. Und er hielt es gerade deshalb für eine Kulturaufgabe hohen Ranges, die Einsicht in die Ordnungsprinzipien der Marktwirtschaft in einer Demokratie durchzusetzen."

Buchanan, James M. (1960), Fiscal Theory and Political Economy, Chapel Hill, NC.

Eucken, Walter (1990), Grundsätze der Wirtschaftspolitik, 6. Aufl., Tübingen.

Hayek, Friedrich A. (1952), Der Weg zur Knechtschaft, 3. Aufl., Erlenbach-Zürich.

Hayek, Friedrich A. (1969), Der Wettbewerb als Entdeckungsverfahren, in: *Friedrich A. Hayek*, Freiburger Studien, Tübingen, S. 249-265.

Hayek, Friedrich A. (1971), Die Verfassung der Freiheit, Tübingen.

Hayek, Friedrich A. (1976), Die Verwertung des Wissens in der Gesellschaft, in: *Friedrich A. Hayek*, Individualismus und wirtschaftliche Ordnung, 2. erw. Aufl., Salzburg.

Hayek, Friedrich A. (2001), Wirtschaft, Wissenschaft und Politik: Aufsätze zur Wirtschaftspolitik, Tübingen.

Hayek, Friedrich A. (2002), Grundsätze einer liberalen Gesellschaftsordnung: Aufsätze zur Politischen Philosophie und Theorie, Tübingen.

Hayek, Friedrich A. (2003), Recht, Gesetz und Freiheit: Eine Neufassung der liberalen Grundsätze der Gerechtigkeit und der politischen Ökonomie, Tübingen.

Knight, Frank (1921), Risk, Uncertainty and Profit, Chicago.

Mestmäcker, Ernst-Joachim (1978), Über die Rolle der Politik in der Marktwirtschaft, in: ORDO, Bd. 29, S. 3-13.

Meyer, Wilhelm (2002), Grundlagen des ökonomischen Denkens, Tübingen.

Schüller, Alfred (2002a), Die institutionellen Voraussetzungen einer marktwirtschaftlichen Ordnung, in: *Alfred Schüller*, Marburger Studien zur Ordnungsökonomik, Stuttgart, S. 163-174.

Schüller, Alfred (2002b), Wie kann und soll eine Soziale Marktwirtschaft der Zukunft aussehen?, in: *Alfred Schüller*, Marburger Studien zur Ordnungsökonomik, Stuttgart, S. 183-203.

Schumpeter, Joseph A. (1950), Kapitalismus, Sozialismus und Demokratie, 2. erw. Aufl., Bern.

Watrin, Christian (1999), Die marktwirtschaftliche Ordnung, in: *Wilhelm Korff u.a.* (Hg.), Ethik wirtschaftlicher Ordnung, Handbuch der Wirtschaftsethik, Bd. 2, Gütersloh, S. 216-261.

Weizsäcker, Christian von (1984), Was leistet die Property Rights Theorie für aktuelle wirtschaftspolitische Fragen?, in: *Manfred Neumann* (Hg.), Ansprüche, Eigentum und Verfügungsrechte, Schriften des Vereins für Socialpolitik N.F., Bd. 140, Berlin, S. 123-152.

Weizsäcker, Christian von (1998), Das Gerechtigkeitsproblem in der Sozialen Marktwirtschaft, in: Zeitschrift für Wirtschaftspolitik, Bd. 47, S. 257-288.

Zoll, Ingrid (2003), Öffentliche Meinung und politisches Handeln: Eine ordnungsökonomische Analyse der öffentlichen Wahrnehmung von Wettbewerb und Globalisierung, Bern, Stuttgart und Wien.

Helmut Leipold und Dirk Wentzel (Hg.), Ordnungsökonomik als aktuelle Herausforderung
Schriften zu Ordnungsfragen der Wirtschaft · Band 78 · Stuttgart · 2005

Staatsaufgaben in einer freiheitlich verfaßten Gesellschaft – die Sicht F. A. von Hayeks

Christian Watrin

Inhalt

> „Die entscheidende Tatsache unseres Lebens ist ..., dass wir nicht allwissend sind, dass wir uns von Augenblick zu Augenblick neuen Tatsachen anpassen müssen, die wir zuvor nicht gekannt haben, und dass wir deshalb unser Leben nicht nach einem vorgefaßten, detaillierten Plan einrichten können, in dem jede einzelne Handlung im voraus jeder anderen rational angepaßt ist. Da unser ganzes Leben darin besteht, dass wir immer neuen und nicht vorhersehbaren Umständen gegenüberstehen, können wir es so nicht dadurch ordnend gestalten, dass wir alle einzelnen Handlungen, die wir ergreifen werden, im voraus festlegen."
>
> *Friedrich A. von Hayek*

Im Laufe seines langen schöpferischen Lebens hat sich *F. A. von Hayek* zu zahlreichen ordnungs- und wirtschaftspolitischen Problemen seiner Zeit geäußert. Seine Beiträge reichen von Vorschlägen zur Bekämpfung der Inflation durch ein System des privaten Geldes[1] über Ideen zur Gewaltenteilung zwischen Exekutive und Legislative im demokratischen Staat bis hin zu detaillierten Äußerungen über das Pflichtenheft einer freiheitlich verfaßten Gesellschaft. Die große Zahl der Beiträge *Hayeks* zur politischen Ökonomie hat ihn jedoch nicht gegen den Vorwurf zu schützen vermocht, er sei ein unbelehrbarer Anti-Interventionist altliberaler Prägung.

Zu dieser nur aus Unkenntnis seiner Schriften erklärbaren Position tritt in neuerer Zeit die entgegengesetzte Ansicht, daß *Hayek* in Wahrheit ein interventionsfreudiger Autor, ein „Sozialdemokrat" (*Hoppe* 1994), sei. Diese Kritik wird von jenen erhoben, die sich selbst als „Libertäre" oder „klassische Ökonomen" bezeichnen (*Jasay* 1991, 14 seq; *Hoppe* 1994, S. 127; *Radnitzky* 1999, 2000) und als „strict liberals" gegen die von ihnen so genannten „loose liberals" abzugrenzen versuchen. Die genannten Autoren kritisieren nicht die *Hayek*sche Theorie der spontanen Ordnung oder seine Ablehnung des Konstruktivismus. Ihre Einwände richten sich vielmehr primär – um einen Ausdruck von *J. St. Mill* (1869/1970, S. 304) wieder aufzugreifen – gegen seine Aussagen zu den Agenda bzw. Non-Agenda des Staates. Mit anderen Worten, sie kritisieren *Hayeks* Vorstellungen zur politischen Ökonomie einer freien Gesellschaft im zentralen Punkt des Umfangs und Ausmaßes der Staatsaufgaben.

1. Zur Steuerbarkeit sozialer Ordnungen

Seit *Adam Smiths* „The Wealth of Nations" (1776) und seiner Einteilung der Staatsaufgaben in (1) die Abwehr äußerer Feinde, (2) die Sicherung des inneren Friedens und (3) die Bereitstellung öffentlicher Güter ist unter Ökonomen und Sozialwissenschaftlern die Diskussion darüber, was des Staates sei, nicht mehr abgerissen. Die ältere Diskussion hatte die Grenzen des „laissez-faire" oder „non-interference-principle" (*J. St. Mill*) zum Gegenstand. Heutige Erörterungen konzentrieren sich auf Fragen des Markt- bzw. Staatsversagens. Diese Diskussion steht jedoch nicht im Mittelpunkt der *Hayek*schen

1 Siehe hierzu *Schüller* (2002, S. 138 ff.). Ferner *Terres* (1999), der den Nachweis führt, daß ein Privatgeldsystem voll funktionsfähig ist.

Überlegungen. Zwar betont er an vielen Stellen seiner Schriften, daß eine funktionierende Marktwirtschaft gewisse Tätigkeiten des Staates voraussetzt (z. B. 1971, S. 287), aber er versucht keine strenge Grenzziehung zwischen privatem und öffentlichem Sektor wie andere Teilnehmer der Diskussion. Statt dessen richtet sich seine Hauptkritik gegen ein wirtschafts- und ordnungspolitisches Vorgehen, welches er als „konstruktivistisch" bezeichnet und das, wie er meint, sowohl die Gegenwart als auch die jüngere Vergangenheit dominiert. In der Sache geht es dabei um die Steuer- und Planbarkeit menschlicher Gesellschaftsordnungen.

Hayek, der Theoretiker der gesellschaftlichen Evolution, wendet sich mit Verve gegen jene Sozialtheoretiker, die er als „Konstruktivisten" bezeichnet. Geistesgeschichtlich gesehen, sieht er diese vor allem im französischen Rationalismus[2] verkörpert. Dessen Protagonisten vertreten – nach seiner Meinung – die Ansicht, daß jene Sozialgebilde, welche die ältere Theorie als „Volkswirtschaften" bezeichnete, auf der These beruhen, daß die vorfindbaren wirtschaftlichen, aber auch politischen Ordnungen, „Menschenwerk" im Sinne eines planvollen Handelns sind, also von „Ordnungsstiftern" (*Okruch* 2004, S. 49) geschaffen worden sind. Daraus wird die Schlußfolgerung gezogen, das was „Menschenwerk" sei, könne innerhalb des von der Natur vorgegebenen Rahmens auch jederzeit von Menschen umgestaltet werden.

In der deutschen Debatte – auf die *Hayek* nicht näher eingeht – findet dieser Gedanke im Marxismus eine einflußreiche Ausprägung. Nach *Marx* erlangt der Mensch in der Neuen Gesellschaft die Einsicht, daß die Güter dieser Welt sein Werk sind. Im Zuge der revolutionären (oder evolutionären?) gesellschaftlichen Entwicklung aber kommt es zur Befreiung von den überkommenen Ansichten und zum Übergang in ein neues historisches Stadium, in dem der Mensch die Bedingungen, unter denen er lebt, beherrschen lernt. Anders als bisher wird er „Herr der Geschichte" und gestaltet in der zukünftigen Gesellschaft sein Leben und Schicksal selbst.

Die Fortsetzung dieser Gedankenführung gipfelt schließlich – wie *Raupach* (1965, S. 144 f.) zeigt – in der These vom „Ende der politischen Ökonomie" (*Bucharin*) und der Behauptung, daß in einer sozialistischen Gesellschaft keinerlei ökonomische Gesetze mehr walten. Mit dem Ende des Kapitalismus beendet somit die politische Ökonomie (hier als Wissenschaft von den Funktionsweisen einer sog. kapitalistischen Wirtschaft verstanden) auch ihre Existenz. So sah *Strumlin* in den zwanziger Jahren in Sowjet-Rußland die Zeit gekommen, in der man keinen anderen Gesetzen mehr als den technisch-ökonomischen Normen und den Naturgesetzen zu gehorchen habe.

Diese Auffassung scheiterte in der kommunistischen Welt schon mit der Neuen Ökonomischen Politik (1920-1924). In der Folgezeit verschärften sich die immer wieder aufflammenden Reformdebatten über das Wirtschaftssystem einer zentral gesteuerten Ökonomie dahingehend, daß die „ökonomischen Gesetze" nicht einmal durch die „Macht" einer totalitären Regierung aufgehoben werden konnten. Trotz des früh sich abzeichnenden Scheiterns des sowjetischen Modells und schon lange vor dessen end-

---

2 Gegen diese Interpretation wendet sich in jüngerer Zeit teilweise *Hébert* (2002, S. 15 ff.), der *Dupuit* und *Durheim* als Autoren bezeichnet, die dem *Hayek*schen Evolutionismus nahe stehen. Er akzeptiert *Hayeks* Kritik lediglich für *Walras* und *Cournot*.

gültigem Zusammenbruch blieb im nicht-totalitären Westen jedoch der Glaube an die beliebige Gestaltbarkeit der Gesellschafts- und Wirtschaftsordnung in den verschiedensten Ausprägungen weiterhin lebendig und wirksam (*Schüller* 2002, 85-94).

Hayek war lange Zeit der einsame, mit sehr subtilen Argumenten operierende Kritiker der verschiedenen Versionen dieses Machbarkeitsglaubens. Angesichts der großen Publizität, die das „konstruktivistische" Gedankengut in der Mitte des vorigen Jahrhunderts genoß, wäre jedoch eine bloße Kritik dieser Position wahrscheinlich folgenlos geblieben. Es bedurfte schon mehr, nämlich der Entwicklung einer theoretisch befriedigenden Alternative, um breitere Akzeptanz im wissenschaftlichen Diskurs zu gewinnen.

2. Hayeks Antwort auf den Konstruktivismus

Hayeks großes Verdienst besteht darin, daß er in zwei Werken, seiner „Verfassung der Freiheit" (1971) und in „Recht, Gesetzgebung und Freiheit" (2003), eine Gegenposition schuf, die, wofür einiges spricht, zunehmend an Boden gewinnt.

Hayek, der zur dritten Generation der österreichischen Schule der Nationalökonomie zählt und deren prominentester Vertreter im zwanzigsten Jahrhundert war, vertritt eine die neoklassische Theorie kritisierende Position. Anders als in jener ist unser Wissen begrenzt und, was allerdings nur an einigen Stellen seiner Schriften zum Tragen kommt, im *Popper*schen Sinne irrtumsanfällig.

Ferner sind die wichtigsten Institutionen, auf denen die menschliche Kooperation in der Großen Gesellschaft (*extended society*) beruht, so die Sprache, das Recht, die Sitten, die Moral, die Märkte – und so könnte man mittlerweile ergänzen – das Internet, nicht Produkte der planenden Vernunft oder staatlicher Handlungen, sondern das Ergebnis individueller Handlungen, die auf ganz andere Ziele gerichtet sind. Folglich ist für das Verständnis der menschlichen Gesellschaft die evolutionäre Perspektive – im Gegensatz zum neoklassischen Maximierungsparadigma – angemessen. Gesellschaftliche Prozesse können nicht so aufgefaßt werden, als ob sie sich auf bestimmte kollektive Ziele richteten oder in bestimmter Weise politisch lenkbar wären. Vielmehr werden sie als offene Entwicklungen interpretiert, deren künftiger Verlauf aus der Natur der Sache heraus weder vorhersehbar noch steuerbar noch – in Folge ihrer Komplexität – überschaubar ist. Die in der ersten Hälfte des zwanzigsten Jahrhundert so oft vertretene Auffassung des „vor uns liegt die neue Zeit" und die daraus folgende Pseudogewißheit der Gesellschaftsplaner oder der vermeintlichen politischen Avantgarden, daß die von ihnen verkündeten Ziele durch eine geeignete Politik erreichbar seien, entspringt nach *Hayek* einem grundlegenden Mißverständnis der Natur gesellschaftlicher Prozesse und einer Anmaßung von Wissen und Können seitens der dieselben angeblich steuernden Sozialingenieure.

Wenn dem so ist, dann stellt sich vor diesem Hintergrund die Frage, wie – außer durch Zufall – freiheitliche Gesellschaften überhaupt entstehen konnten und, vor allem, wie unfreie Gesellschaften frei werden können. *Hayek* stützt seine Hoffnung auf einen sozialen Selektionsmechanismus, der den erfolgreichen Gesellschaften nicht – zuletzt auf der Wohlstandsseite – Vorsprünge schafft, die von Gesellschaften mit einer weniger erfolgreichen Struktur auf Dauer imitiert werden.

Das große historische Vorbild vieler großer liberaler Autoren der Vergangenheit ist die politische Geschichte des Stadtstaates Athen im späten sechsten und fünften Jahrhundert vor Christus. Dort wandelten sich die Ideen, welche die politischen Ordnungen der damaligen Zeit betrafen, in geradezu revolutionärer Weise von der überkommenen Sicht, daß gute, kompetente und – wenn möglich – integre Personen, die Philosophen-Könige im Sinne *Platon*s, an der Spitze des Gemeinwesens stehen sollten, dahin, daß nicht einer oder einige wenige, sondern alle Bürger die Polis regieren sollten, und zwar einschließlich der Armen (*Meier* 1993, S. 108 ff., S. 684); mit anderen Worten, daß die Bürger sich selbst regieren könnten und sollten.

Die aus dieser Idee erwachsene politische Ordnung ließ in Griechenland eine Hochblüte entstehen, die alle Bereiche des städtischen Zusammenlebens von der Verteidigung bis hin zur Wirtschaft erfaßte. Vor allem letztere löste sich aus den engen Begrenzungen der weitgehend autarken „oeconomia" in Richtung auf eine sich immer weiter öffnende grenzüberschreitende Tauschwirtschaft. Die aus ihr erwachsenen Spezialisierungsgewinne und Produktivitätssteigerungen aber schufen jenen Wohlstand, der u. a. in seinen baulichen und künstlerischen Hinterlassenschaften noch heute Bewunderung erregt. Der Vorbildcharakter Athens aber ist – trotz des Zusammenbruchs der attischen Demokratie nach nur vier Generationen – bis heute wirksam.

Das *Hayek*sche Denken ist vom griechischen Vorbild beeinflußt. In ihm spiegelt sich die Überzeugung, daß das arbeitsteilige Zusammenleben – jenseits der nomadisierenden Kleingruppen – in und zwischen Großgesellschaften einer nicht hierarchischen Ordnung bedarf. Das Entstehen einer solchen Ordnung ist jedoch nicht das Resultat planender Aktivitäten oder eines Gesellschaftsvertrages, sondern sie entwickelt sich selbstorganisierend aus den Handlungen der Beteiligten.

Die europäische Historie läßt sich allerdings nicht fugenlos in das *Hayek*sche Schema einpassen, auch wenn in der Renaissance und der Aufklärung schrittweise freiere Regierungsformen entstanden. Der Liberalismus von oben in Preußen zu Beginn des 19. Jahrhunderts und die Umwandlung der ehemaligen Fürstenstaaten ein Jahrhundert später in eine Republik haben z. B. den totalitären Rückschlag der dreißiger und vierziger Jahre des vergangenen Jahrhunderts nicht verhindern können. Selbst die Rückkehr zu freiheitlichen Gemeinwesen in Westeuropa, der *Hayek* hohes Lob zollt, ist keineswegs darüber erhaben, ein unwiderruflicher Erfolg für die Evolution hin zur Freiheit zu sein. Rückfälle in die Barbarei und Unfreiheit sind stets möglich, ja die Historie kennt viele Fälle der Selbstzerstörung freier Gesellschaften – sei es unwissentlich, sei es absichtlich.

3. Staatsaufgaben in einer freiheitlich verfassten Gesellschaft

3.1. Allgemeine Gesichtspunkte

*Hayek*s Werke sind aus der Perspektive des Nationalstaates, so wie er um die Mitte des zwanzigsten Jahrhunderts existierte, geschrieben. Im Zuge der weltweiten Liberalisierung des Handels, starker Wanderungsbewegungen in Teilen der Weltwirtschaft und der Schaffung einer europäischen Währungsunion lösen sich jedoch die nationalstaatlichen Merkmale einschließlich der Wirtschaftsgrenzen in einem Prozeß auf, der nicht unähnlich der Entwicklung von Großunternehmen zu Netzwerken verläuft.

Die im Zuge der fortschreitenden Globalisierung sich vollziehenden Verlagerungen von Produktionsstätten in aller Herren Länder, die parallel dazu verlaufende Handelsliberalisierung und die zunehmende grenzüberschreitende Wanderung bewirken in erheblichem Umfang, daß die Möglichkeiten national bestimmter Wirtschaftspolitik schnell abnehmen. Die noch vor zwei Jahrzehnten in einigen Ländern existierende staatliche Kontrolle der Kapitalströme und erst recht eine Autarkiepolitik, wie sie noch in der Mitte des vorigen Jahrhunderts praktiziert wurde, sind längst aus den so genannten Instrumentenkasten der nationalen Wirtschaftspolitik verschwunden. Gleichwohl verbleiben Sektoren, in denen einzelstaatliche Maßnahmen weiterhin wirksam sind oder sein können.

Ferner gehört der nationale Sozialismus, der in China unter *Mao Tsetung* noch in den Jahren 1958-1962 die größte historisch bekannte Hungersnot mit Toten im zweistelligen Millionenbereich verschuldete, heute ebenso der Vergangenheit an wie der vergebliche Versuch Sowjetrußlands, zusammen mit seinen europäischen Satellitenstaaten eine funktionsfähige Wirtschaft aufzubauen. Die weltwirtschaftliche Situation entspricht, trotz aller problematischen Kritik am sogenannten Neoliberalismus, gegenwärtig mehr den Leitgedanken einer freiheitlichen Ordnung, als dies noch vor zwei Jahrzehnten der Fall war. Die heute existierende Weltwirtschaftsordnung hat kein Zentrum, das dirigierend eingreifen kann; sie ist nicht mehr wie der überkommene Nationalstaat geographisch definiert; der Ein- oder Austritt in bzw. aus dem System der weltweiten Arbeitsteilung ist den jeweiligen politischen Mitgliedern – nicht unähnlich der ehemaligen Goldwährung – freigestellt; die nationale Währungsautonomie spielt bei offenen Grenzen keine Rolle mehr (und sie wäre auch nicht mit universellem Freihandel vereinbar); und das System der Wirtschaftsbeziehungen läßt sich als ein weltweites Netzwerk auffassen, in dem die Kooperation (und nicht der Konflikt) die zentrale Rolle spielen.

Aus diesem Wandel läßt sich der Schluß ziehen, daß „Staatsaufgaben“ im traditionellen Sinne nicht mehr existent sind. Gleichwohl sind die politischen Zentren auf den verschiedenen Ebenen, jenen der Kommunen, der Länder, der Bundesstaaten und – in Europa – der supranationalen Union, nach wie vor politisch relevant. Der libertäre Traum von einer friedlichen, staatsfreien Anarchie ist nach wie vor eine Illusion, nicht zuletzt weil es trotz aller neuen Möglichkeiten, bisherige „Staatsaufgaben“ den Märkten zu überlassen, nach wie vor kein überzeugendes Beispiel dafür gibt, daß das libertäre Modell eine brauchbare Alternative im Rahmen der Wirtschaft und der Weltgesellschaft ist.[3]

Deswegen sei im folgenden davon ausgegangen, daß – wie *Hayek* es formulierte – „Freiheit der Wirtschaftstätigkeit“ bei den klassischen Liberalen (im *Hayek*schen Sinne)

3 Das Auftreten von zahlreichen blutigen Bürgerkriegen in den letzten Jahrzehnten dürfte ein hinreichender Anlaß sein, über die Stabilität von Gesellschaften mit privaten Sicherheitsagenturen nachzudenken. Selbst *Nozick* (o.J.) scheint einzuräumen, daß das Streben der privaten Schutzorganisationen nach Monopolstellungen zum bewaffneten Konflikt führt – nicht unähnlich der jahrhundertealten Mafia an vielen Orten.

stets „Freiheit unter dem Gesetz", nicht aber „das Fehlen jeglicher Regierungstätigkeit" bedeutete. Und weiter heißt es bei ihm:

> „Die ‚Einmischung' oder ‚Intervention' der Regierung, die jene Schriftsteller ablehnten, bedeutete daher nur den ... (Verzicht auf, C.W.) Eingriffe in jenen privaten Bereich, den die allgemeinen Rechtsregeln schützen sollen. Sie (die liberalen Klassiker) haben nicht gemeint, daß sich die Regierung nie mit Wirtschaftsangelegenheiten befassen soll" (*Hayek* 1971, S. 285).

3.2. Hayeks „Staatsaufgaben" im einzelnen

Hayeks Denkansatz entfernt sich weit von jenem, der die Hauptströmung der wirtschaftspolitischen Diskussion beherrscht: der Debatte über Staats- und Marktversagen. Dieser liegt, stark vereinfacht, das Paradigma der auf *Walras* zurückgehenden allgemeinen Gleichgewichtstheorie zugrunde. In ihr ist, wohlfahrtsökonomisch gesehen, jedes gesamtwirtschaftliche Gleichgewicht gleichzeitig auch ein *Pareto*-Optimum, in älterer Terminologie: ein Sozialproduktsmaximum, in dem durch eine Reallokation der Produktionsfaktoren keine allgemeine Wohlfahrtsverbesserung mehr erzielbar ist. Allenfalls kann ein Marktteilnehmer zu Lasten eines anderen besser gestellt werden. Daraus folgt jedoch keine allgemeine Wohlfahrtsverbesserung, es sei denn man zieht andere Maßstäbe – etwa Gerechtigkeitsüberlegungen – mit zu Rate. Sie verletzen jedoch die Ausgangsidee, die optimale Faktorallokation.

Wirtschaftspolitisch folgt aus diesem Modellansatz, daß alle Abweichungen von den Lehrbuch-Optimalbedingungen als Argumente für staatliches Tätigwerden herangezogen werden können, da es vermeintlich ungenützte Wohstandspotentiale gibt, die zumindest zur Besserstellung einer Person – ohne Beeinträchtigung der übrigen – genutzt werden können. So gesehen können alle Störungen des abstrakt gedachten Preis-Mengen-Mechanismus als Begründungen für wirtschaftspolitische Aktivitäten herangezogen werden.

Cowen und *Crampton* (2002, S. 3) sind der Meinung, daß in den USA nahezu alle Ausgaben und Regulierungen der letzten zwanzig Jahre mit derartigen Marktversagensargumenten begründet worden seien, so auf dem Arbeitsmarkt, im Gesundheitssektor, in der Landwirtschaft, im Erziehungs- und Bildungswesen, in der Grundlagenforschung und in der Stromerzeugung. Sie bemerken, daß es schwerfalle, Bereiche auszumachen, in denen Marktversagensargumente nicht zum Zuge kommen könnten.

In wissenschaftlicher Sicht sind jedoch nicht Modellkonstruktionen maßgeblich, sondern es ist nach ihrem Erklärungswert für die Realität zu fragen. Lange Zeit glaubten selbst bekannte liberale Autoren, daß die neoklassische Gleichgewichtstheorie eine brauchbare erfahrungswissenschaftliche Vorlage für das Verständnis der Funktionsweise realer Marktwirtschaften liefere – eine Meinung, die weder *Hayek* noch die übrigen Vertreter der österreichischen Schule teilten. Neben *Schumpeters* (1911/1952, S. X) wegweisender dynamischer Theorie, von der ihr Autor sagt, daß in ihr „Tatsachenforschung und Theorie sich gegenseitig durchdringen", durchzieht das *Hayek*sche Schaffen ebenfalls die Absicht, eine neue und bessere Erklärung der marktwirtschaftlichen Ordnung zu entwickeln als die neoklassische Hauptströmung des Faches.

Für *Hayek* (2003, S. 371 f.) ist z. B. der Wettbewerb ein Endeckungsverfahren und kein Instrument zur optimalen Ressourcenallokation. Ferner spielen im Hinblick auf das Wissen nicht die asymmetrisch verteilten Informationen eine entscheidende Rolle, sondern die zentrale Aufgabe besteht darin, das auf viele Personen verstreute Wissen so zu koordinieren, daß eine wechselseitig vorteilhafte Arbeitsteilung möglich wird.

Das grundlegende Problem der Ökonomie als Wissenschaft ist folglich nicht die Sozialproduktmaximierung, sondern das Suchen nach Kooperationsmöglichkeiten zwischen Wirtschaftssubjekten, die in einer arbeitsteiligen Beziehung zueinander stehen und die ihre Wissenspartikel wohlstandssteigernd miteinander kombinieren wollen. Folglich ist das dominierende Problem einer modernen Wirtschaft die Bewältigung der zahllosen Koordinationsprobleme zwischen den Beteiligten. Damit rücken zwangsläufig Kommunikationsfragen in den Vordergrund des Interesses. Märkte aber sind, wenn man die menschlichen Bemühungen zur Koordination begrenzten und verstreuten Wissens Revue passieren läßt, jene Organisationsform, die dieses Problem im Zuge der Evolution des Menschen spontan, d. h. ohne zentrale Steuerung, gelöst haben. Das schließt nicht aus, daß zu einem ferneren Zeitpunkt einmal andere Mittel und Wege zur Bewältigung des Koordinationsproblems gefunden werden als jene, die uns heute geläufig sind und die sich, wie oben schon angedeutet, in einem kurzen Menschenleben erheblich verändern können. *Hayeks* wissenschaftliches Programm ist es also, reale Phänomene (im *Popper*schen Sinne, 1992) zu erklären, wobei er auf der Basis seiner psychologisch basierten Erkenntnistheorie (1952/2005) die Möglichkeiten menschlichen Erkennens und Erklärens als begrenzt ansieht.

Das Verstehen sich selbst organisierender Ordnungen, wie der des Marktes, und – wie man ergänzen kann – das fortwährende Entstehen neuer Märkte, wenn die Voraussetzungen in Form rechtlich gesicherter Eigentumsrechte (*Schüller* 1991) gegeben sind, aber ist für *Hayek* der Ausgangspunkt einer freiheitlichen Gesellschaft. Die spontane Ordnung des Marktes bedarf jedoch, quasi zu ihrer Abstützung, einer „Organisation", und zwar des Staates, der wichtige Voraussetzungen für die Existenz und Stabilität der Gesamtordnung bereitzustellen hat. Dabei unterscheidet *Hayek* zwischen zwei Ebenen, dem Staat als Hüter der Rechtsordnung und dem Leistungsstaat (im *Buchanan*schen Sinne, 1975/1984), d. h. jener Einrichtung, die schon *Adam Smith* als diejenige beschreibt, die bestimmte Leistungen von großem allgemeinen Nutzen hervorbringt, die unter den jeweiligen historischen Gegebenheiten nicht durch die spontanen Marktkräfte bereitgestellt werden.

3.3. Hayeks Auflistung von staatlich zu erbringenden Leistungen

In *Hayeks* beiden großen Werken über die Verfassung und Ordnung einer freiheitlichen Gesellschaft behandeln vor allem das Kapitel 15 (Wirtschaftspolitik im Rechtsstaat, 1971, S. 285-297) und Kapitel 14 (2003, S. 348-370) diese Thematik. Für die freiheitlich verfaßte Gesellschaft heutigen Zuschnitts hält er einen bloßen, auf die Rechtsordnung ausgerichteten „Minimalstaat" für unzureichend (2003, S. 349). Nachdrücklich betont er, daß in modernen Staaten ein „weiter Bereich ... legitimer Tätigkeiten" für die Bereitstellung der nicht vom Markt erstellten Güter existieren könne.

Diese Formulierung ist allerdings nicht im Sinne eines Nachgebens gegenüber der heutigen Hypertrophie vieler demokratischer Staaten auslegbar. Dasselbe gilt auch für *Hayeks* implizite Ablehnung der Idee der „staatlichen Daseinsfürsorge“[4], die weite Bereiche der Güterproduktion unter die Vormundschaft staatlicher Instanzen stellen will. Das allenthalben zu beobachtende Wachstum der Staatsaufgaben hält er vielmehr für die klare Folge der üblichen rechtlichen Ausgestaltungen heutiger repräsentativer Demokratien.

Die im einzelnen von *Hayek* (1971) genannten Tätigkeiten der Regierung im freiheitlichen Gemeinwesen betreffen: die Normierung von Gewichten und Maßen; die Bereitstellung allgemein nützlicher Informationen wie Grundbücher, Landvermessungen und Statistiken; sanitäre Maßnahmen; Gesundheitsdienste; den Bau und die Erhaltung der meisten Straßen; die Förderung von Fortschritten des Wissens (S. 288 f.); die Sicherung eines Mindestexistenzniveaus für alle Bürger (S. 363); die Absicherung gegen negative Externalitäten der Umwelt und des Verkehrs; die Bekämpfung von Epidemien und die Katastrophenhilfe; die Lizenzierung von Gewerben, die mit gefährlichen Substanzen (Giftstoffe, Explosionsmittel) umgehen; die Bereitstellung von medizinischen Diensten; die Zertifizierung von Ausbildungsgängen, etwa bei Ärzten, und den Schutz entsprechender Berufsbezeichnungen; die Stadtplanung; die Lenkung der Bodennutzung einschließlich gewisser Mindeststandards für die Sicherheit der Bürger; die Beachtung von Bauvorschriften; die Standortplanung für die Industrie (S. 440 f.); schließlich aber nennt er auch Annehmlichkeiten wie Parks und die Erhaltung von Baudenkmälern und Reservaten.

Hayek äußert lebhafte Zweifel, ob alle diese Aufgaben durch Bürokratien bewältigt werden können. Er betont, daß die *rule of law* und das von ihm im Rahmen der Gleichheitsdebatte so nachhaltig betonte Diskriminierungsverbot eingehalten werden müssen. Die staatliche Bereitstellung von Gütern muß denselben Gesetzen unterliegen wie die der privaten. Gleichzeitig betont *Hayek*, der Evolutionstheoretiker, aber auch, daß es innerhalb des Gesetzeswerkes einer freiheitlich verfaßten Gesellschaft genügend Spielraum gäbe, Neues auszuprobieren und aus Fehlern zu lernen (1971, S. 297; vgl. auch *Watrin* 2000, S. 337).

Die meisten der hier genannten Beispiele lassen sich ohne weiteres i.S. des Gefangenendilemmas der ökonomischen Theorie der Spiele darstellen. Der Staat hat dann die Aufgabe, die gesellschaftlichen Dilemmata zu überwinden und so die möglichen Kooperationsgewinne zwischen den Beteiligten zu sichern. *Hayek* kannte diese heute in jedem Lehrbuch vorfindbare Denkfigur nicht. Für ihn mögen die genannten Staatsaufgaben relativ beständige Größen gewesen sein. Dieser Standpunkt ist jedoch mittlerweile nicht mehr haltbar, vor allem weil es sich herausgestellt hat, daß die Mehrzahl, ja

---

4 Nur am Rande sei bemerkt, daß die Probleme, die der Leistungsstaat aufwirft, nicht mit den zahlreichen Fragen der Ausgestaltung des Rechtsstaates (Ordnungsstaates) verwechselt werden dürfen. Dessen Inanspruchnahme von Ressourcen für die Rechtsprechung und -entwicklung ist gering. Die Eingriffe desselben in die Rechtsordnung sind heutzutage jedoch gewaltig. Im Anschluß an *Ludwig von Mises'* Interventionismuskritik und *Röpkes* Überlegungen zur Marktkonformität finden sich bei *Hayek* zahlreiche Überlegungen zu dieser Problematik.

möglicherweise alle vermeintlich öffentlichen Güter im Laufe der Geschichte auch über Märkte bereitgestellt wurden und werden. Sie trifft auch für das Paradebeispiel der Staatsaufgaben, die Landesverteidigung, zu. Die *Wallenstein*schen Armeen waren ebenso wie die heutigen Söldnerheere private Veranstaltungen. Ferner zeigen erste empirische Analysen (*Ostrom* 1999, *Cowen* and *Crampton* 2002, S. 195 ff.), daß auch dort, wo das Dilemma-Modell des menschlichen Zusammenlebens das Nichtzustandekommen der Kooperation beim Fehlen staatlicher Hilfe behauptet, erstaunliche Fälle der privaten Überwindung von Dilemmata zu finden sind, d.h. vermeintlich öffentliche Güter kommen auf Grund privater Initiativen zustande. Das ökonomische Rationalitätsmodell ist somit offenbar kein so sicherer Führer durch die Realität, wie man es lange Zeit meinte.

4. Unvermeidbarer Zwang oder Zustimmung der Vernünftigen – die Finanzierung von Staatsaufgaben

Auf Märkten muß jeder Konsument eines Gutes in der Regel den Ressourcenaufwand der Herstellung im Kaufpreis entgelten. Bei staatlich bereitgestellten Gütern ist dieser Nexus zwischen Angebot und Nachfrage deutlich geschwächt und bei vermeintlich ‚kostenlosen' Leistungen aus der Perspektive des Nutzers sogar ganz aufgehoben. Für ihn gilt tatsächlich, daß ‚Konsum ohne Produktion', also ein sogenanntes ‚free lunch', möglich ist. Wo aber kein Preis, also kein Konsumopfer, auf der Seite des Begehrenden anfällt, dehnt sich die Nachfrage bis zur Sättigungsmenge aus.

Hayek (2003, S. 358, S. 554) erinnert in diesem Zusammenhang an das *Wagner*sche „Gesetz der wachsenden Staatsausgaben", das allerdings alles andere als ein echtes ökonomische Gesetz ist, sondern die voraussehbare Folge einer Anreizstruktur, die zur Fehlallokation knapper Ressourcen führt. Das Wissen der Bürger, daß jede staatliche Leistung durch Steuern zu ihren Lasten zu bezahlen ist, ist bedauerlicherweise keine ausreichende Bremse, um die Ausgabenflut im demokratischen Staat unter diesen Voraussetzungen einzudämmen, da viele der Meinung sind, sie könnten die Finanzierungslast der von ihnen gewünschten Güter ganz oder teilweise auf andere verschieben.

Vor diesem Hintergrund ist das Eintreten liberaler Autoren für eine möglichst weitgehende Verlagerung von „Staatsaufgaben" in den Marktbereich zu sehen. Es mag daher manchen überraschen, daß die Zahl der staatlich bereitzustellenden Güter und Leistungen bei *Hayek* großzügig bemessen ist, so wenn er beispielsweise mit typisch meritorischen Argumenten für die „Finanzierung des Grundschulwesens durch den Staat" eintritt (2003, S. 368) oder für die „Subventionierung höherer Ausbildung (und der Forschung)" wirbt (1971, S. 469).

Wie aber kann in diesem und in vergleichbaren Fällen die Anwendung staatlichen Zwangs im liberalen Gesellschaftsentwurf gerechtfertigt werden? *Hayek* verwendet hier eine Argumentation, die ihm – zumindest bei den Vertretern eines radikalen Liberalismus – erhebliche Kritik eingetragen hat. In seinem großen Liberalismus-Artikel (1979, S. 37) schreibt er, daß der Staat im Bereich der von ihm erstellten Leistungen – also nicht im Sektor der Durchsetzung allgemeiner Regeln, wo die strenge Begrenzung der Staatsgewalt gilt – die ihm übertragenen Mittel dazu verwenden kann, verschiedene

Leistungen zu erbringen, die „abgesehen von der Mittelbeschaffung über Steuern, keinen Zwang erfordern".

Wie aber können Steuern, also Zwangsabgaben, die anerkanntermaßen auch noch negative Anreizeffekte auf die Bereitschaft zu arbeiten, auf die Sparwilligkeit und auf die Loyalität des Bürgers gegenüber dem Staat haben (*Congdon* 2005, S. 108 f.), „keinen Zwang erfordern", also von den Zensiten zumindest klaglos getragen werden? *Hayek* (2003, S. 351) bedient sich hier eines Vernunftargumentes, welches darauf aufbaut, daß eine Gruppe vernünftiger Leute bei der Feststellung eines gemeinsamen Interesses, dem nur durch gemeinsames Handeln entsprochen werden kann, sich eigentlich zur Erbringung solcher Leistungen freiwillig zusammenschließen müßten und für die Kosten aufkommen sollten. Dieser Zusammenschluß kommt jedoch wegen des möglichen Freifahrerverhaltens einiger oder aller nicht zustande. So gesehen bedeutet staatlicher Zwang im Wege der Besteuerung dann lediglich, daß ein Kooperationshemmnis beiseite geräumt wird. Von einer solchen Mittelbeschaffung läßt sich dann sagen, daß sie in der Tat keinen Zwang im Sinne der *Hayek*schen Definition der Freiheit (1971, S. 139) darstellt, denn es läßt sich argumentieren, daß der Staat als Leistungsstaat in diesem Fall keinen „willkürlichen Zwang" ausübt, indem er die Betreffenden seinem Willen unterwirft (1971, S. 14). Er hilft ihnen lediglich, quasi als Geburtshelfer, das zu erreichen, was in aller Interesse ist.

Aber selbst im liberalen Modell kann diese Argumentation nur dann akzeptiert werden, wenn innerhalb der jeweiligen politischen Gemeinschaft Konsens oder zumindest ein hoher Grad an Übereinstimmung im Hinblick auf die gewünschten staatlichen Leistungen besteht. Bei öffentlichen Gütern wie Abwehr einer feindlichen Okkupation, Bekämpfung der Kriminalität oder Vorsorge gegen Epidemien kann ein solcher Konsens zwischen den Bürgern dann vorausgesetzt werden, wenn Selbstschädigung nicht als erstrebenswert gilt. Schwieriger dürfte es schon werden, wenn es – was *Hayek* (1971, S. 460) auch erörtert – um Fragen der Naturschätze und ihrer Erhaltung. oder – allgemeiner ausgedrückt – um positive Externalitäten geht.

Möglicherweise ist jedoch das Hauptproblem weniger die Übereinstimmung der Bürger über das, was im politischen Raum wünschbar ist, sondern die Rückverbindung der als allgemeine Bedürfnisse geäußerten ‚Annehmlichkeiten', wie Parks, Denkmäler oder alte Stadtkerne, mit der effektiven Bereitschaft, das notwendige Konsumopfer zu erbringen. Hier schlägt *Hayek* vor, die gegenwärtige politische Praxis, nach der zuerst die Wünsche beachtet, dann ihre Erfüllung zum politischen Programm erhoben und schließlich nach Finanzierungsquellen unter Einsatz des staatlichen Machtmittels der Besteuerung gesucht werden, gänzlich aufzugeben. Statt dessen plädiert er dafür, ein politisches Gemeinwesen so zu verfassen, daß die Bürger zunächst die Höhe der insgesamt aufzuwendenden Steuermittel und den Umlageschlüssel festlegen. Diese Mittel sollen dann in einen Topf fließen, der zur Deckung der Bürgerwünsche zur Verfügung steht. Ihre interne Verteilung bildet sich nach den Regeln demokratischer Konkurrenz um knappe Mittel. Jede Ausgabenerweiterung aber setzt dann voraus, daß die Bürger ihre Beiträge erhöhen müssen. Dadurch soll die sonst übliche Ausgabenspirale unterbrochen werden, denn jede zusätzliche Vermehrung der staatlich bereitzustellenden Güter würde eine deutlich fühlbare weitere Belastung der Bürger hervorrufen.

Ein solcher Vorschlag mag auf den ersten Blick utopisch wirken. Seine Praxis ist auf der europäischen Ebene zu beobachten. Hier kämpft die Europäische Kommission mit mannigfachen Argumenten um die Erlangung einer eigenen Besteuerungshoheit. Die europäischen Finanzminister wehren sich zu Recht dagegen. Das verhindert zwar leider nicht große Fehlausgaben bei den bereits übertragenen Mitteln. Gegen ein Abgehen vom existierenden System der Matrikularbeiträge spricht jedoch, daß dann die Ausgabenspirale zu Lasten der europäischen Bürger weitere Umdrehungen machen würde.

Literatur

Buchanan James, (1975/1984), Die Grenzen der Freiheit: Zwischen Anarchie und Leviathan, Tübingen 1984. Englisches Original: Liberty: Between Anarchy and Leviathan, 1975.

Congdon, Tim (2005), Limits to Tax burden, in: Institute of Economic Affairs (ed.), Towards a Liberal Utopia?, London, S. 108-118.

Cowen, Tyler and *Eric Crompton* (2002), Market Failure or Success: The New Debate, ed. by The Independent Institute, London.

Hayek, Friedrich A. von (1971), Die Verfassung der Freiheit, Tübingen. Englisches Original: The Constitution of Liberty, London 1960.

Hayek, Friedrich A. von (1979), Liberalismus, hg. v. Walter Eucken Institut, Vorträge und Aufsätze, Heft 72, Tübingen.

Hayek, Friedrich A. von (1996), Die verhängnisvolle Anmaßung: Die Irrtümer des Sozialismus, Tübingen. Englisches Original: The Fatal Conceit: The Errors of Socialism, ed. by W. Bartley III, The University of Chicago Press, 1988.

Hayek, Friedrich A. von (1952/2005), Die Ordnung der Sinne, Tübingen 2005. Englisches Original: The Sensory Order, 1952.

Hayek, Friedrich A. von (2003), Recht, Gesetzgebung und Freiheit, Tübingen. Englisches Original: Law, Legislation and Liberty, London 1973, 1976, 1979.

Hébert, Robert F. (2002), Hayek and the French Engineers, in: *Jack Birner*, *Pierre Garrouste* and *Thierry Aimar* (eds.), F. A. Hayek as a Political Economist: Economic Analysis and Values, London.

Hoppe, Hans Hermann (1994), F. A. Hayek on Governmental Social Evolution – a Critique, in: *Christoph Frei* und *Robert Nef* (eds.), Contending with Hayek: On Liberalism, Spontaneous Order and the Communist Societies in Transition, Bern, pp. 124-154.

Jasay de, Anthony (1995/1991) Liberalismus neu gefaßt: Für eine entpolitisierte Gesellschaft, Berlin 1995. Englisches Original: Choice, Contract, Consent: A Restatement of Liberalism, London 1991.

Meier, Christian (1993), Athen: Ein Neubeginn der Weltgeschichte, Berlin

Mill, John Stuart (1869) Grundsätze der Politischen Ökonomie,. Leipzig 1970.

Nozick, Robert (o.J.), Anarchie Staat Utopia.Moderne Verlagsgesellschaft, (mit einer Einführung von F. A. von Hayek).

Okruch, Stefan (2004), Evolutorische Ökonomik und Ordnungspolitik – ein neuer Anlauf, in: *Kurt Dopfer* (Hg.), Studien zur Evolutorischen Ökonomik VIII, Berlin, S. 41-65.

Ostrom, Elinor (1999) Die Verfassung der Allmende: Jenseits von Staat und Markt, Tübingen.

Popper, Karl R. (1992) Die offene Gesellschaft und ihre Feinde, Bd. 2, Tübingen.

Radnitzky, Gerard (1999) Hayeks Political Philosopy – a Critical Assessment, in: Journal des Economistes et des Etudes Humaines, Bd. 9, S. 389-433.

Radnitzky, Gerard (2000), Hayek on the Role of the State: A Radical Libertarian Critique, in: Policy (Australia), Vol. 16, No. 1, pp. 16-20.

Raupach, Hans (1965), Das Planungssystem, in: *Werner Markert* (Hg.), Osteuropa-Handbuch, Band: Sowjet-Union: Das Wirtschaftssystem, Köln-Graz, S. 140-179.

Schüller, Alfred (1991), Eigentumsrechte: Ökonomische Anreiz- und Kontrollwirkungen im Prozeß der marktwirtschaftlichen Systementfaltung, in: *Johann-Gottfried-Herder Institut* (Hg.), Transformation der Eigentumsordnung im östlichen Mitteleuropa, Ostmittel-Europa-Studien, Heft 17, Marburg, S. 11-23.

Schüller, Alfred (2002), Marburger Studien zur Ordnungsökonomik, Stuttgart.

Schumpeter, Joseph (1911/1952), Theorie der wirtschaftlichen Entwicklung, 5. Aufl., Berlin 1952.

Terres, Paul (1999), Die Logik einer wettbewerblichen Geldordnung, Untersuchungen zur Ordnungstheorie und Ordnungspolitik, hg. v. Walter Eucken Institut, Bd. 37, Tübingen.

Watrin, Christian (2000) Staatsaufgaben: Die Sicht Walter Euckens und Friedrich A. von Hayeks, in: *Bernhard Külp* und *Viktor Vanberg* (Hg.), Freiheit und wettbewerbliche Ordnung, Freiburg, S. 323-343.

Helmut Leipold und Dirk Wentzel (Hg.), Ordnungsökonomik als aktuelle Herausforderung
Schriften zu Ordnungsfragen der Wirtschaft · Band 78 · Stuttgart · 2005

Zur Notwendigkeit eines ‚starken' Staates im Transformationsprozeß

Peter Oberender und *Jochen Fleischmann*

Inhalt

1. Problemstellung und Vorgehensweise

Spätestens mit dem Zerfall der ehemals kommunistischen Ostblockstaaten und des Beginns ihres Übergangs zu demokratisch orientierten Marktwirtschaften ist das Problem der Systemtransformation wieder in den Blickwinkel der ökonomischen Theorie im allgemeinen und der Ordnungstheorie im speziellen gerückt. Zu Beginn dieses Prozesses mußten die Wirtschaftswissenschaften mangels vorhandener theoretischer Konzepte allerdings häufig auf ad hoc Empfehlungen vertrauen. Eine klare, theoriegestützte Durchdringung des Transformationsphänomens tat also Not. *Alfred Schüller* hat, in der Theorie des Ordoliberalismus stehend, hier wesentliche Anstöße geliefert und den Weg gewiesen für eine Transformationstheorie, die insbesondere die engen Grenzen des so genannten Washingtoner Konsensus vermeidet, der allzu technokratisch und ohne Rücksicht auf die konkreten Bedingungen in den einzelnen Transformationsländern Gestaltungsvorschläge ableiten wollte (vgl. insbesondere *Schüller* 1992; *Schüller* und *Wentzel* 1991).[1]

Nach wie vor sind aber viele Fragen, die im Rahmen von Systemtranformationen aus wirtschaftswissenschaftlicher und insbesondere ordnungsökonomischer Perspektive auftreten, ungeklärt. Mittlerweile haben die Ende des 20. Jahrhunderts abgelaufenen und noch ablaufenden Transformationen zwar ein reichhaltiges Erfahrungsmaterial hinterlassen, das es zumindest erlaubt, einige typische Verlaufsmuster solcher Prozesse zu erkennen (z. B. *Blanchard* 1997; *Svenjar* 2002). Das gilt insbesondere dann, wenn man den Transformationsbegriff weiter faßt und dabei nicht unbedingt die Existenz eines kommunistischen Regimes als Ausgangspunkt voraussetzt.[2] Allerdings geben insbesondere Länder wie China, deren Entwicklung auf Basis unorthodoxer Reformen den ökonomischen Standardempfehlungen zu widersprechen scheinen, noch große Rätsel auf.[3] Eine wissenschaftliche Beschäftigung mit Fragen der Systemtransformation verspricht daher nach wie vor wichtige Erkenntnisse zur Gestaltung von Wirtschaftssystemen, die auch in anderen Teilsystemen einer Gesellschaft anwendbar sind.[4]

Ein Thema, das zu Beginn der osteuropäischen Transformationsprozesse eher vernachlässigt worden war, ist die Rolle des Staates in diesen Prozessen. Erst allmählich wurden die Implikationen unterschiedlicher staatlicher Einflußnahme und unterschiedlicher Staatsformen ins Blickfeld der Transformationsforschung gerückt.[5] Wird Transformation als der Übergang von einer alten, nicht mehr tragfähigen formalen Institutio-

---

1 Vgl. auch die Hinweise bei *Bönker* (2001), der sich mit der Entwicklung und Weiterentwicklung der ordoliberalen Transformationstheorie auseinandersetzt.

2 Vgl. dazu insbesondere die Aufarbeitung der Transformationserfahrungen zahlreicher Länder bei *Weidenfeld* (2001).

3 Ein Überblick dieser Fragen mit weiteren Literaturverweisen findet sich bei *Oberender* und *Fleischmann* (2004).

4 Vgl. beispielsweise die interessanten Überlegungen bei *Sundmacher* und *Sundmacher* (2003) sowie *Sundmacher* (2004) mit Bezug auf das Gesundheitswesen.

5 So beispielsweise in den Beiträgen von *Leipold* (1992); *Fang* (1996); *Shleifer* (1997); *Hermann-Pillath* (2000).

nenstruktur einer Gesellschaft hin zu neuen, genauso konsens- wie lebensfähigen Institutionen insbesondere marktwirtschaftlicher Art verstanden, so stellt sich die Frage, wie der Staat und staatliches Handeln ausgestaltet sein sollten, um diesen institutionellen Wandel zu befördern und einen Beitrag zum Entstehen einer ‚guten' Ordnung und zur Verbesserung der Lebensverhältnisse zu leisten. Die dabei zu klärenden Details sind vielfältig: Wie groß sollte die staatliche Macht sein? Sollte der Staat die ablaufenden Prozesse weitgehend sich selbst überlassen oder mit Detailinterventionen ‚nachhelfen'? Sollten diese eher zentralisiert sein oder vorwiegend auf dezentrale Einheiten übertragen sein? Können aus diesen Überlegungen zur Notwendigkeit staatlicher Macht auch Schlüsse zur ‚idealen' Staatsform in der Transformation gezogen werden? Sollte der Staat zwingend demokratisch organisiert sein, oder ist in manchen Fällen sogar ein autokratischer Staat, der auch gegen manche Interessengruppen handeln kann, hilfreich? Ist eventuell sogar eine Art ‚Entwicklungsdiktatur' die der Transformation angemessene Staatsform?[6]

In der Frühphase der Transformationsforschung blieben diese Fragen wenig beachtet. Es wurde im wesentlichen davon ausgegangen, daß es sich bei der Transformation um einen vorgegebenen Aufgabenkatalog (Privatisierung, Preisfreigabe etc.) handelt, der entweder im Rahmen einer Schocktherapie oder graduell von einer Regierung mit umfassender Regulierungskompetenz weitgehend reibungslos umgesetzt wird (*Herrmann-Pillath* 2000, S. 214). Bei näherer Betrachtung kann davon jedoch keine Rede sein. Weder sind die Zielvorstellungen von Transformationsprozessen und die damit verbundenen Aufgaben von Anfang an eindeutig, noch kann ohne weiteres von einem umfassend kompetenten Staat ausgegangen werden. Der Transformationsprozeß stellt sich eher als ein *Such- und Entdeckungsprozeß* dar, bei dem es weniger um die Umsetzung global optimaler Strategien als vielmehr um die Annäherung an lokale Optima geht (*Oberender, Fleischmann* und *Reiß* 2003).[7]

Hier soll an diese Diskussion um die Rolle und Beschaffenheit staatlichen Handelns im Transformationsprozeß angeknüpft werden. Es soll geprüft werden, ob und inwieweit ein starker Staat den Ablauf der Transformationsprozesse begünstigt. Zur Behandlung dieser Frage kann nicht auf eine eigenständige Transformationstheorie zurückgegriffen werden. Vielmehr müssen allgemeine ökonomische Theorieelemente – geeignet sind vor allem die Ordnungs- und Institutionenökonomik sowie die ökonomische Evolutionstheorie – herausgegriffen und unter den spezifischen Bedingungen des Transformationsprozesses angewandt werden.

Es wird wie folgt vorgegangen: Zunächst werden die *Charakteristika* des Transformationsprozesses herausgestellt (Abschnitt 2), die die Rahmenbedingungen für die folgende Diskussion bilden; gleichzeitig werden einige Überlegungen zum Stand der Transformationstheorie präsentiert. Anschließend wird dargelegt, was mit dem *Begriff*

---

6 Zur Frage der Staatsform liefert insbesondere *Leipold* (1992) wesentliche Argumente.

7 In diesem Zusammenhang zeigt sich auch die transformationspolitische Irrelevanz der Unterscheidung von Schocktherapie und Gradualismus: „To put it plainly, ‚shock versus gradualism' is a non-debate, since it is purely semantic and blurs the distinction between changes that can be effected quickly and those that cannot" (*Hoen* 1995, p. 63).

‚Stärke' eines Staates gemeint ist (Abschnitt 3), um schließlich (Abschnitt 4) zu diskutieren, welche *Rolle* ein Staat im Transformationsprozeß einnehmen sollte und insbesondere, wie *stark* er sein sollte, damit dieser Prozeß in die richtige Richtung läuft. Beispielhaft verwiesen wird gelegentlich auf die russischen und chinesischen Transformationserfahrungen.[8]

2. Dimensionen der Transformation

Zunächst sollen die Grundcharakteristika des Transformationsprozesses sowie Stand und Anforderungen an eine Transformationstheorie aufgezeigt werden. Ziel ist es, die besonderen Gestaltungsnotwendigkeiten und Rahmenbedingungen für staatliches Handeln zu bestimmen.

2.1. Grundcharakteristika

Unter einer *Systemtransformation*[9] wird üblicherweise der Übergang von einem sozialistisch-planwirtschaftlichen Ordnungsmodell hin zu einem demokratisch-marktwirtschaftlichen Modell verstanden. Aus ordnungsökonomischer Sicht handelt es sich um einen umfassenden Wandel der institutionellen Strukturen in allen Teilbereichen einer Gesellschaft, also nicht nur in dem als Wirtschaft bezeichneten Teilbereich. In Transformationsprozessen fließen Elemente geplanten und ungeplanten Wandels ineinander. Obwohl die ungeplanten und zum Teil auch nicht planbaren Aspekte eines solchen Vorgangs eine nicht zu unterschätzende Rolle spielen, so ist doch die Transformation von Gesellschaften in hohem Maße eine Gestaltungsaufgabe. Insbesondere die Entscheidung über die Ziele, die zu ergreifenden Maßnahmen und den konkreten Ablauf müssen aus dem politischen Prozeß heraus getroffen werden. Der mit Transformationen verbundene radikale Wechsel der Ordnungen ist ohne entsprechenden politischen Gestaltungswillen und die dazugehörigen Gestaltungsspielräume kaum bewältigbar.

Bei einer Transformation handelt es sich um einen Wandel in relativ kurzer Frist, der eine weitreichende Änderung des Systems bewirkt. Aufgrund der spezifischen Rahmenbedingungen in den einzelnen Ländern und insbesondere aufgrund der Struktur der informellen Institutionen sind Transformationsprozesse immer singuläre Ereignisse. Eine Transformation ist ein „endlicher, aber entwicklungsoffener Prozeß" (*Hopfmann* und *Wolf* 2001, S. 21), an dessen Ende ein neues stabiles Gesellschaftssystem steht, das sich auf legitime, also konsensfähige, und überlebensfähige Regelsysteme stützt.[10]

Worin liegen zentrale Probleme und Fragestellungen, die im Rahmen einer Transformation berücksichtigt werden müssen? Bei Transformationen handelt es sich um komplexe Phänomene, die einer sorgsamen Behandlung bedürfen. Diese Komplexität

---

8 So auch *Herrmann-Pillath* (2000), der außerdem noch die raumwirtschaftliche Dimension der Transformation diskutiert, die aber hier außen vor bleibt.

9 Vgl. zum folgenden *Schüller* (1992); *Wentzel* (1995); *Brockmeier* (1998); *Wrobel* (2003); *Oberender, Fleischmann* und *Reiß* (2003); *Sundmacher* (2004).

10 Vgl. zur Legitimität und Viabilität von Institutionen die Überlegungen von *Penz* (1999).

bereitet sowohl dem Erkenntnis suchenden Wissenschaftler als auch dem in einem sich transformierenden System befindlichen Akteur Schwierigkeiten. So erschwert die Komplexität die Möglichkeit, Aussagen darüber zu treffen, welche Bereiche einer Ordnung intentional gestaltet werden und welche einer wettbewerblichen Herausbildung überlassen bleiben können. Auch die Wahl der Zielparameter und das Erkennen der zur Verfügung stehenden relevanten Handlungsoptionen sind nicht einfach. Unter anderem ist zu fragen, ob eine Transformation hin zur Marktwirtschaft zwingend einer begleitenden Transformation hin zur Demokratie bedarf und, wenn ja, in welcher Form diese erfolgen sollte.

Aus Sicht der handelnden Akteure wirkt sich erschwerend aus, daß die Transformation zunächst einmal transaktionskostenerhöhend wirkt. Insbesondere die unterschiedlichen Geschwindigkeiten des Wandels von informellen und formellen Institutionen bereiten erhebliche Orientierungsschwierigkeiten. *Brockmeier* (1998, S. 11) bezeichnet den Zustand, in dem die alte Ordnung abgelöst ist, die neue Ordnung aber noch nicht vollständig erreicht ist, als „institutionelles Interregnum“, das besonderer ordnungspolitischer Anstrengungen bedarf.

Aus politökonomischer Sicht stellt sich die Frage, ob das „öffentliche Gut Transformation“ überhaupt in ausreichendem und qualitativ angemessenem Maße bereitgestellt wird. Wie bei jeder Reform laufen die politisch handelnden Akteure Gefahr, der Bevölkerung hohe Lasten aufzubürden, was deren Unmut auslöst und zur Abwahl oder gar zum Umsturz führen könnte. Allerdings bringt der Transformationsprozeß auch Bedingungen mit sich, die die Reformfähigkeit günstig beeinflussen. Zu nennen wäre die historische Ausnahmesituation, verbunden mit der Möglichkeit, sich einen „Platz in den Geschichtsbüchern“ (*Sundmacher* 2004) zu schaffen, sowie damit die Situation zu nutzen, daß noch kein gefestigtes Netzwerk von Interessenvertretern existiert.

2.2. Zur ökonomischen Transformationstheorie

Der ökonomischen Theorie stellen sich im Rahmen von Transformationsprozessen mehrere Aufgaben der Erklärung und Gestaltung (z.B. *Schüller* 1992): Sie muß klären, welche die auslösenden Momente eines solchen Prozesses sind, sie muß Empfehlungen über mögliche Zielstrukturen geben, sie muß auf dieser Basis transformationspolitische Maßnahmen vorschlagen, und sie muß ein Verständnis über die Wirkung solcher Maßnahmen entwickeln, also die Besonderheiten und typischen Kennzeichen von Übergangswirtschaften erfassen können. Will die Ökonomik als Wissenschaft ihrer gesellschaftspolitischen Relevanz und Aufgabe gerecht werden, so sollte sie diese den Wandel betreffenden und die Menschen in Transformationsökonomien bewegenden Fragen mit Steuerungs- und Aufklärungsbeiträgen begleiten.

Wie stellen sich die Transformationstheorie und ihre politischen Empfehlungen derzeit dar? Das insbesondere zu Beginn der osteuropäischen und russischen Transformation verfolgte Ziel einer allumfassenden Transformationstheorie, die möglichst exakte Kausalitätsbeziehungen zwischen gesellschaftlichen Teilelementen herausarbeitet, hat sich schnell aufgrund der Komplexität der Aufgabe als nicht durchführbar erwiesen. Ein solcher allumfassender Ansatz ist auch kaum als wünschenswert zu bezeichnen, würde er doch einem zu starken Gestaltungsoptimismus Vorschub leisten. Der *Gestaltungsop-*

timismus ist insbesondere im Zuge fortschreitender Entwicklung osteuropäischer Staaten und Rußlands weitgehend verschwunden. Die Ergebnisse, insbesondere die Wachstumsergebnisse der in diesen Staaten implementierten Strategien, wurden weitgehend als ernüchternd empfunden und lassen sich gegen die Anfang der 1990er Jahre vorherrschende Meinung zur Transformationspolitik ins Feld führen. Vorherrschende Meinung war damals der *Washingtoner Konsensus*, der in kompakter Weise Politikempfehlungen auf dem Weg zur Marktwirtschaft formulierte, die sich in die Einzelaspekte makroökonomische Stabilisierung, Privatisierung, Strukturanpassung und Liberalisierung unterteilten.[11] Grundlage sind dabei Ergebnisse der neoklassischen Mikroökonomik und der Neuen klassischen Makroökonomik (*Streit* und *Mummert* 2001, S. 234).

Dieser Ansatz erwies sich sehr schnell als zu einfach strukturiert. Er weist zwar den Weg, ist aber nicht in der Lage, institutionelle Detailfragen schlüssig zu beantworten. Gleichzeitig ist dieser Ansatz tendenziell blind für die gesellschaftlichen Rand- und Rahmenbedingungen solcher Prozesse. Insbesondere die Unterschätzung oder völlige Vernachlässigung von Problemen beim Aufbau einer tragfähigen Institutionenstruktur, die nicht zuletzt aus dem Konflikt mit informellen Institutionen[12] oder aus im politischen Prozeß angesiedelten Schwierigkeiten entstehen, waren Hindernisse bei der eigentlich zu bewältigenden Aufgabe, ein Verständnis für die im Ablauf der Transformation anfallenden Probleme zu entwickeln. Nach diesem Ansatz war also – von einigen grundlegenden Richtungsentscheidungen abgesehen – nicht klar, wie der Wandel konkret zu gestalten sei. Das hier zu behandelnde Thema ist ebenfalls in diesem Kontext zu sehen.

Die Transformationstheoretiker (und teilweise auch die allgemeinere ökonomische Theorie) haben mittlerweile daraus gelernt. Viele Autoren sind sich inzwischen darüber im klaren, daß es theoretischer Ansätze bedarf, die über grundsätzliche Richtungsentscheidungen hinausgehen und Detailprobleme der Transformation in ihrer Bedeutung für den Wandel präzise analysieren können. Die neuere Entwicklung kennt zwei Theorien, die den Blick auf diese Details freigeben und bei der Problembewältigung helfen können: die *Neue Institutionenökonomik* und die *evolutorische Ökonomik*.[13] Mittlerweile hat sich gezeigt, daß beide mit ihrem Blick für mikroökonomische Details von Institutionen (Neue Institutionenökonomik) und dem Anspruch, Prozesse des Wandels aufzuarbeiten (Evolutorische Ökonomik), wertvolle Hinweise für die Ausgestaltung des Wegs hin zu einer Marktwirtschaft liefern können, die andere Theorien vernachlässigt haben. Gleichzeitig können aber auch diese Theorien zu ihrer Weiterentwicklung maßgeblich auf Erfahrungen aus Transformationsökonomien zurückgreifen.

Transformationsprozesse sind immer singuläre Phänomene, was das Streben nach einer allgemeingültigen oder überhaupt eine Transformationstheorie zu formulieren, erheblich einschränkt. Theoretisch geht es daher eher um die Herausarbeitung *allgemeiner Muster*, deren Anwendbarkeit im Einzelfall angesichts konkreter Rahmenbedingungen (vor allem politischer und kultureller Art) jeweils zu prüfen ist. Auch die Formulierung

11 Vor allem dargelegt bei *Williamson* (1990).

12 Vgl. dazu insbesondere *North* (1990).

13 Vgl. *Hutter* (1995); *Wrobel* (2003); *Engerer* und *Voigt* (2002).

‚richtiger Wege' der Transformation im Sinne umfassender Gestaltungsempfehlungen sollte vor diesem Hintergrund eher vorsichtig gehandhabt werden.

3. Was ist ein ‚starker' Staat?

Um die Rolle des Staates im Transformationsprozeß erfassen zu können, ist es zunächst notwendig, eine geeignete Vorstellung zu finden, die die wesentlichen Funktionen des Staates umreißt. Diese Vorstellung muß sich an der hier zu behandelnden Themenstellung orientieren, also auf die Rolle des Staates im Prozeß des institutionellen Wandels bezogen sein. Anknüpfungspunkte bieten hier die Ausführungen von *Max Weber*, der vor allem auf das *Gewaltmonopol* des Staates abstellt. Demnach ist ein Staat „diejenige menschliche Gemeinschaft, welche [...] das Monopol legitimer physischer Gewaltsamkeit für sich [...] beansprucht, [...] er gilt als alleinige Quelle des ‚Rechts' auf Gewaltsamkeit" (*Weber* 1980, S. 822). Der Staat als Organisation besitzt also besondere Vorteile, wenn es darum geht, Regeln zu setzen und durchzusetzen. *North* (1981, p. 21) beispielsweise sieht den Staat als „organization with a comparative advantage in violence, extending over a geographic area whose boundaries are determined by its power to tax constituents. The essence of property rights is the right to exclude, and an organization which has a comparative advantage in violence is in the position to specify and enforce property rights".[14] Der Staat kann also als derjenige Akteur auftreten, der den Wirtschaftssubjekten hilft, die Gefangenendilemmasituation, die bei Errichten einer Gesellschaftsordnung besteht (jeder könnte sich durch Regelbruch besserstellen), zu überwinden.

Damit drängt sich die Frage auf, unter welchen *Bedingungen* die komparativen Vorteile des Staates auch tatsächlich genutzt werden, um eine Entwicklung hin zu einer tragfähigen und den Menschen nützenden Ordnung zu befördern. *Kobler* (2000) hat eine Theorie entwickelt, die den Einfluß des Staates auf die Qualität der in einem Gemeinwesen vorhandenen Institutionen (im Sinne ihres Beitrags zur wirtschaftlichen Entwicklung) von Macht und Bindung des Staates abhängig macht. Der Staat muß einerseits in der Lage sein, Institutionen, insbesondere Eigentumsrechte, zu schaffen und die Bewohner des Staatsgebietes dazu bringen können, diese einzuhalten (Macht). Andererseits muß er dazu gezwungen sein, diese Macht auch im Sinne der Bürger einzusetzen (Bindung).

> „Der Macht inhärent ist nämlich die Gefahr zu deren Missbrauch, [...]. Trotzdem ist sie notwendig, damit der Staat die gesellschaftlich optimalen Regeln schaffen und durchsetzen kann" (*Kobler* 2000, S. 91).

Die Entwicklung einer Marktwirtschaft benötigt also einen starken Staat. Dieser kann aber der Marktwirtschaft auch im Wege stehen und muß daher kontrolliert werden (*Voigt* 2002, S. 127).

---

14 Die Rolle des Staates als dritte Partei zur Überwachung von Verträgen betrachtet auch *Barzel* (2002, p. 4) in seiner Theorie des Staates: „The state consists of (1) a set of individuals who are subject to a single ultimate third party who uses violoence for enformcement and (2) a territory where these individuals reside, demarcated by the reach of the enforcer's power."

Um sinnvolle Aussagen über *Macht* und *Bindung* des Staates und damit über seine Wirkung auf die Institutionengestaltung treffen zu können, müssen diese beiden Größen operationalisiert werden. Die Macht des Staates hängt allgemein ab von den ihm zur Verfügung stehenden Ressourcen (übersteigen sie die Transaktionskosten der Setzung und Durchsetzung von Regeln?) und von den *Opportunitätskosten* seines Handelns. Könnte der Staat aus anderen Aktivitäten (z. B. Bedienung von Partikularinteressen) einen höheren Nutzen erzielen als durch die Setzung sinnvoller Institutionen oder ist es für die Staatsbürger sehr leicht, von den geschaffenen Regeln abzuweichen (sind also deren Opportunitätskosten in dieser Hinsicht gering), so ist die Macht oder Stärke des Staates eher gering einzustufen.

Während die Macht des Staates eine Aussage erlaubt, ob er überhaupt in der Lage ist, Institutionen zu schaffen, so bezieht sich die Bindung des Staates auf die Möglichkeit der Kontrolle seiner Aktivitäten durch die Bürger. Auch hier steht ein Opportunitätskostenkalkül im Zentrum der Überlegungen. Sind die Opportunitätskosten eines Regelverstoßes größer als die einer Regeleinhaltung, so wird sich der Staat wirksam an den Regelrahmen binden und qualitativ hochwertige Institutionen schaffen.

> „Qualitativ schlechte Institutionen entstehen, wenn der Staat zu wenig Macht hat, effiziente Institutionen schaffen und durchsetzen zu können, und/oder wegen mangelnder Bindung nicht gezwungen ist, effiziente Institutionen schaffen und durchsetzen zu müssen" (*Kobler* 2000, S. 96).

Selbstverständlich müssen diese Überlegungen noch weiter konkretisiert und Determinanten der Opportunitätskosten gefunden werden. *Kobler* nennt hier eine Vielzahl von Einflußgrößen (z. B. politische Institutionen, demographische und ethnische Zusammensetzung eines Landes, historische Komponenten etc.), diskutiert näher aber nur die Einkommensverteilung als Bestimmungsgröße der Macht eines Staates und die Informationsfreiheit als Bestimmungsgröße der Bindung des Staates. Letzterer Aspekt geht davon aus, daß der Staat seine Anstrengungen zur Schaffung eines qualitativ hochwertigen institutionellen Rahmens dann reduziert, wenn der Bürger ihn nicht beobachten kann.

Die Theorie von *Kobler* liefert, obwohl ursprünglich nicht direkt für den Transformationsprozeß formuliert, aufgrund ihrer klaren Begrifflichkeiten und ihres Bezugs zur bewußt gestalteten Weiterentwicklung von Institutionen durch den Staat Hinweise für die Rolle des Staates in der Transformation. Allerdings sind Ergänzungen notwendig, um der Komplexität des Transformationsprozesses gerecht zu werden. So erscheint im Lichte dieser Theorie der Staat als monolithischer Block, so daß die Interaktionen der Individuen, die den Staat erst ausmachen, weitgehend ausgeblendet bleiben (*Fleischmann* 2001, S. 453). Dadurch wird insbesondere nicht klar, ob ein starker Staat im Sinne *Kobler*s immer ein Zentralstaat sein muß oder ob auch ein föderaler Staat diesen Eigenschaften genügen kann. Ebensowenig wird klar, ob eher ein demokratisches oder eher ein autoritäres System diesen Anforderungen entspricht. Deutlich wird nur, daß staatliche Willkür ausgeschlossen sein muß, da sonst die Bindungsfähigkeit des Staates nicht gewährleistet ist.

Auch kann Stärke ganz unterschiedliche Erscheinungsformen annehmen. Darauf verweist *Nee* (2000) in einer Betrachtung der Rolle des Staates in der chinesischen

Transformation im ländlichen Raum. So war der chinesische Staat in der Vorreformzeit in dem Sinne stark, daß das maoistische System Kader auf allen Ebenen installiert hatte und dadurch Maßnahmen auf diesen Ebenen wirksam durchsetzen konnte. Der Preis für diese Durchsetzungsfähigkeit war allerdings ein Ineinandergreifen von Staat und Gesellschaft, häufig in Form von informellen Guanxi-Netzwerken. Eine andere Form von Stärke kommt hingegen einer legal-rationalen Bürokratie im *Weber*schen Sinne zu.

Eine weitere Schwierigkeit: Es ist im Transformationskontext noch keineswegs klar, was qualitativ hochwertige Institutionen sind. Die Aussage, daß Marktwirtschaft und Demokratie Endziele (wenn man solche überhaupt angeben kann) von Transformationsprozessen sind, hilft hier wenig weiter, da es gerade auf die institutionellen Detailaspekte auf dem Weg zu Marktwirtschaft und Demokratie ankommt (zumal unzählige Kombinationsmöglichkeiten von Marktwirtschaft und Demokratie denkbar sind, wie gerade die asiatischen Erfahrungen zeigen). Selbst wenn der Staat mächtig und gebunden ist, können also immer noch erhebliche Erkenntnisprobleme einer sinnvollen institutionellen Entwicklung im Wege stehen.

4. Was kann ein starker Staat im Transformationsprozeß leisten?

4.1. Vorüberlegungen

Die institutionellen *Rahmenbedingungen*, die beim Übergang in eine Marktwirtschaft geschaffen werden müssen, sind aus ordnungsökonomischer Sicht recht klar und werden im wesentlichen durch die *Eucken*schen konstituierenden Prinzipien aufgezeigt. Klare Eigentumsrechte, Vertragsfreiheit, offene Märkte, ein funktionierendes Preissystem, klare Haftungsbedingungen und eine stabile Währungsordnung sind die wesentlichen Aspekte. In westlich-liberalen Volkswirtschaften sind diese Bedingungen zumindest der Tendenz nach erfüllt. Nach den zugrundeliegenden liberalen ordnungspolitischen Vorstellungen werden sie von einem Staat begleitet, der zwar über genügend Ressourcen verfügt, um diese Regeln anzuwenden, der sich aber sonst weitgehend aus dem Wirtschaftsgeschehen heraushält. Verknüpft ist das mit einem berechenbaren bürokratischen Apparat und einer für Privatpersonen verläßlichen Garantie von Verträgen durch den Staat (*Lindenberg* 2000, p. 89 f.). Das Verhältnis zwischen Staat und Gesellschaft hat sich in solchen Volkswirtschaften über Jahrhunderte hinweg eingespielt; Macht und Bindung des Staates sind sorgsam austariert, wenngleich staatliche Entgleisungen nicht zu vermeiden sind, zumindest dann, wenn dieser sich noch, über die hier betrachteten Aufgaben hinausgehend, als umfassender Leistungsstaat versteht. Grundsätzlich aber soll sich der Staat aus wirtschaftlichem Handeln möglichst heraushalten.

Wie sieht dies im *Transformationsprozeß* aus? Ist es hier auch damit getan, daß neben den formalen Institutionen, die eine Marktwirtschaft im wesentlichen charakterisieren, auch das für eine liberale Marktwirtschaft ideale Verhältnis zwischen Macht und Bindung des Staates implementiert wird, also ein Staat, dessen weitgehend berechenbare Bürokratien vor allem den Ordnungsrahmen überwachen und durchsetzen, sich aber sonst aus dem Wirtschaftsgeschehen heraushalten?

Im folgenden soll versucht werden, unter Berücksichtigung der Eigenheiten des Transformationsprozesses eine Aussage zu treffen, wie Macht und Bindung des Staates in einem solchen Prozeß aussehen sollten. Dabei soll zunächst darauf eingegangen werden, welche Aufgabenbereiche sich für staatliches Handeln in einer Transformationsökonomie anbieten.

Beispielhaft sei hier auf die Situation in China und Rußland verwiesen. Wenngleich selbstverständlich vor Übervereinfachungen in diesem Kontext zu warnen ist[15], so scheint doch die Transformation in Rußland zunächst eher chaotisch verlaufen zu sein, mit zahlreichen nachteiligen Folgen für die Bevölkerung. China erscheint hingegen auf den ersten Blick als ein von wohlwollenden Diktatoren mit starker und umsichtiger Hand geführtes Land, das seine Transformation ohne die typischen Transformationskrisen bewältigt und im Gegenteil einen beispiellosen Modernisierungsschub erlebt hat. Die Empirie scheint die Forderung nach einem starken und durchgriffsmächtigen, möglicherweise sogar autokratischen Staat als besonders förderlich für die institutionelle und wirtschaftliche Entwicklung nahezulegen. Abgesehen davon, daß diese Beobachtung auch einer wissenschaftlichen Durchdringung bedarf, bleiben erhebliche Zweifel: Woher kennt der starke Staat eigentlich den *richtigen* Weg der Transformation? Wie weit darf seine *Stärke* gehen? Wer *kontrolliert* dieses Gebilde und *verhindert* seine Entartung?

4.2. Staatsaufgaben in der Transformation

Die hier verfolgte Staatsauffassung sieht im Staat diejenige Organisation mit komparativen Vorteilen in der Setzung und Durchsetzung von Regeln. Wie aus den allgemeinen Ausführungen zum Transformationsprozeß deutlich wird, nimmt aber die Setzung und Durchsetzung von Regeln in der Transformation einen anderen Charakter ein als in institutionell gefestigten Systemen. In der Transformation muß der Staat im institutionellen Wandel eine aktivere Rolle einnehmen als dies in entwickelten Marktwirtschaften statthaft ist; eine Transformation ohne staatliche Einflußnahme erscheint ganz und gar undenkbar.

4.2.1. Komplexitätsreduktion und Orientierungspunkt

Welche *Aufgaben* sind wahrzunehmen und bedingen diese aktive Rolle? Transformation ist einerseits ein Akt politischer Setzung, andererseits aber auch ein Prozeß der Selbstorganisation innerhalb und zwischen den wirtschaftlichen, sozialen, politischen und kulturellen Teilordnungen, der zu einer Herausbildung neuer sozialer Interaktionsmuster führt. Die sich durch die Reformierung der formalen Institutionen in Richtung Marktwirtschaft ergebenden neuen Handlungsmöglichkeiten können in der Regel von den Individuen nicht sofort vollständig genutzt werden; vielmehr muß sich erst im Laufe eines Lernprozesses von Versuch und Irrtum das für die neue Ordnung und die Erwartungsbildung in dieser relevante Wissen herausbilden – ein Prozeß, der wiederum vermittelt über die Änderung kognitiver Schemata Rückwirkungen auf die konkrete

15 Vgl. zu den institutionellen Details und politischen Perspektiven in beiden Staaten *Dethier* (2000); *Chow* (2002); *Dickson* (2003); *Peerenboom* (2002); *Wedeman* (2003).

Gestalt formaler und informaler Institutionen und das zu ihrer ,Nutzung' befähigende implizite oder explizite Wissen hat.

Das *Sozialkapital* für die neue Ordnung muß sich also erst evolutorisch herausbilden. Der Lernprozeß der Individuen benötigt dabei verläßliche Orientierungen, damit sich stabile Zukunftserwartungen bilden und sich die neuen Interaktionsmuster einspielen können. Der naheliegende Akteur, der diese Orientierungsleistung erbringen kann, ist der Staat. Als starker Staat ist er in der Lage, klare Reformperspektiven zu setzen und die Ausübung und Einhaltung der neuen Regelstruktur ,vorzuleben'.

4.2.2. Staat als ,Lückenfüller'

Diese Problematik gilt insbesondere in bezug auf das Unternehmertum. Gerade Anfang der 90er Jahre des vergangenen Jahrhunderts in der frühen Phase der osteuropäischen und russischen Transformation herrschte die Überzeugung vor, daß es eigentlich nur darum gehe, den Staat möglichst schnell aus der Wirtschaft zurückzuziehen. Nach Beseitigung aller Hindernisse für eine Marktwirtschaft würden die entfesselten Marktkräfte schon alles richten. Diese Ansicht ist sicherlich zu einem gewissen Grad richtig. Allerdings darf auch nicht verkannt werden, daß durch die kommunistische Herrschaft das Unternehmertum weitgehend diskreditiert war oder durch die spezifischen Rahmenbedingungen der kommunistischen Staaten in die Schattenwirtschaft oder in korrupte Aktivitäten abgedrängt wurde. Daher existiert die Gefahr, daß der zündende Funke nicht überspringt. Ebenso besteht die Gefahr, daß sich – wie das Beispiel Rußland in vielerlei Hinsicht zeigt – Unternehmertum in Aktivitäten bildet, die nicht unbedingt zur Verbesserung der Lebensverhältnisse und zur institutionellen Festigung dieser Volkswirtschaften beitragen.[16]

Das bedeutet aber, daß staatlicherseits unternehmerisches Handeln angestoßen und eventuell reguliert werden muß, falls es in falsche Richtungen geht. Dafür bietet der chinesische Transformationsprozeß Beispiele. So hat China in der Frühphase seiner Transformation im ländlichen Raum bewußt für unternehmerisches Handeln geworben. Gleichzeitig wurden aber auch unerwünschte unternehmerische Handlungen, wie sie teilweise von lokalen Kadern vorgenommen wurden, entschieden bekämpft (vgl. die Beispiele bei *Nee* 2000). Allerdings darf es der Staat dabei nicht versäumen, sich als verläßlicher und berechenbarer Partner unternehmerischen Handelns zu etablieren.

Besonderes Augenmerk muß hier dem System der *Unternehmenskontrolle* gelten. Ein funktionsfähiges *Corporate Governance*-System ist ein vitales Subsystem einer Volkswirtschaft. Deshalb muß die Setzung eines geeigneten Rahmens für die Unternehmenssteuerung und Unternehmenskontrolle zentrale Aufgabe der Wirtschaftspolitik und auch der Transformationspolitik sein. De jure lassen sich die *Corporate Governance*-Strukturen über Nacht verändern. Allerdings werden die damit verbundenen Kontrollmechanismen nicht sofort greifen, sondern bedingen unter anderem einen funktionierenden Kapitalmarkt sowie regulierende Finanzinstitutionen. Sind diese nicht

---

16 Vgl. zur Rolle des Unternehmertums in der Transformation *McMillan* und *Woodruff* (2002).

gegeben, so spricht vieles für „government control in corporate governance as a second-best response in the primitive stage of economic development" (*Qian* 2001, p. 298). [17]

Ein nicht vollständiger staatlicher Rückzug in diesem Bereich könnte auch für die Glättung der Transformationshärten benutzt werden. Das gilt zum Beispiel für Privatisierungsstrategien. Evolutorische Ansätze legen hier ihr Augenmerk mehr auf die Herausbildung wettbewerblichen Verhaltens, also marktlicher *Corporate Governance*, als auf die Eigentumsverhältnisse. So könnte beispielsweise im Rahmen einer zweigleisigen Strategie zunächst auf große Privatisierungen verzichtet werden; stattdessen könnten adäquate Wettbewerbsbedingungen für den neuen Privatsektor bei gleichzeitig stärkerer staatlicher Kontrolle der Staatsbetriebe geschaffen werden. Marktliche Institutionen und dementsprechende unternehmerische Fähigkeiten könnten sich sukzessive evolutorisch herausbilden, bevor – mittel- bis langfristig – die Staatsbetriebe an private Unternehmer veräußert oder im Wettbewerb von letzteren verdrängt werden.

Bis die Institutionen optimal funktionieren, gibt es also ökonomische wie politische Gründe, daß der Staat eine aktivere Rolle im Transformationsprozeß einnimmt, als dies aus Sicht einer liberalen Ordnung ableitbar ist.

4.3. Grenzen eines starken Staates

Bei der Frage, wer die Aufgabe der in der Transformation notwendigen Regelsetzungen bewältigen soll, „denkt man […] zunächst unwillkürlich an den Staat. Inwieweit aber darf man etwas von ihm erhoffen, nachdem die geschichtliche Entwicklung so viele Enttäuschungen gebracht hat und der Staat sich nur zu oft als schwach als Spielball in den Händen von Interessengruppen erwiesen hat?" (*Eucken* 1990, S. 325 f.). Um die oben genannten Aufgaben zu erfüllen, muß der Staat die notwendige Macht besitzen und stabil sein. Er muß sozialen Wandel frühzeitig erkennen und die nötigen Veränderungen, auch der Staatsorganisation selbst, rasch einleiten. Gleichzeitig darf er aber nicht totalitär herrschen. Allerdings ist dieses Handeln auch mit Gefahren verbunden.

4.3.1. Verdrängung des Unternehmertums

Oben wurde argumentiert, daß ein starker und gebundener Staat in der Transformation zahlreiche wichtige Aufgaben zu erfüllen hat. Diese Aufgabenerfüllung ist allerdings ambivalent, insbesondere wenn man bedenkt, daß sich die staatliche Rolle verfestigen kann und der Staat dauerhaft diese Aufgaben übernimmt. Als problematisch erweist sich insbesondere das Verhältnis eines solchen Staates zum Unternehmertum. Übt der Staat seine Rolle bei der Begleitung und Kontrolle des neu entstehenden Unternehmertums zu stark aus, so kann dieses leicht verdrängt werden. Der Grat zwischen der oben geschilderten Aufgabe des Staates in der *Corporate Governance* und einer Überregulierung der Wirtschaft ist ein sehr schmaler.[18] Wird er überschritten, so können sich ent-

---

17 In China ist dieses Problem insbesondere aufgrund der Probleme im Bankensystem virulent, vgl. *Weidel* (2004).

18 Dazu *McMillan* and *Woodruff* (2002, p. 168): „The importance of entrepreneurs in the transition economies is a reminder that the task of economic transition is not just a matter of government officials enacting certain policies or setting certain rules of operation for the new economy. Entrepreneurs acted as reformers, too. Indeed, much of the task of devising the

wickelnde unternehmerische Aktivitäten schnell im Keim erstickt werden. Daher ist eine ständige Überprüfung der Rolle des Staates in dieser Hinsicht erforderlich. Zudem muß eine klare Rückzugsoption entwickelt werden.

4.3.2. Probleme des Steuerungswissens

Ein weiteres Problem besteht darin, ob ein starker Staat überhaupt das Steuerungswissen hat, um die genannten Orientierungsleistungen zu erbringen. Als besondere Form des Wandels von Ordnungen zeichnen sich Transformationsprozesse in evolutorischer Perspektive durch einen komplexen, alle Bereiche menschlicher Interaktion betreffenden Wandel aus. Dessen ‚Endergebnis', verstanden als eine neue, den Akteuren wieder Sinn vermittelnde konsistente und viable Gesamtordnung mit grundlegend anderen Eigenschaften als die vorhergehende, ist unvorhersagbar und sowohl von historischen, kulturellen und realwirtschaftlichen Faktoren als auch von den Erwartungen der Akteure abhängig. Häufig läßt sich also nur die grobe Richtung eines Transformationsprozesses angeben, weniger aber die Details der institutionellen Gestaltung.

Denkbar ist daher z. B. ein *tastendes Vorgehen* in kleinen Schritten, wobei Fehler schnell korrigierbar sind und bei dem in die weiteren Maßnahmen jeweils die Vergangenheitserfahrung einfließen kann. Der Transformationsprozeß ähnelt dann einer Serie begrenzter Experimente, die sich erst bewähren müssen, bevor sie irreversibel gemacht werden. Eine sinnvolle Transformationspolitik könnte in diesem Zusammenhang darin bestehen, den Rahmen für Such- und Entdeckungsprozesse zu schaffen, die dann auf dezentraler Ebene angesiedelt wären. Dort würde dann auch die konkrete Umsetzung der Transformation stattfinden.[19] Die damit verbundene Dezentralisierung wirkt aber möglicherweise einschränkend auf die Stärke des Staates und könnte auch die von ihm zu erbringende Orientierungsleistung gefährden.[20]

4.3.3. Zur Frage der politischen Ordnung

Bisher wurde nur mit den abstrakten Begriffen Macht und Bindung des Staates argumentiert. Es wurden noch keine Anmerkungen zur politischen Ordnung gemacht. Auf den ersten Blick scheinen die Ausführungen eine autoritäre Regierung nahezulegen, die sich selber relativ stark bindet. Eine solche Regierung würde den politischen Bereich dominieren, während sie gleichzeitig im wirtschaftlichen Bereich weitgehende Freiräume läßt. Der Vorteil würde darin bestehe, daß relativ zügig und ohne Furcht vor Machtverlust das Transformationsziel Marktwirtschaft angestrebt werden kann und gleichzeitig der Staat die oben angeführten Aufgaben im Transformationsprozeß wahrnehmen kann. Das Beispiel China scheint die Vorziehenswürdigkeit einer solchen Ordnung nahezulegen. *Leipold* (1992) zeigt aber, daß eine autoritäre Herrschaft langfristig nicht tragfähig ist und immer vom Abgleiten in ein totalitäres Herrschaftssystem oder von der

---

new ways of doing business in transition economies has been taken on by entrepreneurs." Vgl. auch *Brockmeier* (1998) sowie *Nee* (2000).

19 Vgl. *Herrmann-Pillath* (2000, S. 248) sowie *Oberender, Fleischmann* und *Reiß* (2003). *Herrmann-Pillath* (2000) merkt hier unter anderem auch an, daß in diesem Licht die russischen Verhältnisse gar nicht so negativ sind, wie sie häufig bewertet werden.

20 Vgl. aus politikwissenschaftlicher Sicht zu diesem Problem *MacIntyre* (2003).

Zuflucht in Populismus bedroht ist. Ein autoritäres System mag daher zwar in einer Anfangsphase die Transformationen anstoßen können; es läuft allerdings immer Gefahr, daß es seine Stärke trotz aller guten Absichten mißbraucht. Langfristig gehören Marktsteuerung, *Rule of law* und Demokratie zusammen, um wirtschaftliche Entwicklung und eine Verbesserung der Lebensverhältnisse zu erreichen (*Junhai* 2000, p. 373). Allerdings weist auch die Demokratie Nachteile für die Gestaltung des Transformationsprozesses auf. Ist die Demokratie schwach und sehr stark dem Denken in Wahlzyklen verhaftet, so gehen von einer solchen Signale der Unsicherheit aus, die die Anpassung der Individuen an die neue Ordnung schon deshalb verhindern, weil aufgrund der wenig Konstanz signalisierenden Transformationspolitik keine stabilen Erwartungen gebildet werden können. Ideal wäre daher ein demokratisches System, in dem überzeugungsfähige Kräfte wirken und ein charismatischer Führer die Transformation vorantreibt. Eine Autokratie wäre zumindest dann akzeptabel, wenn eine klare Exit-Option erkennbar ist, wenn sich der autokratische Staat also glaubhaft darauf verpflichten könnte, sich selbst ohne große Friktionen in eine Demokratie zu transformieren.

4.4. Schlußfolgerungen

Aufgaben und Grenzen des Staates in der Transformation sind damit herausgestellt. Läßt sich aus diesen Überlegungen eine Aussage über das notwendige Ausmaß von Macht und Bindung des Staates im Transformationsprozeß ableiten? Relativ klar sind die Eckpunkte dieser Entwicklung. Am Anfang des Transformationsprozesses steht ein Staatswesen, das auf die Reste einer kommunistischen Diktatur zurückgreifen kann. Diese Diktaturen waren in der Regel sehr durchsetzungsmächtig und können daher als stark bezeichnet werden. Weniger ausgeprägt ist hingegen die Bindung dieser Staaten.

Am Ende des Transformationsprozesses sollte ein Staatswesen stehen, das zwar ebenfalls stark in dem Sinne ist, daß es Maßnahmen umsetzen kann, also über entsprechende Ressourcen und politischen Gestaltungswillen verfügen muß. Es soll allerdings gebunden sein, vor allem durch demokratische Prozesse. Regierungshandeln muß für die Akteure in einem solchen System berechenbar sein und sich dem *Rule of Law*-Gedanken verpflichtet fühlen. Folglich muß also im Transformationsprozeß *Macht* abgebaut und in ihrem Charakter verändert werden und *Bindung* des Staates aufgebaut werden (vgl. Abbildung 1).

Der Transformationsprozeß von der Planwirtschaft zur Marktwirtschaft bedarf also auch einer *Transformation des Staates*. Die Schwierigkeit besteht nun darin, eine Aussage zu treffen, wie genau dieser Übergang vonstatten gehen soll und wie gewährleistet werden kann, daß der Staat in diesem Prozeß die notwendigen Aufgaben erfüllt, ohne daß er zu viel an Macht an sich reißt. Ausgeschlossen und im Lichte der vorstehenden Überlegungen wenig sinnvoll ist ein schockartiger Rückzug des Staates. Notwendig ist vielmehr eine allmähliche Reduktion und Überführung der Stärke des Staates von einer auf einem Funktionärsnetzwerk beruhenden Macht hin zu einer rationalen und vorausberechenbaren Herrschaft, die dem *Rule of Law*-Gedanken verpflichtet ist. Ideal erscheint hier die Situation, in der ‚aufgeklärte' Reformer die alte Bürokratie nutzen und kontrollieren können, um zum einen entschlossen die Schritte hin zur Marktwirtschaft

Abbildung 1: Eckpunkte der Transformation

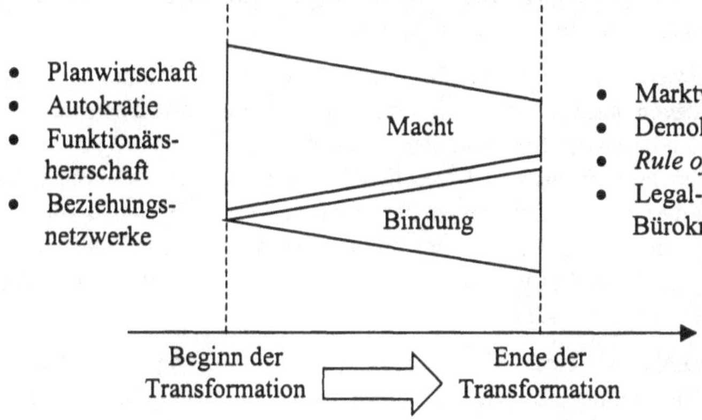

vorantreiben zu können, zum anderen aber auch die Reform des Staates in die Wege leiten zu können, wobei am Ende eine wie auch immer gestaltete Demokratie stehen sollte. Elemente der politischen Dezentralisierung sind diesem Prozeß förderlich und können sowohl als Kontrollmechanismus als auch als Entdeckungsmechanismus dienen. Gleichzeitig reduziert eine Dezentralisierung die Belastung der staatlichen Verwaltung, die sich ohnehin an eine für sich völlig neue Rolle (Rechtsstaatlichkeit und Zurückhaltung in wirtschaftlichen Angelegenheiten) anpassen muß und damit möglicherweise in der Verfügbarkeit von Ressourcen zur Steuerung des Transformationsprozesses eingeschränkt ist.

Die Situation in China kommt diesem Ideal nahe. Unter Beibehaltung einer starken Rolle des zentralen Staates wurden bedächtige und wohlüberlegte Reformen in die Wege geleitet, die das Land auf Modernisierungskurs gebracht haben. Dabei ist auch deutlich erkennbar, daß sich der chinesische Staat um zunehmende Bindung bemüht. Insbesondere der, wenn auch schwierige, Übergang zum *Rule of Law*-Gedanken (vgl. *Junhai* 2000; *Peerenboom* 2002) spricht dafür. Gleichwohl ist die Entwicklung hin zu einer stabilen Ordnung auch hier nicht vorgezeichnet. Die Bindung des Staates ist, wie ein Blick auf die politische Ordnung und die häufig noch fehlende Informationsfreiheit zeigt, nach wie vor wenig ausgeprägt. Insbesondere die um sich greifende Korruption sowie die erhebliche Ungleichheit stellen Risiken für diesen Prozeß und die staatliche Autorität dar (vgl. *Wolf* et al. 2003). Allerdings dürfte sich China auf einem besseren Weg befinden als beispielsweise Rußland, das von einem zu frühen und zu schnellen Rückzug des Staates geprägt war.

5. Fazit

Die vorstehenden Überlegungen haben versucht, *Kobler* (2000) folgend, die Eigenschaften des Staates mit den Größen ‚Macht' und ‚Bindung' zu erfassen. Der Staat wird nur dann für einen qualitativ hochwertigen institutionellen Rahmen sorgen, wenn er einerseits über die Ressourcen und Möglichkeiten verfügt, einen solchen Rahmen zu setzen und durchzusetzen. Andererseits muß diese Stärke auch hinreichend kontrolliert sein, damit er auch gezwungen ist, einen Institutionenrahmen im Sinne seiner Bürger zu schaffen. In institutionell gefestigten Volkswirtschaften ist das Verhältnis zwischen Macht und Bindung meist fein austariert und eingespielt.

Es stellt sich die Frage, wie dieses Verhältnis in Transformationsökonomien aussehen sollte. Dabei ist davon auszugehen, daß in den ehemals kommunistischen Ländern durchweg starke Staaten bestanden haben, in dem Sinne, daß sie über die Möglichkeiten verfügten, Maßnahmen in Wirtschaft und Gesellschaft durchzusetzen. Am Ende des Transformationsprozesses, also dann, wenn ein akzeptiertes, lebensfähiges und von den Individuen auch nutzbares Institutionensystem erreicht ist, sollte – zumindest dann, wenn eine Marktwirtschaft das Ziel ist – das Verhältnis zwischen Macht und Bindung dem einer liberalen Gesellschaft entsprechen.

Die Frage ist allerdings, wie dieses Verhältnis *während* des Transformationsprozesses aussehen sollte. Hier wurde argumentiert, daß der Staat im „institutionellen Interregnum" des Transformationsprozesses weiterführende Aufgaben erfüllen muß, als dies in einer institutionell gefestigten Gesellschaft der Fall ist. Hingewiesen wurde insbesondere auf die Funktion der Orientierung und die Lückenfüllerfunktion des Staates. Gleichzeitig müssen aber sukzessive Elemente der Bindung des Staates eingeführt werden.

Die häufig im Einzelfall stark unterschiedlichen Bedingungen der Transformationsprozesse machen es sehr schwer, allgemeingültige Empfehlungen über die Wandlung staatlichen Handelns im Transformationsprozeß zu geben. Deutlich wurde aber, daß ein schneller Rückzug des Staates auf eine reine Wächterrolle wenig zielführend ist und in chaotische Zustände münden kann. Besser erscheint ein Staat, der die Stärke der alten Bürokratie nutzen und gleichzeitig eindämmen kann, um sowohl wirtschaftliche als auch politische Reformen voranzutreiben. Eine anfängliche Autokratie, die sich klar auf einen Übergang zu einer Demokratie verpflichtet und sukzessive Maßnahmen zur Bindung ihres Handelns einleitet, erscheint hier am sinnvollsten.

Literatur

Barzel, Yoram (2002), A Theory of the State: Economic Rights, Legal Rights and the Scope of the State, Cambridge.

Blanchard, Olivier (1997), The Economics of Post-Communist Transition, Oxford.

Bönker, Frank (2001), Ordoliberalismus und Transformation, in: *Arndt Hopfmann* und *Michael Wolf* (Hg.), Transformationstheorie – Stand, Defizite, Perspektiven, Münster, S. 294-318.

Brockmeier, Thomas (1998), Wettbewerb und Unternehmertum in der Systemtransformation – Das Problem des institutionellen Interregnums im Prozeß des Wandels von Wirtschaftssystemen, Stuttgart.

Chow, Gregory C. (2002), China's Economic Transformation, Oxford.

Dethier, Jean-Jacques (ed.) (2000), Governance, Decentralization and Reform in China, India and Russia, Dordrecht.

Dickson, Bruce J. (2003), Red Capitalists in China – The Party, Private Entrepreneurs, and Prospects for Political Change, Cambridge.

Engerer, Hella und *Stefan Voigt* (2002), Institutionen und Transformation – Mögliche Politikimplikationen der Neuen Institutionenökonomik, in: *Klaus Zimmermann* (Hg.), Neue Entwicklungen in der Wirtschaftswissenschaft, Berlin, S. 149-215.

Eucken, Walter (1990), Grundsätze der Wirtschaftspolitik, 6. Aufl., Tübingen.

Fang, X. (1996), Government Commitment and Gradualism, in: *John McMillan* und *Barry Naughton* (eds.), Reforming Asian Socialism – The Growth of Market Institutions, Ann Arbor, S. 337-352.

Fleischmann, Jochen (2001), Besprechung von Markus Kobler, Der Staat und die Eigentumsrechte, in: ORDO, Bd. 52, S. 452-453.

Herrmann-Pillath, Carsten (2000), Regierungswettbewerb als analytisches Paradigma einer Theorie der Systemtransformation großer Länder, in: *Hans G. Nutzinger* (Hg.), Osterweiterung und Transformationskrisen, Berlin, S. 213-254.

Hoen, Herman W. (1995), Theoretically Underpinning the Transition in Eastern Europe: An Austrian View, in: Economic Systems, Vol. 19/1, pp. 59-77.

Hopfmann, Arndt und *Michael Wolf* (2001), Was heißt und zu welchem Ende betreibt man Transformationsforschung?, in: *Arndt Hopfmann* und *Michael Wolf* (Hg.), Transformationstheorie – Stand, Defizite, Perspektiven, Münster, S. 11-52.

Hutter, Michael (1995), Fünf Jahre Systemtransformation: Evolutionstheoretische Beobachtungen und Folgerungen, in: *Adolf Wagner* und *Hans-Walter Lorenz* (Hg.), Studien zur Evolutorischen Ökonomik III, Berlin, S. 215-226.

Junhai, Liu (2000), Legal Reforms in China, in: *Jean-Jacques Dethier* (ed.), Governance, Decentralization and Reform in China, India and Russia, Dordrecht, pp. 373-405.

Kobler, Markus (2000), Der Staat und die Eigentumsrechte – Institutionelle Qualität und wirtschaftliche Entwicklung, Tübingen.

Leipold, Helmut (1992), Reformrestriktionen in alternativen politischen Ordnungen, in: Jahrbuch für Neue Politische Ökonomie, Bd. 11, S. 217-231.

Lindenberg, Siegwart M. (2000), A Market Needs a State: Securing Calcuability and Market-Induced Values in China, in: Journal of Institutional and Theoretical Economics, Vol. 156, pp. 89-94.

MacIntyre, Andrew (2003), The Power of Institutions – Political Architecture and Governance, Ithaca and London.

McMillan, John and *Christopher Woodruff* (2002), The Central Role of Entrepreneurs in Transition Economies, in: Journal of Economic Perspectives, Vol. 16, No. 3, pp. 153-170.

Nee, Victor (2000), The Role of the State in Making a Market Economy, in: Journal of Institutional and Theoretical Economics, Vol. 156, pp. 64-88.

North, Douglass C. (1981), Structure and Change in Economic History, New York.

North, Douglass C. (1990), Institutions, Institutional Change and Economic Performance, Cambridge.

Oberender, Peter und *Jochen Fleischmann* (2004), Chinas Herausforderungen an die Transformationstheorie, in: *Peter Oberender* und *Jochen Fleischmann* (Hg.), China im Aufbruch – Hintergründe und Perspektiven eines Systemwandels, Bayreuth, S. 13-36.

Oberender, Peter, Jochen Fleischmann und *Christoph Reiß* (2003), Gradualismus vs. Schocktherapie oder lokale vs. globale Optimierung als relevante Alternative der Transformationspolitik? Eine theoretische Analyse, Wirtschaftswissenschaftliche Diskussionspapiere der Universität Bayreuth, Nr. 15-03, Bayreuth.

Peerenboom, Randall (2002), China's Long March toward Rule of Law, Cambridge.

Penz, Reinhard (1999), Legitimität und Viabilität – Zur Theorie der institutionellen Steuerung der Wirtschaft, Marburg.

Qian, Yingyi (2001), Government Control in Corporate Governance as a Transitional Institution: Lessons from China, in: *Joseph E. Stiglitz* and *Shahid Yusuf* (eds.), Rethinking the East Asian Miracle, Oxford, pp. 295-323.

Schüller, Alfred (1992), Ansätze zu einer Theorie der Transformation, in: ORDO, Bd. 43, S. 35-63.

Schüller, Alfred und *Dirk Wentzel* (1991), Die Etablierung von Wettbewerbsmärkten: Zur Herstellung eines funktionsfähigen Preissystems, in: *Karl-Hans Hartwig* und *H. Jörg Thieme* (Hg.), Transformationsprozesse in sozialistischen Wirtschaftssystemen: Ursachen, Konzepte und Instrumente, Berlin und Heidelberg, S. 281-304.

Shleifer, Andreji (1997), Government in transition, in: European Economic Review, Vol. 41, pp. 385-410.

Streit, Manfred und *Uwe Mummert* (2001), Grundprobleme der Systemtransformation aus institutionenökonomischer Perspektive, in: *Manfred Streit*, Jenaer Beiträge zur Institutionenökonomik und Wirtschaftspolitik, Baden-Baden, S. 231-261.

Sundmacher, Torsten (2004), Systemwandel in kleinen Schritten? Das Beispiel der Integrierten Versorgung im System der Gesetzlichen Krankenversicherung, in: *Thomas Apolte*, *Rolf Caspers* und *Paul J. J. Welfens* (Hg.), Ordnungsökonomische Grundfragen nationaler und internationaler Wirtschaftspolitik, Stuttgart, S. 123-147.

Sundmacher, Torsten und *Jenny Sundmacher* (2003), Wettbewerb im Gesundheitswesen: Zur Implementierung von Vertragsfreiheit in ausgewählten Bereichen, in: *Oliver Budzinski* und *Jörg Jasper* (Hg.), Wettbewerb, Wirtschaftsordnung und Umwelt, Frankfurt am Main, S. 141-166.

Svenjar, Jan (2002), Transition Economies: Performance and Challenges, in: Journal of Economic Perspectives, Vol. 16, pp. 3-28.

Voigt, Stefan (2002), Institutionenökonomik, München.

Weber, Max (1980), Wirtschaft und Gesellschaft – Grundriß der verstehenden Soziologie, 5. Aufl., Tübingen.

Wedeman, Andrew H. (2003), From Mao to Market – Rent Seeking, Local Protectionism and Marketization in China, Cambridge.

Weidel, Alice (2004), Chinas Bankensystem im Umbruch: Reformnotwendigkeiten aus ordnungspolitischer Sicht, in: *Peter Oberender* und *Jochen Fleischmann* (Hg.), China im Aufbruch – Hintergründe und Perspektiven eines Systemwandels, Bayreuth, S. 251-270.

Weidenfeld, Werner (2001), Den Wandel gestalten, Bd. 2, Gütersloh.

Wentzel, Dirk (1995), Geldordnung und Systemtransformation, Stuttgart, Jena und New York.

Williamson, John (1990), What Washington Means by Policy Reform, in: *John Williamson* (ed.), Latin American Adjustment: How much has happened?, Washington, S. 7-20.

Wolf, Charles Jr. et al. (2003), Fault Lines in China's Economic Terrain, Santa Monica.

Wrobel, Ralph Michael (2003), Transformationsprozesse aus Sicht der evolutorischen Ökonomik, in: Zeitschrift für Wirtschaftspolitik, Jg. 52, S. 380-398.

Helmut Leipold und Dirk Wentzel (Hg.), Ordnungsökonomik als aktuelle Herausforderung
Schriften zu Ordnungsfragen der Wirtschaft · Band 78 · Stuttgart · 2005

Komplexität und Selbstorganisation in der Theorie der Wirtschaftsordnung

Karl-Ernst Schenk

Inhalt

1. Problemstellung

1.1. Spezifizierung von Strukturelementen

In diesem Beitrag soll zunächst auf Strukturelemente der Wirtschaftsordnung und ihre Spezifizierung eingegangen werden. Eine Spezifizierung auf empirischer Grundlage ist erforderlich, erstens, um die Komplexität einer Ordnung zur Koordination wirtschaftlicher Aktivitäten zu erfassen, und zweitens, um daraus Merkmale für ihre komparative Leistungsfähigkeit und für das Verhalten der Akteure ableiten zu können. Es ist eine Selbstverständlichkeit, daß sich Wirtschaften, Handeln und Entscheiden nicht isoliert vollziehen, wie manchmal unterstellt wird, sondern eingebunden in unterschiedlich strukturierte Ordnungen. Problem ist dann angesichts ihrer Komplexität, mit welchen Methoden sie systematisch erfaßt und analysiert werden können. Dabei wird angestrebt, dies mit einem umfassenden Ansatz zu erreichen, der auch diametral gegensätzliche Ausprägungen der koordinierenden Prozesse und des Verhaltens erklären kann. Im Rahmen der Abbildung von komplexen Strukturen des Koordinierens soll besonderer Wert auf ein anschauliches Vorgehen gelegt werden, und zwar orientiert an tatsächlich oder ehemals existierenden Wirtschaftsordnungen wie der des sowjetischen Typs sowie des Sozialstaats deutscher Prägung..

1.2. Methodische Probleme

Probleme ergeben sich nicht nur daraus, daß Wirtschaftsordnungen komplexe Interaktionsstrukturen aufweisen, sondern auch aus den Prozessen der Selbstorganisation, mit denen Teilsysteme (Organisationen) typischerweise auf die Politik und auf Veränderungen des Umfeldes reagieren. Dies kann zur Erhöhung, jedoch auch zur Verminderung der Leistungsfähigkeit führen, in der evolutorischen Ökonomik als ‚Fitness‘ verstanden. In diesem Beitrag sollen solche adaptiven Prozesse ins Blickfeld gerückt werden. Was dringend benötigt wird, so die hier vertretene These, ist eine Analyse, die sich nicht auf Leistungsmerkmale einzelner Einheiten bezieht, sondern auf die soziale und ökonomische Fitness der miteinander interagierenden Populationen (*Foster* and *Metcalfe* 2001, S. 5-7).[1]

1.3. Das Programm

Im ersten Schritt sind die Strukturen ‚externer‘ Institutionen durch einen alle real bekannten Varianten umfassenden Ansatz zu modellieren. Danach werden ihre Verzahnungen mit den ‚internen‘ Institutionen aufgezeigt, die Einfluß auf die Ergebnisse des

---

[1] Obwohl *David Hume* ([1740] 1988) und *Adam Smith* ([1776] 1970) eine solche Sichtweise vor mehr als zweihundert Jahren begründet haben, die sowohl Arbeitsteilung als auch die Bedeutung der unbeabsichtigten Wirkungen individueller und kollektiver Verhaltensweisen und Institutionen herausgestellt hat, stehen derzeit noch komplizierte dynamische Modelle über relativ einfache – nicht komplexe – Zusammenhänge im Vordergrund (*Foster* and *Metcalfe* 2001). Interaktionen in mehrstufigen Hierarchien, typisch für entwickelte Industrieländer, sind bis auf Ausnahmen, die sich zumeist auf den Vergleich von Wirtschaftsordnungen beziehen (*Schüller* 1986; *Schenk* 1986, 1988, 2003; *Vromen* 2001) kaum als systemübergreifendes Phänomen systematisch untersucht worden.

Wirtschaftens haben. Diese Schritte sind nur dann sinnvoll, wenn die Morphologie der Komplexität externer und interner Interaktionen oder Koordinationsstrukturen berücksichtigt wird. Denn die in der ökonomischen Realität auftretenden, typischen Interaktionen, aus denen komplexe Strukturen der Koordination bestehen, stehen hier im Vordergrund als wichtige Erklärungsfaktoren für Wirtschaftsordnungen. Aus ihren Unterschieden, so die hier und an anderer Stelle vertretene These, ergeben sich Eigenschaften (‚emergent properties') des adaptiven Verhaltens und der ökonomischen Leistungsfähigkeit der Wirtschaftsordnung (*Schenk* 2003). Um dies herauszuarbeiten, soll konkret auf die Perzeption der Handelnden und die darauf beruhende Selbstorganisation bei unterschiedlichen Bedingungen komplexer interner und externer Institutionen eingegangen werden. Zu zeigen ist, wodurch es zu solchen (adaptiven) Prozessen nicht intendierter Selbstorganisation kommt, das heißt zu typischen – aber unterschiedlich ausgeprägten – Abweichungen des resultierenden Ist-Zustandes vom Soll-Zustand einer Wirtschaftsordnung, ohne hier eine detaillierte Darstellung liefern zu wollen.

2. Koordinationsstrukturen als Prozesse

2.1. Komplexität und ihre Dimensionen

Seit jeher geht es Ökonomen darum, das Verhalten von Akteuren unter verschiedenen Systemen der Koordination zu erklären und daraus Eigenschaften wie beispielsweise Leistungsfähigkeit abzuleiten. Wie bereits erwähnt, gilt dies nur eingeschränkt für hierarchische Strukturen. Wie sollen sie erfaßt und, davon ausgehend, das in ihnen vor sich gehende adaptive Verhalten erklärt werden? Welche Bedeutung kommt dabei der Komplexität koordinativer Verknüpfungen zu?

Die Dimensionen, durch die sich ökonomische Strukturen unterscheiden, weisen weit mehr Vielfalt auf als die in viel größeren Zeitabständen durch Vererbung generierten Arten in der Biologie. Dies liegt insbesondere an der menschlichen Fähigkeit zum innovativen Denken und Handeln sowohl im Bereich der technischen als auch der organisatorischen Artefakte. Diese Komplexität nimmt laufend zu und erfordert gerade für die Wirtschaftslehre ein erhöhtes Verständnis, das nicht nur möglicherweise, sondern mit Sicherheit Grundpositionen des tradierten analytischen Denkens berührt. Gewöhnlich wird an erster Stelle von einer wachsenden Komplexität von Märkten gesprochen. Hier sollen Hierarchien in den Vordergrund gestellt werden, um zu zeigen, wie sich – von dort ausgehend – Veränderungen auf Struktur und Varietät von Marktbeziehungen auswirken. Als Ausgangspunkt soll die Frage dienen, ob und welche substitutiven Problemlösungen auftreten, wenn Märkte durch hierarchische Koordination ersetzt werden. Von den Antworten darauf hängt es beispielsweise ab, ob die Begründung von Unterschieden der Effizienz wirtschaftlichen Handelns in erster Linie auf der individuellen, auf der organisatorischen oder der makroökonomischen Ebene zu suchen ist oder nur durch eine viele Ebenen umfassende Systembetrachtung. Eine erste Antwort auf diesen Fragenkreis ist an anderer Stelle nachzulesen (*Schenk* 2003). Hier sollen die Akzente mehr auf der eingangs angeführten Frage nach der Komplexität koordinierender Strukturen liegen. Daraus erwachsende Probleme der Selbstorganisation von Teileinheiten sowie der dabei häufig auftretenden Umdeutung von Rechten und Handlungsoptionen als Erklärungsfaktoren der Handlungsergebnisse gehören zum Programm.

2.2. Heterogenität und das Problem der Reduktion

Zunächst einmal ist es gar nicht gesagt, daß es gerade Koordinationsstrukturen sind, die als ‚komplexes' Phänomen wahrgenommen und als analytischer Ansatzpunkt gewählt werden. Ebenso gut kämen vielleicht handelnde Individuen oder Organisationen als Kandidaten für komplexe Merkmalsausprägungen in Frage, beispielsweise nach dem Merkmal ihrer Rechtsform. Warum nehmen wir dennoch Koordinationsstrukturen als Ansatzpunkt, um sie zu beobachten, zu spezifizieren und zu vergleichen? Einfach weil Koordination die Quintessenz effizienten Wirtschaftens ist. Dementsprechend geht es darum, signifikante makro- und mikroökonomische Komplexität von Koordinationsstrukturen zu beachten. Dabei sind diese jedoch zwangsläufig auf ihre ‚unterscheidbaren' Merkmale zu reduzieren. Worauf es ankommt, ist für ein System die real gegebene Häufigkeit von marktmäßigen und von hierarchischen Routinen der Koordination in ihrer Größenordnung – im Sinne einer ‚Muster-Erklärung' (*Hayek* [1967] 1969, S. 24) – zu erfassen oder wenigstens abzuschätzen und daraus Konsequenzen für das Verhalten der Akteure und die Leistungsfähigkeit abzuleiten.[2]

Dazu gehört eine Idee von einer möglichen Untergliederung der Ordnungsprinzipien. Mit der Unterscheidung ‚marktmäßig' und ‚hierarchisch' sowie mikro- und makroökonomisch sind bereits vier wichtige, gut unterscheidbare Ordnungsmerkmale benannt. Allerdings gilt es, als weitere Idee mögliche Schnittlinien (‚interfaces') einzuführen, über die hinweg sowohl im Mikro- als auch im Makrobereich – marktmäßig und/oder hierarchisch signifikante – Koordination denkbar und beobachtbar ist. Darüber hinaus sind innerhalb dieser Kategorien weitere Interaktionen nach ihren unterscheidbaren Merkmalsausprägungen zu identifizieren, die dabei weiterhelfen können. Es gibt allerdings Grenzen der Identifizierbarkeit, weil Übergänge zwischen Merkmalsausprägungen fließend und geringe Nuancen für den außen stehenden Beobachter nicht wahrnehmbar sind. Dies ist ein zwingender Grund für die reduzierte Abbildung von komplexen Phänomenen in ein (gerade noch) unterscheidbares Muster. Wie sich zeigen wird, braucht man nicht bis an diese Grenze der Unterscheidbarkeit heran zu gehen, nämlich dann, wenn weniger detaillierte Muster genügen, um die Richtung anzugeben, in der sich eine zu erklärende Merkmalsausprägung (beispielsweise des Verhaltens) infolge struktureller Änderungen bewegt.[3]

---

[2] *Hayek* ([1967] 1969, S. 24), merkt dazu an, daß ein solches Muster oder seine Veränderung nicht einfach durch langes oder wiederholtes Hinschauen wahrnehmbar ist: „... We shall first have to invent the pattern before we can discover its presence in the phenomena – or before we shall be able to test its applicability to what we observe." Damit sich ein solches Muster dem ‚Entdecker' erschließt, ist eine angemessene Methode seiner Reduktion unmittelbar mit zu denken. Mit anderen Worten: Man muß vorher wissen, was man an einem komplexen Phänomen zu beobachten hat. Ohne ein solches Muster zu spezifizieren, schlägt *Boulding* (1956, S. 200 ff.) als Komponenten der komplexen sozialen Strukturen insgesamt 9 (amorphe) Systemtypen vor.

[3] Die Größenordnung des Auftretens von strukturellen Tatbeständen mit bestimmten Eigenschaften dürfte zur Muster-Erklärung ausreichen, wenn es darum geht, Systeme von Indu-

In der hier untersuchten Kategorie von Phänomenen hat es bisher stets Systeme gegeben, in denen die Regime-Muster entweder des marktwirtschaftlichen (kommerziellen), des regulierten oder des staatlich geleiteten Typs in allen drei Wirtschaftsordnungen auftraten, jedoch eines davon deutlich dominierte, wenn auch jeweils mit erklärungsbedürftigen Unterschieden zwischen den genannten Regime-Mustern. Auf die Dominanz in bezug auf die Häufigkeit des Auftretens in einem Regime-Muster kommt es deshalb bei der Erklärung von Verhaltensweisen besonders an. Dies ist beschrieben worden (*Schenk* 2003) und soll hier berücksichtigt werden.

2.3. Routinen (‚Links') prozessual betrachtet

In der Computersprache hat sich für häufig benutzte interaktive (oder gerichtete) Verbindungen zwischen Dateien der Begriff ‚Link' eingebürgert, der in den folgenden Abschnitten verwendet werden soll. Links oder Routinen sind zunächst lediglich als wiederholt oder längerfristig vollzogene Operationen zu verstehen, die mit der interaktiven Ausübung von Rechten und Pflichten im Wirtschaftsleben zusammenhängen. Die Wiederholung erleichtert den Vollzug, trägt zur Verbesserung der Ergebnisse und zur Herausbildung von Standards bei. Sie erhöht die Berechenbarkeit der Handlungen und ihres Ergebnisses für andere, die ein Recht oder ein Interesse am Vollzug haben. Ein Handwerksmeister hat Interesse daran, daß seine Handwerker bei einer Leistung einen bestimmten Aufwand an Zeit und Material nicht überschreiten und sie in einer Mindestqualität erbringen. Die von ihm hierzu vorgegebenen Anforderungen oder sich spontan einbürgernden Gewohnheiten ersparen beiden Seiten ständige Nachfragen beziehungsweise detaillierte Anweisungen. Letztere können auf seltener auftretende Fälle und Ausnahmen beschränkt werden. Routinen im Sinne von *Nelson* and *Winter* (1982) spezifizieren somit letztlich den vorliegenden Arbeitsvertrag und beruhen in der Regel auf allseitiger Akzeptanz der Beteiligten. Sie werden häufig auch als „soziale Technologien" bezeichnet (*Nelson* 2001, S. 24), die Verhalten mehr oder weniger begrenzen, jedoch auch und gerade den Einsatz weit verbreiteten Wissens erlauben sollen (*Schlicht* 1998, S. 260 f.). Es wäre somit irreführend, Routinen mit Rezepten oder Automatismen gleichzusetzen, denn sie lassen in der Regel durchaus Spielraum für Entscheidungen auf der ausführenden Ebene, allerdings in unterschiedlicher Weise.

Dieser interaktive Aspekt unterscheidet Routinen von den einseitig vollzogenen allokativen Fall-zu-Fall-Entscheidungen der Mikroökonomik, bei denen wichtige, unmittelbar dazu gehörige Informationsprozesse ausgeblendet werden. Als Ausgangspunkt eines Vergleichs von institutionellen Arrangements sind somit Routinen oder Links als die signifikanten morphologischen Merkmale der Koordinationsstruktur vorrangig, weil sie Verhalten nicht nur *begrenzen*, sondern auch *formen*. Aus ihnen lassen sich daher motivationale und verhaltensmäßige Aussagen ableiten, während Aspekte der allokativen Effizienz in den Hintergrund treten. Denn es können in einer interaktiven Umgebung,

---

strieländern zu analysieren. *Hayek* ([1967] 1969, S. 24) merkt dazu an, daß dies auch in den exakten Wissenschaften eine gängige Praxis ist, weil eine spezifische Ausprägung in einem besonderen Fall immer zur Widerlegung einer solchen Beobachtung herangezogen werden kann.

die man sich als eine Form der Vernetzung vorstellen sollte, eine Vielzahl von Informationsprozessen mit Wirkungen und Rückwirkungen vonstatten gehen.

3. Struktur und Varietät diametral gegensätzlicher wirtschaftspolitischer Regime-Muster

3.1. Struktur – Varietät – Leistung (‚Fitness')

Was geschieht bei der Verstaatlichung von Industriezweigen mit der Variationsbreite und den Eigenschaften von Links unter einem Regime-Muster, in dem für die Industrie-Populationen alle denkbaren Regime vertreten sind wie in einer typischen Marktwirtschaft, jedoch das kommerzielle Regime an Breite und Häufigkeit klar dominiert? Diese Frage stellt sich im Kontext allgemein zunehmender wohlfahrtspolitischer Staatseingriffe. Sie soll mit Hilfe eines Gedanken-Experiments beantwortet werden, das sich sehr anschaulich am historischen Beispiel der Verstaatlichung in der UdSSR der 30er Jahre des vorigen Jahrhunderts darstellen läßt. Denn es geht hierbei um relativ komplizierte Zusammenhänge, nämlich erstens um strukturelle Interdependenzen zwischen der lateralen und der vertikalen Dimension von Koordination und zweitens – an späterer Stelle – um deren Konsequenzen für Verhalten und wirtschaftliche Leistung. In Wirklichkeit gibt es eine Reihe hier zunächst nicht näher betrachteter Zwischenformen der Strukturen und des Verhaltens, die sich dabei tendenziell im gleichen Sinne verändern. Auf eine solche Zwischenform, das wohlfahrtsstaatliche Regime-Muster, wird erst im 7. Abschnitt eingegangen.

Bei den folgenden Überlegungen wird zunächst Varietät betrachtet, die von der Häufigkeit des Vorkommens von bestimmten Makro-Links abhängt. Dies geschieht in diesem Gedanken-Experiment mit dem Blick auf strukturelle Änderungen und später auf die resultierende Selbstorganisation. Die Lösung des Kernproblems der Koordination, nämlich zwischen Unternehmen verschiedener Industriezweige durch Links über Märkte (laterale Koordination), wird weitgehend durch Links zwischen Hierarchie-Ebenen (vertikale Koordination) übernommen. An späterer Stelle wird Varietät ‚interner' Institutionen behandelt und ihre (tatsächlich) beobachtete Verkettung mit ‚externen'. Beide (kombinatorisch auftretenden) Phänomene zusammen sollen als Komplexität verstanden werden (*Ashby* 1974, 98 f.; *Röpke* 1980, S. 126, Anm. 7).

3.2. Wirtschaftspolitische Regime- und Sektormuster

Im Sinne der oben erwähnten, angemessenen Vereinfachung von Komplexität soll sich die Analyse auf drei wirtschaftspolitische Regime oder Links beschränken, die als Routinen der vertikalen Koordination zwischen der Regierung und den einzelnen Industriepopulationen unterschieden werden. Wie bereits angedeutet, ist es jedoch ohne weiteres möglich, in einer stärker differenzierenden Betrachtung bestimmte Zwischenformen zu berücksichtigen. Die Regime können ebenso gut als unterschiedliche Zuordnungen von Eigentums- und Verfügungsrechten aufgefaßt werden. Dementsprechend knüpfen die folgenden Regime-Begriffe an der jeweiligen Verteilung eines Bündels von Eigentums- und Verfügungsrechten zwischen der Regierung und den Unternehmen eines Industriezweiges an:

- Das höchste Maß an kommerzieller Entscheidungsautonomie – gleichbedeutend mit Rechten für Unternehmen – wird durch ein *kommerzielles Regime* gewährt.
- Durch ein *Regime der Regulierung* können bestimmte wichtige Parameter der Geschäftstätigkeit von Unternehmen gesetzlich umschrieben und jeweils durch den Staat oder eine spezielle staatliche Agentur festgelegt und kontrolliert werden. In vielen Fällen geschieht Regulierung, ohne daß danach weitere Eingriffe des Staates nötig wären, durch Rechtsetzung und Rechtsprechung (Rechtsauslegung) in vielen Bereichen des Vertrags- und Wirtschaftsrechts (Beispiele: Mietrecht, Arbeitsrecht, Sozialrecht, Umweltrecht).
- Schließlich kann eine weitere Zuweisung von Entscheidungsrechten an zentrale staatliche Organe bzw. an Gebietskörperschaften zu einem *Regime staatlicher Leitung* führen.

Was durch diese Reihenfolge als Kehrseite der Medaille ausgedrückt wird, ist die zunehmende Einschränkung der realen Handlungsoptionen der betreffenden Industriepopulationen. Mit Hilfe dieser drei Begriffe lassen sich alle Industriepopulationen drei Sektoren zuordnen, wobei die Sektoren der staatlich direkt geleiteten oder regulierten Industriezweige, beispielsweise in einem marktwirtschaftlichen Sektor- oder System-Muster, nur mit relativ wenigen Zweigen wie Post, Telekommunikation usw. besetzt sind. Im Gegenstück dazu, dem Sektor-Muster mit Dominanz direkter staatlicher Leitung, trifft genau dies zu für die Besetzung des kommerziellen Sektors mit Industriepopulationen.[4]

An dieser Differenzierung ist besonders attraktiv, daß die verwendeten Regime-Begriffe nicht besonders erläuterungsbedürftig sind und die ihnen entsprechende Zuordnung der Industriepopulationen mit den drei Regime-Mustern zu drei Sektoren relativ mühelos beobachtbar und spezifizierbar ist. Insgesamt ist zu jedem der Sektoren anzumerken, daß er als eine Normalverteilung über ein näher umschriebenes Bündel von Eigentums- und Verfügungsrechten zwischen der Regierung einerseits und den Industriezweigen (Unternehmen) des betreffenden Sektors andererseits verstanden werden kann oder – alternativ – als ein Typus der Zuordnung von Rechten. Doch was geschieht mit den lateralen Koordinationsbeziehungen zwischen Einheiten verschiedener Industriezweige, wenn diese in dem folgenden Gedanken-Experiment aus dem kommerziellen Sektor in den staatlich geleiteten überführt werden? Dabei geht es zunächst um das besonders wichtige Marktzugangsrecht, das nun aus dem vordem erwähnten Bündel von Rechten näher zu betrachten ist.

3.3. Varietät: Die Bestimmungsfaktoren

Die knapp beschriebenen wirtschaftspolitischen Regime stehen zunächst lediglich für Interaktionen der Unternehmen eines Industriezweiges (einschließlich des Handels und Wohnungswesens) mit der Regierungsebene. Ihre durch das Gedanken-Experiment veränderte Sektor-Zugehörigkeit sagt etwas aus über die vertikale Zuordnung von Rechten

---

[4] Als Beispiel für Zweige eines kommerziellen Regimes im System-Muster sowjetischen Typs wären insbesondere die freien Kolchosmärkte oder Bauernmärkte oder die in der ehemaligen DDR entstandenen ‚Devisenläden' zu erwähnen.

auf bisher noch nicht bestimmte Hierarchie-Ebenen zwischen Regierungs- und Unternehmensebene, aber nicht viel mehr. Von welchen Faktoren sind Veränderungen von Koordinationsstrukturen abhängig? Welche strukturellen Folgewirkungen ergeben sich im Falle des Regimewechsels bezüglich der vertikalen, insbesondere aber der lateralen Koordination mit ‚benachbarten' Unternehmen anderer Industriezweige? Dies sind noch zu klärende Fragen, wobei unter ‚benachbart' jeweils Lieferanten und Abnehmer verstanden werden sollen.

Zunächst zur Ausgangssituation: Das signifikante Merkmal der lateralen Links – insbesondere im kommerziellen Sektor-Muster – ist die unüberschaubare (kaum beschränkte) Vielfalt an Interaktionsformen, die sich jeder Erfassung entzieht (*Röpke* 1980, S. 134). Die Vielfalt gilt auch in bezug auf die Mischung von kompetitiven und symbiotischen (kooperativen) Elementen der auftretenden Links. Hier gilt *Ashby*s Gesetz von der erforderlichen Varietät, die einem System angemessen ist, um die in der modernen Welt sich bietenden Chancen auszunutzen und dementsprechende Risiken zu vermeiden (*Ashby* [1952] 1960). *Von Jochen Röpke* (1980, S. 133 f.) wird näher auf diese Eigenschaft eingegangen, ebenso auf den Aspekt der Vielfalt organisatorischer Varianten und auf deren Auswahl nach dem Prinzip des ‚Versuchs und Irrtums' in dem hier angesprochenen komplexen Regime-Muster. Besonders zu unterstreichen ist die von *Ashby* ([1952] 1960) herausgestellte „lockere Verbindung", die den Teilnehmern von Märkten zur Verfügung steht, um dieses Prinzip je nach Bedarf zu realisieren. Dadurch werden deren Handlungsoptionen weniger begrenzt und von Verhaltensweisen und Zuständen anderer Akteure weniger abhängig, die zu Risiken führen können. Dieses ‚lockere' Koordinationsmuster ist, wenn es dominiert, eher geeignet die Stabilität der Koordination zu sichern als ‚strikte Verbindungen'.

Muß man wegen der Unüberschaubarkeit darauf verzichten, auf diesen wichtigen Aspekt der Koordination näher einzugehen? Die Antwort ist klar: Nein! Die gegenteilige Auffassung wird in diesem Ansatz vertreten. Denn Varietät ist zwar nicht identisch mit Komplexität, sie ist jedoch eine ihrer konstitutiven Komponenten. Typisch für die hier zugrundeliegende Ansicht von der zunehmenden Varietät der modernen Welt ist die Wahrnehmung von neuen Chancen, wie sie beispielsweise durch Kommunikations- und Informationstechnik entstanden sind. Unter anderem werden weltweit agierende Unternehmen dadurch instand gesetzt, allabendlich für eine Vielzahl von Niederlassungen die überschüssigen liquiden Mittel zu erfassen und per cash-management sofort verzinst anzulegen.

3.4. Eklektizismus versus Einheit der Ordnungsökonomik

Wegen der Bedeutung von Varietät soll nun auf den diametralen Gegensatztyp, die dominierende staatliche Leitung, eingegangen werden. Dies insbesondere, um zu unterstreichen, daß es durchaus möglich ist, die Varietät von real gegebenen Links der Koordination von Hierarchien durch einen Ansatz in voller Breite zu erklären, wenn auch – wie im kommerziellen Sektor – nicht annähernd exakt zu erfassen. Andererseits ist zu zeigen, daß es – für den hier verfolgten Zweck – nicht eklektischer, unverbundener mikrotheoretischer Ansätze bedarf, so beispielsweise für die Marktwirtschaft und die Zentralverwaltungswirtschaft, um deren Eigenschaften zu analysieren. Das Gegenteil soll hier angestrebt werden. Die Anlehnung an das Regime-Muster des sowjetischen Typs bietet sich hierzu an, weil darüber bekanntlich gute Informationen vorliegen, deren strukturanalytischer Aussagewert bisher kaum genutzt worden ist.[5]

3.5. Hierarchie-Ebenen, Kontrollspanne und laterale Koordination

Welche strukturellen Interdependenzen bestehen zwischen lateraler und vertikaler Dimension von Koordination? Welche Konsequenzen ergeben sich bei unterschiedlicher Varietät und Merkmalsausprägung von koordinierenden Links für das Verhalten und die wirtschaftliche Leistung?

Zunächst ist es erforderlich, kurz auf den Mehrebenen-Aspekt einzugehen, der mit der betrachteten Veränderung verbunden ist. Für die Koordination eines Industriezweiges mit ‚benachbarten' Industriezweigen kommen auf den ersten Blick mehrere Hierarchie-Ebenen eines verstaatlichten Zweiges in Frage. Man kann beobachten, daß besonders wichtige Entscheidungen, beispielsweise über größere Investitionsvorhaben – gleich welches Regime-Muster dominiert –, auf der Ebene des verantwortlichen Ministeriums getroffen werden. Jedoch sollte man im Auge behalten, daß es im Extremfall zu einer drastischen Einengung der Kontrollspanne kommt (ausführlicher *Schenk* 2003, S. 104). Dafür gibt es mehrere, noch anzusprechenden Gründe, die insbesondere mit der Einführung direkter staatlicher Leitung sowjetischen Typs für Unternehmen (fast aller Industrie-Populationen) in einem stark besetzten Sektor zusammenhängen. Denn die in diesem Sektor-Muster zwangsläufig erfolgende Einengung der Kontrollspanne ist extrem. Das liegt am außerordentlich hohen Durchsatz von Informationen und Anweisungen in beiden Richtungen der hierarchischen Dimension sowie – damit verbunden – deren stufenweise erfolgender Aggregation bzw. Disaggregation. Mit anderen Worten: Wegen des hohen Informationsdurchlaufs wird die Kontrollspanne der Leitungs- und Verwaltungshierarchie eines Industriezweiges stark verengt und erfordert deshalb eine beträchtliche Anzahl neu einzurichtender Hierarchie-Ebenen.

Wenn es in einer für die Industrialisierung typischen Knappheitssituation Entscheidungen über die unterschiedlichen Wichtigkeitsgrade von Inputs zu treffen galt, dann kam es bereits unter dem Aspekt der Beschaffung zur Ausdünnung oder zum Verschwinden von Märkten auf den unteren Ebenen. Anders ausgedrückt: Den Unternehmen ‚benachbarter' Zweige wurden Marktzugangsrechte entzogen und auf höhere und höchste Ebenen (Industrieministerien) umverteilt. Auf der unteren Ebene, so konnte man im Extremfalle der Wirtschaft sowjetischen Typs beobachten, verblieb nicht viel mehr als das Recht zum Einkauf ubiquitärer Inputs. Andererseits wurden die wichtigsten Zulieferungen – bei allgemeiner Knappheit ein bedeutender Teil – praktisch auf der Ebene der Industrieministerien bilateral ausgehandelt. Insgesamt gesehen, führt dieses Regime-Muster mit dominierender Verstaatlichung zu einer Architektur der Verwaltungspyramiden für Industriepopulationen mit stark erhöhter Zahl von Hierarchieebenen

[5] Davon gibt es allerdings auch Ausnahmen wie beispielsweise die Freiburger und die Marburger Schulen, unter anderen mit *Walter Eucken* ([1952] 1990); *K. Paul Hensel* (1977); *Jochen Röpke* (1980); *Gernot Gutmann* (1987); *Alfred Schüller* (1983; 1986; 2000); *Helmut Leipold* (1983; 1887); und Autoren der evolutorischen Ökonomik wie *Friedrich August von Hayek* ([1944] 1991).

bzw. steil ansteigenden Seitenflächen (wobei zur Vereinfachung davon ausgegangen wird, daß die maßgebende Kontrollspanne auf allen Ebenen eines Zweiges gleich ist).

Die hier erläuterte Anbindung der lateralen Links an die einzelnen Hierarchie-Ebenen ist offensichtlich ein markantes strukturelles Merkmal eines Industriezweiges und dies vor allem wegen der weitreichenden Konsequenzen. Sie charakterisiert die veränderte Einbettung des Zweiges in das Umfeld der benachbarten Industriezweige und in die Koordinationsstruktur insgesamt. Dazu ist anzumerken, daß es weitere Bestimmungsfaktoren gibt, von denen die Anbindung der Links und die Zahl der Leitungs- bzw. Überwachungsebenen abhängen. Zu nennen sind hier neben der bereits erwähnten Zahl der subsumierten Unternehmen (die wiederum von der Größe des Landes bestimmt wird) der Umfang des Sortiments (der zu planenden Inputs und Outputs) eines Industriezweiges. Dadurch wird z.B. berücksichtigt, daß die Erzeugung von Strom einfacher (mit weniger Hierarchie-Ebenen) zu planen ist als ein Industriezweig mit breitem Sortiment.

Was die Bestandsaufnahmen von Veränderungen anbelangt, so gehört dazu eine Kette von miteinander verbundenen Wirkungen, nämlich (1.) die Ausdünnung (bzw. das Verschwinden) von Märkten auf der Unternehmensebene (nicht nur eines betrachteten Zweiges, sondern auch aller benachbarten), (2.) die Migration lateraler Links (und damit implizit der Marktzugangsrechte) auf höhere Ebenen, die (3.) verbunden ist mit weniger zahlreichen und lediglich *indirekten* (bürokratischen) Informationsbeziehungen zu benachbarten Industriezweigen beziehungsweise Unternehmen. Dabei wird noch auf die Tatsache einzugehen sein, daß (4.) wirtschaftliche Koordination sich der vorher (aktiven, kreativen) Domäne der Information viel stärker bediente – und von ihr beherrscht wurde – als von der (passiven) des Austauschs von Gütern und Leistungen (*Foster* and *Metcalfe* 2001, S. 4). Nach der nunmehr vollzogenen Verstaatlichung haben die Merkmale dieser Domänen der Koordination ihre Plätze vertauscht. Was auf der Ebene der Unternehmen verbleibt, ist ein Restbestand der passiven Domäne. Aktive, kreative Information ist von passiver Plan-*governance* verdrängt worden, was nun näher zu erklären ist.

3.6. Hierarchie-Ebenen, Informationswege und numerischer sowie modaler Varietätsverlust

Das betrachtete Szenario verdeutlicht einmal, wie massiv – angesichts der eingeengten Kontrollspanne – die Zahl der lateralen Links zwischen benachbarten Industriezweigen, bzw. – im Falle umfassender Verstaatlichung – zwischen fast allen Zweigen reduziert wird. Verbunden ist damit zwangsläufig ein geringerer Einfluß von Unternehmen in der Abnehmerkette eines Zweiges auf die von ihnen präferierten Spezifikationen und Qualitäten der bezogenen Einsatzgüter. Daraus ergibt sich, daß es nicht bei einem rein *zahlenmäßigen Varietätsverlust* bleibt: Indirekte informationelle Beziehungen (zumal solche, die mindestens zwei Industrieverwaltungen in beiderlei Richtungen durchlaufen müssen) sind, verglichen mit direkten lateralen Links, nicht annähernd als gleich effizient einzustufen. Dies gilt insbesondere hinsichtlich der (interaktiv anspruchsvollen) industriellen Kooperation.[6]

Sie geht jedoch gerade aus solchen Links hervor, die sowohl auf der direkten Kommunikation als auch auf dem direkten (aktiven und kreativen) Wissensaustausch zur Entwicklung neuer Produkte (‚producer/user-cooperation') beruhen. Dies sind die eigentlich erwünschten und besonders wichtigen Modi der Interaktion, die sich wohlstandsfördernd auswirken könnten. Indes tritt gerade in diesem Bereich ein einschneidender Verlust an *modaler* Varietät in der aktiven und kreativen Domäne der Interaktion auf, und zwar auf der Seite des – unter Wohlfahrtsaspekten – höher zu bewertenden Teils der Skala aller möglichen Varianten von Links.[7]

Es gibt sichere Anzeichen einer Selbstorganisation, die zu einer verstärkten Ausprägung des tatsächlichen Gebrauchs von Rechten in den höheren und höchsten Etagen der Industrie-Hierarchien führt. Auf sie wird später noch näher einzugehen sein. Ein Zitat aus den Memoiren *Gorbachevs* ([1995] 1996, S. 230) soll hier genügen, um auf notorische Begleiterscheinungen derartiger Hierarchien hinzuweisen, und zwar auf die darin angesprochenen Merkmale der Selbstorganisation und deren Syndrome, nämlich des eigennützigen Kompetenzstrebens und der chronischen Knappheit von Gütern und Ressourcen, sobald sie ‚bewirtschaftet' werden:

> „Of course, everything had a simple explanation: no one wanted to let go of power. Whoever determined targets and allotted resources was seen as tsar and god, potentate and benefactor. The system needed the shortages to be maintained, otherwise the monopoply, along with fellow-travellers – bribes, graft, mutual favours and so forth – would simply collapse."

4. Eigentumsrechte und Selbstorganisation: Soll-Spezifizierung und Ist-Analyse von Koordinations-Systemen

4.1. Ausblick: Eigentums- und Verfügungsrechte und Selbstorganisation der Teilsysteme

Seitdem der Eigentumsrechts-Ansatz sich entwickelt hat, ist es möglich, solche Rechte in ihrer tatsächlich verbreiteten Vielfalt genauer zu erfassen. Besonders von *Schüller* (1983) und einer Reihe von Mitautoren wurde die Bedeutung dieses Ansatzes schon sehr früh erkannt und von Anfang an eindeutig mit dem Ziel aufgegriffen, damit insbesondere die mikroökonomischen Grundlagen der Analyse von Wirtschaftssystemen zu verbessern. Heute ist dieser Ansatz als eine analytische Basis allgemein anerkannt. Er sollte natürlich nicht nur erklären können, was sich an der Verteilung von Eigentums- und Verfügungsrechten bei einer Änderung des Ordnungs-Musters ändert,

---

[6] Wie sich aus empirischen Analysen ergab, gehörte Kooperation in der ehemaligen Wirtschaft sowjetischen Typs zu den Ausnahmeerscheinungen (*Schenk, Klümper, Leise* und *Wurster* 1977, S. 63 ff.; *Wass von Czege* und *Tschachtmachtschewa* 1982).

[7] Deshalb versuchte die sowjetische Führung industrielle Kooperation mit Partnern aus westlichen Ländern als eine Ersatzlösung zu etablieren. Hierbei war allerdings von vornherein klar, daß sie aus den soeben angeführten Gründen nicht nachhaltig wirksam sein würde (*Schenk et.al.* 1977, S. 249).

hier interpretiert als Substitution spezifischer Regime-Muster, sondern auch, wie sich diese Änderung auf die Perzeption von Rechten und Pflichten durch die beteiligten Akteure auswirkt und wie dies deren Soll-Verhalten ‚umprägt'. Der hierbei weiterführende Fragenkreis wird sich auf die Anwendung bei der Spezifizierung von komplexen Wirtschaftsordnungen beziehen. Dadurch wird zunächst der erwähnte und bisher vernachlässigte umprägende Aspekt der Selbstorganisation von Einheiten einer Hierarchie und ihrer vertikalen Verkettung ins Blickfeld gerückt.

4.2. *Governance*-Links und Mikro-Strukturen

Bisher wurden nur signifikante Makro-Routinen behandelt und auf ihre Rollen und deren Konsequenzen in zwei Typen von Systemen hingewiesen. Die Mikro-Ebene, auf der sich Selbstorganisation in der Regel abspielt, wurde dabei nur implizit berücksichtigt und soll nun ins Blickfeld gerückt werden. Was gehört dazu? Zunächst wiederum eine Varietät von *governance-Routinen*, die zu erfassen ist, aber hier nicht ausführlicher erörtert, sondern nur angeführt werden kann (siehe dazu *Schenk* 2003):

- Das höchste Maß an Entscheidungsautonomie für das Management von Unternehmen gewähren Routinen, die auf der Erfolgsmessung und Prämierung mit Hilfe finanzieller Indikatoren beruhen, nach dem Muster von *profit centres* (*finanzielle Governance*).
- Diskretionäre Entscheidungen mit eingeschränkter Autonomie des Managements sind in der Regel mit der Vorgabe von Budgets für die Verfolgung von vereinbarten Zielen verbunden (*Budget-Governance*).
- *Governance* auf der Grundlage detailliert vorgegebener Pläne für Inputs und Outputs (*Plan-Governance*) wird in den folgenden Abschnitten näher erläutert.

4.2.1. Soll- und Ist-Zuordnung von Eigentums- und Verfügungsrechten

Die Zuordnung von bestimmten Kategorien von Rechten und ihr prozessualer Gebrauch ist ein gewolltes oder ein gewohnheitsmäßig herausgebildetes Phänomen, das zunächst wenig oder nichts über den Prozeß aussagt, mit dem Koordination von Akteuren tatsächlich vollzogen wird. Mit anderen Worten: Die Rolle, die vorgegebene, spezifische Rechte dabei spielen, wie die betreffenden Akteure ihre Rechte kognitiv wahrnehmen und interaktiv einsetzen, bleibt insofern noch ungeklärt und vorerst nicht nachvollziehbar. Bei der Analyse, die Wirkungen eines gegebenen Koordinations-Musters erklären soll, erschließt sich der tatsächliche Gebrauch der Rechte und ihre Zuordnung erst, nachdem sich die Teileinheiten in einem interaktiven Prozeß ‚eingependelt' oder ‚adaptiert' haben. *Nelson* and *Winter* (1982) bezeichnen den erreichten Zustand als *truce* („Waffenruhe"). Es kommt somit darauf an, wohin dieser Prozeß der Adaption schließlich führt. Typischerweise wird der Unterschied zwischen Soll- und Istzustand von westlichen Ökonomen vernachlässigt, weil er in Marktwirtschaften in der Regel nicht groß genug ist. Wegen der weitreichenden Auswirkungen ist es jedoch gerade der Aspekt, den die allgemeine Theorie der Wirtschaftsordnung beachten sollte. Denn dieser Aspekt ist es, der eigentlich interessiert und am Objekt der Beobachtung zu erklären ist. In umgekehrter Blickrichtung ist es nur so tatsächlich möglich (und, erfahrungswissenschaftlich gesehen, notwendig), den erklärten Zusammenhang im Interesse zukünftig verbesserter Beobachtung und/oder Hypothesenbildung widerlegbar zu formulieren. Was aber ist es, das diesen ominösen Prozeß der Selbstorganisation durch Adaption auslösen und bewirken kann?

Kann sich an den Eigentums- und Verfügungsrechten an sich etwas geändert haben oder lediglich an ihrem intendierten Gebrauch? Und wenn letzteres der Fall sein sollte, wodurch? Die sich darauf beziehenden Antworten zielen nicht nur auf ein Regime-Muster wie das des analysierten Typs ab. Derartige Inkongruenzen – als Ergebnis von Erosionsprozessen – kommen in allen komplexen Wirtschaftsordnungen vor und sind durch eine Soll-Betrachtung und eine Ist-Analyse zu klären.[8]

Am Ende wird sich zeigen, daß erst diese differenzierende Betrachtung dieser Prozesse der Koordination bei einer Analyse des Verhaltens und der *performance* in ihrem typischen Systemzusammenhang vom ökonomischen Nirwana-Denken zur Quintessenz der Koordination führt. Zugleich, so die hier vertretene These, wird deutlich, welche ergänzenden Ansätze die Brücke zwischen Soll-Spezifizierung und Ist-Analyse bilden. Ich werde hierbei argumentieren, daß eine Soll-Struktur des Koordinationssystems zunächst mit Hilfe der Zuordnung von Eigentums- und Verfügungsrechten darzustellen ist. Eine Analyse der Adaption, die zum Ist-Zustand führt, wird (im erfahrungswissenschaftlichen Sinne) nicht möglich sein, ohne die dazugehörigen – das adaptive Verhalten bewirkenden – Komponenten zu berücksichtigen.

4.2.2. Von der ‚Soll-Struktur' zur Analyse der ‚Ist-Struktur'

Die Ist-Seite kann erheblich von der Soll-Seite abweichen. Die Frage nach den dafür verantwortlichen Gründen ist nicht leicht zu beantworten, weil die Antwort davon abhängt, wie die Akteure Berechtigungen und Verpflichtungen kognitiv wahrnehmen. Die Bedeutung der Wahrnehmung von Regeln und die Voraussetzungen ihrer Akzeptanz beziehungsweise Umdeutung durch die Mitarbeiter eines Unternehmens hat *Ekkehart Schlicht* (1998) untersucht und dabei durch wertvolle Einsichten bereichert, die in die weitere Betrachtung einfließen sollen. *Schlicht* macht deutlich, daß diese Voraussetzungen, die motivieren und das Verhalten ‚formen', keineswegs immer erfüllt sind. Der von *Nelson* and *Winter* (1982, S. 108 f.) beschriebene Zustand der allseitigen Akzeptanz der Routinen („truce") ist nicht die Regel. Die Akzeptanz ist durch Erosion gefährdet, die teilweise durch Monitoring in Schach gehalten werden kann (*Schlicht* 1998, S. 226). *Schlicht* (1998, S. 234) verdeutlicht dies, indem er den Typus der früheren jugoslawischen Arbeiter-Selbstverwaltung untersucht.

4.3. Der Stellenwert des *Monitoring* für eine allgemeine Theorie

Monitoring als Aktivität wird in der Literatur über *governance*-Praktiken als eine Aufgabe der Unternehmenseigentümer und des Managements behandelt. Im hier prä-

[8] Dieses Thema rechtlich intendierter versus tatsächlicher Aneignung von Verfügungsgewalt ist verschiedentlich aufgegriffen worden, unter anderen von *Schüller* (1986, S. 155), *Leipold* (1983, S. 195) und *Schenk* (1986, S. 121). Ausweichreaktionen und was von *Hensel* (1975, S. 29 ff.) als „Logik der Systementfaltung" bezeichnet worden ist, spielen dabei eine Rolle (*Schüller* 2000, S. 62 f. und FN 14).

sentierten Ansatz wird es jedoch als ausschlaggebend für die Führung und den Erfolg von Organisationen aller Art angesehen und deshalb ins Blickfeld gerückt. Wie sich später zeigen wird, erlaubt diese Deutung, von eklektischen Versatzstücken der mikroökonomischen Theorie für die Firma, für die Bürokratie und für *agency*-Beziehungen zu einer allgemeinen Theorie der Organisationen zu gelangen. Dies ist deshalb ein wichtiger und für eine *allgemeine Theorie* der Wirtschaftsordnung notwendiger Schritt. Denn Unternehmen in bestimmten Regime-Mustern (nicht nur in dem des sowjetischen Typs) sind eigentlich als verlängerter Arm von typischen Staatsverwaltungen anzusehen und nur nominell Unternehmen.

Schlicht (1998, S. 131) unterscheidet für Routinen im Sinne interaktiver Gewohnheiten (*customs*) zwei Interpretationen, auf die einzugehen ist, um die Bedeutung des *Monitoring* in Organisationen zu klären: erstens die unter anderem in der Spieltheorie gebräuchliche ‚strategische' und zweitens die ‚klärungsorientierte', wie man sie in deutscher Übersetzung nennen könnte. Er vertritt die letztgenannte Perspektive und begründet sie. Die strategische Interpretation wird von ihm kritisiert, weil sie die psychologische Komponente als sekundär ausblendet, um in „rein instrumentaler Manier" Gleichgewichtslösungen für Koordinationsprobleme auszuwählen (*Schlicht* 1998, S. 132). Der von ihm vertretenen klärungsorientierten Perspektive hingegen liegen psychologische Faktoren zugrunde, und zwar wird eine „Präferenz für Regeln" behauptet, die mehr über dieses Phänomen aussagt, als es eine rein kognitive Komponente vermag. Sie beruht auf dem „aktiven Wunsch von Akteuren", Handlungen und Räson miteinander in Einklang zu bringen (*Schlicht* 1998, S. 130).

Hier kann es nicht darum gehen, auf diese Unterscheidung in voller Breite einzugehen, sondern um das bescheidenere Ziel, den Stellenwert des *Monitoring* in Organisationen zu verdeutlichen. An anderer Stelle habe ich dazu eine Auffassung vertreten (*Schenk* 2003), die gleichzeitig näher auf die Bedeutung von Routinen eingeht und durch die Perspektive von *Schlicht* vertieft werden kann. *Monitoring* selbst wird als eine Routine unter anderen aufgefaßt, aber als eine besondere. Sie ist selbst anzupassen, wenn beispielsweise die Kommunikationstechnologie fortschreitet. Als ein für meine Argumentation besonders wichtiger Aspekt wird hervorgehoben (*Schlicht* 1998, S. 274), daß davon viele Interaktionen betroffen werden, aber wahrscheinlich nur geringfügig. In bezug auf *Monitoring*, nach der hier vertretenen Auffassung eine Schlüssel-Routine für alle *governance*-Verfahren, kann damit eine stärkere Standardisierung von Handlungen verbunden sein. Die neue Technologie legt es beispielsweise nahe, ähnlich wie im Falle des täglichen Kassensturzes weltweit operierender Unternehmen, täglich die Verteilung des Zeitbudgets einer Abteilung auf verschiedene Kategorien von Aktivitäten in das Computer-Netzwerk einzugeben. Wenn die Routinen des Unternehmens auf Schwerpunktbildung bei bestimmten Kategorien von Aktivitäten und auf deren Fokussierung angelegt sind (wovon in der Regel auszugehen ist), wäre dies eine Methode, um Abweichungen rechtzeitig wahrzunehmen und, falls sinnvoll, zu korrigieren.

4.4. *Monitoring* und Persönlichkeitsmodell: eher ‚integral' oder eher ‚gespalten'?

Monitoring, als eine Schlüsselroutine interpretiert, ist dazu bestimmt, zu einem *solchen* Klärungsprozeß zwischen Ebenen beizutragen, ihn zu aktivieren und zu gestalten. Wie gezeigt, kann es selbst an veränderte Umstände angepaßt werden. Der Klärungsprozeß ist notwendig, oder besser: kann in einer Organisation unter bestimmten Umständen für notwendig gehalten werden, nämlich wenn den Konsistenz-Erfordernissen zwischen intendierten Routinen und ihrer Deutung durch die Adressaten nicht genügt wird. Mit anderen Worten: Routinen werden in diesem Falle als Ergebnis der kognitiven Wahrnahme damit verbundener Rechte und Pflichten von interagierenden Teileinheiten nicht eingehalten.

Ist es denkbar, daß Inkonsistenzen dieser Art zwischen Teileinheiten über längere oder sogar sehr lange Zeit bestehen bleiben können, ohne den Fortbestand der Organisation zu gefährden? Dies würde auf ein Szenario hinauslaufen mit dauerhafter Abweichung des Ist-Zustandes vom Soll. Wie wäre in diesem Falle die von *Schlicht* (1998) unterstellte „Regelpräferenz" der Beteiligten zu interpretieren? Gilt sie als widerlegt (nicht generell maßgebend) oder als bestätigt? Eine Regelpäferenz könnte natürlich auch für die Adressaten der offiziellen Regeln unterstellt werden. Allerdings kann diese Präferenz infolge der Wahrnahme aus der Sicht einer Teileinheit mutiert sein. *Monitoring* hätte dann vorläufig oder auf längere Sicht versagt, weil Soll- und Ist-Zustand sich wenig oder kaum noch decken. Für *Schlicht* (1998, S. 239) scheint dieser Gedanke nicht abwegig, aber wiederum auch nicht realistisch zu sein, denn er stellt bei der Betrachtung der von Arbeitern selbstverwalteten Firma fest:

> „In other words, it is conceivable that the emerging property rights, as generated by the mechanism of psychological entitlements, conflict severely with functional requirements. This is, of course, merely a theoretical possibility, rather than a realistic prospect."

Mit dieser Interpretation käme *Schlicht* der von *Postrel* and *Rumelt* (1996) vertretenen Auffassung sehr nahe, der ich mich bisher angeschlossen habe (*Schenk* 2003). Allerdings halte ich den angesprochenen Konflikt, anders als das Zitat von *Schlicht* nahe legt, für realistisch. *Postrel* and *Rumelt* gehen, gestützt durch Beispiele aus verschiedenen Lebensbereichen, von einer gespalteten Persönlichkeit des Menschen aus, die sich in zwei ganz verschiedenen Seiten widerspiegelt. Individuen sind danach einerseits von Natur aus impulsiv und verstoßen damit häufig gegen ihre eigenen langfristigen Interessen. Diese Aussage gilt für die Autoren auch in bezug auf Mitglieder von Organisationen. Als solche neigen Mitglieder unter bestimmten Umständen dazu, die Selbstkontrolle zu vernachlässigen und sich nicht an vorgegebene Routinen zu halten (*Postrel* and *Rumelt* 1996, S. 86). Die beiden Autoren begründen dies damit, daß die von Unternehmen gebotenen kurzfristigen Anreize und Vorteile nicht ausreichen, dies zu ändern, und deshalb *Monitoring* die festzustellende Lücke ausfüllen sollte. Insofern mag es im eigenen Interesse der Individuen sein, zu langfristig vorteilhaften Gewohnheiten erzogen und auf deren Einhaltung überwacht zu werden. Die beiden Autoren stellen deshalb fest:

> „When engaged in a routine, deviations from programmed behaviour are not even entertained, because of the high degree of automaticy involved in following the pattern. This suppression of considered choice prevents error.“

Auch *Nelson* and *Winter* (1982, S. 105) vertraten einen ähnlichen Standpunkt, nämlich daß Routinen den kooperierenden Gruppen einer Organisation deren Aufgaben klarer definieren, Prioritäten hervorheben und ein Teil des organisatorischen Gedächtnisses sind. Besonders unterstrichen wird von allen drei zuletzt genannten Autoren die Rolle des *Monitoring*, die dafür sorgen soll, daß Routinen, beruhend auf Autorität, tatsächlich befolgt werden und ein Zustand des „truce“ erhalten bleibt.

4.5. Vorläufiges Fazit

Festzuhalten bleibt zu diesen beiden, nahe beieinander liegenden Konsequenzen der aufgeführten Standpunkte von *Schlicht* (1998) sowie *Postrel* and *Rumelt* (1996), daß sie psychologisch begründet sind. Darüber hinausgehend meinen *Postrel* and *Rumelt* (1996, S. 74), die tautologische Verbindung zwischen Anreizen und Verhalten aufzubrechen, die den homo oeconomicus charakterisieren. In ihren Begründungen weichen die Standpunkte allerdings voneinander ab, und zwar aufgrund der jeweils zugrundeliegenden Charakterisierung der Persönlichkeit von Individuen: eher ‚integral‘ versus eher ‚gespalten‘ charakterisierte Persönlichkeit.

5. Das Paradoxon der direkten staatlichen Leitung

5.1. *Governance*-Links und ‚Ist-Struktur‘ im Regime-Muster dominierender staatlicher Leitung

In der Wirtschaft sowjetischen Typs waren die Industrie-Ministerien die eigentlichen *governance*-Organe. Das zur direkten staatlichen Leitung gehörende und bereits in bezug auf Varietätsverlust gekennzeichnete *governance*-Verfahren kann man als Plan-*governance* bezeichnen. Es zeichnet sich gerade nicht durch ‚lockere Verbindungen‘ zwischen den Teileinheiten in der vertikalen Dimension aus, sondern durch besonders strikte, auf deren Konsequenzen noch einzugehen ist. Durch diese Form der Interaktion werden Aufgaben von der ministeriellen Ebene an eine ganze Reihe untergeordneter Ebenen delegiert und überwacht, und zwar wegen der eingeengten Kontrollspanne ‚zwangsläufig‘. Dazu gehört als vorgeschaltete informationelle und besonders wichtige Aufgabe, die notwendigen Daten für die Planung bei den Unternehmen erheben und auf dem Instanzenweg über mehrere Ebenen einsammeln, bearbeiten und aggregieren zu lassen. In umgekehrter Richtung gilt entsprechendes für die ausgehandelten Pläne der Industriezweige. Dazu gehört weiterhin als Aufgabe das *Monitoring* der untergeordneten Ebenen gegenüber der politischen Führung, die (im Falle der Wirtschaft sowjetischen Typs) als eigentlicher ‚Generaleigentümer‘ über den Residualgewinn verfügt. Mit diesem Instrument soll sichergestellt werden, daß bestimmte Routinen, als Plan-*governance* zusammengefaßt, für die Abwicklung der vielen Aufgaben eingehalten werden. Soviel ergänzend zur Soll-Seite der *governance*-links.

5.2. Transfer von Wissen als öffentliches Gut

Welche Rolle spielt bei der Interaktion insbesondere die oben bereits angesprochene aktive und kreative Domäne der Information?[9]

Um die Konsequenzen für eine Hierarchie dieser Art analysieren zu können, müssen zunächst die Merkmale herausgearbeitet werden, die signifikant die Deutung durch die beteiligten Einheiten der einzelnen Ebenen beeinflussen. Die These, die dies erklärt, lautet, daß der Beitrag der Unternehmen zum Prozeß der Planung als öffentliches Gut anzusehen ist. Es geht konkret um ein für alle Beteiligten vorteilhaftes Gut, nämlich ihr – ungleich verteiltes – Wissen über ihren höchstmöglichen Beitrag offenzulegen. Dies ist notwendig, um zu einer zentralen Entscheidung kommen zu können, die den höchstmöglichen Nutzen in Form eines Ertrages an Gütern und Leistungen erbringt. Die Frage ist, ob die Unternehmen dazu bereit sind, wenn dieser Ertrag künstlich zu einem Ergebnis gemacht worden ist, das auch vom Beitrag aller anderen Einheiten abhängt.

Die Antwort auf diese Frage ist klar ‚nein', denn alle beteiligten Unternehmen und sogar die Überwachungsorgane selbst, erkennen sehr bald, daß sie keinen Vorteil davon haben, nach dieser Soll-Regel zu handeln. Andere würden als Trittbrettfahrer davon profitieren. Vielmehr ist es für sie wichtig, stille Reserven für die Erfüllung ihrer vorgegebenen Pläne zu bilden bzw. (seitens der Überwachungsorgane) wegzusehen, wenn die Unternehmen dies im Interesse aller Beteiligten übernehmen. Davon sind für die Überwachenden attraktive Aufstiegschancen in der Hierarchie und in den Unternehmen individuelle Prämien, Zuschüsse für soziale Einrichtungen und andere *fringe benefits* für Management und Beschäftigte abhängig.

Alle Beteiligten nehmen täglich wahr, was als ‚Paradoxon der Planung' oder *Olson*sches Dilemma bekannt ist (*Olson* 1968). Es beantwortet die Frage, wie wahrscheinlich es für die beiden Ebenen am obersten und untersten Ende der Planungs- und Produktionshierarchie ist, über das zu verfügen, was für ihre (Soll-)Pflichterfüllung am wichtigsten ist. Für die Planer, die das Recht haben, weitreichende Entscheidungen zu treffen, ist überragend wichtig das Wissen um den wahren Zustand an der Basis; für die Basis, die über dieses Wissen verfügt, wäre es wichtig, es unmittelbar für zentrale Entscheidungen zu nutzen. Beide Seiten sind zwar im Ist-Zustand im Besitze dessen, worauf die andere Seite dringend angewiesen ist, aber leider mit einer äußerst geringen Wahrscheinlichkeit, gerade dieses jeweils am höchsten bewertete Gut unversehrt in die Hand zu bekommen. Es lohnt sich also nicht nur, sondern es ist angesichts dieses über alle Industriezweige hinweg wahrgenommenen Dilemmas der einzig mögliche Ausweg, die Produktionskapazitäten, Vorräte und den Bedarf an Arbeitskräften höher als tatsächlich veranschlagt anzugeben und andererseits niedriger, was zur Produktion tatsächlich verfügbar ist. Dies ist die häufig beobachtete Strategie, um mit „soft-budget-constraints"

---

[9] Vorab ist anzumerken, daß diese Darstellung den Zeitraum zwischen Verstaatlichung (30er Jahre) und dem Ist-Zustand der 80er Jahre in vieler Hinsicht verkürzt. In der Zwischenzeit, etwa seit Anfang der 60er Jahre, fand insbesondere eine Lockerung der rigorosen Überwachungs- und Strafmethoden der *Stalin*zeit statt, bedingt durch den pfleglicheren Umgang mit inzwischen höher qualifizierten Arbeits- und Führungskräften (*Boettcher* 1959).

arbeiten zu können (*Kornai* 1980), die auch von *Alec Nove* (1961, S. 156) beschrieben wird:

> „The plan is generally based on the achievement of the previous period, to which is added a percentage increase. The quantity to be produced is usually intended to encourage effort, to induce the management to seek out reserves of underused factors of production. In the process of plan determination, it pays the management of enterprises to conceal its full potential and in other ways manoeuvre to obtain an 'easy' plan; nor would it pay a wise manager to over fulfil it by too wide a margin, for, if he did so, he might be suspected of having concealed his potential, and plans for the subsequent period might be increased by an embarrassingly large percentage."

Diese Strategie ist ein Ergebnis dessen, was alle Beteiligten als eine lock-in-Situation wahrnehmen. So auch die Überwachungsorgane, die für den jeweiligen Verantwortungsbereich ‚ihren' Plan aus den gleichen Gründen erfüllen wollen. Verständlicherweise wird niemand von sich aus die Initiative ergreifen, an diesem ideologisch und politisch fest verankerten Dilemma etwas zu ändern. Ergebnis ist die Anpassung durch Umdeutung der intendierten Rechte und Pflichten, verbunden mit der ‚Einübung' eines allen ‚konvenierenden' Verhaltensstandards (*Nelson* and *Winters* „truce"). Er repräsentiert den durch Adaption erreichten Zustand der Selbstorganisation mit allen angeführten und tatsächlich beobachteten Strategien und verfestigt sich mit der Zeit. Mit diesen Standards verschaffen sich die von besonders strikten links der Plan-*governance* abhängigen Teileinheiten der Industrie-Hierarchen einen gewissen Handlungsspielraum, insbesondere die Unternehmen. Strikt beurteilt wird das Ergebnis, nicht das Wie.

5.3. *Monitoring* als Schlüsselroutine und seine Abhängigkeit von der dominierenden Struktur

Welche Chancen bieten sich der Führung, dieses Dilemma durch *Monitoring* aufzulösen? Diese oben bereits angeschnittene Frage ist noch zu stellen, und zwar aus mehreren Gründen. *Monitoring* kann im Rahmen seiner klärenden Funktion zusätzlich die Aufmerksamkeit in komplexen – und Aufmerksamkeit ablenkenden – Strukturen auf diejenigen Elemente von Problemlösungen fokussieren, auf die es besonders ankommt. Wenn Aufmerksamkeit eine ‚knappe Ressource' ist, wie unter anderen *Herbert Simon* (1978) betont hat, dann ist dies natürlich eine wertvolle Eigenschaft. Für die Existenz eines Unternehmens in einem marktwirtschaftlichen Wettbewerb kann dies insoweit außerordentlich wichtig sein, weil sie ja permanent in Frage gestellt wird. Andererseits trifft man auf *Monitoring* in der Regel nicht in typischen Verwaltungen eines ansonsten marktwirtschaftlich strukturierten Regime-Musters.

Deshalb habe ich die Meinung vertreten (*Schenk* 2003, S. 84), daß es auf die Wertschätzung von *Monitoring* durch *governance*-Organe und Mitarbeiter und daher letztlich auf deren Einbettung in die Struktur ankommt, ob davon Gebrauch gemacht wird oder nicht. Wenn die Beteiligten in der Regel von einer ohnehin gesicherten Existenz ‚ihrer' Organisation ausgehen können, ist dieser Wert beinahe null. *Monitoring* wird daher allseits als ‚pro-forma'-Angelegenheit behandelt und nicht ernsthaft betrieben (wie beispielsweise auch nicht in größeren Verwaltungen westlicher Industrieländer). Wie sich dies in der Dilemma-Situation für die Verantwortlichen einer mächtigen Industrieverwaltung sowjetischen Typs darstellt, ist von daher eigentlich klar: Man steht und fällt mit dem System und seinen Syndromen. Das Dilemma wird deutlich durch das bereits angeführte Zitat aus *Gorbachevs* Memoiren ([1995] 1996, S. 230).

Auch die oberen, Aufsicht führenden Instanzen der Industrieverwaltungen haben deshalb ebenso wenig wie die Unternehmen und Belegschaften Interesse daran, Regelverletzungen, getürkte Angaben oder ähnliches aufzudecken und weiter zu melden. In dieser Hinsicht kommt es zwischen den Beteiligten zur stillschweigenden Kumpanei. Denn erstens ist ernsthaftes *Monitoring*, das den hohen Ansprüchen des komplizierten Verfahrens der Plan-*governance* angemessen ist, aus Mangel an Transparenz besonders schwierig. Zweitens weiß man nicht, ob man sich damit in den höheren Etagen der Industrieverwaltung Freunde macht, dergleichen Störungen des allseits stillschweigend gebilligten Ablaufs (*Nelson* and *Winters* „truce") ans Tageslicht zu bringen. Eingeständnisse bedeuten Machtverlust.[10]

5.4. Verhaltens- und Leistungsmerkmale als Syndrome der Struktur

Auf einige der von *Gorbachev* angesprochenen Syndrome des Systems sowjetischen Typs ist noch näher einzugehen. Zunächst einige Charakteristika, die unmittelbar aus der im Szenario verdeutlichten strukturellen Architektur hervorgehen: Die Anbindung von lateralen Links für wichtige Ressourcen an höhere und höchste Ebenen der Industrieverwaltungen ersetzt eine Vielzahl von Marktteilnehmern durch wenige Zugangsberechtigte und damit vielseitige Auswahl von Links über Märkte durch strikt bilaterale. Damit kommt strategisches Verhandeln ins Spiel. Allgemeine Güter- und Ressourcenknappheit infolge der im Zitat von *Alec Nove* angesprochenen (vertikalen und lateralen) Praktiken beim Aushandeln von Plänen weisen auf einen verschwenderischen Umgang mit Einsatzgütern und Produktionsfaktoren hin. Ebenso zeigt *Gorbachevs* Zitat, daß die Bewirtschaftung von Gütern zu Machtpositionen derjenigen führt, die etwas zu verteilen haben. Zu solchen Unterschieden in den Machtpositionen der Hierarchie-Ebenen und der Industriestruktur führte bereits die seit den 30er Jahren des vorigen Jahrhunderts vorherrschende Ideologie (und Politik) vom ‚Vorrang der Schwerindustrie' und des Maschinenbaues. Damals hatte diese Strategie wahrscheinlich eher ihre Berechtigung. Die privilegierten Zweige verstanden es jedoch, sie über fünfzig Jahre bis zur politischen Wende durchzuhalten, was natürlich (angesichts der ebenfalls massiven Bevorzugung der Rüstungsindustrie) eine permanente Unterentwicklung der Konsumgüter-Industrien zur Folge hatte. Dieser Faktor der Verknappung beinahe aller Güter bis hin zum Verbraucher wurde dadurch verstärkt, daß Planerfüllung häufig in Gewichtseinheiten statt in Stückzahlen gemessen wurde und beispielsweise zum Einsatz von Gusseisen oder Stahl führte, wo auch leichtere Materialien genügt hätten (sogenannte ‚Tonnen-Ideologie').

---

[10] Es lohnt sich, über die Macht der Verwaltungen, ihre Blockadehaltung gegenüber Reformbemühungen und die daraus resultierende, verzweifelte Lage der sowjetischen Wirtschaft – und der politischen Führung – die einschlägigen Kapitel der Memoiren *Gorbachevs* nachzulesen, die an Offenheit nichts zu wünschen übrig lassen (*Gorbachev* [1995] 1996).

5.5. Selbstorganisation, Varietäts- und Kompetenzverlust

Der mit der Selbstorganisation angesprochene modale Varietätsverlust wirkt sich nicht nur so aus, daß sich aktuell anbietende Chancen in einem rasant voranschreitenden wissenschaftlich-technologischen Umfeld ungenutzt bleiben (*Ashby's* law, 1960). Vielmehr gilt dies auch für die Zukunft, denn die Kompetenzen dafür gehen verloren, wenn man der Kompetenztheorie der Unternehmung folgt, vertreten von *Hodgson* (1999, pp. 213 f.), *Loasby* (1998) und anderen. Nach dieser Auffassung ist die Unternehmung – im Zustande der Ungewißheit – ein Speicher von Wissen und Kompetenzen für sich potentiell anbietende Problemlösungen. Davon sind erhebliche Reserven als Polster erforderlich, um auf Kontingenzen vorbereitet zu sein (*Hodgson* 1999, pp. 259 f.). Kompetenzen sind aus der Rückschau als ein Nebenprodukt vergangener Aktivitäten anzusehen, „... but what matters at any point of time is the range of future activities which they make possible" (*Loasby* 1998, p. 144).

Im vorliegenden Regime-Muster allerdings werden vorhandene Kompetenzen häufig nicht genutzt, denn mit einer Innovation zu scheitern, birgt Risiken für die Erfüllung der laufenden Pläne. Demgegenüber sind die Anreize für Forschung und Entwicklung zu gering. Nichtgebrauch von Fähigkeiten führt allmählich dazu, sie nicht mehr zu fokussieren und schließlich zu verlieren. Im hier betrachteten institutionellen Kontext sind jedoch Kompetenzen anderer Art und an anderer Stelle wichtig, und zwar dort, wo es um die aktuelle Planerfüllung geht (*Schenk* 2003). Beispiele sind: Monteure, die wegen (chronischen) Ersatzteilmangels aus mehreren unbrauchbaren Traktoren oder Maschinen ein brauchbares Exemplar zusammenbauen können; Reisende, die ständig im naturalen Ringtausch dringend benötigte Ressourcen und Ersatzteile heranschaffen; Findigkeit bei der Gründung von eigenen Zulieferbetrieben als Folge notorischer Knappheit und schlecht funktionierender Beschaffung, was – obwohl offiziell verboten – von den vorgesetzten Behörden zur Sicherung der Planerfüllung stillschweigend geduldet wird (beispielsweise Möbelfabriken mit eigenen Wäldern und Sägewerken).

5.6. Organisiertes Problemlösen, Selbstorganisation und methodischer Individualismus: Ein Fazit

Die hier kurz skizzierte Position ist als Alternative oder notwendige Ergänzung zum methodischen Individualismus zu verstehen. Zunächst sollte man sich darüber verständigen, welche Besonderheiten und Vorteile Koordination durch Organisationen aufweisen kann, aber keineswegs muß. Voraussetzung dafür ist ein gewisses Maß an Wissen um diese Vorteile, das von den Beschäftigten mitgetragen wird und auf wirksamem *Monitoring* beruht. Man stößt hier auf das Phänomen, daß die rationale Kapazität des menschlichen Gehirns erheblich erweitert werden kann, wenn es wirkungsvoll in organisierte humane Netzwerke eingebettet ist. Gemeint sind hierbei in erster Linie Netzwerke *in* und *zwischen* Unternehmen (*Cosmides* and *Tooby* 1994; *Hodgson* 1998b, p. 188). Wie *Hodgson* es ausdrückt: „... reformulated in terms of social interactions, our ability to solve them (i.e. problems, KES) increases markedly, despite the fact that the logical structure of the problem has not changed". Mit anderen Worten: Diese Erkenntnis beruht auf der bereits von *Arrow* (1974) und *Williamson* (1975) betonten Tatsache, daß die Kapazität von Individuen zur Verarbeitung von Informationen in komplexen

Situationen begrenzt ist. Damit erklären sie die Existenz von Organisationen. Durch letztere kommt es zu verstärkenden *Servo-Effekten* individueller Kompetenzen, indem sie synthetisiert werden zu mehr komplexen koordinierten Netzwerken. Man kann das als die ‚Synthetisierungsthese' bezeichnen. Diese Aussage ist keineswegs neu und als Paradigma der internen Arbeitsteilung spätestens seit *Adam Smith* ([1776] 1970) bekannt, wobei er die Wirkung mehr auf erhöhte Geschicklichkeit der Beschäftigten infolge der Fokussierung auf bestimmte Aufgaben zurückführt. Sie ist jedoch zu erweitern und hinsichtlich wichtiger Voraussetzungen zu prüfen, die dafür erfüllt sein müssen.

Festzuhalten bleibt, daß die Wirkung der ‚offiziellen' (Soll-)Zuweisung von Eigentums- und Verfügungsrechte an höhere Hierarchie-Ebenen durch eine weitere (Ist-) Komponente multiplikativ verstärkt wird, nämlich durch die notorische Knappheit aller ‚bewirtschafteten' Güter. Knappheit verschafft den übergeordneten Instanzen zusätzliche Verfügungsmacht. Verantwortlich dafür ist das ‚Zuweisungs-Paradoxon der Staatswirtschaft'. Deshalb habe ich wiederholt die These vertreten, daß der Fokus der Aufmerksamkeit, beginnend bei den Leitern der Unternehmen über alle Etagen der Industrieverwaltungen hinweg, stets ‚nach oben' gerichtet ist (*Schenk* 1986, 1988, 2003). Dies gilt für alle Beteiligten auch individuell, denn sie sind an ihrem Arbeitsplatz ständig und nachhaltig mit dem Imperativ der Planerfüllung konfrontiert. Deshalb bleibt für das Management der Unternehmen vom knappen Gut ‚Aufmerksamkeit' wenig übrig für die in einer Marktwirtschaft wichtigen Aufgaben, insbesondere für die Fokussierung und das *Monitoring* von Arbeitskräften und von lateralen (Markt-)Beziehungen im Hinblick auf Innovationen. Für die sich aus der Plan-*governance* ergebende Fokussierung von Aufmerksamkeit spielt somit das *lock-in* (als Ergebnis der ‚offiziellen' Zuweisung von Rechten und Pflichten) eine erhebliche Rolle. Dies gilt auch – und wird zusätzlich verstärkt – durch die bereits erwähnte Ist-Einschätzung, daß *Monitoring* keinen Wert hat, wenn der Bestand des Unternehmens ohnehin nicht gefährdet ist.

In Anbetracht dieser Aussagen über Kompetenzverluste und -verlagerungen sowie anderer Syndrome wird unterstrichen, wie wichtig es ist, die Einbettung der handelnden Organisationen in ihr strukturelles Umfeld zu spezifizieren, mindestens jedoch zu beachten. Die Varietät und Häufigkeit der als besonders strikt zu charakterisierenden, vertikalen und (bi-)lateralen Interaktionen in einer gegebenen Struktur, die dadurch bedingten Risiken, Informationswege und -verluste sowie die dazugehörigen Schwerpunkte der Fokussierung erweisen sich als markante Merkmale für die Ableitung von Aussagen über Verhalten und Fitness von Teileinheiten einer gegebenen Wirtschaftsordnung. Durch die rigorose Soll-Struktur werden ungewollt selbstorganisierende Prozesse ausgelöst, die zu mehr Autonomie hinter dem Rücken der politisch Verantwortlichen führen.

6. Wohlfahrtsstaatliche Umverteilung und Selbstorganisation

6.1. Kategorien der Umverteilung: Einkommen – Ansprüche – Rechte – Verpflichtungen

Bei der Analyse des Veränderungs-Szenarios wurde bereits auf die unüberschaubare, numerische und modale Varietät einer Koordinationsstruktur mit einem dominanten kommerziellen Regime-Muster hingewiesen. Steht es damit wirklich im diametralen Gegensatz zum Regime-Muster mit dominierender staatlicher Leitung oder mit staatlicher Regulierung? Ist es in ähnlicher Weise erodierenden Prozessen ausgesetzt?

In zunehmendem Maße sind im kommerziellen Regime-Muster lenkungswirtschaftliche Ineffizienzen festzustellen (*Schüller* 2000, S. 60). Wohlfahrtsstaatliche Sozialtechniken führen allmählich zu einem regulierten System-Muster, auch wenn dies unter bewußter Vermeidung des Begriffs ‚Regulierung' durch die verantwortlichen Politiker geschieht. Einige der wichtigsten Merkmale dieses Musters von *lock-in* sollen ins Blickfeld gerückt werden. Erst dann wird es möglich sein, die Besonderheiten der resultierenden Erosion marktwirtschaftlicher Komponenten zu erfassen.

Erosionen treten auf infolge einer steigenden Zahl gezielter Eingriffe, die in diese Richtung gehen. Kennzeichnend ist auch hierbei der Prozeß der Adaption großer Teile der staatlichen Verwaltung und der Rechtsprechung. Nach dem Muster des Wohlfahrts- und Überwachungsstaates sollen Tatbestände wie Armut, Arbeitslosigkeit, Schwarzarbeit, Steuerbetrug bekämpft werden, und zwar insbesondere durch Beschränkungen der Rechte besitzender Minderheiten. Diese Methoden sind allerdings nicht der Ausweg aus dem Dilemma, sondern ein Teil davon, weil sie nicht geeignet sind, die wahrgenommenen Mißstände an der Wurzel zu fassen. Augenblicklich ist noch nicht zu erkennen, ob dieser an Mächtigkeit zunehmende Prozeß an seine Grenzen stößt und ob seine Erosionswirkungen von den Politikverantwortlichen ernsthaft wahrgenommen werden.

Es soll nach dem bereits verfolgten Analysemuster darum gehen, den Soll-Zustand eines marktwirtschaftlichen Systems mit seinen bewährten Merkmalen zu skizzieren. Dabei wird auf erhöhte Anforderungen eingegangen, die sich durch die weltweite Vernetzung von Kommunikations- und Handelsbeziehungen für den Einsatz der Produktionsfaktoren ergeben. Den Abschluß bildet die Kennzeichnung des Dilemmas und die Analyse des Ist-Zustandes. Wahrgenommen wird die anhaltende Umverteilung von Einkommen, Rechten und Verpflichtungen in der Situation zunehmender internationaler Verflechtung nicht nur vom mobilen Teil der davon betroffenen Investoren und Arbeitgeber. Auch der standortgebundene Teil reagiert, und zwar durch Unterlassung von Investitionen.

Zunächst zu einigen Merkmalen, die dazu beitragen können, ordnungspolitisch mit der rasch zunehmenden Varietät der Umfeldes Schritt zu halten und die daraus erwachsenden Chancen wahrzunehmen. Möglicherweise wird sich zeigen, daß die gegenwärtige Politik eher darauf hinaus läuft, kein absehbares Risiko auszulassen. Angesichts der Veränderungen durch die Globalisierung und die Ost-Erweiterung der EU gilt es, die positiven Wirkungen der ‚lockeren' lateralen Vernetzung und Koordination auszunutzen und in ihrer Vielgestaltigkeit zu stärken. Denn die Risiken für die Selbstbehauptung im massiv erweiterten Umfeld sind gestiegen ebenso wie die Chancen zur Wahrnahme von Vorteilen. Das erfordert ordnungspolitisch gerade nicht, die vertikalen Interaktionen und Abhängigkeiten der Akteure zu verstärken und damit die ihnen zugemutete Regulierungs- und Kontrolldichte. Auch in die Vertragsfreiheit wird massiv eingegriffen, wenn sie es Privaten (Mietrecht) und Unternehmen (Arbeitsrecht, Sozialrecht) nicht mehr erlaubt, sich gegen die Abwälzung von sozialen Risiken durch den Staat zu sichern, sondern nur noch, sich nach zementierten Klauseln zu richten. Was sich daraus zwangsläufig ergibt, wurde am Beispiel des Systems sowjetischen Typs gezeigt. Das Prinzip der ‚lockeren' Verbindungen wird, soweit es die Koordination im Inland betrifft, aufgegeben oder in seiner Risiken absorbierenden Funktion eingeschränkt.

Im Inland nimmt das sozialstaatliche Regime-Muster mit hohen Steuersätzen und Sozialabgaben einen immer größeren Teil der Aufmerksamkeit von Akteuren in Anspruch: Der ‚Fokus der Aufmerksamkeit' und damit der knappen Ressource des Managements von Unternehmen und privaten Investoren wird damit in eine falsche Richtung gelenkt. Es wird viel Zeit damit verbracht, Wege aus dem Steuerdickicht zu suchen, das Unternehmen wie Private überzogen hat. Die Investitionen folgen mehr dem Wink des Steuerberaters als der überforderten Urteilskraft des Unternehmers. Verbunden damit sind, wie oben schon angesprochen, modaler Varietäts- und langfristiger Kompetenzverlust.

6.2. Kompetenzverlust durch Umfokussierung

Besonders betroffen von der Umfokussierung sind die Leiter kleiner und mittlerer Unternehmen, von denen zusätzlich verlangt wird, einen wachsenden Teil ihrer Aufmerksamkeit komplizierten Steuer- und Sozialregulierungen für Firma und Beschäftigte zu widmen. Derartige zusätzliche Kompetenzen werden – neben den fachlichen – von potentiellen Unternehmensgründern von Anfang an eingefordert. Überforderung ist nach *McClelland* (1973) ein wichtiger Grund, vor einer fachlich eigentlich lösbaren Aufgabe zu kapitulieren. So wird dieser Weg in die Selbständigkeit in Deutschland auch nur noch von sehr wenigen eingeschlagen.[11]

Darüber hinaus trägt die auf Unternehmensgründer und Unternehmen überwälzte soziale Verantwortung für ihre Beschäftigten dazu bei, daß sie den Schwerpunkt lateraler Koordination mit Betriebsstätten und Zulieferern ins Ausland verlagern. Dies führt aus ähnlichen Gründen wie in den zuvor behandelten Regime-Mustern zunehmend zum Kompetenzverlust im Inland. Ausländische Standorte ersetzen inländische und damit einhergehend inländische Wertschöpfung und Beschäftigung. Bestimmte Kompetenzen, zunächst einfache, aber zunehmend anspruchsvollere, werden auf ausländische Beschäftigte und Unternehmen insbesondere in den neuen Beitrittsländern der EU übertragen. Die Regierungen im Ausland, sogar die der ehemals sozialistischen Länder östlich und südöstlich der deutschen Grenzen, haben längst begriffen, welche eigenen Maßnahmen diesen Prozeß fördern und welche Maßnahmen wohlfahrtsstaatlicher Art ihn

---

[11] *McClelland* hat aufgrund seiner Forschungen einen mittleren Grad der Herausforderung als die günstigste Voraussetzung für die Motivation von leistungsorientierten Akteuren herausgestellt. Näheres dazu bei *Röpke* (1980, S. 135 ff.).
Deutschland wird in einer Weltbank-Studie über unternehmerische Rahmenbedingungen in 145 Ländern, die vom *Institut der Deutschen Wirtschaft* (IDW) nach 23 Einzelkriterien zu einem Ranking verdichtet wurde, auf Platz 24 eingeordnet, bei Anforderungen an Unternehmensgründer allerdings nur auf Platz 50 und für Arbeitsmarktflexibilität nur auf Rang 111 (Informationsdienst des IDW, Nr. 51 vom 16.12.2004. S. 8).

zum Nachteil der eigenen Bevölkerung bremsen können. Sie haben entsprechend reagiert.[12]

Das vom Sachverständigenrat schon seit längerem vorgeschlagene duale Steuersystem mit (der guten deutschen Infrastruktur angemessenen) niedrigeren Steuersätzen für Unternehmen und Kapitaleinkommen wird gemäß der Ausgabe des *Handelsblatts* vom 27.12.2004 von der Regierungskoalition weiterhin abgelehnt. Die tatsächliche Belastung (zusammen mit relativ günstigen Verlustvor- und rücktragsmöglichkeiten im Inland) soll aber geprüft werden. Im nahe gelegenen Kreis der EU-Beitrittsländer sind diese Bedingungen zum Teil bereits mit großem Erfolg durchgesetzt worden, ebenso niedrigere Steuersätze für Unternehmen. In der Slowakei beispielsweise wird zugunsten höherer Beschäftigung eher auf erhöhte soziale Sicherung verzichtet, und zwar mit großem Erfolg für die Beschäftigung.

6.3. Das Dilemma: Durch ‚Einüben' verfestigte Verhaltensstandards

Der moderne Sozialstaat belastet jedoch nicht nur Unternehmen, indem er sie als Handlanger bei der Umverteilung von sozialen Ansprüchen und Leistungen betrachtet und für staatliche Aufgaben in die Pflicht nimmt. Im zunehmenden Maße bezieht er auch Minderheiten der Bevölkerung in diese Verpflichtung ein. Damit machen sich die Parteien bei Mehrheiten beliebt, um ihre eigenen Positionen zu sichern. Umverteilende Regulierungen, und zwar sowohl von Einkommen und in der Form von Quasi-Eigentum und Anspruchsberechtigungen, werden angesichts geringer Wachstumsraten des Bruttoinlandsproduktes und Investitionsquoten von Wohltaten zu einem Teil des Dilemmas. Zur Lösung genügt es nicht, nur die Regulierung im bisher üblichen Sinne zu analysieren und die dadurch verwirklichte Zuordnung von Eigentums- und Verfügungsrechten. Auch die Rechtsetzung im Bereich des Vertragsrechts, eine bisher kaum systematisch aufgegriffenen Erscheinung, wirkt regulierend. Sie wirkt nachhaltig, ohne daß der Staat weiter ständig sichtbar einzugreifen braucht. Dies geschieht, ohne dem Parlament die üblichen Kontrollen der Staatstätigkeit einzuräumen, und erlaubt den Parlamentariern, über die Schäden hinweg zu sehen – nämlich über die Aushöhlung eines ehemals freiheitlichen Systems des Privatrechts. Schaden entsteht auch für das System der parlamentarischen Kontrolle staatlicher Politik, wie es einmal über die Haushaltspläne für einzelne Ministerien üblich war.

Es sind wiederum die Konsequenzen, wie auch beim Regime-Muster staatlicher Leitung gezeigt, die zunächst allmählich und unauffällig das marktwirtschaftliche System erodieren und später nach der ‚Einübung' von Standards, die den parlamentarischen und den begünstigten Mehrheiten ‚konvenieren', ihre dauerhaften, schädlichen Wirkung offenbaren. Die Auslagerung von Betriebsstätten als Option steht natürlich

---

[12] So wird in einem Gespräch mit dem österreichischen Finanzminister *Grasser* (*Handelsblatt* vom 27.12.2004) deutlich, daß sogar die *Austrian Business Agency* allein im Jahre 2004 42 deutsche Unternehmen nach Österreich geholt hat (2003 waren es erst 33). Derzeit werde mit 389 ausländischen Unternehmen verhandelt, davon mit 150 aus Deutschland. Was die deutschen Unternehmen und ihre effektive Steuerbelastung im östlichen und südöstlichen Ausland anbelangt, so sind sie nach *Grassers* Aussagen im Inland mit 36,1 % konfrontiert, in Litauen angefangen mit 15,3 %, endend bei Tschechien mit 26,7 %.

eher den Unternehmen einer gewissen Größenordnung offen, vielen Mittelständlern und privaten Investoren überhaupt nicht.[13]

Die erodierenden Wirkungen sind an den Reaktionen der belasteten Gruppen erkennbar, wobei jedoch von Reaktionsgrenzen auszugehen ist, insbesondere hinsichtlich des Zeitbedarfs und der unterschiedlichen Optionen. Die ersten Reaktionen zeigen sich erst längere Zeit, nachdem die ersten schlechten Erfahrungen mit der Regelungsdichte in diesen Bereichen gemacht worden sind und die Gerichte in ihrer Auslegung der Regeln den Absichten des Gesetzgebers gefolgt sind. Die Rückwirkungen der Reaktion in der Form der Einschränkung von Investitionen bzw. der Auslagerung von Betriebsstätten können somit in der Regel erst nach Jahren eine spürbare Größenordnung annehmen. Bis dahin haben sich die eingeübten Verhaltensstandards der begünstigten Gruppen verfestigt. Den eigentlichen Verantwortlichen wird es dadurch ermöglicht, den Zusammenhang mit der eigenen Gesetzgebung zu verschleiern. Das sind einige Gründe dafür, daß der sogenannte ‚Wettbewerb der Regelsysteme' schlecht oder gar nicht funktioniert. Die Verantwortlichen wachen erst auf, wenn schon längst klar ist, wie weit andere Länder mit geringer belastenden Klauseln und Steuersätzen für Unternehmensinvestitionen, für die Einstellung von Arbeitskräften und die Flexibilität der Beschäftigung diesen ‚Fitness-Test' bereits erfolgreich bestanden haben und die Erosion im Inland schon fortgeschritten ist.

7. Der analytische Stellenwert von Komplexität und Selbstorganisation

In diesem Beitrag stand das Thema ‚Ordnungstheorie aus einem Guß' im Vordergrund. Es ging darum zu verdeutlichen, daß man diesem Ziel näher kommen kann, wenn man sich der Komplexität bedient, statt sie zu meiden. Dabei war die exemplarische Abhandlung des Themas anhand von drei dominierenden Regime-Mustern nur ein Mittel zum Zweck, nämlich zur besseren Anschaulichkeit. Ohne die Hilfe der Komplexität kann man den Varietäts- und Kompetenzverlust nicht erklären, dem die Unternehmen in einem Regime-Muster der dominierenden direkten staatlichen Leitung unterliegen, und ebenso wenig die Reformunfähigkeit dieses Systems. Diesem Muster wurde in gebotener Kürze auch das dominierende – aber zunehmend regulierte – kommerzielle System-Muster gegenübergestellt. So konnten einerseits die frappierenden Unterschiede in der Nutzung von sich bietenden Chancen und Vermeidung von Risiken der globalen

---

[13] *Sinn* (2004, S. 7 ff.) hat die Auswirkungen unter dem Aspekt der Globalisierung kommentiert und die Versäumnisse der Politik seit 1995. Seitdem ist die reale Wertschöpfung der deutschen Industrie nur um ganze 4 % gewachsen, trotz eines Wachstums der deutschen Industrieproduktion (und des europäischen Sozialprodukts) um 18 %. Der Grund für diese Schere ist das rasche Wachstum der Importe industrieller Vorleistungen um real 45 %. Diese Produktionsverlagerung ins Ausland macht bei den Vorleistungen vier Fünftel aus, gegenüber einem inländischen Anteil an der Verringerung der Fertigungstiefe durch *Outsourcing* von nur einem Fünftel. Dieser Mechanismus der dramatischen Verlagerung von Arbeitsplätzen und Kompetenzen widerlegt die in weiten Kreisen gepflegte, aber irreführende Vorstellung, daß man sich als ‚Vize-Export-Weltmeister' um die Wettbewerbsfähigkeit Deutschlands keine Sorgen zu machen braucht.

Entwicklung durch hohe Varietät der kommerziellen Koordinationsbeziehungen erklärt werden. Andererseits weist auch das kommerzielle System-Muster Tendenzen der Selbstorganisation auf, die mit Verlust an Varietät und Kompetenzen verbunden sind. Dies vollzieht sich in den analysierten Wirtschaftsordnungen jedoch auf jeweils andere Art und Weise und mit jeweils unterschiedlicher Intensität.

Viel Raum wurde Methoden gewidmet, die mit der Spezifizierung von komplexen Koordinationssystemen verbunden sind, mit dem Verständnis von Selbstorganisation und der Rolle der Fokussierung von Problemen durch Mikroeinheiten. Insbesondere war zu zeigen, daß die selbstorganisierenden Prozesse je nach der Einbettung dieser Einheiten in die Struktur des Koordinationssystems zu sehr unterschiedlichen Ausprägungen der Selbstorganisation führen können. Mit anderen Worten: *Morphology matters*. Sie hilft vieles, aber nicht alles zu erklären.

Literatur

Arrow, Kenneth J. (1974), The Limits of Organization, New York.

Ashby, W. Ross ([1952] 1960), Design for a Brain, 2. Aufl., London.

Ashby, W. Ross (1974), Einführung in die Kybernetik, Frankfurt am Main.

Boettcher, Erik (1959), Die sowjetische Wirtschaftspolitik am Scheidewege, Tübingen.

Boulding, Kenneth E. (1956), General systems theory – The skeleton of science, in: Management Science, Vol. 2, pp. 197-208.

Cosmides, Leda and *John Tooby* (1994), Better then rational: Evolutionary psychology and the invisible hand, in: American Economic Review, Papers and Proceedings, Vol. 84, pp. 327-332.

Eucken, Walter (1952/1990), Grundsätze der Wirtschaftspolitik, 6. Aufl. mit einem Vorwort zur Neuausgabe von *Ernst-Joachim Mestmäcker*, Tübingen 1990.

Foster, John and *J. Stanley Metcalfe* (2001), Modern evolutionary economic perspectives: an overview, in: *John Foster* and *J. Stanley Metcalfe* (eds.), Frontiers of Evolutionary Economics, Cheltenham UK and Northampton MA, USA, pp. 1-16.

Gorbachev, Mikhail ([1995] 1996), Memoirs, London, New York etc.

Gutmann, Gernot (1987), Systemvergleich als Forschungsfeld der Wirtschaftswissenschaft, Definitionen, Kriterien und wissenschaftliche Fundierung: Ein Überblick über offene Probleme, in: *Gernot Gutmann* (Hg.), Methoden und Kriterien des Vergleichs von Wirtscahftssystemen, Berlin, S. 11-52.

Hayek, Friedrich A. von ([1944] 1991), Der Weg zur Knechtschaft, München.

Hayek, Friedrich A. von ([1967] 1969), The theory of complex phenomena, in: Studies in Philosophy, Politics and Economics, paperback ed. New York, pp. 22-42.

Hensel, K. Paul (1975), Über die sozialwissenschaftliche Bestimmung von Wirtschaftssystemen, in: *K. Paul Hensel* (1977) Systemvergleich als Aufgabe: Aufsätze und Vorträge, hg. von *Hannelore Hamel*, Stuttgart und New York, S. 24-35.

Hensel K. Paul (1977), Systemvergleich als Aufgabe: Aufsätze und Vorträge, hrsg. von *Hannelore Hamel* Stuttgart und New York.

Hodgson, Geoffrey M. (1998), The approach of institutional economics, in: Journal of Economic Literature, Vol. 35, pp. 166-192.

Hodgson, Geoffrey M. (1999), Evolution and Institutions, Cheltenham UK and Northampton, MA, USA.

Hume, David ([1740] 1988), A Treatise on Human Nature, ed. by *L.A. Selby-Bigge*, Oxford.

Kornai, Janos (1980), The Economics of Shortage, Vol. A and B, Amsterdam, New York and Oxford.

Leipold, Helmut (1983), Der Einfluß von Property Rights auf hierarchische und marktliche Transaktionen in sozialistischen Wirtschaftssystemen, in: *Alfred Schüller* (Hg.), Property Rights und ökonomische Theorie, München, S. 185-217.

Leipold, Helmut (1987), Institutionelle Entwicklung und Wirtschaftsordnung: Eine systemvergleichende Studie, in: *Gernot Gutmann* (Hg.), Methoden und Kriterien des Systemvergleichs, Berlin, S. 53-76.

Loasby, Brian J. (1998), The organization of capabilities, in: Journal of Economic Behaviour and Organization, Vol. 35, pp. 139-160.

McClelland, David (1973), The Achieving Society, new edition, New York.

Nelson, Richard R. (2001), The coevolution of technology and institutions as the driver of economic growth, in: *John Foster* and *J. Stanley Metcalfe* (2001), pp 19-30.

Nelson, Richard R. and *Sidney G. Winter* (1982), An Evolutionary Theory of Economic Change, Cambridge, Mass.

Nove, Alec (1961), The Soviet Economy, London.

Olson, jr., Mancur (1968), Die Logik des kollektiven Handelns, Tübingen.

Postrel, Steven and *Richard P. Rumelt* (1996), Incentives, routines and self-command, in: *Giovanni Dosi* and *Franco Malerba* (eds.), Organisation and Strategy in the Evolution of the Enterprise, Basingstoke und London, pp. 72-102.

Röpke, Jochen (1980), Zur Stabilität und Evolution marktwirtschaftlicher Systeme, in: *Erich Streissler* und *Christian Watrin* (Hg.), Zur Theorie marktwirtschaftlicher Ordnungen, Tübingen, S. 124-154.

Schenk, Karl-Ernst, Bernhard Klümper, Norbert Leise und *Dirk Wurster* (1977), Industrielle Ost-West-Kooperation, Ökonomische Studien, Bd. 25, Stuttgart und New York.

Schenk, Karl-Ernst (1986), Systemvergleich mit einer ökonomischen Theorie der Institutionen, in: *Gernot Gutmann* und *Siegfried Mampel* (Hg.), Probleme systemvergleichender Betrachtung, Berlin, S. 111-130.

Schenk, Karl-Ernst (1988), New Institutional Dimensions of Economics: Comparative Elaboration and Application, Heidelberg und New York.

Schenk, Karl-Ernst (2003), Economic Institutions and Complexity – Structures, Interactions and Emergent Properties, Cheltenham UK and Northampton, MA USA.

Schlicht, Ekkehart (1998), On Customs in the Economy, Oxford.

Schüller, Alfred (1983) (Hg.), Property Rights und ökonomische Theorie, München.

Schüller, Alfred (1986), Der theoretische Institutionalismus als Methode des Systemvergleichs, in: *Gernot Gutmann* und *Siegfried Mampel* (Hg.), Probleme systemvergleichender Betrachtung, Berlin, S. 130-162.

Schüller, Alfred (2000), Theorie des wirtschaftlichen Systemvergleichs – Ausgangspunkte, Weiterentwicklungen und Perspektiven, in: *Helmut Leipold* und *Ingo Pies* (Hg.), Ordnungstheorie und Ordnungspolitik – Konzeptionen und Entwicklungsperspektiven, Stuttgart, S. 51-81.

Simon, Herbert A. (1978), Rationality as a process of thought, in: American Economic Review, Vol. 68, 2, pp. 493-513.

Sinn, Hans-Werner (2004), Das Dilemma der Globalisierung, Walter Adolf Jöhr-Vorlesung an der Universität St. Gallen, hg v. Forschungsgemeinschaft für Nationalökonomie, St. Gallen.

Smith, Adam ([1776] 1970), The Wealth of Nations, edited with an introduction by *Andrew Skinner* (1st ed. 1776) Harmondsworth.

Vromen, Jack J. (2001), The human agent in evolutionary economics, in *John Laurent* and *John Nightingale* (eds.), Darwinism and Evolutionary Economics, Cheltenham, UK and Northampton, MA, US, pp. 184-208.

Wass von Czege, Andreas und *Raissa Tchakhmakhtcheva* (1982), Die sowjetische Außenhandelsbürokratie, Stuttgart und New York.

Williamson, Oliver E. (1975), Markets and Hierarchies: Analysis and Antitrust Implications, New York.

Helmut Leipold und Dirk Wentzel (Hg.), Ordnungsökonomik als aktuelle Herausforderung
Schriften zu Ordnungsfragen der Wirtschaft · Band 78 · Stuttgart · 2005

Die Frauenfrage: Gleichberechtigung und Erwerbschancen

Wilhelm Meyer

Inhalt

> „Eine der großen weltgeschichtlich revolutionären Veränderungen, die sich in unserer Zeit (1866-1918) anbahnt, zaghaft und nachhaltig zugleich, betrifft die Stellung der Frau."
>
> *Thomas Nipperdey* (1990, S. 73).

Im folgenden behandle ich die Frauenfrage unter drei Gesichtspunkten. Zunächst am Beispiel von *Nietzsche* und *John Stuart Mill*: als ein Problem von Erkenntnis und Methode. Danach gehe ich auf das Erklärungsproblem ein, das sich aus der Tatsache der faktisch minderen Erwerbschancen von Frauen trotz Gleichberechtigung ergibt. Schließlich kommen einige Ursachen der Chancenmehrung zur Sprache. – Die Sozialisten des 19. Jahrhunderts glaubten durch Umwälzung der bürgerlich-liberalen Ordnung auch die Frauenfrage zu lösen. Nach allem, was man weiß, ist das nicht gelungen. Ich gehe auf einige Aspekte im letzten abschnitt kurz ein.

1. Nietzsche, Mill und die Frauen

Nietzsche und *Mill* vertreten unterschiedliche Auffassungen zur Frauenfrage. Der eine zeigt sich als extremer Gegner der Frauenemanzipation, der andere als ihr Befürworter. Während *Nietzsche* seine apodiktischen Erkenntnisse über das Wesen von Frauen für absolut sicher hält, schlägt *Mill* eine Methode vor, die damals gängigen Hypothesen über die Fähigkeiten von Frauen quasi-experimentell zu prüfen.

Die Auffassungen beider Philosophen zur Frauenfrage stehen in einem deutlichen Zusammenhang mit ihrer Biographie. Nach meiner Auffassung kann man das unsägliche Frauenbild *Nietzsches* nicht zuletzt durch seine unglücklichen Erfahrungen mit Frauen erklären. *Mills* Einsatz für die Frauenbewegung steht ebenfalls in Verbindung mit seiner Beziehung zu einer Frau. Seine Analyse und seine Ratschläge lassen erkennen, daß er in mancher Hinsicht als Vorläufer des kritischen Rationalismus anzusehen ist.

1.1. Nietzsche und das böse Weib

Vergiß die Peitsche nicht

Daß *Nietzsche* einer der großen und einflußreichen Philosophen war, ist keine Frage. Aber dieser einflußreiche Philosoph hat ein Frauenbild, das nicht nur heutigen Frauen, sondern gewiß auch den meisten Männern extrem frauenfeindlich vorkommen muß. Es ist nicht die ihm zugeschriebene Volks- oder Männerweisheit: Wenn du zum Weibe gehst, vergiß die Peitsche nicht, an die ich denke, sondern gemeint sind seine niederträchtigen Behauptungen über das Wesen der Frau. Die genannte Volksweisheit „Wenn du zum Weibe gehst ..." hat *Nietzsche* nie geäußert, und was er gesagt hat, ist völlig anders zu deuten. Die Volksweisheit ist eine falsche Interpretation einer Stelle aus „Also sprach Zarathustra". Dieses Buch besteht im wesentlichen aus kurzen Ansprachen oder Predigten des Propheten *Zarathustra*. In der 18. Predigt des ersten Teils (Von alten und jungen Weiblein) tritt am Ende das alte Weiblein auf und möchte ihm einen Rat geben:

> „Gib mir, Weib, deine kleine Weisheit! sagte ich.
> Und also sprach das alte Weiblein:
> Du gehst zu den Frauen? Vergiß die Peitsche nicht!"

Das bedeutet: Lieber Mann, sei vorsichtig, täusche dich nicht, denn die Frauen haben die Peitsche, sie dirigieren die Männer mit ihrer weiblichen List. Diese Deutung der Stelle ergibt sich aus *Nietzsches* mißlungener Beziehung zu Lou Salomé im Jahre 1882. Der Affäre mit Lou ist vermutlich sein unmögliches Frauenbild zu verdanken. Ich vermute, daß alle *häßlichen* Ausführungen von *Nietzsche* über das Wesen der Frau *nach* der Affäre mit Lou verfaßt worden sind.

Nachdem *Nietzsche* 1879 wegen dauernder Kopfschmerzen und schwersten Migränen, die ihn für zwei bis sechs Tage niederwerfen, die Baseler Professur für klassische Philologie aufgegeben hatte – er hatte sie 1869 mit 24 Jahren angetreten –, suchten seine Schwester Elisabeth und eine befreundete Schriftstellerin, Malwida von Meysenbug,[1] eine geeignete Frau für den 35-jährigen halbblinden und kranken Geistesgiganten. Anfang 1882 wurden sie fündig. Malvida lud die junge Russin Lou Salomé, Tochter eines russischen Generals und einer deutsch-dänischen Mutter, nach Rom ein, wo Malvida als erfolgreiche, „emanzipierte" Schriftstellerin ein großes Haus führte. Sie schrieb über ihre Entdeckung an *Nietzsche*, der am 21. März 1882 antwortete: „Grüssen Sie diese Russin von mir ... in Anbetracht dessen, was ich in den nächsten 10 Jahren tun will, brauche ich sie" (*Ross* 1999, S. 603). Einen Monat bevor *Nietzsche* am 24 April 1882 in Rom eintraf, hatte Lou *Nietzsches* Freund Paul Ree[2] im Hause von Malwida kennengelernt und sich mit ihm angefreundet. Er machte ihr bald einen Heiratsantrag, sie lehnte ab, und Paul Ree begriff, daß bei diesem Mädchen nicht mehr als Freundschaft zu holen war.

Die junge Lou, Anfang 1882 gerade 21 Jahre, war seit einiger Zeit dabei, sich zu „emanzipieren": durch den Erwerb von Wissen, mehr Wissen und noch mehr Wissen, um wie Malvida eine erfolgreiche Schriftstellerin zu werden. Ihre Eltern wollten sie mit 17 verheiraten: sie lehnte ab. Nicht nur das. Sie weigerte sich auch, konfirmiert zu werden, trat aus der Kirche aus, begab sich in die Hände des Predigers der holländischen Botschaft in Petersburg und studierte sozusagen privat bei ihm Religionsgeschichte und Philosophie. Sie war eine äußerst kluge, großgewachsene Person mit einer eher mädchenhaften Figur, aber einem unverrückbaren Willen, sich von den konventionellen Zwängen zu befreien und ihr eigenes Leben zu leben: sich selbstzuverwirklichen. Nach etwas mehr als einem Jahr machte ihr der verheiratete, 42 Jahre alte, gut aussehende Prediger, Vater zweier Töchter in Lous Alter, einen Heiratsantrag, den sie sofort ablehnte. Zu ihrem Lebensplan gehörte es, von den Geistesgrößen ihrer Zeit so viel wie möglich zu lernen; die Bindung an einen Mann konnte dabei nur hinderlich sein.

Kaum hatte *Nietzsche* Lou in Rom gesehen – er begrüßt sie mit den Worten: „Von welchen Sternen sind wir hier einander zugefallen" (*Ross* 1999, S. 610) –, da bittet er seinen Freund Paul Ree, ihr in seinem Namen einen Heiratsantrag zu machen. Sie lehnt das freundlich ab, wollte jedoch beide als kenntnisreiche Freunde behalten und mit ihnen Studienreisen unternehmen. Die Drei: *Nietzsche*, Ree und Lou schlossen sich zur

1 Malwida von Meysenbug ist 1816 geboren; ihr Vater war kurhessischer Minister, sie die mütterliche Freundin von *Nietzsche*.

2 *Röd* (2000, Bd. II, S. 372) bezeichnet Paul Ree als Psychologen und schreibt ihm naturalistische Auffassungen zu.

„Dreieinigkeit" zusammen und planten, gemeinsam nach Paris oder Wien zu gehen. Vor allem wollte Lou von *Nietzsche* lernen, wie man gute Prosa schreibt und gute Gedichte macht. Beide Männer sind in Lou verliebt; diese nutzt das aus, indem sie beiden die entsprechenden Briefe schreibt oder mündlich das sagt, was gesagt werden muß, um sie bei Laune zu halten. Da Ree der harmlosere von beiden war, hat sie ihn (bis 1885) zum Dauerfreund erkoren.

Anfang Mai reisen sie nach Oberitalien. Anläßlich einer ausgedehnten Wanderung auf den Monte Sacro hatte Lou *Nietzsche* gewisse Hoffnungen gemacht: Sie waren länger alleine, weil Lous Mutter auf halbem Wege zurückbleiben mußte und der brave Ree bei ihr geblieben war. Kurz danach nahm Lou die Andeutung einer Zusage wieder zurück, schürte dann durch Gesten oder Bemerkungen das Feuer wiederum etwas, so daß *Nietzsche* glauben mochte, sie werde schließlich ihn seinem Freund Ree vorziehen. Am 13. Mai 1882 möchte *Nietzsche* eine Aussprache mit ihr in Luzern; sie kommt aber mit Ree, und *Nietzsche* muß auf die Aussprache verzichten. Er arrangiert bei einem Fotografen ein Treffen für ein Foto: Das Bild zeigt Lou mit einer Peitsche auf einem Leiterwagen; die beiden Männer stehen neben der Deichsel, bereit, den Wagen auf Kommando von Lou zu ziehen. – Das ist die Peitsche, die *Nietzsche* meint, wenn er das alte Weiblein sagen läßt: Du gehst zu den Frauen? Vergiß die Peitsche nicht!

Verbitterung statt Erkenntnis

Nietzsche wird neben *Kant* und *Goethe* von allen Gegnern der Frauenbewegung gern als philosophischer Kronzeuge der behaupteten Minderwertigkeit oder Unterlegenheit des Weibes gegenüber dem Mann zitiert, um die Forderung der Frauenbewegung nach Gleichberechtigung als vom Wesen des Weibes her unbegründet, sozusagen als naturwidrig abzulehnen. Wie kommt *Nietzsche* zu seinem schiefen Frauenbild? Da war zunächst die allgemeine Auffassung vieler Männer seiner Zeit[3], der er eine besonders scharfe Prägung verliehen hat. Die Minderwertigkeitsthese geht auf die Antike zurück und ist von den Männern seither immer gepflegt worden. Der neben *Euklid* bedeutendste Mathematiker der Antike, *Pythagoras* von Samos (580-500 v. Chr.), soll dieser Überzeugung wie folgt Ausdruck verliehen haben: „Es gibt ein gutes Prinzip, das die Ordnung, das Licht und den Mann geschaffen hat, und ein böses Prinzip, das das Chaos, die Finsternis und die Frau geschaffen hat."[4]

Nietzsche geht weit über die damals übliche Minderwertigkeitsthese hinaus. Hier zunächst eine Kostprobe für eine Verunglimpfung weiblicher Intelligenz aus dem „Mädchen-Lied" (1882/1930, S. 473):

---

3 Für eine aufschlußreiche Sammlung der Auffassungen von „Berufsdenkern" wie *Descartes, Rousseau, Lichtenberg, Kant, Schopenhauer, Marx, Hegel, Weininger, Russel* etc. zum Wesen der Frau siehe *Stopczyk* 1980.

4 Zitat nach *de Beauvoir* (2000, S. 107). – *Pythagoras* gründete in Kroton, Süditalien, den pythagoräischen Bund – eine Gemeinschaft von sechshundert Gefolgsleuten. Dieser Bund war eine egalitäre, sektenartige Schule. Ihr gehörten auch mehrere Frauen an. *Pythagoras* heiratete seine Lieblingsschülerin Theano, die Tochter seines Mäzens Milton (*Singh* 2000, S. 33). – Wer weiß, in welcher Laune *Pythagoras* Frauen als Schöpfung des bösen Prinzips bezeichnet hat. Zum zweiten Pythagoräischen Lehrsatz wird man dieses Prinzip nicht erheben wollen.

„Selten, daß ein Weib zu denken
wagt, denn alte Weisheit spricht:
folgen soll das Weib, nicht lenken;
denkt sie, nun dann folgt sie nicht.

Selten denkt das Frauenzimmer,
denkt es aber, taugt es nichts!"

Ich bin mir sicher, daß dieses Lied auf Lou gemünzt ist. Er hatte Lou in seinen Plan eingeweiht: 10 Jahre lang mit ihm als seine Jüngerin zu leben, davon zwei Jahre in wilder Ehe! Sie sollte Zeugin seiner neuen Lehre sein und sie sollte nach seinem Ende – er glaubte, er werde wie sein Vater in jungen Jahren sterben –, sein geistiges Erbe verwalten und weitergeben.

Zunächst setzte *Nietzsche* auf seinen Geistes- und Wortzauber, um den schwächeren Ree auszustechen. Als er merkte, daß das nicht ausreichen würde, begann er, seinen Freund und Rivalen Ree schlechtzumachen, was Lou empörte. Ree seinerseits machte daraufhin ihn schlecht; Lou wiederum hatte angeblich in Bayreuth bei Richard Wagner Unehrenhaftes über *Nietzsche* gesagt. Elisabeth, *Nietzsche*s sittenstrenge Schwester, wurde Lous Todfeindin, weil sie glaubte, Lou könnte ihren Bruder zu unschicklichen Dingen verführen, was sie aus der frei- sinnigen Redeweise der Lou folgern zu können glaubte. Sie schreibt ihrem Bruder Fritz Verleumderisches und Unwahres über Lou. Es kam zu einer richtigen Schlammschlacht gegenseitiger Vorwürfe und Verdächtigungen. Das zieht sich so hin bis zum Jahresende 1882. Zwischendurch versucht *Nietzsche* immer wieder, Lou für sich zu gewinnen. Das Ende vom Lied ist: *Nietzsche* glaubt sich von seinem Freund und von der klugen, eigenwilligen Lou ausgebeutet und zum Narren gehalten.

Hatte er im Oktober 1882 in einem Brief an seinen Baseler Kollegen und Freund Overbeck über Lou noch die folgenden Worte gefunden:

> „Für mich persönlich ist Lou ein wahrer Glücksfund, sie hat alle meine Erwartungen erfüllt – es ist nicht leicht möglich, daß zwei Menschen sich verwandter fühlen können als wir es sind" (*Ross* 1999, S. 602),

so liest der Biograph in einem an Paul Rees Bruder Georg gerichteten Brief vom Juli 1883 die schwersten Beleidigungen gegen Lou und Ihren Freund Paul Ree:

> „Diese dürre schmutzige übelriechende Äffin mit den falschen Brüsten – ein Verhängnis. Pardon! Wie sie selber über Ihren Bruder spricht und denkt, das soll die Sache meiner Diskretion sein. In Leipzig rief sie ihn nie anders als Dreckel! was mich empört hat" (*Leis* 2000, S. 89).

Mit solchen Haßtiraden verfolgte *Nietzsche* die beiden noch ein halbes Jahr nach dem endgültigen Bruch mit ihnen Ende 1882. Ree drohte *Nietzsche* mit einem Prozeß, dieser drohte ihm mit einem Duell!

Nietzsche notiert in seinem Zorn über Lou eine lange Liste ihrer Fehler: Charakter der Katze – des Raubtiers, das sich als Haustier stellt / ohne Fleiß und Reinlichkeit / ohne bürgerliche Rechtschaffenheit / grausam versetzte Sinnlichkeit / rückständige Kinder – infolge einer geschlechtlichen Verkümmerung und Verspätung / schlau und voll Selbstbeherrschung in bezug auf die Sinnlichkeit der Männer / ohne Gemüt und unfähig der Liebe / im Affekt immer krankhaft und dem Irrsinn nahe / ohne Dankbarkeit, ohne Scham gegen den Wohltäter / untreu und jede Person im Verkehr mit jeder anderen preisgebend / ohne Scham im Denken immer entblößt gegen sich selber / gewaltsam im einzelnen / unzuverlässig / nicht brav / grob in Ehrendingen (*Ross* 1999, S. 649).

Wenn man das alles gelesen hat, dann wundert man sich nicht über *Nietzsche*s abfällige Kennzeichnungen von emanzipierten Frauen in Ecce Homo (1888):

> „Emanzipation des Weibes – das ist der Instinkthaß des mißratenen, das heißt gebäruntüchtigen Weibes gegen das wohlgeratene ... der Kampf gegen den ‚Mann' ist immer nur Mittel, Vorwand, Taktik. Sie wollen, indem sie sich hinaufheben, als ‚Weib an sich', als ‚höheres Weib', als ‚Idealistin' von Weib, das allgemeine Rang-Niveau des Weibes herunterbringen; kein sichereres Mittel dazu als Gymnasial-Bildung, Hosen und politische Stimmvieh-Rechte" (*Nietzsche* 1930, S. 345).

Aber auch seine Kennzeichnung von „normalen" Frauen ist wenig erbaulich:

> „Das Weib ist unsäglich viel böser als der Mann, auch klüger; Güte am Weibe ist schon eine Form der Entartung. – Bei allen sogenannten schönen Seelen gibt es einen physiologischen Übelstand auf dem Grunde, - ich sage nicht alles, ich würde sonst medi-cynisch werden. – Der Kampf um gleiche Rechte ist sogar ein Symptom von Krankheit: jeder Arzt weiß das. – Das Weib, je mehr Weib es ist, wehrt sich mit Händen und Füßen gegen Rechte überhaupt: der Naturzustand, der ewige Krieg zwischen den Geschlechtern gibt ihm ja bei weitem den ersten Rang. – Hat man Ohren für meine Definition der Liebe gehabt? Liebe – in ihren Mitteln der Krieg, in ihrem Grunde der Todhaß der Geschlechter" (*Nietzsche* 1930, S. 344).

Ist der Mann von Sinnen oder ist das alles nur Ausdruck einer schweren Enttäuschung und großen Verbitterung? Wie auch immer.[5] Die persönliche Betroffenheit durch ein stark ichbezogenes Erlebnis bewirkt Urteile, deren Wahrheit der Betroffene für gewiß hält: Er hat es ja selbst erlebt. Aber weil bei persönlicher Betroffenheit *andere* Motive als die der möglichst objektiven Wahrheitsfindung eine übergroße Rolle zu spielen pflegen, muß man gegenüber den so gewonnenen Erkenntnissen besonders kritisch sein – selbst wenn der Autor solcher Urteile, wie im Falle *Nietzsche*s, eine großer Denker ist. Persönliche Betroffenheit hebt die Notwendigkeit einer kritischen Prüfung nicht auf: im Gegenteil!

1.2. Mill: Unfähigkeit durch Rechtlosigkeit

John Stuart Mill ist uns als klassischer Ökonom bekannt; er war außerdem ein bedeutender englischer Philosoph. In seinem Buch „On Liberty" (1859) hat er die Sozial-

---

5 Zur Ehe findet man in *Nietzsche*s „Zarathustra" (verfaßt im Januar 1883) ebenfalls wenig Erbauliches, so etwa: „Ach dieses erbärmliche Behagen zu zweien! Ehe nennen sie dies alles; und sie sagen, ihre Ehe sei im Himmel geschlossen. Nun, ich mag ihn nicht, diesen Himmel der Überflüssigen! Nein, ich mag sie nicht, diese im himmlischen Netz verschlungenen Tiere ... Würdig schien mir dieser Mann und reif für den Sinn der Erde: aber als ich sein Weib sah, schien mir die Erde ein Haus für Unsinnige. Ja, ich wollte, daß die Erde in Krämpfen bebte, wenn sich ein Heiliger und eine Gans miteinander paaren. Dieser ging wie ein Held auf Wahrheiten aus, und endlich erbeutete er sich eine kleine geputzte Lüge. Seine Ehe nennt er's." Dazu *Ross* (1999, S. 666): „So verpackte, verarbeitete, verhüllte er seine letzten Erlebnisse mit Elisabeth, der Gans, und Lou, der geputzten Lüge. So sank das Weib vor seinem Richterstuhl in Nichts zusammen."

philosophie von *Karl Popper* teilweise vorweggenommen. Seine Auffassung zu der Frauenfrage hat er in dem 1861 abgefaßten, aber erst 1869 veröffentlichten Buch „The subjection of women" entwickelt; in seiner Autobiographie bezeichnet er seine Frau Harriet Taylor-Mill als Mitautorin. Seine Argumentation unterscheidet sich in jeder Hinsicht von derjenigen *Nietzsches*.

Der Charme einer Frauenrechtlerin

Mill scheint durch eine Frau, nämlich Harriet Taylor, dazu gebracht worden zu sein, sich mit dem Problem der Frauen- emanzipation zu befassen. Mit 24 Jahren lernte er sie kennen, das war 1830; sie war damals 23 Jahre alt. Ihr Vater hatte sie mit 18 in eine Ehe mit dem Kaufmann Taylor gezwungen, ein Tyrann, der seiner Frau keinen eigenen Spielraum ließ, so wie *Mill*s Vater (James Mill) seiner Frau und seinem Sohn Stuart keine persönliche Entfaltung gelassen hat. *Mill*s Vater wollte aus seinem Sohn ein Wunderkind machen. Mit 3 Jahren mußte er Griechisch lernen, zunächst Vokabeln, später Grammatik; mit 8 Latein: Vokabeln und Grammatik; dann kam Arithmetik dran, darauf folgten Geschichte und Politische Ökonomie. Das Erlernen der Sprachen wurde begleitet durch die Lektüre zahlreicher griechischer bzw. lateinischer Werke. Täglich wurde der Sohn unterrichtet, geprüft und ermahnt, nie gelobt. *Mill* hat in seiner Autobiographie geschrieben: Ich hatte keine Kindheit.

> „Mein Vater verlangte in seinem Unterricht nicht nur das Äußerste, was ich leisten konnte, sondern auch vieles, was ich unter gar keinen Umständen leisten konnte" (*Mill* 1924, S. 24).[6]

Die harte Erziehung von *Mill* geht auch aus einem Brief von Bentham an den Vater James Mill hervor: Bentham schreibt, er werde gerne zu James Mill kommen und bei ihm sitzen ... „und während der Waffenruhe deines Armes dir helfen, Mr. John Mill zu peitschen", worauf James Mill antwortet: „Ich nehme dein Angebot völlig ernst, vielleicht hinterlassen wir dann einen Nachfolger in ihm, der unser wert ist."[7]

Harriet Taylor war die einzige Frau in *Mill*s Leben. Beide verband von 1830 bis 1851 eine geistige Freundschaft. Nach dem Tode von Mr. Taylor 1849 hat *Mill* seine langjährige Freundin 1851 geheiratet, sie verstarb 1858. Schon 1830 schreiben die beiden Abhandlungen über Ehe und Scheidung, verständlich in ihrer Lage. *Mill* betont in seiner Autobiographie, er habe außer seinem wissenschaftstheoretischen Werk (A System of Logic) jede seiner Veröffentlichungen mit ihr besprochen, manche, wie sein Buch „On Liberty", Abschnitt für Abschnitt, so daß sie eigentlich Mitautorin dieses Buches sei. Das gelte besonders auch für „The subjection of women" (deutscher Titel: Die Hörigkeit der Frau, 1997), das Probleme behandelt, die immer im Zentrum der Interessen von Harriets öffentlichem Wirken gestanden hätten.

---

6 *Mill*s „Autobiography" von 1873 ist die gekürzte und gereinigte Ausgabe. Die ungekürzte Ausgabe nach dem Originalmanuskript erschien 1924, hg. von *John Jacob Coss*. Siehe dazu das Nachwort von *Hannelore Schröder* in *Mill* (1997, Anmerkung 3, S. 204).

7 Siehe das Nachwort von *Hannelore Schröder* in *Mill* (1997, Anmerkung 8). Ob man das Angebot von Bentham ernst nehmen kann, weiß ich nicht. Es könnte eine scherzhaft mahnende Bemerkung von Bentham sein, die Strenge bei der Erziehung seines Sohnes John Stuart nicht zu übertreiben.

Wegen seiner Freundschaft zu einer verheirateten Frau – man nannte Harriet abfällig „Mrs. Platonica Taylor" – wurde er gesellschaftlich geschnitten; die an die beiden gerichteten Briefe vermitteln einen Eindruck von einer geradezu terrorartigen sozialen Kontrolle. Wo immer sie hingehen, wo immer sie sich heimlich treffen gibt es amüsiertes Hohngelächter, offene und versteckte Feindschaft. Auch die spätere Heirat brachte keine Abhilfe. Es kam zum Bruch mit *Mill*s Geschwistern, und die „ordentlichen" Mitglieder der Gesellschaft weigerten sich, mit ihnen in gesellschaftlichen Kontakt zu treten.

Englische Scharia

Mill[8] kritisiert die gesetzlich zulässige Sklaverei der Frau in der Ehe, den Ausschluß der Frauen von jeder Ausbildung, den Ausschluß von öffentlichen Ämtern, das fehlende Wahlrecht der Frauen. Was er fordert, ist: vollständige Gleich*berechtigung* auf allen Gebieten mit den Männern. *Mill* zeigt, was die damalige gesetzliche Ehe für die Frauen bedeutete: Sie haben keine Verfügungsgewalt über ihre Güter (z. B. ihr Erbe), können kein Eigentum erwerben, die Kinder sind die Kinder des Mannes; verläßt die Frau den Mann ohne Scheidung, kann er sie durch die Polizei wieder einfangen lassen; hat sie inzwischen Geld verdient, fällt das dem Manne anheim. Frauen waren rechtsfähig, aber nicht geschäftsfähig: Ohne den Mann ging nichts. Die Sklavenhalterrechte wurden in der Regel nicht ausgenutzt (wegen der Tauschsituation innerhalb der Beziehung); aber es gab immer rücksichtslose Männer, die ihre Frauen tyrannisieren konnten, denn diese hatten kaum andere Optionen.

Wenn man diese Lage der Frau in der Mitte des 19. Jahrhunderts mit den einschlägigen Bestimmungen der Scharia[9] vergleicht, dann findet man verblüffend viele Parallelen, was insofern verwundert, als die Grundlagen der Scharia – der Koran und die sogenannten Überlieferungen – Texte aus dem 7. und 8. Jahrhundert sind. Die rechtliche Lage der Frauen, die allgemeine Auffassung vom Wesen der Frau und ihre öffentlichen Möglichkeiten scheinen von Aufklärung und Marktwirtschaft kaum berührt worden zu sein. Als Frauen in der französischen Revolution 1793 auch für *sich* die Menschenrechte mit den Worten einforderten: „Hat die Frau das Recht, das Schaffot zu besteigen, so muß sie auch das Recht haben, die Tribüne zu besteigen", wurden ihre Forderungen vom Konvent abgelehnt, die Frauenvereine verboten und die Anführerinnen – Olympe de Gouges und Madame Roland aufs Schafott geschickt (*Bebel* 1879/1994, S. 272 f.). Auch der Code civil, der 1804 Gesetz wurde, hat die rechtliche Stellung der Frau nicht verbessert.

> „Er klassifizierte verheiratete Frauen wie Kinder, Irre und Kriminelle als politisch inkompetent, beschnitt die allgemeinen Rechte der Frauen wie ihre Bürgerrechte, unterwarf verheiratete Frauen rechtlich und ökonomisch dem Willen der Ehemänner und erklärte, daß sie in den häuslichen Bereich gehörten, nicht in die Öffentlichkeit. Dieser Gesetzge-

---

8 Obwohl *Mill* Harriet Taylor als Mitautorin von „Die Hörigkeit der Frau" bezeichnet, verwendet er in diesem Buch nie die erste Person *Mehrzahl*, sondern immer die erste Person *Einzahl*. Es sagt z. B. nicht: „Wir erwähnen diese Schwierigkeit nicht ...", sondern „ich erwähne diese Schwierigkeit nicht ..."

9 Dazu: *Shirrmacher* und *Spuler-Stegemann* (2004, S. 73 ff.).

bung zufolge war Frauen die Teilnahme an politischen Versammlungen und das Tragen von Hosen untersagt" (*Lerner* 1998, S. 328).

Nach *John Locke*, dem bedeutenden politischen Theoretiker der Aufklärung, hatte der Staat nicht das Recht, die Individuen ihrer natürlichen Rechte zu berauben. Die Unterordnung der Frau unter den Mann sei Ausdruck eines natürlichen Rechtes, deshalb nahm *Locke* die Frau von dem Gesellschaftsvertrag aus. *Jean Jacques Rousseau*, einer der radikalsten politischen Denker seiner Zeit, wandte die Ideen der Aufklärung auf die Erziehungslehre an. Aber in bezug auf die Frauenbildung blieb er konservativ. Die Frau sei dazu geschaffen, zu gefallen und sich zu unterwerfen (*Lerner* 1998, S. 253 f.).

Die unnatürliche Unterwerfung der Frau

Mill widerlegt die Argumente, die damals für die legale Unterwerfung der Frauen und gegen ihre Gleichberechtigung vorgebracht wurden. Ein gängiges Argument für die Beibehaltung der überlieferten Form war der Hinweis auf die lange Tradition dieser Institution: Wenn das wirklich nachteilig für die Gesellschaft gewesen wäre, wäre diese Institution längst beseitigt, wie ja auch andere Formen der Unterordnung, nämlich Sklaverei, Feudalherrschaft, ständische Vorrechte, merkantilistische Beschrän- kungen des Wettbewerbs inzwischen aufgehoben wären. – Das ist ein *quasi-evolutionstheoretisches* Argument: Was schädlich ist, verschwindet von selbst, was nicht schädlich ist, bleibt erhalten. Deshalb: Was existiert und was Bestand hat, kann nicht schädlich sein. Im übrigen, so hieß es, beschwere sich kaum eine Frau über die vorherrschende Institution der Ehe.

Mill bestreitet, daß die Frauen mit der Unterwerfung unter den Mann zufrieden wären. Im Gegenteil: Es gäbe tausende in der Frauenbewegung vereinigte Frauen, die offen demonstrierten und gegen die Unterwerfung protestierten. Daß nicht alle Frauen in ihrer Gesamtheit gegen das Unrecht aufständen, erklärt *Mill* zutreffend mit der besonderen Situation ihrer Versklavung. Im Gegensatz zu anderen unterdrückten Klassen in der Geschichte beanspruchten die Männer nicht nur Gehorsam, sondern auch Zuneigung: Sie wollen keine gezwungene, sondern eine freiwillige Sklavin, eine Favoritin haben. Um die Zuneigungsbereitschaft zu züchten, hätten die für das Erziehungswesen zuständigen Männer alles angewendet, um den weiblichen Geist niederzuhalten und keine Auflehnung aufkommen zu lassen: durch eine auf dieses Ziel bezogene Erziehung. Jede Frau werde von früh an zur Schüchternheit, zur Unselbständigkeit und zur Aufgabe des eigenen Willens an den Mann angehalten, weil diese Eigenschaften dem Weibe die größte Anziehungskraft für den Mann verleihen würden. Eine treffende Stelle lautet:

> „Zieht man drei Dinge in Erwägung – erstens die natürliche Anziehungskraft, welche die beiden Geschlechter aufeinander ausüben, zweitens die vollständige Abhängigkeit der Frau von dem Manne, so daß jedes Vorrecht, jede Freude, die sie hat, entweder sein Geschenk ist oder doch gänzlich aus seinem Willen entspringt, und drittens, daß die wesentlichsten Objekte menschlichen Strebens, Rang, Stellung, Ansehen, Bedeutung usw. für die Frau im allgemeinen nur durch den Mann erreicht werden können –, so müßte es wirklich mit einem Wunder zugehen, wenn die Erlangung der größtmöglichen Anziehungskraft für die Männer nicht der Polarstern für die weibliche Erziehung und Charakterbildung geworden wäre" (*Mill* 1997, S. 28 f.).

Konnte man von der Mehrheit der Frauen bei den faktischen Möglichkeiten, die ihnen offenstanden, erwarten, daß sie sich gemeinsam erheben oder daß sie auch nur daran denken konnten, die vom Manne gewünschten Dispositionen nicht erwerben zu wollen? Wer Selbständigkeit anstrebte, seinen Willen gegenüber Männern zu behaupten gelernt hatte, es an der erwarteten Schüchternheit oder Zurückhaltung fehlen ließ, ja, der hatte die größten Chancen, keinen passenden Ehemann zu finden. – Man hat es hier mit dem bekannten Kollektivgutproblem zu tun. Wenn *alle* Frauen unabhängig und selbständig sind, dann müssen sich die Männer anpassen. Aber was kann die Frauen dazu bringen? – Die Frage kann man umkehren: War diese praktische Unterwerfungsinstitution Ehe für die Männer nicht auch ein Kollektivgut? Wenn ja, wie kam es denn dazu, daß sie verwirklicht wurde? *Mill* antwortet: Sie ist das Ergebnis der Macht des Stärkeren. Dessen faktische Besitzergreifung wurde erst *Gewohnheit*, galt dann als *natürlich* (Wesen der Frau) und wurde dann *Recht*. Eine kollektive Aktion zur Herbeiführung dieser Verhältnisse war nicht notwendig.

Mill widerlegt auch – soweit ich sehe – alle einschlägigen Argumente gegen die Gleichberechtigung der Frauen. Aber diese Widerlegungen haben natürlich nicht zu entsprechenden Gesetzen geführt. *Mill* hat das auch nicht erwartet,[10] weil normative Einstellungen durch Argumente allein kaum zu widerlegen sind. (Man kann niemanden zwingen, das Argument anzuerkennen. Und warum sollten Männer ihre herrliche Position aufgeben?)

Mill geht auch auf die These ein, Frauen wären für höhere Aufgaben (Politik, Wirtschaft, Verwaltung) geistig nicht befähigt, das ist die Minderfähigkeitsthese. Es ist nun aufschlußreich, wie anders *Mill* argumentiert als der „weise“ *Nietzsche*. *Mill* hält es für unmöglich, echtes *Wissen* von den Frauen zu haben; dafür sei die Wissenschaft der Ethologie (Charakterlehre) noch zu wenig entwickelt. Ein Mann kenne persönlich meist nur eine Frau, vielleicht zwei oder drei; aber er kenne keine Frauen aus vergangenen Zeiten oder aus anderen Gegenden. Wie könne man etwas *Allgemeingültiges* über die geistigen Fähigkeiten und moralischen Dispositionen von Frauen behaupten, wo man eigentlich ahnungslos sei bzw. nur über eine äußerst dürftige Stichprobe verfüge?

Viele Philosophen glaubten, die Minderfähigkeit der Frau aus ihrem „Wesen“ oder ihrer Natur ableiten zu können. Demgegenüber behauptet *Mill*: Die Natur der Frau könne man nicht beobachten; was man beobachten könne, seien nur ihre tatsächlichen Fähigkeiten. Aber die zu seiner Zeit beobachtbaren geringeren Fähigkeiten vieler Frauen seien kein Beweis für die Wesensthese, denn sie könnten weniger ein Merkmal des Weiblichen schlechthin und mehr das Ergebnis der jahrhundertlangen Unterdrückung der Frauen durch den Mann und ihres Ausschlusses von allen Bildungsmöglichkeiten sein.[11]

---

10 „Die Privilegierten sind selten geneigt, den Nichtprivilegierten irgendein Zugeständnis zu machen aus einem besseren Motiv, als weil diese es von ihnen mit Gewalt erzwingen“ (*Mill* 1997, S. 127).

11 Ordensfrauen des 16. Jahrhunderts waren frühe Vertreterinnen der Frauenbewegung. Sie verfochten die Idee, Mädchen die gleiche höhere Schulbildung zu ermöglichen wie den Jungen, und gründeten zu diesem Zweck zahlreiche Kollegien. Ihr Vorgehen rechtfertigen sie mit den Vorschlägen *Platon*s. Nach *Platon* sind die Frauen zwar in allen Geschäften den Männern unterlegen, aber er verbindet diese Feststellung mit der Forderung, Frauen und Männer in denselben „Fächern“ auszubilden: sie sollten sich üben in der Kriegskunst, im

Das Argument, Frauen wären schlechthin unfähig, öffentliche Ämter gut auszufüllen, widerlegt er durch die Aufzählung von Kaiserinnen, Königinnen, Fürstinnen und Heerführerinnen in der Geschichte. Diese nicht zu leugnenden Tatsachen belegten, daß es immer Frauen mit entsprechenden Fähigkeiten gegeben habe. Also sei ein Ausschluß von Frauen von verantwortlichen Positionen, nur weil sie Frauen sind, nicht zu begründen. *Mill* hält es durchaus für zweckmäßig, daß sich Frauen primär mit den Aufgaben befassen, die die Familie betreffen: Kinder, Haushalt und dergleichen. Aber nicht alle Frauen wollen das, und manche können es nicht. Warum sollte man diesen Frauen den Zugang zu anderen Betätigungsfeldern verschließen?, fragt er.

Er glaubt selbst, daß die Zahl der fähigen Männer für bestimmte Tätigkeiten größer ist als die Zahl der dafür geeigneten Frauen. Das könne aber keinesfalls den Ausschluß *aller* Frauen rechtfertigen. Und nun bringt *Mill* ein wichtiges Argument: Wenn man nicht a priori wissen könne, ob Frauen für bestimmte Tätigkeiten geeignet wären, dann gäbe es nur eine Möglichkeit das herauszufinden: den *freien, unbehinderten Wettbewerb*. Selbst wenn es nur wenige Frauen gäbe, die in bestimmten Tätigkeiten mit Männern mithalten könnten: warum soll die Gesellschaft dumme oder unfähige Männer den wenigen fähigen Frauen bei der Besetzung von verantwortlichen Positionen vorziehen? Durch den freien Wettbewerb könne man herausfinden, was Frauen zu leisten imstande wären (*Mill* 1997, S. 46 f.).[12]

Im ganzen gesehen erkennt man bei der Gegenüberstellung der Ideen von *Nietzsche* und *Mill* den methodologischen und erkenntnistheoretischen Unterschied zwischen dogmatischem Essentialismus und kritischem, an der Erfahrung orientiertem Rationalismus. Man sieht an diesem Beispiel auch, daß methodologische Überzeugungen für gesellschaftspolitische Probleme relevant sein können.

2. Mindere Chancen

In den westlichen Industrieländern besitzen Frauen heute alle Rechte, die *Mill* damals gefordert hat. Trotzdem gibt es Stimmen, die von einer Diskriminierung der Frauen sprechen, und es gibt Statistiken über die geschlechtsspezifische Verteilung von Leistungsentgelten und Aufstiegsmöglichkeiten, die die Diagnose: Frauen werden nach wie vor diskriminiert, zu bestätigen scheinen. Ferner gibt es Gesetze und Richtlinien gegen Diskriminierung, und es gibt zahlreiche Urteile, die diskriminierende Praktiken von Unternehmen feststellen und mit Bußen ahnden. Dabei erreichen die Entschädigungszahlungen in Deutschland höchstens drei Monatsgehälter, in den USA können es Mil-

---

Reiten, im Kampfspiel und sollten sich der Beratung der öffentlichen Angelegenheiten (Politik) widmen. – Der Pabst hat 1630/31 die Kollegien der Englischen Fräuleins von Mary Ward aufgelöst. Danach war für lange Zeit die Ausbildung der höheren Töchter auf Anstandsunterricht, Tanz, Französisch und Haushaltsführung beschränkt. Siehe *Conrad* (1991), zur Benachteiligung der Frauen in Erziehung und Bildung *Lerner* (1998, Kap. 2).

12 Hier schlägt *Mill* den unbehinderten Wettbewerb als „soziales Entdeckungsverfahren" vor, ohne diesen *Hayek*schen Begriff direkt zu verwenden.

lionen-Beträge sein (Strafschaden).[13] Diese Tatsachen scheinen zu belegen, daß die Gleich*berechtigung* der Frau auch in einer demokratisch verfaßten Wettbewerbsgesellschaft nicht so ohne weiteres zur *Chancengleichheit* von Mann und Frau führt. Wenn aber Frauen weder in der Wirtschaft noch in der Wissenschaft noch in der Politik eine den Männern vergleichbare Rolle spielen, dann ergibt sich daraus ein Erklärungsproblem: Was sind die Ursachen einer „Unterrepräsentation" von Frauen in den genannten Bereichen? Sind es im wesentlichen soziale Macht-Faktoren, institutionelle Hemmnisse, tradierte Einstellungen und Dispositionen der Eigen- und Fremdbeurteilung weiblicher Fähigkeiten, oder sind es Präferenzen? Sind es mindere Problemlösungskompetenzen oder biologische Determinanten? Man kann in diesem Zusammenhang *soziale, quasinatürliche* und *natürliche* Faktoren unterscheiden.

2.1. Soziale Faktoren

Institutionelle Kanalisierung, Trägheiten

Die Benachteiligung von Frauen im Erwerbsleben ist in modernen Zeiten teilweise auf institutionelle Gegebenheiten und die Kosten ihrer Änderung zurückzuführen. Untersuchungen haben gezeigt, daß Mädchen in Hauptschulen und Realschulen ein sehr viel breiteres Interessenspektrum und größere Allgemeinbildung aufweisen als Jungen. Dennoch verengt sich ihre Berufswahl schließlich auf wenige untere Berufspositionen, auf Schreibkraft, kaufmännische Angestellte, Rechtsanwaltsgehilfin, Assistentin (PTA, MTA, CTA etc.) und auf typisch weibliche Berufe wie Kinderpflegerin, Erzieherin, Krankenschwester, Altenpflegerin, also auf Tätigkeiten bzw. Berufe, die in bezug auf Aufstiegschancen Sackgassen sind. Bezeichnend für die institutionelle Kanalisierung der Berufswahl von Mädchen bzw. Jungen ist die relativ geringe Anzahl der Ausbildungsberufe für Mädchen: Rund zwei Drittel aller weiblichen Lehrlinge sind in nur 15 Lehrberufen zu finden, während zwei Drittel der Jungen sich auf 360 Ausbildungsberufe verteilen (*Krüger* 1993, S. 329). Das überlieferte Berufsbildungssystem enthält für Mädchen anscheinend wesentlich geringere Chancen als für Jungen.

Die empirische Untersuchung von *Engelbrech* (1991) macht darauf aufmerksam, daß Unterschiede im Humanvermögen und Anpassung an vorgegebene Rollen nicht auszureichen scheinen, um die Schlechterstellung von Frauen im Beruf zu erklären. Er zeigt unter anderem, daß als Folge der Arbeitsmarktsegregation vollzeitbeschäftigte Facharbeiterinnen lediglich drei Viertel des Einkommens männlicher Kollegen erreichen. Neben dem geringeren Verdienst für typisch weibliche Berufe (horizontale Segregation) zeigt sich, daß Männer *ein* Jahr nach Ausbildungsabschluß bei gleicher Ausbildung im gleichen Beruf finanziell um 70 DM bzw. 300 DM (Bankkaufleute bzw. Gärtner) besser

13 Die US Information Agency willigte im Jahre 2000 in einen Vergleich ein, 508 Mio. USD zu zahlen. Man hatte Bewerbungen von Frauen mit der Begründung abgelehnt, man suche eine männliche Stimme. Lucky Stores, eine große Lebensmittelkette in den USA, zahlte 1994 wegen Diskriminierung weiblicher Mitarbeiter 107 Mio. USD (*Blau* and *Kahn* 2000, S. 84). Morgan Stanley, eine bekannte Investmentbank, wurde von der Regierungsbehörde EEOC (Equal Employment Opportunity Commission) wegen Diskriminierung von 340 weiblichen Angestellten verklagt. Vor Prozeßbeginn einigte man sich auf einen Vergleich in Höhe von 54 Mio. USD (*Frankfurter Allgemeine Zeitung*, Nr. 161 vom 14. Juli 2004).

gestellt sind als Frauen (vertikale Segregation). *Vier* Jahre nach Ausbildungsabschluß steigt der Mehrverdienst der Männer gegenüber den Frauen von 203 DM (Bankkaufleute) bis auf 420 DM (Zahntechniker). *Engelbrech* widerlegt auch die These, dass der geringere Verdienst und der niedrigere Status von Frauen eindeutig mit der geringeren Nutzungsdauer des Humankapitals zusammenhängt, das die Firma in der weiblichen Mitarbeiterin aufgebaut hat: Bei gleichem Ausbildungsniveau haben Frauen bei Vollzeitbeschäftigung und kontinuierlichem Berufsverlauf ein deutlich geringeres Einkommensniveau als Männer, ausgenommen bei Hochschulabsolventen. Was den Berufsaufstieg angeht, so schaffen ihn von den über 40-jährigen Frauen trotz kontinuierlichem Berufsverlauf nur 8 % aus einfachen bzw. nur 16 % aus mittleren Angestelltentätigkeiten gegenüber 29 % bzw. 38 % bei den Männern. Die Schlußfolgerung des Verfassers (*Engelbrech* 1991, S. 550) scheint gerecht- fertigt zu sein, daß neben dem Humankapital und neben der individuellen Anpassung an die erwartete Rollenverteilung bestimmte weitere „Mechanismen" existieren, die die beruflichen Möglichkeiten von Frauen erheblich beschränken.

Ein ähnliches Ergebnis zeigen amerikanische Arbeiten. In einer Untersuchung von 400 Betrieben (establishments) fast aller Wirtschaftszweige in Kalifornien über einen Zeitraum von 1959 bis 1979 stellen *Bielby* and *Baron* (1986) fest, daß nur 10 % von den insgesamt 61 000 Arbeitnehmern (worker) ihrer Stichprobe in Arbeitsstellen (job titles) tätig waren, die sowohl mit Frauen als auch mit Männern besetzt waren. Auch nach Elimination derjenigen Arbeitsplätze (jobs) aus der Stichprobe, die zu 80 % mit Frauen bzw. Männern besetzt waren, änderte sich an dem Befund der durchgehenden geschlechtsspezifischen Segregation der Arbeitsplätze nichts.[14] Die Firmen scheinen die Zuweisung von Männern oder Frauen zu Arbeitsplätzen und Aufgabengebieten sehr *schematisch* vorzunehmen: Erfordert die Erledigung der jeweiligen Aufgaben auch eine gewisse körperliche Anstrengung, wählt man einen Mann, sind dagegen auch gewisse Fingerfertigkeiten erforderlich, dann wird die Stelle eher mit einer Frau besetzt. Diese Besetzungen scheinen – abgesehen von der allgemein für die betreffenden Tätigkeiten erforderlichen Berufsqualifikation – unabhängig von den sonstigen unterschiedlichen Fähigkeiten der jeweiligen Bewerber zu erfolgen. Derartige schematische Mechanismen der Arbeitsplatzbesetzung nach dem Geschlecht haben fast immer auch Konsequenzen für die unterschiedlichen Löhne und Aufstiegsmöglichkeiten (*Bielby* and *Baron* 1986, S. 43).

Frauen sind im Kommen, auch im Management. Aber für Frauen in diesem Tätigkeitsbereich gibt es anscheinend immer noch Benachteiligungen, wie aus der Befragung von *Brett* and *Stroh* (1999) hervorgeht.[15]

---

14 Verschiedene Indizes der Segregation zeigen für die USA seit 1970 eine starke Abnahme der Geschlechter-Segregation (*Blau* and *Kahn* 2000, S. 79). Aber, wie *Blau* and *Kahn* (2000, S. 80) ergänzen: „... that calculation like these, based on aggregate national data for the Census or the Current Population Survey, are likely to under- state the full extent of employment segregation of women because empolyers' job categories are far more detailed than those used by the Census".

15 1989 wurden 1 000 Manager befragt, 780 Männer und 220 Frauen; 1992 wurde die Befragung wiederholt. Die Befragten sind bei 20 amerikanischen Groß-Unternehmen (Fortune

Trotz Ähnlichkeiten im Humanvermögen gibt es in der Stichprobe Einkommensunterschiede: In fünf Jahren erhöht sich das Einkommen der Männer um 65 %, das der Frauen um 54 %. Frauen, die aufsteigen, müssen vorher durch besondere Initiativen gegenüber den starren Firmennormen auffallen, Männer werden von ranghöheren Managern (senior manager) aufgefordert, sich zu bewerben. Männer haben größere Wahlfreiheit bei der Annahme oder Ablehnung von Positionen in ortsfremden Niederlassungen der Firma (Inland oder Ausland), ohne ihre Karriere durch Ablehnung zu beeinträchtigen. Frauen werden kein zweites Mal gefragt. Die Ablehnung der Frauen erfolgt oft aus familiären Gründen, die nach einigen Jahren entfallen sind.

Die Bereitschaft von Frauen und Männern, die Firma zu wechseln, ist gleich groß. Aber: Wechselt ein Mann, dann lohnt sich das für ihn, wechselt eine Frau, dann kann sie dadurch kein höheres Einkommen erzielen! Eheschließung und Elternschaft wirken sich für die Frau auf Einkommen und Aufstieg negativ aus, für den Mann aber positiv!

Im Durchschnitt arbeiten männliche Manager 56,7 Stunden pro Woche, weibliche nur 52,5 pro Woche. Männer mit einer wöchentlichen Arbeitsdauer von 51 bis 60 Stunden erhalten ein Jahreseinkommen von $ 149 000, Frauen bei derselben Arbeitsdauer dagegen nur $ 127 000. Männer, die mehr als 60 Stunden je Woche arbeiten, erhalten einen Mehreinkommen von $ 55 000, Frauen dagegen nur ein Mehreinkommen von $ 4000 (*Brett* and *Stroh* 1999)..

2.2. Quasi-natürliche und natürliche Faktoren

Viele geschlechtsspezifische Verhaltensweisen und Fähigkeiten sind als situationsabhängige Unterschiede gelernt und dürften deshalb eher Quasigesetze[16] widerspiegeln: Sie scheinen das Resultat von biologischen Faktoren und kulturellen Traditionen zu sein, das heißt von invarianten und von veränderlichen Einflußgrößen.[17]

Selbstattribuierung

Ein Beispiel für eine Disposition, die sich im Laufe der Zeit – vermutlich infolge des inzwischen erreichten Bildungsgleichstands von Männern und Frauen – verändert zu haben scheint, ist die Selbstattribuierung der Frauen. Bei der Selbstattribuierung hatte sich früher gezeigt, daß Frauen zu einer Selbstabwertung tendiert haben: Erfolg schrieben sie ihrem Glück oder leichten Aufgaben zu, Mißerfolg hingegen mangelnden Fähigkeiten oder geringen Anstrengungen. Neue Untersuchungen konnten die alten Befunde nicht bestätigen. Bei der *Bewertung* von Leistungen, die angeblich von Männern stammen, gegenüber identischen Leistungen von Frauen (*Fremdattribuierung*), glaubte

---

500-Organisationen) aus acht Wirtschaftszweigen beschäftigt; jede Firma hat zahlreiche Niederlassungen im In- und Ausland. Durchschnittsalter der befragten Männer 37 Jahre, der Frauen 34 Jahre; verheiratet sind 85 % der Männer, 45 % der Frauen; Kinder haben 62 % der Männer, 20 % der Frauen; 21 % der Männer und Frauen haben einen Universitätsabschluß.

16 Diese Bezeichnung hat *Hans Albert* (1960, S.484 ff.) seinerzeit eingeführt, um inhaltslehre analytische Aussagen, raum-zeitlich begrenzte Regelmäßigkeiten und allgemeine Gesetze zu unterscheiden.

17 Sie dazu *Bischof-Köhler* (2002), insbesondere 3. Teil: Interaktion biologischer und soziokultureller Faktoren.

man lange, daß Frauen dazu neigen würden, Leistungen von Männern höher einzuschätzen als Leistungen von Frauen. Auch diese Vermutung ließ sich nicht allgemein bestätigen. Das Ergebnis 20-jähriger Forschung lautet:

> „Eine unterschiedliche Bewertung von identischen Leistungen je nach Geschlecht (des Produzenten der Leistung) läßt sich nicht aufzeigen, also auch keine Bewertung, die die Leistung von Frauen abwertet" (*Alfermann* 1993, S. 310).

Wenn es nicht um die Bewertung von Leistungen, sondern um ihre *Erklärung* geht, dann ergibt sich ein etwas anderes Bild: Gute Leistungen von Männern gelten eher als Ausweis von Fähigkeit, gute Leistungen von Frauen eher als durch ihre Anstrengung verursacht. Entsprechend werden auch die schlechten Leistungen des Mannes seinen mangelnden Fähigkeiten zugerechnet. Diese Zuschreibung hat Folgen, wenn es um die Beurteilung von Bewerbern für höhere Positionen in einer Firma oder einer Behörde geht. Dabei geht es ja immer auch um eine Prognose zukünftiger Leistungen. Da Fähigkeiten im Gegensatz zu erbrachten Leistungen nicht situationsspezifisch sind, haben Männer gegenüber Frauen bei gleichen bisher gezeigten Leistungen einen Vorteil: Man traut ihnen mehr zu.

Disposition zum Wettbewerb

Die unterschiedliche Disposition zum Wettbewerb von Frauen und Männern könnte das Zuchtprodukt der menschlichen Evolution sein und wäre damit ein Merkmal von Populationen, das durch Erziehung, Recht und Ideologie nicht zu ändern wäre.

Aussagen über Populationen behaupten etwas über die *Verteilung* von Merkmalen und gelten nicht für jedes einzelne Mitglied einer Population. Wenn sich die Verteilungen eines Merkmals zweier Populationen überlappen, dann beziehen sich die Vergleiche meist auf die Erwartungswerte, die Varianzen oder bestimmte Bereiche der Verteilungen. Die Aussage „Männer sind größer als Frauen" gilt für den Erwartungswert der Körpergröße von Männern und Frauen und für die unterschiedliche Häufigkeit extremer Körpergrößen bei Männern und Frauen. Ähnliches gilt für die mathematischen Begabungsunterschiede zwischen den beiden Geschlechtern (*Bischof-Köhler* 2002, S. 250) und für die unterschiedlich hohe Intelligenz.[18] Eine unterschiedliche Disposition zum Wettbewerb von Frauen und Männern ist vereinbar mit der Beobachtung von sehr kompetitiven Frauen und von wenig kompetitiven Männern.

Beim Konkurrenzverhalten kann man männliche und weibliche Strategien unterscheiden. Vergleicht man die beiden Strategien, so stellt man fest: Bei Männern und Knaben führt das Wettbewerbsverhalten zu einer relativ stabilen *Dominanzhierarchie*:

---

18 Die Unterschiede der Intelligenz von Frauen und Männern – etwa gemessen anhand der Verteilung von Intelligenzquotienten – sind sehr gering. Erst bei extremer Klugheit und extremer Dummheit finden sich deutlich mehr Männer als Frauen. So kommen auf eine Frau mit einem Intelligenzquotienten von 145 (das ist sehr hoch, der Durchschnittswert ist 100) mehr als 120 Männer. Umgekehrt: auf eine Frau mit einem Intelligenzquotienten von 55 (Schwachsinn) kommen 17 Männer. – Im Intervall von 90 bis 110 gibt es mehr Frauen als Männer. Für Individuen im so definierten Normalbereich gilt: Es gibt mehr kluge Frauen als kluge Männer (*Frankfurter Allgemeine Zeitung*, Nr. 63 vom 15. März 2004). Die FAZ verwendet Angaben aus *Nyborg* (Hg.), The scientific Study of general intelligence, Amsterdam 2003.

Der Rang wird erkämpft durch Imponieren und Einschüchtern. Bei Frauen und Mädchen gibt es so etwas wie eine *Geltungshierarchie*. Die Geltung vor der Gruppe wird zum Motiv, Anerkennung erfolgt aufgrund bestimmter Eigenschaften. Der jeweilige Ranganspruch wird durch prosoziale Dominanz bekundet: Es werden Ratschläge erteilt und unter Verweis auf Regeln Verbote ausgesprochen. Die Geltungshierarchie ist labil, da sie von der Anerkennung durch andere abhängt, die nicht erzwungen werden kann. Das hat Folgen für Organisationen: Rein weibliche Organisationen sind konfliktträchtiger als männliche, weil Frauen weniger bereit sind, sich unterzuordnen.

Die Besonderheit der männlichen Strategie läßt sich wie folgt kennzeichnen (*Bischof-Köhler* 2002, S. 327): rigoroseres Vorgehen; Fähigkeit, sich besser in Szene zu setzen; ungebrochene Selbsteinschätzung: Jungen lassen keine Chance aus, auch wenn Gewinn unwahrscheinlich ist; Mißerfolg wird leichter weggesteckt; typische Attribuierung: Erfolg ist mein Verdienst.

Im Wettbewerb zwischen Mädchen und Jungen unterliegen Mädchen auch dann, wenn sie den Jungen überlegen sind und das auch genau wissen; dazu das folgende Experiment von Carol Cronin in Chicago (*Bischof-Köhler* 2002 S. 271): Wenn Mädchen gegen Jungen beim Buchstabierwettbewerb antreten – englische Worte sind, wenn sie vorgelesen werden, schwer richtig zu buchstabieren –, dann passiert in der Regel folgendes: Die Jungen melden sich sofort, selbst wenn sie nicht sicher sind, die richtige Antwort zu wissen (Imponierverhalten); Mädchen kommen erst dann zum Zuge, wenn der Junge falsch buchstabiert. Man hat allgemein beobachtet: Immer wenn sich Jungen vordrängen, ziehen sich Mädchen zurück. – Allgemein: Wenn es zu kompetitiven Interaktionen zwischen den Geschlechtern kommt, wenn Männer und Frauen gegeneinander antreten müssen, „... kommt (es) fast regelmäßig zu einem Sieg der Männer" (*Bischof-Köhler* 2002, S. 331).

Wenn diese Befunde stimmen und Männer tatsächlich im Wettbewerb infolge ihrer genetischen Ausstattung nicht einholbare Vorteile haben sollten und wenn die Besetzung von Spitzenpositionen das Ergebnis eines Wettkampfes ist, dann ist nicht zu erwarten, daß es viele Frauen geben wird, die Positionen in Vorständen oder Geschäftsleitungen von Unternehmen erringen können, es sei denn, ihre direkte oder indirekte Kapitalbeteiligung (Eltern, Verwandtschaften) würde ihre Aufnahme in die Leitungsgremien begünstigen. Überall, wo Rivalität eine Rolle spielt und stabile Hierarchien (Seilschaften) vorteilhaft sind, müßten Männer und männlich orientierte Organisationen einen leichten Vorteil gegenüber Frauen bzw. weiblichen Organisationen haben. Deshalb sind mindere Chancen von Frauen im außerhäuslichen, genauer: im kompetitiven Sektor einer Gesellschaft, natürlich.

2.3. Zwei Erklärungen

Ökonomische Erklärung

Die Ökonomen haben zum Problem der Diskriminierung von Frauen aufschlußreiche *quantitative* Untersuchungen beigesteuert. Die typische Verfahrensweise will ich kurz schildern: Man schätzt eine Lohngleichung für Männer: $w_M = \beta_M * X_M$, und eine Lohngleichung für Frauen: $w_F = \beta_F * X_F$. Dabei ist w der Lohn, β ein Vektor der Parameter der Lohnglei- chung (die Parameter geben die Bewertungen männlicher bzw. weiblicher Arbeitskraft wieder),[19] X ein Vektor der erklärenden Variablen.

$\omega_{M/F} = \beta_M * X_F$ sei der hypothetische Lohn, den Frauen bekämen, wenn für sie die Wertung β_M der Männer gelten würde und für X_F die jeweiligen Mittelwerte der Komponenten von X_F verwendet werden. $(W_M - W_F)$ sei die Differenz der Durchschnittsgehälter. Diese Differenz zerlegt man in:

$$(*) \qquad (W_M - W_F) = (W_M - \omega_{M/F}) + (\omega_{M/F} - W_F).$$

Jetzt bezeichnet der zweite Term $(W_M - \omega_{M/F})$ in (*) den Unterschied in der Bezahlung zwischen Frauen und Männern, der auf die geschlechtsspezifische Ausprägung der erklärenden Variablen zurückzuführen ist. Das können sein: Unterschiede in Ausbildungsdauer, Alter, Berufserfahrung, familiärer Belastung etc. Dieser Lohnunterschied hat mit Diskriminierung bei der Entlohnung nichts zu tun.

Der Term $(\omega_{M/F} - W_F)$ in (*) entspricht dem Unterschied der Entlohnung der Frauen mit der Wertung männlicher Arbeitskraft (β_M) und dem, was die Frauen gemäß der (minderen) Wertung (β_F) weiblicher Arbeitskraft tatsächlich verdienen. Das ist ökonomisch gesehen Diskriminierung. Sie kommt in diesen Modellen im Unterschied der Parameter-Vektoren β_F und β_M zum Ausdruck, die ja die Wertung weiblicher und männlicher Arbeitskraft widerspiegeln.[20]

Bei einer konkreten Untersuchung kommt es wesentlich darauf an, eine homogene Stichprobe zu erhalten, das heißt, die untersuchten Beschäftigten sollten sich nur in wenigen Dimensionen unterscheiden. Dann hat man eine große Chance, die Lohngleichung gut zu spezifizieren (hohes R^2). *Malkiel* and *Malkiel* 1973 haben einen solchen „guten" Fall gefunden. Sie haben die Lohngleichungen für die *Akademiker* einer im Technologiesektor tätigen Unternehmung analysiert. Die Stichprobe enthält 159 Männer und 113 Frauen. Die erklärenden Variablen (x_i) der Lohngleichung sind: Ausbildungsjahre nach der Highschool, Berufserfahrung in Jahre; Dummy-Variable mit den Werten 1 oder 0 für: Ph. D., Veröffentlichungen (als Produktivitätsmaß der Personen), Ehestatus, Schwierigkeitsgrad des Ph. D. (Mathematik, Naturwissenschaften Wert 1, andere 0) und Alter.

Das Ergebnis:

(1) Das Verhältnis der Durchschnittsgehälter WF/WM ist etwa 0,65.

(2) Ein Drittel der Lohnlücke WM – WF ist auf Diskriminierung (ωM/F – WF) zurückzuführen. Zwei Drittel der Lücke ist Folge des im Mittel geringeren Humanvermögens der Frauen: XF < XM (Ausbildung, Berufserfahrung, Produktivität).

---

19 Und zwar in Form unterschiedlicher Achsenabschnitte und unterschiedlicher Steigungen; diese geben die Ertragsrate je Einheit der Variablen des Arbeitskraftvektors (Humanvermögen) wieder.

20 Die Lohnlücke läßt sich auch so zerlegen: WM – WF = βM XM – βF XF = (βM XM – βM XF) + (βM XF – βFXF) = βM (XM –XF) + (βM – βF) XF. Die Lohnlücke ist dann Folge der Differenz im Humanvermögen (XM –XF) und der Bewertungsunterschiede (βM – βF) der Geschlechter.

(3) Frauen, die auf der gleichen Hierarchie-Ebene tätig sind wie Männer (das Unternehmen kennt 13 Ebenen), erhalten dasselbe Einkommen wie die Männer.

Schlußfolgerung: Unverheiratete Frauen werden in dieser Firma bei gleicher Ausbildung, gleichen Fähigkeiten und denselben Fehlzeiten wie Männer eher mit Aufgaben auf unteren Ebenen und weniger mit Aufgaben der höheren Ebenen betraut. Die Ökonomie erklärt einen Teil der Lohnlücke durch unterschiedliche Ausprägung des Humanvermögens.[21] Wie kann man den Rest erklären?

Sozialwissenschaftliche Erklärung

Frauen haben im Erwerbsleben geringere Chancen als Männer. Die Vielfalt der empirischen Sachverhalte läßt sich in zwei Thesen zusammenfassen. *Erstens*: Es gibt kaum Arbeitsplätze, an denen Männer und Frauen die gleichen Tätigkeiten verrichten. *Zweitens*: Bei gleichem Ausbildungsstand, in der gleichen Branche und im gleichen Beruf erhalten Frauen im Durchschnitt geringere Löhne als Männer. Zur allgemeinen Erklärung dieser Tendenzen hat *Kleber* (1988, 1993) einen interessanten Vorschlag gemacht, den ich im folgenden thesenförmig wiedergebe.

(1) Die Theorie der Nichtwettbewerbsgruppen und die humanvermögenstheoretischen Erklärungen sind unzulänglich. Es geht primär *nicht* um eine Erklärung der Lohn- bzw. Einkommensunterschiede. Das allgemeine Problem ist vielmehr: Wie kommt es zu der Aufspaltung (Segregation) der betrieblichen Tätigkeiten an der *Geschlechtergrenze*? Warum wird diese Aufspaltung immer wieder hergestellt, obwohl die Unterschiede im Bildungsstand, in der Kontinuität der Erwerbsbeteiligung und im sozialen Rollenverhalten zunehmend geringer werden?

(2) In den traditionellen ökonomischen oder soziologischen Theorien werden (nach *Kleber* 1993) zwei unterschiedliche Fehler gemacht: Die neoklassischen Theorien unterstellen, daß die Arbeitsorganisation Teil der Technik ist und damit als *exogene* Variable behandelt werden darf. Diese theoretische Vermutung ist falsch. Die soziologischen Theorien vernachlässigen die fundamentale, theoretisch relevante Einsicht, daß kapitalistische Unternehmungen ihren Entscheidungen *gewinnorientierte Maximen* zugrunde legen und daran orientierte Organisationsregeln formulieren.

(3) Jede Unternehmung hat ein *Kontrollproblem*. Es besteht darin, ihre Mitglieder zu motivieren, stets im Gewinninteresse der Unternehmung zu handeln. Dazu haben die Unternehmungen das System der *bürokratischen* Kontrolle erfunden bzw. vom Militär übernommen und adaptiert. Der wesentliche Aspekt dieser Kontrolltechnik besteht in der Verknüpfung der Arbeitsplätze durch Aufstiegs- und Mobilitätsketten. Der interne Aufstieg erfolgt nach festen Regeln, die die Bindung an das Unternehmen fördern und die Rentabilität der betrieblichen Ausbildungsinvestitionen sichern helfen. Die Rangfolge der Löhne berücksichtigt interne Konsistenzbedingungen und folgt Gesichtspunkten der Billigkeit: *Motivation geht vor markträumender Allokation*. Die Wirksamkeit dieser Art der Entlohnung beruht auf der Tatsache, daß die Angemessenheit des eigenen Lohnes durch den Vergleich mit der früheren Entlohnung und der Lohnposition anderer

---

21 Für eine US-weite Stichprobe (Current Population Survey) waren 1979 36 % und 1995 24 % der Lohnlücke der Diskriminierung zuzuschreiben (*Altonji* and *Blank* 1999, S. 3157).

Kräfte beurteilt wird.[22] Frauen fühlen sich meist nicht benachteiligt, da sie sich nicht mit Männern vergleichen.

(4) Die Arbeitsorganisation ist eine unternehmerische Aufgabe: Sie besteht in der Kombination von anfallenden Einzeltätigkeiten zu Arbeitsplätzen. Qualifikationen können am Arbeitsplatz mehr oder weniger genutzt werden, brachliegen, durch betriebliche Ausbildung ergänzt oder weiterentwickelt werden. Tätigkeiten und soziale Einbindung können so kombiniert werden, daß Arbeitsplatzanforderungen auf Persönlichkeitsprofile oder auf Typen von Arbeitskräften *zugeschnitten* werden. Dabei entsteht folgendes Problem: Welche Besonderheiten des *gesellschaftlichen* Frauenbildes gibt es, an das die Unternehmungen bei der Gestaltung von Arbeitsplätzen anknüpfen, um ihre Ziele zu erreichen: Kostenminderung und Ertragssteigerung.

(5) Es gibt ein spezifisch *weibliches Arbeitsvermögen.* Es ist Folge der Arbeitsteilung zwischen den Geschlechtern. Diese hat zwei Ursachen:

a) die *Erziehung* zu persönlichen Diensten der Familienarbeit (das ist *Kleber*s feministische These) und – nach meiner Auffassung:

b) die *biologische* Disposition für die besonderen persönlichen Dienste der Familienarbeit: Pflege und Erziehung der Kinder, Verantwortung für das emotionale Milieu, Sorge um die innere Stabilität der Familie.

(6) Die besonderen motivationalen Dispositionen und Fähigkeiten bei Frauen zeigen sich im Interesse am *Umgang mit Menschen*: Pflegen, Helfen, soziales Engagement. Sie haben einen Bezug zu Mode, Dekoration, Schönheit und sind gekennzeichnet durch manuelle Geschicklichkeiten. Frauen zeigen eine große Bereitschaft zu persönlichen Diensten, akzeptieren Sackgassenpositionen, sind selten fähig, harte Konkurrenzkämpfe durchzustehen, drängen Aufstiegswünsche zurück, wenn sie gegen andere Interessen durchgesetzt werden müßten. Im Konfliktfall wählen sie eher einen sie inhaltlich befriedigenden Arbeitsplatz, Männer eher ein in der Hierarchie höher stehendes Aufgabengebiet. Frauen geben sich bei hoher Qualifikation oft mit unterqualifizierten Arbeitsplätzen zufrieden, weichen oft auf den Beziehungsaspekt des Arbeitsplatzes aus.

(7) Die Möglichkeit, Arbeitsplätze auf Typen von Arbeitskräften zuzuschneiden, ist nicht hinreichend. Es muß ein Interesse oder ein Anreiz der Unternehmen an der Schaffung von typischen Frauenarbeitsplätzen vorliegen. Interesse oder Anreiz folgen aus den *extrafunktionalen* Qualifikationen von Frauen und dem *Arbeitskosten-Argument* (und einer möglichen Verknappung des Angebots qualifizierter männlicher Arbeitskraft).

(8) Die Besetzung eines Arbeitsplatzes erfordert neben fachlichen auch extrafunktionale Qualifikationen, weil der Arbeitsplatz meistens kein isolierter Produktionsort, sondern ein *Knotenpunkt* im Netz sozialer Beziehungen ist. Es geht oft um den Austausch von Informationen, um Zusammenarbeit mit Statusgleichen und Statusverschiedenen. Soziale Attribute wie Werthaltungen, Verhaltensrepertoire, soziale Kompetenzen im Umgang mit anderen beeinflussen die Leistung der Firma. Die extrafunktionalen Qualifikationen sind nur schwer feststellbar. Des- halb spielen Überzeugungen und Vorstel-

22 Lohnkonkurrenz entsteht erst, wenn andere Firmen erheblich besser zahlen; es kommt dann zu Abwanderungen.

lungen der Firmenleitung und Personalabteilung von den *im allgemeinen* zu erwartenden Eigenschaften bestimmter Arbeitnehmergruppen (Geschlecht, Nationalität, Religion, soziale Schicht, Bildungsgrad etc.) eine große Rolle.

(9) Arbeitsplätze werden durch die Art ihrer Eingebundenheit in den sozialen Kontext zu *Männer- oder Frauenarbeitsplätzen*:

- Die Arbeitswelt ist meist männlich geprägt. Frauen müßten sich daran anpassen können: grobe Scherze, Männerwitze etc.
- Kunden oder Untergebene können gegen eine Frau in einer bestimmten Position sein.
- Zeitliche Beanspruchung, physische Belastung in bestimmten Positionen mit Aufstiegsmöglichkeiten setzen oft voraus, daß ein Partner vorhanden ist, der die Familienarbeit leistet.
- Viele extrafunktionale Qualifikationen werden nur von Frauen erwartet. Assistenz im medizinischen und im Verwaltungsbereich erfordert Bereitschaft zum persönlichen Dienst, meist für männlichen Chef.
- Die im weiblichen Arbeitsvermögen angelegte soziale Kompetenz läßt Frauen besonders geeignet erscheinen für Verkaufsberufe und Berufe mit persönlichen Dienstleistungen. Das gilt ganz besonders, wenn Weiblichkeit, Gepflegtheit, Jugendlichkeit, Glamour etc. mit dem Produkt oder der Dienstleistung verbunden sind.

(10) *Arbeitskosten*: Der obere Teil des internen Arbeitsmarktes bleibt Frauen verschlossen, weil die Fixkosten der internen Förderung und Schulung eine lange Verweildauer und Nutzungsdauer verlangt, und Frauen – wie man (noch) glaubt – nicht lange genug bleiben wollen. Ehemals männliche Arbeitsplätze werden in einen *leichteren* F-Teil und einen *angereicherten* M-Teil zerlegt mit einer relativ niedrigen Einstufung neuer Frauenarbeitsplätze, weil alte Frauenarbeitsplätze niedrig eingestuft worden waren. Der *Traditionseffekt* erklärt, warum Frauen mit der geringeren Einstufung zufrieden sind. Man vergleicht sich mit Frauen, nicht mit dem, was ein Mann dort verdient hat.

Vergleicht man die ökonomische mit der sozialwissenschaftlichen Erklärung, so kann man feststellen: Die ökonomische Erklärung ist *präziser*, die sozialwissenschaftliche *tiefer*. Die Messung und die Zerlegung der Lohnlücke in verschiedene Bestandteile zeigen, daß sowohl die Lohnlücke als auch der Beitrag des Humanvermögens zur Erklärung der Lohnlücke im Zeitablauf geringer geworden sind: Ausbildung und Berufserfahrung der Frauen werden denen der (weißen) Männer immer ähnlicher (*Altonji* and *Blank* 1999, S. 3158 f.). Die Vermutung der ökonomischen Theorie über die allgemeine Bedeutung des Humanvermögens hat sich also bestätigt. Daß der Marktwert des männlichen Humanvermögens wert- voller ist als der des weiblichen, ist keine Folgerung der ökonomischen Theorie: es zeigt sich.

3. Chancenmehrung

Der freie Wettbewerb führt dazu, daß Frauen gegenüber Männern im Beruf oder, allgemein, beim Einkommenserwerb im Nachteil sind. Trotz aller Antidiskriminierungsgesetze, trotz aller Bußen, die verhängt wurden: Lohnlücken, Statuslücken, Positionslücken schließen sich nicht. Damit hätte *Mill* keine Probleme. Seiner Meinung nach kann man nur Gleich*berechtigung*, nicht aber Gleich*stellung* oder gar Bevorzugung von Frauen vor Männern verlangen.

Politik und Wissenschaft: Quoten

Der Wettbewerb der Parteien um die Gunst der Wähler hat nach einer „Innovation" der Grünen zu Quotenregelungen in allen Parteien geführt. Infolgedessen sind die Führungsgremien der Parteien fast paritätisch besetzt. Da die Politiker eines Landes bei ihren Zielen und den dazu eingesetzten Mitteln alle Bürger zu berücksichtigen haben, erscheint eine angemessene Repräsentation von Frauen in den Parteigremien sinnvoll. Wenn es keine Unterschiede in der Lebensweise und in der Lebensauffassung zwischen Männern und Frauen geben würde, müßte es auch keine weibliche Beteiligung an der Politik geben. Aber die Natur hat nun einmal Männer und Frauen hervorgebracht, samt ihren unterschiedlichen Fähigkeiten und Wünschen.

Zur Beseitigung von historischen Benachteiligungen der Frauen, etwa im Bereich der Wissenschaft, sind Quotenregelungen ebenfalls wirksam. Der freie Wettbe- werb wirkt bei der Besetzung solcher Positionen nicht immer im Sinne einer Auswahl des besseren Kandidaten: Es gibt Seilschaften. So hat man für die USA festgestellt, daß Frauen in der Volkswirtschaftslehre (Economics) trotz gleicher Leistungen und gleicher anderer Einstellungsmerkmale, gemessen durch: Qualität der Ph. D. Ausbildung, Veröffentlichungen, Hauptarbeitsgebiete, gegenwärtige Position in einer angesehenen Fakultät, Alter und Lehrerfahrung nach dem Ph. D., nur mit *geringerer* Wahrscheinlichkeit vom assistant zum associate professor bzw. vom associate zum full professor aufsteigen können als Männer (*Blau* and *Kahn* 2000, S. 89). Ob eine Fakultät in ihrer Gesamtheit besser ist, wenn befähigte Frauen gleichbefähigten Männern vorgezogen werden, ist schwer zu sagen. Aber die Erfahrung, daß auch Frauen in der Ökonomie Hervorragendes leisten können, dürfte für die Urteile der Männer in den Fakultäten nicht ohne Wirkung sein. Die Erfahrung kann Vorurteile beheben, natürlich auch bestätigen.

Der Art. 3 Abs. 2 GG wurde am 27.10.1994 um Satz 2 ergänzt. Dieser Satz 2 enthält ein Förderungsgebot des Staates zur *tatsächlichen Durchsetzung* der Gleichberechtigung. Dazu können unter Umständen auch Quoten verwendet werden, die allerdings nicht starr sein dürfen (*Schmidt-Bleibetreu* und *Klein* 1999, S. 201). Während im öffentlichen Sektor Quotenregelungen oder andere Maßnahmen zur partiellen Bevorzugung von Frauen deren Erwerbschancen erhöhen, dürfte es im Bereich der Privatwirtschaft davon abhängen, in welchem Umfang die Firmen *erkennen*, wie fähig weibliche Kräfte wirklich sind. Das ist keine einfache Angelegenheit und kann auch nicht durch Vergleich von Zeugnissen und Ausbildungsleistungen geklärt werden. Dazu ein Beispiel aus der Praxis.

Wirtschaft: A business case

Seit 1980 hat sich Deloitte&Touche, die drittgrößte amerikanische Beratungsfirma (Wirtschaftsprüfung, Steuer- und Unternehmensberatung), mit Erfolg um talentierte weibliche Kräfte bemüht. Unter den jährlichen Neueinstellungen waren 30 % bis 50 % Frauen. Da stellte man 1991 plötzlich fest, daß unter den 50 Kandidaten für eine Partnerschaft – die höchste Karrierestufe – nur vier Frauen waren. Ferner bemerkte man, daß der Frauenanteil mit jeder höheren Stufe der Karriereleiter sank. Daß der jährliche Abgang von weiblichen Mitarbeitern wesentlich größer war als der von Männern, erklärte man damit, daß die jungen Frauen wohl eine Familie gründen wollten und wegen der Kinder ihre Position aufgeben würden. Man glaubte, sich besonders um die Frauen und ihr Verbleiben in der Firma bemüht zu haben, und war stolz auf das offene, kollegiale und leistungsbezogene Arbeitsklima bei Deloitte&Touche. Da Neueinstellungen und vor allem die langjährige Ausbildung von neuen Kräften in solchen Firmen sehr teuer ist und jeder Abgang ein Verlust für die Firma bedeutet, analysierte man die Ursachen der hohen Fluktuation weiblicher Mitarbeiter über mehrere Jahre genauer.

Zur großen Überraschung aller Führungskräfte zeigte sich, daß die Frauen die Firma nicht verließen, um zuhause Kinder großzuziehen: sie haben das männlich dominierte Arbeitsmilieu, die unfairen Bewertungen ihrer Fähigkeiten und die damit verbundenen geringen Aufstiegschancen nicht gemocht; meist haben sie eine neue Betätigung in einem ganz *anderen* Wirtschaftszweig gesucht. Es stellte sich heraus, daß Frauen und Männer systematisch unterschiedlich beurteilt wurden, wenn es um ihren Aufstieg ging: Frauen wurden nach ihrer erbrachten Leistung beurteilt: „sie setzt sich 100 % ein", Männer nach ihrem Potential: „kann ihn unbesorgt mit zu einem schwierigen Klienten nehmen, er hat riesiges Potential". Man tendierte dazu, die Fähigkeiten und Arbeitsbereitschaften von Frauen zu unterschätzen: „Man kann sie nicht mit zu dieser Firma nehmen, denn mit diesem Klienten ist nicht gut Kirschen essen" oder „die vielen Reisen würden sie zu sehr belasten" oder „ihr Ehemann wäre mit dem erforderlichen Umzug nicht einverstanden". Diese und weitere Annahmen und Überzeugungen über die Bereitschaft von Frauen, schwierige Aufgaben zu übernehmen, erwiesen sich alle als falsch. Man hatte sie vorher aber noch nie geprüft.

Es bedurfte des vollen Einsatzes des CEO von Deloitte&Touche über mehrere Jahre hinweg, um die anderen Partner von der Notwendigkeit einer Neuorientierung zur Rekrutierung von fähigem weiblichem Nachwuchs zu überzeugen. Es kam zu einer „kulturellen Revolution".[23] Im Jahre 2000, 9 Jahre nach der Entdeckung des Problems durch den CEO, war der Anteil der weiblichen Partner und Direktoren von ehedem 5 % auf dann 14 % gestiegen. Man ist bestrebt, ihn weiter zu erhöhen, nicht um irgendwelche Quoten zu erfüllen, sondern weil das im Interesse der Unternehmung zu liegen scheint: We „approached the problem methodically ... Thus (we) first investigated the problem and gathered the data necessary to make a business case – *not a moral or emotional one* – for change." (*McCracken* 2000, S. 160, Hervorhebung W. M.).

Erfolgspille

Die neue, mehr die tatsächlichen Fähigkeiten und Wünsche von Frauen berücksichtigende Personalentwicklungspolitik von Deloitte&Touche konnte nur erfolgreich sein, das heißt zahlreiche Frauen für leitende Positionen gewinnen, weil das Angebot an geeigneten Frauen vorhanden war. Dieses Angebot ist einer Revolution zu verdanken: Die

23 Bei der systematischen Überprüfung von alten Anschauungen stellte sich heraus, daß auch die jungen Männer andere Vorstellungen über die zeitliche Gestaltung ihrer Tätigkeit hatten als die älteren langgedienten Partner. Sie wünschten flexiblere Arbeitszeiten.

jungen Frauen hatten in Amerika seit Ende 1960 und Anfang 1970 die Colleges erobert, vor allem auch jene Fachgebiete, die ein schwieriges und langwieriges Studium erfordern, wie Medizin, Jura und MBA. 1960 kamen auf 100 männliche Erstsemester im MBA-Studiengang erst drei Frauen, 1980 waren es schon 39 und 1990 waren es 48. Gleichzeitig änderten sich Kinderwunsch und Alter bei der ersten Eheschließung dramatisch gegenüber dem, was die Mütter dieser jungen Studentinnen getan hatten (*Goldin* and *Katz* 2000, S. 462 f.). Wie kann man das erklären?

Es gab die soziale Gärung Ende 1960 und Anfang 1970, den Vietnam-Krieg, die Herabsetzung des Großjährigkeitsalters von 21 auf 18, die Bürgerrechts-Bewegung und das Aufleben der Frauenbewegung. Waren das die Ursachen für den rasanten Zuwachs an Studentinnen? Vermutlich eher in einem atmosphärischen Sinne. Aber entscheidend war die Pille.[24] Die Universitätskliniken haben den unverheirateten Studentinnen unabhängig von der Rechtslage seit 1969 Zugang zur Pille verschafft, und von dieser Möglichkeit haben die Studentinnen regen Gebrauch gemacht (*Goldin* and *Katz* 2000, S. 463).

Der Zugang zur Pille hat die Planungssicherheit der Studentinnen erhöht. Sie brauchten nicht mehr zu befürchten, ein langwieriges und teueres Studium abbrechen zu müssen, weil sie unbeabsichtigt schwanger geworden waren. Sie konnten sich fast kostenlos (folgenlos) mit einem Mann enger anfreunden. Durch die Pille sanken somit die Kosten eines langwierigen Studiums. Ferner: Die Pille ermöglichte es für alle, das Alter der ersten Eheschließung heraufzusetzen. Dadurch mußten diejenigen Studentinnen, die fähig und entschlossen waren, ein schwieriges Studium aufzunehmen, nicht befürchten, mit 26 Jahren auf einen sehr dünnen Heiratsmarkt zu treffen. Das Risiko, mit 26 keinen „guten" Mann zu finden, sinkt, wenn das Heiratsalter allgemein steigt.

Somit kann man erklären, warum in den USA seit Ende 1960 und Anfang 1970 die Zahl der Studentinnen in den anspruchsvollen Fächern so stark gestiegen ist und warum es Deloitte&Touche möglich war, Frauen für sehr anspruchsvolle Tätigkeiten zu gewinnen.

4. Sozialistische Utopien und kapitalistische Realität

Philosophen und Schriftsteller früherer Jahrhunderte waren von der Minderfähigkeit der Frauen bei außerhäuslichen Aufgaben überzeugt und sahen deswegen in gewissen Beschränkungen nichts weiter als eine natürliche Abgrenzung der Tätigkeitsfelder von Männern und Frauen. Neben *Mill* waren es vor allem sozialistische Schriftsteller, die die Emanzipation – die Befreiung der Frauen von den Fesseln der bürgerlichen Gesellschaft – gefordert hatten. Ähnlich wie *Mill* sahen sie die Minderfähigkeiten der Frauen als Folge einer jahrhundertelangen Unterdrückung und Entrechtung. Nur durch einschneidende Änderungen der sozialen Verhältnisse glaubten sie den Frauen die Mög-

24 1960 erfolgte die Zulassung für verheiratete Frauen, 1969 erlaubten 3 Bundesstaaten Frauen unter 17 Jahren den Kauf der Pille; 1971 waren es 12 Staaten, 1974 schon 27 Staaten. Das Volljährigkeitsalter lag 1974 in 43 Staaten unter 20 Jahren. Alle volljährigen Frauen konnten die Pille kaufen (*Goldin* and *Katz* 2000, S. 462 f.).

lichkeiten für eine den Männern gleichwertige menschliche Existenz schaffen zu können. Sie waren darüber hinaus sicher, daß unter den neuen gesellschaftlichen Verhältnissen Frauen in Wirtschaft, Wissenschaft und Politik dieselben Fähigkeiten entwickeln würden wie Männer. *Charles Fourier* (1772-1837) ging so weit, den Frauen allgemein Überlegenheit über die Männer zu bescheinigen:

> „So kann man mit Recht sagen, daß die Frau im Zustand der Freiheit den Mann in allen geistigen und körperlichen Tätigkeiten übertreffen wird, soweit die letzteren nicht Ausfluß physischer Stärke sind" (*Stopczyk* 1980, S. 173).

August Bebel (1879/1994, S. 339) glaubte durch die „Umwandlung aller Arbeitsmittel in Gemeineigentum" die Lebensbedingungen für *beide* Geschlechter in Wirtschaft, Wissenschaft, Kultur, Erziehung und Ehe grundlegend verbessern zu können.

Die Zukunft der Frau malte *Bebel* so aus, daß man versucht ist zu sagen: Das ist die einzige Prophezeihung eines Sozialisten, die den Tatsachen nahe kommt – allerdings nicht den Verhältnissen, wie sie unter dem Kommunismus herrschten, sondern den Verhältnissen, wie man sie im sozialdemokratisch-kapitalistischen Westen tatsächlich findet. So ist die Frau nach *Bebel* (1879/1994, S. 421) in der neuen Gesellschaft sozial und ökonomisch unabhängig, steht dem Manne als Freie und Gleiche gegenüber und ist Herrin ihres Schicksals; sie kann ihre physischen und geistigen Kräfte und Fähigkeiten nach freiem Willen entwickeln; sie wählt für ihre Tätigkeit diejenigen Gebiete aus, die ihren Wünschen, Neigungen und Anlagen entsprechen und ist unter gleichen Bedingungen wie der Mann tätig. Die Frau der neuen Gesellschaft studiert, leistet Arbeiten, genießt Vergnügungen und unterhält sich mit ihresgleichen oder mit Männern, wie es ihr beliebt. In der Liebeswahl ist sie frei und ungehindert, freit oder läßt sich freien und geht die Ehe ein aus keiner anderen Rücksicht als auf ihre Neigung.

Vergleicht man diese Kennzeichnung der zukünftigen Lage von Frauen durch *Bebel* mit dem Leben von Frauen in der Sowjetunion unter *Gorbatschow*, dann sieht man folgendes: Laut Verfassung von 1977 sind Mann und Frau gleichberechtigt (*Krone-Schmalz* 1998, S. 199), aber im praktischen Leben bedeutet das nur: Frauen haben die gleiche schwere Arbeit zu leisten wie Männer. Nach *Krone-Schmalz* (1998, S. 195 f.) läßt sich die Lage der Sowjetfrau so beschreiben: Das Einkaufen erfordert stundenlanges Anstehen, ist oft erfolglos und wenn erfolgreich, dann ist es mit schwerer Schlepperei verbunden. Weil im Haushalt die meisten technischen Geräte zur Erleichterung der Haushaltsarbeit fehlen, ist auch die Hausarbeit körperliche Schwerstarbeit. Die Familienplanung obliegt alleine der Frau. Da es an Verhütungsmitteln fehlt, hat fast jede sowjetische Frau mindestens einen, oft mehrere Schwangerschaftsabbrüche hinter sich unter unvorstellbaren hygienischen Bedingungen und häufig ohne jede Betäubung.

90 % aller Frauen sind berufstätig. Der Anteil der Frauen mit Hochschul- oder Fachschulausbildung entspricht dem der Männer; auf zehn Frauen mit Hochschulbildung kommen nur sechs Männer mit abgeschlossenem Hochschulstudium. 48 % der Männer, aber nur 7 % der Frauen mit Hochschul- oder Fachschulbildung nehmen eine leitende Stellung ein (*Krone-Schmalz* 1998, S. 203, 209 f.). Frauen sind im Hochbau tätig, asphaltieren Straßen und graben Kanäle – eine alltägliche Erscheinung. Wie in anderen Ländern gibt es in der Sowjetunion typische Frauenberufe, darunter den der Ärztin und Lehrerin. 70 % der Lehrer und 75 % der Ärzte sind Frauen (*Krone- Schmalz* 1998, S.

158, 202). Ein Industriearbeiter oder ein Fahrer verdienen mehr als eine Ärztin oder eine Lehrerin: Diese Frauenberufe stehen in der Lohnskala an unterster Stelle (*Krone-Schmalz* 1998, S 201).

Es gab in der Sowjetunion ein „Komitee der Sowjetfrauen". Die Hauptaufgabe dieses Frauenkomitees bestand darin, internationale Kontakte zu pflegen und – etwa im Rahmen der UNO – dafür zu sorgen, daß der Benachteiligung von Frauen weltweit genügend Aufmerksamkeit geschenkt wird. Anscheinend durfte das Komitee sich nicht um die Probleme der Sowjetfrauen kümmern.

*Mill*s Methode, die Frauen durch Gewährung gleicher Rechte selbst herausfinden zu lassen, zu welchen beruflichen Tätigkeiten sie fähig sind, setzt voraus, daß sie politische Rechte und faktische Möglichkeiten haben, auf die Beseitigung von institutionellen Widerständen und traditionellen Hemmnissen durch kollektive Aktionen – etwa in Form einer Frauenbewegung – hinzuwirken. Vermutlich hat *Nipperdey* (1990, S. 73) Recht, wenn er feststellt:

> „Eine der großen weltgeschichtlich revolutionären Veränderungen, die sich in unserer Zeit (1866-1918) anbahnt, zaghaft und nachhaltig zugleich, betrifft die Stellung der Frau. Das ist nicht von selbst geschehen, als Ergebnis der sogenannten Modernisierung in Form der industriell kapitalistischen Wirtschaftsentfaltung oder demokratischer Partizipationserweiterung, das war auch nicht zuerst das Werk der Männer, die in Politik und Wirtschaft, Gesellschaft und Kultur das Sagen hatten, sondern das war eine von Frauen auf- und vorangebrachte Sache, Sache einer Bewegung eben, der Frauenbewegung."

Der Abbau von institutionellen Hindernissen und die Änderung von Überzeugungen über die Fähigkeiten von Frauen benötigen Zeit. Ob in einem bestimmten Zeitpunkt – etwa heute – alle die Frauen diskriminierenden Elemente einer Gesellschaft beseitigt sind, ist schwer zu sagen.

Wenn man heute auf die Benachteiligungen von Frauen im Beruf hinweist, dann geschieht das oft unter Verweis auf den Anteil von Frauen in bestimmten, besser bezahlten Positionen in Politik und Wirtschaft: Dort seien sie *unterrepräsentiert*. In Europas größten börsennotierten Konzernen ist nur jede zehnte Führungskraft weiblich, mit Unterschieden von Land zu Land. Der Frauenanteil in den Chefetagen reicht von 22 % in Lettland bis 2 % in Italien, in Deutschland sind es 10 %. Nimmt man einen umfassenderen Begriff von Führungspersonal, der Fach- und Führungskräfte umfaßt, so findet man, daß in Deutschland der Frauenanteil in dieser Gruppe weniger als ein Drittel beträgt, obwohl der Anteil der Frauen an der Gesamtbeschäftigung der untersuchten Firmen 45 % ausmacht. Schlechte Karten für den beruflichen Aufstieg haben die Frauen mit Kindern. Untersuchungen zeigen, daß Frauen in höheren Positionen meist kinderlos und weniger häufig verheiratet sind (*Frankfurter Allgemeine Zeitung*, Nr. 16 vom 30. Januar 2005). Um die Chancengleichheit zu erhöhen, müßten Unternehmen Bedingungen schaffen, die den familienwilligen Frauen einen Teil der Familienarbeit abnehmen, meinen manche.

Das ist eine merkwürdige Begründung für betriebliche Maßnahmen zur Rekrutierung von fähigen Frauen. Es dürfte zutreffen, in der Verteilung von Frauen auf bessere und schlechtere Positionen in den Unternehmen einen Anhaltspunkt für die Erwerbschancen von Frauen zu sehen, und es dürfte ferner zutreffen, daß Kinder die Aufstiegschancen ihrer Mütter beeinträchtigen. Aber warum sollte ein *privates* Unternehmen einen Aufwand tätigen, nur um die Gleichheit der Erwerbschancen zwischen Frauen oder von Frauen und Männern herzustellen? Das kann allenfalls eine Aufgabe der Familienpolitik sein.

Die im Zuge der Frauenbewegung und im Sinne von *Mill* in neuerer Zeit erfolgte Gleichstellung der Bildungschancen von Frauen und Männern, die Verbesserung von Berufschancen und von Chancen zum Einkommenserwerb von Frauen hat Folgen: Die Chancen von Männern, gute, einkommensreiche Positionen zu besetzen, sinken. Die durchschnittlichen Geburten je Frau, die Fertilitätsrate einer Bevölkerung, nimmt ab, vor allem in den Ländern, in denen die Mütter die Betreuung und Erziehung ihrer Kinder nicht anderen Kräften überlassen wollen. In Deutschland ist die geringe Fertilitätsrate statistisch darauf zurückzuführen, daß der Anteil der Frauen, die zeitlebens kinderlos bleiben, sehr stark gestiegen ist: Er nahm vom Jahrgang 1949 bis zum Jahrgang 1965 von 10,6 % auf 32,1 % zu (*Birg* 2003, S. 32). Ganz allgemein scheint die größere berufliche Selbständigkeit von Frauen, vor allem, wenn sie in größerer Zahl auch höhere, leitende Positionen einnehmen können – meist als Folge ihrer besseren Ausbildung – die Fertilitätsrate zu senken. So ist in Lettland der Anteil der Frauen in den Chefetagen mit 22 % europaweit der höchste, aber Lettland hat auch mit 1,18 % europaweit mit die geringste Fertilitätsrate.[25]

Trotz der andauernden allseitigen Bemühungen bei uns, den Frauenanteil in Politik, Wirtschaft, Wissenschaft und Kultur zu heben: Die Frauenfrage im Sinne von *Mill* hat sich erledigt, sie wird abgelöst von der *Familienfrage*.

Literatur

Albert, Hans (1960), Nationalökonomie als Soziologie: Zur sozialwissenschaftlichen Integrationsproblematik, in: *Hans Albert*, Marktsoziologie und Entscheidungslogik. Ökonomische Probleme in soziologischer Perspektive, Neuwied 1967, S. 470-508.

Alfermann, Dorothee (1993), Frauen in der Attributionsforschung: Die fleißige Liese und der kluge Hans, in: *Gertraude Krell* und *Margit Osterloh* (Hg.), Personalpolitik aus der Sicht von Frauen – Frauen aus der Sicht der Personalpolitik, 2. Aufl., München, S. 301-317.

Altonji, Joseph G. and *Rebecca M. Blank* (1999), Race and Gender in the Labor Market, in: Handbook of Labor Economics, Volume 3C, ed. by *Orley Ashenfelter* and *David Card*, Amsterdam, Ch. 48.

Beauvoir, Simone de (2000), Das andere Geschlecht: Sitte und Sexus der Frau, Hamburg (französische Erstausgabe 1949).

25 In den baltischen Staaten, wie in allen ehemaligen Staaten des Warschauer Pakts, haben die dramatischen Umwälzungen seit 1989 Freiheit, aber auch Unsicherheit über Beschäftigung und Einkommen gebracht. Die Zukunftsungewißheit ist die Ursache des dramatischen Geburtenrückgangs in diesen Ländern. Ob sich dieser Trend umkehrt, ist zweifelhaft, wie man an den ähnlich geringen Fertilitätsraten in Österreich, Italien, Spanien und Deutschland erkennen kann. Turkmenistan, Usbekistan und Kasachstan waren bis 1991 Republiken der Sowjetunion; ihre Fertilitätsraten liegen bei 3,5 bzw. 3 und 2,1 %. Hier ist vermutlich die islamische Tradition ursächlich für den Kinderreichtum.

Bebel, August (1994), Die Frau und der Sozialismus, Bonn (zuerst 1879).

Bielby, William T. and *James N. Baron* (1986), Sex Segregation Within Occupation, in: American Economic Review, Vol. 76, No 2, pp. 43-47.

Birg, Herwig (2003), Strategische Optionen der Familien- und Migrationspolitik in Deutschland und Europa, in: *Christian Leipert* (Hg.), Demographie und Wohlstand, Opladen, S. 27-56.

Bischof-Köhler, Doris (2002), Von Natur aus anders: Die Psychologie der Geschlechtsunterschiede, Stuttgart.

Blau, Francine D. and *Lawrence M. Kahn* (2000), Gender Differences in Pay, in: Journal of Economic Perspectives, Vol. 4, No. 4, pp. 75-99.

Brett, Jeanne M. and *Linda K. Stroh* (1999), Women in Management: How far have we come and what needs to be done as we approach 2000?, in: Journal of Management Inquiry, Vol. 8, No. 4, pp. 392-398.

Conrad, Anne (1991), „Katechismusjungfrauen" und „Scholastikerinnen": Katholische Mädchenbildung in der Frühen Neuzeit, in: *Heide Wunder* und *Christina Vanja* (Hg.), Wandel der Geschlechterbeziehungen zu Beginn der Neuzeit, Frankfurt a. M., S. 154-179.

Engelbrech, Gerhard (1991), Berufsbildung, Berufseinstieg und Berufsverlauf von Frauen, in: Mitteilungen aus der Arbeitsmarkt- und Berufsforschung, 24. Jg., S. 531-558.

Goldin, Claudia and *Lawrence F. Katz* (2000), Career and Marriage in the Age of the Pill, in: American Economic Review, Vol. 90, No. 2, pp. 461-465.

Kleber, Michaela (1988), Arbeitsmarktsegmentation nach dem Geschlecht: Eine kritische Analyse ökonomischer Theorien über Frauenarbeit und Frauenlöhne, München.

Kleber, Michaela (1993), Arbeitsmarktsegmentation nach dem Geschlecht, in: *Gertraude Krell* und *Margit Osterloh* (Hg.), Personalpolitik aus der Sicht von Frauen – Frauen aus der Sicht der Personalpolitik, 2. Aufl., München, S. 85-106.

Krone-Schmalz, Gabriele (1998), In Wahrheit sind wir stärker: Frauenalltag zwischen Estland und Sibirien, Düsseldorf, Wien und New York.

Krüger, Helga (1993), Vorberufliche Sozialisation, in: *Gertraude Krell* und *Margit Osterloh* (Hg.), Personalpolitik aus der Sicht von Frauen – Frauen aus der Sicht der Personalpolitik, 2. Aufl., München, S. 318-341.

Leis, Mario (2000), Frauen um Nietzsche, Hamburg.

Lerner, Gerda (1998), Die Entstehung des feministischen Bewußtseins: Vom Mittelalter bis zur ersten Frauenbewegung, München.

McCracken, Douglas M. (2000), Winning the Talent War for Women, in: Harvard Business Review, Nov-Dec., pp. 159-167.

Malkiel, Burton G. and *Judith A. Malkiel* (1973), Male-Female Pay Differentials in Professional Employment, in: American Economic Review, Vol. 63, No. 4, pp. 693-705.

Mill, John Stuart (1997), Die Hörigkeit der Frau (John Stuart Mill, Harriet Taylor Mill, Helen Taylor), hg. von *Ulrike Helmer*, mit einem Nachw. von *Hannelore Schröder*, Königstein/Taunus.

Mill, John Stuart (1924), Autobiography, *Coss*-Ausgabe, New York.

Nietzsche, Friedrich (1930), Götzen-Dämmerung – Der Antichrist – Gedichte, Kröners Taschenbuchausgabe, Bd. 77, Leipzig.

Nipperdey, Thomas (1990), Deutsche Geschichte 1866-1918, Bd. I: Arbeitswelt und Bürgergeist, München.

Röd, Wolfgang (2000), Der Weg der Philosophie von den Anfängen bis ins 20. Jahrhundert, Bd. II: 17. bis 20. Jahrhundert, München.

Ross, Werner (1999), Der ängstliche Adler: Friedrich Nietzsches Leben, 4. Aufl., München.

Schmidt-Bleibetreu, Bruno und *Franz Klein* (1999), Kommentar zum Grundgesetz, 9.Aufl., Neuwied und Kriftel.

Shirrmacher, Christine und *Ursula Spuler-Stegemann* (2004), Frauen und die Scharia: Die Menschenrechte im Islam, München.

Singh, Simon (2000), Fermats letzter Satz: Die abenteuerliche Geschichte eines mathematischen Rätsels, 3. Aufl., München.

Stopczyk, Annegret (1980), Was Philosophen über Frauen denken. Zusammengefaßt und erläutert von *Annegret Stopczyk*, München.

Helmut Leipold und Dirk Wentzel (Hg.), Ordnungsökonomik als aktuelle Herausforderung
Schriften zu Ordnungsfragen der Wirtschaft · Band 78 · Stuttgart · 2005

Die Massenmedien – Herren oder Sklaven der öffentlichen Meinung?

Gerhard Schwarz

Inhalt

1. Die öffentliche Meinung als Grundlage der Demokratie

„It is ... on opinion only that government is founded“, schrieb *David Hume*, und *James Madison* hat den Satz geprägt: „All governments rest on opinion“ (*Bütler* 1988, S. 25). Der Grundsatz der Meinungsfreiheit, der Grundsatz der Freiheit der Meinungs*äußerung* (was nicht das gleiche ist), der Grundsatz ganz allgemein einer informierten Öffentlichkeit – all das gehört zu einer offenen Gesellschaft, ja bildet deren notwendige Voraussetzung. Ohne diese Charakteristika ist politische Freiheit in demokratischen Staaten unmöglich. Das bedeutet nicht, daß die individuelle Verantwortung jedes einzelnen Politikers nicht äußerst wichtig wäre, und es bedeutet auch nicht, daß das Regieren mehr auf der öffentlichen Meinung basieren sollte als auf dem Gesetz. Das ganze Konzept des demokratischen politischen Prozesses mit seinen Wahlen und Abstimmungen basiert aber auf der Annahme des umfassend informierten und kompetenten Bürgers, der in der Lage ist, vernünftige, das heißt: vernunftbasierte Urteile über alle öffentlichen Angelegenheiten zu fällen, sofern er nur über die ‚Tatsachen‘ genügend gut informiert ist (*Steel* 1997, S. XII).

Allerdings beruhten die Theorien demokratischer Entscheidungsprozesse ursprünglich auf der Annahme, daß jede Person über unmittelbare persönliche Erfahrungen in allen Angelegenheiten verfügte, über die sie dann zu entscheiden hat (*Steel* 1997, S. XIII). Das traf auf die Stadtstaaten des antiken Griechenlands weitestgehend zu, und es trifft mit Abstrichen auch auf die Abstimmungen in den kleinen Dörfern und Gemeinden der Schweiz zu, jedenfalls sofern es sich um lokale Angelegenheiten handelt. Wie aber steht es mit dem demokratischen ‚Normalfall', wie ihn die modernen Demokratien mit ihren weitestgehend anonymen Beziehungen und äußerst komplexen Fragestellungen darstellen? Hier fehlt die Erfahrung der ersten Hand, und deshalb muß Erfahrung aus zweiter Hand an ihre Stelle treten. Diese Erfahrung aus zweiter Hand wird hauptsächlich von den Massenmedien im traditionellen Sinne vermittelt und zur Verfügung gestellt, also von der Presse und von den elektronischen Medien wie Radio und Fernsehen. (Zumindest der interaktive Teil des Internet ist etwas anders geartet.) Deshalb gingen und gehen Demokratie und Massenmedien sehr stark Hand in Hand. Sie sind, wie es *Kenneth Minogue* (1997, S. 23) formuliert hat, zusammen aufgewachsen und groß geworden; es waren und sind die Medien, die sehr viele Menschen das Vergnügen gelehrt haben, zu einer großen Fülle von allgemein interessierenden Themen überhaupt eine Meinung zu entwickeln (*Anderson* 1998, S. 481).

2. Öffentliche und veröffentlichte Meinung

Was aber ist öffentliche Meinung? Persönliche ebenso wie geschichtliche Erfahrung lehrt uns, daß es sich dabei um einen sehr vagen und unklaren Begriff handelt. Was man ‚öffentliche Meinung‘ nennt, kann ein wenig mit Wolken verglichen werden, die ständig ihre Form, ihre Größe und ihre Dichte verändern. Öffentliche Meinung hat eher etwas von einem Prozeß als von einer Situation. Der Ausdruck ‚öffentliche Meinung‘ ist denn auch wie der Ausdruck ‚öffentliches Interesse‘ in der Politik nicht etwa deswegen wichtig, weil irgend jemand wüßte, was er mit Blick auf irgend ein bestimmtes Thema genau meint. Vielmehr ist er wichtig, weil ganz viele politische Diskussionen so geführt werden, als ob wir den Begriff, der gemäß *Goethe* „bei dem Worte sein muß", wirklich kennen würden (*Minogue* 1997, S. 29).

Besonders wichtig ist zudem die Unterscheidung zwischen öffentlicher Meinung und veröffentlichter Meinung. Natürlich hängen die beiden zusammen. Die veröffentlichte Meinung ist ein wichtiger Teil der öffentlichen Meinung. Sie beeinflußt diese einerseits, und sie drückt zumindest einen Teil von ihr aus. Es war vor allem *Walter Lippmann* (1922/1997), der diese Zusammenhänge entdeckt und dargestellt hat, als er seine Desillusionierung, ja Enttäuschung über die Presse in seinem berühmten Werk „Public Opinion" (1922) niedergeschrieben hat, und die Verzerrung der Information sowie die Unzuverlässigkeit der Presse nicht nur analysiert, sondern scharf gegeißelt hat. Sosehr seine Diagnose in vielem Zustimmung verdient, kann seine Schlußfolgerung, es brauche daher eine spezialisierte Klasse, um ein Land zu regieren (1922/1997, S. 239 ff.), nicht im geringsten überzeugen, trotz aller Probleme moderner Demokratien. Die öffentliche Meinung kann daher nicht gleichgesetzt werden mit dem, was eine aufgeklärte, vernünftige und verantwortungsvolle Elite unabhängig von der Regierung öffentlich sagt und schreibt – sie ist weniger und gleichzeitig mehr. Sie ist ein Konglomerat von Einflüssen, Informationen, Verhaltensweisen, Denkarten usw., das die Basis für Positionsbezüge der Bürger in öffentlichen Angelegenheiten bildet, das ihn aber unter Umständen auch dazu bringen kann, zu schweigen.

3. Der relative Einfluß der Medien

Die Unterscheidung zwischen öffentlicher und veröffentlichter Meinung führt zur Feststellung, daß die Medien zwar einen Einfluß auf die öffentliche Meinung haben, aber daß dieser Einfluß zugleich doch begrenzt ist, daß er nur relativer Natur ist. Die Medien können die öffentliche Meinung nicht vollständig beherrschen und kontrollieren, obwohl das vielleicht durchaus der Wunsch so mancher Medienschaffender wäre. Wären die Medien wirklich in der Lage, die öffentliche Meinung sehr weitgehend zu bestimmen, gäbe es keinen großen Unterschied zwischen veröffentlichter und öffentlicher Meinung.

Steht diese Aussage nicht im Widerspruch zu der doch immer wieder äußerst erfolgreichen Propaganda politischer Regime? Vor mehr als einem halben Jahrhundert haben *Adolf Hitler* und *Josef Goebbels* der Welt gezeigt, was Propaganda alles bewegen und bewirken kann (*Ellul* 1965). Sie sagten sich, daß die Massen viel Zeit benötigen, um Botschaften zu verstehen und zu behalten. Daraus folgerten sie die Notwendigkeit, die Botschaften immer und immer wieder zu wiederholen, wenn man die Öffentlichkeit so konditionieren will, daß sie alle Forderungen und Aussagen akzeptiert, ganz gleich wie falsch, extrem und unmenschlich sie auch sein mögen (*Jensen*/Project Censored, S. 13). Und tatsächlich hatte die unablässige Propaganda des Staates und der Partei ihre Wirkung, sogar in einem zivilisierten Land wie Deutschland mit einer relativ aufgeklärten Bevölkerung. Diese Wirkung wäre allerdings wohl nicht möglich gewesen, wäre die Propaganda nicht einhergegangen mit totalitärer Brutalität, nationalistischer Arroganz, dem weitestgehenden Fehlen von Zivilcourage und einer relativ schwachen demokratischen Tradition. Propaganda in einem totalitären Staat stellt also einen ausgesprochenen Extremfall dar, der sich kaum eignet, die These von der nur relativen Macht der Medien zu widerlegen.

Unter ‚normalen' demokratischen Bedingungen sieht die Lage anders aus. Unter solchen Bedingungen ist der Einfluß der Medien tatsächlich begrenzt. Wieweit die veröffentlichte Meinung der Meinungsführer von der öffentlichen Meinung der Massen entfernt sein kann, zeigt ein schlagendes Beispiel aus der Schweiz: Im Jahre 1992 hatte die Schweizer Bevölkerung (der Souverän, wie dies in der Schweiz heißt) darüber zu befinden, ob die Schweiz dem Europäischen Wirtschaftsraum (EWR) beitreten solle oder nicht. Die Schweizer Regierung, also der Bundesrat, war für den Beitritt Feuer und Flamme und zog eine massive Kampagne für ein Ja auf. Das Parlament sprach sich im Verhältnis 4:1 für den Beitritt aus. Alle bedeutenden nationalen Zeitungen, von den Boulevardblättern bis zu den Qualitätszeitungen, warben ebenfalls mit großem Engagement für das Projekt. Noch stärker war die Unterstützung in den staatlichen elektronischen Medien, also im Fernsehen und im Radio (zu dieser Zeit gab es in der Schweiz noch keine privaten Fernsehstationen) – und trotzdem war das Resultat der Abstimmung schließlich negativ. Die Mehrheit sowohl der Kantone als auch der Bevölkerung sagte „Nein" und wollte nicht in ein „Trainingslager für eine spätere EU-Mitgliedschaft" eintreten, wie ein undiplomatischer und unkluger Anhänger des Projektes den EWR genannt hatte.

4. Die Schweigespirale

Die Erklärung für solche Fälle, von denen es natürlich noch andere, wenn auch weniger spektakuläre gibt, für Fälle also, in denen ganz offenkundig die veröffentlichte Meinung von der öffentlichen Meinung abweicht, ist in dem zu suchen, was die deutsche Meinungsforscherin *Elisabeth Noelle-Neumann* schon vor mehr als zwanzig Jahren als „Schweigespirale" bezeichnet hat (*Noelle-Neumann* 2001). Der Ausdruck bezieht sich auf die vielfach zu beobachtende Tendenz, daß jene, die glauben, eine Minderheitsposition einzunehmen, davon Abstand nehmen, ihre Ansicht öffentlich kundzutun, womit sie die Dominanz der vermeintlichen Konsensusmeinung noch untermauern. Das Verhalten hat damit zu tun, daß die überwiegende Mehrheit der Menschen sich nicht gerne in der Minderheit befindet und Ausgrenzung und Isolation fürchtet. *Alexis de Tocqueville* (1857, S. 182) hat diese Angst vor der Ausgrenzung und somit die Schweigespirale (avant la lettre) beschrieben, als er den Niedergang der katholischen Kirche in Frankreich in der zweiten Hälfte des 18. Jahrhunderts damit erklärte, daß diese zunehmend stummer wurde und daß jene, die dem alten Glauben anhingen, „die Absonderung mehr als den Irrtum fürchteten". Um Ausgrenzung und Isolation zu vermeiden, drücken die Menschen in der Öffentlichkeit sehr oft Ansichten aus, die gar nicht notwendigerweise ihre eigenen sind, und sie beginnen umgekehrt ihre wirklichen Überzeugungen erst dann öffentlich zu äußern, wenn sie feststellen, daß diese ihre persönlichen und bis dahin geheimen Überzeugungen langsam mehrheitsfähig werden. Das verleiht den Medien natürlich eine enorme Hebelwirkung, eine zusätzliche Macht über die veröffentlichte Meinung. Weil die Medien ja die Hauptquelle für das sind, was die Menschen in einem bestimmten Moment für die dominante Meinung halten, können sie den Herdentrieb anstacheln und verstärken. Hier sind die Medien also tatsächlich die Herren (*McQuail* 2000, S. 503). Zugleich führt diese Konstellation immer und immer wieder zu großen Überraschungen bei Wahlen und vor allem Abstimmungen, wenn die Bürger und Bürgerinnen unter dem Schutz des Wahlgeheimnisses plötzlich ihre wirklichen Empfindungen ausdrücken.

Selbst wenn diese Diagnose übertrieben sein mag, selbst wenn es in Tat und Wahrheit in sehr vielen Fragen genügend öffentliche Auseinandersetzung geben mag, selbst wenn ein gewisser Pluralismus der Meinungen durchaus existieren mag und selbst wenn man gewiß eingestehen muß, daß es durchaus immer wieder auch mutige, unabhängige Menschen gibt, Non-Konformisten und bahnbrechende Innovatoren, die das Bild doch etwas weniger düster machen, ändert dies alles nichts an der Grundaussage: Nicht immer, aber doch sehr oft, kann man beobachten, daß jene, die glauben zu gewinnen, grundsätzlich mehr Bereitschaft zeigen, sich öffentlich zu äußern, als jene, die glauben, daß ihr Standpunkt minoritär ist. Es ist dies eine der verheerendsten Auswirkungen der sogenannten ‚political correctness'. Daraus wächst jene mächtige schweigende Mehrheit, die ‚silent majority', an die sich *Richard Nixon* und *Spiro Agnew* einst wandten, als sie dem lauten und sichtbaren Protest in den Straßen gegen den Vietnamkrieg ein Gegengewicht entgegenstellen wollten (*Bütler* 1988, S. 25).

5. Der direkte Einfluß der Medien

Die bisherigen Ausführungen galten ausschließlich der verhältnismäßigen Begrenztheit des Einflusses der Medien sowie ihrem – unbeabsichtigten – Effekt, eine schweigende Mehrheit zu schaffen. Aber es wäre natürlich völlig unsinnig, zu übersehen, daß es daneben noch einen wesentlich direkteren Einfluß der Medien gibt. Trotz der nicht zu leugnenden grundsätzlichen Fähigkeit der Medienkonsumenten, jeglicher Beeinflussung zu widerstehen und eigenständig zu denken, gibt es doch eine ganze Menge von Hinweisen dafür, daß Leserinnen, Zuhörer oder Fernsehkonsumenten in vielerlei Fragen keine eigene Meinung haben und deshalb ein dankbares Objekt für den manipulierenden Einfluß der Medien darstellen. Gleichzeitig kann man beobachten, daß das Publikum oft konventionellen und vorhersagbaren Mustern der Interpretation folgt und daß bestimmte mediale Formen wie etwa die Nachrichten oder Fernsehserien im großen und ganzen genau so konsumiert und aufgefaßt werden, wie es beabsichtigt war. Natürlich sind die Bedeutungen der Inhalte, welche die Medien transportieren, ausgesprochen vielfältig und lassen daher auch die unterschiedlichsten Interpretationsmöglichkeiten zu. Trotzdem werden sehr viele Inhalte, welche die Medien transportieren, von den Empfängern genauso verstanden, wie man es erwarten kann – ohne viel Unklarheit oder Zweideutigkeit (*McQuail* 2000, S. 484). Wenn das alles so ist, schafft dies natürlich viele Möglichkeiten der Manipulation. Die Medien können in den Händen von schlauen und ehrgeizigen Verlegern und Journalisten zu einem Instrument starker politischer Einflußnahme werden.

6. Die Abhängigkeit der Medien von der öffentlichen Meinung

'Verstehen' bedeutet allerdings nicht 'übernehmen' und 'folgen'. Wenn die Medienschaffenden die Medienkonsumenten dazu bringen wollen, daß sie ihren Ideen und politischen Ratschlägen folgen, müssen sie ein sehr gutes Gespür für die latenten Empfindungen und Überzeugungen der Bevölkerung haben. Es ist wahrscheinlich fast unmöglich, erfolgreich gegen einen herrschenden Trend anzutreten und anzuschreiben. In sehr vielen Medien, besonders in den Boulevardmedien, folgt die tägliche Herstellung nicht irgendwelchen ethischen oder politischen Grundsätzen. Vielmehr ist in ihnen die Produktion nichts anderes als die unablässige Suche nach der Aufmerksamkeit und dem Interesse der Konsumenten – fast um jeden Preis. In diesem Sinne kann man sagen, daß viele Medien fast vollständig abhängig von der öffentlichen Meinung zu sein scheinen. Natürlich wissen wir alle, daß die Beziehung letztlich eine wechselseitige ist, aber man sollte doch nicht unterschätzen, in welch großem Ausmaß viele Medien der vermuteten öffentlichen Meinung ihrer Leserschaft folgen, nur um den Marktanteil zu halten oder allenfalls zu erhöhen. Und obwohl es vielleicht überraschend, um nicht zu sagen: paradox klingt, hat die Beobachtung doch viel für sich, daß ein Medium um so anfälliger für die Anpassung an die generellen Vorstellungen und Strömungen der Öffentlichkeit ist, anstatt selbst eine unabhängige Position einzunehmen, je mehr es behauptet, besonders neutral zu sein. Ohne eigenen Kompaß ist man dem Zeitgeist fast wehrlos ausgeliefert. Das gilt auch für die Medien.

Den Unsinn, den wir in vielen Medien finden, 'sex and crime', die Verstöße gegen den Schutz der Privatsphäre, die gefühlsbetonten Geschichten über völlig unbekannte Leute, deren einzig interessante Eigenschaft in ihrer Abweichung vom 'normalen' Verhalten besteht, ist nicht das Ergebnis irgendwelcher verrückter Verleger und Herausgeber, die die Bevölkerung unbedingt negativ beeinflussen wollen, sondern es ist das Ergebnis der Nachfrage. Im Gegensatz zu dem berühmten Gesetz von *Jean-Baptiste Say* ist es die Nachfrage, die das Angebot schafft. Die Medien sind nicht die Herren der menschlichen Natur. Männer und Frauen waren immer neugierig, haben sich immer für Klatsch, Sex und Gewalt interessiert, für alle Abweichungen von der Norm, für Unfälle, Verbrechen und Katastrophen, und sie waren auch immer auf der Suche nach Ablenkung. Es sind also nicht die Journalisten, die zynisch sind und sich deswegen nur für negative Nachrichten, für 'bad news' interessieren. Es ist die breite Öffentlichkeit, die – abgesehen von wenigen Ausnahmen – sich für die Ehe von Herrn und Frau Müller solange nicht im geringsten interessiert, als alles seinen normalen Gang geht, aber sofort aufhorcht, wenn Herr Müller Frau Müller schlägt oder noch besser, wenn Frau Müller Herrn Müller schlägt. Deshalb gilt das Augenmerk der Medien normalerweise dem ungewöhnlichen Einzelfall und den Veränderungen in der Welt, nicht den offensichtlichen Stabilitäten und Kontinuitäten, und deshalb verkauft sich eine Geschichte beim größten Teil der Bevölkerung besser, wenn sie Gefühle anspricht (*Minogue* 1997, S. 29).

Natürlich muß jemand all diese Geschichten erzählen, und in der großen, anonymen Gesellschaft, der 'extended order', wie sie *Friedrich August von Hayek* genannt hat, sind dieser 'jemand' immer die Medien. Aber grundsätzlich gibt es keinen fundamentalen Unterschied zum Verhalten in der kleinen Gruppe. Die Menschen horchen erst dann mit einer gewissen Neugier hin, wenn sie etwas Außergewöhnliches hören, etwas, das nicht dem ‚normalen' Gang der Dinge entspricht, und nicht, wenn man ihnen erzählt, daß all die Nachbarn ein ganz gewöhnliches Leben führen.

Manchmal begegnet man der Ansicht, die Welt wäre besser, wenn die Medien über gewisse Ereignisse überhaupt nicht berichten würden. Natürlich meint man damit jeweils alle Medien zusammen – was eigentlich eine ziemlich kartellistische Sicht der Dinge ist. Das scheint zu einem gewissen Ausmaß auch die Ansicht *Minogues* zu sein. Es ist sicher wahr, daß viele Artikel geschrieben werden, weil die Journalisten das Gefühl haben, ihre Konkurrenten würden darüber schreiben, und weil sie fürchten, vor ihrer Leserschaft schlecht dazustehen, wenn sie die gleiche Geschichte nicht auch haben. Aber das gilt natürlich für alle Produkte in der Gesellschaft. Ein Neuerer erfindet etwas und stattet beispielsweise die von ihm produzierten Autos mit einer neuen technischen Errungenschaft aus, und bald folgen all die andern – weil die neue technische Ausstattung von den Kunden geschätzt wird. Insofern laufen in den Medien die gleichen Prozesse ab wie auf anderen Märkten. Es gibt einerseits den *Schumpeter*schen Prozeß der Innovationskonkurrenz, und es gibt anderseits den gleichmacherischen Effekt der vollkommenen Konkurrenz. Diese Mechanismen können von fähigen Gruppen, die wissen, wie diese Mechanismen funktionieren, genutzt und mißbraucht werden. So beruht die Macht der Nicht-Regierungsorganistionen in den letzten Jahren in einem gewissen Ausmaß auf dem oben beschriebenen Mechanismus. Es ist nicht die Bedeutung dieser Gruppen an sich, die dazu führt, daß ihnen die Medien eine Stimme verleihen, sondern es ist die Angst der Medien vor der Konkurrenz und ihr Kampf um die Kundschaft. Er führt dazu, daß oft kleinen und kaum legitimierten Gruppen eine enorme Bühne zur Verfügung gestellt wird – manchmal sogar gegen den Willen der Journalisten.

All dies mag wie eine ziemlich unkritische Verteidigung der Medien durch einen ‚Insider' tönen. Das wäre allerdings ein offensichtliches Mißverständnis. Der Autor dieser Zeilen ist manchmal selbst so empört und entsetzt über das Verhalten seiner Kollegen in den verschiedensten Medien, daß er große Probleme bekundet, wenn im öffentlichen Diskurs alle Journalisten in den gleichen Topf geworfen werden. Es geht hier aber darum, zu zeigen, inwiefern die Medien bestimmten Mechanismen folgen, oft zur Nachahmung geradezu verdammt sind und tatsächlich wegen der Logik der Informationsmärkte sehr stark abhängig sind von der öffentlichen Meinung. Es bleibt daneben immer noch genug zu kritisieren, und man sollte das kritisieren, was wirklich zu kritisieren ist. Das ist der einzige Weg, um zu überzeugenden und wirksamen Therapien zu kommen.

7. Falsche und richtige Therapien

7.1. Regulierung und Staatseigentum

Die Frage, ob die Medien tatsächlich nur die öffentliche Meinung reflektieren oder ob umgekehrt die öffentliche Meinung ein Widerschein der Medien ist, kann ganz offensichtlich nicht eindeutig beantwortet werden. Ohne Zweifel lassen sich beide Verknüpfungen beobachten. Aber unabhängig davon, in welche Richtung die Wirkungskette läuft, werden die Medien immer der Kritik ausgesetzt sein, und deshalb wird die Versuchung zu einer Kontrolle der Medien immer groß sein (*Beesely* 1996, vor allem S. 109). Hat man die erste Ursachenkette im Auge, lautet die Kritik, daß die Medien nicht verantwortungsvoll genug agieren, daß sie alles veröffentlichen, was die Öffentlichkeit möchte, einschließlich der dümmsten und entwürdigendsten Meldungen. Betont man mehr den zweiten, umgekehrten Wirkungszusammenhang, wird die Kritik lauten, die Medien hätten zu viel Einfluß und würden zu viel Macht ausüben. Aus beiden Gründen sind die Medien besonders beliebte Kandidaten für Regulierungen oder sogar für Staatseigentum. Fürwahr kann man, wenn man sich traditionellen Werten verpflichtet fühlt, manchmal wirklich verzweifeln ob des Angebots, das einem täglich in den Medien vorgesetzt wird. Und in dem Ausmaß, in dem die Medien tatsächlich die öffentliche Meinung beeinflussen können und es auch tun – ein Wirkungszusammenhang, den man jedoch, wie erwähnt, nicht überschätzen sollte –, wird man immer das Argument hören, daß den Medien jegliche demokratische Legitimation fehle und daß sie deshalb kontrolliert werden müßten. In der Tat ist die weitverbreitete Ansicht vieler Journalisten, den Medien komme als vierte Gewalt in der Gesellschaft und im Staat ein geradezu überragendes moralisches Wächteramt zu, nicht nur arrogant, sondern auch gefährlich. Selbstverständlich sollten wachsame Journalisten Fehlverhalten und Fehlentwicklungen an die Öffentlichkeit bringen und versuchen, die Aufmerksamkeit der Öffentlichkeit für solche Entwicklungen zu gewinnen. Insofern sind die Medien tatsächlich Teil der ‚checks and balances'. Aber gleichzeitig ist auch mit Blick auf die Medien an die berühmte Aussage *Lord Actons* zu erinnern: „Absolute power corrupts absolutely". Außerdem stellt sich bei sehr wirkungsmächtigen absoluten moralischen Urteilen, wie sie viele Medien so gerne fällen, immer die Frage, wie man denn wissen kann, was richtig und was falsch ist.

Könnten die Medien tatsächlich die öffentliche Meinung so stark beeinflussen, wie es die Advokaten der ‚vierten Macht' gerne hätten, wäre die Forderung nach Kontrolle und Regulierung der Medien jedenfalls nicht so abwegig. Existierte diese Macht der Medien nämlich wirklich, würde dies ja bedeuten, daß sie auch mißbraucht werden könnte. Allerdings bieten in einer offenen Gesellschaft weder Staatseigentum noch Marktregulierung die richtigen Antworten auf das Problem der Macht und ihres Mißbrauchs. Beide Antworten sind Ausdruck dessen, was *Hayek* die Anmaßung von Wissen genannt hat. Somit bleiben eigentlich nur zwei logische Lösungen des Problems übrig:

- Die klassische liberale Lösung ist der Wettbewerb: So lange es genügend verschiedene Anbieter von Information, Unterhaltung, ‚Infotainment' und dergleichen mehr gibt, so lange bleibt die Macht jedes einzelnen Mediums begrenzt. Damit lösen sich viele Probleme von selbst.
- Die klassische konservative Lösung des Problems lautet ‚individuelle Verantwortlichkeit': Solange die Medienschaffenden sich bei ihrer Arbeit nach klaren moralischen Grundsätzen ausrichten, werden viele der beobachteten und befürchteten negativen Tendenzen gar nicht auftreten.

7.2. Wettbewerb

Es ist ganz offensichtlich, daß die beste Medizin gegen zu mächtige und zu verantwortungslose Medien der Wettbewerb ist. Wenn eine Zeitung eine Falschmeldung verbreitet, kann ein Konkurrenzprodukt seine Reputation und seine Marktstellung unter Umständen verbessern, indem es die Dinge richtigstellt. Wenn ein Fernsehsender einen

Politiker heftig attackiert, kann ein anderer Sender den gleichen Politiker wohlwollender beurteilen und damit unter Umständen einige Zustimmung gewinnen. Wenn eine Radiostation interventionistische wirtschaftspolitische Vorstellungen verbreitet, verteidigt vielleicht der lokale Konkurrent die Idee des freien Marktes. Deshalb sind Monopole wohl das Schlimmste, was in der Medienlandschaft passieren kann, und Staatsmonopole sind, sofern man Superlative noch steigern kann, sogar noch schlimmer. Selbst wenn man in der Wettbewerbspolitik in der Regel den Ideen der Chicago-Schule folgt, gibt es gute Gründe, im Bereich der Medien die Freiburger Position zu vertreten.

Es ist nicht zufällig, daß in der Schweiz in beinahe jedem Kanton zwei oder drei Zeitungen unterschiedlicher politischer Ausrichtung existierten und oft immer noch existieren. Wenn diese lokal beschränkte Konkurrenz der Zeitungen in den letzten Jahren abgenommen hat, hat dies zum Teil damit zu tun, daß Zeitungen mit nationaler Verbreitung zunehmend in die Regionen vordringen und mehr über die dortigen lokalen Angelegenheiten berichten, und es hat zum Teil damit zu tun, daß Lokalradios den örtlichen Medienwettbewerb verschärft haben. Das Überleben einiger dieser kleinen regionalen oder sogar lokalen Zeitungen ist hauptsächlich einer Vorzugsbehandlung der Presse ganz generell durch den Staat und durch die Post zu verdanken. Bedenkt man jedoch, daß die Schweiz gleichzeitig, wie so viele Staaten in Europa, über eine staatliche Radio- und Fernsehgesellschaft verfügt, verliert diese Vorzugsbehandlung etwas von ihrem Schrecken für marktwirtschaftlich denkende Beobachter. Die Schaffung eines völlig unverzerrten Marktes wäre natürlich eine wesentlich bessere Lösung, aber selbst dann wären aus der Sicht dieses Autors einige Regeln für aktiven und andauernden Wettbewerb nötig.

7.3. Individuelle Verantwortung

Alle Gesetze dieser Welt und aller Wettbewerb können allerdings nichts ausrichten, wenn nicht auf der Seite der Medienschaffenden (der Journalisten genauso wie der Verleger) eine gewisse Bereitschaft herrscht, sich verantwortungsvoll zu verhalten. Leider geht der Trend eher in die andere Richtung. Einige dieser Tendenzen seien hier erwähnt:

– Da ist zunächst eine gewisse Neigung, nicht so sehr zu berichten, was geschehen ist, sondern eher zu berichten, wie die Menschen auf das, was geschehen ist, reagiert haben. Gewiß ist in einem gewissen Ausmaß die Absicht verständlich, ernsthafte Tatsachen und Analysen besser zu verkaufen, indem man sie in einige Emotionen einpackt – aber das sollte nicht so weit gehen, daß man die Fakten durch Emotionen ersetzt.

– Zu beklagen ist ferner ein Hang dazu, nicht nur alle guten Manieren zu vergessen, sondern auch jeglichen Respekt gegenüber dem Interview-Partner. Für einige Journalisten scheint es absolut normal zu sein, an einem sonnigen Samstag- oder Sonntagnachmittag an der Haustür von Politikern oder Unternehmern zu klingeln, inquisitorische Fragen zu stellen und private Informationen von Kindern oder persönlichen Angestellten zu erhalten, um nur einige Beispiele herauszugreifen. All das geschieht dann immer unter dem Heiligenschein des Wächters öffentlichen Interesses. Es gibt ein berühmtes Beispiel, das zeigt, daß nur einige Jahrzehnte zurück gewisse

Ereignisse und Meldungen einfach tabu waren. Nachdem *Richard Nixon* 1960 die Präsidentschaftswahl verloren hatte, wurde seine Frau *Pat* von einigen Reportern vor dem Haus der *Nixons* in Kalifornien interviewt. Sie verlor offenbar völlig die Kontrolle, reagierte gänzlich unangemessen und unakzeptabel, attackierte verbal alles und jedes. Die Journalisten gingen weg und schrieben kein einziges Wort darüber. Die Reaktion *Pat Nixons* wurde als typische Reaktion unter großem Druck und außergewöhnlicher Enttäuschung interpretiert, und es gab keinerlei Grund, die ganze Welt darüber zu informieren. Man stelle sich die gleiche Szene heute vor.

- Weiter gibt es vor allem bei kleineren Medienunternehmen oft das Problem ungenügender Unabhängigkeit. Das Einkommen dieser Unternehmen basiert zu vier Fünfteln oder noch mehr auf Inserateeinnahmen. Größere Kunden können in einem solchen Kontext vor allem in rezessiven Phasen Druck auf die Medien ausüben und versuchen, sie in ihrer publizistischen Arbeit zu beeinflussen. Das Ergebnis solcher Pressionsversuche können dann völlig unkritische Artikel sein, die eher in die Kategorie ‚Public Relations' einzuordnen wären als in die Rubrik Journalismus.
- Eine besonders gravierende Fehlentwicklung ist der Journalismus mittels Scheckbuch. Es kommt leider immer wieder und zunehmend vor, daß Journalisten für Informationen, manchmal sogar geheime und vertrauliche Informationen, Geld bezahlen. Das führt zur Situation, daß ‚Enthüllungs'-Artikel nicht unbedingt in den besten Medien erscheinen oder in den Medien mit den besten Journalisten, sondern in den Medien mit der höchsten Auflage und den besten Finanzen.
- Ein letzter – und vermutlich der schlimmste – Trend ist der modische Hang zur ‚political correctness'. Gelegentlich bekommt man den Eindruck, als werde die Zensur durch den Staat zunehmend ersetzt durch eine allgemeine Zensur der politischen Korrektheit, die jegliches ‚politisch unkorrekte' Schreiben, Reden und Verhalten verunmöglicht. Nicht nur ist es keineswegs von gutem, wenn die Menschen ihre Gefühle nicht mehr ausdrücken können, sondern die ‚political correctness' tötet letztlich jegliche Unabhängigkeit in den Köpfen der Journalisten ab. Gedanken sollten frei sein, das Schreiben und Berichten über Ideen sollte es ebenfalls sein.

Alle diese Tendenzen könnten vermieden werden, wenn Journalisten moralische Grundsätze und den Mut hätten, gegen den Strom zu schwimmen. Aber Moral und Mut kann man nicht verordnen, sie müssen im langsamen Prozeß der Erziehung wachsen und gedeihen. Letztlich kann man sich der Erkenntnis nicht verschließen, daß sogar die beste Wirtschafts- und Gesellschaftsordnung, auch die beste Ordnung für die Welt der Medien, nicht funktionieren kann ohne eine zumindest gewisse moralische Grundhaltung unter den Medienschaffenden.

8. Schlußbemerkungen

Johann Jakob von Grimmelshausen bezeichnete die Journalisten schon vor mehr als drei Jahrhunderten als „Nastücher des Teufels" (*Schwarz* 2003). Doch wie bei so vielem, gilt auch mit Blick auf die Medien, daß weder diese selbst noch die Menschen, die sie gestalten, nur gut oder nur schlecht sind. Medien sind ähnlich wie Waffen – man kann sie in einem guten oder in einem schlechten Sinne nutzen. Indoktrination und Propaganda in einem totalitären Staat, Manipulation, Brutalisierung und Verdummung in liberaleren und offeneren Staaten sind alle Zeichen eines Mißbrauchs der Medien. Aber denkt man etwa an Radio Free Europe und Radio Liberty, denkt man an die Rolle des Westdeutschen Fernsehens vor dem Fall der Berliner Mauer für die Informationslage in Ostdeutschland, denkt man an die Bedeutung der BBC und von Radio Beromünster im Zweiten Weltkrieg, oder denkt man schließlich an Watergate, wird deutlich, daß die Medien immer wieder auch eine sehr positive Rolle gespielt haben und weiter spielen werden.

Die meisten dieser positiven Beispiele betreffen wahrlich unabhängige Medien (*Luchsinger* 1984, S. 39),

- unabhängig von rein kommerziellen Verlagsinteressen, also von Interessen, die allein auf hohe Auflagezahlen und Leserschaftszahlen ausgerichtet sind,
- unabhängig im Sinne eines klaren ordnungspolitischen Positionsbezugs; die modischen Balance-Übungen – wenn ich die Linke kritisiere, muß ich auch die Rechte kritisieren – sind kein Zeichen von Unabhängigkeit, sondern entweder ein Ausdruck unentschlossener Schwäche oder aber des Strebens nach Marktanteilen und damit der Suche nach einem möglichst großen Publikum auf beiden Seiten des politischen Spektrums,
- unabhängig von dominierenden Inserenten,
- unabhängig von politischem Druck.

Sogar wenn es ganz offensichtlich ist, daß die Nachfrage nach ziemlich anspruchslosen Medien wächst, die mehr Unterhaltung als Information bieten, besteht daneben dennoch ein Markt für unabhängigen Qualitätsjournalismus. Dieser Journalismus ist nicht neutral. Er folgt einem Kompaß. Er zeigt eine gewisse Konsistenz und Kontinuität, und er bietet auf die wichtigen Fragen unserer Zeit im großen und ganzen in sich schlüssige und gleichbleibende Antworten. In jedem Fall ist die weltanschauliche Orientierung eines so verstandenen Qualitätsjournalismus klar deklariert. Hingegen steht solch unabhängiger Journalismus nicht notwendigerweise auf der Seite der Marktwirtschaft und der Demokratie – Qualität und Unabhängigkeit sind nicht das Monopol der liberalen Kräfte. Ein solcher Journalismus unterwirft sich aber in jedem Fall nicht den Emotionen der Massen und macht sich nicht zum Sklaven des Zeitgeistes, sondern versucht, offen zu bleiben für Überzeugungen und Meinungen. Zugleich wollen solche unabhängigen Qualitätsmedien veritable Meinungsführer sein, nicht in dem Sinne, daß ihnen die Öffentlichkeit zwingend folgen muß, aber Meinungsführer im Sinne eines Angebots, das so überzeugend ist, daß ihm die Öffentlichkeit möglicherweise folgen möchte. Solange die Menschen eine Wahl haben, ist an starken, unabhängigen, führungswilligen Medien nichts auszusetzen, an Medien, die keine Herren der öffentlichen Meinung sind, sondern notwendige Informationsinstrumente und besonders auch wichtige Orientierungspunkte in jeder offenen Gesellschaft.

Literatur

Anderson, Richard D. (1998), The Place of Freedom in Popular Democracy, in: Critical Revue, Vol. 12, No. 4, pp. 481-500.

Beesley, Michael E. (ed.) (1996), Markets and the Media, Competition, Regulation and the Interests of Consumers, London.

Bütler, Hugo (1988), Politische Freiheit und der Kampf um die öffentliche Meinung, in: Neue Zürcher Zeitung, Nr. 289 vom 10./11. Dezember 1988, S. 25 f.

Ellul, Jacques (1965), Propaganda: The formation of men's attitudes, London.

Jensen, Carl and *Project Censored* (1996), The News That Didn't Make the News and Why, The 1996 Project Censored Yearbook, New York.

Lippmann, Walter (1922/1997), Public Opinion, New York.

Luchsinger, Fred (1984), Die Zukunft der Meinungspresse, in: Neue Zürcher Zeitung, Nr. 104 vom 5./6. Mai 1984, S. 39.

McQuail, Denis (2000), Mass Communication Theory, 4th ed., London.

Minogue, Kenneth (1997), The Silencing of Society: The True Cost of the Lust for News, London.

Noelle-Neumann, Elisabeth, (2001), Die Schweigespirale: Öffentliche Meinung – unsere soziale Haut, 6. erw. Aufl., München.

Schwarz, Gerhard (2003), El periodismo económico en una economía de libre mercado, in: Nuestro Tiempo – Revista mensual de cuestiones actuales, No. 586, abril, S. 44-54.

Steel, Ronald (1997), Foreword, in: *Walter Lippmann*, (1997), Public Opinion, New York, pp. XI-XVI.

Tocqueville, Alexis de (1856), L'ancien régime et la révolution, deutsch (1857): Das alte Staatswesen und die Revolution, Leipzig.

II.

Ordnungspolitischer Reformbedarf in Deutschland

Helmut Leipold und Dirk Wentzel (Hg.), Ordnungsökonomik als aktuelle Herausforderung
Schriften zu Ordnungsfragen der Wirtschaft · Band 78 · Stuttgart · 2005

Sozialpolitik und die Inflation ungedeckter Rechte

Hans Willgerodt

Inhalt

1. Das Problem: Sozial- und Finanzpolitik als volkswirtschaftliche Täuschung

Jede moderne Geldwirtschaft beruht auf der Vorstellung, stoffwertloses Geld stelle für seinen Besitzer einen realen Wert dar. Dies trifft jedoch nur zu, wenn diese Vorstellung von anderen geteilt wird und sie deswegen bereit sind, dieses Geld gegen reale Güter zu tauschen. Im Regelfall findet sich heute bei freier Preisbildung immer irgend jemand, der stofflich wertlose Schuldtitel, genannt ‚Geld', in Empfang nimmt und dafür reale Güter liefert. Dies ist das Wunder der Geldwirtschaft. Es beruht auf einer allgemeinen Täuschung, die dadurch aufhört, eine Täuschung zu sein, daß jeder damit rechnet, den stoffwertlosen ‚Schwarzen Peter', genannt ‚Geld', ohne unerwarteten realen Verlust weitergeben zu können. Deswegen kreditiert er der Gesellschaft seinen Anspruch auf reale Güter so lange, wie er das Geld nicht ausgibt. Wenn dies alle gleichzeitig tun, sind sie insgesamt realwirtschaftlich Gläubiger und Schuldner zu gleicher Zeit. Gegen wen das Geld als Anspruch auf das Sozialprodukt zum Kauf von Gütern konkret geltend gemacht wird, steht zunächst nicht fest. Trotzdem müssen keine unfreiwilligen güterwirtschaftlichen Kreditsalden entstehen. Das System ist – vereinfachend ausgedrückt – dann funktionsfähig, wenn es keine eingebauten Schädigungen enthält, sondern bei Preisniveaustabilität ein Gleichgewicht zwischen dem Volumen an umgesetzten realen Gütern und durch Geld ausgeübten Ansprüchen besteht.

Zu Täuschungen und Enteignungen kommt es immer dann, wenn dieses Gleichgewicht gestört wird. Das geschieht vor allem bei Inflation. Es werden dabei im Übermaß Instanzen mit zusätzlich geschaffenem Geld ausgestattet, die keinen Beitrag zum realen Sozialprodukt leisten. *Rueff* (1948/1952 Kapitel XXIV) spricht von „unechten Rechten" (faux droits); im Unterschied zu privat hergestelltem Falschgeld können sie nicht als Fälschungen entdeckt werden und treten mit gleichen Rechten neben das Geld, das durch reales Güterangebot erworben wird.

Läßt man heute vereinfachend den Euro als wertstabil gelten und nimmt man ebenfalls vereinfachend an, die nationalen Regierungen des Euro-Raumes hätten auf neu geschaffene Euro-Mengen keinen beliebigen Zugriff, dann ist ihnen der inflationistische Weg der Täuschung und realen Enteignung bestehender Geldansprüche verbaut.

Die Finanz- und Sozialpolitik hat aber andere und auf lange Sicht ebenso gefährliche Wege gefunden, um real ungedeckte Ansprüche zu verteilen und wirtschaftliche Illusionen hervorzurufen. Eine Inflation unechter, das heißt nicht ausreichend durch Güterangebote gedeckter Rechte ist auch bei Geldwertstabilität möglich, aber auf andere Wege abgedrängt. In den Systemen der Sozialen Sicherung, vor allem der Renten- und Pflegeversicherung, und bei einem Teil der heutigen Staatsverschuldung werden ebenso wie bei übermäßigem Schaffen stoffwertlosen Geldes Ansprüche begründet, denen jetzt und in Zukunft überhaupt keine oder keine ausreichenden realen Werte gegenüberstehen. Es werden dann diese Ansprüche selber wie bei Inflation entwertet, oder es muß irgend jemand herangezogen werden, um den Überschuß an Ansprüchen zu befriedigen. Vor allem sind das künftige Beitrags- und Steuerzahler.

Teilweise werden solche Ansprüche wie bei der Sozialhilfe aus dem tatsächlich vorhandenen realen Sozialprodukt ohne Gegenleistung der Berechtigten gewährt. Die Erwerber anderer sozialpolitischer Ansprüche müssen jedoch zum Teil dafür Beiträge entrichten. Dabei handelt es sich allerdings vielfach um bloße Optik, also Scheinäquivalenz des Wertes von Ansprüchen und Beiträgen. Die erworbenen Rechte sind real ungedeckt. Zum Beispiel wird in der sozialen Alterssicherung den Beitragszahlern die Illusion vermittelt, daß mit ihren Beiträgen wie bei echten Investitionen reale Werte geschaffen werden, auf die sie später zurückgreifen können. Davon kann bei Dominanz des Umlageverfahrens keine Rede sein. Echte Äquivalenz mit Erwerb real gedeckter Rechte könnte eher bei Staatsschuldtiteln bestehen, sofern der Staat mit den ihm kreditierten Mitteln wirtschaftlich sinnvolle Investitionen finanziert. Das gilt jedoch nicht, wenn diese Mittel dem staatlich finanzierten Konsum dienen, einer Tendenz, die sich immer mehr ausbreitet.[1]

Die im Umlageverfahren der Sozialpolitik und bei der Staatsverschuldung geschaffenen Ansprüche richten sich zunächst gegen unbekannte Personen, von denen man noch nicht weiß, ob sie die gewährten Anspruchsrechte durch Abgabe von Gütern decken werden. Was an Abgabepflichten auf sie zukommt, wissen sie noch nicht und fühlen sich deshalb auch noch nicht belastet. Bekannt ist höchstens die Definition des Personenkreises, gegen den sich die Ansprüche richten, etwa Beitrags- und Steuerzahler. Teilweise sind diese Zahler noch gar nicht geboren, sondern werden erst später irgendwann durch eine Zahlungspflicht überrascht. Sie können ihr legal entgehen, wenn sie zahlungsunfähig werden, also kein Einkommen versteuern und kein Vermögen erben. Dieser Weg der Flucht vor Belastung bietet sich immer mehr an, je einfacher er begangen werden kann, etwa durch Auswanderung, Eigenwirtschaft, Schwarzarbeit oder durch Nichtstun bei hinreichend großzügiger Sozialhilfe.

Je enger der Erwerb vor allem von ungedeckten sozialpolitischen Ansprüchen mit entsprechenden Beitragspflichten verbunden ist, desto größer kann der Widerstand gegen solche Abgaben werden und damit gegen die geplanten sozialpolitischen Ausgaben. Arbeitnehmer fühlen zum Beispiel höhere sozialpolitische Abzüge vom Bruttolohn. Und die Unternehmungen zahlen ungern höhere Arbeitgeberbeiträge, wenn sie nicht die Preise entsprechend erhöhen oder die Barlöhne mindern können. Denn um so mehr werden die sozialpolitischen Lohnnebenkosten für Beitragszahler und Unternehmungen fühlbar. Den Anhängern des Wohlfahrtsstaates liegt deshalb viel daran, die Belastungen, die durch ihre Politik entstehen, zu verschleiern und auf Gebiete zu verlagern, bei denen der Zusammenhang zwischen ihren Ausgabeplänen und den Abgabepflichten der sozialpolitisch zu Betreuenden schwerer zu erkennen ist. Eine unmittelbare und persönliche Äquivalenz von sozialpolitischen Leistungen und Beitragspflichten soll weitestgehend aufgehoben werden, um die Täuschung hervorzurufen, soziale Leistungen seien kostenlos. Deswegen erfahren zum Beispiel in der sozialen Krankenversicherung die Patienten nicht, was ihre Behandlung kostet, und man verschiebt Beitragserhöhungen,

---

1 Die These, zunehmende Staatsverschuldung auch für Konsumzwecke sei unbedenklich, solange sie aus späteren Steuererträgen einer wachsenden Wirtschaft verzinst werden kann, läßt die Alternative unbeachtet, daß dieses Wachstum auch von sinnvollen staatlichen Investitionen gefördert werden kann und bei zu geringen Investitionen dieser Art zurückgeht.

indem statt dessen Steuern zur Kostendeckung herangezogen werden, etwa zu diesem Zweck erhöhte Tabak- oder Energiesteuern. Ein Extremfall ist die Finanzierung allein aus Steuermitteln, zum Beispiel die volle Verstaatlichung des Gesundheitswesens. Die für den Einzelnen damit unmittelbar kostenlos erscheinenden Leistungen müssen dann amtlich zugeteilt werden, weil die Bremse persönlicher Bezahlung vollständig beseitigt worden ist.

Das System der Begründung von Rechten auf Kosten von Unbekannt könnte durchaus wie bei solidem Geld stabil sein, wenn der Umfang dieser Rechte der erwarteten Leistungsfähigkeit und Leistungswilligkeit der künftig Belasteten entspricht, diese Rechte also nachträglich real gedeckt werden. Es besteht dabei eine doppelte Kreditbeziehung, die deswegen doppeltes Vertrauen voraussetzt, nämlich einmal das Vertrauen, daß die gewährten oder erworbenen Ansprüche auf Geldzahlungen bei den Abgabepflichtigen wirklich durchgesetzt werden können, und zum anderen Vertrauen darin, daß anschließend das erlangte Geld ohne Verlust in andere Güter umgetauscht werden kann. Beides ist nicht selbstverständlich. Selbst bei wertstabilem Geld können die sozialpolitischen und durch Staatsschuld begründeten Ansprüche auf Geldzahlungen über die künftige rechtlich-politische und tatsächliche Erfüllbarkeit hinaus aufgebläht sein.[2]

Selbstverständlich gibt es eine Umverteilung und Nichtäquivalenz, die nicht auf Täuschung beruht, wo also durch Güter gedeckte Rechte ohne Gegenleistung übertragen werden. Sie kann auf einem Einverständnis zwischen Geber und Nehmer beruhen und ist insoweit nicht mit den Widerständen belastet, die bei erzwungener Umverteilung zu erwarten sind. Allenfalls entsteht bei freiwilligen Gaben Dankbarkeit des Empfängers, vielleicht auch erhöhtes Selbstwertbewußtsein des Gebers. Im modernen Sozialstaat sind jedoch solche Beziehungen weitgehend Forderungen und Rechtsansprüchen gewichen. Sie nicht geltend zu machen gilt als rückständige Verschämtheit, während die Fähigkeit, Hilfe zu leisten, als Symptom für besteuerbaren Überfluß des Gebers angesehen wird.

Sozialpolitik ist ursprünglich ein Bereich der soeben erwähnten, durch reale Güter voll gedeckten Nichtäquivalenz gewesen. Sie befaßte sich mit der staatlich veranlaßten Übertragung von tatsächlich vorhandenen oder aus der Produktion zu erwartenden Gütern ohne Gegenleistung an solche Empfänger, die als bedürftig galten. Ein Grenzgebiet zur Wirtschaftspolitik besteht auch heute noch in einer Art von produktiver Sozialpolitik, bei der Hilfe zur Selbsthilfe geleistet wird. Damit soll der Empfänger instand gesetzt werden, in das Reich der Äquivalenz und des Marktes zu wechseln. Ein weiteres Grenzgebiet besteht darin, daß im Zeitablauf einmal der eine und ein anderes Mal der andere auf Hilfe angewiesen sein kann. Daran läßt sich eine Art von realer Äquivalenz erkennen, die unberechnet bleiben kann. Wird sie vertraglich von Anfang an festgelegt

2 Während des Zweiten Weltkrieges wurde in den USA die These aufgestellt, im Inland untergebrachte Staatsschuldtitel seien in beliebiger Höhe vollständig unbedenklich. Davon ausgehende Zinssteigerungen und Verdrängungen von Privatinvestitionen blieben ebenso unbeachtet wie die Probleme kumulativ steigender Zinslasten für den Staatshaushalt, vgl. hierzu *Hahn* (1969, S. 242 f.).

und berechnet, dann wechselt Hilfe in das Gebiet des Geschäfts, etwa der Versicherungen.

Seit langem beschränken sich sozialpolitische Aktivitäten nicht mehr auf den Bereich der Hilfe für Bedürftige. Einerseits wird für eine Umverteilung von Gütern aus anderen Motiven gesorgt, etwa der sogenannten Verteilungsgerechtigkeit. Über deren Inhalt bestehen extreme Meinungsunterschiede. Güter werden heute vom Staat an Personen umverteilt, die sich nicht wirklich in einer Notlage befinden, sondern durch andere Merkmale, etwa Branchenzugehörigkeit, auszeichnen. Insoweit wird das Prinzip der Äquivalenz auch dort aufgegeben, wo es gelten kann und früher gegolten hat.

Andererseits wird den Wirtschaftenden ohne Rücksicht auf ihre Bedürftigkeit oder andere Kriterien eine bestimmte Verwendung ihres Einkommens vorgeschrieben, etwa für Zwecke der Alterssicherung oder der Vorsorge bei Krankheit und Pflegebedarf. Solche Verhaltensvorschriften greifen zwar in den Bereich der Äquivalenz und des Geschäfts ein, müssen aber nicht notwendig der einseitigen Übertragung von Gütern dienen. Nur hält sich der Staat auf diesem Gebiet für den besseren Geschäftsmann, der die Bürger vor Hilfsbedürftigkeit bewahren will. Bei der bloßen Bevormundung durch den Staat bleibt es aber nicht, sondern Politik und Staat nutzen die Gelegenheit, ihre Eingriffe mit zahllosen Umverteilungen und dem Ausstellen von ungedeckten Wechseln auf die Zukunft zu verbinden.

Diese Entwicklung hat zur Krise des modernen Sozialstaates wesentlich beigetragen. Sie geht vor allem auf eine Politik der überzogenen Ansprüche, Ausgaben, Illusionen, Täuschungen und Selbsttäuschungen zurück. Realwirtschaftlich durch Human- und Sachkapital gedeckte Ansprüche wurden durch Forderungen an Personengesamtheiten ersetzt, deren Größe, Kapitalausstattung, Zahlungsfähigkeit und Zahlungsbereitschaft nicht hinreichend feststehen. Offen ausgewiesene, auf allgemeine Zustimmung stoßende Umverteilung wurde zugunsten unklarer Teil- und Scheinäquivalenzen, getarnter Enteignungen und Umverteilungen sowie von Kapitalverzehr zurückgedrängt.

2. Die Vermengung sozialpolitischer Äquivalenzbegriffe

In der jüngeren deutschen Sozialpolitik sind Bereiche der realen Äquivalenz und der Umverteilung in einer kaum noch zu entwirrenden Vielfalt miteinander vermischt. Entsprechend vermischt worden sind auch die Motive, die zur Begründung sozialpolitischer Maßnahmen herangezogen werden.

Je nach politischer Opportunität werden Argumente des Mitleids und der Nächstenliebe auch dann bemüht, wenn es um vollständige Erfassung aller Nichtbedürftigen in kollektiven Sicherungsystemen geht. Die sachliche Prüfung, ob und inwieweit solche Systeme zweckmäßig sind, wurde dabei mit dem Geruch des sogenannten ‚Unsozialen' behaftet, um Kritik zurückzustauen. Man spricht von notwendiger ‚Solidarität'. Damit soll an brüderliches Zusammenstehen erinnert werden. Dies ist auch ohne den Staat möglich, etwa in Familien, privaten Versicherungen, Genossenschaften und Haftungsgemeinschaften des Gesellschaftsrechts. ‚Solidarität' soll aber auch angeordnete einseitige Übertragungen von Gütern legitimieren, denen keine freiwillige Vereinbarung zugrunde liegt. Im einen Falle bedeutet Solidarität wechselseitige Achtung von Rechten und Regeln eines nichtstaatlichen Zusammenschlusses, im anderen einseitige Übertragung von Gütern auf Anordnung des Gesetzgebers.

Freiwilligem Tausch von Leistung und Gegenleistung setzen die Partner per definitionem keinen Widerstand entgegen.[3] Bei erzwungenen Umverteilungen ist dagegen mit Widerständen zu rechnen. Deswegen neigt die praktische Politik dazu, auch bei von ihr angeordneten Umverteilungen so lange wie möglich den Anschein von Äquivalenz aufrechtzuerhalten. Typisch hierfür ist die deutsche gesetzliche Alterssicherung. Bei ihr richten sich die ausgezahlten Renten unter anderem nach den früheren Einzahlungen der Anspruchsberechtigten. Eine reale Äquivalenz von Leistung und Gegenleistung zwischen zugleich gebenden und empfangenden Personen besteht dabei nicht. Denn die Einzahlungen der Anspruchsberechtigten dienen überhaupt nicht ihrer eigenen Alterssicherung, sondern ausschließlich der Alimentation einer vorangehenden Generation. Die mit den Einzahlungen wachsenden Ansprüche der Abgabepflichtigen auf spätere Renten sollen von zunächst unbeteiligten Dritten, nämlich nachwachsenden Beitragszahlern, erfüllt werden, die von früheren Beiträgen der vorangehenden Generation keinerlei Vorteile haben. Was die Nachwachsenden aufbringen, hängt unter anderem von ihrer Zahl und ihrem Lohneinkommen ab. Diese Summe kann bei wachsender Rentnerzahl und stagnierender oder rückläufiger Zahl von Beitragspflichtigen, wirtschaftlicher Stagnation und konstantem Abgabesatz hinter den gewährten Ansprüchen zurückbleiben, also nicht ausreichen, um die frühere Beitragszahlung der Anspruchsberechtigten voll zu verzinsen und zurückzuerstatten oder gar bestehende Renten nach Maßgabe von Produktivitätszuwächsen zu erhöhen. Auch der Inflationsschutz, den man einst der ‚dynamischen Rente' nachgerühmt hat, kann fragwürdig werden.

Warum scheint das Weiterreichen von stoffwertlosen Ansprüchen im Geldwesen mehr oder weniger zu funktionieren, während es heute im Rahmen des angeblichen Generationenvertrages nicht mehr zu befriedigenden Ergebnissen führt? Daß mehr als zwei Partner, nämlich drei Generationen, beteiligt sind, reicht als Erklärung nicht aus. Im marktwirtschaftlichen Verkehr kauft der Empfänger von Zahlungen ja auch nicht unbedingt bei seinen Kunden, sondern meist bei Dritten, die seinen in Geld ausgedrückten Anspruch auf Güter befriedigen. Die Antwort ist einfach: In der Geldwirtschaft mit freien Märkten müssen diejenigen, die zunächst mit Geld bezahlt haben, ihre Kasse durch Lieferungen von Gütern an irgend jemanden wieder auffüllen, also eine reale Gegenleistung erbringen. Sonst können sie nicht weiter im Geschäft bleiben und zum Beispiel ihre Arbeitskräfte entlohnen. Haushalte, deren Kassenbestände sich leeren, müssen sie ebenfalls im Regelfall durch Angebot von Leistungen wieder ersetzen, wenn sie weiter einkaufen und nicht Mangel leiden wollen. Der multilaterale Handel sorgt auf vielen Umwegen dafür, daß der frühere Lieferant schließlich doch mittelbar eine reale Gegenleistung von seinem früheren Kunden erhält. Es besteht persönliche Äquivalenz. Die möglichen Kreditbeziehungen und Verzögerungen in diesem Vorgang ändern nichts

3 Der Grad an Freiwilligkeit kann unterschiedlich sein. Bei dem Ruf des Verbrechers: „Geld oder Leben!" kann natürlich von Freiwilligkeit des Erpreßten keine Rede sein, weil er keine realistischen Alternativen hat, obwohl man eine Art von Tauschvorgang erkennt. Auch der Markt kann Machtelemente und damit Beschränkungen der Freiwilligkeit enthalten.

daran, daß letztlich doch realwirtschaftliche Äquivalenz zwischen den beteiligten Personen entsteht.

In der deutschen sozialen Alterssicherung gibt es hierfür keinen im System angelegten Zwang. Die Personen, die Zahlungen erhalten, nämlich die Rentner, erbringen keinerlei direkte oder indirekte persönlich zurechenbare Gegenleistung an die Beitragszahler. Diese Beitragszahler müssen sich damit trösten, daß sie ihrerseits von ganz anderen Personen, nämlich einer nachfolgenden Generation, später einmal durch deren Beiträge versorgt werden.

In der Vergangenheit erworbene Rentenansprüche können nicht aus Beiträgen erfüllt werden, wenn die davon ganz unabhängigen späteren Beitragseinnahmen hinter den Ansprüchen zurückbleiben. Zur Korrektur müssen dann die Beiträge erhöht, die Ansprüche der Beitragszahler gesenkt oder Kredite aufgenommen werden, für deren Verzinsung irgend jemand, meist der Steuerzahler, aufkommen muß. Man hat dies als implizite Einkommensteuer bezeichnet.[4] Je mehr durch Beitragserhöhung oder Kürzung der Ansprüche, die man mit bestimmten Beiträgen erwerben kann, das Umlageverfahren gegenüber der Kapitalbildung zum Verlustgeschäft wird, desto mehr werden die Beiträge nicht mehr als spezielles Entgelt angesehen, sondern als Steuern. Sie stellen insoweit das Gegenteil eines individuellen Äquivalenzverhältnisses dar. Steuern sind bestenfalls ein generelles Entgelt für staatliche Leistungen, und oft nicht einmal das.

Zur Legitimation des Umlageverfahrens in der Alterssicherung wird deswegen ein Rest von Äquivalenzähnlichkeit der Renten mit den Beiträgen dadurch aufrechterhalten, daß derjenige relativ zu anderen Rentnern mehr Rente erhält, der früher mehr eingezahlt hat. Man spricht von Teilhabeäquivalenz. Realwirtschaftlich handelt es sich um bloßen Schein, die erworbenen Rechte sind ungedeckt. Denn die Beiträge werden sofort verbraucht und tragen nichts zur Produktion und Lieferung der Güter bei, die von den Beitragszahlern später verbraucht werden, wenn sie ihrerseits Rentner geworden sind.

Es beginnt hier der Bereich der juristischen Abstraktionen von der Wirklichkeit. Den Ansprüchen gegenüber der Sozialversicherung wird ein verfassungsrechtlicher Eigentumsschutz zuerkannt. Er soll um so stringenter sein, je mehr der angeblich von den Rentnern durch frühere Beiträge finanzierte Eigenanteil an der Rente betroffen ist. Wirtschaftlich gibt es aber im Umlagesystem gar keine Eigenfinanzierung der Rente durch frühere Beiträge, sondern sie wird allein von den Beiträgen einer folgenden Generation finanziert. Die jeweils eigenen Beiträge sind längst von der vorigen Rentnergeneration angeeignet und wahrscheinlich bei geringer Sparneigung der Rentner überwiegend verbraucht. Was in diesem System durch Beiträge erworben wird, ist ein bloßer variabler Anspruch gegenüber einer folgenden Generation. Großeltern und Eltern verabreden sich, Enkeln und Kindern eine Zahlungspflicht aufzuerlegen, die diese dann in derselben Weise an spätere Generationen weiterreichen.

---

4 *Thum* und *J. von Weizsäcker* (2000). In Wirklichkeit erhält der Staat bei gekürzten künftigen Rentenansprüchen aus dieser ‚Steuer' keine Einnahmen, sondern es handelt sich um einen Vorteil, der den Beitragszahlern durch staatlichen Zwang vorenthalten wird.

Aufschlußreich, wenn auch verwirrend sind in diesem Zusammenhang verfassungsrechtliche Erwägungen, spätere Kürzungen von Altersrenten dürften nicht die früher einmal eingezahlten Beiträge angreifen, weil sonst eine bedenkliche Enteignung vorliege (*Papier* 2003). Man unterstellt hier, die Rentner hätten wirklich nach dem regulären marktwirtschaftlichen Äquivalenzprinzip ihren Rentenanspruch als einen vorhandenen wirtschaftlichen Wert gekauft. Wirtschaftlich reales Eigentum der Einzahler entsteht aber im Umlageverfahren überhaupt nicht, sondern es wird nur in Form eines an künftige Beitragszahler gerichteten Anspruchs fingiert. Der realwirtschaftliche Sachverhalt und sein rechtliches Kleid fallen völlig auseinander.

Dieses Prinzip ist schon viel früher bei den Beamtenpensionen verfestigt worden. Die deutschen Beamten erhalten einen Rechtsanspruch auf Bezüge im Alter. Es sind dafür aber weder von der öffentlichen Hand realwirtschaftlich gedeckte Rückstellungen gebildet worden, noch haben die Beamten wie bei den schweizerischen Pensionskassen investierte Ersparnisse gebildet. Soweit die Bruttogehälter der Beamten niedriger sind als diejenigen vergleichbarer Angestellter, haben die Pensionäre während ihrer Dienstzeit durch Einkommensminderung fiktiv für ihre Pension angespart. Realwirtschaftlich ist aber in der Regel nichts investiert und gespart worden, sondern der Staat hat andere Ausgaben erhöhen können, weil er für die Pensionsverpflichtungen keine Ersparnisse bilden wollte. Unter Privaten würde der Verbrauch von zweckgebundenen Einnahmen für andere Zwecke als Untreue strafbar sein.

Die genannten rechtlichen Äquivalenzfiktionen haben gleichwohl große realwirtschaftliche Folgen. (Lateinisch ‚fictio' heißt nicht nur ‚erdichteter Fall', sondern auch ‚Gestaltung'.) Hinter den realwirtschaftlich deckungslosen Renten- und Pensionsansprüchen steht die Staatsgewalt. Sie setzt diese Ansprüche gegenüber den nachfolgenden Generationen durch und verleiht ihnen dadurch einen realen Inhalt. Privatwirtschaftlich entsteht damit ein nicht übertragbares Vermögen der Anspruchsberechtigten.

Bei den Beitrags- und Steuerzahlern müßte eigentlich zur selben Zeit ein Schuldbetrag in derselben Höhe gebucht werden. Er trifft die Gesamtheit späterer Beitrags- und Steuerzahler, ist aber noch nicht auf die einzelnen Abgabenzahler umgelegt. Deshalb bilanzieren sie ihn auch nicht, sondern behandeln ihn so, wie sie auch sonst staatliche Abgaben behandeln, nämlich als Größen, die erst bei ihrer gesetzlichen Festlegung, oft auch erst bei Fälligkeit, in die Einkommens- und Vermögensrechnung eingehen. Man kann diese Schuld ja heute überhaupt noch nicht genau buchen, weil sie sich nach Kennziffern richtet, die für den einzelnen noch unbekannt sind. Ein Teil der zu belastenden Abgabenzahler lebt noch nicht oder ist noch nicht erwerbstätig, stellt also überhaupt noch keine Vermögensbilanz auf.

In der deutschen sozialen Alterssicherung richten sich die Abgaben nach der persönlichen Lohnsumme. Um den Versicherungspflichtigen die Beitragszahlung schmackhaft zu machen, werden sie ebenso wie die Beamten mit Versorgungsansprüchen ausgestattet. Sie unterliegen damit der gesamtwirtschaftlichen Illusion, sie hätten realwirtschaftlich für ihre Alterssicherung gespart, während sie in Wirklichkeit nur ungedeckte Rechte erworben haben.

Auf ihre Beitragsbelastung können die Abgabepflichtigen verschieden reagieren: Sie können weiter der Äquivalenzfiktion Glauben schenken und darauf vertrauen, daß der Staat genügend neue Beitragszahler finden wird, um den früheren Beiträgen entsprechende und der Arbeitsproduktivität angepaßte Altersrenten zu sichern. Gibt es aber weniger künftige Beitragszahler, dann steigen bei einer gegebenen oder gar steigenden Auszahlungssumme für die Neu- und Bestandsrenten die von jedem Abgabepflichtigen aufzubringenden Beiträge, und zwar unter heutigen Bedingungen auch prozentual zum Einkommen.

Diese schon vor 50 Jahren beim Übergang zum Umlageverfahren diskutierte Möglichkeit wurde mit der optimistischen Erwartung abgetan, selbst ein Beitrag von 30 % vom Lohneinkommen allein für die Alterssicherung werde noch hingenommen werden, wenn das Gesamteinkommen genügend wachse. Es genüge, wenn trotz aller Abgabenlast noch ein realer Nettozuwachs des Lohneinkommens zustande komme (so sinngemäß *Hankel* und *Zweig* 1957, S. 162 f.).

Inzwischen ist aber mit steigenden öffentlichen Abgaben aller Art die Sozialisierung der Verwendung des Arbeitseinkommens, vor der ich schon damals gewarnt habe (*Willgerodt* 1955, insbesondere S. 145 ff.), so stark angestiegen, daß sich gegen weitere Beitrags- und Steuererhöhungen unübersehbare Widerstände bemerkbar machen und diese Belastung selber das Wirtschaftswachstum gefährdet, von dem die Finanzierbarkeit von Sozialleistungen abhängt. Diese Entwicklung ist von einer auch sozialpolitisch verursachten Degeneration der Wirtschaftsordnung begleitet worden, so daß reale Einkommenszuwächse für alle Bürger einschließlich der Rentner, wie sie früher bei geringer Arbeitslosigkeit üblich gewesen sind, immer seltener werden.

3. Die Finanzkrise der Sozialpolitik und Mittel der Abhilfe

Das Finanzierungsproblem, das durch die Inflation sozialpolitischer Ansprüche als ungedeckter Rechte entstanden ist, hätte sich ohne Beschäftigungseinbußen lösen lassen. Dazu hätten die Tarifpartner in dem Umfang auf Barlohnzuwächse verzichten müssen, in dem die lohnabhängigen Sozialabgaben, nicht zuletzt mit Billigung oder auf Verlangen der Gewerkschaften, gesteigert worden sind. Jedenfalls hängt die Beschäftigung nicht allein von den Barlöhnen ab, sondern von den gesamten Arbeitskosten einschließlich der Soziallöhne, die von den Unternehmungen gezahlt werden müssen, und zwar gleichgültig, ob sie Arbeitnehmer- oder Arbeitgeberbeiträge genannt werden. Die Bevölkerung ist offenbar immer weniger geneigt, zusätzliche Sozialleistungen durch Verzicht auf Barlöhne zu bezahlen. Dafür sollen andere aufkommen. Wer das sein könnte, wird nicht angegeben. Die Suche danach wird um so erfolgloser, je mehr das System der Sozialleistungen so gut wie die ganze Bevölkerung erfaßt. Man hat geglaubt, Arbeitsplätze schaffende Unternehmungen und Kapital bildende wohlhabende Leistungsträger belasten zu können, ohne daß die Beschäftigung zurückgeht. Dies war eine Illusion. Kostensteigerungen führen zu Arbeitslosigkeit. Leistungsträger und Wohlhabende mindern ihre Leistung und Kapitalbildung oder weichen auf andere Weise erhöhtem Abgabendruck aus. Der Versuch, diejenigen noch stärker zu belasten und zu behindern, die neue Arbeitsplätze schaffen, ist eine Hauptursache der herrschenden

Arbeitslosigkeit, und diese hat selber wieder eine Explosion von Sozialausgaben, nämlich für die Arbeitslosen, hervorgerufen.

Um die Beschäftigung anzuregen, müßten die Gesamtstückkosten für Arbeit gesenkt werden, gleichgültig, ob sie von Barlöhnen, Soziallöhnen oder zu geringer Leistung hervorgerufen werden. Um eine Kürzung oder Zurückhaltung bei den Barlöhnen zu vermeiden, sollen jetzt die Lohnnebenkosten herabgesetzt werden. Wie soll das möglich sein, ohne gleichzeitig die gewährten Ansprüche und Sozialleistungen herabzusetzen?

Gewiß können Rationalisierungen im Angebot von Leistungen der Sozialen Sicherung ebenso zu Beitragssenkungen führen wie stärkere Kontrollen oder Hindernisse bei der Inanspruchnahme dieser Leistungen. Solange jedoch die Sorge für Alter, Krankheit und vieles andere sozialisiert bleibt und damit der Einzelne nicht unmittelbar selbst für diese Leistungen bezahlt, neigt das System zur Überdehnung der Ansprüche. Bei fehlender spezieller Entgeltlichkeit strebt man nach einem Überschuß des monetären Wertes empfangener Leistungen über die zu leistenden Zahlungen und neigt zur Vergeudung solcher Leistungen. Die Ansprüche auf Leistungen steigen ohnehin bei zunehmender Lebenserwartung, entsprechend höherer Morbidität, geringerer Erwerbsperiode wegen längerer Ausbildungszeit und verlängerter Dauer des Bezugs von Renten, auch wegen vorgezogener Pensionierung. Man hat außerdem die Rentner an regelmäßige Rentensteigerungen gewöhnt, die sich nur nach der Arbeitsproduktivität der noch Beschäftigten richten, anstatt die volkswirtschaftliche Durchschnittsproduktivität der Arbeitskräfte unter Einschluß der Null-Leistung der Arbeitslosen zugrunde zu legen. Je maßloser die Tarifpartner daher die Löhne steigern und je mehr deswegen die Arbeitslosigkeit zunimmt und die Sozialkassen in ein Defizit geraten, desto mehr profitieren die Rentner und erhöhen damit dieses Defizit.

Mit der an sich berechtigten Forderung nach geringeren Lohnnebenkosten öffnet sich ein weites Feld von Illusionen und Denkfehlern. Die Sozialleistungen möchte man vollständig beibehalten oder steigern. Das bedeutet, daß auch die Sozialausgaben der Summe nach unverändert bleiben oder zunehmen. Aber die Zahllast dafür soll verlagert werden. Damit soll die Beschäftigung angeregt werden, denn nach dieser Verlagerung von Kosten für Sozialleistungen sei die Verwendung von Arbeit weniger belastet und nunmehr billiger geworden. Das würde ceteris paribus richtig sein, aber durch die Kostenverlagerung bleiben die übrigen Größen nicht unverändert. Als Patentlösung für dieses Dilemma gilt zum Beispiel die Erhöhung von Tabak- und Energiesteuern bei gleichzeitiger Senkung oder Abschaffung bisheriger Sozialabgaben. Man verspricht sich davon für die Arbeitgeber nicht nur eine Verbilligung des Faktors Arbeit, sondern auch eine Minderung des gesundheitsschädlichen Rauchens und des Energieverbrauchs (*Kümmel, Lindenberger* und *Eichhorn* 2004). Die Steigerung der Energiepreise trifft jedoch auch die Unternehmungen, da sie ohne Energie nicht produzieren können. Deswegen steigen insoweit ihre Kosten. Dies wirkt der Tendenz nach beschäftigungsmindernd und steht der entgegengesetzt wirkenden Senkung der Sozialabgaben gegenüber.

Der Saldo aus beiden Tendenzen hängt zunächst vom Verhalten der Gewerkschaften ab, die der Versuchung widerstehen müssen, ihre Barlohnforderungen zu steigern, weil die Arbeitgeberbeiträge und zusätzlich noch die Arbeitnehmerbeiträge als Ausgaben für die Unternehmungen wegfallen.

Wenn die Sozialausgaben insgesamt nicht sinken sollen, muß irgend jemand dafür zahlen. Bleiben es die Unternehmungen, dann bedeutet es für ihre Rentabilität *insgesamt* wenig, wenn bisher von ihnen gezahlte, an die Löhne gekoppelte Sozialabgaben z. B. durch Energiesteuern ersetzt werden. Allerdings werden wenig Energie verbrauchende arbeitsintensive Produktionen durch Wegfall der Sozialabgaben stärker entlastet als durch Energiesteuern neu belastet, so daß sie der Tendenz nach mehr Arbeitskräfte einstellen. Bei energieintensiven Unternehmungen wird umgekehrt die Gesamtbelastung steigen, Produktion und Beschäftigung werden sinken. Auf den ersten Blick scheint es so, also ob die Gesamtbeschäftigung steigen kann, weil insgesamt weniger energieintensiv und stärker arbeitsintensiv produziert wird.

Zusätzliche Arbeit kann aber Energie nicht vollständig und bei moderner Technik sogar nur sehr begrenzt ersetzen. Das heißt: Die für die Lohnzahlungsbereitschaft der Unternehmungen maßgebende monetäre Grenzproduktivität der Arbeit sinkt, wenn mit verteuerter und weniger Energie produziert werden muß. Die Barlöhne müßten also gekürzt werden, wenn es sich für die Unternehmungen lohnen soll, Arbeitslose einzustellen.

Soweit auch die Arbeitnehmer von höheren Strom-, Benzin- und Tabaksteuern betroffen werden, zahlen sie ihre Sozialabgaben nur in anderer Form und nach anderen Bemessungsgrundlagen, jedenfalls nicht mehr nach Maßgabe ihres Einkommens, sondern des Verbrauchs an durch Verbrauchsteuern verteuerten Gütern. Eine Entlastung der Unternehmungen wäre damit möglich, wenn die Gewerkschaften diese Reallohneinbuße ohne Lohnforderung hinnehmen würden. Aber Reallohnsenkungen (oder ein Zurückbleiben von Lohnsteigerungen hinter einer gestiegenen Arbeitsproduktivität) als Mittel der Beschäftigungsförderung hätte man einfacher und weniger verzerrend anwenden können.

Es kommt hinzu, daß sich die Protagonisten sozialstaatlicher Expansion die Gelegenheit nicht entgehen lassen werden, zusätzliche Sozialausgaben zu verlangen. Denn die Quittung dafür wird nicht mehr in Form direkt höherer Sozialabgaben ausgestellt, sondern es wird die verschleierte Form von sozialpolitisch verwendeten Verbrauchsteuern gewählt. Wenn sie steigen, wird das vielleicht weniger sofort persönlich fühlbar und vielleicht weniger deutlich der Sozialpolitik angelastet, zumal wenn diese Steigerung nicht mehr gesondert ausgewiesen wird. Die Beziehung zwischen Nutzung und Bezahlung von Sozialleistungen wird für jeden Einzelnen weiter gelockert. Deshalb kann der Widerstand gegen neue sozialpolitische Ausgaben geringer werden, weil man von ihnen profitieren will, aber hofft, daß andere dafür aufkommen.

4. Mehr Staatsschulden als Ausweg?

Der deutsche Wohlfahrts- und Sozialstaat ist in eine empfindliche Finanzierungskrise geraten. Das Beitragsaufkommen bleibt hinter den wachsenden Ansprüchen zurück. Es ist von den Sozial- und Finanzpolitikern alles getan worden, um dieses Mißverhältnis zu verschleiern und Reformen aufzuschieben. Die öffentliche Hand hilft sich vorübergehend durch Kreditaufnahme und Verkauf von Staatsvermögen. Zugleich steigt aber das Mißtrauen gegenüber der Funktionsfähigkeit des Systems. Die Äquivalenzillusion der

Bevölkerung weicht einem größeren Realismus. Nachwachsende Generationen rechnen wegen der demographischen Entwicklung mit immer größeren Sozialabgaben oder Steuern und geringeren Gegenleistungen durch eigene Ansprüche. Das gilt auch deswegen, weil der Sozial-, Fiskal- und Lenkungsstaat auch auf anderen Gebieten zu wenig Rücksicht auf die wirtschaftliche Grundlage nimmt, von der er lebt. Die Bürger antworten mit legaler und illegaler Abgabenvermeidung, aber auch mit dem Versuch, mit anderen Mitteln auf die Krise der sozialen Sicherung zu reagieren. Eine Möglichkeit hierzu ist die Kapitalbildung, das Sparen für den Altersbedarf.

Es beginnt nun ein Wettlauf zwischen privatem Sparen, das in Krisensituationen häufig zunimmt, und anschwellender Staatsverschuldung. Die verfassungsrechtliche Vorschrift (Art. 115 Abs.1 Satz 2 Grundgesetz), der Staat solle sich nur nach Maßgabe seiner Investitionen verschulden, ist ziemlich unwirksam. Denn bei vielen Staatsinvestitionen kann die wirtschaftliche Werthaltigkeit nicht festgestellt werden. Außerdem sind in der Praxis wohl nur die staatlichen Bruttoinvestitionen unter Einschluß der Ersatzinvestitionen gemeint.[5] Vernutzte Investitionsgüter des Staates sind früher einmal finanziert worden. Werden sie jetzt nicht ersetzt, dann handelt es sich um Verbrauch von Staatsvermögen. Die Schlaglöcher in früher einwandfreien Straßen machen dies allen Autofahrern bewußt. Der Staat kann sich für den Bau der Straßen einst verschuldet haben. Nimmt er nun abermals Kredit auf, um diese alten Straßen zu ersetzen, dann wird für denselben Vermögensgegenstand zweimal Kredit aufgenommen. Es handelt sich in Wahrheit um einen unzulässigen Konsumkredit. Denn die eigentlich notwendigen Abschreibungen und entsprechenden Fonds für Ersatzinvestitionen hat der Staat nicht gebildet, sondern die Gegenwerte aufzehren lassen. Die ständige Kreditfinanzierung aller staatlichen Ersatzinvestionen könnte zu einer Explosion der Staatsschulden führen, wenn dieses Rezept immer wieder neu angewandt wird (vgl. *Friauf* 1990, S. 344 f.). Selbst wenn die verbrauchten staatlichen Investitionsgüter früher einmal aus Steuermitteln finanziert worden sind, bedeutet die Kreditfinanzierung von Ersatzinvestionen, daß Staatsvermögen verbraucht worden ist.

Man könnte hiervon absehen und die staatliche Investitionsrechnung für bare Münze nehmen. Die Regel, der Staat solle Kredite nur für Investitionzwecke aufnehmen, ist heute jedoch vielfach durch Sondervorschriften durchlöchert. In vielen Ländern wird außerdem diese Regel offen und bewußt verletzt, unter anderem, um die Konsumausgaben des Sozialstaates weiter finanzieren zu können. Dies wird auch mit einer „Störung des gesamtwirtschaftlichen Gleichgewichts" begründet, obwohl diese Störung selbst durch Reformstau und permanente Haushaltsdefizite erst hervorgerufen worden ist.[6] Bei

5 Die Begründung zum Gesetzentwurf, auf dem die geltende Fassung des Art. 115 Abs. 1 des Grundgesetzes beruht, sieht als Investitionen solche Ausgaben an, „die bei makroökonomischer Betrachtung die Produktionsmittel der Volkswirtschaft erhalten, vermehren oder verbessern" (*Friauf* 1990, S. 342). Zur Erhaltung gehören auch Ersatzinvestitionen.

6 Der amerikanische Nobelpreisträger *Robert Solow* (2004) hält demgegenüber deutsche Reformen zur Zeit für schädlich und empfiehlt eine expansive Fiskalpolitik, das heißt: noch einmal einen starken Schub an zusätzlicher Staatsverschuldung, um damit eine Prosperität hervorzurufen, in der sich dann seiner Ansicht nach Reformen leichter durchsetzen lassen. Der Europäische Stabilitätspakt müsse verschwinden. Er verkennt, daß eine solche entfesselte Staatsverschuldung im besten Fall die Konjunktur nur anregen könnte, wenn die übri-

konsumtiver Staatsausgabe auf Kredit werden private Ersparnisse vom Staat in den Konsum umgeleitet. Eigentlich sind sie für Investitionen bestimmt, wenn man von Konsumkrediten an Private absieht. Die Finanzmärkte erlauben diese Umleitung und setzen der staatlichen Schuldaufnahme bisher noch keinen Widerstand entgegen. Denn zugleich ist in Deutschland seit vielen Jahren ein ordnungspolitisches Klima geschaffen worden, das für private Investitionen ungünstig ist, so daß der Staat immer noch als besserer Schuldner gilt, jedenfalls, solange man nicht argentinische Verhältnisse herbeiführt.[7] Mit den durch den Staat für den Sozialkonsum geborgten Mitteln werden keine Produktionsmittel gebildet, aus deren Leistungen sich diese Kredite liquidieren oder mindestens verzinsen könnten. Bei den Erwerbern von Staatsschuldtiteln, deren Erlös der Konsumfinanzierung dient, entsteht eine Deckungs- und Äquivalenzillusion, denn sie kaufen Anspruchstitel und zweifeln nicht daran, daß sie verzinst und zurückgezahlt werden. Den Titeln steht jedoch keine reale Substanz an Sachkapital gegenüber, sondern nur das Versprechen, aus künftigen Staatseinnahmen einschließlich weiterer und prolongierter Staatsschulden die Zinsen und Amortisationen aufzubringen.

Die Analogie der konsumtiv verwendeten Staatsschuld zum Umlageverfahren in der Alterssicherung geht ziemlich weit: Die Erwerber von Staatsschuldtiteln ähneln den Beitragszahlern der Gesetzlichen Rentenversicherung, nur mit dem Unterschied, daß der Kredit bisher noch dem Staat freiwillig gewährt worden ist und man von Zwangsanleihen abgesehen hat. Wenn Defizite in den Sozialversicherungen durch Staatszuschüsse

---

gen ordnungspolitischen Bedingungen für eine Expansion erfüllt wären, das heißt vor allem geringere Belastung von Investitionen durch Regulierungen, Wettbewerbsbeschränkungen, Abgabenlasten und arbeitsmarktpolitische Hindernisse. Die jetzt üblich gewordene staatliche Kreditfinanzierung von Zusatzkonsum läßt unmittelbar und ohne Reformen keine neuen wettbewerbsfähigen Arbeitsplätze entstehen. Auch das für Investitionen notwendige Vertrauen entsteht durch weitere staatliche Konsumverschuldung nicht. Die chronisch gewordene Verstopfung der Staatshaushalte durch verschuldungsbedingte Zinszahlungen verengt vielmehr den staatlichen Handlungsspielraum. Die fiskalische Expansion, soweit sie nicht in Zusatzimporten und Minderexporten verpufft, bedeutet den Versuch, den Motor mit dem Anlasser in Gang zu setzen, während man die Zündkerzen herausgeschraubt läßt. Politisch hat sich *Solow*s Vorstellung, erst in der Prosperität sollten und könnten Reformen durchgesetzt werden, in Deutschland als Illusion erwiesen. Die Vorstellung, eine keynesianische Fiskalexpansion könne sich durch Wachstum selbst finanzieren, ist an Bedingungen gebunden, die gerade im deutschen Fall ohne Reformen nicht erfüllt sind. Die amerikanischen Nobelpreisträger *Tobin* und *Modigliani* haben schon früher an damaliger deutscher Abneigung gegen Inflation und Staaatsverschuldung Anstoß genommen. Es ist interessant, daß *Solow* und *Tobin* gleichwohl das gegen die extreme amerikanische Staatsverschuldung unter *Reagan* gerichtete Buch von *Benjamin M. Friedman* (1988) lobend erwähnt haben; *Reagan* hat aber zugleich wachstumsfördernde Reformen eingeführt, die man in Deutschland verschieben will. Eine empirische Studie von *Andrea Zaghini* (1999) zeigt für Europa, daß eine stetige, die staatlichen Ausgaben einschränkende und über längere Zeit anhaltende fiskalische Konsolidierung als Vertrauen bildende Politik konjunkturpolitisch eher günstig wirkt, im Gegensatz zu kurzfristigen steuerlichen Maßnahmen.

7 Die These, es komme heute ohne die seit vielen Jahren anhaltende Staatsverschuldung wegen einer Flucht in die Liquidität zu einer deflatorischen Entwicklung, setzt voraus, daß die Ersparnisse sonst nicht zu Investitionen verwendet werden würden. Wäre das trotz jährlicher Steigerungen des Preisniveaus richtig, dann könnte dies nur an ungünstigen ordnungspolitischen Bedingungen für private Investitionen liegen, die man bei Reformverweigerung verewigen würde.

gedeckt werden und der Staat sich hierfür verschuldet, wird die Lebensdauer der Äquivalenzillusionen in der Sozialversicherung psychologisch verlängert. Zwar wächst gegenüber Staatshaushalten, die durch die Bedienung von Schulden verstopft sind, das öffentliche Mißtrauen. Bisher ruft aber die wachsende allgemeine Staatsschuld noch weniger Aufmerksamkeit und Mißtrauen hervor als die Krise der Sozialversicherung. Denn die staatlichen Schuldtitel werden noch immer ebenso technisch problemlos untergebracht wie bei der ‚geräuschlosen Kriegsfinanzierung' Deutschlands im Zweiten Weltkrieg. Privaten Ersparnissen standen damals in den Bilanzen der Kreditinstitute keine Investitionstitel gegenüber, sondern Reichsanleihen, mit deren Erlös die staatlichen Kriegsausgaben finanziert worden sind, also ebenfalls Konsum, wenn auch nicht sozialpolitischer Art. Für die Anleger und Kreditinstitute ist es heute immer noch bequemer, Staatsschuldtitel zu erwerben, als etwa dem Mittelstand Investitionskredite zu gewähren, mit denen neue Arbeitsplätze entstehen könnten.

Der heutige Anspruch, die staatlichen Schuldtitel verzinst und die Kreditbeträge zurückgezahlt zu bekommen, ähnelt den Ansprüchen auf Altersrenten in der Sozialversicherung. Nur wird heute die Staatsschuld nicht wie nach Kriegsende durch den Zusammenbruch des Staates beseitigt, sondern bisher noch von einer Generation zur anderen weitergewälzt und ständig erhöht. Alte Sparer verkaufen ihre Staatsschuldtitel an neue Sparer, die hoffen, später dasselbe tun zu können. Das System lebt wie das Geldwesen und das Umlageverfahren bei der Alterssicherung vom Fortbestand realwirtschaftlicher Illusionen. Die Zinslast müssen die Steuerzahler tragen, in der Hauptsache die jeweils erwerbstätige Generation, sofern nicht auch dafür vom Staat neue Kredite aufgenommen werden.

Es kann, wie heute, zu einer Inflation ungedeckter Ansprüche kommen, sei es der Sozialversicherten an die Versichertengemeinschaft, sei es der Staatsgläubiger an den Staat unmittelbar. Bei den Altersrenten sind diese Ansprüche allerdings noch nicht eindeutig in bestimmten Geldbeträgen festgelegt, dies im Unterschied zu den Staatsschuldtiteln. Der Staat kann aber den realen Wert der in Geld ausgedrückten Kreditbeträge durch Inflation herabsetzen, was man jetzt anscheinend durch Aufhebung des Stabilitätspaktes bei gleichzeitiger Zähmung der Europäischen Zentralbank erleichtern will. Zu politischen Protesten von Gewicht führt das bisher nicht. Das System ist so konstruiert, daß die Beitrags- und Staatsschuld von dem einzelnen Abgabepflichtigen unterschätzt oder nicht beachtet wird. Steht damit eine sozialpolitische Katastrophe bevor? Man spricht von einer untragbaren Schuldenlast kommender Generationen. Dies ist genauer zu prüfen.

Die deutsche Wirtschaft als Einrichtung der wirtschaftlich als Inländer geltenden in Deutschland Lebenden könnte nach wie vor soviel produzieren, wie es der ihnen gehörenden realen Kapazität entspricht. Die vom Staat geschaffene Inflation der Anrechte kann allerdings die Nutzung der vorhandenen Kapazität herabsetzen, weil der Sozialstaat die Nichtarbeit belohnt. Die psychologisch verdrängten Schulden haben außerdem dazu geführt, daß man sich reicher fühlt, als man ist. Die Staatsschuldtitel in der Hand der Bürger werden als privates Vermögen angesehen, auch wenn ihnen kein Sachwert gegenübersteht, sondern nur ein Anspruch, zu dessen Erfüllung auch die Besitzer der Staatsschuldtitel selber beitragen müssen. Wegen dieser Vermögensillusion verbraucht man mehr, arbeitet weniger, fordert mindestens als Arbeitsanreiz mehr, als mit hoher Beschäftigung und befriedigendem Wachstum vereinbar ist. Sach- und Humankapitalinvestitionen werden vernachlässigt. Der Staat kürzt in seiner jetzigen Finanzkrise in erster Linie die Investitionen und verstärkt diese Tendenz. Man lebt teilweise von der Substanz.

Im Vordergrund der Aufmerksamkeit steht aber ein Verteilungsproblem als Konflikt zwischen den Generationen. Dieses Problem besteht darin, daß die Staatsschuldtitel früher von Älteren deshalb gekauft worden sein können, um sie später zu verkaufen und den Erlös zu verbrauchen. Hierzu müssen sie jüngere Käufer finden. Ein Verkaufsüberschuß müßte zu Kurseinbrüchen führen und insoweit die alten Staatsgläubiger bestrafen. Werden die Titel vererbt, dann entsteht ein Konflikt innerhalb späterer Generationen zwischen denen, die solche Titel erben und besitzen, und denen, die allein für die Bedienung dieser Schulden Steuern zahlen müssen, ohne mit Zinseinnahmen dafür entschädigt zu werden. Das Kernproblem im kommenden Generationenkonflikt ist also auch die ungleichmäßige Verteilung der Staatsschuldtitel und der öffentlichen Zinslast innerhalb derselben Generation.

5. Verkauf von Staatsvermögen und Erbschaftssteuern zur Finanzierung des Sozialstaates

Der Verkauf von Staatsvermögen ist nicht immer das Symbol von Solidität, als das er oft ausgegeben wird. Dabei werden primär nur private Ersparnisse in den Erwerb von schon vorhandenem Bestandsvermögen umgeleitet, anstatt für Neuinvestitionen verwendet zu werden. Mit dem Erlös könnten Steuern gesenkt werden. Aber das ist unrealistisch. Vielmehr finanziert der Staat damit heute den bisherigen konsumlastigen staatlichen und sozialpolitischen Ausgabenstandard. Daß das Staatsvermögen in privater Hand oft, wenn auch keineswegs immer, wirtschaftlich sinnvoller verwendet wird, ist nur ein möglicher positiver Nebeneffekt. An der makroökonomischen Problematik des Vorgangs selbst ändert sich dadurch nichts. Der Staat kann den Verkaufserlös nur einmal ausgeben. Wird dieser Erlös nicht investiert, dann ist der Staat ärmer als zuvor und hat nur Reformen bei seinen Ausgaben verschoben, die später um so dringender sein können. Besonders skandalös ist es, wenn der Staat wie jetzt bei den Pensionen der Postbeamten den kapitalisierten Gegenwert künftiger Einnahmen verkauft, um seinen Gegenwartskonsum zu finanzieren.

Von ähnlicher Qualität ist die jetzt vielfach erhobene Forderung, die Erbschaftsteuern massiv zu erhöhen. Hierfür werden Gleichheitsargumente angeführt. Aber worum handelt es sich eigentlich saldenmechanisch? Um die Steuer zu zahlen, können die Erbschaftsteuerpflichtigen zunächst einen weiteren Teil ihres Einkommens an den Staat abführen. Damit ist die Erbschaftsteuer eine zusätzliche Einkommensteuer. Der Nettozuwachs an Einkommen aus der Erbmasse reicht in der Regel nicht aus, um eine hohe Erbschaftsteuer daraus zu bezahlen. Oft will der Erbe seinen Konsum nicht einschränken, um die Erbschaft trotz der Erbschaftsteuer anzutreten. Deswegen kann der Erbe zur Zahlung der Erbschaftsteuer Guthaben mobilisieren, Kredite aufnehmen oder einen Teil der Erbschaft verkaufen. In allen diesen Fällen werden direkt oder indirekt Ersparnisse von sonst möglichen Investitionen in die Staatskasse umgeleitet. Wenn der Staat daraus Sozialausgaben finanziert, wird Realvermögen an der Entstehung gehindert oder verzehrt.

6. Realwirtschaftliche Grundlagen der Sozialpolitik

Der staatliche Handlungsspielraum im allgemeinen und in der Sozialpolitik im besonderen hängt trotz aller anspruchsrechtlichen Luftbuchungen schließlich davon ab, wieviel Güter zur Verfügung stehen. Hierzu gibt es, wenn man von Tributen und Auslandsverschuldung absieht, nur zwei Möglichkeiten: Es können Vorräte verzehrt oder neue Güter produziert werden.

Der Zugriff auf Vorräte ist auch in der modernen Wirtschaft insoweit möglich, wie Ersatzinvestitionen unterlassen und Amortisationsquoten ausgeschüttet werden. Die Wirtschaft der DDR hat gezeigt, in welchem katastrophalen Umfang ein solcher Kapitalverzehr möglich ist. Die entgegengesetzte These *Mackenroth*s, wonach Einkommen nicht von einer zur nächsten Periode übertragen werden kann, war von Anfang an falsch, hat aber in der sozialpolitischen Diskussion viel Verwirrung gestiftet. Ich habe sie schon 1956 in Zweifel gezogen und bin darin eindeutig bestätigt worden (*Willgerodt* 1956, S. 152 f. und 157 f.). Der Nettokapitalverzehr ist möglich, aber im allgemeinen unerwünscht. Aber noch unerwünschter wäre es, nur deswegen kein neues Nettokapital zu bilden, weil es auch verzehrt werden könnte. Vielmehr braucht man es auch sozialpolitisch, weil aus seinen Erträgen zusätzliche Ausgaben finanziert werden können.

Alles kommt demnach darauf an, wieviel neue Güter produziert werden, und dies wiederum hängt davon ab, wie groß die jeweilige Produktionskapazität ist und in welchem Umfang sie tatsächlich genutzt wird. Sie kann durch technischen Fortschritt erweitert werden, aber ihn kann der Staat entgegen manchen Machbarkeitsvorstellungen nicht befehlen. Im übrigen gibt es nur einen einzigen Weg der realen wirtschaftlichen Zukunftsvorsorge, nämlich die Kapitalbildung, und zwar das Heranziehen von gut ausgebildeten und arbeitsfähigen Menschen, das man jedenfalls bezeichnen muß, wenn man ‚Humankapital' nicht schätzt, und die Ausstattung dieser Menschen mit Werkzeug, also mit Sachkapital.

Das Umlageverfahren in der Rentenversicherung entbindet die Versicherungspflichtigen von der Notwendigkeit, für ihre Alterssicherung zu sparen und Sachkapital zu bilden. Es enthält auch keinerlei Antriebe, Kinder aufzuziehen und zu produktiven Arbeitskräften heranzubilden, die später Sozialbeiträge leisten können. Kinderlose können bei gleicher Beitragszahlung dieselben Rentenansprüche erwerben wie Eltern. Jedenfalls war dies die ursprüngliche, wenn auch inzwischen abgeschwächte Konzeption des Umlageverfahrens. Auch für Kinderlose werden heute die Altersrenten aus den Lohneinkommen der folgenden Generationen bestritten. Dabei besteuern nicht nur Eltern ihre eigenen Kinder, sondern auch Kinderlose die Kinder anderer Leute.

Seit es Menschen gibt, ist es kostspielig, aber zumutbar, Kinder heranzuziehen. Anderenfalls wäre die Menschheit ausgestorben.[8] Auch die Ausbildung zu einem verwendungsfähigen Arbeitspotential kostet etwas. Dieses Potential wird dann durch sozialpolitische Beiträge und Steuern belastet. Man behauptet, die nächste Generation zahle damit die Kosten zurück, die zu ihrer Erziehung und Ausbildung aufgewandt worden sind, und spricht von einem ‚Generationenvertrag'. Freiwillig abschließende Vertragspartner sind dabei nicht zu erkennen. Es handelt sich um bloßen Anschein von Äquivalenz, denn Rente und Pension werden nicht danach bezahlt, ob jemand zur Erziehung der nachwachsenden Generation beigetragen hat, sondern welches Lohneinkommen er früher erzielt hat. Ein großer Teil der Ausbildungslast wird allerdings von den Steuerzahlern übernommen, zu denen mit höheren Steuersätzen auch Kinderlose gehören. Insoweit ist die Teilhabe Kinderloser an aus Steuern stammenden Umlageerträgen legitim. Das mag als nicht ausreichend angesehen werden. Für den Rest ihres Versorgungsbedarfs müßten die Kinderlosen Kapital bilden.

Daraus ergeben sich zahlreiche Probleme. Man weiß nicht, ob und wann im Lebenslauf der Eltern Kinder geboren werden und arbeitsfähig gemacht werden können. Infolge dessen wissen potentielle Eltern auch nicht, wieviel Kapital sie für ihre Alterssicherung bilden müssen, falls ihnen keine Kinder geboren werden. Ihre sogenannte generative Leistung steht erst spät eindeutig fest, ihre Bildungsleistung ist überhaupt nicht genau zu ermitteln. Umlagebeiträge könnten in der Phase der Kinderaufzucht ermäßigt werden. Aber das bedeutet, daß diese Beiträge für alle übrigen Lebensphasen erhöht werden müßten, also auch für die Zeit der meist kostspieligen Familiengründung. Die verwaltungstechnisch einfachere Möglichkeit, Renten später auch nach der Kinderzahl zu bemessen, läßt die Frage offen, ob weniger, aber besser ausgebildete Kinder mindestens bis zu der Zeit, wo sie selbst Rentner werden, für die Gesamtwirtschaft und die Rentenkasse nicht nützlicher sind als viele schlechter ausgebildete.

Der jahrelang erbittert geführte Streit um die Kapitalbildung für Zwecke der Alterssicherung hat meist die Verhaltensweisen und Wertvorstellungen der Beteiligten außer Betracht gelassen. Gerade Eltern haben ein starkes Motiv, Kapital zu bilden und ihren Kindern zu hinterlassen. Entgegen der Fiktion des Generationenvertrages ist es der Wunsch vieler Eltern, ihre Kinder schuldenfrei zu stellen, anstatt von ihnen Rückzahlung der Kosten ihrer Humankapitalbildung zu verlangen. Demgegenüber liegt es bei Kinderlosen näher, weniger Vermögen zu bilden und mindestens weniger davon zu vererben. Die Kinderlosen hätten deswegen stärker auf die Kapitalbildung als Alterssiche-

---

8 Ein nur in Geldnutzen rechnendes Kalkül gut verdienender Frauen legt ihnen einen Verzicht auf Kinder wegen des Ausfalls an Einkommen durch Geburt und Kinderaufzucht nahe. Männliche Partner könnten dazu drängen, um weniger belastet zu sein. Es wäre deswegen konsequent, ihre Teilhabe am Umlageverfahren in der Alterssicherung herabzusetzen und die Renten auch von der Kinderzahl abhängig zu machen. Kinderlose müßten dann bei Kinderlosigkeit durch Kapitalbildung für ihre Alterssicherung sorgen, was zumutbarer wird, je höher das Einkommen ist. Statt dessen plant man jetzt ein Elterngeld aus der Staatskasse, das zur angeblichen Lösung dieses Problems um so höher sein müßte, je mehr eine Frau verdient. Es käme durch erhöhte Steuerbelastung, also eine abermalige Umlage, zu einer regressiv wirkenden Zuchtprämie.

rung verwiesen werden müssen, anstatt ihnen diese Pflicht durch das Umlageverfahren abzunehmen.

Die übliche Familienpolitik behauptet eine mangelhafte Äquivalenz, weil durch Kinder der Gesamtwirtschaft ein Dienst geleistet werde, den Kinderlose ihr schuldig bleiben. Zur Gesamtwirtschaft gehören aber alle, einschließlich der Eltern. Den Dienst, den sie sich selber durch ihre Kinder leisten, können sie nicht zur Bezahlung durch andere anmelden. Ausgleichspflichtig können also höchstens die Dienste sein, die den Kinderlosen als Teilhabern am Umlageverfahren von den Kindern anderer Leute geleistet werden. Dagegen wäre der Vorteil zu rechnen, den Kinder anderer Leute von der Kapitalbildung Kinderloser haben könnten. Dieser Vorteil kann unmittelbar aus Erbschaften bestehen, aber auch mittelbar dadurch zustandekommen, daß zusätzliche Kapitalbildung die Produktivität der Arbeit und damit die Lohnzahlungsmöglichkeit der Unternehmungen steigert. Denn auf die Dauer und bei hinreichender Umstellungsbereitschaft der Arbeitskräfte macht gesamtwirtschaftlich Kapital die Arbeit eher produktiver, als sie zu ersetzen. Aber selbst ein Ersatz von unangenehmer Arbeit durch Sachkapital ist ein Vorteil, sofern Arbeitskräfte zu angenehmeren Arbeitsplätzen wandern. Würde ein freier Markt zugelassen, bei dem die Alterssicherung auf Kapitaldeckung beruht, dann würde die Kapitalbildung der Kinderlosen die Kinder anderer Leute produktiver wirtschaften lassen und eher begünstigen, wenn auch bei freiem internationalem Kapitalverkehr nicht unbedingt nur Kinder des Inlandes.

Problematisch sind andere Leistungen, die Eltern angeblich den Kinderlosen erbringen. Man könnte an den Fortbestand der Nation und dergleichen denken, an dem auch Kinderlose Interesse haben müßten. Auch verlangt man, daß die Sozialstaaten als nationale Umverteilungsgemeinschaften erhalten bleiben.[9]

Meist bleibt bei bevölkerungspolitischen Umverteilungsplänen ein einfacher Sachverhalt außer Betracht: Der größte Teil des produktiven Ertrages der arbeitsfähig gewordenen Kinder kommt diesen Kindern selbst zugute. Er beruht auf eigener Leistung und auf dem Humankapital, das ihnen in der Hauptsache von ihren Eltern und allen Steuerzahlern geschenkt worden ist. Ob die freiwillig Kinderlosen oder mit Kinderlosigkeit Gestraften genau so viel zu diesem Geschenk beitragen sollen wie die Eltern, hängt davon ab, wie hoch man den materiellen und immateriellen Nutzen einschätzt, der Eltern dadurch zufließt, daß sie Nachkommen haben. Wenn voller Ausgleich aller den Eltern entstehenden Erziehungskosten durch den Staat verlangt wird, bewertet man diesen Nutzen mit Null. Manche Familienpolitiker erwecken den Eindruck, als betrachteten sie Kinder sogar als persönlichen Schadensfall. Während das jetzige Umlageverfahren eine Prämie für Kinderlosigkeit darstellt, wäre der volle Ausgleich der Kinderkosten eine Sonderprämie für die Kinderzeugung. Im übrigen kann er das Elternrecht gefähr-

9 Die Umverteilungsbereitschaft nimmt im allgemeinen mit größerer kultureller Nähe und Verwandtschaft zu, wie sie meist innerhalb von Staaten besteht. Der vielfach geforderte Weltwohlfahrtsstaat als Umverteilungsgemeinschaft würde vor allem die Leistungsantriebe auch in ärmeren Ländern herabsetzen, während ihnen gegenüber Sanktionsmöglichkeiten geringer sind als gegenüber Leistungsverweigerung im eigenen Land.

den, weil es dann mindestens keine ökonomische Begründung mehr dafür gäbe, daß Kinderlose bei der Erziehung kein Mitspracherecht haben.

Daß es notwendig ist, nicht nur gut ausgebildete Arbeitskräfte zu haben, sondern auch entsprechendes Sachkapital, blieb in der rentenpolitischen Diskussion für lange Zeit völlig außer Betracht. Die Vorsorge für das Alter wurde mit dem totalen Umlageverfahren von der Sachkapitalbildung entkoppelt. Das Problem der demographischen Entwicklung wurde damit um ein Problem der gesamtwirtschaftlichen Investitionen und der Vermögensverteilung erweitert. Zu spät hat man außerdem entdeckt, daß die Vermögens- und Äquivalenzillusion des Umlageverfahrens eines der stärksten Motive zur realen Vermögensbildung in breiten Schichten geschwächt hat, nämlich die Vorsorge für das Alter. In der Zeit überhöhter Selbstfinanzierungsraten der deutschen Wirtschaft in den ersten eineinhalb Jahrzehnten der westdeutschen Bundesrepublik ist man im Zeichen der dynamischen Umlagerente über diesen Sachverhalt hinweggegangen. Damals hätte die Möglichkeit bestanden, mit Investivlöhnen einen Teil der Selbstfinanzierungsgewinne der Unternehmungen abzuschöpfen, ohne die Investitionsneigung wesentlich zu beeinträchtigen (*Willgerodt* 1957, S. 193). In allzu später Stunde sind nun Zweifel an der Dominanz des Umlageverfahrens in der Alterssicherung aufgekommen. Wenn es nicht gelingt, in Gestalt von gründlicher und besser ausgebildeten Kindern für die Zukunft wirtschaftlich vorzusorgen, dann wäre es mindestens notwendig, mehr Sachkapital zu bilden. Trotz dieser Erkenntnis wird jedoch die Politik des kapitalpolitischen Reservenverzehrs verstärkt fortgesetzt. Zum Beispiel sollen in der Gesetzlichen Krankenversicherung im Rahmen einer zweiten zweckgebundenen Einkommensteuer (hierzu kritisch: *C. C. von Weizsäcker* 2004) vor allem Zinserträge in die Bemessungsgrundlage der Abgaben einbezogen werden. Dies wäre eine zusätzliche Strafsteuer für Kapitalbildung oder eine Kapitalvertreibungssteuer. Die bisherige private Krankenversicherung, die mit Kapitalrückstellungen arbeitet, soll abgeschafft werden, wobei ihr vorhandenes Kapital zunächst enteignet und dann nach aller bisherigen Erfahrung wie in anderen Sozialeinrichtungen aufgezehrt werden würde. Bei dem Humankapital werden Entstehung und Nutzung durch sozial- und finanzpolitische Maßnahmen behindert, von Etatkürzungen im Bildungsbereich bis zu tarifpolitischer Mindestlohnarbeitslosigkeit und Verkürzungen der Lebensarbeitszeit.

Freilich gibt es Gegenkräfte. Die Bevölkerung hat sich von den Dogmatikern des totalen Umlageverfahrens nicht davon abhalten lassen, in erheblichem Umfang zu sparen und Kapital zu bilden. Dieses Kapital ist indifferent gegenüber den Motiven, aus denen es gebildet worden ist. Also kann es auch der Alterssicherung dienen. Nur ist das Eigentum daran nicht so gleichmäßig verteilt, wie es wünschenswert wäre.

Man hat der Kapitalbildung für Zwecke der Alterssicherung zahlreiche Mängel zugeschrieben. Einmal gebildetes Kapital, wenn es der Alterssicherung diene, müsse an folgende Generationen verkauft werden. Das Ergebnis komme dem bestehenden Umlageverfahren gleich. Diese Aussage verkennt, daß nachfolgende Generationen immer erst sparen müssen, bevor sie vorhandenes Kapital von der Elterngeneration kaufen können. Sie erwerben damit aber in echter Äquivalenz von Leistung und Gegenleistung direkt oder indirekt wirkliches Realkapital, während im jetzigen Umlagesystem im Prinzip überhaupt kein Kapital gebildet oder weitergegeben wird. Das geltende System ermuntert zum Kapitalverzehr, soweit die Bevölkerung der Illusion zum Opfer fällt, ihre Umlagerente sei auch unter veränderten Bedingungen ausreichend und sicher.

7. Folgerungen

Die bisherige deutsche Sozial- und Finanzpolitik ist durch zahllose Irrationalitäten gekennzeichnet und deswegen in eine Krise geraten. Es handelt sich um eine Krise des Maßes, aber auch der zugrundeliegenden Prinzipien. Das Prinzip der Umlagen ist nicht allgemein abzulehnen. Der Staat finanziert sich immer durch Umlagen, nämlich Steuern, und das ist solide, wenn er entsprechende Leistungen erbringt. Selbst Staatsschulden können berechtigt sein, vor allem, wenn damit wirtschaftlich zweckmäßige Investitionen finanziert werden, obwohl viele Gründe dafür sprechen, daß hierfür ebenfalls Steuererträge verwendet werden. Auch zur Finanzierung sozialer Leistungen sind Umlagen seit langem üblich, etwa bei allen Leistungen, die unmittelbar aus der Staatskasse finanziert werden, wie zum Beispiel die Sozialhilfe. In der auf Umlagen beruhenden gesetzlichen Rentenversicherung, der sozialen Krankenversicherung und der Pflegeversicherung hätte keine Krise entstehen müssen, wenn die entstandenen Ansprüche mit dem Beitragsaufkommen im Gleichgewicht geblieben wären. Das war unpopulär oder wurde jedenfalls von den Sozialpolitikern so angesehen. Sie haben unentwegt Ansprüche auf zusätzliche Leistungen bewilligt und dabei keine Rücksicht auf die Finanzierbarkeit genommen. Vielmehr haben sie – nicht nur in Deutschland – die Wahrheit über die finanzielle Lage des Systems verschleiert. Zur Deckung der Sozialausgaben nötige Steuer- und Beitragserhöhungen galten als unpopulär und mit einigem Recht auch als wirtschaftlich schädlich. Die Ausgaben sollten trotzdem gesteigert werden. Falsche Ratgeber stellen dies sogar über alle Konjunkturphasen hinweg als konjunkturpolitisch notwendig hin.

Es handelt sich aber auch um Fehler der maßgebenden Prinzipien. Man hat so weit wie irgend möglich Individualgüter wie Altersvorsorge, Krankheitsvorsorge, Pflegefallvorsorge usw. meritorisiert, das heißt zu Gütern erklärt, bei denen eine spezielle persönliche Entgeltlichkeit unzumutbar sei. Was unentgeltlich scheint, ruft Verschwendung hervor. Man wird hier den Rückweg antreten müssen. Wie weit man ihn geht, ist wieder eine Frage des Maßes, aber ohne eine stärker mobilisierte Eigenverantwortung und ein entsprechendes Eigeninteresse an der Zukunftsvorsorge und an der Vermeidung persönlicher Notlagen wird man nicht auskommen. Die breiten Massen in Deutschland sind nicht allgemein absolut bedürftig, was immer an angeblicher relativer Armut ausgerechnet werden mag. Die Verbreitung von Automobilen, moderner Elektronik, Urlaubsreisen und vielen Gütern, von denen vor einem Jahrhundert auch Wohlhabende nicht einmal träumen konnten, müßte ausreichen, um plausibel zu machen, daß heute eine Rückkehr zu mehr spezieller Entgeltlichkeit möglich sein sollte.

Worum es sich handelt, läßt sich am Beispiel der Krankenversorgung erkennen. Hier können und müssen kostendeckende Preise zugemutet werden, selbst wenn der medizinische Fortschritt auch teuerer wird. Andere Güter können ja auch besser und teuerer werden. Die jetzigen Reformvorschläge für die soziale Krankenversorgung gehen in entgegengesetzte Richtungen: Die einen wollen die im alten System enthaltene, zum

Teil irrationale[10] Umverteilung weitgehend abschaffen und einheitliche Gesundheitsprämien einführen. Umverteilung, soweit sie für notwendig gehalten wird, soll im wesentlichen Aufgabe der Einkommensteuer werden. Wenn aber genau dieselbe Umverteilung, die bisher in der gesetzlichen Krankenversicherung besteht, nun punktgenau auf die Einkommensteuer übertragen werden soll, fragt man sich, welchen Sinn diese ganze Umstellung haben könnte. Er könnte darin bestehen, daß die Krankenversicherungen bei einheitlichen Prämien kein Motiv mehr hätten, möglichst gut verdienende Mitglieder zu haben. Bei Prämienwettbewerb könnte dieses Streben durch Kontraktionszwang für die Krankenkassen gemildert werden. Selbstbeteiligungen könnten auch das Verhalten der Versicherten rationalisieren. Im ganzen sinnvoll wäre jedoch eine stärker an allgemeine Kriterien anknüpfende und nicht mehr selektiv in der Krankenversorgung angesiedelte, also reformierte Umverteilung, das heißt auch bei vielen Gütern die Rückkehr zu mehr Äquivalenz.

Der Gegenvorschlag, fälschlich ‚Bürgerversicherung' genannt, will die Umverteilung innerhalb der sozialen Krankenversicherung maximieren, indem alle Einkommen beitragspflichtig gemacht und alle Inländer einbezogen werden. Die Beiträge für Gesundheitsleistungen haben dann wie bisher, aber nun für alle, nichts mehr mit den Kosten dieser Leistungen zu tun. Wer damit den freien Preis vollkommen abschafft, braucht die rationierende Polizei, das heißt die bevormundend zuteilende medizinische Obrigkeit, wenn die Kosten nicht explodieren sollen. Warum dann nicht gleich die bisherigen Beiträge abgeschafft werden, die Einkommensteuer entsprechend erhöht und das Gesundheitswesen überhaupt voll verstaatlicht wird, läßt sich vielleicht mit Details, aber im ganzen immer schwerer begründen. Ein Spezialsteuerrecht für diese zweite Einkommensteuer wäre zu befürchten.

In der Alterssicherung muß der Zusammenhang zwischen Abgaben und Kapitalbildung mindestens zu einem erheblichen Teil wiederhergestellt werden. Das Volk im ganzen muß ja das Problem der Kapitalbildung in jedem Fall lösen, und es ist abwegig, sich darüber mit makroökonomischen Bilanzfälschungen, also konsumtiver Staatsverschuldung ohne persönliche Gegenbuchung der Bürger, hinwegzutäuschen. Bei Inländern aufgenommene Staatsschuld bedeutet, daß sich das Volk bei sich selbst verschuldet. Seine Sparer hängen damit der Illusion an, sie hätten Kapital gebildet und für die Zukunft vorgesorgt. Hätten alle Staatsgläubiger und sozialpolitischen Anspruchsberechtigten genau so viel Forderungen an die öffentlichen Einrichtungen, wie an öffentlicher Schuld auf sie entfällt, dann könnte man beide Posten gegeneinander aufrechnen und die privaten Vermögensbilanzen von Illusionen bereinigen. Schuldtitel und Verpflichtungen sind aber ungleichmäßig verteilt. Damit wurde ein sozialer Sprengstoff angesammelt, der sich in einem Konflikt zwischen Nettozahlern und Nettoempfängern bei der unvermeidlichen Bereinigung entladen könnte.

---

10 Zum Beispiel werden nicht außerhalb des Haushaltes arbeitende Ehefrauen, auch wenn sie keine Kinder haben, ohne Beitrag mitversorgt.

Literatur

Friauf, Karl Heinrich (1990), Staatskredit, in: *Josef Isensee* und *Paul Kirchhof* (Hg.), Handbuch des Staatsrechts der Bundesrepublik Deutschland, Bd. IV, § 91, Heidelberg.

Friedman, Benjamin M. (1988), Day of Reckoning, New York.

Hahn, L. Albert (1969), Geld und Gold, Basel und Tübingen.

Hankel, Wilhelm und *Gerhard Zweig* (1957), Die Alterssicherung in der sozialen Marktwirtschaft, in: ORDO, Bd. 9, S. 157-173.

Kümmel, Reiner, Dietmar Lindenberger und *Wolfgang Eichhorn* (2004), Die Produktionsmächtigkeit der Energie und die Nutzungspreise von Energie und Arbeit, in: *Oliver Budzinski* und *Jörg Jasper* (Hg.), Wettbewerb, Wirtschaftsordnung und Umwelt, Festschrift für Udo Müller, Frankfurt am Main u. a., S. 297-310.

Papier, Hans-Jürgen (2003), Überholte Verfassung? In: Frankfurter Allgemeine Zeitung vom 27. November 2003.

Rueff, Jacques (1948/1952), L'Ordre Social, Paris, deutsch: Die soziale Ordnung, Bremen.

Solow, Robert (2004), Erst das Zuckerbrot und dann die Peitsche, Interview in: Frankfurter Allgemeine Zeitung vom 4. September 2004.

Thum, Marcel und *Jakob von Weizsäcker* (2000), Implizite Einkommensteuer als Messlatte für die aktuellen Rentenreformvorschläge, in: Perspektiven der Wirtschaftspolitik, Bd. 1, S. 453-468.

Weizsäcker, Carl Christian von (2004), Einkommensteuer II oder Einwohnerversicherung, in: Frankfurter Allgemeine Zeitung vom 29. Mai 2004.

Willgerodt, Hans (1955), Die Krisis der sozialen Sicherheit und das Lohnproblem, in: ORDO, Jahrbuch für die Ordnung von Wirtschaft und Gesellschaft, Bd. 7, S. 145-187.

Willgerodt, Hans (1956), Der Familienlastenausgleich im Rahmen der Sozialreform, in: ORDO, Bd. 8, S. 123-171.

Willgerodt, Hans (1957), Das Sparen auf der Anklagebank der Sozialreformer, in: ORDO, Bd. 9, S. 175-198.

Zaghini, Andrea (Juni 1999), The Economic Policy of Fiscal Consolidations: The European Experience, Banca d'Italia, Temi di discussione del Servicio Studi, Number 355.

Helmut Leipold und Dirk Wentzel (Hg.), Ordnungsökonomik als aktuelle Herausforderung
Schriften zu Ordnungsfragen der Wirtschaft · Band 78 · Stuttgart · 2005

Ordnungspolitische Ursachen des Staatsversagens

Walter Hamm

Inhalt

1. Der Mangel an ordnungspolitischer Orientierung

Marktversagen ist ein Lieblingsthema vieler Politiker und Wissenschaftler. Staatsversagen dagegen ist ein Stiefkind, über das ungern gesprochen wird. Und doch sind die offensichtlichen gesamtwirtschaftlichen Fehlentwicklungen speziell in Deutschland weithin eine Folge staatlicher Mißgriffe und Unterlassungen. *Alfred Schüller* hat sich mit diesen Fragen in zahlreichen Veröffentlichungen beschäftigt. Hier sei lediglich auf einige Beiträge aus den letzten Jahren verwiesen (*Schüller* 2002, 2003 und 2004).

Von Staatsversagen wird im folgenden dann gesprochen, wenn staatlich gesetzte Ziele mit ungeeigneten Mitteln verfolgt oder wegen politischen Nichtstuns verfehlt werden. Aus der großen Anzahl dieser Fälle kann an dieser Stelle nur eine kleine Auswahl geboten werden. Im Vordergrund werden die Ziele Geldwertstabilität, Bekämpfung der Arbeitslosigkeit, Wirtschaftswachstum, soziale Sicherung und Schutz individueller Entfaltungsmöglichkeiten innerhalb eines staatlich gesetzten Rahmens stehen.

Das Staatsversagen beruht in Deutschland weithin auf Mängeln an ordnungspolitischer Orientierung, „auf unsystematischen politischen Eingriffen in das Wirken der Marktkräfte" (*Buchanan* 2004). Dahinter steht das „Zusammenwirken von Partikularinteressen, die über genug Macht verfügen, um die Politik zu beeinflussen" (*Buchanan*). Eine an Grundsätzen und festen Regeln orientierte, langfristig angelegte, verläßliche und berechenbare Politik gilt wenig. Stattdessen dominieren sprunghaft sich ändernde Maßnahmen. Heute wird das Gegenteil von gestern praktiziert, was meist mit „Nachbesserungen" fehlerhafter früherer Normen entschuldigt wird. Umverteilende, an Gruppeninteressen orientierte, auf Machterhaltung der regierenden Parteien zielende Maßnahmen sind Trumpf.

Die sozialen und ökonomischen Folgen dieses Handelns könnten enttäuschender nicht sein: Die Fehlbeträge in den öffentlichen Haushalten eilen von einem Rekord zum nächsten – trotz massiver Rückgriffe auf das noch vorhandene öffentliche Vermögen. Beim Wirtschaftswachstum bildet Deutschland innerhalb der Europäischen Union (EU) meist das Schlußlicht. Die Soziallasten erweisen sich immer klarer als nicht mehr finanzierbar. Rücksichtslos setzt die Bundesregierung auf immer neue Belastungen der schrumpfenden kommenden Generation. Von nachhaltiger Politik kann nicht einmal mehr in Ansätzen gesprochen werden. Die Anzahl der voll sozialversicherungspflichtigen Arbeitsverhältnisse (ohne die nur begrenzt abgabepflichtigen und hochsubventionierten Minijobs, 1-Euro-Jobs, Gründer von „Ich-AGs" und „Existenzgründer") nimmt in beängstigendem Tempo ab. Die Arbeitslosigkeit steigt. Das Durchschnittseinkommen stagniert. Die realen Nettoeinkommen vieler privater Haushalte, besonders der Rentner, sinken seit mehreren Jahren. Trotz guter Vorsätze behindert die überbordende staatliche Reglementierung die Entfaltung unternehmerischer Kräfte. Die enormen Abgabenlasten veranlassen viele Menschen zur Flucht aus legalen Tätigkeiten in Deutschland und verwandeln dem Gesamtwohl förderliche individuelle Anreize in gemeinschaftsschädigendes Verhalten.

Diese Hinweise haben nichts mit unpatriotischem, Deutschland willkürlich schlecht machendem, standortschädigendem Gerede zu tun, wie die Bundesregierung meint. Es handelt sich vielmehr um harte, statistisch nachweisbare Fakten. Die Erkenntnis, daß die miserable Lage Deutschlands eine unmittelbare Folge fehlerhafter Politik ist, bildet die Voraussetzung für eine politische Neuorientierung. Wer sich weigert, Fehler zu erkennen und aus ihnen zu lernen, gibt sich auf. Nachhaltige Besserung setzt ferner voraus, daß nicht nur an Symptomen kuriert wird, sondern die tieferliegenden Ursachen von Fehlentwicklungen erkannt und ausgeschaltet werden. Daran fehlt es einstweilen.

Aus der Kritik an der heute üblichen, an Partikularinteressen gebundenen und deswegen diskriminierenden Politik sollen im folgenden Maßstäbe für einen am Gesamtwohl orientierten politischen Kurs gewonnen werden. Da „diskriminierende Eingriffe in die Wirtschaft ... den Staatssektor im Vergleich zur Privatwirtschaft größer werden (lassen), als er sonst wäre" (*Buchanan* 2004), würde mit korrigierenden Regeln zugleich der Staatsanteil am Bruttoinlandsprodukt und die Abgabenlast reduziert.

2. Geldwertstabilität

Fehlende ordnungspolitische Orientierung macht sich auf dem Gebiet der Geldwertstabilität besonders nachteilig bemerkbar. Zwar liegt die Verantwortung für die Abwehr inflatorischer Störungen bei der Europäischen Zentralbank (EZB). Aber die rot-grüne Bundesregierung bemüht sich unentwegt, der EZB ihre Aufgabe zu erschweren. In den Beratungen zur Europäischen Verfassung hatten sich vor allem Deutschland und Frankreich dafür eingesetzt, die Unabhängigkeit der EZB massiv einzuschränken und den Einfluß der Regierungen auf die Geldpolitik erheblich zu vergrößern. Nur die schlimmsten Fehlentwicklungen sind verhindert worden. Die Regeln des europäischen Stabilitäts- und Wachstumspakts hinsichtlich der Defizite in den öffentlichen Haushalten haben ebenfalls Deutschland und Frankreich aufzuweichen versucht. Mit immer neuen fragwürdigen Argumenten wurde (und wird weiterhin) angestrebt, die Defizitkriterien zugunsten chronischer Defizitländer zu verändern, die Berechnung der Haushaltsdefizite zu modifizieren und die im Maastricht-Vertrag vorgesehenen Sanktionen gegen Defizitländer auszusetzen (siehe hierzu *Deutsche Bundesbank* 2004b, S. 9, 2004a, S. 94 ff.). Eine unsolide Finanzpolitik vor allem der größten Mitgliedstaaten erschwert der EZB die Aufgabe, die Inflationsraten niedrig zu halten. Die EZB und die Deutsche Bundesbank wehren sich deswegen mit Recht gegen die Bestrebungen der Bundesregierung, öffentliche Haushaltsdefizite zu verniedlichen und als tolerierbar hinzustellen.

Konsequente Geldwertstabilitätspolitik ist eine wesentliche Voraussetzung für das gute Funktionieren der Marktkräfte sowie für das Verhindern spekulativer Schwankungen und Störungen sowohl auf den Arbeitsmärkten als auch auf den Investitionsgütermärkten. Da sich vor allem kleine Sparer nur schlecht gegen eine schleichende Geldentwertung schützen können, ist eine unsolide Finanz- und Geldpolitik zugleich unsozial. Sie schädigt jene privaten Haushalte, für die sich auf „soziale Gerechtigkeit" fixierte Politiker eigentlich besonders nachdrücklich einsetzen müßten.

Mittel- und langfristig sind die ständigen Verstöße der rot-grünen Koalition gegen den Stabilitäts- und Wachstumspolitik auch deswegen unsozial, weil die rasch steigende öffentliche Neuverschuldung die Sorge vor künftigen Steuer- und Abgabenerhöhungen anheizt, Investoren ins Ausland flüchten läßt, die Konsumneigung vermindert und die heimische Beschäftigung zusätzlich beeinträchtigt. Es entstehen negative Einflüsse auf die privaten Einkommen künftiger Jahre. Da es an politischer Überzeugungskraft mangelt, die Staatsaufgaben und den öffentlichen Konsum auf ein erträgliches, Defizite vermeidendes Maß zu vermindern, muß die schrumpfende künftige Erwerbsbevölkerung für die Sünden von heute mit noch höheren Abgabenlasten bezahlen – ebenfalls eine höchst unsoziale Folge grundsatzloser Politik. Die Leistungsbereitschaft im legalen Bereich der Wirtschaft wird geschmälert. Die Sozialkassen geraten in weiter wachsende Schwierigkeiten.

Die Wachstumskräfte werden geschwächt, wenn der Staat und die Gemeinden öffentliche finanzielle Lasten in großem Stil in die Zukunft verlagern, das öffentliche Sachvermögen in großen Schritten konsumtiv verbrauchen und notwendige Investitionen aufschieben. Nur nachhaltig solide Staatsfinanzen schaffen Zukunftsvertrauen und damit die Basis für eine dynamische Entwicklung der Wirtschaft.

3. Staatliche Preisinterventionen

Der rot-grünen Bundesregierung sind einige auf Märkten gebildete Preise ein Dorn im Auge. Sie ist deshalb dazu übergegangen, Preise zu diktieren. Welche Folgen davon auf die Marktvorgänge und die Dispositionen der Betroffenen, insbesondere auf die Lenkung der Produktivkräfte, ausgehen (*Hamm* 2000, S. 54-70), bleibt unbeachtet. Nicht der Markt und der Wettbewerb sollen über die Höhe der Preise entscheiden, sondern politisches Gutdünken.

Besonders weittragende Folgen hätte die vom SPD-Parteivorsitzenden *Müntefering* mit Zustimmung von Gewerkschaftsführern geforderte Einführung gesetzlicher Mindestlöhne. Solche Preisinterventionen würden nur dann fühlbare Wirkungen entfalten, wenn in zahlreichen Lohntarifverträgen Löhne unterhalb der Mindestlöhne vereinbart worden sind. Die niedrigeren Effektivlöhne müßten dann auf die höheren Mindestlöhne angehoben werden.

Es ist davon auszugehen, daß niedrige Löhne nur für Beschäftigte mit geringer beruflicher Qualifikation und mit bescheidener Arbeitsproduktivität vereinbart werden. Die Einführung darüber liegender Mindestlöhne bedeutete, daß diese Tätigkeiten nicht mehr kostendeckend wären. Die Beschäftigten, denen Politiker zu höheren Einkommen verhelfen möchten, würden ihren Arbeitsplatz verlieren. Die Unternehmen könnten entweder auf Importe oder auf eine kapitalintensivere Produktion ausweichen (einfache Arbeitsvorgänge lassen sich meist leicht mechanisieren) oder verstärkt auf Minijobs umstellen (die dem politischen Mindestlohndiktat nicht unterliegen). Die unmittelbaren Folgen wären eine höhere Arbeitslosigkeit und geringere Einnahmen für die Sozialkassen. Aber so weit denken manche Politiker offensichtlich nicht. Die Mindestlohnpläne sind ausdrücklich nur einstweilen zurückgestellt, also keineswegs aufgegeben worden.

Arbeitsplatzvernichtend wirken in Deutschland auch die vom Gesetzgeber oktroyierten Zwangsrabatte, insbesondere auf patentgeschützte Arzneimittel (die nicht den Festbetragsvorschriften unterliegen). Ab 1. Januar 2004 sind die von den Gesetzlichen Krankenkassen an die Hersteller solcher Arzneimittel zu zahlenden Preise per staatlichem Diktat um 16 Prozent gekürzt worden. Da rund 90 Prozent der Bevölkerung Mitglieder in der Gesetzlichen Krankenversicherung sind, ist der weit überwiegende Anteil der in Deutschland verkauften Arzneimittel von dieser staatlichen Preisintervention betroffen. Schon für 2003 und 2004 hatte sich die pharmazeutische Industrie kollektiv verpflichtet, auf Preiserhöhungen zu verzichten, weil andernfalls unkalkulierbare staatliche Eingriffe in die Arzneimittelpreise angedroht worden waren. Für 2005 ist der Zwangsrabatt auf 6 Prozent reduziert worden.

Ziel der Preisinterventionen, zu denen auch staatliche Festbetragsregelungen für gleichartige Arzneimittel zu zählen sind, ist die finanzielle Entlastung der Gesetzlichen Krankenkassen und die Stabilisierung der Beiträge dieser Kassen. Zwar sind die Versprechungen der Gesundheitsministerin, die Krankenkassenbeiträge im Jahre 2004 von durchschnittlich 14,3 auf 13,6 Prozent des Bruttolohns zu senken, nicht annähernd erreicht worden. Die Krankenkassenbeiträge sind nämlich 2004 nur vereinzelt gesunken und liegen noch immer – trotz erheblich gestiegener Zuzahlungen der Versicherten – bei durchschnittlich 14,2 Prozent. Immerhin sind weitere Beitragssteigerungen vermieden worden, und es ist gelungen, die zur Beitragssatzstabilisierung in den Jahren 2002 und 2003 aufgenommenen Kredite zu einem Teil zurückzuzahlen.

Nicht bedacht hat die rot-grüne Bundesregierung jedoch die Rückwirkungen, die von den Preisinterventionen auf die Dispositionen der forschenden pharmazeutischen Großunternehmen ausgehen: Forschungsaktivitäten werden zunehmend ins Ausland verlagert, was Arbeitsplätze in Deutschland kostet. Vor der Neueinführung innovativer Arzneimittel prüfen große Pharmaunternehmen, ob sie solche Produkte überhaupt auf dem deutschen Markt in Verkehr bringen, weil politisch gedrückte Preise auch auf den Märkten anderer Länder zum Maßstab werden. Auch Arbitragemöglichkeiten führen zum – erzwungenen – Preisnachlaß auf anderen nationalen Märkten.

Die deutsche pharmazeutische Industrie, die in früheren Jahrzehnten zu den innovativsten und exportstärksten weltweit gehörte, ist inzwischen auf ein erbärmlich niedriges innovatives Niveau abgesunken und hat die Anzahl der Beschäftigten ständig – 2004 um rund 6000 – vermindert. Deutsche Patienten müssen damit rechnen, daß der pharmazeutische Fortschritt an ihnen vorbeiläuft. Staatliche Interventionen, die angeblich Innovationen fördern sollen, verhindern Innovationen in Deutschland und treiben innovative Unternehmer ins Ausland, wo für die Forschung und für die Vermarktung von Forschungsergebnissen günstigere Rahmenbedingungen gelten. Eine frühere deutsche Wachstumsindustrie stagniert in Deutschland, weil eine „Mauer zwischen Sozialpolitik und Marktsystem" (*Schüller* 2004) besteht.

Mittelbare staatliche Preisinterventionen führen auch bei den Krankenkassenbeiträgen zu ordnungspolitischen Fehlentwicklungen. Gesetzliche Krankenkassen mit niedrigen Beitragssätzen werden seit der Zulassung eines begrenzten Wettbewerbs zwischen den Kassen gezwungen, Ausgleichszahlungen an andere gesetzliche Krankenkassen mit hohen Beitragssätzen zu leisten. Vor allem die Allgemeinen Ortskrankenkassen profitieren von diesem Finanzausgleich (2003 rund 13 Milliarden Euro). Die wichtigsten Zahler sind die Betriebskrankenkassen und die Angestellten-Ersatzkassen. Ziel des Finanzausgleichs ist letztlich die Nivellierung der Beitragssätze. Kassen mit vielen gut verdienenden und relativ gesunden Mitgliedern werden zur Alimentierung von Kassen mit vielen relativ armen und kranken Mitgliedern herangezogen.

Zwar haben die Mitglieder der Gesetzlichen Krankenversicherung die Möglichkeit, ihre Krankenkassen zu wechseln, also von einer vergleichsweise teuren zu einer billigeren Kasse abzuwandern. Die Kassen sind auch verpflichtet, aus Beitragsgründen abgewanderte Mitglieder anderer Kassen aufzunehmen. Der Gesetzgeber vertraut jedoch nicht auf die Initiative der Versicherten und hat deswegen einen „Risikostrukturausgleich" zwischen den gesetzlichen Krankenkassen mit rund 700 Versichertengruppen unterschiedlicher Morbidität installiert. Der Gesetzgeber ist dabei, diesen jetzt schon komplizierten, einen hohen Verwaltungsaufwand verursachenden Finanzausgleich zu perfektionieren („Morbi-Risikostrukturgleich").

Die Folgen solcher milliardenschweren staatlichen Interventionen liegen auf der Hand: Es entstehen Anreize, möglichst viele schwere und kostenträchtige Krankheiten zu dokumentieren, weil dann mehr Strukturausgleichsmittel zufließen oder Zahlungsverpflichtungen im Risikostrukturausgleich vermindert werden. Die Anstrengungen werden nicht darauf gerichtet, auf eine möglichst kostengünstige Behandlung Kranker hinzuwirken und die Versicherten zu risikoarmem Verhalten zu veranlassen. Die Ausgaben der Krankenkassen steigen infolgedessen schneller als unvermeidbar. Die Anreize für die Krankenkassen und für die Versicherten werden falsch gesetzt. Die rot-grüne Koalition, die den Anstieg der Krankenkassenausgaben bremsen will (Beitragssatzstabilität als Minimalziel), ergreift Maßnahmen, die das Gegenteil bewirken. Zielführend wären Maßnahmen zur Intensivierung des Wettbewerbs zwischen den Krankenkassen (auch in Form neuartiger Versicherungsangebote, wie etwa Selbstbehalttarife). Zielführend wären auch Informationen für die Versicherten, von teuren zu billigeren Krankenkassen zu wechseln. Arbitrage würde die Beitragssatzunterschiede vermindern.

Ein anderes Beispiel für preisinterventionistische Torheiten ist die von 2006 an geltende gesetzliche Regelung, zur vermeintlichen Gleichstellung von Frauen und Männern in der staatlich geförderten privaten Altersvorsorge (sogenannte *Riester*-Rente) zwangsweise „Unisex-Tarife" einzuführen. Wegen der höheren Lebenserwartung von Frauen ergeben sich bei gleichen Beitragssätzen für Frauen niedrigere Renten als für Männer. Diese versicherungsmathematisch zwingende Regelung wird als diskriminierend angesehen. Einheitliche Beitragssätze für Männer und Frauen für die gleiche Versicherungsleistung sollen bei allen *Riester*-Renten die scheinbar bestehende Ungleichbehandlung beseitigen. Diese Regelung hat für Männer eine massive Verteuerung der privaten Altersvorsorge bewirkt und damit den Anreiz, selbständig für das Alter eine Zusatzversicherung abzuschließen, erheblich vermindert.

Staatliche Preisinterventionen, gleichgültig welcher Art, verändern gesamtwirtschaftlich die Preisrelationen und damit auch den Einsatzort der Produktionsfaktoren. Werden Preise zwangsweise gesenkt oder am Steigen gehindert (wie in der Krankenversorgung und in der Wohnungswirtschaft), nimmt der Einsatz von Produktionsfaktoren in diesen Bereichen ab. Im entgegengesetzten Fall entstehen Überkapazitäten und unabsetzbare Produktionsüberschüsse (wie in der Landwirtschaft). Mit Subventionen werden solche Überschüsse meist denaturiert, vernichtet oder im Ausland abgeladen, was dann zu nachteiligen Folgen für ausländische Produzenten führt.

Diese Neben- und Fernwirkungen bleiben bei staatlichen Eingriffen in die Preisbildung regelmäßig unbeachtet. Es fehlt das Gespür dafür, welche Fehlentwicklungen ausgelöst werden, wenn Preise administrativ festgelegt und damit die Marktkräfte und der Wettbewerb ausgeschaltet werden. Wenn noch dazu ein wichtiger Wachstumsbereich in einer alternden Gesellschaft, die Krankenversorgung, zwangsweise an der Expansion gehindert wird, können nachteilige gesamtwirtschaftliche Folgen, insbesondere auf den Arbeitsmärkten, nicht ausbleiben.

Statt mit behördlichen Preisdiktaten zu arbeiten, sollte im Falle politisch nicht genehmer Preise zunächst geprüft werden, wie es zu unerwünschten Preisen kommt. Häufig kann durch Änderung von Rahmenbedingungen, insbesondere durch Öffnung des Marktzugangs, Verhinderung wettbewerbsbeschränkender privater Praktiken, Beseitigung rechtlicher Monopole und wettbewerbsfeindlicher staatlicher Vorschriften (*Fehl* 2004, S. 16) für Preisänderungen gesorgt werden, die politisch als wünschenswert angesehen werden. Nicht die Marktergebnisse sollten von staatlicher Hand korrigiert werden, sondern die Bedingungen, unter denen sie zustandekommen.

4. Anhebung der Arbeitskosten

Steigende Preise lassen stets – je nach der Preiselastizität der Nachfrage – die Absatzmengen sinken. Diese Aussage trifft auch auf die Arbeitsmärkte zu, ohne daß Politiker konsequent danach handeln. Die Arbeitslosigkeit soll wirksam bekämpft werden. Aber das politische Handeln sorgt auf breiter Front für eine Verteuerung des Produktionsfaktors Arbeit: Seit Jahrzehnten steigen als Folge staatlicher, sozial gedachter Maßnahmen die Lohnzusatzkosten schneller als die Tariflöhne, obwohl der Zusammenhang zwischen steigenden Arbeitskosten und sinkender Nachfrage nach Arbeitsleistungen allen Beteiligten bewußt sein sollte. Beispielsweise hat sich die Bundesregierung vorgenommen, die Beiträge zur Sozialversicherung, die den Faktor Arbeit verteuern, zu senken. Auch die Gewerkschaften halten sich im Hinblick auf die hohe Arbeitslosigkeit und drohende weitere Entlassungen bei Lohnforderungen zurück und leisten bei Arbeitszeitverlängerungen ohne Lohnausgleich (faktisch also Lohnkostensenkungen) meist nur noch schwachen Widerstand.

Worte und Taten klaffen weit auseinander. Vorschläge, die Beiträge zur Gesetzlichen Krankenversicherung vom Lohn abzukoppeln, werden von der rot-grünen Koalition entschieden abgelehnt. Dasselbe gilt für andere Bereiche der Sozialversicherung, obwohl wegen der demographischen Veränderungen weiter steigende Abgabenlasten (und damit Verteuerungen des Faktors Arbeit) unmittelbar bevorstehen. Die Kosten der Mitbestimmung für die Betriebe hat die rot-grüne Koalition beträchtlich erhöht. Zwar ist die Arbeitszeitflexibilität größer geworden (was Einsparungen bei Überstundenzuschlägen ermöglicht). Aber Kündigungsschutzregelungen und Abfindungsvorschriften verteuern Arbeitsverträge so erheblich, daß mittelständische Betriebe „Rettung“ oft nur im Konkurs sehen.

Der Wissenschaftliche Beirat beim Bundesministerium für Wirtschaft hat in seinem 2003 erstatteten Gutachten die Beseitigung staatlicher Regelungen vorgeschlagen, die Tarifverträge mit Gewerkschaften inflexibel machen und überhöhte Lohntarife absichern. Es geht dabei um die Einführung gesetzlicher Tariföffnungsklauseln, die Abweichungen vom Tarifvertrag durch freiwillige Betriebsvereinbarungen ermöglichen sollen, aber auch um die Allgemeinverbindlichkeitserklärung von Tarifverträgen und um eine revidierte Auslegung des Günstigkeitsprinzips (§ 4 Abs. 3 Tarifvertragsgesetz). Dieser Grundsatz müsse auf alle Fälle ausgedehnt werden, in denen Arbeitnehmer durch begrenzten Lohnverzicht ihren Arbeitsplatz sichern können, sofern der Arbeitgeber zu betriebsbedingten Kündigungen berechtigt wäre und darauf verzichtet.

Die nur mühsam und bedingt abgewendete Lehrstellenabgabe ist ein weiteres Beispiel dafür, wie die rot-grüne Koalition entgegen ihrer Absicht handelt, die Lohnkosten zu senken. Zwar ist das Ziel, möglichst allen Jugendlichen eine berufliche Ausbildung mit Zukunft zu sichern, wichtig. Auch in diesem Fall ist jedoch nicht gefragt worden, ob es Gründe für die sinkende Ausbildungsbereitschaft der Unternehmen gibt. Für Schulabgänger, die kaum lesen und schreiben können (immerhin mehr als zehn Prozent eines Jahrgangs), gibt es so gut wie keine Ausbildungschance. Insoweit ist zu fragen, ob und inwieweit ein Versagen öffentlicher Schulen vorliegt. Außerdem haben die Gewerkschaften abschreckend hohe Vergütungen für Auszubildende durchgesetzt – ein weiterer Grund für die zurückhaltende Einstellung von Lehrlingen. Tariföffnungsklauseln könnten insoweit für Abhilfe sorgen. Zudem sind die gesetzlichen Anforderungen an Ausbilder erhöht worden, was zu einem Rückgang der Anzahl ausbildender Betriebe geführt hat. Zu fragen wäre ferner, ob die in Berufsschulen (oft nahezu nutzlos) verbrachte Zeit nicht zugunsten der Arbeits- und Ausbildungstätigkeit in den Betrieben reduziert werden könnte. Nach diesen und anderen Ursachen für die verminderte Ausbildungsbereitschaft haben die rot-grünen Politiker nicht gefragt. Kurzerhand wurde eine Ausbildungsplatzabgabe konzipiert, die dazu führen kann, daß Jugendliche jenseits des Bedarfs eines Betriebs ausgebildet werden und ohne Anschlußbeschäftigung bleiben.

Auf die Belastung der Lohnkosten durch die Arbeitslosenversicherung sei mit wenigen Worten hingewiesen. Ein hoher Anteil der Beitragseinnahmen wird offenbar weithin nutzlos für die „aktive Arbeitsmarktpolitik" verschwendet. Jedenfalls fehlt eine überzeugende Evaluation dieser Ausgaben. Auch der kostspielige Ausbau der Arbeitsämter zu „Agenturen" für Arbeit hat sich einstweilen als Fehlschlag erwiesen: Die Anzahl der Vermittlungen Arbeitsloser auf offene Stellen durch die Arbeits-„Agenturen" ist gering und sogar rückläufig. Beitragsmittel werden vergeudet. Zudem ist ein hochsubventionierter Wettbewerb mit privaten Vermittlungseinrichtungen entstanden – auch mit Zeitarbeitsanbietern.

Der wichtigste Grund dafür, daß die Beiträge zur Arbeitslosenversicherung nicht – lohnkostensenkend – herabgesetzt werden können, ist freilich in der Entmutigung von Investoren durch die staatliche Politik zu sehen. Die Vermittlung von Arbeitslosen in offene Stellen wird nur dann von durchschlagendem Erfolg sein können, wenn neue Arbeitsplätze entstehen.

Einstweilen geht jedoch die Anzahl der voll sozialversicherungspflichtigen Beschäftigten zurück. Vor allem in großen, international tätigen Unternehmen werden speziell in Deutschland seit Jahren Arbeitsplätze gestrichen. Im internationalen Wettbewerb sind die Standortbedingungen in Deutschland nicht attraktiv, was entscheidend auf die Steuer- und Abgabenlasten, auf die Arbeits- und Sozialpolitik, auf übermäßige Regulierung und Innovationsfeindlichkeit (Gentechnik, Kernkraftwerke, Pharmaindustrie) sowie auf eine die Standortkosten erhöhende Energiepolitik zurückzuführen ist. Es gibt wahrlich zahlreiche Ansatzpunkte und Möglichkeiten für eine Arbeitsplätze schaffende staatliche Politik. Es fehlt jedoch an deren konsequenter und umfassender Nutzung.

5. Übermaß an Umverteilung

Politiker streben danach, wiedergewählt zu werden. Den Beifall ihrer Wähler suchen sie meist dadurch zu gewinnen, daß materielle Vorteile in Aussicht gestellt werden. Da nur verteilt werden kann, was zuvor an Werten geschaffen worden ist, müßten Politiker eigentlich eine Hauptaufgabe darin sehen, die Produktion und das Wirtschaftswachstum anzuregen, Leistung und Selbsthilfe zu belohnen sowie Anreize dafür zu schaffen, daß jeder dazu Fähige den ihm möglichen Beitrag zum Sozialprodukt leistet.

Die Realität sieht weithin anders aus. Mit dem steigenden Massenwohlstand sind die Sozialausgaben nicht etwa gesunken, sondern sprunghaft gestiegen. Alle öffentlichen Kassen sind in den Dienst der Einkommensumverteilung gestellt worden: die Haushalte von Bund, Ländern und Gemeinden, die Gesetzliche Krankenversicherung, die Rentenversicherung, die Arbeitslosen- und die Pflegeversicherung. Im Namen der „sozialen Gerechtigkeit" wird keineswegs nur den Armen geholfen, die aus eigener Kraft nicht existieren können. Nahezu jeder Bürger zahlt und empfängt Mittel in nicht mehr überschaubarem Umfang. Facharbeiter müssen mehr als die Hälfte ihres Bruttoeinkommens (einschließlich des Arbeitgeberanteils an den Sozialversicherungsbeiträgen) an den Staat abführen. Eine ausgeuferte Sozialbürokratie muß davon ebenso bezahlt werden wie Umverteilungsleistungen an finanziell oft nicht einmal schlechter Gestellte.

Schon heute können die enorm gestiegenen Soziallasten kaum noch aufgebracht werden. Dabei steht die Bewährungsprobe erst noch bevor, wenn sich die demographischen Veränderungen voll auswirken (steigender Rentneranteil an der Bevölkerung bei sinkenden Beschäftigtenzahlen). Der Sozialstaat ist ganz offensichtlich überdehnt worden und gefährdet zunehmend die gesamtwirtschaftliche Leistungskraft.

Einfache ordnungspolitische Grundsätze sind mißachtet worden: Leistungsbereite werden bestraft, Leistungsunwillige werden belohnt. Eine Volkswirtschaft kann nur dann florieren, wenn mit der Verfolgung einzelwirtschaftlicher Ziele zugleich ein Beitrag zur Erreichung gesamtwirtschaftlicher Ziele geleistet wird. In Deutschland ist dies wegen falsch gesetzter einzelwirtschaftlicher Anreize weithin nicht der Fall. Falsche Anreize bewirken, daß sich viele Bürger ohne eigene Anstrengungen zu Lasten der Allgemeinheit bereichern. Umverteilt wird auch zugunsten solcher Gruppen, die staatliche Hilfe gar nicht benötigen. Wer bei der vielschichtigen staatlichen Umverteilung von Einkommen welche Vor- und Nachteile hat, ist zwar nicht festzustellen. Aber jedermann wehrt sich verständlicherweise gegen den Entzug staatlicher Hilfen, sofern dem nicht eine etwa gleich hohe finanzielle Entlastung bei Steuern und Abgaben gegenübersteht.

Daß es so wie bisher nicht weitergehen kann, sehen inzwischen breite Bevölkerungsschichten ein. Zwar gibt es Ansätze für soziale Reformen. Aber diese reichen bei weitem nicht aus, die Krankheit zu heilen, die Umverteilung auf einen langfristig gesicherten (nachhaltigen) Umfang zu reduzieren, die Abgabenlasten zu senken und die Leistungsbereitschaft zu stärken.

Ordnungspolitisch muß von zwei Seiten aus die Wende eingeleitet werden. Das Übermaß an Umverteilung muß möglichst unter gleichzeitiger Senkung der Abgabenlasten beseitigt werden. Außerdem müssen die oben bereits erwähnten Hindernisse für die Verminderung der Arbeitslosigkeit ausgeschaltet werden, was die Ansprüche an die Sozialkassen senkt und sie zugleich besser füllen hilft. Die Pläne der rot-grünen Koalition, die Vermögensteuer wieder zu erheben und die Erbschaftsteuersätze zu erhöhen, werden dagegen noch mehr Investoren als bisher schon ins Ausland vertreiben, also das Gegenteil des Gewünschten bewirken. Schon die Beschlüsse auf Parteitagen reichen aus, anlagesuchendes Kapital abzuschrecken und Arbeitsplätze in Deutschland zu vernichten.

6. Wettbewerbsverfälschende staatliche Maßnahmen

Erhebliche ordnungspolitische Mängel entstehen ferner durch Subventionen, durch die unternehmerische Tätigkeit der öffentlichen Hand sowie durch meist private Unternehmer diskriminierende gesetzliche Regelungen. Ein ineffizienter Faktoreinsatz und Wohlstandseinbußen sind die Folge.

Zwar hat sich die rot-grüne Koalition mit begrenztem Erfolg um den Abbau von Subventionen bemüht, zugleich aber eine Fülle neuer Subventionen eingeführt. An erster Stelle ist die Ökosteuer zu nennen, die insbesondere große Unternehmen massiv begünstigt und selektiv Ausnahmen für einige Verwendungszwecke von Energie geschaffen hat. Strom aus Kernkraftwerken, die kein Kohlendioxyd ausstoßen, wird besteuert, die Förderung von Steinkohle und damit deren Kohlendioxyd erzeugende Verstromung dagegen so hoch subventioniert, daß es rentabler wäre, alle Kohlenzechen stillzulegen und die Bergleute mit vollem Gehalt nach Hause zu schicken.

Windkraftanlagen und Solarstrom werden mit hohen und ständig steigenden Beträgen subventioniert (derzeit mit rund 3,6 Milliarden Euro; 2010 werden 5 Milliarden Euro erreicht). Nur die deutschen Stromverbraucher müssen mit saftigen Preisaufschlägen diese Mittel aufbringen, was zu Nachteilen im internationalen Wettbewerb und zu Verlagerungen von Produktionsstätten ins Ausland führt. Unbeachtet bleibt der Hinweis des Wissenschaftlichen Beirats beim Bundesministerium für Wirtschaft, daß das Gesetz zur Förderung erneuerbarer Energien nach Einsetzen des Handels mit Kohlendioxyd-Emissionsrechten im Jahre 2005 ökologisch nutzlos und volkswirtschaftlich teuer ist. Der Ausstoß von Kohlendioxyd werde lediglich (ins Ausland) verlagert. Nicht berücksichtigt wird bei der ideologisch gefärbten Ökosteuerdebatte, daß mit einem Bruchteil der für erneuerbare Energien ausgegebenen Mittel gleich hohe Kohlendioxyd-Emissionen durch Modernisierung von Kraftwerken in Schwellenländern eingespart werden könnten. Der deutsche Alleingang bei der Ökosteuer hat nationale und internationale Wettbewerbsverzerrungen in großer Anzahl und in beträchtlichem Ausmaß geschaffen. Wegen nur ideologisch zu erklärenden Scheuklappen von Politikern bleibt die Beseitigung solcher Wettbewerbsverfälschungen aus.

Ein anderer Mißstand ist in der interventionistischen Steuerpolitik zu sehen. Seit Jahrzehnten werden Steuern als investitionslenkendes Instrument benutzt, meist mit der Folge, daß erhebliche Fehlinvestitionen (Überkapazitäten) entstehen. Die Büroimmobilienmärkte in Ostdeutschland sind nur ein (allerdings besonders sichtbares und dauerhaftes) Beispiel für eine verfehlte Steuerpolitik. Das politische Bestreben, *die* Steuer als *das* Steuer der Wirtschaft zu mißbrauchen, richtet beträchtlichen gesamtwirtschaftlichen Schaden an.

Über Ineffizienzen im hochsubventionierten öffentlichen Personennahverkehr wird kaum gesprochen. Das Personal in öffentlichen Betrieben ist regelmäßig zu reichlich bemessen und wird weit höher bezahlt als in privaten Nahverkehrsunternehmen. Das erklärt die geradezu leidenschaftlichen Proteste gegen Privatisierungsvorhaben von seiten der Gewerkschaften und Personalräte.

Häufig benutzen staatliche Organe ihre politische Macht dazu, öffentliche Betriebe und Unternehmen besser zu stellen als die privaten Konkurrenten. Steuerliche Begünstigung, Schließung des Marktzugangs für private Unternehmen, Ausschließlichkeitsrechte, Bevorzugung öffentlicher Unternehmen bei der Auftragsvergabe und die oft unentgeltliche Bereitstellung von Kapital sind einige dieser Praktiken. Damit wird der Fehllenkung von Produktionsmitteln Vorschub geleistet. Sichtbar wird die Vergeudung von Produktivkräften regelmäßig erst dann, wenn Privatisierungen öffentlicher Unternehmen anstehen oder realisiert werden. Erst infolge der Finanznöte von Bund, Ländern und Gemeinden kommt es in letzter Zeit trotz gewerkschaftlichen Widerstands zur verstärkten Privatisierung öffentlicher Betriebe (etwa von Krankenhäusern und Entsorgungsbetrieben) und zum Verkauf von Verwaltungsvermögen (z. B. Schulen) an private Investoren, die auf diese Weise zu Vermietern werden. Zwar wettert Bundeskanzler *Schröder* gegen die „totale Privatisierung". Keine andere Regierung hat jedoch öffentliches Vermögen in vergleichbarem Umfang an Private verkauft (u. a. Deutsche Post, Deutsche Telekom) ohne Rücksicht darauf, daß aus diesem Vermögen die künftigen Pensionsansprüche für die in diesen Unternehmen tätigen Beamten bezahlt werden sollten. Kann sich private Initiative wegen staatlicher Reglementierung und bürokratischer Genehmigungsverfahren nicht hinreichend entfalten, und sorgt die öffentliche Hand dafür, daß ihr gehörende ineffiziente Betriebe künstlich am Leben erhalten werden, wird auf mögliches (höheres) Wirtschaftswachstum verzichtet.

Ein anderes leidiges Subventionskapitel ist die vor allem von Deutschland und Frankreich propagierte europäische „Industriepolitik". Mit einzelstaatlichen und supranationalen „Wachstumsinitiativen" soll die Gefahr der „Deindustrialisierung" Europas gebannt werden. Politiker maßen sich an, besser als die in der Wirtschaft Tätigen zu wissen, wo Wachstumspotentiale nicht genutzt werden. Mit öffentlichen Subventionen sollen diese Chancen dann erschlossen werden.

Da Beihilfekontrollen der Europäischen Kommission nationale Subventionen zunehmend unmöglich machen, sollen EU-Organe für die „Industriepolitik" begeistert werden. Die Aussichten hierfür stehen gut. Welche Behörde wird sich Wünschen entgegenstellen, ihre Machtfülle zu vergrößern. Selektive, also diskriminierende Förderpolitik nach gemeinschaftlichen Maßstäben und mit gemeinschaftlichen Mitteln soll die EU angeblich weltweit wettbewerbsfähiger als bisher machen. Da staatlichen und europäischen Organen jedoch keine überragenden (privatem Wissen überlegenen) unternehmerischen Fähigkeiten zugemessen werden können, lassen sich Fehlschläge absehen, wie sie bereits bei früheren nationalen Forschungsförderungssubventionen üblich gewesen sind. „Die Obrigkeit hat in den meisten Fällen bestenfalls abgeleitetes und subsidiäres Wissen" (*Willgerodt* 2004, S. 32). „Interindustrielle Umverteilung schafft Bürokratie, aber kaum Wachstumsimpulse" (*Starbatty* 2004, S. 32). Die beste „Industriepolitik" ist deswegen in einer nichtdiskriminierenden, die private Initiative belebenden, investitionsanregenden Wettbewerbs-, Sozial-, Arbeitsmarkt- und Steuerpolitik zu sehen.

7. Abschließende Bemerkungen: Mangelhafte ordnungspolitische Orientierung

Das miserable Abschneiden Deutschlands in internationalen Leistungsvergleichen (etwa Global Competitiveness Report des World Economic Forum) ist vor allem auf institutionelle Defizite und auf ordnungspolitisch blinden Pragmatismus (Interventionen ohne Rücksicht auf Neben- und Fernwirkungen) zurückzuführen.

Erstens haben staatliche Organe Aufgaben an sich gezogen, die von Privaten weit besser wahrgenommen werden könnten (*Weber* 2004, S. 9 ff.). Die rot-grüne Bundesregierung will ihre Kompetenzen zu Lasten Privater sogar noch weiter ausdehnen. Das ist unter anderem in der Innovationspolitik geplant. „Der Staat muß Innovationen fördern und selbst Vorreiter für Innovationen sein", heißt es von sozialdemokratischer Seite. Ein „Innovationsrat" soll Anstöße liefern. Nicht individuelle unternehmerische Gestaltungsspielräume, nicht Selbstverantwortung und persönliche Freiheit in einem wettbewerblichen Umfeld, sondern die angeblich überlegenen Ansichten einzelner Politiker und Bürokraten sollen den Fortschritt sichern. Richtig wäre es dagegen, dafür zu sorgen, daß sich die staatlichen Organe wieder auf jene Aufgaben zurückziehen, die allein sie bewältigen können und denen sie derzeit zum Teil nur höchst mangelhaft nachkommen (etwa bei Ersatz- und Neuinvestitionen in die Infrastruktur). Eine hohe Staatsquote am Bruttoinlandsprodukt schwächt die wirtschaftliche Dynamik und das Wirtschaftswachstum.

Zweitens lassen staatliche Marktregulierungen den Privaten zuwenig Entscheidungsspielräume. Beispielsweise sind die Lohntarife in ihrer Höhe und Struktur marktwidrig und verursachen ein Heer von Dauerarbeitslosen. Die Schaffung von weit umfassenderen betrieblichen Gestaltungsmöglichkeiten als derzeit (Abweichen vom Flächentarifvertrag ohne gewerkschaftliches Veto, nur mit Zustimmung des Betriebsrats; Abschaffung von Allgemeinverbindlichkeitserklärungen durch staatliche Organe) ist überfällig. Der Zugang privater Konkurrenten im öffentlich dominierten Eisenbahn- und Postverkehr wird unangemessen erschwert oder gar verboten (Omnibusfernlinienverkehr; Beförderung von Standardbriefen). Auf diese Weise wird die Wachstumsdynamik geschwächt, die für mehr Beschäftigung und für besser gefüllte Sozialkassen sorgen würde.

Drittens wird die Sanierung der Sozialversicherung nicht tatkräftig in Angriff genommen. Die Renten-„Versicherung" verkommt mehr und mehr zu einer staatlichen (Umverteilungs-)Veranstaltung („Staatsrente"). Der Zuschußbedarf aus Bundesmitteln erreicht bereits mehr als ein Drittel (36 %) der gesamten Rentenzahlungen. Wirksame Sanierungsmaßnahmen, etwa die Hinausschiebung des Renteneintrittsalters (siehe hierzu *Deutsche Bundesbank* 2004a, S. 93) und versicherungsmathematisch exakte Abschläge von der Rente bei vorzeitigem Ausscheiden aus der beruflichen Tätigkeit, werden nicht ergriffen. Im Gesundheitswesen wird auf die wettbewerbliche Durchlüftung der Märkte verzichtet und stattdessen mit staatlichen Preisdiktaten gearbeitet. Die Effizienz des Faktoreinsatzes läßt infolgedessen zu wünschen übrig. Die Krankenversicherungsbeiträge sind überhöht. Die Abkopplung der Sozialversicherungsbeiträge vom Lohn kommt nicht voran und wird von der rot-grünen Koalition sogar abgelehnt. Die dadurch mitverursachten hohen Arbeitskosten erschweren die Senkung der Arbeitslosenzahlen.

Viertens geschieht nichts, die wirtschaftliche Dynamik durch Wettbewerb zwischen den Bundesländern zu steigern (*Berthold* 2003). Die gegenwärtige Konstruktion des Länderfinanzausgleichs bestraft finanziell die erfolgreichen, wachstumsstarken Länder und regt die wachstumsschwachen Länder nicht zu energischen Anstrengungen an, ihre Lage aus eigener Kraft zu verbessern. In der Kommission zur Neuregelung des Verhältnisses von Bund und Ländern konnte nicht einmal über Randfragen überfälliger Reformen eine Einigung erzielt werden. Der Neuordnung des Föderalismus wird offensichtlich ein zu geringes politisches Gewicht beigemessen. Den Ländern müßten mehr Befugnisse und finanzielle Selbstverantwortung eingeräumt werden, sich im Standortwettbewerb zu behaupten (*Berthold* 2003).

Fünftens muß Deutschland für international mobile Produktionsfaktoren attraktiver gemacht werden. Investoren werden nicht ermutigt, wenn sie von rot-grünen Politikern als „Unterlasser" und als vaterlandslose Gesellen beschimpft werden, sofern sie sich für attraktivere Standorte im Ausland entscheiden. Vielmehr ist es Aufgabe der deutschen Politiker, energisch für die Beseitigung deutscher Standortnachteile zu sorgen. Dazu gehört auch die Senkung der allzu hohen Staatsausgaben (durch Reduzierung der Einkommensumverteilung, durch Lichtung des Gesetzesdschungels und Bürokratieabbau) und die dadurch mögliche Senkung der Steuer- und Abgabenbelastung sowie der enormen Neuverschuldung, die Erwartungen über künftig weiter steigende Steuersätze auslösen. Im europäischen Maßstab nutzlose deutsche Alleingänge bei der Senkung von Kohlendioxydemissionen und die dadurch verursachten hohen Energiekosten sind ebenso nachteilig wie die Behinderung innovativer unternehmerischer Anstrengungen, bürokratische Hindernisse für Unternehmensgründer und diskriminierende Subventionen. Der Staat muß sich auf die Setzung der Rahmenbedingungen für unternehmerisches Tätigwerden zurückziehen.

Sechstens müssen die Grenzen sozialer Sicherungspolitik sorgfältiger als bisher definiert und eingehalten werden.

> „Der Sozialstaat untergräbt durch steigende Kosten, sinkende Wettbewerbsfähigkeit und zunehmende Sozialabgaben sein Fundament – den Wirtschafts- und Arbeitsplatzstandort Deutschland" (*Bundesverband der deutschen Industrie* 2004, S. 36).

Das Verhältnis von Solidarität zur Subsidiarität muß neu definiert werden. Hilfsbedürftige haben nicht nur Rechte, sondern auch Pflichten gegenüber der Allgemeinheit. In der Arbeitslosenversicherung ist eine solche Neuorientierung bereits im Gange („Fördern und Fordern"). In anderen Bereichen der Sozialversicherung steht die Neujustierung noch aus. Jedermann hat die Pflicht, dafür zu sorgen, daß individuelle Notlagen gar nicht erst entstehen, und er hat ferner die Verpflichtung, Notlagen aus eigener Kraft (soweit möglich) zu überwinden. Hierzu bedarf es politischer Überzeugungsarbeit. Für Politiker bequemer ist der Griff in den Geldbeutel von Abgabepflichtigen. Die Neigung zu gleichmacherischer Nivellierung der Einkommen macht jedoch letztlich alle ärmer und verhindert steigenden Wohlstand für alle.

Siebtens muß mehr Wert auf eine vertrauensbildende, kontinuierliche und nachhaltige Wirtschafts- und Finanzpolitik gelegt werden. Rot-grüne Bestrebungen, den Stabilitäts- und Wachstumspakt zu unterminieren, beschädigen „die Grundlage der Währungsunion" (*Deutsche Bundesbank* 2004a, S. 96), gefährden die Geldwertstabilität und verunsichern Investoren und Konsumenten. Unrealistische amtliche Wachstumsprognosen schüren Zweifel und machen die Regierung unglaubwürdig. Auch die Ansicht maßgebender rot-grüner Politiker, eine Belebung der Konjunktur werde alle Beschäftigungs- und Finanzsorgen beseitigen, stärkt nicht das Vertrauen in die Politik der Bundesregierung. Nahezu jedermann weiß inzwischen, daß sich wirtschaftliche Dynamik und die Sanierung der öffentlichen Haushalte nur mit umfassenden strukturellen Reformen erreichen lassen. Aussichten für die Überwindung der deutschen Wachstumsschwäche und des sozialen Mißstands einer persistenten Massenarbeitslosigkeit bestehen nur, wenn die pragmatische, Gruppeninteressen bedienende, sprunghafte, auf Umverteilung fixierte Politik aufgegeben und auf einen ordnungspolitischen Neuanfang gesetzt wird.

Literatur

Berthold, Norbert (2003), Zeit für Experimente, in: Frankfurter Allgemeine Zeitung, Nr. 242 vom 18.10.2003, S. 13.

Buchanan, James M. (2004), Gleiche Spieler, anderes Spiel, in: Frankfurter Allgemeine Zeitung, Nr. 80 vom 3.4.2004, S. 13.

Bundesverband der deutschen Industrie (2004), Für ein attraktives Deutschland: Freiheit wagen – Fesseln sprengen, Berlin.

Deutsche Bundesbank (2004a), Geschäftsbericht 2003, Frankfurt am Main.

Deutsche Bundesbank (2004b), Monatsbericht November 2004, Frankfurt am Main.

Fehl, Ulrich (2004), Die Frage nach dem gerechten Preis, in: *Wolfgang Kerber* und *Carsten Schreiter* (Hg.), Ulrich Fehl: Marktprozesse, Kapitaltheorie und Genossenschaften, Beiträge und Aufsätze, Göttingen, S. 1-18.

Hamm, Walter (2000), Das Ende der Bequemlichkeit, Frankfurt am Main.

Schüller, Alfred (2002), Sozialansprüche, individuelle Eigentumsbildung und Marktsystem, in: ORDO, Bd. 53, S. 111-144.

Schüller, Alfred (2003), Bürgerversicherung: Mangelverwaltung für alle, in: Orientierungen zur Wirtschafts- und Gesellschaftspolitik, Heft 97, S. 32-38.

Schüller, Alfred (2004), Wie kann die Mauer zwischen Sozialpolitik und Marktsystem abgebaut werden?, in: *Nils Goldschmidt* und *Michael Wohlgemuth* (Hg.), Die Zukunft der Sozialen Marktwirtschaft, Tübingen, S. 127-134.

Starbatty, Joachim, (2004), Braucht die Soziale Marktwirtschaft Industriepolitik?, in: Orientierungen zur Wirtschafts- und Gesellschaftspolitik, Heft 100, S. 33-38.

Weber, Manfred (2004), Weniger ist mehr: Der Staat in neuer Rolle, in: Bundesverband deutscher Banken (Hg.), Bürokratie abbauen – aber wie?, Berlin, S. 9-19.

Willgerodt, Hans (2004), Die Anmaßung von Wissen und Glauben, in: ORDO, Bd. 55, S. 19-35.

Helmut Leipold und Dirk Wentzel (Hg.), Ordnungsökonomik als aktuelle Herausforderung
Schriften zu Ordnungsfragen der Wirtschaft · Band 78 · Stuttgart · 2005

„Wohlstand für alle“ – Nachdenkliches zum Thema „Vermögen, Kapital und Eigentum“

Hans-Günter Krüsselberg

Inhalt

Über Eigentumsrechte zu diskutieren ist so technisch und speziell, dass viele Politiker es ablehnen. Wenn ein Politiker aber verstanden hat, dass er mehr Stimmen bekommen kann, wenn alle Menschen ein Recht auf Eigentum haben, dann ist er der Erste, der sich dafür einsetzt.

Hernando de Soto (in: DIE ZEIT vom 27. Januar 2005, S. 20)

1. „Wohlstand für alle“ als gesellschaftliche Zielfunktion ?

1.1. Ein Blick zurück

„Wohlstand für alle" – das war die Formel *Ludwig Erhards* für „Soziale Marktwirtschaft". Es war eine Formel im Sinne eines Anspruchs und einer Meßlatte für den gesellschaftlichen Erfolg eines wirtschaftlichen Systems. Unablässig warb *Ludwig Erhard* für seine Politik mit der These: Wohlstand für alle! Eigentum für jeden! und forderte eine umfassende Politik zur Sicherung einer dezentralen Willensbildung in Wirtschaft und Gesellschaft. Der Systementwurf einer „Sozialen Marktwirtschaft" wurde für eine beachtlich lange Zeit zu einem Muster von Wirtschaftspolitik, das weltweit Aufmerksamkeit auf sich zog, weil es ihm gelungen zu sein schien, das Prinzip der Freiheit auf dem Markt mit dem des sozialen Ausgleichs und der sittlichen Verantwortung des Einzelnen dem Ganzen gegenüber zu verbinden.

Anläßlich einer persönlichen Ehrung für ihn im Jahr 1974 erklärte *Erhard* allerdings selbst kategorisch, infolge weitreichender politischer und wirtschaftspolitischer Fehlentscheidungen und daraus folgender Fehlentwicklungen sei die mit weitreichenden wirtschaftlichen und politischen Fortschritten verbundene Epoche der Sozialen Marktwirtschaft längst vorbei. – Die Zeiten hatten sich geändert. Ein Vierteljahrhundert später, um die Jahrtausendwende ist sich die Welt einig, daß die Bundesrepublik Deutschland in einem internationalen Standort-Ranking im Vergleich mit anderen Industrieländern nur noch nachrangige Plätze belegt (siehe dazu u. a. *Bertelsmann-Stiftung* 2004, S. 23 ff.). Immer wieder wird in der Diskussion über die Ursachen dieses Abstiegs für eine Erinnerung an und eine Rückkehr zu den Prinzipien der Sozialen Marktwirtschaft plädiert. Mangelnde Prinzipientreue sei der Auslöser für den Niedergang. „Es war einmal – ‚Wohlstand für alle‘“ – so lautete dann auch der Titel eines Beitrags in der deutschen Wochenzeitung *Die Zeit* vom 1. Januar 1997. Dort las man, dem „real existierenden Sozialismus“ habe die Soziale Marktwirtschaft für vier Jahrzehnte gegenüber gestanden. „An der deutschen Nahtstelle zwischen den antagonistischen Systemen“ sei der Sozialismus mit einem Konzept konfrontiert worden, das sich mit Erfolg auf die Devise „Wohlstand für alle“ verpflichtet habe. Daran sei die Idee der Wohlstand stiftenden Potentiale des Sozialismus endgültig gescheitert. Der Wettbewerb realer Systeme um menschenwürdige Ordnungen sei nur noch Geschichte. Die Soziale Marktwirtschaft habe es „unter dem Druck des Kommunismus“ vermocht, ein Gleichgewicht zwischen wirtschaftlichen und sozialen Erfordernissen herzustellen. Sie habe dem Kommunismus auf diese Weise erfolgreich widerstanden, ihn besiegt. Allerdings sei zugleich dem „Liberalismus“ der Gegenpol, an dem er seine Erfolge habe messen können, verloren gegangen. Zu bedenken sei, wie nunmehr, „unter den neuen Bedingungen nach dem Epochenbruch", jenes Gleichgewicht zeitgerecht zu definieren und zu gestalten sei. Die Aussichten, auf diese Frage von der Politik eine schlüssige Antwort zu erhalten, seien aber trübe. Niemand sähe sich „in der natürlichen Nachfolge von *Ludwig Erhard* und *Karl Schiller*".

Wie auch immer Journalisten dies beurteilen mögen, historisch gesehen – das habe ich mehrfach notiert (siehe etwa *Krüsselberg* 1989, 1992, 1997) – wurde die Idee des Modells „Soziale Marktwirtschaft" in der deutschen Wissenschaft von „Politischen Ökonomen" ordoliberaler Prägung entwickelt, die sich als „Neoliberale" verstanden. (Das sollten sich heute all jene vor Augen führen, die wenig qualifiziert all das als „neoliberal" bezeichnen, was ihnen gesellschaftlich als „unsozial" mißfällt.) Diese Politischen Ökonomen sahen schon längst vor dem von ihnen prognostizierten Zusammenbruch des Nationalsozialismus ihre Aufgabe darin, eine Mitverantwortung für die Zeit nach dem Kriegsende zu übernehmen. In ihren Entwürfen für die Gestaltung der Wirtschaftsordnung Deutschlands bekannten sie sich zu den Prinzipien der Aufklärung, die einerseits fordern, daß sich die Menschen selbst als verantwortliche Träger ihrer Geschichte verstehen, und zum anderen feststellen, das Handeln der Menschen werde entscheidend von dem geprägt, was sie denken, glauben und wollen. Zudem warfen sie die Frage nach der Kompetenz von Menschen auf, über hinreichende Einsichten in die Bedingungen zu verfügen, unter denen eine wünschenswerte, eine menschengerechte Gesellschaftsordnung möglich wird. Sie schlossen, zur Lösung der Gestaltungsaufgabe müsse nicht nur über das, was konkret ist, ein Wissen bereitstehen, sondern auch über das, was möglich werden kann. Wenn Gesellschaft vielschichtig sei, bestehe eine zentrale Aufgabe der Wissenschaft darin, diese auf ihre Teilelemente hin zu analysieren und zugleich deren wechselseitige Verknüpfungen zu erkennen. Für die Teilbereichsforschung brauche man gewiß Spezialisten. Gleichwohl erfordere die hohe Komplexität der entwickelten Industriegesellschaften mit äußerster Dringlichkeit einen weiteren, einen anderen Typus von Wissenschaftler: den nämlich, der nicht allein die Fakten seines engeren Wissenschaftsfeldes kennt, sondern zugleich das Problem des notwendigen Zusammenhangs aller Teilordnungen sieht, d. h. in Gesamtordnungen zu denken vermag.

1.2. Auf der Suche nach „Ordnungen nach dem Maß des Menschen"

Die Formel „Wohlstand für alle" scheint altertümlich geworden zu sein. Von einer großen deutschen Wochenzeitung nach einer Agenda für Deutschland im Jahr 2005 befragt, forderte nur einer von fünf Ökonomen von den Parteien ein ordnungspolitisches Grundsatzprogramm. Es müsse so klar sein, daß Wählerinnen und Wähler erkennen können, wo diese im wirtschaftspolitischen Koordinatenkreuz stünden. Das deutlich zu machen sei wesentlich „wichtiger, als hier noch eine Idee und dort einen Vorschlag zu präsentieren, wie Deutschland zu retten wäre". Alle anderen Gesprächsteilnehmer empfahlen ihre – unterschiedlichen – Maßnahmenpakete (*Die Zeit* vom 13.1.2005). Exakt das aber ist der Alltag der deutschen Politikszene.

Einige Anstöße, eine Nachfolge von *Ludwig Erhard* und *Karl Schiller* zu wagen, gibt es gleichwohl. Bezüglich der Fähigkeit der Wissenschaft, solches zu leisten, scheint allerdings „in einer aufregenden, aber intellektuell dürftigen Zeit" (*Dettling* 1996, S. 21) die Skepsis zu dominieren. Das scheint nicht nur für Deutschland zuzutreffen. Jedenfalls entsetzte sich *Paul Krugman* 1996 darüber, „auf welch erbärmlichem Niveau sich die allgemeine Debatte über Weltwirtschaftsprobleme bewegt und wie sehr sich selbst kluge Köpfe von den gängigen Thesen und Sichtweisen vereinnahmen lassen" (*Krugmann* 1996/1999, S. 7). 1999 bekannte er sich in der deutschen Ausgabe seines Buches weiterhin zu dieser Kritik und forderte ganz grundsätzlich eine seriösere Diskussion über Wirtschaftsfragen. Er mahnt, daß ein Argument nicht einfach die Vorurteile des Lesers bedienen dürfe, daß nicht versucht werden solle, eine bestimmte Doktrin zu bemänteln und „durch eine farbige Bildersprache plausibler zu machen". Ernstzunehmende Argumentation setze immer auch ein intensives Nachdenken über die Handlungsmotive der Menschen voraus. Zudem komme es auf Konsistenz und Widerspruchsfreiheit in den Aussagen an, die „natürlich auch den Fakten standhalten" müßten. Es gelte, immer wieder „neu und unvoreingenommen" an die Sachfragen heranzugehen, „anstatt mit wohlklingenden Schlagworten zu operieren" (*Krugman* 1996/1999, S. 9).

In diesem Sinne versucht nun mein Beitrag hier an die Frage heranzugehen, ob das Konzept der „Sozialen Marktwirtschaft", welches eine „Ordnung nach dem Maß des Menschen" (*Müller-Armack*) zu entwerfen und durchzusetzen bemüht war, ein und für allemal als Denkmuster zu den Akten gelegt werden soll. Dazu mag zunächst noch einmal an die Überzeugung seiner Initiatoren erinnert werden, daß für die Zielsetzungen einer Sozialen Marktwirtschaft das politische Argument der freien Entfaltung der Persönlichkeit und der Selbstbestimmung entscheidend sei. Inhaltlich verlautete dazu einst unter dem Titel: „Soziale Marktwirtschaft – Ordnung der Zukunft, Manifest `72" (von *Erhard* und *Müller-Armack* Hg. 1972): Das gesellschaftliche Grundziel der Freiheit müsse solange für den Einzelnen unvollständig bleiben, „wie nicht auch die persönliche wirtschaftliche Freiheit erreicht wird". Wörtlich hieß es weiter: „Eine weitestgehende Entscheidungsfreiheit bei Investition, Produktion, Beschäftigung und Berufswahl als komplementärer Bestandteil der politischen Freiheit läßt sich ... nur in einer Marktwirtschaft realisieren" (*Erhard* und *Müller-Armack* Hg. 1972, S. 339 ff., insbesondere S. 381).

Nun mag man einwenden, diese These von der Bedeutung der Komplementarität von politischer und wirtschaftlicher Freiheit für den Wohlstand einer Gesellschaft könnte durchaus angefochten werden; und was unter „persönlicher wirtschaftlicher Freiheit" inhaltlich zu verstehen sei, bleibe interpretationsbedürftig, weil systembezogen und zeitabhängig, also entwicklungsbedingt. Dieser Einwand könnte nun dazu Anlaß geben, das Thema „Wohlstand für alle" unter dem Aspekt von ‚Entwicklung' genereller als bisher anzugehen. Zu oft – scheint mir – dominiert ohnehin in diesem Kontext eine Vorgehensweise, die die gegenwärtige Entwicklung in der Welt aus der Perspektive der Wohlstandsgesellschaften der westlichen Länder vor dem Ende der real-sozialistischen Phase interpretiert. Sie könnte dabei übersehen, wie voraussetzungsgeladen und zugleich defizitär deren Wohlstandsmaße sind. Das Phänomen ‚Marktwirtschaft' von einer anderen Warte als bisher üblich zu betrachten mag alte Einsichten vertiefen (oder fraglich werden lassen) und neue erschließen. Daß in diesem Kontext einer Klärung der Begrifflichkeit von Vermögen, Kapital und Eigentum und der mit ihnen verbundenen gesellschaftlichen Funktionen besondere Aufmerksamkeit gewidmet werden soll, will der Titel dieses Beitrags signalisieren.

Zwei Denkansätze sollen uns dabei behilflich sein, beide mit einem Blick von außen auf das historisch verbliebene kapitalistische System, dem allerorten bescheinigt wird, es habe im Zuge der Globalisierung „sein menschliches Antlitz verloren“. Da ist einmal ein Text von *Hernando de Soto*, der international sehr im Gespräch ist. Der Originaltitel dieses Buches lautet „The Mystery of Capital“ (2002). Im Untertitel wird die Frage aufgeworfen: „Why Capitalism Triumphs in the West and Fails Everywhere?“. Dieses Thema interessiert vor allem deshalb, weil das Bemühen des Autors um die Entschleierung der Geheimnisse des Kapitals zugleich dem Ziel gilt, „ein nicht ausgrenzendes Marktsystem zu schaffen, in dem die Gesetze allen eine Chance geben, zu Wohlstand zu kommen“ (*de Soto* 2002, S. 22 ff., S. 275). Das klingt sehr nach dem bekannten Motto „Wohlstand für alle“ – „Eigentum für jeden“.

Ein weiterer Text soll uns beschäftigen, weil er meines Erachtens einem ähnlichen Anliegen wie dem *de Soto*s folgt. Der deutsche Verlag interpretiert dieses Anliegen mit der Wahl des Titels: „Ökonomie für den Menschen – Wege zu Gerechtigkeit und Solidarität in der Marktwirtschaft“ (2000) für die Übersetzung des Buches von *Amartya Sen*: „Development as Freedom“ (1999). Für seine Arbeiten, die in meiner Sicht besondere Bedeutung im Bereich der Ordnungstheorie und der Wohlfahrtsökonomik erlangen, hatte *Amartya Sen* bereits 1998 den Nobelpreis für Wirtschaftswissenschaften erhalten. Eine Zusammenfassung seiner einschlägigen Gedanken ist nun in seinem Buch „Development as Freedom“ zu finden, auf dessen Formulierungen hier Bezug genommen werden soll.

Das sind die Ausgangspunkte für das, was hier unter dem Motto „Wohlstand für alle“ – „Eigentum für jeden“ angedacht werden soll. Der Anreiz ist zu prüfen, ob und inwieweit sich die Idee der „Entwicklung als Freiheit“ und das Anliegen, die „Geheimnisse des Kapitals“ aufzudecken, dazu eignen, in die Reflexion über marktwirtschaftliche Ordnungen neue Konturen zu bringen. Dabei interessiert im Einzelnen, welche Zusammenhänge zwischen Vermögen, Kapital und Eigentum dem Zweck der Schaffung und der Erhaltung gesellschaftlichen Wohlstands in einem Konzept „Sozialer Marktwirtschaft“ dienlich sein mögen.

2. Vermögen, Kapital und Eigentum in marktwirtschaftlichen Systemen

2.1. De Soto über Vermögen, Kapital und Eigentum

Über *de Soto*s „The Mystery of Capital“ urteilte die *Neue Zürcher Zeitung*: „Ein revolutionäres Buch“. Die *Times* meinte, hier gebe es den „Entwurf für eine neue industrielle Revolution“, und der deutsche Verleger meldet, *de Soto* gelte als Kandidat für den Nobelpreis für Wirtschaftswissenschaften.

Lothar Späth schreibt in seinem Vorwort zur deutschen Ausgabe dieses Buches: *De Soto* sei dem Wesen des Kapitalismus auf den Grund gegangen. „Der Kapitalismus“ lebe von der Schöpfung wirtschaftlicher Werte über die tatsächlichen Vermögensbestände hinaus: „von der Schöpfung des Kapitals – im Sinne von Geld zu Investitionszwecken". Kapital sei nach *de Soto* „das Lebensblut des Kapitalismus, die Grundlage allen Fortschritts" (*de Soto* 2002, S. 12). Aber ist es das wirklich? Gewiß ist Kapital „Geld zu Investitionszwecken". Allerdings ist doch wohl erst eine ihr beabsichtigtes Ziel erreichende Investition „eine Grundlage" von Fortschritt, schwerlich jedoch eine Grundlage „allen Fortschritts". Was soll dann aber das Bild vom Kapital als „Lebensblut des Kapitalismus"? Begünstigt nicht wiederum die blumige Sprache über das „Kapital" und den „Kapitalismus" die Verdunkelung jener Prozesse, denen tatsächlich Wohlstandsstiftung zugeschrieben werden kann? Das sind nämlich Prozesse, in deren Ablauf menschliche Entscheidungen eine Schlüsselrolle übernehmen. Ganz problematisch wird es, wenn der deutsche Titel für das Buch *de Soto*s nicht „Das Geheimnis des Kapitals", sondern: „Freiheit für das Kapital" lautet. Potentielle Mißverständnisse bezüglich dessen, worauf es dem Autor als Botschaft letztlich ankommt, sind dann vorprogrammiert. Was also leistet der Autor? Worin ist die Bedeutung seines Buches zu sehen?

De Soto will das „Geheimnis des Kapitals" lüften. Das sei deshalb notwendig, weil sich die westliche Welt und mit ihr deren Entwicklungstheoretiker und -politiker nicht mehr dessen bewußt seien, welchem Mechanismus „sie ... ihren ganzen Reichtum ... verdanken". *De Soto* fragt nach den Grundlagen für die Schaffung von Wohlstand in unserer Welt und sieht, daß die Menschen überall hart arbeiten und beachtliche Vermögenswerte ansammeln. Er spricht von einem großen Volumen von Arbeit in der Extralegalität in vielen Ländern, weil diese Arbeit durch diskriminierende Gesetzgebung von dem Zugang in die Legalität ausgeschlossen werde. Er spricht von „Armen", wenn er die Menschen meint, die harte Arbeit leisten, ohne damit Eigentum an den von ihnen geschaffenen Vermögensgegenständen erwerben zu können. Gleichwohl stellt er fest, diese „Armen" (Eigentumslosen) kontrollierten große Teile des Grundbesitzes und der Produktion, vor allem in den Ländern der Dritten Welt und den ehemaligen kommunistischen Ländern. Sie verfügen also über Ressourcen; sie besitzen Vermögen, ohne Eigentümer zu sein.

> „Eine Mehrheit von 80 Prozent der Bevölkerung in diesen Ländern lebt nicht, wie sich die Menschen im Westen oft vorstellen, in verzweifelter Armut."

Sie sind die schöpferischen Unternehmer des Alltagslebens. Allein der Gesamtwert an Immobilien, über die sie verfügen, erreiche eine Größenordnung von mindestens 9,3 Billionen Dollar, ungefähr doppelt so viel wie die gesamte im Umlauf befindliche Geldmenge der Vereinigten Staaten (*de Soto* 2002, S. 30 f., S. 44 ff., S. 48). Nur einfließen könne dieses Vermögen nicht in den Wirtschaftsprozeß, weil es nicht Teil der legalen Eigentumsordnung sei. Daraus schließt *de Soto*, für den wirtschaftlichen Erfolg der westlichen Welt sei die Fähigkeit eines Gesellschaftssystems entscheidend, „eine implizite rechtliche Infrastruktur (zu nutzen), die tief in ihren Eigentumssystemen verborgen liegt, – wobei Vermögensgegenstände nur die Spitze eines Eisbergs sind". Der Rest des Eisbergs sei ein „komplizierter, künstlicher Prozess, der Vermögensgegenstände und Arbeitskräfte in Kapital verwandeln kann". Dieser Prozeß ginge nicht auf einen Entwurf zurück. Seine Ursprünge lägen im Dunkeln, und seine Bedeutung sei tief verborgen „im ökonomischen Unterbewusstsein“ der kapitalistischen Staaten des Westens (*de Soto* 2002, S. 23 f.).

Eines dürfte hier klar sein, in diesem „Prozess, der Vermögensgegenstände und Arbeitskräfte in Kapital verwandeln kann“, kann Kapital nicht „Geld zu Investitionszwekken“ sein. Ist etwa „Eigentum“ gemeint? Dazu heißt es an anderer Stelle:

> „Eigentum ist ... ein vermittelndes Instrument, das den größten Teil der Aspekte erfasst und speichert, auf die eine funktionierende Marktwirtschaft angewiesen ist. Das Eigentumssystem setzt einen Prozess in Gang, indem es Menschen verantwortlich und Vermögensgegenstände fungibel macht, indem es Transaktionen überwacht und all die Mechanismen erzeugt, die die Arbeit des Bankwesens und Investitionen ermöglicht. Die Verbindung zwischen Kapital und modernem Geldwesen wird durch das Eigentumssystem hergestellt“ (*de Soto* 2002, S. 78).

Ist Kapital also doch „Geld zu Investitionszwecken“? Und geht es nicht eigentlich um die Schaffung von Voraussetzungen für ein Marktsystem, das „Menschen verantwortlich und Vermögensgegenstände fungibel macht“? Dann allerdings stehen Märkte für „assets“, für alle Varianten von Vermögen, Aktiva, eben „Vermögensgegenstände“, zur Diskussion. Auf Märkten können alle Aktiva gegen andere getauscht werden. Sie werden getauscht, wenn solche Tauschakte den Marktteilnehmern vorteilhaft erscheinen. Das bedeutet Fungibilität von Vermögen.

2.2. Über die ‚richtige‘ volkswirtschaftliche Zuordnung von Vermögen, Kapital und Eigentum

Ohne Zweifel darf aber die Wissenschaftssprache nicht beliebig definieren. Das registrierte bereits *Malthus*, der großen Wert darauf legte, daß wissenschaftliche Begriffe der Alltagssprache möglichst nah bleiben sollten. *Machlup* (1991, S. 3 ff.), dem zu verdanken ist, daß explizit über „ökonomische Semantik“ geredet wird, beklagte zudem in Übereinstimmung mit vielen anderen prominenten Autoren, daß viel zu oft terminologische „ambiguities are perpetually overlooked“.

Daß eindeutig zu fassende ökonomische Sachverhalte immer wieder durch bildhafte Anspielungen, durch Metaphern also, ‚verdunkelt‘ werden, beschäftigte *Erich Preiser* (1963) in seiner Studie: „Der Kapitalbegriff und die neuere Theorie“. Wenig zweckmäßig sei es, etwa zu behaupten, daß sich Geld in Ware und Ware in Geld „verwandeln“ könne. Unter dem Stichwort von der „Metamorphose des Kapitals“ hat diese These bekanntlich einige Diskussionen und Irritationen ausgelöst: „Geld aber kann sich nicht in Ware verwandeln, das Wirtschaftsleben ist keine Zaubervorstellung“ (*Preiser* 1963, S. 99 ff.). Es gibt für die ökonomische Theorie auch kein „Geheimnis des Kapitals“. *De Sotos* „Geheimnis des Kapitals“ wird entzaubert mit der Frage nach den Bestimmungsgründen der volkswirtschaftlichen Investition. In der deutschen ökonomischen Tradition gibt es eine theoretische Linie, die spätestens mit *Joseph Schumpeter* beginnt und mit *Erich Preiser* zu einem endgültigen Abschluß kommt. Sie unterscheidet konsequent zwischen „Kapital“ als Geld für Investitionszwecke und „Vermögen“ als Bestand an wirtschaftlich bedeutsamen produktiven Einsatzfaktoren. Kapital ist „Geld in einer bestimmten Funktion“; es dient einem „Finanzierungsgeschäft“, dem Erwerb einer „Rentenquelle gegen Hingabe von Geld“. Finanzierung ist Anlage. Anstatt einer Geldsumme verfügt der Investor nach der Ausgabe über etwas völlig anderes als Geld, nämlich über „Produktivgüter"; sie bilden das „Vermögen" der investierenden Handlungseinheit.

Offensichtlich ist – bedauerlicherweise – selbst in der deutschsprachigen Ökonomik die *Preiser*sche Studie über den Kapitalbegriff in der neuere Theorie inzwischen wohl völlig in Vergessenheit geraten. Dort bemängelte er, daß die Volkswirtschaftslehre sich gegen den Sprachgebrauch der Betriebswirtschaftslehre sperre. Dabei sei dieser der der Sache angemessenere. Hier werde nämlich der Vermögensbegriff im Vergleich zum Kapitalbegriff unmißverständlich abgegrenzt und zugleich auf die Eigentumsverhältnisse verwiesen. – Das bedeutet: Die Bilanz zeigt als Gegenüberstellung von „Vermögen" als Aktiva (engl. *assets*) und „Kapital" als Passiva (engl. *liabilities*) eines Unternehmens, Betriebs oder Haushalts die Verhältnisse an, die zwischen diesem und den für ihn wichtigen potentiellen Entscheidungsträgern bestehen. Über die Zuordnung von Aktiva und Passiva zu drei potentiellen Akteuren oder „Agenten": dem Unternehmen selbst, den Eigentümern sowie den Gläubigern, wird klargestellt, daß die Unternehmung – nach dem geltenden Recht und nur den geltenden Gesetzen verpflichtet – als „Besitzer" der Aktiva darüber unbeschränkt verfügen kann. Mit der Aufgliederung der Passiva wird „lediglich" vermerkt, wer die Aktiva finanziert hat und wer deshalb (Eigentümer-) Ansprüche auf die Beteiligung am Unternehmenserfolg und etwaige Rückgabe des Kapitals anzumelden hat.

Rekurriert wird auf die Konzeption und die logische Konstruktion der Bilanz. Die Bilanz zeigt die Wertänderung der Aktiva im Wirtschaftsprozeß an. Sie erinnert an die Notwendigkeit, den Vermögensbestand einer Handlungseinheit in seinem Wert zu erhalten. Jeder ‚Wertverzehr' eines Aktivums, dem nicht Wertzuwächse an anderer Stelle gegenüberstehen, mindert das Handlungsvolumen des jeweiligen Akteurs. In der Regel der fundamentalen Identität, die das Kernelement der Bilanz ist, drückt sich aus, daß der Wert der Aktiva dem Wert der Passiva bzw. dem der Verbindlichkeiten plus dem Wert des Eigenkapitals gleich sein muß. Das Eigenkapital ist der Indikator für den Erfolg oder Mißerfolg der Handlungseinheit. Es signalisiert den Zuwachs oder die Minderung an autonomer Gestaltungsmacht oder -freiheit der Entscheidungsträger.

Die Vision marktwirtschaftlichen Handelns geht davon aus, daß autonome „unternehmerische" Entscheidungen über den gezielten Einsatz verfügbarer Aktiva in einem laufenden Prozeß die „Transformation" gegebener Aktiva in wertvollere bewirken. Der Einsatz von Vermögen (*assets*) im Marktprozeß „ist mehr als ein passives Aus- und Einströmen. Er ist eine aktive willensbezogene Akquisition von Einkommen, ... ein Transaktionsprozeß, der zusätzliche Kaufkraft schafft" (*Commons* 1968, S. 165, eig. Übers.).

In der wirtschaftlichen Praxis ist es sprachlich ganz eindeutig: Vermögen besteht aus Wertobjekten, die auf der Aktivseite einer Bilanz erscheinen; diese werden zur Durchführung wirtschaftlicher Aktivitäten benötigt. Sie stellen das wirtschaftliche Handlungspotential einer Aktionseinheit – generell: deren Verfügungsmacht über einen Bestand an Gütern und Dienstleistungen – dar. Die Passivseite der Bilanz umfaßt Kapitalpositionen: die Auflistung aller Verpflichtungen gegenüber den Finanziers der Vermögensbestände, unterschieden zwischen Eigenkapital als den Anteilen, die die kapitalmäßig an den Wirtschaftseinheiten unmittelbar Beteiligten (meist Eigentümer genannt – zu ihnen können auch Firmen gehören) beisteuern, und Fremdkapital, das externe Gläubiger zur Verfügung stellen.

Sozialökonomisch sind hier – immer in der Sicht geltenden Rechts – zwei Aktionsbereiche voneinander zu scheiden: einmal die Anlage von Geld im Unternehmen durch den Finanzier, zum anderen die selbstverantwortliche Nutzung dieses Geldes zum Erwerb von Produktionsmitteln durch den Investor. Der Anleger erwirbt gegen Hingabe von Geld ein Recht, das eine potentielle ‚Rentenquelle' darstellt. Er erhält einen Rechtstitel vom Typ einer Forderung (auf Verzinsung und gegebenenfalls Rückerstattung der eingebrachten Geldsumme), der in seiner Bilanz als Vermögenselement, als Aktivum, erscheint. Real-Vermögen schafft (durch seine Investition) allein der Investor – gleichfalls mit der Absicht, eine Renten-, eine Einkommensquelle zu erschließen.

> „Da der Korrelatsbegriff zum Einkommen ‚Vermögen' heißt, ist für die ökonomische Problematik der entscheidende Begriff nicht das Eigentum, sondern ... das Vermögen".

Allgemein gilt somit: „Eigentum" grenzt den Güterbesitz der Wirtschaftssubjekte gegenüber dem anderer Wirtschaftssubjekte ab. Eigentum ist ein Rechtsbegriff, kein Begriff der Nationalökonomie (siehe dazu *Preiser* 1967, S. 161 ff.). Im Grundsatz sind sich die Ökonomen einig: Vom Standpunkt der Theorie wirtschaftlichen Fortschritts ist „security in the administration of property" bedeutsamer als die „security of ownership" (*Boulding* 1963, S. 32; Hervorh. *H.G.K.*).

Im Prozeßablauf marktwirtschaftlicher Systeme ist die Kreditschöpfung für die Finanzierung von Netto-Investitionen als das die Dynamik des Prozesses auslösende Element eine systembezogen entscheidende Voraussetzung. *Schumpeter* (1961) und *Preiser* sind sich – wie viele andere mit ihnen – darin völlig sicher: Ein Wachstum der volkswirtschaftlichen Produktion im „kapitalistischen System" wäre „überhaupt nicht möglich, wenn das Banksystem keine Investitionskredite gäbe" (*Preiser* 1967, S. 162 f.). Wie allerdings steht es mit dem Eigentumserwerb? Eindeutig ist: Erst derjenige, der die Konsolidierung der Finanzierung von Investitionen durch die Ablösung des ursprünglichen Kapitalgebers (Bankensystem) vollzieht, erwirbt das Eigentum an dem geschaffenen Realvermögen. Unter den rechtlichen Rahmenbedingungen einer Gesellschaft, die Privateigentum an Produktionsmitteln favorisiert, sollte dies durch Unternehmer oder Sparer oder auch durch beide erfolgen. So würden sie zu Eigentümern an den Produktionsmitteln. Seit *Adam Smith*s eindeutiger Festlegung ist ein Mensch „wirtschaftlich erst dann wirklich frei, wenn er fähig ist, *in einem doppelten Sinn Vermögen zu erwerben*: einmal an der eigenen Person, zum anderen - zumindest anteilig – an jenen Gütern, die er über seinen Lebensunterhalt hinaus produziert" (*Smith* 1981, S. 138, S. 389, Hervorh. H.G.K.; siehe ausführlich dazu *Krüsselberg* 1984a, S. 206 ff., S. 210 ff.). Das schafft den Bezug zum Thema „Eigentum für jeden" und wirft zugleich ein Problem auf, das hier nicht ausführlicher behandelt werden kann. Welche Folgen hat es, wenn sich Banken als Finanziers große Teile des Vermögens aneignen? Sollten vom Standpunkt der Vermögensbildung unter dem Motto „Vermögen für alle" Banken im Prinzip *nicht dauerhaft* zu Eigentümern werden dürfen? Besteht nicht ihre eigentliche Aufgabe darin, Wohlstand stiftende Vermittler zu sein zwischen den Investoren des Systems und dessen Bürgern in ihrer Gesamtheit, deren Wohlstand es zu mehren gilt? Schon seit geraumer Zeit gilt die Existenz von Vermögensmärkten –

assets markets – (natürlich einschließlich der sogenannten ‚Kapitalmärkte') als exklusives Merkmal von Marktwirtschaften (siehe *Krüsselberg* 1984b, S. 57 f.). Exakt das ist meines Erachtens das Thema, zu dem *de Soto* höchst Interessantes beizusteuern hat.

2.3. De Soto über die Bedeutung von Vermögensmärkten

De Sotos Buch „The Mystery of Capital" will also das Geheimnis lüften, auf welche Weise die „erfolgreichen kapitalistischen Staaten es ‚geschafft' haben," den institutionellen Rahmen für den Aufbau von Wohlstand zu finden.

> „Jahrelang" – so *de Soto* 2002, S. 28 – „habe ich Technokraten und Politiker in den fortgeschrittenen Ländern von Alaska bis Tokio aufgesucht, aber sie wußten keine Antwort. Es war ein Geheimnis. Schließlich entdeckte ich die Antwort in ihren Geschichtsbüchern, wobei sich die Geschichte der Vereinigten Staaten als das anschaulichste Beispiel erwies."

Die Geschichte, die er erzählt, ist die Geschichte der Entwicklung von Vermögensmärkten in den Vereinigten Staaten, insbesondere die Geschichte des gesellschaftlichen Umgangs mit „Grundeigentum". Es ist die Geschichte eines Konflikts zwischen einer regierungsamtlichen Auffassung über die Notwendigkeit der Bewahrung alter rechtlicher Besitzstände und einer Auffassung, nach der nicht das ruhende Eigentum, sondern der tätige Aufbau von Vermögen Wohlstand stiftende Funktion hat und deshalb eine neuartige Variante des Menschenrechts auf Eigentumserwerb legitimiert. Es ist die Geschichte von Menschen, die um „das gesetzmäßige Recht auf ‚ihr Land' ... kämpfen", weil sie darauf beharren, „dass ihre Arbeit und nicht formale Eigentumsurkunden oder willkürliche Grenzziehungen den Wert des Landes und damit Eigentumsansprüche begründen". Sie glaubten, das Land gehöre ihnen, wenn sie es besetzten und durch Häuser und Farmen für eine Wertsteigerung sorgten (*de Soto* 2002, S. 25, S. 31 f.).

So folgert *de Soto* denn auch, Menschen hätten stets eigene Vorstellungen über die „Wurzeln der Rechte ..., aus denen sie den Eigentumsanspruch auf ihre Vermögenswerte ableiten". Arbeit schaffe immer Vermögenswerte. Doch um fungibel zu werden für produktive Arrangements der Wertschöpfung, müßten sie verbrieft sein in Eigentumsrechten; Marktwirtschaften benötigten zu ihrem Erfolg „einen Konsens der Menschen über den Umgang mit ihren Vermögenswerten". Oder: Eigentumsregelungen seien am wirksamsten, wenn die Leute sich einig sind über die Eigentumsrechte an Vermögensgegenständen und „die Regeln, die die Verwendung und den Tausch dieser Gegenstände festlegen" (*de Soto* 2002, S. 197 ff.). Er betont, „wie sehr es im Interesse aller Menschen läge, den Kreis derer zu erweitern, die vom Eigentum begünstigt sind". Menschen würden damit in die Lage versetzt, ihre Arbeit zur „legalen Eigentumsbildung" zu nutzen und den Zugang zu Eigentum und Produktionsmittel zu finden. Explizit erwähnt er die Allgemeine Erklärung der Menschenrechte als Grundlage für Verfassungen, die gleichen Zugang zu Eigentumsrechten als Grundrecht festschreiben (*de Soto* 2002, S. 190 f., S. 245 ff.). Daher müsse es eine entscheidende Aufgabe von Politik sein, „jedem" Menschen im Sinne von „Meta-Rechten" Eigentumsrechte zu gewähren. Denn:

> „Ohne formales Eigentum werden die meisten Menschen, egal, wie viele Vermögenswerte sie sammeln oder wie hart sie arbeiten, nicht in der Lage sein, es in einer kapitalistischen Gesellschaft zu Wohlstand zu bringen" (*de Soto* 2002, S. 180 f.).

De Soto meint, diese Erkenntnis sei, „obwohl es die amerikanischen Politiker und Juristen wahrscheinlich weder beabsichtigten noch wußten", wegweisend geworden für die Entwicklung eines neuen Konzepts von Eigentum, das „seine dynamischen Aspekte in den Vordergrund" rückt und es „mit dem Wirtschaftswachstum" verknüpft. Zu ersetzen war ein Konzept, „welches den statischen Charakter des Eigentums", die Blockademöglichkeit gegenüber vermeintlich „zu rascher Veränderung" betont. Die Gelegenheit, in eigener Initiative Vermögen zu schaffen und dann auch das Eigentum daran zu erwerben, war das „Instrument, das die Entwicklung einer neuen Ordnung vorantrieb. Der Erfolg waren die erweiterten Märkte und das Kapital, das erforderlich ist, um ein explosives Wirtschaftswachstum anzukurbeln. Das war die ‚bedeutsame' Veränderung, die das Wirtschaftswachstum der Vereinigten Staaten heute noch antreibt". *De Soto* resümiert, in der Gesellschaft und Kultur dieses Landes sei etwas Bedeutsames geschehen. Der Ehrgeiz und die Energie des einfachen Menschen seien freigesetzt worden wie nie zuvor in der amerikanischen Geschichte. Die wichtigste Lektion sei nun die „Erkenntnis, dass jeder Versuch, die extralegalen Regelungen nicht zur Kenntnis zu nehmen oder sie auszumerzen, ohne eine Strategie, sie ins formale Rechtssystem zu überführen, in einer Sackgasse endet (*de Soto* 2002, S. 169 ff.).

Ich meine nun, daß es diese Analysen über die Anpassung des geltenden Rechts an die „normativen Erwartungen der einfachen Menschen", „an die Bedürfnisse einer offenen und auf ihre Rechte pochenden Gesellschaft" sind, welche die Bedeutung dieses Buches begründen. *De Sotos* Herausforderung an die Politik geht dahin, Lehren aus der Vergangenheit zu ziehen, die dazu befähigen, weltweit zu Varianten eines „marktorientierten kapitalistischen" Systems zu gelangen, in dem „die Wünsche und Überzeugungen der Menschen ... nicht auf der Strecke bleiben" (*de Soto* 2002, S. 260). Sein Bemühen um die Entschleierung der Geheimnisse des Kapitals richtet sich somit letztlich auf das Ziel aus, Analysen und Ideen vorzulegen, die dazu beitragen mögen, „ein nicht ausgrenzendes Marktsystem zu schaffen, in dem die Gesetze allen eine Chance geben, zu Wohlstand zu kommen" (S. 22 ff., 275).

All das klingt sehr nach einer wohl fundierten Wiederbelebung des bekannten Mottos „Wohlstand für alle" – „Eigentum für jeden". Vielleicht regen solche Bemühungen jene Reformpolitiker, die lediglich an Maßnahmenkataloge denken, wenn sie von ‚Reformen' reden, irgendwann einmal doch an, darüber nachzudenken, ob nicht auch in Deutschland „das offizielle Recht nicht in der Lage ist, mit der Initiative des Volkes Schritt zu halten" und daß deshalb „die Regierung die Kontrolle (über das Wirtschaftsgeschehen) verloren hat" (S. 169 ff.).

3. Entwicklung als Freiheit – eine neue ‚Wohlfahrtsidee'?

Es scheint so zu sein, daß *Amartya Sen* für seine Arbeiten, die meines Erachtens ordnungstheoretisch und ordnungspolitisch ausgerichtet sind, in Deutschlands Reformdebatte keine große Resonanz findet. Gewiß gibt es Anzeichen für ein Interesse. Schließlich wurde sein Buch „Development as Freedom", das eine einschlägige Zusammenfassung seiner diesbezüglichen Gedanken bietet, inzwischen ins Deutsche übersetzt. Der deutsche Verlag wählte für die Übersetzung den Titel: „Ökonomie für den Menschen –

Wege zu Gerechtigkeit und Solidarität in der Marktwirtschaft" (siehe zum folgenden die Textausgabe *Sen* 2000). Mich reizt nun die Aufgabe, diese Gedanken über die Potentiale einer Marktwirtschaft vor dem Hintergrund des deutschen Konzepts der „Sozialen Marktwirtschaft" zu betrachten. Ich jedenfalls bin beeindruckt durch die von mir empfundene Nähe dieser Vorstellungen zu den Ideen der geistigen Väter des Konzepts der „Sozialen Marktwirtschaft". Vielleicht ist es nur meine Lesart, die diesen Eindruck vermittelt. Gleichwohl ist es mir wichtig, diese meine Lesart mit Blick auf ihre Vereinbarkeit mit der Formel „Wohlstand für alle" – „Eigentum für jeden" hin zu überprüfen.

Sen bezeichnet seine Studien als Versuch, einen bestimmten theoretischen Ansatz vorzustellen und zu verteidigen. Sein Vorschlag lautet, es empfehle sich, „Entwicklung als Ausweitung substantieller Freiheiten aufzufassen", Freiheiten, über die die Menschen konkret verfügen können. Diese Freiheitsperspektive ermögliche einmal eine Bewertung dessen, was in der Welt geschieht, zum anderen öffne sie den Blick auf „Triebkräfte" im Bereich der wirtschaftlichen und gesellschaftlichen Veränderungen. Er meint, wenn es um die Beurteilung gesellschaftlicher Tatbestände ginge, wenn es notwendig werde, „zu einem allgemein akzeptierten Spektrum zum Zwecke der *sozialen* Bewertung zu gelangen (beispielsweise in sozialwissenschaftlichen Armutsstudien)", bedürfe es irgendeines begründeten „Konsens" (*Sen* 2000, S. 100 ff.). Gesucht ist ein „Indikator der verschiedenen Komponenten des Wohlergehens und der Lebensqualität, die Menschen vernünftigerweise anstreben". Zu fragen sei nach den Potentialen der Menschen, danach, welche Chancen sie besitzen, ein solches Leben tatsächlich führen zu können. *Sen* glaubt, einen Konsens finden zu können im Hinblick auf die These: Wirtschaftliche und gesellschaftliche „Entwicklung" sei stets als Entwicklung menschlicher Freiheiten zu verstehen. Die konkrete Verkörperung solcher Freiheiten in den Menschen und in ihren auf demokratische Prinzipien ausgerichteten Normen- und Rechtssystemen sei zugleich der Maßstab zur Einstufung historischer Entwicklungstrends als wohlstandssteigernd oder wohlstandsmindernd. Wörtlich heißt es dazu bei *Sen* (2000, S. 13):

> „Entwicklung lässt sich ... als Prozess der Erweiterung realer Freiheiten verstehen, die den Menschen zukommen. Die Konzentration auf menschliche Freiheiten kontrastiert mit engeren Auffassungen von Entwicklung, in denen Entwicklung mit dem Wachstum des Bruttosozialprodukts oder mit dem Anstieg des persönlichen Einkommens gleichgesetzt wird, beziehungsweise mit Industrialisierung, technischem Fortschritt oder moderner Sozialtechnologie."

War das nicht auch das Thema der Theoretiker der Sozialen Marktwirtschaft?

Meines Erachtens fordert *Sen* zu Recht für die Gegenwart eine Entwicklungstheorie ein, die sich um eine integrale Analyse wirtschaftlicher, sozialer und politischer Tätigkeit bemüht. Sie müsse sich vor allem auf die Funktionen und Verflechtungen bestimmter „instrumenteller Grundrechte" konzentrieren. Die Typen von Freiheit, die in der instrumentellen Perspektive unter Betonung ihrer empirischen Relevanz als besonders bedeutsam erscheinen, sind in der Diktion des Autors (1) politische Freiheiten, (2) ökonomische Vorteile, (3) soziale Chancen, (4) Garantien für die Gewährleistung der Transparenz (der Systeme) und (5) soziale Sicherheit. All diese Typen von Rechten und Chancen seien geeignet, auch indem sie einander ergänzen, „die allgemeinen Verwirklichungschancen eines Einzelnen zu fördern". Insofern orientiere sich das freiheitszentrierte Verständnis der Ökonomie und des Entwicklungsprozesses „zuerst und vor allem am tätigen Subjekt". Gesellschaftliche Organe und Institutionen („Staat, Markt, Rechtssystem, politische Parteien, Medien, öffentliche Interessengruppen, Diskussionsforen"), sie alle stehen somit auf dem Prüfstand kritischer Würdigung. Gemessen wird in dieser Sicht ihre gesellschaftliche Bedeutung allein danach, ob und inwieweit sie dazu beitragen, „die wesentlichen Freiheiten von Individuen (zu) erweitern und (zu) garantieren" (*Sen* 2000, S. 10 ff.). Alle Individuen sollen ihr Potential als „aktive, Veränderungen bewirkende Subjekte" ausschöpfen können. „Räumt man ihnen" – so urteilt *Sen* – „angemessene soziale Chancen ein, sind (alle) Individuen in der Lage, ihr eigenes Schicksal erfolgreich zu gestalten und einander zu helfen". Es wäre äußerst mißlich, nicht nur demütigend, sondern einfach auch empirisch falsch, sie als „passive Empfänger (kollektiv) ausgeteilter Wohltaten" in ein Konzept moderner Wirtschafts- und Gesellschaftspolitik einordnen zu wollen.

> „Es ist wirklich ein Gebot der Vernunft, die segensreiche Rolle freien und selbständigen Handelns – ja sogar schöpferischer Ungeduld – anzuerkennen" (*Sen* 2000, S. 21 ff.).

Gesellschaftliche Institutionen werden immer dann zu Entwicklungsfaktoren, wenn sie sich auf die Erweiterung und Aufrechterhaltung der Freiheiten des Einzelnen positiv auswirken. Das zu zeigen und zu prüfen muß die Entwicklungstheorie leisten, die *Sen* fordert und selbst auszugestalten bemüht ist. Gewiß gelange sie – so meint er – zu keiner Entwicklungssicht, „welche sich in irgendein Patenrezept pressen lässt. Das fundamentale Interesse dieses Ansatzes ziele auf die fortschreitende Vergrößerung der individuellen Freiheitsspielräume und den sozialen Willen, dazu beizutragen (*Sen* 2000, S. 352 f.). In der Diktion *Poppers* heißt all dies, sich auf Chancen und Risiken einzulassen, die sich einer Gesellschaft bieten, die nicht behauptet „zu wissen, wenn wir nicht wissen". Gleichwohl strebe der Mensch trotz all seiner Unwissenheit stets nach einer Verbesserung seiner Lebensbedingungen. Alles, was hier getan werden könne, sei, aktiv zu sein „auf der Suche nach einer besseren Umgebung, nach einer besseren Welt". „Das (aber) ist die einzige Methode, die wir haben" (*Popper* 1994, S. 139 f., 143 f.).

Deshalb gilt nach *Sen* (2000, S. 26):

> „Eine Entfaltung der Freiheiten, die zu schätzen wir Grund haben, bereichert nicht allein unser Leben und befreit es von Fesseln, es ermöglicht uns darüber hinaus, intensiver am sozialen Leben teilzunehmen, unseren eigenen Willen durchzusetzen, mit der Welt, in der wir leben, in Wechselwirkung zu treten und sie zu beeinflussen."

Mit dieser Perspektive wirbt *Amartya Sen* für einen „Liberalismus", in dessen soziale Wohlfahrtsfunktion „einzig und allein" die „Freiheiten und Rechte verschiedenster Art" von Menschen eingehen. Er weiß um die Tatsache, daß jede wertende Theorie sich durch ihre „Informationsbasis" von anderen unterscheidet. Wichtig sei deshalb die Aufdeckung dessen, wonach gefragt wird, welche Information grundlegend sein soll, wenn im Rahmen der jeweiligen Theorie ein Urteil zu fällen ist bezüglich der Bewertung von Zuständen oder der Einschätzung von Handlungen und Regeln. Es ist desgleichen ebenso wichtig, deutlich zu machen, was von der Bewertung ausgeschlossen werden soll (*Sen* 2000, S. 73 ff.). Sein Schlüsselbegriff ist „capability to achieve", der im vorliegenden deutschen Text mit „Verwirklichungschancen" übersetzt wird. Dabei gibt es doch ein eindeutig passenderes Wort für das, was gemeint ist, das Wort „Vermögen". Nur das gibt es nicht in der angelsächsischen Sprache, obwohl wir bei *de Soto* sahen, daß es als „asset“ unentbehrlich ist. Vielleicht sollte man noch einmal das nachlesen, was in diesem Beitrag unter 2.2. bereits erörtert wurde.

Sen ist jederzeit bemüht klarzustellen, daß die Linie, auf der er argumentiert, in den Wirtschaftswissenschaften eine lange Tradition hat, nur eine Tradition, die außerhalb des *mainstream* liegt. Die Überzeugung, daß die Ausweitung von Freiheit letztlich ein entscheidender Bewertungsfaktor von wirtschaftlichem und sozialem Wandel ist, sei „alles andere als neu“. Über die grundlegenden Freiheiten des Menschen gäbe es zentrale Einsichten bereits bei *Adam Smith, Karl Marx, John Stuart Mill* und *Friedrich von Hayek.* Auf die Bedeutung von Entscheidungsfreiheit als Entwicklungskriterium sei von *W.A. Lewis* und nicht zuletzt nicht zuletzt von *Peter Bauer* nachdrücklich verwiesen worden (*Sen* 2000, S. 343 ff.). „Sich mit dem Leben zu beschäftigen, das die Menschen tatsächlich führen“, „unmittelbar mit dem ‚Lebensstandard‘ und dessen Grundbestandteilen sowie mit der Befriedigung von Grundbedürfnissen“, sei ebenfalls nichts Neues. Die Liste seiner Referenzen ist prominent besetzt: mit *Aristoteles, Adam Smith, Francois Quesnay, William Petty, A.C. Pigou, Paul Streeten.* Überhaupt beziehe sich „Development Freedom“ zum Gutteil auf *Smith*sche Analysen (*Sen* 2000, S. 93 f., S. 355, S. 366 f.). Eigens erwähnt er die „bahnbrechende Initiative des großen pakistanischen 1998 verstorbenen Ökonomen *Mahbub ul Haq*“. Sie habe bewirkt, daß nunmehr alljährlich „Berichte über die menschliche Entwicklung“ auf den Weg gebracht werden. Ihre Vorlage gehört inzwischen zum Entwicklungsprogramm der Vereinten Nationen. Es wird an vielen Stellen dieses Berichts deutlich, daß dessen Anliegen wesentlich mit den Intentionen *Sens* übereinstimmt. Aber nirgendwo findet sich ein Bezug zum Konzept der sozialen Marktwirtschaft und seinen deutschen Initiatoren.

4. Wohlstand für alle – alt und neu?

Noch einmal: „Wohlstand für alle“ – die Formel *Ludwig Erhard*s ist und bleibt Anspruch und Meßlatte für den gesellschaftlichen Erfolg eines wirtschaftlichen Systems. Was darunter zu verstehen sei, hat *Ludwig Erhard* unermüdlich in vielen Debatten gesagt: Es gelte dafür Sorge zu tragen, daß „die Menschen frei von Sorgen und Nöten leben können, daß sie die Möglichkeit gewinnen, Eigentum zu erwerben und dadurch unabhängig zu werden, daß sie mehr an menschlicher Würde entfalten können“ und nicht „auf die Gnade anderer, auch nicht auf die Gnade des Staates angewiesen sind“. *Erhard* forderte eine Gesellschaftsordnung, die verhindert, daß der Mensch „in einer nebelhaften Anonymität“ untergeht, weil sich Organisationen anmaßen, den vorgeblichen „Gesamtwillen“ Einzelner zu proklamieren. Er will nicht anerkennen, „daß die besten Argumente jeweils bei den stärksten Organisationen liegen“, die ohnehin „immer das Absolute“ zu fordern geneigt sind. Für *Erhard* ist „eine Organisation nur so lange unbedenklich und staatspolitisch ungefährlich ..., als sie sich ernsthaft um die Addition der individuellen Vorstellungen im Sinne der Kristallisation des Willens bemüht, aber sich davon fernhält, etwa eine originäre Machtpolitik entfalten zu wollen“ (*Erhard* 1963, etwa S. 138, S. 118).

Erhard (1963, S. 137) insistierte, daß erst dann, wenn die materielle Basis der Menschen geordnet sei, die „echten menschlichen Tugenden“ zur Geltung kommen könnten: Fleiß, Nächstenliebe, „Verantwortungsfreudigkeit“ gegenüber der Zukunft, der eigenen Familie oder auch dem Alter. Materielle Sicherung sei kein Wert an sich, sondern nur eine Voraussetzung, eine Chance zur Entfaltung menschlicher Aktivitäten vor dem Hintergrund eines „gesellschaftspolitischen Leitbilds“, in dem „die unabdingbare Priorität des Allgemeininteresses“ gegenüber den meist sehr mächtigen organisierten Interessen zu wahren sei. Zur Wahrung des Allgemeininteresses gehöre nicht nur die Förderung des privaten Eigentums an Haus und Boden, sondern auch die Förderung der Bildung von Geldvermögen und die der Beteiligung am Produktivvermögen in allen sozialen Schichten zum Programm einer Politik Sozialer Marktwirtschaft. Eine breite Streuung des sich bildenden Vermögens stärke nicht allein die wirtschaftliche Freiheit und Unabhängigkeit des Einzelnen und der Familien, sondern auch die Stabilität der freiheitlichen Wirtschafts- und Gesellschaftsordnung. Dazu gehöre eine Sozialversicherung, deren Selbsthilfecharakter besonders herauszustellen sei, die weder etwas verschenkt noch ein Instrument interpersoneller Umverteilung ist (siehe hierzu etwa *Erhard* 1988, S. 496 ff.).

Für *Erhard* ging es um nichts Geringeres als um die Orientierung der Politik an der Idee der Einheit von staatlicher, wirtschaftlicher und sozialer Ordnung (siehe dazu die grundlegenden Reden *Erhards* im Juni und August 1948; *Erhard* 1988, S. 78 ff. und S. 120-151). *Erhard* konnte in diesem Kontext mit einer breiten Unterstützung durch Wissenschaftler rechnen, die Kriterien für ein möglichst geschlossenes sozialpolitisches Konzept zu entwickeln suchten, welches an ein Modell anknüpft, an dem sich die demokratischen Ideale und – logisch mit ihnen verbunden – die Konzeption der Marktwirtschaft im 18. Jahrhundert orientierten. Erinnert wird mit dieser Verweisung an die „Politische Ökonomie“ eines *Adam Smith* oder *David Hume*, die unter Berufung auf das Wertesystem der Aufklärungsphilosophie, auf Glaubens- und Gewissensfreiheit, auf politische und wirtschaftliche Freiheit grundlegende verfassungswirksame gesellschaftliche Reformen anbahnten.

Erhards Mitstreiter *Alfred Müller-Armack* hatte nie einen Zweifel daran gelassen, daß für ihn die Idee der „Sozialen Marktwirtschaft“ zunächst auf die Bewältigung der spezifisch deutschen Probleme hin angelegt war. Seine Ansicht von der "Einheit Europas" brachte ihn jedoch bald dazu, darüber nachzudenken, ob sich nicht der Gedanke der „Sozialen Marktwirtschaft“ in Europa und in der freien Welt durchsetzen könne, überall dort, wo „eine echte Verbindung einer freiheitlichen Ordnung mit sozialer Sicherheit“ angestrebt werde. Immer beschäftigte ihn auch die Idee der Versöhnung von Weltanschauungen. Ihm erschien die „Soziale Marktwirtschaft“ als „Friedensordnung“; sie sollte ein Beitrag dazu sein, Frieden nach innen und außen zu stiften (*Müller-Armack* 1974, S. 239-243).

Zu erwähnen ist, weil es nur selten, wenn überhaupt, geschieht, daß dieses Konzept der „Sozialen Marktwirtschaft“ mit der Verfassungsinterpretation des höchsten deutschen Gerichtshofs sehr weitreichend übereinstimmt. Schon 1952 wurde dort erklärt, die freiheitliche demokratische Grundordnung sei eine wertgebundene Ordnung. Oberste Grundwerte, vor allem Menschenwürde, Freiheit und Gleichheit, bildeten die

Grundlage für jene freiheitliche demokratische Grundordnung, die das Grundgesetz innerhalb der staatlichen Gesamtordnung – der „verfassungsmäßigen Ordnung" – als fundamental ansieht. Sie stellen den Wesenskern des Grundgesetzes dar, so heißt es dann 1956. Auf die im freiheitlichen demokratischen Leitbild angelegten Grundwerte hin sei das politische und soziale Leben zu entwickeln; Institutionen und Rechtsformen, die dies ermöglichen und fördern, müßten entstehen können und geschützt werden. Ausdrücklich wird erwähnt, das Grundgesetz knüpfe an die Tradition des „liberalen bürgerlichen Rechtsstaats" an. Leitende Maxime aller staatlichen Maßnahmen müsse es sein, Fortschritte im Bereich „sozialer Gerechtigkeit" zu erzielen. Soziale Gerechtigkeit sei ein der konkreten Ausgestaltung in hohem Maße fähiges und bedürftiges Prinzip. Ausdrücklich weist der Bundesverfassungsgerichtshof zudem die Vorstellung als falsch zurück, es könne verschiedene freiheitliche demokratische Grundordnungen geben. Diese Vorstellung beruhe auf einer Verwechslung des Begriffs der freiheitlichen demokratischen Grundordnung mit den unterschiedlichen Formen, in denen diese Grundordnung in einem demokratischen Staat Gestalt annehmen könne (siehe *Ridder* 1975, S. 252, S. 266 f.).

Es sollte vor dem Hintergrund des aktuellen schleichenden Ordnungsverlustes immer wieder daran erinnert werden: Zur deutschen ordnungstheoretischen Tradition gehört auch diese Verweisung auf die freiheitliche demokratische Grundordnung. *Walter Eukken* glaubte historisch belegen zu können, daß vor allem in Zeiten versagender oder ungerechter positiver Ordnungen die Idee einer Wesensordnung, die eines ORDO als „brauchbare und gerechte Ordnung", regelmäßig eine große historische Kraft entfaltet. Sie leite die Vorstellungen an, auf die hin eine neue Ordnung ausgerichtet werden soll (*Eucken* 1968, S. 372 ff.). Nachhaltig bestimmt diesen für den Liberalismus konstitutive Denkansatz der Grundtatbestand, daß die reale Chance zur Verwirklichung menschlicher Freiheit in der Gesellschaft durch die Verfassung zu gewähren und zu bewahren ist. Verlangt wird nach einer Verfassung, die die Freiheit und die Würde des Menschen für unabdingbar erklärt. Bezugspunkt des ordnungstheoretischen Ansatzes ist eben die Frage nach der Stellung des Menschen in seiner jeweiligen Gesellschaft und die nach der Verwirklichung von Wohlstand für alle in einer Welt, die sich im Zeichen des Wohlstands der Nationen entfaltet. Unmißverständlich ist für dieses System die Unteilbarkeit der Freiheitsidee. Liberalismus ist im weitesten Sinne jene Lehre, die die reale Chance zur Verwirklichung menschlicher Freiheit in der Gesellschaft als unverzichtbar konstatiert und darüber hinaus menschliche Freiheit für den Wert hält, der alle anderen Werte dominiert. In liberaler Programmatik ist sie der These von der „Einheit von Wirtschaft, Staat und Gesellschaft" verpflichtet. Es ist das Programm eines sowohl politischen und ökonomischen als auch eines gesellschaftlichen Liberalismus.

Erwähnt sei nur, wie grundsätzlich vor allem *Ludwig Erhard* (1988, S. 622 f.) die Freiheit als „ein Ganzes und Unteilbares" verstanden hat: Zur politischen, religiösen, wirtschaftlichen und geistigen Freiheit muß sich für *Erhard* „die ursprünglich menschliche Freiheit" in allen Lebensbereichen gesellen. Marktwirtschaften und Demokratien wüßten um die Tatsache, daß Freiheit ohne Bindung und Verantwortlichkeit ins Chaos führt. Eine freiheitliche Ordnung impliziere Arbeitsteilung und Kooperation und bedürfe deshalb in einer sozial bedingten Ausrichtung des Handelns auf Mitmenschen sowie einer „selbstverständlichen Ein- und Unterordnung freier Menschen in Gesellschaft und Staat". Das sei die unentbehrliche „Sozial"-Dimension solcher Ordnungen. Das wollte einst *Alexander Rüstow* nachdrücklich bedacht wissen: Unverzichtbar sei für den Aufbau und die Erhaltung einer stabilen wirtschaftlichen und sozialen Ordnung die Beachtung dessen, daß für die unmittelbare menschliche Existenz sowie die Überlebensfähigkeit und Lebensqualität einer Gesellschaft das nicht-wirtschaftlich bedingte Leben entscheidend sei. Der „Marktrand" sei „hundertmal wichtiger" als der Markt und der Staat. Hier werde entschieden über Kultur, Erziehungsmuster, moralische und soziale Leitbilder des Verhaltens bis hin zu Fairness-Regeln im Alltag (*Rüstow* 1960, S. 6).

5. Nachdenkliches zum Schluß

Es ist offensichtlich keinem ernsthaften Beurteiler entgangen:

> „Mit dem Konzept der sozialen Marktwirtschaft ist es jedenfalls, zumindest theoretisch, gelungen, die Innovations- und Distributionsfähigkeit freier Märkte, die Impulskraft von Privatkapital und unternehmerischem Wettbewerb mit einer sozialverträglichen Ausgestaltung der ordnungspolitischen Fundamente von Gerechtigkeit, Freiheit und Solidarität zu verbinden. Marktwirtschaft bedarf daher der ständigen Verpflichtung auf ethische Grundsätze und der individuellen Moral, damit sie das Attribut *sozial* auch verdient." Das sagte übrigens der langjährige Präsident des Clubs of Rome (*Diez-Hochleitner* 1996, S. 38; Hervorh. *H.G.K.*).

Die Zeit scheint reif zu sein für eine Wiederbelebung der Debatte über eine Erneuerung des Konzepts der ‚Sozialen Marktwirtschaft'. Wiederum besteht ein dringender Bedarf an jenem Typus von Wissenschaftler, der nicht allein die Fakten seines engeren Wissenschaftsfeldes kennt, sondern zugleich das Problem des notwendigen Zusammenhangs aller Teilordnungen sieht, d. h. in Gesamtordnungen zu denken vermag. Was war dazu die Meinung jener deutschen Ökonomen, denen die originären Entwürfe zu diesem Ordnungsmodell zu verdanken sind? Wer sonst – so lautete ihr Kalkül –, wenn nicht ein solcher Fachmann, könne sich kompetent mit der Frage nach den Grundnotwendigkeiten von Gesellschaft, z. B. der Beziehungen zwischen Rechtsstaat und marktwirtschaftlicher Ordnung, befassen? Sie waren sich zu Recht sehr sicher, daß dann, wenn sich das wissenschaftliche Denken dieser Aufgabe nicht annähme, es keine andere gesellschaftliche Instanz gäbe, die dies interessenübergreifend leisten könne. Die politische Alternative sei dann wohl – so schrieb *Walter Eucken* (1968, S. 340-346 sowie S. 16-19) – die Auslieferung der Gesellschaft an politische und wirtschaftliche Machtgruppen, an deren Funktionäre und deren Ideologien (grundsätzlich dazu *Schüller* und *Krüsselberg* 2004). – Nachzudenken sollte sich also lohnen, vor allem wenn Reformer ernst nehmen wollen, was liberales Denken anleitet: Dessen Merkmal ist nämlich unverrückbar jene Variante menschlichen Handelns, die dauerhaft danach trachtet, menschenwürdige Ordnungen zu verwirklichen!

Literatur:

Bertelsmann-Stiftung (Hg.) (2004), Internationales Standort-Ranking 2004, Gütersloh.

Boulding, Kenneth E. (1963), Principles of Economic Policy, Englewood Cliffs, N.J.

Commons, John R. (1968), Legal Foundations of Capitalism, Madison, Milwaukee and London.

de Soto, Hernando (2002), The Mystery of Capital: Why Capitalism Triumphs in the West and Fails Everywhere, New York and London 2000; deutsche Übersetzung: Freiheit für das Kapital! Warum der Kapitalismus nicht weltweit funktioniert, Berlin 2002.

Dettling, Warnfried (1996), Die Zukunft denken: Leitbilder für wirtschaftliches und gesellschaftliches Handeln, in: *Warnfried Dettling* (Hg.), Die Zukunft denken: Neue Leitbilder für wirtschaftliches und gesellschaftliches Handeln, Frankfurt/Main., S. 7-23.

Diez-Hochleitner, Ricardo (1996), Eine neue Welt im Werden: Hoffnungen und Verantwortungen, in: *Warnfried Dettling* (Hg.), Die Zukunft denken: Neue Leitbilder für wirtschaftliches und gesellschaftliches Handeln, Frankfurt/Main, S. 30-41.

Erhard, Ludwig (1963), Wohlstand für alle, Neuausgabe, Gütersloh.

Erhard, Ludwig und *Alfred Müller-Armack* (Hg.) (1972), Soziale Marktwirtschaft: Ordnung der Zukunft, Manifest '72, Frankfurt, Berlin und Wien.

Erhard, Ludwig (1988), Gedanken aus fünf Jahrzehnten, in: *Karl Homann* (Hg.), Reden und Schriften, Düsseldorf, Wien und New York.

Eucken, Walter (1968), Grundsätze der Wirtschaftspolitik, 4. Aufl., Tübingen und Zürich

Krüsselberg, Hans-Günter (1984a), Wohlfahrt und Institutionen: Betrachtungen zur Systemkonzeption im Werk von Adam Smith, in: *Hans-Günter Krüsselberg* und *Franz-Xaver Kaufmann* (Hg.), Markt, Staat und Solidarität bei Adam Smith, Frankfurt und New York, S. 185-216.

Krüsselberg, Hans-Günter (1984b), Vermögen, Kapital, Eigentum – Schlüsselbegriffe der Ordnungstheorie? in: *Hans-Günter Krüsselberg* (Hg.), Vermögen im Systemvergleich, Stuttgart und New York, S. 37-60.

Krüsselberg, Hans-Günter (1989), Zur Interdependenz von Wirtschaftsordnung und Gesellschaftsordnung: Euckens Plädoyer für ein umfassendes Denken in Ordnungen, in: ORDO, Bd. 40, S. 223-241.

Krüsselberg, Hans-Günter (1992), Soziale Marktwirtschaft – Idee, Wirklichkeit, Vision?, in: Slovene Economic Review (Slovenska ekonomska revija), Jg. 43, Heft 2, S. 132-152.

Krüsselberg, Hans-Günter (1997), Ethik, Vermögen und Familie – Quellen des Wohlstands in einer menschenwürdigen Ordnung.

Krugman, Paul (1996/1999), Pop Internationalism, Massachusetts Institute of Technology, 1966; deutsche Übersetzung: Der Mythos vom globalen Wirtschaftskrieg, Frankfurt a. M. 1999.

Machlup, Fritz (1991), Economic Semantics, 2. Aufl. m. e. neuen Einleitung v. *M. Perlman*, New Brunswick and London.

Müller-Armack, Alfred (1974), Genealogie der Sozialen Marktwirtschaft: Frühschriften und weiterführende Konzepte, Bern und Stuttgart.

Popper, Karl R. (1994), Alles Leben ist Problemlösen: Über Erkenntnis, Geschichte und Politik, München.

Preiser, Erich (1963), Der Kapitalbegriff und die neuere Theorie, in: *Erich Preiser*, Bildung und Verteilung des Volkseinkommens: Gesammelte Aufsätze zur Wirtschaftstheorie und Wirtschaftspolitik, 3., durchg. Aufl., Göttingen, S. 99-123.

Preiser, Erich (1967): Wirtschaftspolitik heute, München.

Ridder, Helmut (1975), Die soziale Ordnung des Grundgesetzes, in: *Josef Mück* (Hg.), Verfassungsrecht, Opladen, S. 85-285.

*Rüstow, Alexander (*1960), Paläoliberalismus, Kommunismus, Neoliberalismus, in: Junge Wirtschaft, Jg. 8, S. 46-52.

Schüller, Alfred und *Hans-Günter Krüsselberg* (Hg.) (2004), Grundbegriffe zur Ordnungstheorie und Politischen Ökonomik, 6. Aufl., Marburg.

Schumpeter, Joseph A. (1961), Konjunkturzyklen, Göttingen.

Sen, Amartya (2000), Development as Freedom, New York 1999; deutsche Übersetzung: Ökonomie für den Menschen – Wege zu Gerechtigkeit und Solidarität in der Marktwirtschaft, München und Wien 2000.

Smith, Adam (1981): An Inquiry into the Nature and Causes of the Wealth of Nations, Vol. I, Glasgow edition, ed. by *R. H. Campbell* and *Andrew S. Skinner*, Indianapolis.

Späth, Lothar (2002): Vorwort, in: *Hernando de Soto,* Freiheit für das Kapital! Warum der Kapitalismus nicht weltweit funktioniert, Berlin, S. 11-15.

Helmut Leipold und Dirk Wentzel (Hg.), Ordnungsökonomik als aktuelle Herausforderung
Schriften zu Ordnungsfragen der Wirtschaft · Band 78 · Stuttgart · 2005

Wohlstand für alle?

Manfred Tietzel

Inhalt

> „Eine strukturelle Unfähigkeit zur rechtzeitigen Reform läßt sich aus dem faktischen Versagen der Verantwortlichen niemals ableiten. Begangene Dummheiten beweisen nie, daß man nicht hätte klüger sein können.“
>
> *Alexander Demandt* (2001, S. 160).

1. Einleitung

„Wohlstand für alle“ hieß der Titel eines 1957 erschienenen Buches von *Ludwig Erhard* (*Erhard* 1957). Das Buch wurde zu jener Zeit, zu Beginn des ‚deutschen Wirtschaftswunders‘, als wirtschaftspolitische Programmschrift darüber verstanden, wie hohes Wirtschaftswachstum und zugleich eine gerechte Verteilung zu verwirklichen seien. Heute, 48 Jahre später, muß man denselben Titel, nun aber mit einem Fragezeichen versehen, als die alle Bürger und Wähler bedrängende Frage danach lesen, ob die Zeiten wachsenden Wohlstandes für alle, die seit langem vorbei sind, wohl auch für immer dahin sein werden.

Die Diagnose der Ursachen dieser Erkrankung der deutschen Volkswirtschaft haben sachverständige Ökonomen schon seit langem gestellt, und wer will, kann sie fast täglich in Fachzeitschriften und in der seriösen Presse aus berufenen Federn nachlesen: Die Folgen von Überregulierungen und Fehlanreizen, mit denen Märkte, Sozialversicherungen und Steuersystem durch die Politik, den Einfluß organisierter Interessen, aber auch durch die Rechtsprechung der Arbeits- und Sozialgerichte, deformiert wurden, haben in Verbindung mit einer ausufernden Staatstätigkeit den allmählichen Ausbruch dieser Krankheit verursacht.

2. Die deutsche Krankheit

Weder das Krankheitsbild noch die Therapie sind überraschend oder gar neuartig. Schon im Mikrokosmos des Herzogtums Sachsen-Weimar-Eisenach der *Goethe*zeit waren beide bekannt. Während eines Aufenthaltes in Jena im Jahr 1796 sah sich *Goethe* veranlaßt, seinem Kabinettskollegen, dem zuständigen Geheimen Rat *Voigt* brieflich das folgende ‚kleine Ansuchen‘ zu übermitteln. Der Gerbermeister *Eckardt* lag anläßlich eines Hausbaues im Streit mit der Maurerinnung in Jena.

> „Er hat einige lange, zu Türstürzen ... nötige Steine, die so haltbar und vollkommen in hiesigen Gründen nicht gebrochen werden, in Zwätzen, und zwar um des Transportes willen behauen, angeschafft. Über dies hat ihm das hiesige Maurerhandwerk Streit erregt, hat den Wagen einige Tage nicht in die Stadt gelassen und was dergleichen mehr ist. ... Es ist offenbar, daß ein Bauherr keine Steine von Zwätzen hierher schleppen wird, wenn er sie näher haben kann, es ist ungeschickt, von ihm zu fordern, daß er die ganze rohe Masse über die Hügel schleppen soll, es ist unleidlich, von ihm zu fordern, daß er statt tüchtiger, in einer gewissen Länge die Last haltender und tragender Steine wider besseres Wissen und Gewissen bei seinem kostbaren Bau schlechtere nehmen soll.“

„Möchte doch“, so *Goethe*s Therapievorschlag an den Geheimen Rat Voigt, „in diesem so wie in vielen anderen Fällen auf eine gelinde Weise das Hindernis weggenommen werden, das den Einzelnen hindert, dem Ganzen schadet und nicht dem Einzelnen nützt, weil des das Ganze lähmt“ (zitiert nach *Freitag* 1999, S. 49 f.).

Auch heute können sich viele Wirtschaftszweige auf ganz ähnliche Privilegien berufen wie die Jenaer Maurer.

Zur Zeit *Goethe*s wie heute trifft in diesen und „vielen anderen Fällen“ seine Diagnose der Folgewirkungen für den Einzelnen und das Ganze zu, und immer noch macht sein Therapievorschlag Sinn, die Hindernisse möchten doch „auf gelinde Weise weggenommen“ werden.

Verdienste um die Sicherung und Fortentwicklung der Sozialen Marktwirtschaft sind wohl nicht, was Politiker erstreben; gegen Ratschläge, wie dies zu erreichen sei, ist die Mehrzahl der Politiker, gleich welcher Couleur, weitgehend resistent (siehe *Tietzel* und *Müller* 2004). So sind wirtschaftspolitische Maßnahmen, die ordnungspolitische Fehlentscheidungen darstellen, an der Tagesordnung. Solche Fehlentscheidungen führten dazu, daß der ‚Wohlstand für alle‘ langsamer wuchs, als er ohne sie hätte wachsen können, und ihre Kumulation im Laufe der Jahrzehnte löste das Auftreten der ‚deutschen Krankheit‘ aus. Ihre Auswirkungen sind meßbar an dem ökonomischen Fieberthermometer wichtiger Indikatoren für Beschäftigung, Wachstum, Bildung, Schattenwirtschaft, Korruption und wirtschaftliche Freiheit. Bei jedem dieser Indikatoren nimmt unser Land im internationalen Vergleich inzwischen erschreckend niedrige Rangplätze ein.

3. Beschränkter politischer Wettbewerb

Es wäre verfehlt, diese Fehlentwicklungen allein der ideologischen Verblendung oder Inkompetenz von Politikern zuzuschreiben. Berufspolitiker sind zunächst und vor allem Spezialisten dafür, gewählt oder wiedergewählt zu werden. Nach diesen Eigenschaften wurden alle Spitzenpolitiker während ihrer sprichwörtlichen Ochsentour selektiert, und vermutlich sind die meisten von ihnen für kaum etwas anderes Spezialisten. Aber zu ihren selektierten Eigenschaften muß auch die Fähigkeit gehören, sachkompetenten Rat zu suchen, anzuhören und – vor allem – seine Eignung für die eigenen Zwekke zu bewerten (siehe *Tietzel* und *Müller* 2004).

Denn nur Diktatoren, die keinem politischen Wettbewerb ausgesetzt sind und deshalb keiner Wiederwahlrestriktion unterliegen und die zugleich entschlossen sind, jeden Widerstand mit allen Mitteln zu unterdrücken, können es sich, um der puren Macht oder einer Ideologie willen, leisten, ihre Länder politisch und ökonomisch zu ruinieren. In einer wettbewerblichen Demokratie hingegen wird nur denjenigen Politikern von den Wählern die Macht auf Zeit übertragen, die ein wohlkalkuliertes Politikangebot präsentieren, das mehrheitsfähig ist und das sie natürlich auch zu vermitteln und zu repräsentieren verstehen. Ein solches Programm, woraus immer es in Einzelheiten besteht, wird jedenfalls nicht geradewegs in den ökonomischen und politischen Staatsbankrott führen, andererseits aber auch nicht die möglichen Lebenseinkommen der Bürger maximieren. Ein wesentlicher Grund dafür sind die Regeln, unter denen in unserem Land der politische Wettbewerb ausgetragen wird (vgl. *Tietzel* 1998, S. 680-710).

Der Wettbewerb um die Stimmen der Wähler ist zwischen den im Parlament vertretenen Parteien sehr intensiv, und er besteht keineswegs nur im Konkurrieren um die bessere Leistung, sondern wird zunehmend auch mit Methoden ausgetragen, die im Bereich der Wirtschaft als ‚unlauter‘ gelten würden. Beispielsweise wird, um der eigenen

Partei oder sich selbst Vorteile zu verschaffen, bisweilen gegen Gesetze verstoßen, oder Institutionen wie parlamentarische Untersuchungsausschüsse werden als Instrumente ihrem Zweck entfremdet, um die Reputation politischer Gegner zu untergraben.

Zudem ist dieser Wettbewerb in vielfacher Weise beschränkt.

Erstens bilden die weitreichende Steuerfinanzierung ausschließlich der im Parlament vertretenen Parteien und Zugangssperren wie die Fünf-Prozent-Klausel fast unüberwindliche Barrieren für neue Parteien oder gar Einzelpersonen, die etwa in den politischen Wettbewerb eintreten wollen. Zwar billigt das Grundgesetz den Parteien die ‚Mitwirkung' an der politischen Willensbildung zu; daß sie faktisch allein die Möglichkeit zur ‚Mit-Wirkung' besitzen, ist damit aber wohl nicht intendiert. In der Sprache des Ökonomen handelt es sich um einen Wettbewerb in einem engen Oligopol bei hohen Zutrittsschranken. Die Anzahl politischer Alternativen, unter denen Bürger auswählen können, ist deswegen gering.

Zweitens konkurrieren Parteien um die Nominierung von Personen, die sie intern ausgewählt haben, durch die Wähler. Sachentscheidungen werden den Wählern auf Bundesebene durch das Grundgesetz nicht zugestanden, wie dies beispielsweise in der Schweiz durch die Verfassungsinstitution des Referendums der Fall ist. Die Wirkung eines Referendums entfaltet sich mehr durch seine Existenz als durch seine tatsächliche Ausübung. Denn unter der Bedrohung durch ein mögliches Referendum wird kein Parlament Gesetze verabschieden, von denen zu erwarten ist, daß eine Mehrheit der Bevölkerung sie ablehnt. Im Gegensatz dazu kommt es unter den Bedingungen des Grundgesetzes deswegen wohl auch vor, daß in dem engen und nicht durch Außenseiter bestreitbaren politischen Parteienoligopol konsensuell und mit großen parteiübergreifenden Mehrheiten Sachentscheidungen getroffen werden, die eine ebenso große Mehrheit der Wähler wohl abgelehnt hätte. Wie in anderen Oligopolen beobachtet man gelegentlich auch in der Politik kartellähnliches Parallelverhalten, denn dagegen haben die Wähler ohne die Kompetenz zu politischen Sachentscheidungen keine Sanktionsmöglichkeit.

Drittens wird von den Wählern in einem kollektiven Verfahren und in Abständen von vier oder fünf Jahren eine Auswahl unter Politikern getroffen, die, je nach Parteizugehörigkeit, verschiedene Bündel von öffentlichen Leistungen mit ebenfalls verschiedenen Arten der Finanzierung bereitzustellen versprechen. Im Gegensatz dazu wird auf Märkten über jedes einzelne wettbewerblich angebotene Gut und jede Leistung durch Kaufentscheidungen individuell und permanent ‚abgestimmt'. Während im Marktwettbewerb jeder einzelne Käufer jedes einzelne Gut genau nach seinen Präferenzen auswählt, ist der Wähler bei politischen Wettbewerbsprozessen in einer viel schwächeren Entscheidungsposition, obwohl vom Wahlausgang seine individuelle Lebensgestaltung vielleicht wesentlich stärker berührt wird als von seinen Konsumentscheidungen. Hier kann er nur in langen Zeitabständen eine Auswahl zwischen Kandidaten treffen, die für eine kleine Anzahl sehr umfangreicher Programmpakete stehen. Und während der Konsument mit Sicherheit bekommt, was er will, ist der Wähler nur mit der extrem geringen Wahrscheinlichkeit, daß gerade seine Stimme wahlentscheidend ist, kausal dafür, daß genau das Programm realisiert wird, welches er am stärksten präferiert. Im Marktwettbewerb offenbaren Nachfrager kontinuierlich und sehr differenziert ihre tatsächlichen

Präferenzen, die den Anbietern durch ihren jeweiligen Markterfolg ebenso kontinuierlich und präzise signalisiert werden. Bei den kollektiven, seltenen und pauschalen Präferenzäußerungen von Wählern in politischen Wettbewerbsprozessen ist diese Informationsfunktion des Wettbewerbs fast bis zur Unkenntlichkeit abgeschwächt: Wähler können die Art und Intensität ihrer individuellen Präferenzen nicht durch ihre Wahlhandlung offenbaren, und Politiker können aus einem kollektiven Wahlergebnis keine handlungsrelevanten Informationen für konkrete wirtschaftspolitische Maßnahmen gewinnen.

Weder die in Medien veröffentlichte Meinung noch Meinungsumfragen können diese Informationslücke schließen. Denn die veröffentlichte Meinung greift überwiegend neuartige und aktuelle Probleme und Ereignisse auf; in der öffentlichen Meinung, die eher an den ‚Stammtischen' und ‚Kinderbetten' ihren Ausdruck findet, werden bekannte, längerfristige, ungelöste politische Probleme im Vordergrund stehen. Meinungsumfragen können diese verborgene öffentliche Meinung nur sehr unvollkommen enthüllen, denn sie müßten dazu nicht nur genau diejenigen Fragen stellen, deren Relevanz in den Augen der Bürger sie überhaupt erst ermitteln sollen, sondern sie sind, da selektiv und zeitpunktbezogen, auch immer sehr unvollständig. Darum muß, was die veröffentlichte Meinung Bürgern und Politikern als aktuelles Problem erscheinen läßt, in der öffentlichen Meinung keineswegs auch das dringendste oder wichtigste sein (ausführlich dazu *Tietzel* und *Wentzel* 2005).

Selbst Politiker, die sich ausschließlich als Sachwalter ihrer Wähler verstünden, könnten deswegen deren Willen, von dem sie nur eine vage Vorstellung haben können, bei bestem eigenen Willen nicht in der Weise erfüllen wie Unternehmen den Willen ihrer Kunden zu erfüllen gezwungen sind.

4. Die Folgen des Kanzlerbonus

Der politische Wettbewerb ist aber nicht nur beschränkt, er ist auch zwischen Regierung und Opposition verzerrt. Die fundamentale Bedingung für das Auftreten dieser Wettbewerbsverzerrung ist, daß die Ausübung politischer Macht für bestimmte Kompetenzbereiche und ein bestimmtes Staatsgebiet nicht wettbewerblich organisiert werden kann. Man stelle sich nur die Schäden und die Diffusion politischer Verantwortung in einem Land vor, für das konkurrierende Regierungen mit gleicher Verbindlichkeit Außenpolitik betrieben. Politische Herrschaft stellt deshalb ein natürliches Monopol dar. Der jeweilige Monopolist auf Zeit, die Regierung, hat einen Wettbewerbsvorteil gegenüber ihrer Opposition. Plakativ wird dieser Wettbewerbsvorteil ‚Kanzlerbonus' genannt. Wegen ihrer Monopolstellung kann nur eine Regierung Maßnahmen ankündigen und durchführen, deren Wirkungen beobachtbar sind und die ihr von den Bürgern zugerechnet werden. Eine Opposition kann demgegenüber nur aufzeigen, wie sie anstelle der Regierung gehandelt hätte und welche Folgen daraus entstünden; sie zeigt also die Opportunitätskosten des Regierungshandelns auf. Und sie wird natürlich behaupten, daß diese Folgen bessere für die Bevölkerung gewesen wären. Dem Wähler fällt es sicher nicht leicht, die Wirkungen der Politik einer Regierung im nachhinein einzuschätzen; noch viel schwerer wird er sich aber dabei tun zu rekonstruieren, ob er besser oder schlechter gefahren wäre, wenn statt dessen das Programm der Opposition durchgeführt worden wäre. Sogar mäßig erfolgreiche Regierungen haben deshalb, auch gegenüber einer Opposition mit einem ausgezeichneten Programm, einen ‚Bonus'. Die Macht des Faktischen dominiert in der Wahrnehmung der Bürger die Ohnmacht des Hypothetischen. Was allerdings eine ‚mäßig erfolgreiche' Regierung ist, können Wähler am Vergleich mit den Leistungen der Regierungen anderer Staaten, beispielsweise in der Beschäftigungs- und Wachstumspolitik, ermessen; und je mäßiger sie ist, desto mehr wird ihr ‚Bonus' dahinschmelzen. Darum findet ein Machtwechsel eher deswegen statt, weil eine allzu mäßige Regierung die Wahl verliert, als daß eine gute Opposition sie gewinnt.

Und während der Marktwettbewerb Unternehmen nicht nur in die Lage versetzt, sondern im eigenen Interesse auch dazu zwingt, die Interessen der Umworbenen möglichst genau zu bedienen, bindet der beschränkte und verzerrte politische Wettbewerb die Politiker weit weniger stark an die Wählerinteressen.

Obwohl beschränkt und verzerrt, ist doch der politische Wettbewerb extrem intensiv. Das liegt einmal daran, daß er in einem engen Oligopol stattfindet. Bei Bundestagswahlen konkurriert nur eine Handvoll etablierter Parteien miteinander, die eine Chance haben, die Zutrittsschranken zu überwinden. Jeder strategische Zug einer Partei löst, wegen der dadurch ausgelösten zu erwartenden Wählerwanderungen, sofort strategische Gegenzüge der anderen aus. Und da nur mit mindestens einer der beiden großen ‚Volksparteien' eine Regierung gebildet werden kann, ist der Wettbewerb zwischen diesen beiden besonders heftig. Denn sie allein konkurrieren um die Bildung und Führung einer Regierung, alle anderen nur um eine Beteiligung daran. Außerdem ist der politische Wettbewerb so intensiv, weil es nicht, wie am Markt, um Vertragsabschlüsse mit mehr oder weniger Kunden geht, sondern um die Übertragung eines Monopols durch eine Wählermehrheit; es geht um alles oder nichts.

Diese immense Intensität des politischen Wettbewerbs führt in Verbindung mit seinen Besonderheiten dazu, daß unsere Volkswirtschaft dazu verdammt zu sein scheint, an der ‚deutschen Krankheit' zu leiden, weil sich Politiker hartnäckig der Anwendung der bekannten und in anderen Ländern bewährten Therapien verweigern. Sie verweigern sich, weil der politische Wettbewerb ihnen eine Orientierung an der kurzen Frist und eine Präferenz für den Status quo aufzwingt; mit Bezug auf langfristige Probleme und tiefgreifende Reformen des Status quo ist ein Versagen des politischen Wettbewerbs festzustellen. Beide Reaktionen sind rationale Antworten von Politikern, die gewählt werden wollen, auf das Wählerverhalten.

5. Kurzsichtigkeit der Politik

Die Kurzsichtigkeit der Politik, ihre Ausrichtung auf den nächsten Wahltermin, ist ein fast sprichwörtlicher Topos, den selbst Politiker im Munde führen. Seine Gültigkeit setzt voraus, daß Bürger bei ihrer Wahlentscheidung Ereignissen kurz vor einem Wahltermin ein größeres Gewicht zumessen als solchen zu Beginn einer Legislaturperiode. Die gängige Erklärung für dieses Wählerverhalten ist, daß Ereignisse um so stärker in Vergessenheit geraten, je länger sie zurückliegen. Doch jeder Bürger wird sich beispielsweise an das Versprechen eines Wahlkämpfers erinnern, er werde als Kanzler die Arbeitslosigkeit halbieren und sich an der Verwirklichung dieses Versprechens messen lassen.

Plausibler ist dieses Wahlverhalten durch die These zu erklären, daß Erfolge und Mißerfolge ihrer Politik einer Regierung mit um so geringerer Wahrscheinlichkeit zugeschrieben werden können, je weiter die Wirkungen dieser Politik zeitlich von ihrem Einsatz entfernt sind. Denn im Laufe der Zeit treten stets Ereignisse auf, die ebenfalls Einflüsse auf die angestrebten politischen Ziele haben. Mißerfolge werden deswegen von Regierungen, ob zutreffend oder nicht, stets Ursachen zugeschrieben, auf welche sie keinen Einfluß hatten; am beliebtesten ist die ‚Entwicklung der Weltwirtschaft'. Jede Opposition wird dieselben Mißerfolge immer ‚hausgemacht' nennen.

Dies erklärt auch die Beliebtheit von Wahlgeschenken, Maßnahmen, wie zum Beispiel die Erhöhung des Kindergeldes, deren Nutzen bei bestimmten Gruppen sofort anfallen, während ihre Kosten erst später spürbar werden. Und aus demselben Grund werden beispielsweise die langfristigen, durch demographische Entwicklungen ausgelösten Probleme der gesetzlichen Rentenversicherung nicht kausal bekämpft, sondern mit kurzfristigen Maßnahmen verschleiert, die nur Symptome dämpfen. Denn gerade beim Rentenproblem würden bei einer langfristigen Lösung die Belastungen sofort und der Regierung unmittelbar zurechenbar bei bestimmten Gruppen anfallen, die Erfolge aber erst auf lange Sicht und in der Amtszeit zukünftiger Regierungen, die sich einer Wählerschaft stellen müssen, die es heute zum Teil noch gar nicht gibt. Dies illustriert die Äußerung eines Regierungspolitikers, nach der jüngsten Erhöhung der Beiträge zur Rentenversicherung bestehe mindestens bis 2006 kein weiterer Handlungsbedarf. So darf denn die demographische Zeitbombe unter den Fundamenten der gesetzlichen Rentenversicherung weiterticken, um dann später mit Gewißheit und um so schlimmeren Auswirkungen zu explodieren.

6. Orientierung am Status quo

Auch die Neigung von Politikern, den Status quo nur äußerst zögerlich und nicht grundlegend zu verändern, ist ein Reflex des Wählerverhaltens. Beispielsweise war es die politisch vorgegebene Aufgabe der Hartz-Kommission, Vorschläge für eine effizientere Vermittlung von Arbeitslosen zu erarbeiten; Lösungen für die strukturellen Probleme des Arbeitsmarktes, die allein einen durchgreifenden Rückgang der Arbeitslosigkeit versprächen, gehörten aber nicht zu ihrer Agenda.

Bürger und Interessengruppen wünschen zwar ‚mehr Wohlstand für alle', vor allem aber wollen sie ‚mehr Wohlstand für sich selbst'. Sofern ‚mehr Wohlstand für alle' zunächst Belastungen – zum Beispiel Verzicht auf Subventionen, Steuerprivilegien oder auf Schutz vor Wettbewerb oder auf Regulierungsvorteile – voraussetzt, stünden jede Gruppe und jeder Einzelne am besten, wenn alle anderen diese Opfer brächten und damit dazu beitrügen, den Wohlstand zu mehren, sie oder er aber nicht. Da dieselbe Überlegung aber auch für alle anderen gilt, wird jeder versuchen, den Status quo seines Besitzstandes zu verteidigen. Wären alle dabei erfolgreich, so behielte zwar jeder seinen Einkommensanteil am Sozialprodukt, aber da das Sozialprodukt dann langsamer wüchse, wäre die Höhe der individuellen Lebenseinkommen geringer, als wenn jeder zunächst auf Teile seines Besitzstandes verzichtet hätte. Auch hier dominiert im Verhalten der Wähler die Gewißheit eines realen und sofortigen Besitzstandsverlustes die Erwartung eines sehr viel höheren, aber zukünftigen und hypothetischen Verlustes an höherem Lebenseinkommen.

Aber nicht alle Personen oder Gruppen sind in der Lage, ihren Besitzstand zu verteidigen oder gar zu mehren, denn Einzelpersonen besitzen in der Regel keinen hinreichend großen Einfluß, sondern nur organisierte Interessengruppen wie Verbände oder Gewerkschaften. Bestimmte Interessen wie jene der Konsumenten, Rentner, Sparer, Arbeitslosen und besonders diejenigen zukünftiger Generationen sind nicht organisierbar, obwohl sie vielleicht stark sind und von sehr zahlreichen Bürgern geteilt werden. Nicht organisierbare Interessen sind stumme Interessen.

Für Politiker sind organisierte Interessen aber ideale Adressaten, denn sie bündeln eine Vielzahl von Mitgliedern. Dem entgegenzukommen und damit großen und genau abgegrenzten Wählergruppen spürbare Vorteile zu verschaffen, als deren Urheber die Regierung zudem eindeutig identifizierbar ist, macht organisierte Interessen für die Politik so attraktiv. Und während diese Vorteile ganz gezielt einer Gruppe zufallen, diffundieren die damit verbundenen Kosten über eine große Anzahl von Belasteten. Im Falle von Subventionen, also negativen Steuern, für einige, tragen sie alle Steuerzahler. Bei Regulierungen und Ausnahmeregelungen bestehen sie in Wohlfahrtsverlusten, die für die Betroffenen nur sehr schwer identifizierbar sind. Darum sind letztere häufig das Mittel der Wahl, obwohl sie wesentlich höhere volkswirtschaftliche Schäden verursachen, als sie dem Betrag einer direkten Transferzahlung entsprächen, die den gleichen Umverteilungseffekt erzielte. Außerdem begünstigen die umverteilenden Effekte solcher Maßnahmen die Organisierbaren, nicht aber die Bedürftigen.

Organisierte Interessengruppen oder, wie sie euphemistisch heißen, ‚gesellschaftlich relevante Gruppen‘, sind aus diesen Gründen auch gern gesehene Verhandlungspartner an ‚runden Tischen‘, in ‚Bündnissen‘ oder bei ‚konzertierten Aktionen‘. Obwohl vielleicht ‚gesellschaftlich noch relevanter‘, sind die nicht organisierbaren zugleich auch vergessene Interessen, die oft einen Teil der Lasten korporatistischer Verträge zwischen Regierungen und Interessenverbänden zu tragen haben.

7. Gibt es Heilungschancen?

Das Allgemeininteresse an einer effizienten, wachsenden Wirtschaft ist nicht in der Weise wie Partikularinteressen organisierbar. Interessenvertreter streben ja im Wettbewerb miteinander gerade um Sondervorteile auf Kosten des Allgemeininteresses. Die Wahrnehmung des Gemeinwohls wird nicht durch Selbstorganisation, sondern durch Wahlen als Monopol einer Regierung übertragen. Jede Regierung verpflichtet sich durch ihren Amtseid zur Förderung des Wohles aller Bürger und damit auch dazu, sie aus dem Wohlstandsdilemma eines Verzichtes auf höhere individuelle Lebenseinkommen für alle zu befreien, das aus der rationalen Verfolgung des individuellen Eigeninteresses durch jeden entsteht. Nur versetzen unter den gegebenen Regeln der politische Wettbewerb und das Verhalten der Bürger in ihrer Rolle als Wähler und Interessenvertreter die Politiker ihrerseits in ein Dilemma: Ihr individuelles Eigeninteresse daran, (wieder-)gewählt zu werden, verlangt, eine Wirtschaftspolitik zu betreiben, die eben nicht am Allgemeininteresse ausgerichtet ist. Auf lange Sicht unterminieren diese beiden Dilemmata auch die Handlungsfähigkeit der Politik, denn geringere Lebenseinkommen der Bürger verringern das potentielle zukünftige Steueraufkommen.

Die Ordoliberalen, und insbesondere *Walter Eucken*, haben schon vor mehr als einem halben Jahrhundert analysiert, wie eine Regierung handeln müßte, um das Wohlfahrtsdilemma der Bürger zu lösen, und sie haben dafür das sehr mißverständliche und tatsächlich auch oft mißverstandene Bild vom ‚starken Staat' gewählt. Ein solcher ‚starker Staat' müßte unbeeinflußbar von Sonderinteressen sein. Er schüfe und schützte eine ausnahmslose Wettbewerbsordnung für alle Märkte; er enthielte sich, bis auf Sonderfälle, aller Markteingriffe, und er würde nicht selbst unternehmerisch tätig werden. Er stellte bestimmte öffentliche Güter bereit und realisierte soziale Gerechtigkeit einerseits durch eine progressive Einkommensbesteuerung und andererseits durch direkte Transferzahlungen an Bedürftige. Seine Wirtschaftspolitik wäre langfristig ausgerichtet und stetig. Seine ‚Stärke' wäre nicht etwa an einer hohen Staatsquote am Sozialprodukt zu messen, sondern an seiner subsidiären Tätigkeit, durch die politisch nur das aufgegriffen wird, was durch Märkte nicht effizient geleistet werden kann.

Aber gibt es überhaupt Bedingungen, unter denen Regierungen Reformen durchführten, die zumindest in diese Richtung wiesen?

Vielleicht lohnt auf der Suche nach einer Antwort ein zweiter Blick zurück auf Weimar. In seinem *Goethe*-Roman „Lotte in Weimar" läßt *Thomas Mann* (1967, S. 12 f.) Charlotte Kestner, das Vorbild der Lotte in *Goethe*s „Werther", im berühmten Gasthof ‚Zum Elefanten' in Weimar absteigen. Der Kellner Mager berichtet ihr, während er sie zu ihren Räumen führt, daß man 1813 nach einem Besuch der Don'schen Kosaken durchgehend habe renovieren müssen, was vielleicht längst überfällig gewesen sei.

> „Nun haben die wilden Gewaltsamkeiten des Weltgeschehens es erzwungen, woraus die Lehre zu ziehen sein möchte, daß die Erneuerungen des Lebens vielleicht nicht ohne kräftig nachhelfende Gewaltsamkeit zustande kommen."

Diese These des einfachen Kellners Mager stimmt genau mit der Auffassung des Ökonomen *Mancur Olson* (1985) überein. Dieser argumentierte, daß die Einflüsse von Interessengruppen im Laufe der Zeit in jeder Volkswirtschaft sklerotische Erscheinungen verursachten. Nur tiefe Krisen wie Kriege oder Zusammenbrüche von Staaten schüfen die Voraussetzungen für durchgreifende Reformen. Die *Stein-Hardenberg*schen Reformen in Preußen nach den napoleonischen Kriegen, die Einführung der Sozialen Marktwirtschaft nach dem Zweiten Weltkrieg oder die ökonomische Transformation der sozialistischen Staaten nach ihrem politischen Zusammenbruch scheinen ihn zu bestätigen; auch empirische Untersuchungen (*Pitlik* und *Wirth* 2002, S. 565-581; *Drazen* und *Easterly* 2001, S. 129-157) legen dies nahe.

Aber auch Staaten wie die Niederlande, Dänemark oder Großbritannien haben sich eine wirksame Kur an Haupt und Gliedern verordnet, und zwar ohne vorausgehende Zusammenbrüche. Diese Beispiele lehren, daß tiefe Krisen vielleicht hinreichende, aber sicher keine notwendigen Bedingungen für grundlegende wirtschaftspolitische Reformen darstellen.

Zwei Voraussetzungen müssen m. E. erfüllt sein, damit solche Reformen möglich werden. Zunächst muß, bildlich gesprochen, der Schatten der Zukunft groß und finster genug auf die Gegenwart fallen. Bürgern und Politikern muß deutlich sein, daß die perspektivlose Fortschreibung des Status quo zum Zusammenbruch der Sozialsysteme und zur zunehmenden Lähmung der Wirtschaftstätigkeit führen würde. Der Demonstrationseffekt des Erfolges anderer Länder macht zudem jedem deutlich, daß es möglich ist, den Gordischen Knoten des Wohlstandsdilemmas zu durchtrennen. Jüngste Meinungsumfragen ergaben, daß der Zukunftspessimismus der Bürger so ausgeprägt ist wie nur dreimal zuvor in der Geschichte der Bundesrepublik; anscheinend empfinden sie deutlich diesen Schatten der Zukunft. Kehrseite eines solchen Zukunftspessimismus ist natürlich der Wunsch nach veränderten Bedingungen, die eine bessere Zukunft erwarten ließen. Vermutlich ist die Bereitschaft groß, dafür Opfer zu bringen.

Nur muß, als zweite Bedingung, jeder Bürger und jede Gruppe auch Vertrauen darauf haben können, daß auch alle anderen die Anpassungslasten mittragen, daß Sondervorteile, aber auch Sonderbelastungen, von Unternehmen, Haushalten und Sozialkassen ausnahmslos abgebaut werden und daß notwendige Einschränkungen öffentlicher Leistungen alle treffen. Ein wichtiger Aspekt ‚sozialer Gerechtigkeit' besteht sicher darin, daß Personen und Gruppen (die letztlich natürlich auch aus Personen bestehen) bei Kürzungen und Einschnitten gleiche Opfer bringen, also vergleichbare Lasten zu tragen haben. Nun ist es, wie wir aus der Diskussion um die finanzwissenschaftlichen Opfertheorien wissen, überaus schwer, konsensuell zu bestimmen, welche Opfer als ‚gleiche' gelten sollen. Aber breiter Konsens dürfte darüber herrschen, daß ungleiche Besteuerung einer gleichen Steuerbasis dann ‚sozial ungerecht' ist, wenn sie aufgrund des Einflusses gut organisierter Interessen zustande gekommen ist. Der Status quo ist durch eine Vielzahl derartiger Verletzungen der Grundsätze der Allgemeinheit und Gleichheit der Besteuerung gekennzeichnet: Subventionen und Regulierungen stellen für die Adressaten negative Steuern dar. Beispiele für unterschiedliche Steuersätze (z. B. ‚Ökosteuer' oder Mehrwertsteuer) oder die Besteuerung ganz bestimmter Personengruppen (Wehr- und Wehrersatzdienst sind Naturalsteuern, die nur junge Männer entrichten) lassen sich nach Belieben und in großer Zahl finden. Eine solche Besteuerung ist nicht nur allokationsverzerrend, sie ist im o. g. Sinne auch ‚sozial ungerecht'. Der Abbau solcher sozial ungerechter Belastungsunterschiede könnte ebenso helfen, Haushaltsdefizite zu vermeiden, zum Abbau der öffentlichen Schuld verwendet werden wie auch zur Finanzierung anderer, nicht abweisbarer Ausgaben beitragen. Die Rückführung solcher Ausnahmetatbestände dürfte nicht nach der ‚Rasenmähermethode' in gleichen absoluten oder prozentualen Kürzungen bestehen, sondern sollte dem relativen Ausmaß der Sonderbehandlung entsprechen. Vermutlich ließe sich einer großen Mehrheit der Bevölkerung ein solches Programm nicht nur als ‚sozial gerecht' vermitteln, es könnte zugleich auch bestehende Wohlfahrtsverluste mindern. Kurz, es darf niemandem gelingen, seinen Besitzstand an Privilegien zu tabuisieren.

Außerdem muß sich dieses Vertrauen auf die Dauerhaftigkeit und die Wirksamkeit entsprechender politischer Maßnahmen erstrecken; die Lasten müssen vorübergehend, die erwarteten Vorteile dauerhaft sein.

Wären beide Voraussetzungen gegeben, hätte eine starke Regierung, die eine am Allgemeininteresse ausgerichtete und langfristige Sanierungspolitik betriebe, gute Chancen, beim nächsten Wahltermin bestätigt zu werden. Das Eigeninteresse der Politiker an der Wiederwahl und die Befreiung der Bürger aus ihrem Wohlstandsdilemma wären dann miteinander vereinbar.

Allerdings ist diese zweite Voraussetzung besonders schwer erfüllbar. Zwar geht Politikern die Floskel besonders leicht von den Lippen, es müsse Vertrauen ‚geschaffen' werden. Aber Vertrauen im allgemeinen (siehe *Lahno* 2002), besonders aber jenes von Bürgern in die Politik, kann nicht durch einen Willensakt dekretiert werden. Vielmehr entsteht Vertrauen, das man in einen anderen setzt, ausschließlich aus dessen beobachtbaren, vertrauenswürdigen Handlungen in der Vergangenheit. Eine Regierung jedoch, die zuvor systematisch bestimmte Gruppen begünstigt oder belastet, die Erwartungssicherheit durch rückwirkende Gesetzgebung untergraben hat und die Stetigkeit wegen häufiger und kurzfristiger Kurswechsel hat vermissen lassen, wird eine schlechte Ausgangsposition haben, diese Bedingung zu erfüllen. Eine neue Regierung könnte, ohne die Bürde solcher das Vertrauen zerstörender Lasten aus der unmittelbaren Vergangenheit, mit größerer Glaubwürdigkeit grundlegende Reformen ankündigen. In einer solchen Situation bestünde daher ein Wettbewerbsvorteil für eine Opposition; sie müßte ihn allerdings ergreifen, in geeigneter Weise ausgestalten und den Bürgern vermitteln.

David Hume bemerkte einmal, selbst Häuptlinge in den westindischen Kolonien seien ärmer als Arbeiter in England. Jemand, der in einer reichen Gesellschaft arm ist, kann durchaus wohlhabender sein als ein Reicher in einer armen Gesellschaft. Die nächsten Jahre werden zeigen, ob wir uns in Zukunft in der Rolle von Häuptlingen oder Arbeitern wiederfinden werden.

Literatur

Demandt, Alexander (2001), Ungeschehene Geschichte. Ein Traktat über die Frage: Was wäre geschehen, wenn...?, 3. erw. Aufl., Göttingen.

Drazen, Allan and *William Easterly* (2001), Do Crises Induce Reform? Some Empirical Tests of Conventional Wisdom, in: Economics und Politics, Vol. 13, pp. 129-157.

Erhard, Ludwig (1957), Wohlstand für alle, Düsseldorf.

Freitag, Egon (1999), Goethes Alltagsentdeckungen, Frankfurt a. M.

Lahno, Bernd (2002), Der Begriff des Vertrauens, Paderborn.

Mann, Thomas (1967), Lotte in Weimar, Stuttgart.

Olson, Mancur (1985), Aufstieg und Niedergang der Nationen, Tübingen.

Pitlik, Hans and *Steffen Wirth* (2002), Do crises promote the extent of economic liberalization?: an empirical test, in: European Journal of Political Economy, Vol. 19, pp. 565-581.

Tietzel, Manfred (1998), Politischer Wettbewerb als Aufgabe: Konstitutionelle Voraussetzungen der Sozialen Marktwirtschaft, in: *Dieter Cassel* (Hg.), 50 Jahre Soziale Marktwirtschaft, Stuttgart, S. 680-710.

Tietzel, Manfred und *Christian Müller* (2004), Handel mit Illusionen: Was produzieren eigentlich Politikberater?, in: Jahrbuch für Wirtschaftswissenschaften, Bd. 55, S. 18-32.

Tietzel, Manfred und *Dirk Wentzel* (2005), Pressefreiheit: Erfolg oder Mißerfolg einer Institution?, in: *Thomas Eger* (Hg.), Erfolg und Versagen von Institutionen, Schriften des Vereins für Socialpolitik, Bd. 305, Berlin, S. 53-88.

Helmut Leipold und Dirk Wentzel (Hg.), Ordnungsökonomik als aktuelle Herausforderung
Schriften zu Ordnungsfragen der Wirtschaft · Band 78 · Stuttgart · 2005

Ordnungspolitische Reformoptionen im deutschen Gesundheitswesen: Wo liegt Toulon?

Dieter Cassel

Inhalt

1. Sanierungsfall Gesundheitswesen

Das in über 100 Jahren gewachsene System des deutschen Gesundheitswesens gilt vielen trotz aller Kritik immer noch als leistungsfähig und bewährt. Tatsächlich hat es im internationalen Vergleich durchaus beachtliche Vorzüge (*Beske*, *Drabinski* und *Zöllner* 2004; *Henke* und *Schreyögg* 2004): Nach Gesetzlicher Krankenversicherung (GKV), Privater Krankenversicherung (PKV) und besonderen Versorgungsformen für Beamte, Soldaten, Polizisten usw. gegliedert, bietet es praktisch der gesamten Bevölkerung ausreichenden Versicherungsschutz im Krankheitsfall bei weitgehend diskriminierungs- und rationierungsfreiem Zugang zu den Gesundheitsleistungen. Dabei ist der weit überwiegende Teil der Bevölkerung (87,8 v. H.) in der GKV versichert, die einkommensproportionale Beiträge im Umlageverfahren erhebt und grundsätzlich nur Sachleistungen im Rahmen eines für alle Versicherten einheitlichen Leistungsumfangs gewährt. Dagegen ist der geringere Teil der Bevölkerung (9,7 v. H.) zu risikoäquivalenten Prämien mit Alterungsrückstellungen bei der PKV vollversichert und erhält im Krankheitsfall eine Kostenerstattung im Rahmen eines frei wählbaren Leistungsumfangs. GKV- und PKV-Versicherte profitieren jedoch gleichermaßen vom relativ hohen Niveau der Gesundheitsversorgung, das in Deutschland flächendeckend erreicht wird und sich durch praktisch ungehinderte medizinische und medizintechnische Innovationen ständig erhöht. Schließlich war die Gesundheitsversorgung für alle Versicherten bisher – wenn auch zu merklich steigenden Beiträgen bzw. Prämien – immer noch bezahlbar.

1.1. Versorgungs- und Finanzierungsmängel

Dennoch zeigen sich zunehmend Mängel in der medizinischen Versorgung (Über-, Unter- und Fehlversorgung; *SVRKAiG* 2001), und auch die Effizienz der Leistungserbringung läßt in vielen Versorgungsbereichen zu wünschen übrig. So stand in den letzten Jahren wegen des ungewöhnlich starken Anstiegs der Arzneimittelausgaben die Wirtschaftlichkeit der Verschreibung und des Vertriebs von Medikamenten auf dem Prüfstand. Nach wie vor werden aber auch kostspielige Doppeluntersuchungen als Folge mangelhafter Integration von ambulanter und stationärer Versorgung beklagt. Darüber hinaus fällt das deutsche Gesundheitswesen im internationalen Vergleich durch eine ‚Spitzenposition' bei den Ausgaben, der Bettendichte und Behandlungsdauer im Krankenhaus, bei der Arzt- und Zahnarztdichte in der ambulanten Versorgung sowie bei den Vorsorge- und Rehabilitationskuren auf. Dennoch erreicht Deutschland beim *Outcome* nur eine unterdurchschnittliche Position, wie sich anhand zahlreicher Indikatoren – wie z. B. der durchschnittlichen Lebenserwartung, der Wachstumsrate der Lebenserwartung, der Zahl der verlorenen Lebensjahre oder der Mortalitäts- und Komplikationsrate bei den großen Volkskrankheiten – zeigen läßt (*Wille* 2000). Epidemiologen, Gesundheitsökonomen und Gesundheitspolitiker fordern denn auch unisono seit Jahrzehnten eine Verbesserung von Qualität und Wirtschaftlichkeit der Gesundheitsversorgung in Deutschland – ohne jedoch diesem Ziel trotz unzähliger Reformen auch nur ein Stück näher gekommen zu sein.

Für die Öffentlichkeit weit augenfälliger sind freilich die Risse in der Finanzierungsbasis. Sie erzeugen tendenziell steigende Beitragssätze in der GKV und sprunghafte

Prämienerhöhungen gerade für die älteren Versicherten in der PKV – und dies, obwohl die Gesundheitspolitik ‚Beitragssatzstabilität' in der GKV zum prioritären Ziel erklärt hat (§ 71 SGB V) und die private Assekuranz ihre Versicherten durch Kapitaldeckung in Form von Alterungsrückstellungen vor altersbedingten Prämiensteigerungen zu bewahren verspricht. GKV und PKV sehen sich jedoch mit dynamisch steigenden Gesundheitsausgaben konfrontiert, die aus einer wachsenden Präferenz der Bevölkerung für das Gut Gesundheit, den spezifischen Produktivitätsbedingungen eines Dienstleistungssektors par excellence und den Besonderheiten des medizinisch-technischen Fortschritts resultieren. Die GKV steht dabei vor einem besonderen Problem, weil die expandierenden Gesundheitsausgaben im Umlageverfahren aus den beitragspflichtigen Einkommen – das sind im wesentlichen Löhne, Gehälter und Renten – finanziert werden müssen. Da seit den 1970er Jahren die beitragspflichtigen Einkommen jahresdurchschnittlich nur mit einer Rate von rund 2 v. H. gestiegen sind, die Gesundheitsausgaben aber um rund 3 v. H. pro Jahr zunahmen, hat sich eine wachsende Finanzierungslücke ergeben, die durch steigende Beitragssätze geschlossen werden mußte.

1.2. Gesundheitspolitische Herausforderungen

Die virulenten Versorgungs- und Finanzierungsprobleme des deutschen Gesundheitswesens drohen künftig sogar noch zu eskalieren, wenn es der Gesundheitspolitik nicht gelingt, auf erkennbare Herausforderungen mit durchgreifenden Reformen des gewachsenen Systems zu reagieren. Die größten Herausforderungen resultieren zum einen aus dem beschleunigten demographischen Wandel in Verbindung mit dem medizinisch-technischen Fortschritt, zum anderen aus dem inzwischen durch inadäquate Regulierungen entstandenen ‚Steuerungswirrwarr' im Bereich der Leistungserbringung – und nicht zuletzt auch aus der zügig voranschreitenden europäischen Integration. Dabei steht naturgemäß die GKV als dominantes und durchgehend administrativ und kollektivvertraglich gesteuertes Teilsystem mit seinen bis auf das Jahr 1883 zurückgehenden „Geburtsfehlern" (*Haft* 2002) im Vordergrund. Doch darf auch die PKV nicht außer acht gelassen werden, weil sie wegen der Nichtmitgabe der Alterungsrückstellungen beim Versicherungswechsel Wettbewerbsdefizite hat, wegen rechtlicher Handlungsbeschränkungen nicht als ‚player' an der Gestaltung des Leistungsgeschehens mitwirkt und im ‚Systemwettbewerb' mit der GKV deren solidarische Finanzierung durch Risikoselektion unter den freiwilligen GKV-Versicherten zu unterminieren droht.[1]

Die größte Herausforderung für die GKV wird künftig vom demographischen Wandel ausgehen: Der Alterungsprozeß der deutschen Bevölkerung läßt die Gesundheitsausgaben progressiv ansteigen, weil die Inanspruchnahme von Gesundheitsleistungen – verstärkt durch den bei Alterskrankheiten und Krankheiten im Alter besonders relevanten medizinisch-technischen Fortschritt – mit dem Alter stark zunimmt und sich die altersspezifischen Ausgabenprofile im Laufe der Zeit immer weiter „versteilern" (Ausgabeneffekt; *Buchner* und *Wasem* 2000). Gleichzeitig werden bei einem wachsenden Rentneranteil die Erwerbstätigen stärker zur Finanzierung der Gesundheitsausgaben für die Betagten herangezogen, weil deren Renten im Durchschnitt deutlich unter den Er-

---

1 Siehe *Meyer* (1994); *Greß* und *Wasem* (2003); *Jacobs* und *Schulze* (2004a).

werbseinkünften der aktiven Bevölkerung liegen (Finanzierungseffekt; *Cassel* 2001). So kommen denn auch alle Schätzungen, die den medizinisch-technischen Fortschritt explizit mit einbeziehen, ziemlich einhellig zu dem besorgniserregenden Ergebnis, daß etwa vom Jahr 2010 an merklich steigende Beitragssätze erforderlich sind, um die demographiebedingt wachsende Lücke zwischen Ausgaben und Einnahmen der GKV zu schließen. Für das Jahr 2050 wird neueren Projektionen zufolge je nach unterstelltem Szenario mit einem GKV-durchschnittlichen allgemeinen Beitragssatz zwischen 20,2 und 39,5 v. H. gerechnet (*Postler* 2003, S. 21); und der *Sachverständigenrat zur Begutachtung der gesamtwirtschaftlichen Entwicklung* kommt in seinem jüngsten Jahresgutachten im ungünstigsten Fall sogar auf 50,4 v. H. (*SVR* 2004, S. 330). Hierbei handelt es sich freilich um ‚Status-quo-Prognosen', die von den aktuellen Rahmenbedingungen ausgehen und weder die Reaktionen der Versicherten, Krankenkassen und Leistungserbringer noch die der Gesundheitspolitik auf die künftige Beitragssatzdynamik einbeziehen. Sie machen jedoch eines klar: Der finanzielle ‚Härtetest' für das GKV-System und die Gesundheitspolitik steht erst noch bevor.

Obwohl das deutsche Gesundheitswesen mehr als 11 v. H. zum Bruttoinlandsprodukt beiträgt und fast 4,2 Millionen Selbständige und Arbeitnehmer beschäftigt – und damit einen nicht unbeachtlichen Wirtschaftszweig mit erheblichem Wachstumspotential darstellt (*Oberender*, *Hebborn* und *Zerth* 2002) –, ist es wie kaum ein anderer Bereich staatlich reguliert und dem marktwirtschaftlichen Allokationsmechanismus entzogen. So sind die aufgezeigten Mängel des Systems ein untrüglicher Hinweis darauf, daß seine tradierten Gestaltungs- und Funktionsprinzipien den Anforderungen an die Steuerung und Finanzierung dieses expandierenden Wirtschaftszweiges nicht mehr gewachsen sind. Insbesondere in der GKV sind lohnabhängige und paritätische Finanzierung, reines Umlageverfahren, Versicherungspflicht- und Beitragsbemessungsgrenze, körperschaftliche Kassen-, Verbände- und Selbstverwaltungsstrukturen sowie nicht zuletzt die administrativ-korporatistische Steuerung des Leistungsgeschehens schon längst an die Grenzen ihrer Funktionalität gestoßen. In dieser Verfassung paßt das heutige GKV-System nicht zu einer modernen, im internationalen Wirtschafts- und Institutionenwettbewerb stehenden Industrie- und Informationsgesellschaft; denn es ist kontraproduktiv, wachstumshemmend und weder demographieresistent noch europatauglich.

1.3. Systemtransformation statt Stückwerkreformen

Hierauf hat die Gesundheitspolitik bisher meist nur mit dirigistischen Maßnahmen reagiert oder ihre Hoffnungen in die Problemlösung durch die korporatistische Selbstverwaltung gesetzt. Erklärtes Ziel derartiger ‚Reformen' war noch immer, auf administrativem und kollektivvertraglichem Wege die Ausgabendynamik zu bremsen und stabile Beitragssätze zu gewährleisten. ‚Beitragssatzstabilität' in der GKV – wie auch ‚Prämienstabilität' in der PKV – erweisen sich jedoch angesichts der dem Gesundheitswesen immanenten beitragstreibenden Faktoren immer mehr als Schimäre; und der Versuch, sie mit dirigistischen Eingriffen zu erzwingen, wird die bestehenden allokativen, distributiven und finanziellen Defizite des Systems noch vergrößern und unweigerlich zu weiteren Einbußen bei Qualität und Wirtschaftlichkeit der Versorgung führen – zunehmende Rationierung von Gesundheitsleistungen nicht ausgeschlossen (*Breyer* 2000; *Sauerland* 2002).

Diese Kalamität läßt sich nicht mehr wie bisher durch bloße ‚Stückwerkreformen' ohne eine schlüssige Konzeption für ein zukunftsfähiges Gesundheitswesen beheben. Statt das Reformkarussell noch rascher zu drehen und die Gesundheitspolitik vollends zum Reparaturbetrieb für immer neue Fehlentwicklungen verkommen zu lassen, bedarf es eines reformpolitischen Kraftaktes, der freilich ebenso dringlich wie schwierig ist. Denn Ziel der nächsten Gesundheitsreform müßte es sein, die gegliederte deutsche Krankenversicherung in ein für alle Versicherungsträger nach einheitlichen Ordnungsprinzipien gestaltetes System zu transformieren, das marktwirtschaftlich verfaßt, auf allen Ebenen wettbewerblich organisiert, nachhaltig finanzierbar und für alle Bürger bezahlbar ist.

„Hier liegt Toulon!" insistierte *Napoleon* gegenüber seinen Generälen, indem er wiederholt auf die davon entfernt liegende Mündung der Reede zeigte, die seiner Meinung nach die Schlüsselstellung für die Eroberung Toulons bildete – und errang seinen ersten großen Sieg (*Eucken-Erdsiek* 1950, S. 69 f.). Diese Parole wurde später von *Walter Eucken* (1952, S. 255) als Metapher für die strategische Bedeutung eines funktionsfähigen Preissystems in der Marktwirtschaft verwendet und danach von *Alfred Schüller* und *Dirk Wentzel* (1991, S. 283) als Überschrift des Einleitungskapitels ihres Beitrages zur Etablierung von Wettbewerbsmärkten im Transformationsprozeß sozialistischer Wirtschaftssysteme gewählt. In dieser ordnungstheoretischen Tradition soll auch hier die Frage gestellt werden: Wo liegt das ‚Toulon der Gesundheitspolitik', wenn es darum geht, das deutsche Gesundheitswesen insgesamt einer ‚Systemtransformation' zu unterziehen?

2. Reformoption ‚Bürgerkrankenversicherung – BKV'

In Deutschland ist die Krankenversicherung traditionell durch das Nebeneinander von GKV und PKV mit ihren unterschiedlichen Finanzierungs- und Versorgungsprinzipien gekennzeichnet. Für die aktuelle Reformdiskussion ist dabei bemerkenswert, daß am Anfang beider Versicherungssysteme die Absicherung des krankheitsbedingten Ausfalls des Erwerbseinkommens im Vordergrund stand, was im Falle der GKV eine reine Arbeiterversicherung mit einkommensproportionaler Beitragsbemessung und im Falle der PKV eine Krankentagegeldversicherung mit absoluten Prämien für Selbständige entstehen ließ.[2] Inzwischen sind die Lohnersatzleistungen der GKV von rd. 55 v. H. (1885) auf 4,8 v. H. (2003) zurückgegangen, und auch die PKV deckt heute weit überwiegend Gesundheitsleistungen ab. Dennoch haben sich Kollektiv- und Individualäquivalenz, Umlage- und Kapitaldeckungsverfahren sowie Beitragssatz und Risikoprämie als GKV- und PKV-typische Finanzierungsprinzipien erhalten bzw. – wie im Falle der Alterungsrückstellungen in der PKV – erst später entwickelt und bedürfen heute – wie die Einkommensproportionalität der GKV-Beiträge – einer anderen Rechtfertigung als damals.

2 Siehe *Frank* (1994); *Terhorst* (2000, S. 7); *Sauerland* (2004, S. 217 ff.).

2.1. Schwächen des bestehenden Finanzierungssystems

Hieraus erklären sich auch die vielfältigen Schwächen und Verwerfungen des geltenden Finanzierungssystems innerhalb der beiden Teilsysteme wie auch zwischen ihnen. So ist die Finanzierung der PKV dank der von ihr praktizierten Kapitaldeckung zwar einigermaßen demographiefest – gegen innovationsbedingte Prämienerhöhungen gerade für die älteren Versicherten ist auch sie nicht gefeit –, aber die Nichtmitgabe der Alterungsrückstellungen beim Versicherungswechsel ist im Segment der Bestandsversicherten in hohem Maße wettbewerbswidrig. Außerdem gibt es – von der steuerlichen Absetzbarkeit der PKV-Beiträge und dem GKV-analogen ‚Normaltarif' abgesehen – keinen sozialen Schutz für Einkommensschwache. Die GKV-Finanzierung wiederum ist demographie-, konjunktur- und strukturanfällig, beschäftigungsfeindlich, intransparent und ungerecht (*Wille* 2004): So resultiert ihre mangelnde Nachhaltigkeit aus der fehlenden Kapitaldeckung in Verbindung mit der Abhängigkeit vom Erwerbs- und Renteneinkommen – und damit vom langfristigen Wandel der Wirtschafts- und Erwerbsstruktur. Die Beitragsbemessung nach dem Erwerbs- und Renteneinkommen macht sie zugleich anfällig für kürzerfristige Konjunktur- und Beschäftigungsschwankungen, während die Lohnabhängigkeit für sich genommen in Verbindung mit der hälftigen Finanzierung durch die Arbeitgeber die Arbeit teuer macht und daher ausgesprochen beschäftigungsfeindlich wirkt. Gleichzeitig entstehen in der GKV Verteilungsungerechtigkeiten, weil Vermögenseinkünfte beitragsfrei bleiben, Mehrverdienerfamilien benachteiligt werden und Besserverdienende von der Regressionswirkung jenseits der Beitragsbemessungsgrenze profitieren. Schließlich ist das Finanzierungssystem der GKV wegen der zahlreichen in ihm angelegten Dimensionen der Solidarität (Abbildung 1) hinsichtlich der Inzidenz der Verteilungswirkungen hochgradig intransparent und läßt an der Pflichtversicherungsgrenze risikoselektive und daher entsolidarisierende Abwanderungen von freiwillig Versicherten zur PKV zu.

Als Antwort darauf wurde in den letzten Jahren in Wissenschaft und Politik eine fast unüberschaubare Zahl von Reformmodellen entwickelt, die sich nach Zielsetzung und Reichweite stark unterscheiden und unter den verschiedensten Bezeichnungen diskutiert werden.[3] Alle Reformvorschläge halten am Konzept einer ‚sozialen Krankenversicherung' fest, indem sie den Einkommensausgleich entweder wie bisher in der GKV innerhalb des Versicherungssystems herstellen (z. B. im Bürgerversicherungs-Modell der *Rürup*-Kommission) oder durch Transfers an Geringverdiener aus dem Steueraufkommen bewerkstelligen wollen (z. B. im Gesundheitsprämien-Modell der *Rürup*-Kommission). Darüber hinaus unterscheiden sich die Reformvorschläge vor allem danach,

– ob GKV und PKV mit ihren derzeitigen Mitgliederkreisen weiterbestehen oder in einem Versicherungssystem aufgehen sollen, in dem alle Einwohner nach einheitlichen Beitragsbemessungsgrundsätzen pflichtversichert sind (‚Bürgerversicherung');

---

3 Komplett im Internet erhältlich unter www.arbeitnehmerkammer.de/; Überblick bei *Breyer* (2002); *Henke* u. a. (2004); *Jacobs* (2004).

- ob die Beiträge wie bisher in der GKV einkommensproportional erhoben oder als absoluter Durchschnittsbetrag (‚Kopfpauschale' bzw. ‚Kopfprämie') oder als risikoäquivalente Prämie (‚Risikoprämie') kalkuliert werden sollen;
- ob die Beiträge (einkommensproportionale Beiträge, Kopfpauschalen oder Risikoprämien) im reinen Umlageverfahren oder mit einem Aufschlag zur Bildung eines Kapitalstocks erhoben werden sollen;
- ob Familienangehörige wie bisher in der GKV beitragsfrei mitversichert oder – gegebenenfalls getrennt nach Erwachsenen und Kindern – beitragspflichtig sein sollen;
- ob im Falle einkommensproportionaler Beiträge alle Einkunftsarten beitragspflichtig sein sollen oder nicht und ob die Beitragsbemessungsgrenze erhöht, gesenkt oder aufgehoben werden soll; und schließlich
- ob die Arbeitgeberbeiträge beibehalten, eingefroren oder als steuerpflichtiger Lohnbestandteil ausgezahlt und damit abgeschafft werden sollen.

Abbildung 1: Dimensionen der Solidarität mit Umverteilungswirkungen in der GKV

KV - Private Krankenversicherung; SKV - Soziale Krankenversicherung

Es ist unmittelbar einsichtig, daß die bloße Kombination der Ausprägungen dieser Kriterien eine Vielzahl von Modellen ergibt, die auch der Positionierung der politischen Parteien beträchtlichen Spielraum gewährt. So propagiert die *FDP* ein PKV-nahes Modell als Bürgerversicherung mit Risikoprämien und Kapitaldeckung sowie die Abschaffung der Arbeitgeberbeiträge. *SPD* und *GRÜNE* favorisieren das gegenteilige Extrem, nämlich eine GKV-nahe Bürgerversicherung mit Beitragspflicht für Kapitaleinkommen (*SPD*) bzw. alle Einkunftsarten (*GRÜNE*) unter Beibehaltung von Beitragsbemessungsgrenze, Arbeitgeberbeiträgen und beitragsfreier Mitversicherung von Familienangehörigen. Die *CDU* und *CSU* schließlich positionieren sich mit ihrem ,Kompromiß-Modell' zwischen beiden Extremen, indem sie das Nebeneinander von PKV und GKV beibehalten möchten und für alle erwachsenen GKV-Versicherten eine Kombination aus persönlicher Kopfpauschale ohne Kapitaldeckung und Arbeitgeberbeiträgen in Höhe von 6,5 v. H. des Bruttogehalts unter Beibehaltung der Beitragsbemessungsgrenze vorsehen, wobei die Arbeitgeberbeiträge – zusammen mit den Abführungen der Renten- und Arbeitslosenversicherung sowie den staatlichen Sozialtransfers – über einen Fonds als Kopfpauschale für Erwachsene und Kinder an die Krankenkassen ausgezahlt werden sollen.

Ohne hier eine detaillierte Würdigung der ,Parteien-Modelle' vornehmen zu können, läßt sich jedoch schon auf den ersten Blick sagen, daß mit keinem der Vorschläge die oben genannten Finanzierungsprobleme in ihrer Gänze und in ihrem komplexen Zusammenhang gelöst werden könnten. An welchen Marksteinen hätte sich stattdessen eine in jeder Hinsicht adäquate Transformation des Finanzierungssystems zu orientieren?

2.2. Marksteine auf dem Weg zur BKV

Ziel der nächsten Gesundheitsreform sollte es sein, GKV und PKV in einem einheitlichen Finanzierungssystem zusammenzuführen, das anstelle des bisherigen dysfunktionalen ,Systemwettbewerbs' künftig einen verzerrungsfreien ,Versicherungswettbewerb' unter allen Krankenversicherungsanbietern ermöglicht. In dieser Zielsetzung sind sich die meisten Gesundheitsökonomen mit ihren Reformvorschlägen einig (Überblick bei *Wasem*, *Greß* und *Rothgang* 2003) und werden darin neuerdings auch vom *Sachverständigenrat zur Begutachtung der gesamtwirtschaftlichen Entwicklung* mit dem von ihm vorgelegten Modell der ,Bürgerpauschale' nachhaltig bestärkt (*SVR* 2004, S. 530 ff.). Das hier propagierte Konzept einer ,Bürgerkrankenversicherung-BKV' folgt der Absicht des *SVR*, einen einheitlichen Krankenversicherungsmarkt mit einkommensunabhängiger Beitragsbemessung herzustellen, weicht aber in anderen Punkten nicht unwesentlich vom *SVR*-Modell ab und hat die folgenden konstitutiven Elemente:

1. Das neue System sollte eine ,Bürgerkrankenversicherung' in dem Sinne sein, daß für alle Einwohner dieses Landes eine Versicherungspflicht besteht. Hierfür hat der Gesetzgeber einen Leistungsumfang vorzugeben, der von allen im Markt befindlichen Krankenversicherungen unter Kontrahierungszwang anzubieten ist. Die Krankenversicherungen sind gehalten, zur Berechnung der von ihnen jeweils geforderten Beiträge bzw. Prämien einheitliche gesetzliche Kalkulationsprinzipien einzuhalten. Insoweit entfiele die Unterscheidung in private und gesetzliche Krankenversicherungen, Kassenarten und Verbände. Alle an der Bereitstellung des Pflichtleistungskatalogs beteiligten Träger der Krankenversicherung wären als privatwirtschaftlich verfaßte

Unternehmen wettbewerbsrechtlich gleichzustellen und einer einheitlichen Wettbewerbsaufsicht (z. B. Kartellamt) zu unterstellen (*Oberender* und *Fleischmann* 2004, S. 197 ff.).

2. Die ‚Pflichtleistungen' sollten so bemessen sein, daß alle Versicherten wie bisher mit den notwendigen und ausreichenden Leistungen versorgt sind. Gegenüber dem Status quo sollten konsequent alle nichtversicherbaren, versicherungsfremden und konsumnahen Leistungen ausgegliedert werden. Jeder Versicherte sollte Leistungen, die über den Pflichtleistungskatalog hinausgehen, privat bei all jenen Krankenversicherungen versichern können, die mit entsprechenden, frei kalkulierten Angeboten am Markt vertreten sind. Diesbezüglich ergäbe sich weder ein sozialpolitisches Problem – die BKV bietet ja eine notwendige und ausreichende Versorgung – noch ein besonderer Regulierungsbedarf. In der BKV sollte vorzugsweise das Sachleistungsprinzip gelten – allerdings ergänzt um einen Rechnungsausweis gegenüber dem Patienten über seine in Anspruch genommenen Leistungen.

3. Besondere ‚Wahltarife', wie z. B. individuelle Zu- und Abwahlleistungen, stünden im Widerspruch zum Pflichtleistungskatalog und haben im Rahmen der Versicherungspflicht nichts zu suchen. Auch sollte im Rahmen der Versicherungspflicht auf wählbare Selbstbehalte, Tarife mit Beitragsrückvergütungen etc. verzichtet werden, um unerwünschte Risikoselektion von vornherein zu vermeiden (*Cassel* 2002a, S. 118 ff.). Statt dessen können Selbstbehalte bzw. Eigenbeteiligungen für alle BKV-Versicherten überall dort verpflichtend gemacht werden, wo sie Steuerungsfunktion haben, also insbesondere in der ambulanten Versorgung. Derartige Pflichtselbstbehalte müßten freilich sozialpolitisch durch Härtefallregelungen flankiert werden.

4. Der Verzicht auf Wahltarife im Rahmen der Versicherungspflicht ist wettbewerblich keine allzu große Einschränkung, weil die Präferenz der Versicherten für derartige Tarife einerseits und ihre Steuerungswirkungen andererseits generell überschätzt werden (*Schellhorn* 2004). Statt dessen sollte sich der Wettbewerb der Versicherungen auf ihrer Absatzseite ganz auf die Wettbewerbsparameter ‚Preis' (Beitrag, Prämie) und ‚Gestaltung des Leistungsangebots' (Hausarzt-, Integrations-, Managed-care-Konzepte usw.) durch selektives Kontrahieren mit Leistungserbringern konzentrieren. Letzteres ist bisher sowohl in der GKV als auch in der PKV nur ansatzweise oder gar nicht der Fall, weshalb der Wettbewerb unter den Versicherungsträgern hinsichtlich der Sicherstellung eines qualitativ hochwertigen und wirtschaftlich erbrachten Leistungsangebotes weitgehend funktionslos bleibt.

5. Lohnabhängige Beiträge sind – wie schon erwähnt – eine Reminiszenz an Elemente der Risikoäquivalenz in den Anfängen der sozialen Krankenversicherung. Dennoch wird die – ohnehin nur bis zur Beitragsbemessungsgrenze geltende – proportionale Abhängigkeit der Beiträge vom Arbeitseinkommen als genuine ‚soziale Errungenschaft' der GKV mit dem Argument sozialer Gerechtigkeit bzw. wirtschaftlicher Solidarität verteidigt. Die meisten Ökonomen – zuletzt der Wissenschaftliche Beirat beim Bundesministerium der Finanzen (2004) – halten es jedoch nicht für zweckmäßig, in der GKV ein zweites Umverteilungssystem neben dem Steuer-Transfer-System aufrechtzuerhalten. Deshalb sollte die Finanzierung auf ‚absolute Beiträge' umgestellt werden, was zugleich bedeuten würde, die paritätische Mitfinanzierung

durch Arbeitgeberbeiträge – ebenfalls ein überkommenes Relikt der früheren Arbeiterversicherung – abzuschaffen. Hierdurch wäre die Finanzierung des Krankheitskosten-Risikos vom Beschäftigungsverhältnis abgekoppelt, so daß auch die paritätische Selbstverwaltung aus Arbeitgebern und Gewerkschaften entfallen könnte und der Weg zu privatwirtschaftlichen Unternehmensverfassungen für alle Krankenversicherungsträger frei wäre.

6. Eine markt- und wettbewerbsorientierte Systemreform sollte unter keinen Umständen mit Einbußen im Versicherungswettbewerb verbunden sein, die die Wettbewerbsintensität hinter den Status quo der GKV zurückfallen läßt. Diesbezüglich bestehen erhebliche Bedenken, daß sich ein System mit Risikoprämien in Verbindung mit einer Kapitaldeckung, wie sie zur Bewältigung der demographisch bedingten Herausforderungen unabdingbar ist, adäquat organisieren läßt. Denn die damit verbundenen Wettbewerbs-, Risikoselektions- und Markttransparenzprobleme sind keineswegs so trivial, wie sie sich im Modell darstellen (*Terhorst* 2000, S. 187 ff.). Dagegen wäre es wettbewerbskonform und praktikabel, einkommensunabhängige Pauschalbeiträge (Kopfpauschalen) als absoluten Preis für die Versicherungsleistung zu erheben. Die Kopfpauschale würde von jedem Versicherungsträger nach Maßgabe seiner Gesundheitsausgaben kalkuliert und wäre als zentraler Wettbewerbsparameter einsetzbar. Da wie bisher die Beiträge zumindest nicht nach Morbidität und Geschlecht differenziert sein sollten, bedarf das Pauschalprämiensystem notwendigerweise eines ausgabenseitigen morbiditätsorientierten Risikostrukturausgleichs (‚Morbi-RSA'), um wettbewerbswidrige Risikoselektion zu verhindern (*IGES*, *Cassel* und *Wasem* 2002, S. 17 ff.). Da der (einnahmenseitige) Finanzkraftausgleich des bisherigen RSA entfiele, würde sich das Transfervolumen gegenüber dem Status quo jedoch um mehr als die Hälfte verringern.

7. Soll die neue BKV mit den Grundprinzipien unserer Sozialen Marktwirtschaft kompatibel sein, muß die aus der Krankenversicherung herausgenommene wirtschaftliche Solidarität der Reichen mit den Armen (‚Wirtschaftliche Solidarität' in Abbildung 1) vom Steuer-Transfer-System wieder eingefordert werden. Dies um so mehr, als die Kopfpauschalen von allen Erwachsenen unabhängig von ihrer Einkommenssituation und ihrem Familienstand zu zahlen sind. Hinzu kommt, daß auch für Kinder eine – wenn auch deutlich geringere – Prämie gezahlt werden sollte, die sich nach den kassenspezifischen Ausgaben pro versichertem Kind richtet. Kinder sind im Proportionaltarif der GKV ja nur deshalb beitragsfrei gestellt, weil sie kein Einkommen beziehen; sie im BKV-System beitragsfrei zu lassen, hieße, die Einkommensumverteilung nur partiell aus der Krankenversicherung herauszunehmen (‚Intergenerative Solidarität II' in Abbildung 1) und den Besserverdienenden eine mit dem Prinzip der Leistungsfähigkeit konfligierende Beitragsbefreiung zu gewähren. Um die mit der Umstellung auf Kopfpauschalen für Erwachsene und Kinder gegenüber dem Status quo verbundene Mehrbelastung der Einkommensschwachen – insbesondere, wenn sie Kinder erziehen – zu vermeiden, bedarf es notwendigerweise flankierender Einkommenstransfers aus dem Steueraufkommen. Idealerweise könnte sich die Systemtransformation im Gesundheitswesen mit einer grundlegenden Steuerreform verbinden, die statt fallbezogener Transfers – wie in fast allen Reformvorschlägen durch Angabe ei-

nes Schwellenwertes für die Einkommensbelastung empfohlen – eine ‚negative Einkommensteuer' als allokativ und distributiv sauberste Lösung zum Ziel hat.

8. Der demographische Wandel macht in Verbindung mit dem medizinisch-technischen Fortschritt dringend eine temporäre Teilkapitaldeckung für alle Pflichtversicherten erforderlich, um die im Übergang zur stationären Bevölkerungsstruktur bis zur Mitte dieses Jahrhunderts zu erwartende Beitragsexplosion verhindern, zumindest aber dämpfen zu können (*Felder* und *Kifmann* 2004). Anders als in der gesundheitsökonomischen Diskussion – zuletzt im Jahresgutachten 2004/05 des *SVR* – bieten hierfür die politischen Parteien mit ihren alternativen Finanzierungskonzepten der ‚Bürgerversicherung' (*SPD/GRÜNE*) und ‚Gesundheitsprämie' (*CDU/CSU*) keinerlei Lösung. Um die BKV einigermaßen demographiefest zu machen, unsolidarisches Trittbrettfahren zu vermeiden und den Wettbewerb nicht wie derzeit in der PKV zu beeinträchtigen, müßten alle Versicherungsträger gleichermaßen zur Bildung eines BKV-kollektiven Kapitalstocks verpflichtet werden. Diese ‚Solidarische Alterungsreserve' wäre aus einheitlichen Beitrags- bzw. Prämienzuschlägen pro Versicherten zu dotieren, über spezielle Fonds international in Sachkapital anzulegen, marktüblich zu verzinsen und später bei Bedarf wieder beitrags- bzw. prämiensenkend zuzusetzen (*Cassel* 2003, S. 249 ff.).

Zusammenfassend läßt sich festhalten, daß eine so verfaßte BKV die oben genannten Schwächen und Verwerfungen des derzeitigen Finanzierungssystems beseitigen und einen funktionsfähigen Leistungswettbewerb aller Krankenversicherungsanbieter ermöglichen würde. Indem die Finanzierung des Krankheitsrisikos vom Arbeitseinkommen gelöst wird, jeder Versicherte einen Beitrag leisten muß, der Sozialausgleich dem Steuersystem obliegt und das Umlageverfahren durch eine wettbewerbskonforme Kapitaldeckung ergänzt wird, entsteht ein gerechteres und transparenteres Krankenversicherungssystem, das zudem weit weniger als das bestehende demographie-, konjunktur- und strukturanfällig ist, vor allem aber keine Belastung mehr für den Arbeitsmarkt darstellt. Sicherlich werden auch künftig die Krankenversicherungsbeiträge steigen, doch würden sich darin weniger der demographische und strukturelle Wandel oder Konjunktur- und Wachstumsschwächen zeigen als vielmehr das Bedürfnis einer alternden Gesellschaft nach dem superioren Gut ‚Gesundheit' und die zu ihrer Erhaltung bzw. Wiederherstellung erforderlichen Leistungen.

3. Reformoption ‚Solidarische Wettbewerbsordnung – SWO'

3.1. Wettbewerbsdefizite auf dem Versicherungs- und Leistungsmarkt

Ohne durchgreifende Reformen auf der Leistungsseite bliebe die Systemtransformation des deutschen Gesundheitswesens ein Torso; denn Qualitätsmängel, Unwirtschaftlichkeiten und Defizite in der Beachtung von Patientenpräferenzen sind durch die Umstellung der Finanzierungs- und Organisationsgrundlagen auf Seiten der Versicherungsträger allein nicht zu beheben. Soll das Leistungsgeschehen – wie unisono gefordert – medizinisch effektiver, wirtschaftlich effizienter und patientengerechter werden und sollen die Krankenversicherungs- und Gesundheitsleistungsmärkte in den europäischen Binnenmarkt integrierbar sein, ist die überbordende staatliche und verbandskollektivistische Regulierung mit ihrer mannigfaltigen Fehlsteuerung zugunsten eines intensiven Leistungswettbewerbs in allen Bereichen des Gesundheitswesens zu überwinden. Dabei geht es um eine genuine ordnungspolitische Aufgabe, nämlich die mit dem Gesundheits-Strukturgesetz (GSG) von 1992 ansatzweise etablierte ‚Solidarische Wettbewerbsordnung' konsequent weiter auszubauen, das GKV-System weitestgehend der Selbststeuerung zu überantworten und die Gesundheitspolitik vom Zwang zu ständigen interventionistischen Eingriffen zu befreien[4].

Nachdem das GSG Kassenwahlfreiheit, Kontrahierungszwang, Diskriminierungsverbot und Risikostrukturausgleich als konstitutive Elemente der Solidarischen Wettbewerbsordnung festgeschrieben hat, bedürfte es noch weiterer mutiger Reformschritte auf der Absatz- und Beschaffungsseite der Krankenkassen, um einen intensiven Leistungswettbewerb auf dem Versicherungs- und Leistungsmarkt zu ermöglichen (Abbildung 2). So haben weder die GKV- noch die PKV-Versicherten bisher nennenswerte Wahlmöglichkeiten zwischen unterschiedlich organisierten Formen der Leistungserbringung. Den Krankenkassen und -versicherungen wiederum wird nach wie vor der Einsatz wirkungsvoller Wettbewerbsparameter auf ihrer Beschaffungsseite verwehrt. Fehlen jedoch geeignete Wettbewerbsparameter, verkommt der Leistungswettbewerb zu einem ‚Pseudowettbewerb', der sich auf Service- und Marketingaktivitäten sowie auf Randsortimente erstreckt. Ein solcher Wettbewerb wirkt kostentreibend und konzentrationsfördernd, aber nicht allokationsverbessernd. Deshalb muß sich jede Gesundheitsreform daran messen lassen, ob und inwieweit sie absatz- und beschaffungsseitige Wettbewerbsparameter freigibt.

Abbildung 2: Wettbewerbsfelder im Gesundheitswesen

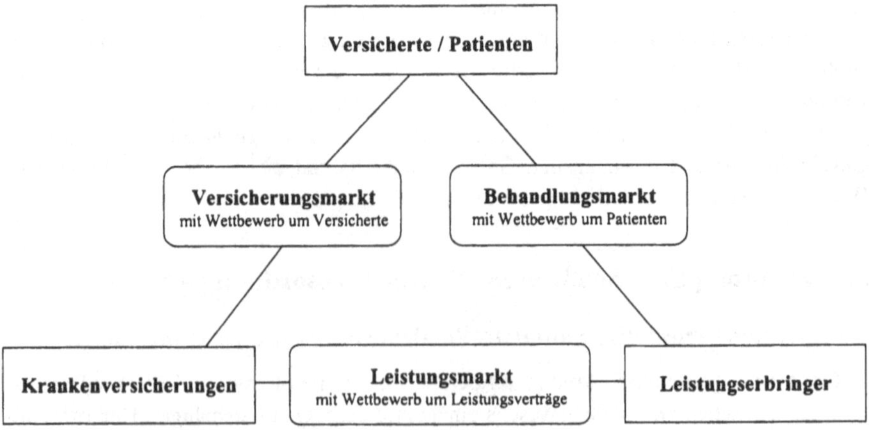

4 *Wille* (1999); *Cassel* (2001); (2002b); *Sundmacher* und *Sundmacher* (2004).

Seit dem GSG von 1992 sind die Kassen bzw. Kassenarten rechtlich verpflichtet, bei den Vereinbarungen mit den Kassenärztlichen Vereinigungen (KVen) und Kassenzahnärztlichen Vereinigungen (KZVen) ‚gemeinsam und einheitlich' vorzugehen. Am Kartellrecht gemessen, ist diese neokorporatistische Verpflichtung wettbewerbswidrig (*Gäfgen* 1988; *Knappe* 1988). Denn Wettbewerb auf dem Leistungsmarkt verlangt, daß die Kassen Versorgungs- und Vergütungsformen mit den Leistungserbringern frei vereinbaren und sich im Wechselspiel von Innovation und Imitation bewähren können. Deshalb entspricht es auch nicht den Wettbewerbserfordernissen auf dem Leistungsmarkt, wenn z. B. die Krankenhausgesellschaften als Interessenvertretung der Krankenhäuser auf Landesebene bei der Krankenhausplanung mitwirken, Rahmenvereinbarungen mit den Krankenkassenverbänden schließen und an der Entwicklung einheitlicher Entgeltsysteme in der stationären Versorgung maßgeblich beteiligt sind. Solange der Sozialgesetzgeber Kassen und Leistungserbringer zur Bildung von Verbändekartellen zwingt und diesen ein Vertrags- und Vergütungsmonopol einräumt, findet auf dem Leistungsmarkt kein Wettbewerb um kassen- und versorgerindividuelle Leistungsverträge statt (Abbildung 3).

Abbildung 3: Wettbewerbshemmnisse im GKV-System

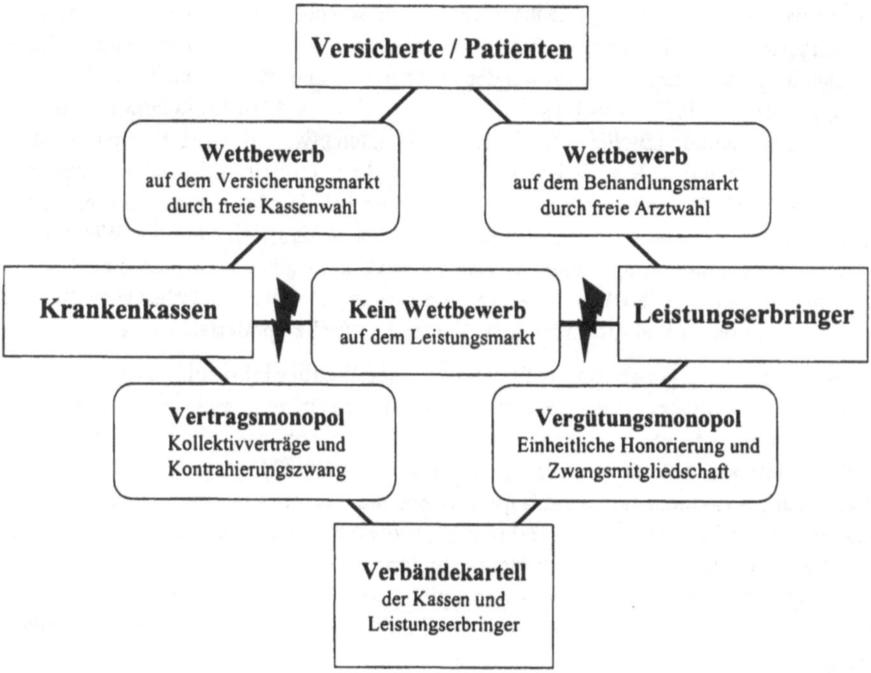

3.2. Marksteine auf dem Weg zur SWO

Der Sozialgesetzgeber muß deshalb die Verpflichtung der Kassen, Ärzte und Krankenhäuser zum Abschluß von Kollektivverträgen auf der operativen Ebene aufheben und den Beteiligten die Freiheit zu selektivem Kontrahieren gewähren (*Hermann* 2003; *Ebsen* u. a. 2003). Nur dann können die Kassen im Vertragswettbewerb mit den Leistungserbringern (Abbildung 2) ihre Sachwalterrolle gegenüber den Versicherten wahrnehmen und in deren Interesse medizinische und wirtschaftliche Gestaltungsziele verfolgen, eine qualitativ hochwertige und kostengünstige Leistungserbringung gewährleisten, den Beitragssatz konkurrenzfähig halten und sich mit alledem gegenüber ihren Versicherten als Auftraggeber profilieren. Dazu bedarf es zwar eines gesetzlich vorgegebenen, für alle Kassen gleichen Leistungsrahmens, nicht aber wie bisher einheitlicher administrativ vorgegebener und kollektivvertraglich vereinbarter Detailregulierungen des Leistungsgeschehens.

Weitgehende Rechte zu selektivem Kontrahieren vorausgesetzt, würden die Kassen einerseits mit der Zeit spezifische, für sie typische und unverwechselbare Versorgungsstrukturen aufbauen (*Breyer u. a.* 2004, S. 109 ff.; *Jacobs* und *Schulze* 2004b) – sei es durch Eigeneinrichtungen oder durch vertraglich verpflichtete externe Leistungserbringer. Andererseits werden neue Gesundheitsunternehmen oder Versorgungsnetze entstehen, in denen sich Arztpraxen, Krankenhäuser, Reha-, Präventions- und Pflegeeinrichtungen, Apotheken, Optiker usw. zusammenschließen und untereinander um Verträge zur Erbringung ihrer Leistungen für einzelne Kassen konkurrieren. In jedem Falle erhalten die Kassen dadurch Einfluß auf die Struktur und Vergütung des Leistungsgeschehens. Denn die Vertragsinhalte würden sich sowohl auf komplexe medizinische Leistungsangebote, kooperative Versorgungsformen, besondere Untersuchungs- und Behandlungsmethoden und anzuwendende Therapiestandards als auch auf Honorierungsformen und Preise von Leistungen, Arznei-, Heil- und Hilfsmitteln beziehen. Gegenstand kassenindividueller Vereinbarungen könnten etwa Fall- oder Kopfpauschalen, kombinierte Budgets, Einzelleistungsvergütung, Arzneimittelpositiv- oder Arzneimittelnegativlisten, Behandlungsrichtlinien, Verfahren bei Krankenhauseinweisungen, Sicherstellung von Notdiensten usw. sein. Entscheidend dabei ist, daß der Wettbewerb auch hier als Entdeckungsverfahren genutzt wird, innovative Lösungen eine Chance bekommen und sich letztlich diejenigen Versorgungsstrukturen durchsetzen, die von den Versicherten in Wahrnehmung ihrer Kassenwahlfreiheit präferiert werden.

Wie die ‚Versorgungslandschaft' künftig unter Wettbewerbsbedingungen aussehen wird, ist kaum vorhersehbar – dazu ist der Wettbewerb ein zu komplexer und noch dazu ergebnisoffener Prozeß. Nur eines läßt sich mit Sicherheit sagen: Er bietet die verläßlichste Methode, um die präferenzgerechtesten, leistungsfähigsten und effizientesten Versorgungsstrukturen hervorzubringen. Dabei muß keineswegs die bisherige mittelständische Struktur der Leistungserbringer auf der Strecke bleiben. Sicher ist nur, daß die Leistungserbringer innerhalb der veränderten Organisations- und Versorgungsstrukturen neue Anforderungen an Kooperation, Koordination, Information und Qualität im horizontalen und vertikalen Geflecht des künftigen Leistungsgeschehens zu erfüllen haben (*Schönbach* 2002).

Um diesen Anforderungen gerecht zu werden und den gewährten Handlungsrahmen individuell nutzen zu können, sind auch die hypertrophen Verbändestrukturen des GKV-Systems (§§ 77-81, 207-219 SGB V) zur Disposition zu stellen. Sie legitimieren sich bisher aus den ihnen im Rahmen der öffentlich-rechtlichen Regulierung der Gesundheitsversorgung und ihrer Finanzierung zugewiesenen gesetzlichen Aufgaben – darunter insbesondere der Abschluß von Kollektivverträgen, die für die einzelnen Kassen und Leistungserbringer rechtsverbindlich sind. Selektives Kontrahieren macht aber die Verbände der Kassen und Leistungserbringer insoweit funktionslos, wie sie nicht mehr vertragsschließende und politikausführende ‚Partei' sind. Deshalb wären in einer wettbewerblichen BKV die auf der kollektivvertraglichen Ebene bestehenden Zwangsverbände abzuschaffen, während auf der individualrechtlichen Ebene neue Verbände als freiwillige Zusammenschlüsse je nach Interessenlage der einzelnen Krankenversicherungen oder Leistungserbringer entstehen könnten. Zur Wahrnehmung allgemeiner hoheitlicher Aufgaben – etwa im Bereich der Aus- und Weiterbildung, der Rechtsaufsicht oder des Berichtswesens – könnte der Sozialgesetzgeber ersatzweise öffentlich-rechtliche ‚Dachverbände' der Krankenversicherungen, der niedergelassenen Ärzte und Zahnärzte, der Krankenhäuser usw. vorsehen, die sich jedoch strikt wettbewerbsneutral zu betätigen hätten.

Die mit dem GSG eingeleitete Organisationsreform hat bereits zu einer gewissen Angleichung des Organisationsrechts geführt und der ‚Universalkasse' den Weg bereitet. Selbst wenn ein einheitliches Recht hinsichtlich Errichtung, Öffnung, Fusion und Schließung von Kassen eine noch uneingelöste Reformforderung ist, erscheint die aus der Zeit der Reichsversicherungsordnung (RVO) überkommene Verbändestruktur nach ‚Kassenarten' obsolet. Hierfür sprechen nicht nur die in den letzten zehn Jahren gewachsenen Spannungen innerhalb der einzelnen Landes- und Bundesverbände der Kassen, sondern auch die inzwischen bereits entstandenen kassenartenübergreifenden Interessenkoalitionen, in denen durchaus der Nukleus für neuartige Kassenverbände zu sehen ist.

Auf der Seite der Leistungserbringer wäre analog dazu erforderlich, daß anstelle der öffentlich-rechtlichen Kassenärztlichen und Kassenzahnärztlichen Vereinigungen (KVen und KZVen) sowie der Krankenhausgesellschaften – oder gegebenenfalls auch parallel dazu (*Tesic* 2004) – privat-rechtliche Verbände und Zusammenschlüsse als Vertragspartner der Kassen zugelassen werden. Sie könnten sich auf regionaler Ebene nach gemeinsamen fachlichen und wirtschaftlichen Interessen bilden und miteinander konkurrieren. Letztlich sollten auch Verträge zwischen Kassen und einzelnen nicht verbandsgebundenen Leistungserbringern möglich sein. In letzter Konsequenz bedeutet dies aber auch, daß der Sicherstellungsauftrag (§ 72 SGB V) von den KVen und KZVen auf die Krankenversicherungen übergehen muß: Sie wären verpflichtet, durch ihre Verträge mit den Leistungserbringern für ein Leistungsangebot zu sorgen, das die medizinisch notwendige und ausreichende Versorgung ihrer Versicherten in jeder Hinsicht gewährleistet. Der vom Sicherstellungsauftrag ausgehende Zwang auf die Krankenversicherungen, hinreichende Versorgungsverträge zu schließen, würde zugleich für die wettbewerbspolitisch zu fordernde ‚Machtbalance' zwischen Versicherungen und Leistungserbringern sorgen.

Durch konsequente Realisierung des SWO-Konzepts würde somit die bisherige administrative und kollektivvertragliche Steuerung des Leistungsgeschehens generell durch Wettbewerb als selbststeuernder Allokationsmechanismus ersetzt. Dies wäre zweifellos ein radikaler Einschnitt in die gewachsenen Strukturen des Versicherungs-

und Leistungsmarktes, denn in dem dann einsetzenden Wettbewerbsprozeß würden sich unweigerlich neue Versorgungsformen, Honorierungssysteme und Vertragsbeziehungen zwischen Versicherungen und Leistungserbringern herausbilden. Hierdurch würden auch die gewachsenen korporatistischen Machtzentren weitgehend funktionslos, während einzelne innovative, flexible und leistungsfähige Akteure wie Kassen, Ärzte, Kliniken, Apotheken usw. an Bedeutung gewännen. Dies erklärt den hinhaltenden Widerstand des ‚administrativ-korporatistischen Komplexes' im deutschen Gesundheitswesen an einer durchgreifenden wettbewerbsorientierten Gesundheitsreform. Um diese Abwehrfront zu durchbrechen, könnte die Gesundheitspolitik auf der Leistungsseite den „Systemwandel in kleinen Schritten" (*Sundmacher* 2004) probieren, indem sie den mit dem Gesundheits-Modernisierungsgesetz (GMG) vom Jahre 2000 in den §§ 140a ff. SGB V eingeschlagenen Weg zur Förderung der Integrierten Versorgung (IV) durch selektives Kontrahieren außerhalb der bestehenden kollektivvertraglichen Regelungen konsequent weitergeht. Doch wird sie damit unweigerlich an einen Punkt kommen, wo den „dynamischen Unternehmern" (*Schumpeter*), die es inzwischen auch im Gesundheitswesen gibt, ein eher marginales Experimentierfeld nicht mehr ausreicht und die Würfel endgültig zugunsten der SWO fallen müssen. Deshalb sollte die Gesundheitspolitik lieber gleich das Signal auf ‚Vorfahrt für Einzelverträge' stellen.

4. Auf nach Toulon!

Zusammenfassend ist somit zu konstatieren, daß die gesundheitspolitische Lage prekär ist: Das deutsche Gesundheitswesen hat in seiner derzeitigen Verfassung gravierende Versorgungs- und Finanzierungsmängel und ist durch mannigfaltige Steuerungs- und Gerechtigkeitsdefizite gekennzeichnet. Der daraus resultierende Reformdruck wird durch den demographischen Wandel, den medizinisch-technischen Fortschritt und die europäische Integration weiter steigen. Stückwerkreformen mit dem Ziel der Kostendämpfung oder marginaler Strukturveränderungen führen nicht weiter. Was not tut, ist eine ordnungspolitische Radikalkur, mit der das planwirtschaftlich-kollektivistisch ausgerichtete System in ein durchgehend marktwirtschaftlich-wettbewerbliches transformiert wird (*Sundmacher* 2005). Dies kann – wie in den vormals sozialistischen Planwirtschaften – nicht ohne schockartige Veränderungen des institutionellen Gefüges (‚Big-bang') abgehen; denn eine gradualistische Strategie, die zudem auf Zeit spielt, verbietet sich einerseits wegen der Dringlichkeit der Problemlösungen – insbesondere wegen der Notwendigkeit des Aufbaus eines ausreichenden Kapitalstocks – und andererseits wegen der institutionellen Interdependenzen der Versicherungs- und Leistungsmärkte.

Wo das gesundheitspolitische Toulon liegt, steht somit fest. Was fehlt, ist der entschlossene Aufbruch, um ans Ziel zu gelangen. Hierzu bedarf es einerseits der Aufklärung der breiten Bevölkerung über den Ernst der Lage und die Notwendigkeit eines wettbewerbsorientierten Systemwechsels und andererseits eines tragfähigen Konsenses unter den führenden Parteien über die inhaltlichen Ziele sowie die rechtlichen Schritte zu ihrer Verwirklichung. Wer sich freilich das kleinmütige Gezänk über Kompromisse und Modellvarianten selbst unter Schwesterparteien ins Gedächtnis ruft und Einblick in das hochgradig interessenverminte Gelände des Gesundheitswesens hat, kann leicht darüber ins Grübeln kommen, ob uns ein ‚napoleonischer' Sieg vor Toulon oder eher eine entsprechende Niederlage vor Moskau bevorsteht.

Literatur

Beske, Fritz, Thomas Drabinski und *Herbert Zöllner* (2004), Das Gesundheitswesen in Deutschland im internationalen Vergleich, in: Schriftenreihe des Fritz Beske Instituts für Gesundheits-System-Forschung, Bd. 100, Kiel.

Breyer, Friedrich (2000), Zukunftsperspektiven der Gesundheitssicherung, in: *Richard Hauser* (Hg.), Die Zukunft des Sozialstaats, Schriften des Vereins für Socialpolitik, Bd. 271, Berlin, S. 167-199.

Breyer, Friedrich (2002), Einkommensbezogene versus pauschale GKV-Beiträge – eine Begriffsklärung, in: Schmollers Jahrbuch, Bd. 122, S. 605-616.

Breyer, Friedrich u. a. (2004), Reform der sozialen Sicherung, Berlin u. a.

Buchner, Florian und *Jürgen Wasem* (2000), Versteilerung der alters- und geschlechtsspezifischen Ausgabenprofile von Krankenversicherern, in: Zeitschrift für die gesamte Versicherungswissenschaft, Nr. 89, H. 2/3, S. 357-392.

Bundesministerium der Finanzen (Hg.) (2004), Nachhaltige Finanzierung der Renten- und Krankenversicherung, Gutachten des Wissenschaftlichen Beirats beim Bundesministerium der Finanzen, Schriftenreihe, Bd. 77, Berlin.

Cassel, Dieter (2000), Ordnungspolitische Gestaltung des Gesundheitswesens in der Sozialen Marktwirtschaft, in: *Erhard Kantzenbach, Bruno Molitor* und *Otto G. Mayer* (Hg.), Hamburger Jahrbuch für Wirtschafts- und Gesellschaftspolitik, 45. Jahr, S. 123-143.

Cassel, Dieter (2001), Demographischer Wandel – Folgen für die Gesetzliche Krankenversicherung, in: Wirtschafsdienst, Heft 81, S. 87-91.

Cassel, Dieter (2002a), Reformoptionen zur wettbewerblichen Gestaltung der Gesetzlichen Krankenversicherung in Deutschland, in: Gesundheits-Oeconomica, Schriftenreihe der österreichischen Gesellschaft für Gesundheitsökonomie, Wien, S. 109-140.

Cassel, Dieter (2002b), Wettbewerb in der Gesundheitsversorgung: Funktionsbedingungen, Wirkungsweise, Gestaltungsbedarf, in: *Michael Arnold, Jürgen Klauber* und *Henner Schellschmidt* (Hg.), Krankenhausreport 2002, Schwerpunkt: Krankenhaus im Wettbewerb, Stuttgart und New York, S. 1-20.

Cassel, Dieter (2003), Intergenerative Finanzierungsprobleme der Gesetzlichen Krankenversicherung, in: *Dieter Cassel, Herbert Müller* und *H. Jörg Thieme* (Hg.), Stabilisierungsprobleme in der Marktwirtschaft, Artur Woll zum 80. Geburtstag, München, S. 235-261.

Ebsen, Ingwer u. a. (2003), Vertragswettbewerb in der gesetzlichen Krankenversicherung zur Verbesserung von Qualität und Wirtschaftlichkeit der Gesundheitsversorgung, Gutachten im Auftrag des AOK-Bundesverbands, Endbericht, Bonn.

Eucken, Walter (1952), Grundsätze der Wirtschaftspolitik, 6. Aufl., Tübingen.

Eucken-Erdsiek, Edith (1950), Größe und Wahn, Tübingen.

Felder, Stefan und *Mathias Kifmann* (2004), Kurz- und langfristige Folgen einer Bürgerversicherung, in: *Dieter Cassel* (Hg.), Wettbewerb und Regulierung im Gesundheitswesen, Gesundheitsökonomische Beiträge, Bd. 44, Baden-Baden, S. 9-32.

Frank, A. (1994), Die geschichtliche Entwicklung der gesetzlichen Krankenversicherung, München.

Gäfgen, Gérard (1988), Kollektivverhandlungen als konstitutiver Allokationsmechanismus korporatistischer Ordnungen, in: *Gérard Gäfgen* (Hg.), Neokorporatismus und Gesundheitswesen, Gesundheitsökonomische Beiträge, Bd. 1, Baden-Baden, S. 61-89.

Greß, Stefan und *Jürgen Wasem* (2003), Private Krankenversicherung in der Europäischen Union – Auswirkungen institutioneller Variationen am Beispiel Deutschlands und der Niederlande, in: *Dieter Cassel* (Hg.), Europäische Gesundheitssysteme: Gestaltungsprobleme und Lösungsansätze, Gesundheitsökonomische Beiträge, Bd. 39, Baden-Baden, S. 21-33.

Haft, Fritjof (2002), Historische Fehlentscheidungen. Geburtsfehler des öffentlich-rechtlichen Gesundheitswesens, in: Gesellschaftspolitische Kommentare, Sonder-Nr. 2, Berlin, S. 34-40.

Henke, Klaus-Dirk und *Jonas Schreyögg* (2004), Towards Sustainable Health Care Systems, Strategies in Health Insurance Schemes in France, Germany, Japan and the Netherlands: A Comparative Study, International Social Security Association, Geneva.

Henke, Klaus-Dirk u. a. (2004), Eine Systematisierung der Reformvorschläge zur Finanzierung der Krankenversorgung in Deutschland, in: Journal of Public Health, Vol. 12, Stuttgart, S. 10-19.

Hermann, Christopher (2003), Vom „Einheitlich und Gemeinsam" zur Solidarischen Wettbewerbsordnung, in: Gesundheits- und Sozialpolitik, Heft 5-6, S. 17-23.

IGES, Dieter Cassel und *Jürgen Wasem* (2002), Zur Wirkung des Risikostrukturausgleichs in der gesetzlichen Krankenversicherung, Eine Untersuchung im Auftrag des Bundesministeriums für Gesundheit, Schriftenreihe des BMG, Bd. 140, Baden-Baden.

Jacobs, Klaus (2004), Kassen-Finanzierung: Aufbau oder Abriss?, in: G+G-Gesundheit und Gesellschaft, Heft 10, S. 21-27.

Jacobs, Klaus und *Sabine Schulze* (2004a), Wettbewerbsperspektiven integrierter Versorgung in der gesetzlichen Krankenversicherung, in: *Dieter Cassel* (Hg.), Wettbewerb und Regulierung im Gesundheitswesen, Gesundheitsökonomische Beiträge, Bd. 44, Baden-Baden, S. 89-110.

Jacobs, Klaus und *Sabine Schulze* (2004b), Systemwettbewerb zwischen gesetzlicher und privater Krankenversicherung: Idealbild oder Schimäre?, in: GGW – Gesundheit und Gesellschaft Wissenschaft, 4. Jg., Heft 1, S. 7-18.

Knappe, Eckhard (1988), Neokorporatistische Ordnungsformen als Leitbild einer Strukturreform im Gesundheitswesen?, in: *Gérard Gäfgen* (Hg.), Neokorporatismus und Gesundheitswesen, Gesundheitsökonomische Beiträge, Bd. 1, Baden-Baden, S. 271-294.

Meyer, Ulrich (1994), Gesetzliche Regelungen zu den Berechnungsgrundlagen der privaten Krankenversicherung: Deregulierung, Private Krankenversicherung, Kfz-Haftpflichtversicherung, in: *Hans-Peter Schwintowski* (Hg.), Beiträge der Dritten Wissenschaftstagung des Bundes der Versicherten, Baden-Baden, S. 86-111.

Oberender, Peter, Ansgar Hebborn und *Jürgen Zerth* (2002), Wachstumsmarkt Gesundheit, Stuttgart.

Oberender, Peter und *Jochen Fleischmann* (2004), Sozialrecht und Wettbewerbsrecht: Ein Gegensatz? Ordnungspolitische Anmerkungen zu einem Urteil des Europäischen Gerichtshofs vom 16. März 2004, in: ORDO, Bd. 55, S. 191-208.

Postler, Andreas (2003), Modellrechnungen zur Beitragssatzentwicklung in der Gesetzlichen Krankenversicherung: Auswirkungen von demographischem Wandel und medizinisch-technischem Fortschritt, Diskussionsbeiträge der Fakultät für Wirtschaftswissenschaft der Universität Duisburg-Essen, Campus Duisburg, Nr. 298, Duisburg.

Sauerland, Dirk (2002), Gesundheitspolitik in Deutschland: Reformbedarf und Entwicklungsperspektiven, Gütersloh.

Sauerland, Dirk (2004), Die Gesetzliche Krankenversicherung in der Sozialen Marktwirtschaft: eine ordnungspolitische Analyse, in: ORDO, Bd. 55, S. 209-233.

Schellhorn, Martin (2004), Nachfragesteuerung oder Selektion: Die Wirkung wählbarer Selbstbehalte in der Krankenversicherung der Schweiz, in: *Dieter Cassel* (Hg.), Wettbewerb und Regulierung im Gesundheitswesen, Gesundheitsökonomische Beiträge, Bd. 44, Baden-Baden, S. 33-52.

Schönbach, Karl-Heinz (2002), Reform des Gesundheitswesens durch Öffnung des Kollektivvertragsrechts, in: Arbeit und Sozialpolitik, Heft 11-12, S. 10-17.

Schüller, Alfred und *Dirk Wentzel* (1991), Die Etablierung von Wettbewerbsmärkten: Zur Herstellung eines funktionsfähigen Preissystems, in: *Karl-Hans Hartwig* und *H. Jörg Thieme* (Hg.), Transformationsprozesse in sozialistischen Wirtschaftssystemen: Ursachen, Konzepte, Instrumente, Berlin u. a., S. 281-304.

Sundmacher, Torsten (2004), Systemwandel in kleinen Schritten? Das Beispiel der Integrierten Versorgung im System der Gesetzlichen Krankenversicherung, in: *Thomas Apolte, Rolf Caspers* und *Paul J.J. Welfens* (Hg.), Ordnungsökonomische Grundlagen nationaler und internationaler Wirtschaftspolitik, Schriften zu Ordnungsfragen der Wirtschaft, Bd. 74, Stuttgart, S. 123-147.

Sundmacher, Torsten (2005), Transformation des deutschen Gesundheitssystems – Anforderungen und Instrumente, in: Zeitschrift für Wirtschaftspolitik (erscheint demnächst).

Sundmacher, Torsten und *Jenny Sundmacher* (2004), Wettbewerb im Gesundheitssystem: Zur Implementierung von Vertragsfreiheit in ausgewählten Bereichen, in: *Oliver Budzinski* und *Jörg Jasper* (Hg.), Wettbewerb, Wirtschaftsordnung und Umwelt, Schriften zur Politischen Ökonomik, Evolutorische und ökologische Aspekte, Bd. 3, Frankfurt, S. 141-165.

SVR – Sachverständigenrat zur Begutachtung der gesamtwirtschaftlichen Entwicklung (2004), Erfolge im Ausland – Herausforderungen im Inland, Jahresgutachten 2004/05, Wiesbaden.

SVRKAiG – Sachverständigenrat zur Konzertierten Aktion im Gesundheitswesen (2001), Gutachten 2000/01, Bd. III: Über-, Unter- und Fehlversorgung, Bonn.

Terhorst, Elmar (2000), Wahlfreiheit und Wettbewerb in der Privaten Krankenversicherung: Versicherungstechnische Grundlagen, vorhandene Beschränkungen und reformpolitische Lösungsansätze, Berlin.

Tesic, Dusan (2004), Integrationsversorgung mit oder ohne KV?, in: KV Blatt Berlin, extra 7, S. 6-12; wieder abgedruckt in: brennpunkt gesundheitswesen.de, Ausgabe 1/2005, Berlin, S. 7-17.

Wasem, Jürgen, Stefan Greß und *Heinz Rothgang* (2003), Kopfprämien in der Gesetzlichen Krankenversicherung – Eine Perspektive für die Zukunft?, Expertise für die Hans-Böckler-Stiftung, Abschlußbericht, Essen und Bremen.

Wille, Eberhard (1999), Auswirkungen des Wettbewerbs auf die gesetzliche Krankenversicherung, in: *Eberhard Wille* (Hg.), Zur Rolle des Wettbewerbs in der gesetzlichen Krankenversicherung, Gesundheitsökonomische Beiträge, Bd. 33, Baden-Baden, S. 95-156.

Wille, Eberhard (2000), Das deutsche Gesundheitswesen unter Effizienz- und Effektivitätsaspekten, in: *Eberhard Wille* und *Manfred Albring* (Hg.), Rationalisierungsreserven im deutschen Gesundheitswesen, Frankfurt u. a., S. 349-387.

Wille, Eberhard (2004), Die Reform der Beitragsgestaltung in der gesetzlichen Krankenversicherung im Widerstreit der Meinungen, in: *Helge Sodan* (Hg.), Finanzielle Stabilität der gesetzlichen Krankenversicherung und Grundrechte der Leistungserbringer, Berlin, S. 71-88.

Helmut Leipold und Dirk Wentzel (Hg.), Ordnungsökonomik als aktuelle Herausforderung
Schriften zu Ordnungsfragen der Wirtschaft · Band 78 · Stuttgart · 2005

Straßeninfrastruktur in der Marktwirtschaft

Henrik Armbrecht und *Karl-Hans Hartwig*

Inhalt

1. Staatliches Infrastrukturmanagement unter Druck

In ihrem Essay „How to plan and pay for the save and adequate higways we need“, dessen Entstehung die Autoren nur ungenau den Jahren 1951 oder 1952 zuordnen können, weil sie ihn – nach eigenem Bekunden – bis 1988 schlichtweg vergaßen, gehen *Milton Friedman* und *Daniel J. Boorstin* der Frage nach, warum Straßen selbst in Marktwirtschaften nach sozialistischen Prinzipien bereitgestellt und finanziert werden, nämlich durch den Staat mit Hilfe von Steuern (*Friedman* und *Boorstin* 1951 oder 1952). Gerade damit verzichte man doch auf privates Unternehmertum, Wettbewerbsmärkte und freie Preise, also jene Elemente, die den Bürgern dieser Gesellschaften einen ungeahnten materiellen Wohlstand und ihre politische Freiheit gebracht hätten, und nehme so erhebliche Effizienz- und Wohlfahrtseinbußen in Kauf.

Die Antwort fiel differenziert aus, was im wesentlichen durch den Umstand bedingt war, daß Anfang der 50er Jahre die Anwendung des Exklusionsprinzips für die Infrastrukturnutzung und damit die Bepreisung von Straßen nur für Highways und allenfalls für Teile des interurbanen Straßennetzes als technisch möglich angesehen wurde. Dementsprechend schlugen die Autoren zwar eine vollständige private Bereitstellung und Bepreisung von Highways vor – bereits existierende Strecken sollten im Ausschreibungswettbewerb privatisiert werden –, für interurbane Straßen sahen sie zunächst jedoch nur eine private Bewirtschaftung und Unterhaltung im Rahmen eines Konzessionsmodells vor, das über Mineralölsteuern refinanziert werden sollte, und für innerstädtische Straßen sogar die Beibehaltung des Status quo. Bei einer technischen Verbesserung von Gebührenerhebungssystemen konnten die Autoren sich allerdings auch eine umfangreiche Privatisierung von interurbanen Straßen sowie die Übernahme des Betriebs und der Unterhaltung der innerstädtischen Straßeninfrastruktur durch private Anbieter vorstellen. Einen vollständigen Rückzug des Staates und eine dementsprechende Bereitstellung von Straßen durch private Unternehmen auf Wettbewerbsmärkten bedeutete dies für sie jedoch selbst bei den Highways nicht. Hier sollte der Staat zumindest für die Sicherheitsstandards und die Unterstützung privater Anbieter bei der „nichtfinanziellen“ Beschaffung erforderlicher Grundstücke unterstützen, was letztlich auf eine staatliche Trassengenehmigung hinausläuft.

Kenner der Schriften des späteren Nobelpreisträgers *Friedman* dürften diese Vorschläge nicht sonderlich überrascht haben. Überraschend ist vielmehr, daß sich – im Gegensatz zu seinen anderen Studien – bis heute offensichtlich kaum jemand mit diesem Essay auseinandergesetzt hat, obwohl er mittlerweile eine ausgesprochen hohe Aktualität besitzt. Seit einiger Zeit wird nämlich sowohl in der Wissenschaft als auch in Teilen von Wirtschaft und Verbänden sowie der Politik das staatlich-sozialistische „Infrastrukturmanagement“, bei dem der Staat das Straßennetz nahezu komplett bereitstellt, d.h. plant, organisiert, betreibt, unterhält und aus den öffentlichen Haushalten finanziert, aus unterschiedlichen Gründen immer mehr in Frage gestellt. Die Kritik der Wissenschaft richtet sich vor allem auf statische und dynamische Ineffizienzen der bisherigen

Verkehrsinfrastrukturpolitik.[1] Wirtschaft und Verbände kritisieren vor allem die zunehmende Lücke zwischen Verkehrswachstum und öffentlichen Verkehrswegeinvestitionen, die zu erheblichen Infrastrukturengpässen und damit zu Staus und Mobilitätsbeeinträchtigungen führt. Für die Politik steht schließlich neben Kostennachteilen der öffentlichen Straßenbauverwaltung vor allem die klassische Finanzierung von Verkehrswegeinvestitionen aus den öffentlichen Haushalten auf dem Prüfstand, für die in der Zukunft ein so starker Konsolidierungsdruck erwartet wird, daß dringend erforderliche Projekte mit den bisherigen Finanzierungsstrukturen nicht realisiert werden können. Das Ergebnis dieser Kritik ist die Forderung nach mehr oder minder umfangreichen ordnungspolitischen Reformen, die von Straßenbenutzungsgebühren und staatlichen Infrastrukturfinanzierungsgesellschaften über Privatfinanzierung und den privaten Betrieb öffentlicher Straßen bis hin zu einer materiellen Privatisierung zumindest der Autobahnen oder zumindest von Teilen des überregionalen Straßennetzes reichen.

2. Historische Bereitstellungsformen von Straßeninfrastruktur

Historisch sind zwar weder Straßenbenutzungsgebühren noch die vollständige private Bereitstellung von Straßen etwas Neues, sie bilden aber eher eine Ausnahme.[2] Die ersten Gebühren lassen sich bereits im klassischen Altertum für die Straßenverbindung von Syrien nach Babylon nachweisen, in England wurden sie seit dem frühen 12. Jahrhundert erhoben. Unterlag die Bereitstellung zunächst dem Zentralstaat, der die Entscheidungs-, Durchführungs- und Finanzierungskompetenz dann zunehmend an dezentrale Verwaltungseinheiten wie die Stadtstaaten delegierte, übernahmen im 18. Jahrhundert zunächst in England und zu Beginn des 19. Jahrhundert in den USA neben staatlichen Einrichtungen auch private Anbieter die Bereitstellung von lokalen Verkehrswegen. Der Staat behielt die Letztverantwortung, indem er Konzessionen erteilte. Die privaten *Turnpike Trusts* finanzierten ihre Investitionsprojekte mit Anleihen und erhoben an den Knotenpunkten – den *turnpikes* – Straßenbenutzungsgebühren. In England kamen sie allerdings nie über eine „lokal ergänzende Funktion“ hinaus (*Wink* 1995). Ihr Anteil am öffentlichen Straßennetz, das durch die lokalen Gebietskörperschaften dominiert wurde, erreichte in England und Wales nie mehr als ein Sechstel. In den USA dagegen übertrafen zumindest in der ersten Hälfte des 19. Jahrhunderts die nutzerfinanzierten Privatstraßen zahlenmäßig die staatlich bereitgestellten Straßen. Dies änderte sich, als der Staat das öffentlich finanzierte Straßennetz immer weiter ausbaute und damit eine Gebührenerhebung für private Anbieter angesichts parallel verlaufender gebührenfreier öffentlicher Straßen nahezu unmöglich wurde. Seither sind Planung, Bau und Unterhaltung der Straßeninfrastruktur ausschließlich Angelegenheit der Kommunen und Bundesstaaten.

In Deutschland obliegt die Bereitstellungsverantwortung für die Straßeninfrastruktur traditionell schon immer dem Staat. Privatwirtschaftliche Aktivitäten beschränkten sich

1 U. a. *Ewers* und *Rodi* (1995); *Roth* (1996); *Wissenschaftlicher Beirat* (1997); *Hirschhausen* (2002); *Hartwig* (2003).

2 Vgl. *Voigt* (1965); *McKay* (1989); *Wink* (1995); *Roth* (1996); *Estache*, *Romero* und *Strong* (2000).

auf die Phase der Industrialisierung in der Region Rhein-Ruhr, wo einzelne Industrieunternehmen einige wenige eigene Trassen für ihre Absatz- und Beschaffungswege errichteten. Anders als bei der Eisenbahninfrastruktur, die bis zu ihrer Verstaatlichung in der zweiten Hälfte des 19. Jahrhunderts von der Privatwirtschaft errichtet und betrieben wurde, waren für den Aufbau der Straßeninfrastruktur die zentralen oder dezentralen Gebietskörperschaften verantwortlich. Im Heiligen Römischen Reich Deutscher Nation nahm diese Aufgabe zunächst der Zentralstaat als Rechtsnachfolger des römischen Imperiums wahr. Im Zeitablauf übertrug er im Rahmen der Lehensvergabe die Instandhaltungspflicht und das Wegeregal an die Landesherren und delegierte so immer mehr Aufgaben an dezentrale öffentliche Verwaltungseinheiten. Das geringe Niveau der interregionalen Arbeitsteilung, das weiträumige Transporte auf Luxus- und Monopolwaren beschränkte, und das Eigentumsrecht der Landesherren an allen Gegenständen auf den öffentlichen Wegen ihres Territoriums, derer sie habhaft werden konnten, induzierte allerdings kaum Anreize für Verkehrswegeinvestitionen. Erst mit der erkämpften Selbstverwaltung der Hansestädte und ihrem Interesse an weiträumigen Handelsbeziehungen begann man im ausgehenden Mittelalter ein weitmaschiges Fernstraßennetz auszubauen. Die Verkehrswege der stark wachsenden Städte blieben von dieser Entwicklung allerdings unberührt. Unberührt blieb auch die dezentrale Organisation der Infrastrukturpolitik. Während im Zuge des Merkantilismus in vielen Ländern die Infrastrukturverantwortung wieder an den Zentralstaat zurückfiel, behielten in Deutschland weiterhin die Landesherren die Entscheidungs-, Finanzierungs- und Durchführungskompetenzen. Das Ergebnis waren stark auf die Bedürfnisse der Regionen zugeschnittene Straßennetze ohne großräumige Anschlüsse.

Auch im deutschen Kaiserreich änderte sich dies zunächst nicht, obwohl die preußischen Dotationsgesetze von 1875 die Planungs- und Finanzierungskompetenz für die Straßeninfrastruktur beim preußischen Staat verorteten und für die dezentralen Provinzbehörden nur eine Durchführungskompetenz vorsahen. Ursache war die anfangs relativ geringe Bedeutung der Straße für den weiträumigen Personen- und Güterverkehr. Das private Automobil und der Lastkraftwagen galten vorwiegend als Nahverkehrsmittel, für deren Infrastruktur die Provinzen zuständig waren. Der Zentralstaat war lediglich für die Finanzierung zuständig, die aus dem allgemeinen Haushalt erfolgte, für den aber bereits frühzeitig das Automobil als Finanzierungsquelle herangezogen wurde.

Die starke Verbreitung des Automobils und die zunehmende Verschiebung des *modal split* zugunsten des Straßengüterfernverkehrs führten 1930 zum Beginn einer zentralstaatlichen Fernstraßenplanung. Sie übernahm die Planung und Errichtung überregionaler Straßenverbindungen zwischen den wirtschaftlich starken Regionen und wurde 1933 durch die Gründung des öffentlich-rechtlichen Unternehmens „Reichsautobahn" und die Einrichtung eines „Generalinspekteurs für das deutsche Straßenwesen" organisatorisch verankert. Letzterer war für das gesamte Fernstraßennetz verantwortlich. Planung, Durchführung und Betrieb oblagen dem Reichsautobahnunternehmen. Die Finanzierung erfolgte über Kredite, Mineralölzölle und Beförderungssteuern.

Nach dem Zweiten Weltkrieg wurde die Bereitstellungsorganisation der Straßeninfrastruktur dem föderativen Staatsaufbau der Bundesrepublik angepaßt. An der herausragenden Rolle des Staates hat dies nichts geändert. So erklärt Artikel 90 Abs. 1 Grundgesetz den Bund zum Eigentümer und Baulastträger der Bundesfernstraßen, also der Bundesautobahnen und der Bundesstraßen. Damit obliegt ihm die Aufgabe ihres bedarfsgerechten Neu- und Ausbaus einschließlich der Gesetzgebungsbefugnis. Für die übrigen Straßen besitzen die Länder die Gesetzgebungskompetenz. Leitende Funktion für das Straßenwesen besitzt das Bundesministerium für Verkehr, Bau- und Wohnungswesen. Aufgaben wie Planung und Genehmigung – dazu gehören u. a.: Voruntersuchung, Raumordnungsverfahren, Bestimmung des Trassenverlaufs, Planfeststellungsverfahren, Ausführungsentwurf – werden ebenso wie Bau, Betrieb und Erhaltung jedoch auch für Bundesfernstraßen im Rahmen der Auftragsverwaltung von den Bundesländern wahrgenommen. Sie beauftragen dann häufig private Unternehmen etwa mit Planungs- und Bau- und Unterhaltungsaufgaben, allerdings lediglich als Erfüllungsgehilfen.

Alles in allem besitzt der Staat nach wie vor die zentrale Bereitstellungsverantwortung. Er organisiert die Netzplanung, Bau, Betrieb, Unterhaltung und damit auch die Finanzierung, die aus dem allgemeinen Steueraufkommen und durch Kreditaufnahme erfolgt. Formal waren dafür ursprünglich vor allem die auf den Kraftverkehr entfallenden Einnahmen aus der Mineralölsteuer und die Kfz-Steuer vorgesehen, seit den 1970er Jahren wird diese ‚Zweckbindung' jedoch durch das Parlament außer Kraft gesetzt und übersteigt das Aufkommen aus diesen Steuern die Ausgaben für die Straßeninfrastruktur erheblich (*Funk* 1981).

3. Aktuelle Privatisierungstendenzen

Wie in Deutschland ist weltweit in den Industrieländern und den Entwicklungsländern das mit öffentlichen Mitteln finanzierte staatliche Infrastrukturmanagement bei Straßen bis heute das dominierende Bereitstellungsmodell. Einzelne privat finanzierte und privat betriebene sowie bemautete Streckenabschnitte und innerstädtische Bereiche etwa in den USA, Großbritannien, Frankreich, Italien, Portugal, Spanien und Singapur bildeten auch in der jüngeren Vergangenheit eher die Ausnahme.

Erst seit den späten 80er Jahren des letzten Millenniums werden diese Ausnahmen durch eine Vielzahl von Privatisierungs- und Bepreisungsinitiativen angereichert, die bis zum Jahr 2000 allein in den Industrieländern 121 Projekte und in den Entwicklungs- und Schwellenländern sogar 280 Projekte betrafen.[3] Schwerpunkte liegen in Nordamerika, Südostasien, Südamerika und Australien. Selbst in China wurde Mitte der 1990er Jahre zum Bau und Betrieb des bemauteten „Superhighways" von Guanzhou nach Shenzen ein Joint Venture zwischen der staatlichen „Highway Construction Company" von Guandong und der privaten „Hopewell Holding" des Honkong-Unternehmers Gordon Wu gegründet. Ein starkes Interesse entwickelten auch die Transformationsländer Mittel- und Osteuropas, die enorme Mittel zur Sanierung und Modernisierung ihrer maroden Verkehrsinfrastruktur benötigen (*Hirschhausen* 2002). Die mittlerweile weltweit vorhandenen Projektvorhaben reichen von der privaten Vorfinanzierung staatlich geplanter und betriebener Einzelbauwerke, wie Brücken, Tunnel, Strecken oder Teilnet-

3 Vgl. *Roth* (1996); *Estache*, *Romero* und *Strong* (2000); *Kossak* (2004).

ze, über *Public-Private-Partnerships* mit Aufgabenteilung zwischen Staat und Privaten und zeitlicher Befristung (*Built-Operate-Transfer*: BOT) bis hin zur materiellen Privatisierung im Rahmen sog. *Built-Operate-Own*-Modelle (BOO). Den unterschiedlichen Varianten entsprechend, gestaltet sich die Refinanzierung. Sie kann staatliche Zuschüsse umfassen, staatliche Entgeltzahlungen in Form einer Schattenmaut, die Vollbemautung aller Kfz oder die Teilbemautung spezieller Nutzergruppen.

In Deutschland wurden 1994 mit dem „Fernstraßenbauprivatfinanzierungsgesetz" (FstrPrivFinG) die rechtlichen Grundlagen für ein privatwirtschaftliches Bereitstellungsmodell mit Gebührenfinanzierung geschaffen (*Hartwig* 2003). Dieses „F-Betreibermodell" ermöglicht privaten Gesellschaften den Bau und Betrieb sowie die Finanzierung von staatlich geplanten „neu zu errichtenden Brücken, Tunnel und Gebirgspässen im Rahmen von Autobahnen und Bundesstraßen mit getrennten Fahrbahnen für den Richtungsverkehr". Die Refinanzierung erfolgt über Nutzergebühren. Nach Ablauf der Konzession fällt das Projekt an den Staat (BOT). Das sehr eng gefaßte F-Betreibermodell und der Vorschlag der „Finanzierungskommission für die Verkehrsinfrastruktur" (Pällmann-Kommission) hat dann in jüngster Zeit die Politik zu einem weiteren Modell veranlaßt, dem sog. „A-Betreibermodell". Danach können bei bereits bestehenden Autobahnen der Ausbau und die Finanzierung zusätzlicher Fahrspuren sowie die Erhaltung und der Betrieb vorhandener Fahrspuren an private Gesellschaften übertragen werden, die sich dann aus einer staatlichen Anschubfinanzierung und aus dem Mittelaufkommen der LKW-Maut refinanzieren. Auch hier fällt das Projekt nach einer vertraglich vereinbarten Zeit an den Staat (BOT).

Die Einführung von Straßenbenutzungsgebühren schreitet dank der Entwicklung der Satellitenortungs- und Mobilfunktechnik (GPS/GSM) in jüngster Zeit weltweit zügig voran, kann die Gebührenerhebung doch mit ihrer Hilfe universell und flexibel unter Berücksichtigung unterschiedlichster Zielsetzungen erfolgen und werden die damit verbundenen Aufwendungen nach allen bisherigen Erfahrungen in der Regel nach wenigen Jahren gedeckt (*Kossak* 2004; *Hartwig* 2001). Davon betroffen sind jedoch vor allem staatliche Straßeninfrastrukturen, denn die Möglichkeit der Bepreisung von Straßen hängt lediglich von der Exkludierbarkeit ihrer Nutzer zu tragbaren Kosten ab, nicht jedoch von der Organisationsform ihrer Bereitstellung. Genau hier sind die Fortschritte jedoch bislang eher bescheiden. Entgegen der von staatlicher wie privater Seite betriebenen vielfältigen Initiativen geht die Beteiligung privater Anbieter an der Bereitstellung von Straßen in der Praxis nur äußerst schleppend voran. Das läßt sich in vielen Ländern beobachten, gilt aber vor allem in Deutschland, wo das F-Betreibermodell bislang lediglich bei der Warnow-Querung in Rostock und der Trave-Querung in Lübeck Anwendung gefunden hat und wo die A-Betreibermodelle trotz einer umfangreichen Projektliste des Bundesministeriums für Verkehr, Bau- und Wohnungswesen noch immer ihrer konsequenten Umsetzung harren. Bei der Suche nach den Gründen für die eher schleppende Beteiligung privater Akteure an der Bereitstellung der Straßeninfrastruktur stößt man im wesentlichen auf die Faktoren allokatives Marktversagen, Gemeinwohl, strukturelle und institutionelle Restriktionen sowie politische Hemmnisse.

4. Allokatives Marktversagen

Die Marktversagensanalyse geht davon aus, daß staatliches Handeln, zumindest dann, wenn es über die Schaffung und Erhaltung der für die Funktionsfähigkeit von Markt und Wettbewerb erforderlichen Regeln hinausgeht, der Legitimation bedarf. Sie ist dann gegeben, wenn die marktliche Allokation mit Effizienzmängeln behaftet ist, die zu spürbaren und vermeidbaren Wohlfahrtseinbußen führen, und der staatliche Eingriff in der Lage ist, das so diagnostizierte Marktversagen zu mindern, ohne daß die anfallenden Eingriffskosten die eingriffsbedingten Vorteile übersteigen.

Dieser Legitimationszwang für staatliches Handeln resultiert aus der – durch den weltweiten Zerfall der sozialistischen Planwirtschaften nachdrücklich bestätigten – Erkenntnis, daß wettbewerblich verfaßte Märkte mit freier Preisbildung und individuellen Dispositionsrechten an knappen Gütern, d. h. individueller Verantwortlichkeit, unter allen bekannten gesellschaftlichen Anreiz- und Koordinationsmechanismen am ehesten geeignet sind, die Bürger mit materiellem und immateriellem Wohlstand zu versorgen. Sie sorgen für die Lenkung der knappen Ressourcen in jene Verwendungen mit den höchsten Nutzenstiftungen, sie konfrontieren die Nutzer von Gütern mit den von ihnen verursachten Kosten und bewirken so einen sparsamen Mitteleinsatz, sie signalisieren den Akteuren die gesellschaftlichen Knappheitsrelationen und veranlassen Anpassungen an Datenänderungen, und sie induzieren Produkt- und Prozeßinnovationen.

Nun unterliegen gerade Straßeninfrastrukturen spezifischen Besonderheiten, die diese Funktionen von Märkten beeinträchtigen können (zum folgenden u. a. *Holzhey* 1999; *McCarthy* 2001). So weisen alle Straßen die Eigenschaft von Kollektivgütern insofern auf, als bis zu ihrer Überfüllung Nichtrivalität im Konsum besteht. Vor allem für Teile des kommunalen Straßennetzes, aber auch für verschiedene überregionale Straßen, läßt sich zudem die Exkludierbarkeit solange nicht zu vertretbaren Kosten durchsetzen, wie die technische Gebührenerfassung noch nicht genügend entwickelt ist. Hier handelt es sich also um prototypische bzw. reine Kollektivgüter, die gemeinhin als Paradebeispiel für eine staatliche Bereitstellungsaufgabe gelten. Weiterhin sind mit der Herstellung und Nutzung von Straßen negative und positive Externalitäten verbunden. Sie bestehen in Form von Umweltbeeinträchtigungen, Lärm, Staukosten, räumlichen Standort- und Erschließungseffekten, Optionsnutzen, Netzexternalitäten, wirtschaftlichen Verflechtungseffekten, Produktivitätssteigerungen, Wachstumsbeiträgen usw. Schließlich begründet das Zusammentreffen subadditiver Kostenfunktionen mit hohen Irreversibilitäten vor allem bei Straßen mit ortsgebundenen und kleinräumigen Verkehren ohne intermodalen Wettbewerb ausgeprägte Tendenzen zum nicht bestreitbaren natürlichen Monopol. Solange die Auslastungskapazität der Straße nicht erreicht ist, bedingt der hohe Anteil an Fixkosten mit zunehmender Infrastrukturnutzung über große Fahrzeugmengen hinweg fallende Durchschnittskosten. Auch ist die Erweiterung einer vorhandenen Straße wesentlich billiger als der komplette Neubau einer Paralleltrasse durch einen zweiten Anbieter, ganz abgesehen davon, daß die mit einem solchen Neubau anfallenden *sunk costs* und der zu erwartende Preiskampf mit dem etablierten Anbieter ein erhebliches Abschreckungspotential für Newcomer bewirken. Für die Nutzer ergibt sich damit eine Situation, in der die Effizienzgewinne, die daraus resultieren, daß ein Anbieter die gesamte Nachfrage zu den günstigsten Kosten versorgen kann, durch gleichzeitig bestehende Wettbewerbsbeeinträchtigungen in ihr Gegenteil verkehrt werden. Sie sind abhängig vom Preis- und Qualitätsgebaren des Straßenmonopolisten.

Bei genauerem Hinsehen zeigt sich allerdings, daß diese Marktversagenstatbestände bei der Bereitstellung von Straßen zwar staatliches Handeln legitimieren können, keinesfalls jedoch die bisherige Form des staatlichen Infrastrukturmanagements.[4] So impliziert Nichtrivalität im Konsum aus Effizienzgründen lediglich die Abkehr von der Grenzkostenbepreisung zugunsten kostendeckender Optionspreise in Form von Zugangstarifen. Tritt Überfüllung ein, kommt es also zu Rivalität, und für ein Drittel der bundesdeutschen Autobahnen und viele Agglomerationen gilt dies zumindest zeitweilig, sind die Optionspreise dann um einen Nutzungsaufschlag zu ergänzen, der die Verdrängungs- und Wartekosten signalisiert. Sofern sich das Exklusionsprinzip zu vertretbaren Kosten anwenden läßt, und das dürfte – wie die gegenwärtige Mautpraxis zeigt – mittlerweile nicht nur bei Autobahnen, sondern auch bei vielen überregionalen Straßen und Teilen des innerstädtischen Straßennetzes der Fall sein, können zumindest hinsichtlich ihrer Gutseigenschaften die meisten Straßen privat bereitgestellt, d. h. von privaten Anbietern geplant, finanziert, gebaut, betrieben, unterhalten und bepreist werden.

Auch die Eigenschaft des nicht-bestreitbaren natürlichen Monopols legt bei Straßen keine staatliche Bereitstellung nahe, sondern lediglich eine staatliche Regulierung in Form von Preis- und Qualitätskontrollen sowie der Sicherstellung eines diskriminierungsfreien Zugangs zur Infrastruktur als *essential facility*. Aber selbst der größte Teil dieser Regulierungsaufgaben könnte wegfallen, denn die Möglichkeit der Exkludierbarkeit macht Straßen und Straßennetze zu zeitweilig rivalisierenden Klubkollektivgütern, deren Bereitstellung privaten Nutzerklubs bzw. Genossenschaften übertragen werden könnte. Im Gegensatz zu anderen privatwirtschaftlichen Organisationsformen wird hier die Infrastruktureinrichtung von den Nutzern in Eigenregie betrieben (*Buchanan* 1965; *Sandler* and *Tschirhart* 1980). Als Nutzerkollektiv, das einen Organbetrieb mit Bau, Betrieb, Unterhaltung und Gebührenverwaltung beauftragt, treffen sie alle geschäftspolitischen Entscheidungen, d. h. auch die Entscheidung über die Qualität sowie die Höhe und Verwendung der Gebühren. Der Staat müßte hier nur noch den diskriminierungsfreien Zugang für Dritte sichern und Sicherheitsstandards gewährleisten. Im Gegensatz zu anderen privatwirtschaftlichen Bereitstellungsformen gibt es für solche Klubmodelle bislang noch keine empirischen Erfahrungen. Mittlerweile liegen jedoch erste konkrete Vorschläge vor, die auch eine Lösung für die Frage nach der erforderlichen Klubgröße bieten und daher in einem kontrollierten Experiment auf ihre Funktionsfähigkeit getestet werden könnten (*Ewers* und *Rodi* 1995; *Haßheider* 2005).

Externe Effekte als Marktversagenstatbestände sind tauschinkonforme Beeinflussungen von Nutzen- oder Kostenfunktionen Dritter. Sie werden daher nicht durch den Preismechanismus abgebildet. Voraussetzung für ihre Existenz ist damit ihre Nichtverhandelbarkeit, die wiederum dann gegeben ist, wenn das Exklusionsprinzip aus technischen Gründen oder aufgrund prohibitiver Transaktionskosten versagt. Bezogen auf die Straßeninfrastruktur bedeutet das, daß korrigierende staatliche Eingriffe dort erforder-

4 Siehe u. a. *Wink* (1995); *Ewers* und *Rodi* (1995); *Holzhey* (1999); *Hirschhausen* (2002); *Hartwig* (2003).

lich sein können, wo der nutzengenerierende Infrastrukturbetreiber oder die durch seine Handlung Geschädigten das Instrument der Exklusion nicht anwenden können. Das dürfte für alle Straßentypen bei negativen externen Effekten in Form von Flächenverbrauch, Flächenzersiedelung, Trenn- und Zerschneidungswirkungen, Bodenversiegelung und Veränderungen des Grundwasserhauhaltes der Fall sein. Sie sind mit dem Bau und laufenden Betrieb der Straße verbunden und daher von jenen negativen Effekten zu trennen, die durch ihre Nutzung mit Kraftfahrzeugen entstehen, und sie sind tauschinkonform, weil die Betroffenen ihre Ansprüche nicht in Verhandlungen geltend machen können. Tauschinkonforme positive externe Effekte reduzieren sich dagegen auf jene Straßentypen, bei denen das Ausschlußprinzip versagt. In allen anderen Fällen kann der Anbieter die von ihm verursachten Nutzen – also auch Optionsnutzen, gesamtwirtschaftliche Wachstumsbeiträge, Produktivitätsverbesserungen usw. – bei der Preisbildung berücksichtigen. Hinzu kommt, dass eine Vielzahl der Verkehrsinfrastrukturen allgemein zugeschriebene externe Nutzen pekuniärer Art sind, also keinen staatlichen Eingriff legitimieren (*Wink* 1995). Aber auch dort, wo tauschinkonforme Externalitäten ein staatliches Handeln erfordern, impliziert dies nicht notwendiger Weise eine staatliche Bereitstellungsaufgabe. Erforderlich sind vielmehr dort, wo sich Verhandlungen durch eine Definition exklusiver Verfügungsrechte nicht initiieren lassen, die allseits bekannten korrigierenden marktlichen Eingriffe: Abgaben, Subventionen oder das Ordnungsrecht.

5. Gemeinwohl

Bei funktionsfähigen Märkten werden Investitionen nur dann unternommen, wenn sie zumindest keine langfristigen Verluste für den Investor verursachen. Das kann dazu führen, daß bei einer rein privatwirtschaftlichen Organisation der Bereitstellung einzelne Regionen mit einer nur vergleichsweise geringen Straßeninfrastruktur versorgt und zahlungsschwache Bevölkerungsgruppen vom Zugang und der Nutzung von Straßen ausgeschlossen werden, weil sie die von ihnen verursachten Kosten nicht decken. Aus ökonomischer Sicht wäre ein solches Verhalten zwar effizient und läge somit kein Marktversagen vor, es ist aber denkbar, daß das Marktergebnis den gesellschaftlichen Vorstellungen widerspricht. Das könnte der Fall sein, wenn die Bürger ein Mindestmaß an Mobilität für jeden als unabdingbare Voraussetzung für dessen Teilhabe am arbeitsteiligen Wirtschaftsgeschehen und am gesellschaftlichen und sozialen Zusammenleben erachten, wenn sie ein bestimmtes Maß an Gleichwertigkeit der Lebensverhältnisse in den Regionen des Landes als notwendig empfinden oder wenn aus Gründen der inneren und äußeren Sicherheit Straßen benötigt werden, für die sich aus erwerbswirtschaftlichen Gesichtspunkten kein privates Angebot findet.

Für den Staat ergeben sich aus diesen Forderungen Transfer- und Bereitstellungsaufgaben, die in der wirtschaftspolitischen Praxis ebenso nachhaltig und offensiv wie undifferenziert und unpräzise mit öffentlichem Gemeinwohl und öffentlicher Daseinsvorsorge umschrieben und gern für die Durchsetzung von Partikularinteressen reklamiert werden. Um daher gemeinwohlschädliche Daseinsvorsorgemaßnahmen für privilegierte Interessengruppen, also politische Begünstigungen zu Lasten der Allgemeinheit, zu verhindern, muß unterstellt werden, daß solche staatlichen Gemeinwohlaufgaben auch im wohlverstandenen Interesse der Gesellschaft liegen. Wie die Theorie des Gesellschaftsvertrages nahe legt, ist dies wahrscheinlich, wenn die entsprechenden Forderungen unter Bedingungen artikuliert werden, die alle Betroffenen als fair und gerecht empfinden, also in einer Situation, in der sie zwar die wirtschaftlichen und gesellschaftlichen Zusammenhänge durchschauen, ihre Position in der Gesellschaft aber nicht kennen und daher hinter diesem „Schleier der Nichtwissens" (*Rawls* 1971) frei von allen persönlichen Interessen urteilen können, die sich aus einer solchen Positionierung sonst ergeben würden.

Daß in aufgeklärten Gesellschaften in einer globalisierten Welt ein breiter Konsens über ein, wenn nötig, vom Staat zu sicherndes Mindestmaß an räumlicher Mobilität für alle Bürger, unabhängig von Einkommen und Geschlecht, bestehen dürfte, ist anzunehmen. Ein solches ‚Grundrecht auf Mobilität' erfordert allerdings nicht die staatliche Bereitstellung von Verkehrswegen. Um einkommensschwachen Personen die Teilnahme an räumlicher Mobilität möglichst personengerecht und ohne größere Effizienzeinbußen und Mitnahmeeffekte zu ermöglichen, kann eine Subjektförderung mit Direkttransfers erfolgen. Hiernach sind förderungswürdige Personen mit Geldmitteln oder Gutscheinen auszustatten, die zur Nutzung von privat erbrachten Verkehrsdienstleistungen und -infrastruktureinrichtungen eingesetzt werden können (*Hartwig* 2001).

Für die Sicherstellung einer infrastukturellen Mindestausstattung auch peripherer Regionen, wie sie etwa eine weite Interpretation der Artikel 72, 106 und 107 des Grundgesetzes sowie das daraus abgeleitete Raumordnungsgesetz mit seiner in § 2 artikulierten Forderung nach „Gleichwertigkeit der Lebensverhältnisse" nahelegen, genügen solche Direkttransfers allerdings nicht. Hier muß der Staat Bereitstellungsaufgaben insofern wahrnehmen, als er Bedarfsbestimmung, Netzplanung und Kontrollen übernimmt. Konkret betrifft dies die Ermittlung der Nachfrage, ihren Abgleich mit den Bereitstellungsaufwendungen, der angesichts der nicht bepreisbaren gesellschaftlichen Effekte mit Hilfe der Nutzen-Kosten-Analyse zu erfolgen hat, die Entscheidung über einzelne Strecken und ihre Verknüpfung mit anderen Strecken und Streckennetzen, die Festlegung von Kompatibilitäts- und Sicherheitsstandards, ihre Kontrolle sowie die Möglichkeit der rechtsverbindlichen Durchsetzung der Entscheidungen. Nicht erforderlich sind Finanzierung, Bau, Betrieb und Unterhaltung der Infrastruktureinrichtung. Sie können durch zeitlich befristete Konzessionen im Rahmen eines Ausschreibungswettbewerbs an private Infrastrukturgesellschaften übertragen werden (BOT-Modell). Da die staatliche Bereitstellungsaufgabe bei regionalpolitisch motivierter Daseinsvorsorge letztlich daraus resultiert, daß die aggregierten marginalen Zahlungsbereitschaften für die Infrastrukturnutzung nicht ausreichen, um den kollektiv gewünschten Umfang an Infrastruktur durch private Anbieter bereitzustellen, hat der Staat auch die Refinanzierung über Betriebszuschüsse zu sichern. Das gilt auch für Straßen, die aus Gründen der inneren und äußeren Sicherheit als notwendig erachtet werden, denn die prototypischen Kollektivguteigenschaften der Nichtexkludierbarkeit und Nichtrivalität beziehen sich zwar auf die innere und äußere Sicherheit, nicht aber zwingend auf alle Teile der dazu erforderlichen Straßeninfrastruktur. Sofern möglich, kann der Staat sie – wie auch andere Vorleistungen – nach dem Bestellerprinzip im Rahmen der Auftragsvergabe und Konzessionierung von privaten Anbietern beziehen.

6. Strukturelle und institutionelle Privatisierungsrestriktionen

Ordnungsökonomische Überlegungen zur marktlichen und privatwirtschaftlichen Bereitstellung von Infrastruktureinrichtungen vernachlässigen in der Regel den Status-quo. Das heißt, sie gehen von einem idealtypischen Urzustand aus, in dem kein Staat, sondern nur freie Wettbewerbsmärkte bestehen, um jene Funktionsmängel und gesellschaftlich ungewünschten Ergebnisse des Marktprozesses zu identifizieren, die staatliches Handeln begründen könnten, und dann die Eingriffe zu bestimmen, die ein möglichst hohes Maß an Effizienz sichern. Der Vergleich mit der Realität ergibt meist sowohl einen zu großen Umfang an ökonomisch nicht legitimierbaren Eingriffen des Staates als auch dort, wo eine Legitimation besteht, ein der Sache völlig unangemessenes und daher eher kontraproduktiv wirkendes wirtschaftspolitisches Instrumentarium.

Nun sichert eine solche Vorgehensweise zwar die logisch konsistente Argumentationsführung, weil sie von einem klaren Referenzsystem ausgeht. Als ‚Nirwana-Ansatz' vernachlässigt sie aber völlig, daß der Staat in Bereichen wie etwa der Bereitstellung von Verkehrwegen seit Jahrhunderten und länger tätig ist und sich dabei im Laufe der Zeit ökonomische und institutionelle Strukturen herausgebildet haben, welche die zum Teil radikalen ordnungspolitischen Veränderungen, die der Nirwana-Ansatz nahe legt, erst nach längeren Zeiträumen, nur mit erheblichen Abstrichen oder auch gar nicht ermöglichen.

So verfügt die Bundesrepublik Deutschland mittlerweile – seit den neunziger Jahren auch in den Neuen Bundesländern – über ein dichtes Straßennetz mit parallelen Trassen sogar bei Autobahnen. Damit könnte aber bereits eine Privatisierung von einzelnen Streckenabschnitten im Sinne eines BOT-Betreibermodells, bei der Anbieter sich über eine Straßenbenutzungsgebühr refinanzieren, in vielen Fällen scheitern, wenn die Konkurrenzstrecken nicht ebenfalls bemautet oder für bestimmte Verkehre gesperrt werden bzw. wenn der private Betreiber keine staatliche Einnahmegarantien oder eine Anschubfinanzierung erhält. Für einen privaten Anbieter wäre sonst das Risiko zu groß, daß die unbemauteten Parallelstrecken umfangreiche Verkehre von seiner bemauteten Straße abziehen und sich seine hohen und zudem irreversiblen Investitionen nicht amortisieren. Die Relevanz solcher Verdrängungseffekte zeigt das Beispiel der Strelasundquerung. Als Folge der Aufrechterhaltung einer parallelen kostenfreien öffentlichen Straßenverbindung war die Rentabilität für private Investoren bei diesem Betreibermodell zu gering. Private Gebote blieben aus mit der Konsequenz, daß das verantwortliche Ministerium die Ausschreibung zurücknahm. Auch vielfältige internationale Privatisierungserfahrungen bei gleichzeitiger Beibehaltung mautfreier öffentlicher Parallelstraßen, wie bei der M1/M15 zwischen Ungarn und der Slowakei (Györ-Hegyelshalom mit Anschluß nach Bratislava), der A2 in Polen (Frankfurt/Oder-Warschau) oder dem Dulles Greenway in den USA, belegen dies nachdrücklich (*Beckers* und *Hirschhausen* 2003; *Hirschhausen* 2002).

Zu den institutionellen Privatisierungsrestriktionen gehören gesetzliche Rahmenbedingungen. Ein grundsätzliches Hemmnis stellen die Bestimmungen von Artikel 90 Grundgesetz zum Eigentum des Bundes an den Bundesfernstraßen und ihrer Auftragsverwaltung durch die Länder dar. Es erfordert vor einer rein privaten Bereitstellung eine Grundgesetzänderung. Bei Betreibermodellen, die eine solche Änderung nicht benötigen, besteht ein erheblicher Abstimmungsbedarf zwischen dem Bund und dem von einer Strecke jeweils berührten Bundesland, das ebenfalls von dem Erfordernis einer privaten Beteiligung an der Bereitstellung der entsprechenden Bundesfernstraße überzeugt sein muß. Auch hier zeigt das Beispiel der Strelasundquerung, daß diese Übereinstimmung nicht zwangsläufig gegeben ist, zumal das Land bei einem Scheitern des Betreibermodells auf die komplette Finanzierung mit Bundesmitteln hoffen und sich die politischen Unannehmlichkeiten einer Maut sparen kann.

Als institutionelles Hemmnis wirken darüber hinaus die gesetzlichen Bestimmungen des FstrPrivFinG, das die für eine möglichst umfangreiche private Bereitstellung von Straßeninfrastruktur als erforderlich angesehene Bemautung aller Verkehrsmittel – also auch von PKW – auf wenige Ausnahmebereiche wie Brücken, Tunnel oder Gebirgspässe beschränkt. Zudem lassen die Regelungen dieses Gesetzes und des Gebührenrechts wenig Spielraum für die Gebührengestaltung. So sind kurzfristige Änderungen der Gebühr zur Optimierung der Infrastrukturauslastung nicht möglich (*Alfen* u.a. 2004).

Ein institutionelles Hemmnis besonderer Art ist schließlich die ungeregelte Allokation politischer Risiken, denen private Betreiber in hohem Maße ausgesetzt sind. Dies gilt insbesondere bei Neu- und Ausbaustrecken, wo Investitionen mit langer Lebensdauer und hoher Irreversibilität anfallen, die durch unvorhergesehene politische Maßnahmen selbst in ferner Zukunft noch zur Entwertung des eingesetzten Kapitals führen können. Solche Risiken bestehen zum Beispiel im Ausbleiben komplementärer staatlicher Straßen, die der Anbindung privater Streckenabschnitte an das Straßennetz dienen, die unerwartete staatliche Genehmigung von konkurrierenden Parallelverbindungen, verkehrslenkende Eingriffe zu Lasten des Straßenverkehrs durch zusätzliche Steuern oder die Subventionierung alternativer Verkehrsträger, verschärfte technische bzw. Sicherheitsanforderungen oder zusätzliche Planungsauflagen (*Ewers* und *Tegner* 2000). Nach Effizienzkriterien sollte der Staat die unter seiner Kontrolle befindlichen Risiken übernehmen, die vor allem verkehrs- und umweltpolitische Entscheidungen betreffen, weil er diese Risiken am kostengünstigsten übernehmen kann. Wird dies nicht in entsprechenden Verträgen mit Hilfe von Kompensationsregeln berücksichtigt, werden private Investoren das Interesse am Straßeninfrastrukturmanagement verlieren. Zu groß ist hier der Einfluß des Staates in seiner Doppelfunktion als „Mitspieler und Schiedsrichter" (*Tegner* 2005) auf den wirtschaftlichen Erfolg. Einen Ausweg bietet dann nur die Reputation des Staates, eine berechenbare Politik zu betreiben.

Diese strukturellen und institutionellen Restriktionen können allerdings die vergleichsweise zurückhaltende Entwicklung selbst schwacher Privatisierungsformen von Bundesfernstraßen in Deutschland nicht vollends erklären. So bestehen zwar aufgrund des umfangreichen Bundesfernstraßennetzes geringe Anreize für die private Bereitstellung völlig neuer Streckenabschnitte, andererseits bieten sich aber private Beteiligungen am Ausbau und Betrieb vorhandener Strecken, weil dies deutlich weniger Investitionsaufwand verursacht und daher vergleichsweise geringe Nutzungsgebühren erfordert, um die Erwirtschaftung der Investitionen zu ermöglichen. Auch Lückenschlüsse im vorhandenen Netz bilden unter dieser Perspektive gute Voraussetzungen für eine Privatisierung (*Alfen* u. a. 2004). Schließlich dürfte das Interesse privater Betreiber durchaus vorhanden sein, wenn sie nicht einzelne Strecken, sondern komplexe Netze bewirtschaften können, lassen sich doch hiermit das Problem der mautfreien Parallelverbindung verringern und darüber hinaus Skaleneffekte realisieren (*Fislage* und *Heymann* 2003).

Selbst das Auftreten von Verdrängungseffekten ist nicht zwangsläufig hinderlich für privatwirtschaftliche Lösungen. Bei hohem Verkehrsaufkommen mit entsprechender Kapazitätsbelastung und Stausituationen, sind Nutzer durchaus zur Zahlung entsprechender Gebühren für die Inanspruchnahme staufreier Infrastruktureinrichtungen bereit, wenn sie hohe Zeitopportunitätskosten besitzen und Ausweichstrecken mit großen Umwegen und hohem Zeitaufwand verbunden sind. Ein Beleg dafür ist der Erfolg der *express lanes* auf der State Route 91 in den USA. Hier haben Nutzer, die mit einer entsprechenden Zugangsberechtigung ausgestattet sind, die Möglichkeit, entweder die stark belastete unbepreiste Strecke zu befahren oder aber eine Gebühr zu zahlen, um auf einer Parallelstraße in den Genuß einer staufreien Fahrt zu gelangen (*Roth* 1996).

7. Politische Privatisierungshemmnisse

Gegenüber einer Privatisierung der Straßeninfrastruktur regen sich im allgemeinen erhebliche politische Hemmnisse. Eines dieser Hemmnisse ist im Widerstand der Bevölkerung gegenüber Straßenbenutzungsgebühren zu sehen, die eine zentrale Voraussetzung für weitreichende Privatisierungsmodelle sind. So zeigen empirische Studien eine vehemente Ablehnung der Bevölkerung gegenüber jeder Art von Gebühren (Übersicht bei *Schade* und *Schlag* 2003). Die fehlende Akzeptanz resultiert in erster Linie aus der nicht unberechtigten Angst vor zusätzlichen Belastungen und Ungerechtigkeiten. Dabei wird unterstellt, daß die Einführung von Gebühren ohne kompensierende Gegenfinanzierung durch Steuerentlastungen erfolgt, die Gebühreneinnahmen zweckentfremdet verwendet werden und daher gerade einkommensschwache Gruppen, das Auto, auf das sie zudem beruflich angewiesen sind, nicht mehr nutzen können (*Hartwig* und *Marner* 2005). Verstärkt wird dieser Widerstand durch Wirtschaft und Verbände, die bei einer Einführung nicht-kompensierter Gebühren ebenfalls weitere Kostenbelastungen und Absatzeinbußen befürchten. Für stimmenmaximierende Politiker ist es unter diesen Bedingungen rational, sich ebenfalls gegen Gebühren auszusprechen, wie das etwa der gegenwärtige Bundesverkehrsminister mit konstanter Regelmäßigkeit tut.

Bei dem großen Widerstand gegen die Einführung einer allgemeinen Maut in allen Teilen der Gesellschaft ist es daher nicht verwunderlich, daß das FStrPrivFinG den Status quo der staatlichen Bereitstellung in Deutschland zementiert, indem es die Anwendung der mautorientierten F-Modelle nach wie vor auf eng begrenzte Abschnitte von Bundesfernstraßen beschränkt. Diese Beschränkung geht zwar ursprünglich auf Vorgaben der EU zurück, die eine Erhebung allgemeiner streckenabhängiger Straßenbenutzungsgebühren neben der damals noch existierenden zeitabhängigen LKW-Vignette auf Bundesfernstraßen mit den im FStrPrivFinG genannten Ausnahmen nicht zuläßt, sie ist aber nach Umstellung von der LKW-Vignette auf die LKW-Maut eigentlich obsolet (*Eisenkopf* u. a. 2002). Gleichwohl hat sich die Politik bislang nicht zu einer Anpassung des FStrPrivFinG durchgerungen, würde damit doch der Weg frei für eine umfassende und von der Bevölkerung nach wie vor abgelehnte Bemautung aller Bundesfernstraßen. Dies führt dazu, daß eine umfassende Anwendung dieser relativ weitgehenden Privatisierungsmodelle bei Neubauprojekten im Bundesautobahnnetz verhindert und nur eine sehr geringe Zahl von F-Modellen zur Ausschreibung gebracht wurden.

Ein zweites politisches Hemmnis gegen eine Privatisierung von Straßeninfrastrukturen oder zumindest die Beteiligung Privater an ihrer Bereitstellung ist der damit verbundene Verlust von Einflußnahme und von Ressourcen für Politik und öffentliche Verwaltungen, vor allem in den Ministerien und Straßenbauverwaltungen. Diese aus der Neuen Politischen Ökonomik hinreichend bekannten Verhaltensweisen von stimmenmaximierenden politischen Entscheidungsträgern und budgetmaximierenden Bürokratien finden denn auch ihren Niederschlag in der Abwehr von Privatisierungsprojekten und der Auswahl solcher Projekte, die für private Anbieter wirtschaftlich äußerst unattraktiv sind. So zeigt ein Blick auf die im Bundesverkehrswegeplan 2003 vorgesehenen Vorhaben, die im Rahmen der Planungen einer gesamtwirtschaftlichen Nutzen-Kosten-Analyse unterzogen wurden, daß unter den für eine Privatisierung vorgesehenen Projekten jene mit durchschnittlichen bis unterdurchschnittlichen Nutzen-Kosten-Relationen dominieren (*BMVBW* 2003). Führt man sich vor Augen, daß mit den Beförderungs- und Zeitkostenersparnissen zwei Elemente den Löwenanteil der Nutzen von Straßen ausmachen, die gleichzeitig einen Anhaltspunkt für die Zahlungsbereitschaften der Nutzer und damit des Erlöspotentials aus Nutzergebühren geben, wird dieser Eindruck bestärkt (*BMVBW* 2002).

Führt die Auswahl relativ unwirtschaftlicher Privatisierungsprojekte dann infolge mangelnden privaten Interesses zu einem Abbruch der Privatisierung, nimmt sogar die Reputation von Politik und öffentlicher Verwaltung Schaden mit der Konsequenz, daß bei künftigen Vorhaben Gebote von privater Seite ausbleiben werden. Potentielle private Betreiber sind nicht bereit, die hohen Kosten einer Bewerbung auf sich zu nehmen, wenn sie sich nicht vorher auf die Attraktivität der Privatisierungsmaßnahmen und der mit ihnen verbundenen Regularien verlassen können. Auf lange Sicht ist mit einer solchen Straßeninfrastrukturprivatisierungspolitik ein Vertrauensverlust verbunden, der die Abwanderung von Investoren in dynamischere Märkte zur Folge hat, bevor die Privatisierung – welcher Form auch immer – richtig an Fahrt gewinnt.

8. Ansätze für ein nachhaltiges Straßeninfrastrukturmanagement

Nachdem die Wirtschaftswissenschaften schon seit längerem radikale Veränderungen des bisherigen staatlichen Infrastrukturmanagements und auch die von der Bundesregierung eingesetzte Kommission zur Verkehrsinfrastrukturfinanzierung erhebliche Reformen angemahnt hat, ist die frühe Botschaft von *Milton Friedman* und *Daniel J. Boorstin* (1951/1996) mittlerweile auch in einer breiteren Öffentlichkeit angekommen. Es handelt sich darum, die Bereitstellung auch von Straßen in der Marktwirtschaft auf ein neues ordnungspolitisches Fundament zu stellen. Nur auf diese Weise läßt sich nach übereinstimmender Überzeugung auf Dauer eine funktionsfähige Straßeninfrastruktur sichern.

Produktive, allokative und dynamische Ineffizienzen des staatlichen Straßeninfrastrukturmanagements sowie zunehmende Engpässe in den öffentlichen Haushalten, aus denen die Infrastruktur traditionell finanziert wird, legen eine möglichst breite Beteiligung privater Anbieter an der Infrastrukturbereitstellung nahe. Wie eine ökonomisch fundierte Analyse zeigt, ist dies in größerem Umfang möglich, als gemeinhin vermutet wird, allerdings gibt es auch nicht zu übersehende Grenzen. Welche Formen solche privaten Beteiligungen annehmen sollten, ist jeweils im Einzelfall zu überprüfen und – wo immer möglich – dem Markt zu überlassen. So lassen sich im breiten Spektrum privater Organisationsformen, das von einer vollständigen materiellen Privatisierung bis zu einfachen Betreibermodellen vom Typ A-Modell reicht, eigentümergesteuerte Unternehmen oder Aktiengesellschaften ebenso vorstellen wie Klublösungen, die ihre Existenzberechtigung aus den spezifischen Klubguteigenschaften von einer Vielzahl von Straßen beziehen könnten. Gleiches gilt für die Höhe und Struktur der Straßenbenutzungsgebühren und ihre Regulierung. So kann sich bei einer nutzergesteuerten Klublösung die Regulierung auf die Gebühren beschränken, welche der Infrastrukturklub von Gästen erhebt, d.h. von Nutzern, die nicht Mitglied des Klubs sind.

Um die Effizienzgewinne privater Bereitstellungsformen realisieren zu können, sind allerdings noch erhebliche institutionelle und politische Hemmnisse zu überwinden. Dazu gehört vor allem die Aufklärung der Bevölkerung darüber, daß sich ihre Wohlfahrtsposition gegenüber dem Status quo auch bei der Einführung von Gebühren nicht verschlechtert, sondern verbessert, weil kompensatorische Maßnahmen erfolgen und die Gebühreneinnahen zweckgebunden verwendet werden. Dazu gehört aber auch die Möglichkeit für private Akteure, sich an Infrastrukturprojekten zu beteiligen, die wirtschaftliche Erfolge versprechen und bei denen sie ihre Effizienzvorteile zum Ausdruck bringen können. Dies schließt auch eine angemessene Allokation der wirtschaftlichen und politischen Risiken ein, die bislang nicht gegeben ist. Vielleicht könnte dies sogar Politik und öffentliche Verwaltungen veranlassen, sich auf jene Bereiche zu konzentrieren, in denen ihre Kernkompetenz liegt, nämlich dort, wo Markt und Wettbewerb versagen.

Einen aktuellen Einstieg in die Privatisierung bietet die Einführung der LKW-Maut Anfang 2005. Sie ist die formale Voraussetzung für jene A-Modelle, mit denen ein erster Einstieg Privater in die Bereitstellung von Straßeninfrastrukturprojekten im Rahmen von *Public-Private-Partnerships* möglich wird. Sollten sich diese Modelle bewähren – und die Erfahrungen in anderen Ländern mit ähnlichen Konstruktionen sprechen dafür –, könnte dies den Rahmen für weitere stärkere Privatisierungsformen öffnen. Ebenso ist die LKW-Maut ein erster Schritt in eine flächendeckende Gebührenfinanzierung, die sukzessive auch auf PKW übertragen werden könnte. Ob Deutschland die mit der LKW-Maut eröffneten Chancen nutzt, wird die Zukunft zeigen. Sie ungenutzt zu lassen dürfte in jedem Falle die Versorgung der Gesellschaft mit einem funktionsfähigen Straßennetz beeinträchtigen.

Literatur

Alfen, Hans-Wilhelm, Hans Mayrzedt und *Henning Tegner* (2004), PPP-Lösungen für Deutschlands Autobahnen, Empfehlungen für eine erfolgreiche Umsetzung, http://www.uni-weimar.de/Bauing/bwlbau/seiten/forschun/Studie%20Autobahnen.pdf, Zugriff am 14.01.2005.

Beckers, Torsten und *Christian von Hirschhausen* (2003), Konzessionsmodelle für Fernstraßen in Deutschland: Eine ökonomische Analyse der Risikoallokation beim F- und A-Modell, Deutsches Institut für Wirtschaftsforschung, Discussion Paper, No. 388, Berlin.

Buchanan, James M. (1965), An Economic Theory of Clubs, in: Economica, Vol. 32, pp. 1-14.

BMVBW – Bundesministerium für Verkehr, Bau- und Wohnungswesen (2002), Bundesverkehrswegeplan 2003: Grundzüge der gesamtwirtschaftlichen Bewertungsmethodik, Berlin.

BMVBW – Bundesministerium für Verkehr, Bau- und Wohnungswesen (2003), Bundesverkehrswegeplan 2003, Berlin.

Eisenkopf, Alexander, Hans-Joachim Frank, Stefan Heng und *Eric Heymann* (2002), Verkehr in Europa – Privatisierung und Wettbewerb unverzichtbar, Frankfurt am Main.

Estache, Antonio, Manuel Romero und *John Strong* (2000), The Long and Winding Path to Private Financing and Regulation of Toll Roads, ed. by World Bank, World Bank Institute, Policy Research, Washington D. C.

Ewers, Hans-Jürgen und *Henning Tegner* (2000), Entwicklungschancen der privaten Realisierung von Verkehrsinfrastruktur in Deutschland: Eine ökonomische Analyse des Fernstraßenbauprivatfinanzierungsgesetzes (FStrPrivFinG), Berlin.

Ewers, Hans-Jürgen und *Hansjörg Rodi* (1995), Privatisierung der Bundesautobahnen, Beiträge aus dem Institut für Verkehrswissenschaft and der Universität Münster, Heft 134, Göttingen.

Fislage, Bernd und *Eric Heymann* (2003), Betreibermodelle für Straßeninfrastruktur: Lukrative Anlageobjekte für institutionelle Investoren, Frankfurt am Main.

Friedman, Milton J. und *Daniel J. Boorstin* (1951 oder 1952/1996), How to plan and pay for the safe and adequate highways we need, in: *Gabriel Roth* (ed.) (1996), Roads in a Market Economy, Aldershot u. a. O, pp. 223-245.

Funk, Rüdiger (1981), Verkehrspolitik und Wegeabgaben, in: Niedersächsischer Minister für Wirtschaft und Verkehr (Hg.), Wettbewerb im binnenländischen Güterverkehr, Hannover, S. 50-61.

Hartwig, Karl-Hans (2001), Marktwirtschaftliche Optionen der Verkehrspolitik in Europa, in: *Thomas Apolte, Rolf Caspers* und *Paul J. J. Welfens* (Hg.), Standortwettbewerb, wirtschaftspolitische Rationalität und internationale Ordnungspolitik, Baden-Baden, S. 97-112.

Hartwig, Karl-Hans (2003), Deregulierungs- und Privatisierungspotenziale in der Verkehrsinfrastrukturpolitik, in: *Dieter Cassel, Herbert Müller* und *H. Jörg Thieme* (Hg.), Stabilisierungsprobleme in der Marktwirtschaft: Prozesse und Strukturen, München, S. 215-234.

Hartwig, Karl-Hans und *Torsten Marner* (2005), Maut für alle? Straßenbenutzungsgebühren auch für Pkw, in: Wirtschaftsdienst, Jg. 85, H. 2, S. 102-109.

Haßheider, Hendrik (2005), Die Bereitstellung überregionaler Straßeninfrastruktur: Eine institutionenökonomische Analyse der optimalen Bereitstellungsform und -größe, Beiträge aus dem Institut für Verkehrswissenschaft an der Universität Münster (im Druck).

Hirschhausen, Christian von (2002), Modernizing Infrastructure in Transformation Economies, Cheltenham UK, Nothhampton USA.

Holzhey, Michael (1999), Koordinationseffizienz in der Theorie verkehrlicher Infrastrukturgüter: Ein Überblick, in: *Karl-Hans Hartwig* (Hg.), Neuere Ansätze zu einer effizienten Infrastrukturpolitik, Beiträge aus dem Institut für Verkehrswissenschaft an der Universität Münster, Heft 148, Göttingen, S. 7-128.

Kossak, Alexander (2004), Straßenbenutzungsgebühren weltweit, in: Internationales Verkehrswesen, 56. Jg., S. 246-249.

McCarthy, Patrick, S. (2001), Transportation Economics, Theory and Practice: A Case Study Approach, Malden USA and Oxford UK.

McKay, Charles (1989), Möglichkeiten der privatwirtschaftlichen Finanzierung von Verkehrsinfrastruktur-Investitionen in der EG, Beiträge aus dem Institut für Verkehrswissenschaft an der Universität Münster, Heft 119, Göttingen.

Rawls, John (1971), A Theory of Justice, Cambridge.

Roth, Gabriel (1996), Roads in a Market Economy, Aldershot u. a.

Sandler, Todd and *John T. Tschirhart* (1980), Club Theory: thirty Years Later, in: Public Choice, Vol. 93, pp. 335-355.

Schade, Jens and *Bernhard Schlag* (eds.) (2003), Acceptability of Transport Pricing Strategies, Amsterdam u.a.O.

Tegner, Henning (2005), Private Investitionen in Verkehrsinfrastruktur unter Unsicherheit, in: *Karl-Hans Hartwig* und *Andreas Knorr* (Hg.), Neuere Entwicklungen in der Infrastrukturpolitik, 38.Forschungsseminar Radein 2005, Göttingen (im Druck).

Voigt, Fritz (1965), Verkehr – Zweiter Band, erste und zweite Hälfte, Die Entwicklung des Verkehrssystems, Berlin.

Wink, Rüdiger (1995), Verkehrsinfrastruktur in der Marktwirtschaft: Eine institutionenökonomische Analyse, Schriftenreihe des Rheinisch-Westfälischen Instituts für Wirtschaftsforschung, Neue Folge, Heft 59, Berlin.

Wissenschaftlicher Beirat (1997) beim Bundesministerium für Verkehr, Neue Wege zur Finanzierung und Nutzenoptimierung für die Straßeninfrastruktur, in: Zeitschrift für Verkehrswissenschaft, Bd. 68, S.73-93.

III.

Ordnungspolitischer Reformbedarf in der Europäischen Union und in der Weltwirtschaft

Helmut Leipold und Dirk Wentzel (Hg.), Ordnungsökonomik als aktuelle Herausforderung
Schriften zu Ordnungsfragen der Wirtschaft · Band 78 · Stuttgart · 2005

Historische Wurzeln der Wettbewerbsordnung in Europa

– Eine evolutionsökonomische Betrachtung –

Karl von Delhaes und *Ulrich Fehl*

Inhalt

1. Einführung in die Fragestellung

In der einen oder anderen Form treten Märkte als Einzelphänomene relativ früh in Erscheinung, ohne daß man deswegen bereits von einer Marktwirtschaft sprechen könnte. Eine solche setzt nämlich voraus, daß Märkte zum tragenden Prinzip des volkswirtschaftlichen Koordinationsprozesses werden. Im folgenden wird die These vertreten, daß eine Marktwirtschaft in diesem Sinne erst spät auftritt und dabei in ihrer Entstehung aufs engste mit dem Phänomen der sogenannten Industriellen Revolution verschwistert ist.

Setzt man auf den Markt als das tragende Koordinationsprinzip einer Volkswirtschaft, so ist damit notwendigerweise der Wettbewerb eingeschlossen, was unmittelbar auf die Bedeutung der Wettbewerbsordnung verweist, also auf die Gesamtheit der Institutionen, die eine entfaltete Markt- oder Wettbewerbswirtschaft überhaupt erst möglich machen. So betrachtet muß das Augenmerk vor allem auf die Herausbildung dieses institutionellen Geflechts gerichtet werden, wenn man den Durchbruch des Marktes zum dominierenden Prinzip der Koordination menschlicher Aktivitäten verstehen will. Dabei ist zugleich jener Prozeß zu berücksichtigen, der den Übergang zur Industrialisierung ausgelöst hat. Es spricht nämlich viel dafür, daß eine enge Wechselwirkung zwischen beiden Vorgängen besteht. So wäre wohl keine dramatische Entwicklung der institutionellen Infrastruktur notwendig gewesen, wenn – wie das bis zum Beginn der Industrialisierung der Fall war – etwa 80 % der Bevölkerung in der Landwirtschaft tätig geblieben wären. Mit der Abwanderung der Arbeitskräfte in die gewerbliche Welt bildete sich ein immer weiter gesponnenes Netz arbeitsteiliger Beziehungen heraus, das man bisher in dieser Form nicht gekannt hatte und das nach entsprechend neuartigen Methoden der Koordination, das heißt nach neuen Institutionen, geradezu rief. Die Entfaltung der Institutionen verweist somit auf den Vorgang der Industrialisierung als einer ihrer Voraussetzungen. Umgekehrt hätte die Industrialisierung nicht so zügig ablaufen können, hätte man nicht auf einen bestimmten Bestand von Institutionen zurückgreifen und diesen weiterentwickeln können.

Auch wenn man entschieden der Auffassung ist, daß die Vorgänge der Institutionenbildung einerseits und der Industrialisierung andererseits in einem engen Wechselbezug zueinander stehen, so muß doch mit der gleichen Entschiedenheit betont werden, daß sie wegen dieses engen Wechselspiels nicht notwendigerweise dem gleichen Satz von Bedingungen entspringen. In der Tat gehen die folgenden Überlegungen gerade von der gegenteiligen Überzeugung aus, daß nämlich die genannten Phänomene auf jeweils eigene Gründe beziehungsweise Antriebsmomente zurückgeführt werden müssen. So wird im folgenden der institutionelle Wandel durch Rückgriff auf wettbewerbstheoretische Überlegungen zu erklären versucht, so daß ein selbstreferentieller Erklärungszusammenhang entsteht. Zur Erklärung der Industrialisierung hingegen wird der Theorie von *Günter Hesse* (1985) gefolgt, welche den Industrialisierungsvorgang als die Summe innovativer Anpassungen an die Restriktionen des Sonnenenergiestroms interpretiert, denen die Menschen vor der Industrialisierung oder, genauer gesagt: vor der Nutzung der fossilen Energiereserven, ausgesetzt waren. Dabei spielen die institutionellen Voraussetzungen als *movens* eine eher sekundäre Rolle.

Obwohl die Phänomene ‚institutioneller Wandel' einerseits und ‚Industrialisierung' andererseits im Prinzip eigenständig und das heißt unabhängig voneinander erklärt werden müssen, so sind doch zum Verständnis des Durchbruches der Markt- oder Wettbewerbswirtschaft beide Phänomene zusammenzufügen. Dies ergibt sich schon daraus, daß sie sich beide auf den gleichen historischen Prozeß beziehen, nämlich auf die Abläufe im neuzeitlichen Europa. Damit aber stellt sich die viel diskutierte Frage, warum der Durchbruch gerade in Europa und gerade zu dieser Zeit zustande gekommen ist[1].

Hier ist zunächst einmal zu konstatieren, daß das Faktum selbst relativ unbestritten ist. Daß der Durchbruch zum Industriekapitalismus zuerst in Europa stattgefunden hat, wird so gut wie nicht bezweifelt. Umstritten sind hingegen die Theorien, die zur Erklärung dieses Durchbruchs vorgetragen werden. Abgesehen davon, daß es sich hier um äußerst komplexe Zusammenhänge handelt, liegen die Gründe für den mangelnden Konsens wohl auch darin, daß man einem zu weit getriebenen Erklärungsanspruch gehuldigt hat, etwa in der Weise, daß der Durchbruch nur in Europa habe erfolgen können. Geht man davon aus, daß der *homo sapiens sapiens* weltweit in etwa über die gleichen Eigenschaften und somit Voraussetzungen verfügt, so hätte der Durchbruch zum Industriekapitalismus prinzipiell überall auf der Welt auftreten können, vorausgesetzt, es wären bestimmte Randbedingungen erfüllt gewesen.

Die bei den im folgenden benutzten Theorien verwendeten Randbedingungen sind somit nicht derart, daß sie europaspezifisch wären. Aufgrund der Theorien selbst hätte der Durchbruch auch zu anderer Zeit und an anderer Stelle erfolgen können. Angesichts dessen erscheint es angebracht, das Erklärungsziel etwas bescheidener zu formulieren. Es geht darum, den Gang der historischen Entwicklung in Europa theoriegestützt nachzuzeichnen und auf diese Weise einsichtig zu machen. Dabei ist dem Gesichtspunkt der Kontingenz durchaus Raum zu geben, das heißt, zu berücksichtigen, daß bestimmte Bedingungskonstellationen sich zu einem bestimmten Zeitpunkt tatsächlich aufgebaut hatten – und zwar ohne daß dies notwendigerweise an dieser Stelle oder an diesem Ort hätte der Fall sein müssen –, so daß eine weitere Entwicklung Platz greifen konnte, die die genannte Bedingungskonstellation zur notwendigen oder auch nur hinreichenden Voraussetzung hatte. Die hieraus entspringende Pfadabhängigkeit dürfte bei der Erklärung historischer Prozesse unumgänglich sein.

2. Wettbewerb und Wettbewerbsordnung

2.1. Der Wettbewerb als evolutorischer Prozeß

Da es im folgenden um die Frage geht, wie sich die Wettbewerbsordnung in Europa herausgebildet hat, erscheint es angebracht, zunächst einige Bemerkungen zum Wettbewerb selbst zu machen und im Anschluß hieran kurz darauf einzugehen, welche Rahmenbedingungen erfüllt sein müssen, damit ein solcher Wettbewerbsprozeß von den institutionellen Voraussetzungen her als gesichert gelten kann.

---

1 Hier sei nur an den markantesten Versuch einer Erklärung erinnert, nämlich *Max Weber*s Vorgehen, den Geist des Kapitalismus aus der protestantischen Ethik herzuleiten.

Für das Folgende ist es zweckmäßig, von einem *Schumpeter*schen Begriff des Wettbewerbs auszugehen. *Schumpeter* (1911/1993) faßt den Wettbewerb als einen dynamisch-evolutorischen Prozeß auf. Dieser entsteht prinzipiell aus den Interaktionen von Wirtschaftssubjekten im Rahmen des gesamten Marktsystems.[2] Die Akteure versuchen, auf ihren Absatzmärkten durch einen geschickten Einsatz ihrer Aktionsparameter eine möglichst gute Stellung zu erreichen, also Gewinnpotentiale aufzubauen oder Marktanteile zu erhöhen. Um dies zu erreichen, müssen sie immer danach streben, neue, verbesserte Produkte auf den Markt zu bringen, ihre Produktionsverfahren durch Innovationen produktiver zu gestalten und geeignetere oder billigere Rohstoffe und Vorprodukte einzusetzen und so fort. Zugleich treten die Akteure aber auch auf den Faktormärkten in Konkurrenz zueinander, ringen also miteinander um den Erwerb von geeigneten Arbeitskräften, Kapitalgütern, natürlichen Ressourcen und Finanzmitteln.

Man muß sich das Ganze als einen dynamischen Prozeß vorstellen, das heißt, es geht nicht lediglich um die Allokation knapper Produktionsfaktoren. Vielmehr werden die bereits angesprochenen unternehmerischen Aktionsparameter – hinzu kommen noch organisatorische Maßnahmen – ständig in Bewegung gehalten beziehungsweise verändert, wobei dies teils die einzelnen Aktionsparameter isoliert, oft aber auch deren gleichzeitigen Einsatz betrifft.

Das eigentlich evolutorisch-dynamische Element enthüllt sich, wenn man die zeitlichen Dimensionen berücksichtigt. So hat *Schumpeter* den Wettbewerb als einen Prozeß des Vor- und Nachstoßens beschrieben. Setzt einer der am Wettbewerbsprozeß beteiligten Akteure einen Aktionsparameter auf neue Weise ein, so liegt ein innovatorischer Vorstoß vor, z. B. in der Form eines neuen Produktes, das auf den Markt gebracht wird. Erst wenn sich zeigt, daß der Vorstoß von Erfolg gekrönt ist – der Innovator also einen Vorsprungsgewinn erzielt –, werden die Imitatoren das neue Produkt aufgreifen und es, gegebenenfalls in verbesserter Form, auf den Markt bringen. Dies setzt dann seinerseits den Innovator unter Druck, so daß er sich wiederum eine Verbesserung seines Aktionsparameters einfallen lassen muß, z. B. in der Form, daß er eine weitere Verbesserung des Produktes herbeiführt. Auf diese Weise wird, wie man sieht, der Wettbewerbsprozeß durch innovatorische Vorstöße und imitatorisches Nachziehen in Gang gehalten.

Nun muß man sich klar machen, daß die soeben angesprochenen Änderungen im Einsatz der unternehmerischen Aktionsparameter – die objektiv gesehen die Aufrechterhaltung des Wettbewerbsprozesses bedingen – für die beteiligten Akteure selbst keine einfache Sache darstellen. Ob die Änderung des Aktionsparametereinsatzes, wie intendiert, für den Kunden tatsächlich eine Verbesserung bedeutet, ist ex ante schwer abzuschätzen. Ob organisatorische Maßnahmen die erhoffte Steigerung der Effizienz tatsächlich erbringen, bleibt immer erst abzuwarten. Ähnliches gilt in bezug auf die Substitution einer Einkaufsquelle durch eine andere, so daß auch hier erst die Erfahrung die Richtigkeit einer Vermutung zeigen kann. Freilich wird man davon ausgehen können, daß die am Wettbewerbsprozeß beteiligten Akteure möglichst viele Informationen sammeln und diese sorgfältig verarbeiten werden, um das genannte Problem zu verrin-

2 Im folgenden stehen die Aktivitäten der Unternehmen im Vordergrund; die komplementäre Rolle der Haushalte wird nicht explizit beschrieben.

gern. Sie werden zu dem nämlichen Zwecke gewiß auch neues Wissen produzieren – besonders im Zusammenhang mit Innovationsprozessen –, um möglichst gut gewappnet in die Zukunft schreiten zu können. Aber selbst wenn man diese Anreize zur Aufdekkung und Produktion von Wissen – *Hayek* (1969) spricht in diesem Zusammenhang vom Wettbewerb als Entdeckungsverfahren – berücksichtigt, so läßt sich doch feststellen, daß die Ungewißheit hierdurch keineswegs beseitigt wird, insbesondere dann nicht, wenn es sich um grundlegende Neuerungen handeln sollte. Daraus ergibt sich aber, daß man die Wirkung der Aktionsparameter testen muß, das heißt, der Wettbewerbsprozeß stellt sich als ein *trial and error*-Prozeß heraus. Letztlich kann nur die Empirie, das heißt der tatsächliche Handlungsvollzug, zeigen, ob man mit seinen Hypothesen richtig gelegen hat. Deshalb spricht man beim Wettbewerb auch vom Hypothesentest. Oft genug zeigt sich in diesem Zusammenhang, daß es nicht der Experte ist, der mit seiner Meinung recht behält, sondern eher der Unternehmer, der seiner Intuition folgte.

Daraus ergeben sich zwei wichtige Schlußfolgerungen: Zum einen ist festzuhalten, daß eine Gesellschaft, in der sich der Wettbewerb entfaltet, im Prinzip keine traditionsgebundene Gesellschaft sein kann,[3] in dem Sinne, daß vor allem die ‚Autoritäten' zu befragen sind, zu entscheiden haben und daß ihrem Rat zu folgen ist;[4] zum anderen wird die Bedeutung des Unternehmertums für den Wettbewerb deutlich. Es ist nämlich der Unternehmer, der findig ist, das heißt neue Marktgelegenheiten aufspürt (*Kirzner* 1978), der neue Kombinationen der Produktionsfaktoren durchsetzt (*Schumpeter* 1911/1993) und der schließlich auch das Risiko, das mit seinen Entscheidungen verbunden ist, absorbiert (*Knight* 1921).

Es bietet sich hier an, auf einen weiteren Gesichtspunkt hinzuweisen, nämlich auf die Gleich- und Verschiedenartigkeit, die im Kontext von Marktprozessen eine wichtige Rolle spielt. Hierzu läßt sich unmittelbar an das soeben über das Unternehmertum Gesagte anknüpfen. So werden sich die Unternehmer einmal hinsichtlich ihrer Orientierung – Findigkeit, Durchsetzung neuer Kombinationen, Risikofreudigkeit –, aber auch hinsichtlich der Höhe ihrer Kompetenz unterscheiden. Mit anderen Worten, es liegt im Hinblick auf das Unternehmertum Heterogenität vor. Dies wird nicht ohne Einfluß sein bei der Frage, welchen Weg man als Akteur im Wettbewerbsprozeß einschlagen solle. Berücksichtigt man noch die Existenz von Temperament und Erfahrung, so werden die Aktionen, die von den Unternehmern geplant und durchgeführt werden, durchaus unterschiedlich sein. Dies aber bekommt dem Wettbewerb gut, weil damit der Suchprozeß im Hinblick auf das Neue im Markt vielfältiger wird, das heißt, es wird tendenziell mehr Wissen entdeckt und produziert. Es ist somit ein Grundzug des Wettbewerbs, daß er durch eine gewisse Vielfalt charakterisiert werden kann. Dies schließt freilich nicht aus, daß es in bestimmten Marktsituationen auch Ansteckungsprozesse – etwa bei der Bildung von Erwartungen – geben kann, die zu einer größeren Gleichartigkeit des Ver-

---

3 Anders gelagert waren offenbar die Verhältnisse in China: „Schließlich aber machte das Festhalten an einem konservativen Konfuzianismus, der den gebildeten Chinesen genehm war, die Mandschu blind für die Notwendigkeit systematischer Veränderungen...", siehe *Jones* (1991, S. 253).

4 Hierauf wird im Kapitel 3.2. über die geistigen Grundlagen der Wettbewerbsgesellschaft noch kurz eingegangen werden.

haltens der Akteure beitragen. Hieraus können den am Wettbewerbsprozeß Beteiligten durchaus Nachteile erwachsen, wenn sich nämlich die gebildeten Erwartungen *ex post* als falsch herausstellen sollten. Werden verschiedene Wege eingeschlagen und auch durchgehalten, so verfügt man *ex post* über Alternativen, was den Anpassungsprozeß erleichtern mag. Kurz, die Existenz von Verschiedenartigkeit oder auch Heterogenität wirkt wie eine Versicherung.

Oft sorgen gerade Marktneulinge durch ihren Eintritt in den Markt für einen Anstieg des Niveaus an Vielfalt, und zwar nicht zuletzt deswegen, weil sie als Neulinge mit einer anderen Perspektive antreten als die bereits im Markt Befindlichen. Marktzutritte werden dadurch prinzipiell zu einer Potenz des Wettbewerbs. Eine gewisse Vielzahligkeit der Akteure stellt aber tendenziell nicht nur ein ausreichendes Niveau an Vielfalt sicher, sondern kann zugleich als ein Entmachtungsmoment angesehen werden. Ist nämlich ein Akteur in der Lage, zwischen alternativen Möglichkeiten zu wählen, kann er dem potentiellen Machtanspruch seines Gegenübers ausweichen und ist diesem nicht ausgesetzt wie im Falle des Monopols. Außerdem kann er Widerspruch im Sinn von *Hirschman* (1974) äußern, weil er mit Abwanderung drohen kann. Dies gilt sowohl auf wirtschaftlichen als auch auf politischen Märkten.

2.2. Wettbewerbsordnung als Gestaltung der Selektionsumgebung

Damit sei die skizzenhafte Charakterisierung des Wettbewerbsprozesses abgeschlossen. Es stellt sich nun die Frage nach der Wettbewerbsordnung, die einen solchen Wettbewerbsprozeß erst ermöglicht. Soll Wettbewerb etabliert und aufrechterhalten werden, müssen offenbar ganz bestimmte Voraussetzungen erfüllt sein und bestimmte Spielregeln eingehalten werden, oder anders ausgedrückt: mit dem System Wettbewerb sind bestimmte Anforderungen an die Struktur der Handlungsrechte verbunden. Daß diese Voraussetzungen keineswegs selbstverständlich sind, wird die weiter unten durchgeführte Analyse zeigen, die sich auf die Herausbildung eines solchen wettbewerblichen Systems in Europa bezieht.

Betrachtet man die Marktwirtschaften der Gegenwart mit ihren jeweiligen Wettbewerbsordnungen, so wird man durchaus gewisse Unterschiede von Land zu Land feststellen können. Wichtiger aber als diese Unterschiede ist das, was den Wettbewerbsordnungen gemeinsam ist. Gemeinsam ist den Wettbewerbsordnungen zunächst einmal die pure Existenz eines Regelsystems, sei dies nun gewachsen oder durch Setzung entstanden.[5] Es ist die Existenz dieses Regelsystems, die, um mit *Luhmann* zu sprechen, zur Reduktion von Komplexität beiträgt.[6] Das Regelsystem kanalisiert nämlich das Verhalten der Wirtschaftssubjekte, hier der Konkurrenten, so, daß dieses mindestens in bestimmter Hinsicht jeweils von den anderen Beteiligten antizipiert werden kann. In der Welt der Ungewißheit, in der die Wettbewerber handeln müssen und zugleich durch

---

5 *Eucken* (1965, S. 51-53) sieht eine bewußte Gestaltung des Regelsystems (gesetzte Wirtschaftsordnung) nach rationalen Grundsätzen in der Geschichte eher als Ausnahme, erkennt sie aber für die Veränderungen Ende des 18. und in der ersten Hälfte des 19. Jahrhunderts.

6 Siehe etwa *Luhmann* (1972, S. 38): „*Soziale Systeme* bedienen sich eines anderen Reduktionsstils. Sie stabilisieren objektive, gültige Erwartungen, nach denen (man) sich richtet. Sie können in Sollform verbalisiert sein..." (Hervorhebungen im Original).

dieses Handeln auch wiederum neue Ungewißheit hervorrufen, stellt die Existenz eines Regelsystems zumindest ein gewisses Maß an Konstanz sicher. Man kann daher wenigstens im Prinzip auf die Einhaltung der Spielregeln und auf die daraus resultierenden Verhaltensbeschränkungen der am Wettbewerbsprozeß teilnehmenden Akteure vertrauen. Dies setzt freilich voraus, daß nicht nur ein Spielregelsystem existiert, sondern daß es auch durchgesetzt wird.

Hier kommt in erster Linie der Staat mit seinen Gerichten ins Spiel. Der Staat ist dabei nicht nur für die Einhaltung der Spielregeln verantwortlich, sondern auch für die Ausmerzung von Unstimmigkeiten im Regelsystem beziehungsweise für dessen Weiterentwicklung angesichts neuer Phänomene, die nicht zuletzt durch den Wettbewerb erst hervorgebracht werden. Basis einer Wettbewerbsordnung sind naturgemäß zunächst einmal die Eigentumsrechte und die sich aus der Wahrnehmung der Eigentumsrechte ergebenden Vertragsbeziehungen. Die Behörden, die über die Einhaltung der wettbewerblichen Spielregeln zu befinden haben, müssen somit zunächst die Eigentumsrechte definieren und sichern und darauf achten, daß die aus den Verträgen resultierenden Rechte und Pflichten von den Vertragsparteien beachtet werden.

Hinzu kommen bestimmte Regeln, die sich auf den Wettbewerbsprozeß selbst beziehen, also Vorstöße und Imitationen im Wettbewerbsprozeß sichern sollen. Die Art ihrer Ausgestaltung konkretisiert die Handlungsrechte der am Wettbewerb beteiligten Akteure und befindet nicht zuletzt über deren Spielräume. Grundsätzlich handelt es sich hierbei um negative Normen, die ein bestimmtes Verhalten verbieten, z. B. die Behinderung von Konkurrenten, die sich bereits im Markt befinden oder in den Markt eintreten wollen. Hier müssen die Behinderungsarten im einzelnen benannt und konkretisiert werden. Im Prinzip ist ein Handeln dann erlaubt, wenn es durch die genannten negativen Normen nicht verboten ist. Da die Wettbewerbsbehörde nur auf die Einhaltung der gesetzlich vorgegebenen Spielregeln zu achten hat, spricht man auch von der Herrschaft des Gesetzes (*rule of law*). Daneben gibt es freilich in der Praxis auch Entscheidungen der Wettbewerbsbehörden, die nicht nur auf für alle gleichen Verbotsnormen (*per se*-Verbote) beruhen, sondern zusätzliche Zielvorgaben für den Wettbewerbsprozeß berücksichtigen. In solchen Fällen fußen die Entscheidungen der Wettbewerbsbehörden nicht nur auf der Anwendung der allgemeinen Verhaltensregeln, sondern auf theoretischen und empirischen Erkenntnissen, mit deren Hilfe die künftige Entwicklung auf dem Markt im Hinblick auf die Zielvorgabe abgeschätzt und bewertet werden soll (*rule of reason*).

Gestaltung und Exekution des Regelsystems bestimmen gleichsam die Selektionsumgebung für das Handeln der Akteure und damit für den Ablauf der Wettbewerbsprozesse. Mit anderen Worten, das System der Regeln und ihre Handhabung bestimmen über die Ergebnisse des Wettbewerbs. Daraus resultieren auf längere Sicht wiederum Lernprozesse in den verschiedenen Marktwirtschaften, was zu einer gewissen Angleichung ihrer Wettbewerbsordnungen führen mag. Bei diesen Lernprozessen wird durchaus auch erkannt, daß man die Wettbewerbsordnung auf Bereiche ausdehnen kann, die bislang der politischen Gestaltung, das heißt direkten staatlichen Eingriffen, unterworfen waren.

Die Perfektionierung des wettbewerblichen Regelsystems und dessen Ausdehnung auf neue Bereiche entspringen der Überzeugung, daß man die marktwirtschaftlichen Vorgänge gleichsam sich selbst überlassen kann, wenn man von der gebotenen Überprüfung der Einhaltung der Spielregeln einmal absieht. Man geht somit davon aus, daß die wettbewerblich geordnete Marktwirtschaft – jedenfalls im Prinzip – ein sich selbst steuerndes System darstellt.

Wie die folgende Analyse des historischen Prozesses, der zu einer modernen Wettbewerbsordnung führen sollte, zeigt, war es ein langer Weg, bis sich eine solche Auffassung bezüglich des Charakters der wettbewerblich geordneten Marktwirtschaft Bahn brechen konnte. Die anhaltende Diskussion um den Sinn einer Industriepolitik offenbart zudem, daß die Sache bis heute nicht ganz ausgestanden ist. In einem viel höheren Maße aber als in der Gegenwart waren politische und ökonomische Entscheidungen miteinander verschränkt, bevor es zur Herausbildung einer Wettbewerbsordnung in dem oben geschilderten Sinne gekommen ist.

Man muß sich ganz klar machen, daß die Vorstellung von der Autonomie der Marktwirtschaft, genauer: die Einsicht, daß der Wettbewerb die Koordination der arbeitsteiligen Aktivitäten im Prinzip ohne staatlichen Eingriff bewältigen kann, nicht ohne weiteres aus den weiter unten zu betrachtenden Prozessen selbst entspringen konnte, sondern daß es dazu einer theoretischen Durchdringung der Abläufe und ihres Ergebnisses bedurfte. Das heißt, hier kommt die Rolle der nationalökonomischen Theorie zum Tragen, welche die Funktionsweise einer solchen Selbststeuerung zunächst zu erkennen und darzulegen hatte. Dieser Gesichtspunkt darf bei der folgenden Analyse nicht außer Betracht bleiben (vgl. hierzu *Bürgin* 1993). Denn nur dann, wenn die Idee der prinzipiellen ‚Selbststeuerung' bereits vorhanden war, konnte der Mut entstehen, bestimmte wirtschaftspolitische Schritte in Richtung einer Emanzipation wettbewerblicher Vorgänge von der ständigen politischen Intervention zu tun.

Aber abgesehen davon, daß die Idee der Selbststeuerung nicht über Nacht da war, sondern selbst erst einem theoretischen Entwicklungsprozeß entsprang, muß dabei zugleich bedacht werden, daß eine solche Vorstellung sich nicht unabhängig von den realwirtschaftlichen Vorgängen einstellte. Es ist daher von einer eher schrittweisen Entstehung der Wettbewerbsordnung auszugehen, nicht von einer ‚Reißbrett-Konstruktion' für die gesamte Marktordnung. Für die Wettbewerbsordnung als Ganze muß somit eher von einem Prozeß der schrittweisen Genese gesprochen werden, dessen Gesamtergebnis in diesem Sinne nicht bewußt angestrebt worden, sondern, zumindest in Europa, als Resultat eines Wettbewerbsprozesses entstanden ist. Die Wettbewerbsordnung wäre damit zwar das Ergebnis menschlicher Handlungen, aber nicht menschlichen Entwurfs.[7]

---

7 Diese von *Hayek* mehrfach verwendete Formulierung geht auf *Adam Ferguson*, (1767/1923, S. 171 f.) zurück: „Nationen stoßen im Dunkeln auf Einrichtungen, die in der Tat Ergebnis menschlichen Handelns sind, nicht die Durchführung eines vorbedachten Planes", und weiter: „ ... wir schreiben einem vorbedachten Plane zu, was nur durch die Erfahrung erkannt werden, was keine menschliche Weisheit vorhersehen konnte und was, ohne die mitwirkende Stimmung und Anlage seines Zeitalters, kein Individuum durch irgendeine Machtvollkommenheit ins Werk setzen konnte".

3. Die europäische Wettbewerbsordnung als Ergebnis von Wettbewerbsprozessen

3.1. Der natürliche Handlungsraum

Bekanntlich war es vor allem *Eric Jones* (1991), der in seinem Buch „Das Wunder Europa" mit Nachdruck die These vertreten hat, daß Marktwirtschaft und Industrialisierung in Europa als Ergebnis eines Wettbewerbsprozesses entstanden seien. Die Formulierung „Wunder Europa" bringt zum Ausdruck, daß Europa an sich nicht der präsumtive Kandidat für einen solchen Durchbruch gewesen sei. So bleibe es vielmehr ein Rätsel, warum die Industrialisierung nicht in China ihren Anfang genommen habe. Der zentrale Ausgangspunkt der Überlegungen von *Jones* ist es nun, daß es, anders als in China oder weiteren vergleichbaren Weltgegenden, in Europa nicht zur Herausbildung einer Universalmonarchie gekommen sei. Vielmehr sei die Situation hier durch eine bleibende Koexistenz zahlreicher kleinerer und mittlerer Staaten charakterisiert.[8] *Jones* führt die andersgeartete Entwicklung in Europa auf geographische Bedingungen zurück. Europa sei einerseits zwar von seiner Topographie her zerstückelt und habe von daher der Entwicklung einer zentralen Herrschaft Hindernisse in den Weg gelegt, die nach Auffassung von *Jones* in den großen Flußlandschaften Asiens nicht existierten, andererseits aber habe es immer einen wirtschaftlichen, militärischen und politischen Zusammenhang in Europa gegeben, der eine völlige Abschottung der Teilgebiete verhinderte und auf diese Weise den schon angesprochenen Wettbewerb ermöglicht habe.[9]

---

8 Dadurch bleibt eine Vielzahl unabhängiger Entscheidungszentren erhalten, während in einer Universalmonarchie oft die einsame Entscheidung des Zentrums den Ausschlag gibt und unter Umständen eine vielversprechende Entwicklung einfach abgebrochen wird. Es sei in diesem Zusammenhang an die Stillegung der chinesischen Handelsflotte in der ersten Hälfte des 15. Jahrhunderts erinnert, die zu ihrer Zeit eine bei weitem führende Position innehatte. Die Entscheidung der kaiserlichen Bürokratie würgte auf diese Art und Weise die ganze Entwicklung des Überseehandels Chinas gleichsam ab, mit entsprechenden Konsequenzen auch für die innere Entwicklung des Landes. Vgl. *Jones* (1991, S. 233-235).

9 *Friedell* (1949, S. 14) zieht in seiner „Kulturgeschichte Griechenlands" eine Parallele zum alten Griechenland beziehungsweise zur griechischen Halbinsel: „Die reiche Gliederung ihres Reliefs sowohl wie ihrer Küste setzt sie zu Europa in ein ähnliches Verhältnis wie dieses zu den übrigen Erdteilen: sie verdient, in dieser Hinsicht das Europa Europas genannt zu werden; und nicht bloß in dieser Hinsicht. Steil aufschießende Bergketten, die nur schmalen Tälern Raum gewähren, erfüllen fast ihr ganzes Gebiet; Thessalien besitzt die einzige ausgedehnte Ebene in ganz Hellas. Der sprichwörtliche Unabhängigkeitssinn und Partikularismus der Griechen hat hier seine Wurzel und ebenso die farbige Mannigfaltigkeit der hellenischen Stammeseigentümlichkeiten, die immer wieder das Staunen der Mitwelt und Nachwelt erregt hat: fast jeder größere Taleinschnitt hatte die naturgegebene Möglichkeit, eine eigene Welt zu bilden." Wie im neuzeitlichen Europa kam es auch in Griechenland nicht zur Abschottung der einzelnen Teilgebiete, sondern zu einem durch Wettbewerb geprägten Zusammenhang, der nicht zuletzt durch die gemeinsame Sprache erleichtert worden ist. Die großen Leistungen der Griechen auf den verschiedensten Gebieten mögen mit dieser Wettbewerbssituation zusammenhängen. – Eine ähnliche Zersplitterung kennzeichnet auch das Heilige Römische Reich Deutscher Nation. Die vielen Potentaten standen nicht zuletzt auch in einem kulturellen Wettstreit. So weist *Norbert Elias* in seiner Biographie Mozarts darauf hin, daß die führende Stellung Deutschlands im Bereich der europäischen Musikkultur dieser Zeit nicht zuletzt auf den genannten Wettstreit zurückzuführen sein könne.

Jones erklärt den Durchbruch des Industriekapitalismus in Europa unmittelbar aus der Konkurrenz der europäischen Staaten heraus.[10] *Oliver Volckart* (2002c, S. 263) hat dagegen eingewendet, daß der von *Jones* angesprochene Wettbewerbsprozeß viel früher eingesetzt habe, und zwar zu einer Zeit, als noch gar keine Staaten im modernen Sinne existierten. Deshalb sei der ganze Prozeß der Entwicklung einer Wettbewerbsordnung in Europa durchaus verwickelter, als es *Jones* darstelle. Da einiges für eine solche Sicht der Dinge spricht und außerdem *Volckart* eine wesentlich differenziertere Analyse des Prozesses bietet, wird im folgenden nicht auf die Argumentation von *Jones*, sondern auf diejenige von *Volckart* zurückgegriffen.[11] Damit ist allerdings insofern eine Einschränkung der Aussagekraft verbunden, als *Volckart* nur auf die Verhältnisse im Heiligen Römischen Reich eingeht, während sich *Jones* auf Europa insgesamt bezieht. *Volckart* schließt sich allerdings der Auffassung an, daß die Entwicklung in Deutschland im großen und ganzen mit der Entwicklung in Europa vergleichbar sei.[12]

3.2. Geistliche und geistige Grundlagen

Bevor nun im einzelnen auf die Überlegungen von *Volckart* eingegangen wird, seien noch einige Aspekte hervorgehoben, die von *Jones* betont worden sind. So sei es nicht nur typisch, daß in Europa eine Vielzahl von Staaten erhalten blieb, die miteinander in Konkurrenz stehen, sondern es habe sich auch ein Dualismus von weltlicher Macht und religiöser (kirchlicher) Macht durchgängig erhalten (*Jones* 1991, S. 130), wobei bekanntlich der Papst nicht nur eine geistliche Vormachtstellung anstrebte, sondern auch im politischen Bereich Schiedsrichter sein wollte, während umgekehrt der Kaiser auch im geistlichen Bereich – etwa bei der Ernennung der Bischöfe (Investiturstreit) – Entscheidungsgewalt beanspruchte. Daß sich diese Unabhängigkeit von Kaiser und Papst erhalten konnte, hängt möglicherweise damit zusammen, daß der Papst seinen Sitz in Rom nahm, das zu dieser Zeit bereits seine Hauptstadtfunktion eingebüßt hatte. Auf diese Weise konnte sich die Kirche unabhängig vom Kaiser, aber unter Rückgriff auf die antike Tradition Roms als selbständige Kraft besser entfalten. So entstand kein Caesaropapismus, und es blieb im Prinzip beim Wettstreit zwischen den beiden Gewalten, was wahrscheinlich auch auf anderen Gebieten den Wettbewerb beflügelt hat.

Diese Einschätzung beruht letztlich auf der These, daß Wettbewerb immer auch etwas mit Wettstreit zu tun hat und umgekehrt, obgleich die Form, in der die jeweilige Auseinandersetzung ausgetragen wird, durchaus unterschiedlich ausfallen kann. Trifft diese Überlegung zu, so sollte man die Religion als möglichen Faktor für die Entstehung von Wettbewerb nicht unterschätzen. Eine entfaltete Religion führt im allgemei-

---

10 Siehe *Jones* (1991), insbes. S. 143: „Alles in allem sorgten Wettbewerbsgeist und ‚genetische Vielfalt' des Staatensystems dafür, daß die jeweils besten Problemlösungen allgemein Verbreitung fanden...", aber etwa auch S. XXVII, S. 258 ff.

11 Dies läßt sich auch deshalb vertreten, weil *Jones* im Nachwort zur 3. Auflage seines Buches „Das Wunder Europa" die Arbeiten von *Volckart* zustimmend zur Kenntnis nimmt. Vgl. *Jones* (2003, S. 248).

12 Hierbei stützt er sich auf eine These von *Moraw* (1995, S. 55). Vgl. *Volckart* (2002a, S. 10, Fn. 5).

nen nämlich dazu, daß sich der Krieger- und der Priesterstand verselbständigen, wodurch eine Rivalität entsteht, wenn es nicht gerade zu einem Gott-Königtum kommt.

Andererseits darf aber nicht vergessen werden, daß der Einfluß der Kirche ein europaweites Band darstellte. Mit dem kanonischen Recht verbreitete sie die wichtigste gemeinsame Rechtsgrundlage, und es ist auch zu überlegen, ob sie nicht als größter Grundbesitzer die wirtschaftliche Organisation von Bodenbesitz vorangetrieben hat und nach Aufkommen der Geldwirtschaft die Zahlungs- und damit auch die Warenströme europaweit organisieren half. Schließlich war die Kirche außerdem – mindestens bis ins ausgehende Mittelalter – der fast ausschließliche Hort von Gelehrsamkeit, die sich noch weit über diese Zeit hinaus überall durchgehend der lateinischen Sprache bediente.

Die Rolle der Religion dürfte noch an Gewicht gewinnen, wenn es sich, wie beim Christentum, um eine Schriftreligion handelt, weil dann nämlich das Problem der Auslegung entsteht, das wiederum den Wettstreit zwischen den Auslegern vorantreibt. Da sich in diesem Zusammenhang auch das begriffliche Denken entfaltet, kann sich die entsprechende Streitkultur weiter auf die Philosophie und später auch auf die Wissenschaft übertragen, denn auch hier geht es letztlich um die Auseinandersetzung, wer recht hat. Bedenkt man, daß die – in der Antike begründete – Wissenschaft in der Renaissance damit beginnt, ihre Behauptungen auf Empirie zu stützen, so wird der Zusammenhang zum Wettbewerb vollends deutlich: Ähnlich, wie im Wettbewerb eine Innovation am Markt getestet werden muß, um festzustellen, ob sich eine Hypothese bewährt, wird nun durch das Experiment, das heißt auf empirischer Grundlage, entschieden, ob eine Hypothese richtig oder falsch war. Nicht also Autorität und Tradition entscheiden, wer recht hat, sondern der konkrete Versuch.

Nun wäre es durchaus denkbar, daß sich die in der Wissenschaft entfaltende Vorgehensweise auch auf den entstehenden Wettbewerbsprozeß überträgt und durch diese Denkhaltung und Verhaltensweise die Dinge vorantreibt. Festzustellen bleibt aber, daß sich die entfaltende Wissenschaft im Wettbewerbsprozeß, der ebenfalls erst im Entstehen begriffen ist, nicht unmittelbar ausgewirkt hat, vielmehr der enge Zusammenhang zwischen wissenschaftlicher Entwicklung und Entfaltung des Wettbewerbsprozesses erst einer späteren Zeit angehört. Die Akkumulation von Wissen im Bereich der Universitäten und Schulen wirkt sich aber schließlich von einem bestimmten Zeitpunkt an doch zunehmend und dann nachhaltig auf die Gestaltung des Wettbewerbsprozesses aus. Hierbei wird durchaus die Meinung vertreten, daß es die Produktion, die Diffusion und damit die Anwendung des wachsenden Wissens ist, die es verhindert hat, daß der Industrialisierungsprozeß, nachdem er einmal seinen ‚*take off*' genommen hatte, wieder in eine Art von Stagnation zurückgefallen ist.[13]

---

13 Vgl. *Mokyr* (2001), der Wissen und seine systemendogene Vermehrung für den Grund hält, daß das Wachstum nach dem Start der Industriellen Revolution nicht – wie bis zu dieser Zeit regelmäßig – durch naturbedingt begrenzte Ressourcen wieder in Stagnation überging.

3.3. Der Markt für Sicherheit

3.3.1. Die Feudalherren im Wettbewerb

Wie bereits erwähnt, wendet *Volckart* (2002d) die Wettbewerbstheorie auf die gesellschaftlichen Verhältnisse in Deutschland an, um deren Entwicklung zu erklären und dabei gleichsam als Kuppelprodukt das Entstehen einer Wettbewerbsordnung einsichtig zu machen. Dabei geht er so vor, daß er Güter- und Faktormärkte auf der einen und politische Märkte (für öffentliche Güter) auf der anderen Seite in ihrer Wechselwirkung aufeinander betrachtet. Wenn dann am Ende dieser Entwicklung eine Wettbewerbsordnung entsteht, ist daraus keineswegs abzuleiten, daß man von einem Zustand minderen Wettbewerbs durch eine lineare Entwicklung nach ‚oben' in eine Welt mit ausgeprägtem Wettbewerb vorgerückt sei. Im Gegenteil, es zeigt sich, daß man zeitweise versucht hat, den Wettbewerb gerade zu beschränken, sei es auf den politischen, sei es auf den Güter- oder Faktormärkten. Daß man aus einer solchen Tendenz zur Begrenzung des Wettbewerbes letztlich wieder herausgefunden hat, ist dem Wettbewerb zwischen den bereits mehr oder weniger ausgebildeten Staaten zu danken, die allerdings erst relativ spät in Erscheinung treten.

Die konsequente Anwendung der Wettbewerbstheorie auf einen längeren historischen Zeitabschnitt führt zu sehr interessanten Hypothesen. Man muß sich aber von vornherein klarmachen, daß mit einer solchen Vorgehensweise nur einige, wenn auch wichtige, Tendenzen herausgearbeitet werden können, die aber keineswegs ausschließlich und schematisch auf die einzelnen Ereignisketten angewendet werden sollten. Dafür ist die betrachtete Realität zu komplex. Es wird immer bestimmte Ereignisse geben, die der überspitzten Formulierung einer Tendenz entgegenstehen. Schließlich sind hier auch Machtkämpfe zu berücksichtigen, die in den betrachteten Wettbewerbsprozessen immer wieder für Gegenläufigkeiten sorgen können. Hinzu kommt, daß der Prozeß in den verschiedenen deutschen Gebieten nicht synchron verlaufen ist, das heißt, es kann durchaus beträchtliche zeitliche Verschiebungen zwischen den verschiedenen Gebieten geben. Schließlich ist noch zu berücksichtigen, daß die Gewichte zwischen Grundherrschaft und Gutsherrschaft in den Gebieten diesseits und jenseits der Elbe durchaus unterschiedlich verteilt waren, was für die Interpretation der Interessenlagen nicht unerheblich ist. Trotz dieser Einschränkungen kann festgestellt werden, daß *Volckart* mit seinem Ansatz die Entwicklung im ganzen gesehen recht plausibel darstellt.

Ausgangspunkt der Überlegungen *Volckarts* ist die Zeit, in der sich in Europa das Feudalsystem herausbildete. In dieser spätkarolingischen oder frühen nachkarolingischen Zeit herrschte bekanntlich große Unsicherheit aufgrund lokaler Auseinandersetzungen und Räubereien, verstärkt noch durch die Einfälle bestimmter Völkerschaften (Normannen, Sarazenen, Ungarn). Da einzelne Herrscher nicht oder nur unzureichend in der Lage waren, die Bevölkerung zu schützen, richtete sich deren Nachfrage nach Sicherheit auf andere Personen. Damit ist der erste von *Volckart* behandelte Markt benannt, der Markt für (militärische) Sicherheit.[14]

---

14 Interessant ist, daß kein gesellschaftlicher Urzustand angenommen wird, wie er in der Literatur oft genug strapaziert worden ist, das heißt, ein Zustand, in dem jeder gegen jeden

Es ist wichtig, sich den Unterschied zu der heutigen Situation klar zu machen. Innere und äußere Sicherheit stellen heute öffentliche Güter dar, auf deren Produktion und Angebot der Staat ein Monopol besitzt. Ein solches Monopol besaß der Herrscher im Zeitalter des aufkeimenden Feudalismus nun eben gerade nicht, was nicht zuletzt mit dem damaligen Stand der Verkehrs- und Kommunikationstechnik zusammenhing. Bei plötzlichen Überfällen mußte man auf einen Schutzherren aus der Region zurückgreifen können. Hierfür kamen aber im Prinzip mehrere Personen in Betracht. Für die Produktion des Gutes Sicherheit gab es folglich kein Monopol. Wichtig ist es aber auch, zu erkennen, daß das Gut Sicherheit damals eher ein privates Gut darstellte, für das es gleichsam Rivalität im Konsum gab, denn ein Sicherheitsanbieter konnte sich (und mußte sich zuweilen) für die Person A oder B entscheiden. Es konnte auch das Ausschlußprinzip praktiziert werden, z. B. indem man eine nicht gewünschte Person nicht in die Sicherheit stiftende Burg einließ. Daraus ergibt sich aber, daß in der beginnenden Feudalzeit das Gut Sicherheit nicht staatlich-hierarchisch, sondern durch vertragliche Vereinbarung zwischen dem zu Schützenden und dem Schützer zustande kam, das heißt über einen Marktprozeß erfolgte.[15]

Nun darf der Markt für Sicherheit nicht isoliert von den anderen Märkten betrachtet werden. Zunächst einmal ist zu konstatieren, daß der Sicherheitsanbieter kein Altruist war, seine Sicherheitsleistung also nicht umsonst zur Verfügung stellte. Berücksichtigt man noch, daß in der beginnenden Feudalzeit die Szenerie absolut von der Agrarproduktion beherrscht wurde, so sind die Produktionsfaktoren Boden und Arbeitskraft in die Überlegung einzubeziehen, das heißt, die entsprechenden Märkte zu analysieren. Am einfachsten liegen die Dinge im Falle eines freien Bauern, der über eigenes Land verfügte. In diesem Falle konnte ein Sicherheitsvertrag zustande kommen, wenn sich der freie Bauer bereit erklärte, von seiner Ernte einen Teil an den Sicherheitsanbieter abzutreten, der nun insoweit alimentiert wurde, um sich auf die Produktion seines Gutes – Sicherheit also – spezialisieren zu können. Nun waren aber nicht alle Bauern Freie, nicht jeder besaß eigenen Grund und Boden. Auf der anderen Seite verfügten potentielle Sicherheitsanbieter über großen eigenen Landbesitz. Die Menschen ohne Land wollten beschützt werden, und zugleich wollten sie Land in Frieden bebauen, während die großen Besitzer von Grund und Boden ein Interesse daran hatten, das Land, das sie wegen seiner Größe und wegen ihrer anderen Spezialisierungsrichtung nicht selbst bewirtschaften konnten, bearbeiten zu lassen. Folglich wurde in diesem Falle Sicherheit gegen die Erbringung von Dienstleistungen (Bewirtschaftung des Bodens) getauscht. Anders ausgedrückt, der Unfreie oder der Freie ohne Land wurde zum Lehnsmann, der Grundeigentümer zum Lehnsherren.

Damit ist das System aber noch nicht vollständig beschrieben, denn es konnte auch vorkommen, daß ein Lehnsherr zum Lehnsmann eines in der Hierarchie höherstehenden

---

kämpft. Dies mag damit zusammenhängen, daß man bereits eine gewisse Arbeitsteilung zwischen Bauern, Kriegern und Priestern vorfindet, aber auch damit, daß bestimmte Usancen als gewohnheitsrechtliche Regelungen weiterhin beibehalten werden.

15 Für eine ausführlichere Schilderung zur spezifisch europäischen Prägung des Feudalismus, das heißt des Lehnswesens, vgl. *Mitterauer* (2003), 4. Kapitel: Lehenswesen und Ständeverfassung. Ein Sonderweg des Feudalismus, insbes. S.109-112 und S. 135-138.

Lehnsherren (Grundbesitzers) wurde. In diesem Falle mußte der hierarchisch höher stehende Lehnsherr dem untergeordneten Lehnsmann Grund und Boden zur Bewirtschaftung zur Verfügung stellen, wobei dieser sich im Gegenzug verpflichtete, Militärdienste zu erbringen, das heißt, er wurde in diesem Falle zu einem Subunternehmer auf dem Markt für Sicherheit. Die hierarchische Abstufung im Lehnswesen ist für die folgenden Überlegungen nicht unwichtig, weil prinzipiell eine Konkurrenz zwischen den Sicherheitsanbietern bestehen konnte, vor allem aber auch deswegen, weil in den späteren Phasen der Entwicklung ein Konflikt im Hinblick auf die Monopolisierung des Angebotes von Sicherheitsleistungen entstand.

Schließlich sind in diesem Kontext noch die Städte zu berücksichtigen. Hier kam es zu Schutzverträgen zwischen dem Lehnsherren auf der einen Seite, der die Stadt zu schützen versprach, und den Bürgern der Stadt, die im Gegenzug Güter bereitzustellen hatten.

Volckart (2002c) vertritt nun die Auffassung, daß das soeben skizzierte System im Hochmittelalter zu einer ausgeprägten Konkurrenz zwischen den Beteiligten auf den verschiedenen Märkten geführt habe. Dies hängt nach seiner Auffassung nicht zuletzt damit zusammen, daß der Faktor Arbeitskraft im Verhältnis zum Boden ausgesprochen knapp war, so daß die Arbeitskräfte stark umworben waren. Mit anderen Worten, wollten die Anbieter von Sicherheitsleistungen ihre wirtschaftliche, militärische und politische Stellung festigen, so waren sie, um genügend Arbeitskräfte zu haben, gezwungen, diesen günstige Angebote zu unterbreiten. Da die potentiellen Lehnsherren die Arbeitskräfte umwarben, also ein ‚Käufermarkt' auf dem Markt für Sicherheit gegeben war, und außerdem nach *Volckart* (2002c, S. 234-239) die Kosten eines Wechsels des Sicherheitsanbieters für den Nachfrager nach Schutzleistungen relativ gering ausfielen, konnten sich die Kräfte des Wettbewerbs gut entfalten. Somit waren die Bedingungen für die Bauern günstig, so daß sie in erster Linie für sich selbst produzieren konnten, das heißt, sie hatten einen Anreiz, Fortschritte in der Produktionstechnik zu realisieren.

Aber nicht nur in der Landwirtschaft gingen die Dinge voran, sondern auch im Bereich der Städte, deren Zahl in dieser Phase geradezu explosionsartig zunahm. Dabei ist auch auf den zunehmenden Austausch zwischen den agrarischen und den städtischen Produzenten zu achten. Das Interesse der landwirtschaftlichen Produzenten an der Belieferung der Städte wurde dadurch verstärkt, daß in den Schutzverträgen in aller Regel Verfügungsrechte vereinbart wurden, die das Recht umfaßten, einen Teil der eigenen Erzeugnisse autonom zu vermarkten. In diesen Austauschprozessen zwischen Land und Stadt, aber auch zwischen den Städten untereinander, mögen sich gewisse rudimentäre Usancen herausgebildet haben, die zur Grundlage späterer marktwirtschaftlicher Institutionen werden konnten. Freilich darf die Entwicklung der Märkte in der Zeit des Hochmittelalters nicht überschätzt werden, weil die Eigenversorgung noch dominierte.

Wenn in dieser Zeit somit ganz allgemein ein Klima des Wettbewerbs ausgemacht werden kann, so gilt dennoch die Feststellung, „von einer Marktwirtschaft kann man bezüglich der hochmittelalterlichen Wirtschaftsordnung allerdings nicht sprechen, da die Akteure aufgrund ihrer Einbindung in verschiedene Typen von Schutzorganisationen keine rechtliche Gleichheit genossen und abstrakte Institutionen, die das Funktionieren von Märkten erleichterten, nur lückenhaft durchgesetzt wurden."[16]

3.3.2. Die Entstehung territorialer Monopole

Wie *Volckart* (2002) hervorhebt, züchteten sich die Sicherheitsanbieter auf der Marktnebenseite geradezu Konkurrenten heran. Waren sie zu großzügig bei der Überlassung von Verfügungsrechten über Grund und Boden, so konnte der Lehnsmann (landlosen) Dritten gegenüber selbst als Lehnsherr fungieren und so viele Lehnsleute verpflichten, daß er zum Konkurrenten des ursprünglichen Lehnsherren wurde. Ähnliches gilt für viele Städte, die mit ihrer Entwicklung sich in die Lage versetzt sahen, selbst Sicherheit zu produzieren und anderen anzubieten. Man muß in diesem Zusammenhang nur an die Hansestädte denken.

Da Konkurrenz wehtut, ist es nicht überraschend zu beobachten, daß sich auf längere Sicht die Sicherheitsanbieter anschickten, den Wettbewerb, wenn möglich, zu beschränken. Hierbei kam ihnen entgegen, daß aufgrund der stark gestiegenen Bevölkerung das Arbeitskräfteproblem nicht mehr so dringlich war wie im Hochmittelalter. Hinzu kam, daß die Transaktionskosten auf den Sicherheitsmärkten sanken, was nicht zuletzt auf den vermehrten Schriftgebrauch und auf die verbesserte Infrastruktur (Straßenbau usw.) zurückgeführt wird. Schließlich nahm das Gut Sicherheit mit der Zeit einen immer höheren Grad der Öffentlichkeit an, was das Trittbrettfahrerproblem auf den Plan rufen mußte. Dies aber sollte Konsequenzen für das Verhalten der Akteure auf den Sicherheitsmärkten haben.

Gelang es nämlich, den Wettbewerb auf den Sicherheitsmärkten einzuschränken, so konnte man Sicherheit verteuern oder – anders gewendet – den Preis für den Faktor Arbeit weiter drücken. Darüber hinaus entstand hierdurch der Anreiz für den einzelnen Anbieter, einen möglichst großen Anteil des gestiegenen Gewinns zu erhalten. Dies aber konnte nur dadurch geschehen, daß man einen Teil der Anbieter aus dem Markt für Sicherheit verdrängte. In der Tendenz mußte man also ein Monopol anstreben, das nun, wegen des zunehmenden Kollektivgutcharakters des Gutes Sicherheit, territorial zu definieren war. All dies läßt sich beobachten. So schaltete man beispielsweise die Bauern als potentielle Anbieter von Sicherheit aus, indem man ihnen verbot, bestimmte Waffen zu besitzen und zu tragen. Natürlich gab es auch kartellartige Arrangements von Sicherheitsanbietern, die sich gegen die Sicherheitsnachfrager richteten, um den Preis in die Höhe zu treiben.

Reichte die schiere Macht nicht aus, verbliebene Sicherheitsanbieter vom Markt zu verdrängen, so mußte man Kompensationen auf anderen Teilmärkten anbieten. Dies geschah nicht zuletzt in der Form von Privilegien (Monopolen), die man den bisherigen, nun aber aus dem Sicherheitsmarkt ausscheidenden Konkurrenten seitens der Territorialherren auf den Güter- oder Faktormärkten einräumte. Um das oben angesprochene Trittbrettfahrerproblem zu lösen, waren die Territorialherren zunehmend gezwungen,

---

16 Siehe *Volckart* (2002e, S. 228). Wie sich der Übergang von einem Lehnsherren zum anderen oder in die Stadt im einzelnen abspielte und sich im Zeitablauf auch änderte, dafür liefert *Blickle* (2003) reichhaltiges Anschauungsmaterial.

Steuern zu erheben, um alle Nachfrager nach dem Gut Sicherheit an den Produktionskosten zu beteiligen. Da die Steuererhebung aber nicht ohne Einfluß auf die sonstige, auch naturale Abgabenfähigkeit der Bevölkerung war, wurden die Interessen der Abgabenempfänger, die als Sicherheitsanbieter ausgeschieden waren oder dabei waren auszuscheiden, tangiert, so daß zur Kompensation der Landesherr diesen das Recht einräumen mußte, an den Steuerbeschlüssen in kollektiver Form (Ständeversammlung) beteiligt zu werden und gegebenenfalls auch auf die Verwendung der Steuern Einfluß zu nehmen.

Aus diesem sehr knapp geschilderten Prozeß, der sich über Jahrhunderte erstreckte, entstand schließlich ein System, in dem das Gut Sicherheit von der Angebotsseite her monopolisiert war, kurz: es entstanden territoriale Monopole der Landesherrschaft, das heißt Staaten. Diese beschränkten ihre Zuständigkeit nun keineswegs nur auf die Sicherheit, sondern trafen auch formale Regelungen aller Art, was umfangreiche und erhebliche Eingriffe in die Märkte einschloß.

Daraus wird schon deutlich, daß das, was sich auf dem Markt für Sicherheit, also im militärisch-politischen Bereich, entwickelte, nicht ohne Einfluß auf die Güter- und Faktormärkte sein konnte,[17] und zwar sowohl auf dem Lande als auch in der Stadt. Gegenreaktionen blieben dabei nicht aus. Korporationen (Zünfte, Gilden, Dorfgenossenschaften) hatten sich zwar schon gebildet und stellten für ihre Mitglieder gewisse Kollektivgüter (‚Klubgüter') bereit. Jetzt wurden sie aber auch eingesetzt, um die Mitgliederinteressen gegenüber der Territorialherrschaft zu vertreten. Dabei ging es nicht zuletzt um Gewinninteressen. Nach und nach übernahmen die Korporationen die Funktion von Kartellen, die sich ihren Bestand vom Territorialherren garantieren ließen. Auf der anderen Seite waren mit der zunehmenden Etablierung von Territorialherrschaften, das heißt der Entstehung von Staaten, die ständischen Korporationen nicht mehr völlig frei in ihren Beschlüssen, sondern mußten sich den Konsequenzen stellen, welche staatliche Regulierungen und Privilegierungen mit sich brachten.

Auf diese Weise entstand schließlich ein System, in dem der Wettbewerb auf den Güter- und Faktormärkten zunehmend zum Erliegen kam, oder in den Worten von *Volckart*:

> „Sofern die Individuen noch zur Aufstellung eigener Wirtschaftspläne fähig waren, wurde deren Koordination auf dem Vereinbarungswege aufgrund der nunmehr oft staatlich durchgesetzten Festpreise erschwert. Insgesamt wies die Wirtschaftsordnung des frühmodernen Staates daher deutliche zentralverwaltungswirtschaftliche Elemente auf."[18]

Mit dieser knapp geschilderten Entwicklung schien das System in eine Art von Stagnation geraten zu sein. Welche Kräfte haben es aber nun aus dieser Art von ‚Gefängnis' befreit? Eine solche Befreiung muß es im Prinzip gegeben haben, denn sonst

---

17 *Volckart* (2002e, S. 230): „Die Beschränkung des Wettbewerbs auf dem Sicherheitsmarkt und die auf Produkt- und Faktormärkten gingen daher Hand in Hand."

18 *Volckhart* (2002e, S. 230); vgl. auch *Volckart* (2002b, S. 217). An anderer Stelle aber weist er darauf hin, daß man nicht, wie es ältere Autoren zum Teil getan haben, von einer Zentralverwaltungswirtschaft sprechen könne. Er schlägt statt dessen den Terminus „altständische Wirtschaft" vor. Vgl. *Volckart* (2002b, S.181, 216).

könnte nicht am Ende die moderne Wettbewerbsordnung stehen, die wir heute, jedenfalls im Prinzip, ausmachen können und die eben gerade nicht durch zentralverwaltungswirtschaftliche Elemente charakterisiert ist, sondern dem einzelnen erhebliche Handlungsrechte im Sinne des vor- und nachstoßenden Wettbewerbs einräumt. Die Antwort, die *Volckart* hier gibt – und bei der er dann wieder mit *Jones* übereinstimmt –, ist die institutionelle Konkurrenz zwischen den Staaten, das heißt, er bezieht sich auf den sogenannten Systemwettbewerb.[19]

3.4. Institutioneller Wettbewerb zwischen den Staaten

Bisher ist ausschließlich auf die Vorgänge Bezug genommen worden, die sich innerhalb des Gebietes abspielten, das sich später zu einem Staat verdichtete. Nun wird der Blick sozusagen nach außen, das heißt auf die anderen Staaten, gerichtet. Hier geht der politische und militärische Wettbewerb gleichsam weiter. Da der Landesherr oder der Staat die Bereitstellung öffentlicher Güter, insbesondere die Bereitstellung innerer und äußerer Sicherheit, aber zunehmend weniger aus eigenwirtschaftlichen Einnahmen (Domänen, staatliche Manufakturen usw.) bestreiten konnte, sondern in erster Linie auf Steuermittel (unter Einschluß von Zöllen und anderen Abgaben) zurückgreifen mußte, war er stark daran interessiert, das Steueraufkommen zu steigern. Letzteres gelang wiederum besonders dann gut, wenn man leistungsfähige Produktionsfaktoren zur Verfügung hatte beziehungsweise solche ins Land holen konnte. Da alle Staaten in dieser Hinsicht ein gleiches Interesse aufwiesen, entwickelte sich mit der Zeit hieraus eine beträchtliche Beweglichkeit der Produktionsfaktoren zwischen den verschiedenen Staaten. Also entstand der Wettbewerb der Staaten um diese mobilen Produktionsfaktoren. Anfangs war hierbei die Privilegierung durchaus noch Aktionsparameter. Erteilte ein Staat aber ausländischen Produktionsfaktoren ein Privileg, so mußte dies zwangsläufig im Inland bestehende Wettbewerbsbeschränkungen lockern, also den Einfluß ständischer Korporationen schwächen. Je mehr nun der Staat zur Finanzierung der von ihm bereitgestellten öffentlichen Güter auf Steuern zurückgreifen mußte, weil die Einnahmen aus den Domänenkammern und den staatlichen Manufakturen nicht mehr ausreichend waren, desto eher verlor der Souverän das Interesse an korporatistischen Sonderregelungen oder Privilegien und ersetzte diese durch Normen, die gleichermaßen für alle Marktteilnehmer galten. Damit entstanden Regelungen, wie sie bei der Betrachtung der modernen Wettbewerbsordnung anzutreffen sind.

Institutionelle Konkurrenz bedeutete aber zugleich auch, daß die einzelnen Staaten voneinander lernen konnten, das heißt, sie konnten institutionelle Regelungen, die sich

---

19 „Das hier zugrundegelegte Wettbewerbskonzept läßt erkennen, weshalb dieser (der Merkantilismus, d. V.) nicht das geschlossene wirtschaftspolitische System war, als das er der älteren Forschung erschien und vor allem von Heckscher dargestellt wurde. Die üblicherweise als typischer Ausdruck merkantilistischer Politik interpretierten Maßnahmen entstammten zwei völlig verschiedenen Sachzusammenhängen. Auf der einen Seite stand hier die Staatsbildung, zu der die Beschränkung des Wettbewerbs auf dem ursprünglichen mittelalterlichen Markt für Sicherheit führte und die auch mit einer Beschränkung des Wettbewerbs auf ökonomischen Märkten einherging. Auf der anderen Seite stand der zwischenstaatliche institutionelle Wettbewerb, der merkantilistische Wettbewerb um Investoren und Arbeitskräfte, der die Entstehung marktwirtschaftlicher Institutionen förderte" *Volckart* (2002e, S. 223).

in anderen Staaten bewährt hatten, übernehmen, ohne daß deshalb Wanderungen mobiler Produktionsfaktoren vorangegangen sein mußten.[20] Voraussetzung ist bei all dem, daß aufgrund der Vielfalt in Europa – die *Jones* betont – eine hinreichende Anzahl unabhängig voneinander agierender Staaten erhalten blieb, die jeweils in der Vergangenheit mit eigenen wirtschaftlichen Regelungen gleichsam experimentiert hatten.[21] Freilich ist in diesem Zusammenhang zu bedenken, daß Änderungen des Regelsystems nicht zuletzt auch im Hinblick auf die mobilen Ressourcen vorgenommen wurden. Diese kamen unter Umständen erst dann ins Land, wenn man das Institutionensystem bereits geändert hatte.

Aufgrund dieses institutionellen Wettbewerbs wurden die bei der Staatenbildung als solcher eingetretenen Beschränkungen des Wettbewerbs sukzessive wieder aufgehoben und dadurch der Wettbewerb erneut belebt. Zusammenfassend stellt *Volckart* (2002e, S. 232 f.) in diesem Zusammenhang fest:

> „Dennoch lenkte der institutionelle Wettbewerb des 17. und 18. Jahrhunderts die Entwicklung in Richtung auf die Bildung einer Gesellschaft gleichberechtigter Wirtschaftssubjekte, die die Grundlage für das Funktionieren marktwirtschaftlicher Elemente in der Wirtschaftsordnung der beginnenden Moderne war. Wichtig ist hier dreierlei: Erstens kam aufgeklärt liberalen Ideen im Parallelprozeß, der zu diesem Wandel führte, keine entscheidende Bedeutung zu (obwohl sie ihn natürlich beeinflußten). Zweitens war die Entstehung marktwirtschaftlicher Institutionen – anders als vielfach angenommen – auch nicht das Ergebnis der Bemühungen ‚des Bürgertums', sondern vielmehr eine von niemandem intendierte Folge des zwischenstaatlichen Wettbewerbs. Daß dieser erst einsetzen konnte, nachdem die ständischen Korporationen ihre politische Macht und ihre Fähigkeit zum autonomen Einsatz von Zwangsmitteln verloren hatten, erklärt, weshalb die politische Fragmentierung des Heiligen Römischen Reichs erst gegen Ende der Vormoderne zur Bildung von Marktwirtschaften beitragen konnte. Drittens schließlich ist bedeutsam, daß die neue Gesellschaftsordnung schon vor der französischen Revolution deutlich Gestalt anzunehmen begann. Damit zeigt sich, daß die mittelalterliche Gesellschaft der Vormoderne aus sich heraus reform- und modernisierungsfähig war."[22]

---

20 Instruktiv ist in diesem Zusammenhang das Vorgehen Preußens während der napoleonischen Kriege: „Die völlige Einführung des französischen Code Napoléon von 1804 als Zivilgesetzbuch links des Rheins und die abgestufte in den Rheinbundstaaten tat einen wichtigen Schritt zur ‚liberalen Eigentümergesellschaft' (Fehrenbach) über das Preußische Allgemeine Landrecht von 1794 hinaus, das noch einen Teil der grundherrlichen Eigentumsbindung aufrechterhielt. Auf dieser Privatrechtsgrundlage waren aber gerade auch in Preußen seit 1807 entscheidende liberale Modernisierungen der Rahmenordnung möglich, vor allem in ‚Bauernbefreiung' (...), Gewerbefreiheit (1810/11) und schließlich auch Freihandel." *Zorn* (1976, S. 150 f.).

21 *Eucken* (1965, S. 49) weist auf die großen Verschiedenheiten im Ordnungsgefüge einzelner europäischer Territorien im ausgehenden Mittelalter hin. Diese Situation dürfte sich bis in die Neuzeit hinein erhalten haben.

22 Im Ergebnis stellt *Volckart* (2002e, S. 233 f.) dann folgendes fest: „Die Staatsbildung an sich schwächte die marktwirtschaftlichen Funktionselemente, und zwar primär deswegen, weil sie darauf beruhte, daß die entstehende Staatsgewalt den sie unterstützenden ständischen Korporationen bei der Durchsetzung ihrer kartellinternen Institutionen half, und weil sich mit der Entstehung von Gesetzgebungskompetenzen die Möglichkeit zum Rentenstreben im modernen Sinne ergab. Die Entstehung des Staates ging daher keineswegs mit der Bildung einer Gesellschaftsordnung Hand in Hand, die *Böhm*s normativem Modell einer Privatrechtsgesellschaft entsprach oder auch nur nahe kam. Dennoch war sie eine notwendige Be-

Wie die vorstehenden Darlegungen zeigen, weist *Volckart* dem Systemwettbewerb zwischen den Staaten die entscheidende Bedeutung für die Entstehung einer Wettbewerbsordnung zu. Obwohl seine Analyse in sich schlüssig ist, stellt sich dennoch die Frage, ob der Wettbewerb zwischen den Staaten wirklich ausreicht, um die abgelaufene Entwicklung zu erklären. Nun sagt *Volckart* zwar nichts zur Industriellen Revolution, die sich in dieser Phase des Wettbewerbs zwischen den Staaten herausgebildet hat, aber es ist wohl anzunehmen, daß er der Auffassung ist, daß die Industrielle Revolution allein als eine Folge des Systemwettbewerbs gedeutet werden kann.[23] Dies wäre eine starke Annahme.

4. Umweltbedingter Strukturwandel als weitere notwendige Voraussetzung

Denkbar ist freilich auch eine andere Sicht der Dinge. So ist es durchaus vorstellbar, daß die beiden Phänomene der Industriellen Revolution einerseits und des Systemwettbewerbs zwischen den Staaten andererseits zwar gleichzeitig auftreten, aber voneinander unabhängige Vorgänge darstellen. Hält man dies für gegeben, so kann man sich für den Augenblick die institutionelle Konkurrenz zwischen den Staaten ohne gleichzeitiges Auftreten der Industriellen Revolution vorstellen. Wären die Impulse für den Systemwettbewerb dann hinreichend groß gewesen, um ihn richtig in Gang zu bringen? Denkbar wäre jedenfalls auch, daß der Prozeß der Herausbildung von Staaten nicht nur zu einer Verkrustung geführt hätte, sondern daß auch der Systemwettbewerb nichts Entscheidendes an dieser Verkrustung hätte ändern können. Auf diese Weise wäre Europa unter Umständen das Schicksal der Zentralverwaltungswirtschaften des zwanzigsten Jahrhunderts nicht erspart geblieben. Anders gewendet: Damit der Systemwettbewerb zwischen den Staaten genügend Anreize bekam, mußte das mit institutionellen Änderungen erreichbare Wirtschaftswachstum um Größenordnungen gesteigert werden.

Genau diese Anhebung des Stellenwertes von marktlichen und wettbewerblichen Institutionen aber konnte die Industrielle Revolution bewirken, da sie ein gewaltiges Potential an Produktionssteigerung und damit an Steueraufkommen bot. Dabei wird, wohlgemerkt, vorausgesetzt, daß die Industrielle Revolution nicht direkt das Ergebnis von Wettbewerbsprozessen war, sondern daß die eigentliche Anreizstruktur beim Übergang von der Agrarwirtschaft zur Industriewirtschaft in einem anderen Kontext zu su-

---

dingung für den Bedeutungsgewinn marktwirtschaftlicher Funktionselemente gegen Ende der Vormoderne. Eine hinreichende Bedingung war sie allerdings nicht; zu ihr musste erst der Wettbewerb zwischen territorialen politischen Autoritäten treten. In diesem Wettbewerb entwickelten die an einer Steigerung ihrer Steuererträge interessierten Regierungen ein Interesse am Zuzug der Inhaber mobiler Produktionsfaktoren; die Staatsbildung ermöglichte diesen Zuzug, da sie die Aufhebung korporatistischer Marktzutrittsschranken erlaubte, die die Mobilität von Kapital und Arbeit hemmten. Staatsbildung und institutioneller Wettbewerb waren daher gleichermaßen entscheidend für den Bedeutungsverlust zentralverwaltungswirtschaftlicher Funktionselemente in der Vormoderne."

23 Daß er sich dabei in guter Gesellschaft befände, zeigt folgende Feststellung von *Mokyr* (2001, S. 296): „But most of the economic history profession agrees today that premodern economic growth was (...) based (...) on institutional change."

chen ist, nämlich der Anpassung des Menschen an den Sonnenenergiestrom entspringt. Der Systemwettbewerb im Sinne von *Volckart* wäre hierbei ein eher sekundäres Phänomen.

Nun gibt es zahlreiche Theorien zur Industrialisierung. Diese sollen im folgenden allerdings nicht diskutiert werden. Vielmehr soll direkt auf den gegenwärtig überzeugendsten Versuch einer Erklärung, nämlich den von *Günter Hesse* (1985, 1992), zurückgegriffen werden. Auch dieser Ansatz kann allerdings aus räumlichen Gründen hier nur kurz skizziert werden. Ausgangspunkt seiner Überlegungen ist der Sonnenenergiestrom. Nur in dem Maße, in dem dieser genutzt werden kann, ist menschliche Produktion möglich. Veränderungen in der vorindustriellen Produktionsweise erklären sich deshalb als innovative Anpassungen an diese Restriktion, indem der Mensch sukzessive zu neuen Landnutzungssystemen übergeht. Aufgrund des verallgemeinerten Gesetzes des Bodenertrages nimmt hierbei die Effizienz der Energiegewinnung (in Nahrungsäquivalenten) ab. Dies wirft die Frage auf, warum der Mensch dann zu neuen Landnutzungssystemen übergeht. Die Antwort hierauf ist sehr einfach. Sie ergibt sich aus der Notwendigkeit, eine wachsende Bevölkerung zu ernähren. Ist der Boden insgesamt aber schließlich eine in etwa gegebene Größe geworden, so zwingt die zunehmende Bevölkerung zu einer Umstrukturierung der Ernährungsweise in dem Sinne, daß die Nahrungskette sich verkürzt. Es werden dann weniger tierische Produkte als vielmehr pflanzliche Produkte erzeugt, weil man auf diese Weise *ceteris paribus* eine höhere Kalorienmenge für die menschliche Ernährung verfügbar machen kann. Dieser Sachverhalt gilt universell (*Hesse* 1985, 1992).

Ähnlich wie *Jones*, jedoch in völlig anderer Weise bringt *Hesse* an dieser Stelle eine geographische Argumentation ins Spiel. Ausgangspunkt ist die empirische Feststellung, daß, bis zum Beginn der Industrialisierung in Europa, weltweit etwa 80 % der Bevölkerung in der Landwirtschaft tätig waren. Seit Beginn der Industrialisierung nimmt der Anteil der in der Landwirtschaft tätigen Bevölkerung in Europa jedoch kontinuierlich ab, während er in anderen Weltgegenden bei der alten Proportion verharrt. *Hesse* führt dies darauf zurück, daß aufgrund der Temperaturverhältnisse im ‚Süden' Kulturpflanzen praktisch das ganze Jahr über angebaut werden können. Daraus ergibt sich der Anreiz, auch über das ganze Jahr hinweg zu produzieren und in der Landwirtschaft tätig zu sein. Man startet demnach agrarische Produktionsprozesse praktisch zu jeder Zeit, so daß sich eine zeitlich gestaffelte Produktionsweise ergibt. Nimmt nun die Bevölkerung zu, so besteht ein Anreiz, die Produktion in der Landwirtschaft dadurch zu erhöhen, daß man Meliorationen durchführt, Bewässerungssysteme errichtet oder aber die Leistungsfähigkeit einzelner Pflanzenkulturen durch Züchtung zu steigern versucht. Insgesamt läuft dies auf den Versuch hinaus, eine innovative Anpassung in einer Form hervorzubringen, die man ‚landvermehrenden' technischen Fortschritt nennen kann.

Gänzlich anders ist die Anreizstruktur in den Weltgegenden, in denen die herrschenden Temperaturen die Vegetationsperiode auf einen Teil des Jahres beschränken, also im ‚Norden'. Nimmt die Bevölkerung zu, so wird auch hier die Nahrungskette verkürzt. Die Abhängigkeit von der Pflanzenproduktion wird stark zunehmen, weil man auf tierische Nahrung, die gleichsam das ganze Jahr über zu ‚ernten' ist, nunmehr nur noch marginal zurückgreifen kann. Selbst wenn man davon ausgeht, daß das Klima im großen und ganzen unverändert bleibt, wird man doch in jedem Jahr mit gewissen Schwankungen des Wetters bei der Aussaat und bei der Ernte rechnen müssen. Daraus entsteht der Anreiz, sich mit landwirtschaftlichen Geräten so auszurüsten, daß man möglichst schnell säen, aber auch die Ernte möglichst schnell einfahren kann. Somit besteht ein hinreichender Anlaß, die Werkzeuge oder Kapitalgüter so zu verändern, daß im entscheidenden Zeitraum Arbeitszeit eingespart wird.

Diesem Anreiz kann man im ‚Norden' auch ohne weiteres nachgehen, weil man im Winterhalbjahr zu einer Zwangspause verurteilt ist. Da man für diese Zeitspanne aber gleichwohl Konsumgüter braucht, um sie zu überstehen, hat man genügend Zeit, um die erwähnten Anpassungen der Gerätschaften in dem erwähnten Sinne vorzunehmen.[24] Man kann also in der Winterpause Kapitalbildung betreiben, ohne dafür zusätzlich sparen zu müssen.[25] Verschlechtern sich nun zusätzlich noch die Klimabedingungen wie während der ‚kleinen Eiszeit' (etwa 1540-1720), so werden die Anreize zur Umstrukturierung der Kapitalgüter in dem genannten Sinne noch zunehmen, während gleichzeitig die dazu zur Verfügung stehende Zeit sich verlängert.[26] Da sich nun die Vegetationsperiode, in der man alle Äcker im Prinzip gleichzeitig bestellen und auch gleichzeitig abernten muß, abermals verkürzt, werden starke Anreize ausgelöst, die auf eine zeitsparende Produktionsweise in der Landwirtschaft hinwirken.

Um 1774 erfolgten aber beispielsweise noch kaum 20 % der Produktion einer repräsentativen deutschen Bauernwirtschaft für den Markt.[27] Fortschritte in der Verbesserung der Geräte und Ausrüstungen ließen sich zunehmend nur noch durch verbesserte Kenntnisse – wofür freilich die Winterpause ebenfalls Gelegenheit gibt[28] – oder aber durch Spezialisierung erreichen, die ihrerseits erhöhte Arbeitsteilung voraussetzt. Der Übergang zu Beschäftigungen gänzlich außerhalb der Landwirtschaft ist gleichwohl in den meisten Fällen ein allmählicher Prozeß: Zumindest zur Erntezeit kommen vorwiegend gewerblich Beschäftigte, sei es auf ihren eigenen, zum rein landwirtschaftlichen Unterhalt der Familie aber nicht mehr ausreichenden Grundstücken (‚Häusler'), sei es als Tagelöhner im Gutsbetrieb oder auf dem elterlichen Hof (hier auch Schüler des begin-

---

24 Sieht man vom intrinsischen Wert der Freizeit ab, hat in dieser Zeit der Arbeitseinsatz Opportunitätskosten von Null.

25 Man beachte, daß damit das Problem der ‚ursprünglichen Akkumulation' auf elegante Weise gelöst wird.

26 *Hesse* nimmt Bezug auf die Agrargeschichte von *B. Slicher-van Bath* (1963, S. 306) der mitteilt, daß sich „... der Anteil der Geräte am Inventar von Farmen in Sussex von der ersten Hälfte des 17. bis zum Anfang des 18. Jahrhunderts mehr als verdoppelt (hat)" (eigene Übersetzung).

27 *Abel* gibt hierfür das Beispiel eines niedersächsischen Hofes, von dessen Bruttoproduktion 45,3 % Betriebsaufwand, 39,9 % Dienste und Abgaben und 14,8 % Familieneinkommen sind. Produktion für den Markt hat dabei einen Anteil von 19,8 %.Wenn man davon ausgeht, daß das dafür erlöste Geld auf die o. g. Kategorien etwa proportional verwendet wurde, bleiben für den Marktbezug von ‚Kapitalgütern' weniger als 9 %. Vgl. *Abel* (1971, S. 500).

28 *Abel* (1971, S. 512) präsentiert eine Aufstellung der Erstausgaben landwirtschaftlicher Schriften (nach Beständen niedersächsischer Bibliotheken), deren Zahl 1550-1650 jährlich durchschnittlich bei etwa 3 liegt, um sich in den nächsten 100 Jahren auf etwa 12 zu vervierfachen. Im Abschnitt 1750-1800 sind es bereits im Mittel 35.

nenden Schulwesens) noch bis weit ins 19. Jahrhundert zum Einsatz, allerdings mit abnehmender Tendenz.

Steigender Bevölkerungsdruck[29] in Wechselwirkung mit der nun einsetzenden Ausweitung gewerblicher Beschäftigungsmöglichkeiten – zunächst noch in landwirtschaftsnahen Gewerbezweigen – läßt den Anteil der nicht in der Landwirtschaft Tätigen über die Jahrhunderte lang konstante Relation von etwa 1:4 hinaus ansteigen.

In dieser ersten Phase der Industriellen Revolution sinkt das Pro-Kopf-Einkommen insbesondere dieser Gewerbetreibenden deutlich ab.[30] Erst in der zweiten Phase der Industriellen Revolution steigt es langsam, aber dann nachhaltig an, nachdem der Rückgriff auf die fossilen Energien gelungen ist. Damit ist dann der eigentliche Durchbruch zur Industrialisierung vollzogen.

Der zentrale Anreiz ist aber hier zunächst gewesen, die aus dem landwirtschaftlichen Bereich abgewanderten Arbeitskräfte zu beschäftigen. Sie standen unter dem Druck, neue, produktive Tätigkeiten zu finden. Der dabei einsetzende Suchprozeß führt dazu, die Wissensquellen der Gesellschaft anzuzapfen und weiterzuentwickeln, etwa in die Richtung von Verfahren, mit deren Hilfe die fossilen Energieträger zu erschließen und zu nutzen möglich wird (hierzu näher *Mokyr* 2001). Dies wirkt schließlich auf die Landwirtschaft in der Weise zurück, daß ihr Kapitalgüter mit noch höherer Leistungskraft zur Verfügung gestellt werden, was wiederum den Abwanderungsdruck erhöht. Gleichzeitig wird hierdurch auch die mit der Zeit zunehmende Arbeitsnachfrage im gewerblichen Sektor befriedigt. So kommt es säkular zu einer kontinuierlichen Abnahme der Arbeitskräfte in der Landwirtschaft, wie wir sie in Europa und später in den industrialisierten Ländern anderer Weltgegenden beobachten können.

5. Institutioneller Wettbewerb und Industrialisierung im Zusammenwirken

Es steht außer Zweifel, daß der volkswirtschaftliche Produktionsprozeß, der sich außerhalb der bislang dominierenden landwirtschaftlichen Produktionsweise entfaltete, zu einer erheblichen Ausweitung der Arbeitsteilung führen mußte. Dies bedeutet aber, daß der Koordinationsprozeß völlig neu zu organisieren und koordinieren war. Das bezieht sich zum einen auf die Gütermärkte. Freilich konnte man hier auf die Erfahrungen zurückgreifen, die man beim Austausch von Produkten in den Städten und auch zwischen

---

29 Die hier relevanten Ansätze zur Erklärung des generativen Verhaltens darzulegen, fehlt ebenfalls der Raum. *Hesse* (1992, S. 124 f.) entscheidet sich für eine „Investitionstheorie" des generativen Verhaltens, nach der die Kinderzahl Funktion des potentiellen Einkommens der Nachkommen und der Kontrolle der Eltern über ihre Kinder ist, und bringt in diesem Zusammenhang ein Zitat aus dem Jahre 1779, nach dem für den Bauern die „Erzeugung von Knechten, die er nicht lohnen muß" ein wichtiges Motiv war. Neben einer solchen endogenen Erklärung sollten aber im betrachteten Zeitraum auch exogene Einflüsse (Heiratserlaubnis, Abtreibungs- und Verhütungsverbot etc.) in Betracht gezogen werden.

30 Zwar steigen sie nominal (in Silberäquivalent gemessen, 10-Jahresdurchschnitte) etwa in den meisten Gegenden Deutschlands 1760-1810 leicht an. Da sich aber die Getreidepreise im gleichen Zeitraum nahezu verdoppeln, ist, bei dem Gewicht dieses Gutes im damaligen Warenkorb, von einer erheblichen Reallohnsenkung auszugehen. Vgl. *Abel* (1971, S. 524).

Stadt und Land bereits gemacht hatte. Etwas komplizierter liegen die Dinge bei der Entfaltung der Faktormärkte. So war der gewerbliche Arbeitsmarkt sehr viel komplexer als der Arbeitsmarkt in der Landwirtschaft; der eher rudimentär entwickelt war. Hier mußten die von den Gütermärkten her bereits bekannten Institutionen neu durchdacht und – gegebenenfalls in modifizierter Form – auch auf dem Arbeitsmarkt heimisch gemacht werden, um die neu auftretenden Koordinationsprobleme zu lösen.[31] Gleiches gilt für die Entfaltung der Kapitalmärkte, wenn man hier auch auf das Wissen zurückgreifen konnte, das in den frühen Handelszentren etwa Italiens und der Niederlande bereits gewonnen worden war. Dennoch mußten die Spielregeln und institutionellen Vorkehrungen auch auf dem Kapitalmarkt den Bedürfnissen der gewerblichen und industriellen Wirtschaftsweise angepaßt werden, was erheblicher Anstrengungen bedurfte. Schließlich waren auch neue institutionelle Regelungen für den Verkehr auf den entstehenden Bodenmärkten zu finden, um diesen Produktionsfaktor aus seinen feudalen Fesseln zu befreien.

All dies zeigt die gesteigerte Bedeutung, die den institutionellen Regelungen des wachsenden gewerblich-industriellen Bereichs zukommt. Mit anderen Worten, das Gewicht der Institutionen nimmt gravierend zu, denn nur mit ihrer Hilfe lassen sich gleichsam die Schätze heben, welche die Revolutionierung der Verfahren – also die „Industrielle Revolution" – zur Steigerung der Ergiebigkeit der Produktionsprozesse potentiell bereithält.[32] So gesehen ist es aber die Industrialisierung, die das zur Stagnation neigende System der korporatistischen Wirtschaft mit ihren Wettbewerbsbeschränkungen gewissermaßen neu ‚aufmischt' und dadurch eine Stagnation verhindert.

Allerdings mußten die mit der anlaufenden Industrialisierung sich ankündigenden ‚Schätze' – im Hinblick auf neue Produkte, Produktionsverfahren, Rohstoffe, Organisationsverfahren etc., kurz im Hinblick auf neues Wissen – erst entdeckt werden. Hier kommt nun in zentraler Weise das Unternehmertum ins Spiel. So ist der Unternehmer unabdingbar, wenn es um das Aufspüren neuer Möglichkeiten geht, wie dies bereits an früherer Stelle betont worden ist. In gleicher Weise ist der Unternehmer gefordert, wenn es nach dem Erkennen auf die Durchsetzung der neuen Kombinationen ankommt. Hierbei kann es durchaus – wofür es schon bei *Schumpeter* (1950, S. 221) Hinweise gibt – auch um die Durchsetzung neuer institutioneller Regelungen gehen, wenn anders die neuen Kombinationen nicht verwirklicht werden können. Insofern treten hier gelegentlich zugleich Züge politischen Unternehmertums auf. Insgesamt wird daraus ersichtlich,

31 Siehe zu den diesbezüglichen Diskussionen um die Wende zum 18. Jahrhundert *Polanyi* (1995, S. 102 f.). Besonders interessant sind hierbei die Beziehungen zwischen Arbeitsmarkt und sozialer Absicherung, wie sie bei der Debatte um die Speenhamland-Gesetze zutage treten. Vgl. ebenda, S. 113 ff.

32 Obgleich *Schumpeter* (1950, S. 221) diese Vorgänge nicht so explizit herleitet, konstatiert er doch im Ergebnis: „Der König, der Hof, das Heer, die Kirche und die Bürokratie lebten in zunehmendem Maße von Einnahmen, die der kapitalistische Prozeß schuf; sogar die rein feudalen Einkommensquellen schwollen infolge der gleichzeitigen kapitalistischen Entwicklung an. In zunehmendem Maße wurden auch die innere und äußere Politik und die institutionellen Änderungen so geformt, daß sie auf diese Entwicklung paßten und sie förderten."

wie man sich das Ineinandergreifen von Kräften vorzustellen hat, die teils auf die Industrialisierung, teils auf den Systemwettbewerb zurückgehen.

Hierbei ist schließlich noch ein ganz wichtiger Zusammenhang zu beachten, der sich wiederum zugleich auf die Industrialisierung und die Institutionenbildung bezieht. Die agrarische Welt vor der Industrialisierung war wesentlich von der Selbstversorgung bestimmt. Neuerungen betrafen deshalb vor allem den Produzenten selbst. Nachahmung von Neuerungen, so sie denn nach außen hin sichtbar wurden, erfolgte aus diesem Grunde in erster Linie freiwillig. Im ländlichen Bereich konnte die Dorfgenossenschaft freilich im Hinblick auf Neuerungen Einschränkungen machen. Mit gewissen Abstrichen galt dies auch für das dörfliche und städtische Gewerbe. Insbesondere bei letzterem sind Einflußnahmen der Zünfte bis hin zur Verhinderung von Innovationen vielfach belegt.[33]

Mit der durch die beginnende Industrialisierung ausgelösten Tendenz zur Ausweitung der Arbeitsteilung im gewerblichen Bereich mußten nun aber die Entscheidungen der Innovatoren – die teils außerhalb der ländlichen und städtischen Korporationen standen – ein viel höheres Gewicht für Dritte erlangen, insbesondere für Lieferanten und Abnehmer auf den benachbarten und anschließenden Produktions- und Handelsstufen. Mit anderen Worten: Die durch Innovationen aller Art wahrgenommenen und realisierten Handlungsmöglichkeiten der Innovatoren schufen externe Effekte in einem Ausmaße, das zuvor nicht bekannt gewesen war. Dabei konnte es sich lediglich um pekuniäre externe Effekte handeln, durchaus nicht selten waren aber auch physische externe Effekte. Wurden neue Handlungsmöglichkeiten positiv sanktioniert, so bedeutete dies, daß zahlreiche Wirtschaftssubjekte an verschiedenen Stellen des Marktsystems mehr oder weniger unter Druck gesetzt wurden,[34] sich auf ihren Märkten den neuen Verhältnissen zu stellen. Dies konnte durch eigene Innovationen geschehen, aber auch dadurch, daß man Einfluß auf die Handlungsrechte beziehungsweise Institutionen zu nehmen trachtete, was in der Regel wiederum zu zahlreichen neuen Rückwirkungen führte, und so fort.

Deutlich wird jedenfalls, daß die Industrialisierung mit ihrer Steigerung der Arbeitsteilung über den Innovationszusammenhang auf eine permanente Änderung der Handlungsrechte drängte, denn es mußte von Fall zu Fall geregelt werden, was erlaubt und was nicht erlaubt sein sollte. Gleichzeitig wurde der Innovator mit der Schaffung einer Wettbewerbsordnung davon entlastet, sich um entferntere Wirkungen insbesondere der von ihm verursachten pekuniären externen Effekte seiner Innovation kümmern zu müssen. Dies wiederum begünstigte den Prozeß der Industrialisierung erheblich und belebte zugleich die Systemkonkurrenz.

---

33 Hier spielte die Begrenzung der Gesellenzahl eine wichtige Rolle, weil sie den Aktionsparameter Angebotsmenge stark einschränkte. Der Aktionsparameter Preis war häufig durch Preistaxen außer Kraft gesetzt. Konnten sich die Folgen der Innovation so nicht auf dem Markt manifestieren, ging nicht nur kein Reaktionszwang auf die Konkurrenten aus, diese nahmen die Innovationsmöglichkeit unter Umständen nicht einmal wahr.

34 Das Unternehmertum wird daher durch die industrialisierungsbedingte Verstärkung der Arbeitsteilung recht eigentlich erst ‚freigesetzt'.

Die Industrialisierung mit ihrer Umstrukturierung des Arbeitseinsatzes weg von der Landwirtschaft hin zum Gewerbe und zur Industrie dürfte somit eine enorm gesteigerte Nachfrage nach Institutionen beziehungsweise verbesserten Institutionen hervorgerufen haben, so daß auch die Systemkonkurrenz zwischen den Staaten den nötigen Treibstoff bekam. So gesehen ist es dann die kombinierte Wirkung von Industrialisierung und Systemkonkurrenz gewesen[35], welche die moderne Wettbewerbsordnung hervorgebracht hat.

Literatur

Abel, Wilhelm (1971), Landwirtschaft 1648-1800, in: Handbuch der deutschen Wirtschafts- und Sozialgeschichte Bd. 1, Stuttgart, S. 495-530.

Blickle, Peter (2003), Von der Leibeigenschaft zu den Menschenrechten: Eine Geschichte der Freiheit in Deutschland, München.

Bürgin, Alfred (1993), Zur Soziogenese der politischen Ökonomie: Wirtschaftsgeschichtliche und Dogmenhistorische Betrachtungen, Marburg.

Eucken, Walter (1965), Die Grundlagen der Nationalökonomie, 8. Aufl., Berlin et al.

Ferguson, Adam (1767/1923), Abhandlung über die Geschichte der bürgerlichen Gesellschaft (An Essay on the History of Civil Society, zuerst erschienen 1767), 2. Aufl., Jena 1923 (übersetzt nach der 7. Aufl. 1814).

Friedell, Egon (1949), Kulturgeschichte Griechenlands, München 1949.

Hayek, Friedrich A. v. (1969), Der Wettbewerb als Entdeckungsverfahren, in: *Friedrich A. v. Hayek*, Freiburger Studien, Gesammelte Aufsätze, Tübingen, S. 201-207.

Hesse, Günter (1985), Die Entstehung industrialisierter Volkswirtschaften, Tübingen.

Hesse, Günter (1992), Innovative Anpassung in sozio-ökonomischen Systemen – Ein Beispiel: Landnutzungssysteme und Handlungsrechte bezüglich Boden, in: *Bernd Biervert* und *Martin Held* (Hg.), Evolutorische Ökonomik: Neuerungen, Normen, Institutionen, Frankfurt und New York, S. 110-142.

Hirschmann, Albert D. (1974), Abwanderung und Widerspruch, Tübingen.

Jones, Eric Lionel (1991), Das Wunder Europa (The European Miracle, Cambridge 1981), Tübingen.

Jones, Eric Lionel (2003), Afterword to the Third Edition, in: The European Miracle, 3rd ed., Cambridge, pp. 239-259.

Kirzner, Israel M. (1978), Wettbewerb und Unternehmertum, Tübingen.

Knight, Frank H. (1921), Risk, Uncertainty and Profit, Boston.

Luhmann, Niklas (1972), Rechtssoziologie 1, Reinbek bei Hamburg.

35 So auch *Snooks* (1994, S. 15): „The Industrial Revolution emerged from a thousand years of fierce competition between a large number of small, equally matched Western European kingdoms. This struggle to take the lead in Europe had, over many centuries, been the spur to seek new ways of developing a larger surplus (...). These new ways included a rate of technological change together with an improvement of organizational form (...)." *Snooks* geht es dabei allerdings vor allem darum, klar zu machen, daß es sich bei der Industriellen Revolution nicht um ein spezifisch englisches, sondern um ein europäisches Phänomen handelt.

Mitterauer, Michael (2003), Warum Europa? Mitttelalterliche Grundlagen eines Sonderwegs, München.

Mokyr, Joel (2001), The Industrial Revolution and the economic history of technology: Lessons from the British experience 1760-1850, in: The Quarterly Review of Economics and Finance, Vol. 41, pp. 295-311.

Moraw, Peter (1995), Neue Ergebnisse der deutschen Verfassungsgeschichte des späten Mittelalters, in: *Rainer Christoph Schwinges*, (Hg.), Über König und Reich: Aufsätze zur deutschen Verfassungsgeschichte des späten Mittelalters, Sigmaringen, S. 47-71.

Polanyi, Karl (1995), The Great Transformation: Politische und ökonomische Ursprünge von Gesellschaften und Wirtschaftssystemen, Frankfurt (Main).

Schumpeter, Joseph A. (1911/1993), Theorie der wirtschaftlichen Entwicklung, 8. Aufl., Berlin 1993.

Schumpeter, Joseph A. (1950), Kapitalismus, Sozialismus und Demokratie, 2., erw. Aufl., Bern.

Slicher-van Bath, Bernard H. (1963), The Agrarian History of Western Europe: A. D. 500-1850, London.

Snooks, Donald (1994), New Perspectives on the Industrial Revolution, in: *Donald Snooks* (ed.), Was the Industrial Revolution Necessary? London, pp. 1-26.

Volckart, Oliver (2002a), Die offene Verfassung und ihre Feinde, in: *Volckart* (2002d), S. 9-56.

Volckart, Oliver (2002b), Wirtschaftsordnung und Ständegesellschaft, in: *Volckart* (2002d), S. 181-227.

Volckart, Oliver (2002c), Systemwettbewerb als historisches Phänomen: Das Beispiel Deutschlands vom 10. bis 18. Jahrhundert, in: *Volckart* (2002d), S. 228-271.

Volckart, Oliver (2002d), Wettbewerb und Wettbewerbsbeschränkung in Politik und Wirtschaft: Deutschland in Mittelalter und früher Neuzeit, Marburg.

Volckart, Oliver (2002e), Wettbewerb und Wettbewerbsbeschränkung im vormodernen Deutschland 1000-1800, Tübingen.

Zorn, Wolfgang (1976), Staatliche Wirtschafts und Sozialpolitik und öffentliche Finanzen 1800-1970, in: Handbuch der Deutschen Wirtschafts- und Sozialgeschichte Bd. 2, Stuttgart, S. 148-197.

Helmut Leipold und Dirk Wentzel (Hg.), Ordnungsökonomik als aktuelle Herausforderung
Schriften zu Ordnungsfragen der Wirtschaft · Band 78 · Stuttgart · 2005

Der Stabilitäts- und Wachstumspakt: Prüfstein für ein stabilitätsorientiertes Europa

Dirk Wentzel[1]

Inhalt

---

1 Ich danke Dr. *Bettina Wentzel* für eine kritische Durchsicht des Manuskripts und hilfreiche Anmerkungen.

1. Die Europäische Währungsunion – und ihre offene Flanke

„Je sais très bien que le pacte de stabilité est stupide, comme toutes les décisions qui sont rigides.“

Romano Prodi, Präsident der EU-Kommission, 2002, in: o.V., *Neue Zürcher Zeitung*, Nr. 242 vom 18.10.2002, S. 9.

„(Der Stabilitätspakt...) kann jedoch dauerhafte Haushaltsdisziplin nicht gewährleisten. Seine Sanktionsdrohung ist allenfalls glaubwürdig, wenn nur ein einzelnes Land oder sehr wenige Länder betroffen sind. Da Sanktionen nicht automatisch eintreten, dürfte es aber kaum eine qualifizierte Mehrheit für die Anwendung des Paktes geben...“

Aufruf der deutschen Wirtschaftswissenschaftler „Der Euro kommt zu früh“ (*Frankfurter Allgemeine Zeitung* 1998).

Seit der Gründung der Europäischen Wirtschaftsgemeinschaft und der Unterzeichnung der Römischen Verträge 1957 hat sich die Europäische Union von einer kleinen Gruppe von sechs Staaten zu einem großen Staatengebilde mit nunmehr 25 Teilnehmerstaaten weiterentwickelt. Die umfangreiche Osterweiterung zum 1. Mai 2004 dürfte noch lange nicht der Endpunkt des Europäischen Erweiterungsprozesses gewesen sein (siehe *Wentzel* 2004b). Die sog. ‚zweite Welle‘ der Osterweiterung ist für 2007 geplant, mit der Türkei wurden offiziell Beitrittsgespräche begonnen, und auch die Ukraine zeigt Interesse an einer Mitgliedschaft in der Europäischen Union. Europa ist, soviel ist festzustellen, noch lange nicht am Endpunkt seiner Integrationsentwicklung angekommen.

Aus ordnungspolitischem Blickwinkel ist jedoch festzuhalten, daß die europäische Integration mit sehr vielen Fragezeichen versehen ist (siehe *Schüller* 1998b). So ist beispielsweise bis heute nicht geklärt, was Europa genau sein will: Ein Staatenbund unabhängiger Staaten oder aber ein Bundesstaat, der weitreichende Kompetenzen seiner Teilstaaten an eine Zentralregierung abtreten soll. Seit neuestem gibt es einen Verfassungsentwurf für die EU, der vom Parlament in Straßburg am 12. Januar 2005 mit großer Mehrheit bestätigt wurde. Die EU hat ein Parlament und mit dem Europäischen Gerichtshof (EUGH) eine unabhängige Gerichtsbarkeit, deren Rechtsetzung in der Regel für die nationalen Gerichte bindend ist. Verfassung, Parlament und der EUGH sind eindeutige Merkmale eines Entwicklungsprozesses hin zu einem Bundesstaat. Gleichzeitig gibt es aber auch die Europäische Kommission, das ‚genuin europäische Organ‘ und die ‚Hüterin der Verträge‘, die allein schon durch ihre Struktur und Zusammensetzung auf einen Staatenbund hinweist, bei dem die Nationalstaaten auch auf lange Sicht ihre Unabhängigkeit zumindest in Grundsatzfragen erhalten wollen. Und insbesondere in der Gemeinsamen Außen- und Sicherheitspolitik (GASP) sowie in der Verteidigungspolitik ist die Union nach wie vor von jeder politischen Einigkeit weit entfernt, wie zuletzt die Debatte im Jahre 2003 um den Irak-Konflikt und den Beitrag Europas zur Stabilisierung des Nahen Ostens eindeutig belegt hat.

Das markanteste Kennzeichen und *Symbol* der bisherigen Erfolge der europäischen Integration ist ohne Zweifel die gemeinsame europäische Währung.[2] Die Gründung der Europäischen Zentralbank EZB und die Einführung des EURO sind die bisherigen Höhepunkte eines auch für die Zukunft ergebnisoffenen europäischen Einigungsprozesses. Mit dem Inkrafttreten des Maastrichter Vertrages über die Gründung einer Europäischen Union zum 1. Januar 1993 wurde die Schaffung einer gemeinsamen Währung völkerrechtlich verbindlich beschlossen. Mit Hilfe eines Drei-Stufen-Plans wurde für die potentiellen Teilnehmerstaaten ein wirtschaftlicher Konvergenzprozeß eingeleitet, der am 1. Januar 1999 mit der endgültigen Festlegung der Wechselkurse und der Einführung des EURO als Buchgeld seinen Endpunkt hatte. Zur Absicherung der langfristigen Stabilität des EURO wurde 1996 der sog. ‚Stabilitäts- und Wachstumspakt' beschlossen, der jedoch die ersten Belastungstests nicht bestehen konnte. Seit dem 1. Januar 2002 hat der EURO auch als Bargeld Eingang in die Hände der Menschen gefunden und ist somit täglich für jeden Bürger ein greifbares Symbol einer beschleunigten monetären Kooperation in Europa.

Vor dem Hintergrund dieser Entwicklung drängen sich jedoch ordnungspolitisch mehrere Fragen auf, deren Beantwortung angesichts des gegenwärtigen Scheiterns des Stabilitäts- und Wachstumspaktes dringender denn je ist. So ist zu fragen, ob die wirtschaftliche Konvergenz der neunziger Jahre und der monetäre und finanzpolitische Stabilitätswille der Mitgliedsstaaten wirklich dauerhaft und krisenfest angelegt sind? Was passiert, wenn mehrere Länder fiskalpolitisch ‚aus dem Ruder laufen' (wie zuletzt Frankreich und Deutschland) oder aber wenn sich herausstellt, daß zur Euro-Zone beigetretene Länder nur aufgrund falscher (gefälschter) Zahlen die Mitgliedschaft erwerben konnten, wie jüngst im Fall Griechenlands? Welche Instrumente sind denkbar, um die stabilitätspolitischen Grundlagen der Währungsunion zu sichern und ausufernde Staatsverschuldung wirksam zu begrenzen, ohne zugleich die finanzpolitische Autonomie der Länder einzuschränken? Die entscheidende *Ordnungsfrage* ist also, wie eine zweckdienliche Koordination der Geld- und Finanzpolitik gesichert werden kann, die im Dienste einer *nachhaltigen* und *langfristigen* Stabilität der europäischen Währung steht.

1.1. Die Entstehungsgeschichte der EZB: Vom Werner-Plan bis Maastricht

„L'Europe sera par la monnaie, ou l'Europe ne sera pas."
Francois Mitterand

Die europäische Währungsunion hat, zeitlich gesehen, einen beachtlichen Vorlauf, der bis in die frühen siebziger Jahre zurückreicht. Dabei ist zu betonen, daß die Gründungsmitglieder der Europäischen Wirtschaftsgemeinschaft (EWG) in den Römischen Verträgen 1957 ausdrücklich auf eine monetäre Integration verzichteten. Das Geld,

---

2 Zur besonderen Bedeutung von Symbolen in der Geldpolitik ist die „Psychologie des Geldes" von *Schmölders* (1966) nach wie vor grundlegend und aktuell. Ich verdanke *Alfred Schüller* den Hinweis auf dieses Forschungsgebiet. In der modernen Geldtheorie findet die Psychologie des Geldes allerdings kaum noch Anwendung. Die monetäre Integration in Europa ist jedoch zu einem großen Teil geldpsychologisch zu interpretieren und nicht nur ein formales Problem abstrakter Konvergenzkriterien.

Symbol nationaler Einheit, Unabhängigkeit und Stärke, sollte auf keinen Fall in den Einflußbereich anderer Regierungen abgegeben werden. Frankreich bespielsweise betrachtete die Geldpolitik stets als Teil der Wirtschaftspolitik und der *Außenpolitik* und versuchte sie für seine strategischen, langfristigen Interessen einzusetzen. Vor dem Hintergrund der fünfziger Jahre ist außerdem daran zu erinnern, daß im System von Bretton Woods der amerikanische Dollar als ‚Fixstern' der internationalen Währungsbeziehungen galt. Die Währungen der Kriegsverlierer Deutschland und Japan waren noch weit von der Reputation entfernt, die sie sich später verdienen konnten.

Erst die Schwierigkeiten des Festkurssystems von Bretton Woods in den sechziger und frühen siebziger Jahren führten zu Überlegungen, wie eventuell eine engere monetäre Kooperation in Europa erreicht werden könnte.[3] Der vom damaligen luxemburgischen Ministerpräsidenten *Pierre Werner* 1969 vorgelegte Plan für eine Währungsunion war sehr ehrgeizig und seiner Zeit weit voraus: Er scheiterte aber an der noch nicht vorhandenen Bereitschaft auf nationaler Ebene, monetäre und vor allem fiskalische Autonomie aufzugeben und an ein europäisches Gremium zu delegieren (hierzu *Smeets* 1993).[4]

Die siebziger Jahre sahen dann drei zentrale Weichenstellungen, die für die Geld- und Währungspolitik in Europa von entscheidender Bedeutung sein sollten.

Erstens brach das Festkurssystem von Bretton Woods 1973 zusammen. Die Wechselkursfixierungen hatten sich als falsch und nicht marktgerecht erwiesen (ausführlich hierzu *Schüller* 1975). Es ist geradezu eine ökonomische Binsenweisheit, daß falsche Wechselkurse nicht dauerhaft gegen Marktkräfte verteidigt werden können.[5] Bei festen Wechselkursen und unterschiedlichen Inflationsraten in den beteiligten Ländern kommt es zum Import von Inflation auch in den geldwertstabilen Ländern. Die Einführung eines Systems flexibler Wechselkurse war die logische und ökonomisch sinnvolle Konsequenz dieses Prozesses, wobei die starken Währungen wie etwa die DM in einen Aufwertungsprozeß gerieten, während die Weichwährungsländer zunehmend abwerteten.

Zweitens entwickelte sich, auch als Folge nunmehr frei veränderlicher Wechselkurse, die Deutsche Mark *de facto* zur *Leitwährung* in Europa. Dies war nicht das Ergebnis einer politischen Entscheidung auf einer Regierungskonferenz, sondern das Ergebnis einer *Marktbewertung*, die täglich an den internationalen Devisenmärkten stattfand.

---

3 Um der historischen Genauigkeit willen sei erwähnt, daß die Kommission der Europäischen Wirtschaftsgemeinschaft 1962 erstmals Vorschläge für eine Wirtschafts- und Währungsunion vorlegte.

4 Ein genaues Studium des *Werner*-Plans wäre nicht nur aus wirtschaftshistorischem Blickwinkel interessant. Es ist bemerkenswert, daß die politischen Argumente, die damals gegen den *Werner*-Plan sprachen, in ganz ähnlicher Form heute gegen die Einhaltung des Stabilitätspaktes vorgebracht werden.

5 Im Transformationsprozeß der ehemaligen sozialistischen Staaten war häufig zu beobachten, daß sich viele Länder um einen festen Wechselkurs mit einer stabilen Währung bemühten, um gleichsam einen Stabilitätsanker von außen für die binnenwirtschaftlichen Reformanstrengungen zu erhalten. Es zeigte sich aber, daß nur wenige Länder dies durchhielten, da ein *falsch gewählter* fester Wechselkurs zahlreiche Nachteile für diese Länder verursachte. Grundsätzlich hierzu *Weber* (1995).

Weniger nationale Erwägungen spielten hierbei eine Rolle, sondern vielmehr die Bewertung des institutionellen Gefüges der Deutschen Bundesbank, die durch ihre politische Unabhängigkeit und durch einen klar definierten Stabilitätsauftrag zum Symbol der Stärke der DM geworden war (ausführlich *Issing* 1993).

Drittens kam es 1979 mit der Gründung des Europäischen Währungssystems (EWS) zu dem Versuch, den Marktentwicklungen durch eine politische Lösung ‚hinterherzulaufen'. Auf Initiative von *Valery Giscard d'Estaing* und *Helmut Schmidt* wurde das EWS als System fester, aber veränderlicher Wechselkurse geschaffen mit dem Ziel, die Wechselkursfluktuationen zu begrenzen und eine größere Stabilität in die europäischen Währungsbeziehungen zu bringen.

Das EWS hat dabei zumindest in der Anfangsphase durchaus gewisse Stabilisierungserfolge erzielt (hierzu *Smeets* 1993). Die ordnungspolitische Schlußfolgerung aus dem EWS deutet jedoch in eine andere Richtung und ist für die aktuelle Debatte um die Stabilitätsbedingungen des EUROs außerordentlich relevant. Trotz des politischen Bemühens zur Stabilisierung der Wechselkurse hat es in der frühen Phase des EWS (1979 – 1983) insgesamt sieben und in der mittleren Phase (1983–1987) vier Wechselkursanpassungen (realignments) gegeben. Immer wieder erzwangen die Marktkräfte – häufig gegen den ausdrücklichen Willen der Politiker – eine Neuanpassung der Wechselkurse. Von 1987 bis 1992 gab es eine längere Phase der Wechselkursstabilität[6], die sich jedoch 1992 und auch 1993 in um so heftigeren Wechselkursanpassungen ‚entluden'. Zeitweilig mußte der Wechselkursmechanismus vollständig aufgegeben werden, und die Schwankungsbreiten – etwa der italienischen Lira – wurden auf plus-minus 15 % angehoben. Die aktuelle Lehre für den EURO ist offensichtlich: Wenn die wirtschaftliche Entwicklung zwischen verschiedenen Ländern stark unterschiedlich verläuft, dann läßt sich dauerhaft kein System fester Wechselkurse ohne realignments aufrecht erhalten. *Eine Währungsunion ist aber de facto nichts anderes als ein System dauerhaft fixierter Wechselkurse*. Es gilt also zu prüfen, unter welchen Voraussetzungen konkret eine einheitliche Währung zwischen verschiedenen Ländern eingeführt und auch *langfristig* stabilisiert werden kann.

Mitte der achtziger Jahre lebten die Gedanken an eine Wirtschafts- und Währungsunion in Europa wieder auf. Verankert wurde dieses Ziel in der Einheitlichen Europäischen Akte, die am 1. Juli 1987 in Kraft trat. 1988 beauftragte der Europäische Rat den damaligen Kommissionspräsidenten *Delors*, einen Stufenplan für die Einführung einer Währungsunion vorzulegen. Im Juni 1989 beschloß der Europäische Rat, daß die erste Stufe dieses Plans, nämlich die Kapitalverkehrsliberalisierung und die Gewährung von Notenbankautonomie, für alle Teilnehmerstaaten zum 1. Juli 1990 in Kraft treten sollte. Die Fortschritte auf dem Weg zur Währungsunion traten allerdings noch im gleichen Jahr in den Hintergrund der öffentlichen Wahrnehmung, da durch die Öffnung der Ber-

---

6 Die relative Stabilität der Wechselkurse im EWS ist allerdings auch vor dem Hintergrund der dramatischen Umwälzungen in Osteuropa 1989 zu deuten. Es war das erklärte Ziel aller westeuropäischen Politiker, keine weiteren Unsicherheiten an den Märkten zu verursachen, etwa durch veränderte Wechselkurse. Zudem liefen bereits Hintergrundgespräche um die Einführung einer gemeinsamen europäischen Währung, die in mancher Hinsicht für Deutschland der Preis der Wiedervereinigung war (hierzu *Richter* 1991).

liner Mauer und des Eisernen Vorhangs andere politische und wirtschaftliche Fragestellungen in den Mittelpunkt des Interesses rückten.

1.2. Voraussetzungen für die Schaffung einer einheitlichen Währung

Die Schaffung eines Systems fester Wechselkurse ist ebenso wie die Einführung einer einheitlichen Währung zwischen nach wie vor völkerrechtlich unabhängigen Staaten an spezifische ordnungsökonomische Voraussetzungen geknüpft (siehe *Schüller* 1975; *De Grauwe* 2003). Eine Währungsunion kann nicht einfach politisch dekretiert werden, sondern sie ist unausweichlich ein Element eines wirtschaftlichen Einigungsprozesses. Ob die Währungsunion als *Schrittmacher* eines wirtschaftlichen und politischen Einigungsprozesses anzusehen ist oder aber nur die *Krönung* eines solchen Prozesses sein kann, wurde in der geldpolitischen Debatte gerade auch im Zusammenhang mit der Transformation von Wirtschaftssystemen intensiv diskutiert (vgl. *Wentzel* 1995). Aber gleichgültig, welche Position ein jeder Wissenschaftler mit guten Argumenten vertritt: *Gemeinsam* ist beiden Positionen, *daß* es unausweichlich entweder früher oder später einen wirtschaftlichen Konvergenzprozeß geben muß.

Die Theorie optimaler Währungsräume als ein Kerngebiet der monetären Außenwirtschaftstheorie gibt zumindest näherungsweise Auskunft darüber, wann eine Währungsunion zweckmäßig sein kann und der Nutzen für dic Marktteilnehmer mögliche Kosten überwiegt. Zwar sind mit der Anwendung dieser Theorie im konkreten wirtschaftspolitischen Fall Unschärfen verbunden, die zu gewissen Auslegungsspielräumen führen. Gleichwohl sind tatsächlich Mustervorhersagen zu entwickeln, die zumindest für besonders klare Fälle Aussagen und wirtschaftspolitische Handlungsempfehlungen ermöglichen.

Ein entscheidendes Element der Theorie optimaler Währungsräume setzt an der *Faktormobilität* und am *institutionellen Gefüge* einer Volkswirtschaft an. Sind zwei nebeneinander liegende Wirtschaftsräume sehr heterogen in den strukturellen Bedingungen (Wachstum, Wirtschaftsstruktur, Arbeitsmarkt), so ist die Beibehaltung zweier Währungen unter Umständen zweckmäßig, um über die Anpassung des Wechselkurses Spannungen bei der Faktorentlohnung auszugleichen. Damit sind die bekannten Vorteile flexibler Wechselkurse angesprochen (siehe *Wentzel* 1995): Marktmäßig bestimmte Wechselkurse verhindern tendenziell die Festlegung eines ‚falschen' (politischen) Wechselkurses und führen automatisch den Ausgleich der Zahlungsbilanz zwischen den beteiligten Ländern herbei. Sie dienen, und dies ist bei sehr heterogenen Wirtschaftsräumen ein entscheidender Faktor, als *preispolitischer Puffer*. Zwar entstehen den Unternehmern und Verbrauchern Kosten beim An- und Verkauf verschiedener Währungen: Gleichwohl können flexible Wechselkurse vergleichsweise kostengünstig mit Kurssicherungsgeschäften abgesichert werden.

Sind zwei nebeneinander liegende Wirtschaftsräume hingegen sehr homogen, so kann eine gemeinsame Währung zweckmäßig sein, um Transaktionskosten des Warenaustausches zu senken. Die langjährige Währungsunion zwischen Luxemburg und Belgien dokumentiert dies nachdrücklich. Feste Wechselkurse stabilisieren die Erwartungen der internationalen Handelspartner, und sie minimieren die Transaktionskosten des

Währungstausches. Sehr homogene Wirtschaftsräume können demnach überdurchschnittlich von einer Währungsunion profitieren.

Ein weiteres wichtiges Argument der Theorie optimaler Währungsräume ist die Stabilitätsorientierung oder auch *Stabilitätskultur* eines Landes. Dieser Begriff ist offenkundig weniger präzise zu messen als beispielsweise eine Inflationsrate oder der Geldmarktzins und somit eher ein ‚weicher Faktor'.[7] Manche Länder und allen voran Deutschland haben aufgrund ihrer tragischen historischen Erfahrungen mit der von der NS-Diktatur politisch verursachten Zerrüttung des Geldwertes eine besonders ausgeprägte Stabilitätsneigung. In anderen Ländern ist eine mittelmäßige Inflationsrate für die Menschen zur Gewohnheit geworden. Dies führt aber regelmäßig zu sehr kostspieligen volkswirtschaftlichen Anpassungsprozessen, die mit einer rückläufigen Sparneigung einhergehen und vor allem die Kapitalflucht ins Ausland begünstigen (siehe *Schüller* 2004).

Angewandt auf die Frage des EURO, führt die Theorie optimaler Währungsräume zu dem Schluß, daß eine Währungsunion nur zwischen einigen wenigen und vergleichsweise wirtschaftlich homogenen Staaten in Europa zweckmäßig wäre: Zu denken wäre hier an ein *Kerneuropa*, bestehend vor allem aus den Gründungsstaaten von Rom, ggf. noch ergänzt um Österreich und Spanien. Aber selbst bei diesem Kerneuropa drängen sich schon Fragen auf, etwa angesichts der hohen kumulierten Staatsverschuldung von Belgien, Griechenland und Italien (siehe 1.4.2.). Wenig realistisch hingegen wird eine Währungsunion im Falle der neuen osteuropäischen Partnerländer – vielleicht nur mit Ausnahme Sloweniens. Die Länder der sog. ‚zweiten Beitrittswelle', also Rumänien, Bulgarien, Kroatien und erst recht die Türkei, dürften jedoch noch lange Zeit nicht die Voraussetzungen für wirtschaftliche Konvergenz und damit für den Beitritt zu einer Währungsunion erfüllen.

Aber auch für die bereits beigetretenen Mitglieder der EUROzone läßt sich aus der Theorie optimaler Währungsräume eine zusätzliche wichtige Schlußfolgerung ziehen. Die Währungsunion, die gleichzusetzen ist mit dauerhaft fixierten Wechselkursen, verlangt angesichts des Wegfalls des Wechselkurses ein außergewöhnlich hohes Maß an Preisflexibilität *im Inneren*, insbesondere bei der Faktorentlohnung, sprich: den Löhnen. Durch eine Währungsunion werden Preisdifferenzen in der Faktorentlohnung sofort ersichtlich. Dies führt vor allem auch dazu, daß auf Hochlohnländer aus verschiedenen Richtungen Anpassungsdruck erwächst. Zum einen wird binnenwirtschaftlich ein Lohndruck entstehen, weil nationale Unternehmen mit Abwanderung in billigere Lohngebiete drohen. Zum anderen werden internationale Direktinvestitionen ‚umgeleitet' in Länder mit flexibleren Arbeitsmärkten. Damit entsteht in den Hochlohnländern unausweichlich ein starker Anpassungsdruck auf die sozialen Sicherungssysteme und den Arbeitsmarkt.

---

7 *Richter* (1994) unternimmt den Versuch, den Begriff ‚Stabilitätskultur' als Gegenstand der Institutionenökonomik zu analyisieren.

1.3. Die Kriterien von Maastricht

Der Vertrag von Maastricht und das Projekt einer europäischen Gemeinschaftswährung ist anfänglich in der Wissenschaft heftig kritisiert worden. *Richter* (1991) beispielsweise postuliert, daß die Deutsche Mark auf dem „Altar der Einheit geopfert worden sei". Aber ob das Opfer wirklich lohne, „sei mehr als zweifelhaft" S. 94 Markantes Kennzeichen dieser allgemeinen Kritik war das für die deutsche Nachkriegsgeschichte einmalige Projekt, daß sich 155 führende deutsche Wirtschaftswissenschaftler zu einem gemeinsamen Aufruf an die Öffentlichkeit durchrangen mit der Botschaft: „Der Euro kommt zu früh" (siehe *Frankfurter Allgemeine Zeitung* vom 9. Februar 1998). Die damaligen Argumente der Ökonomen hatten eine bemerkenswerte prognostische Qualität, die das Scheitern des Stabilitätspaktes klar vorhersagten – hierauf wird später noch genauer einzugehen sein.

Allerdings hatten der Vertrag von Maastricht und das Projekt der gemeinsamen Währung auch positive Wirkungen, die im Sinne einer ordnungspolitischen Gesamtanalyse keineswegs vernachlässigt werden dürfen. So wurden die im *Delors*-Bericht angeregte Kapitalverkehrsliberalisierung und die Notenbankautonomie in einem völkerrechtlichen Dokument niedergelegt. Alle Teilnehmerstaaten wurden darauf verpflichtet, Kapitalverkehrsfreiheit einzuführen und ihren Notenbanken weitreichende Unabhängigkeit bei der Durchführung ihrer Geschäfte und der Sicherung der Geldwertstabilität zuzugestehen. Notenbankunabhängigkeit, für die Deutsche Bundesbank oder die amerikanische FED eine Selbstverständlichkeit, war für Länder wie Frankreich oder Italien absolutes institutionelles Neuland. Der Zusammenhang zwischen Notenbankautonomie und Geldwertstabilität gilt jedoch als eindeutig empirisch gesichert (siehe *Alesina* and *Summers* 1991). Alle Länder, die den Vertrag von Maastricht unterzeichnet haben, profitierten zweifelsfrei von diesem ‚Institutionenimport'.

Basierend auf den oben kurz skizzierten Überlegungen zur notwendigen monetären und wirtschaftlichen Konvergenz, wurden Kriterien entwickelt, die die Wirtschaftsräume zunehmend ‚homogenisieren' sollten. Zahlreiche Ökonomen waren in diesen Beratungsprozeß eingebunden. Die Konvergenzkriterien bezogen sich auf die Inflationsrate, die Zinsen, die Gesamt- und die Neuverschuldung sowie auf die Teilnahme am EWS. Konkret bedeutet dies, daß die durchschnittliche Inflationsrate eines Landes nicht mehr als 1,5 % über dem Durchschnitt der drei preisstabilsten Länder liegen darf. Die langfristigen Zinsen, die u. a. die Inflationserwartung der Wirtschaftssubjekte anzeigen, dürfen einen Referenzwert von 2 % über dem Durchschnitt der drei preisstabilsten Länder nicht übersteigen. Das Kriterium der *dauerhaft tragbaren Finanzlage der öffentlichen Hand* bedeutet, daß über einen längeren Zeitraum Haushaltsdisziplin und Stabilitätswillen erkennbar ist. Jedes Land soll einen *ausgeglichenen Haushalt* vorlegen; nur für den Fall einer wirtschaftlichen Krise ist eine Neuverschuldung von 3 % des BIP zulässig.[8] Der

8 Es ist vielleicht auch der oftmals wenig präzisen Berichterstattung in den Medien zuzuschreiben, daß viele Menschen glauben, drei Prozent Nettokreditaufnahme seien in jedem Falle stabilitätskonform. Der Stabilitätspakt verlangt allerdings einen *ausgeglichenen Haushalt.* Nur für den Fall einer wirtschaftlichen Krise ist Neuverschuldung bis zu drei Prozent akzeptabel.

kumulierte öffentliche Schuldenstand darf 60 % des BIP nicht übersteigen. Zudem müssen alle Länder am EWS teilnehmen, um monetäre Kooperation zwischen den Zentralbanken einzuüben. Die Teilnahme am EWS muß ‚spannungsfrei' verlaufen sein, also ohne markante Anpassungen der Bandbreiten, wie dies etwa in den Krisenjahren 1992 und 1993 geschehen war.

Die Konvergenzfortschritte der einzelnen Beitrittskandidaten wurden in regelmäßigen Berichten geprüft. Da anfänglich noch eine glaubwürdige Drohung bestand, stabilitätsinkonforme Länder aus der Währungsunion auszuschließen, gab es in allen Ländern tatsächlich sehr ehrgeizige binnenwirtschaftliche Reformprogramme zur Haushaltskonsolidierung und zu strukturellen Reformen. Dies widerspricht der von politischer Seite häufig vorgebrachten These, Verschuldung sei in modernen Wohlfahrtsstaaten unausweichlich. Selbst Länder, die gewöhnlich immer unter hohen Staatsdefiziten und Inflationsraten litten, etwa Italien, Frankreich, Belgien oder auch Portugal, gelang es, ausgeglichene Staatshaushalte vorzulegen.

1.4. Stichtag 1. Januar 1999: Die endgültige Fixierung der Umtauschverhältnisse

1.4.1. Anfängliche Konvergenzerfolge: Das ‚Olympia-Syndrom'

Im Vertrag von Maastricht war die Entwicklung der wirtschaftlichen Konvergenz mit einer Prüfung zu einem *konkreten Stichtag* verbunden. Die Begründung hierfür war einfach: Da eine Währungsunion für einen großen Währungsraum zeitintensive organisatorische Vorarbeiten erfordert, mußten alle Teilnehmer zu einem konkreten Zeitpunkt wissen, ob sie die Voraussetzungen erfüllen und somit in die konkrete Planungsphase für die neue Währung eintreten konnten. Zum Stichtag 1. Januar 1999 wurden deshalb alle Länder einer ‚Konvergenzprüfung' unterzogen, die in der Politik und der Öffentlichkeit sehr großes Interesse fand. In den Medien sprach man von einer europäischen ‚Schönheitskonkurrenz'.

Ein Stichtagsprinzip hat gleichwohl auch Nachteile, die in ähnlicher Form vor allem aus dem Leistungssport bekannt sind: Man könnte gleichsam von einem ‚Olympia-Syndrom' sprechen. Wenn Spitzensportler zu einem bestimmten sportlichen Großereignis (Olympia, Weltmeisterschaften etc.) topfit sein müssen, dann werden sie zu sehr großen persönlichen Opfern bereit sein. Ihre üblichen Laster und Lebensgewohnheiten werden zurückgestellt und den großen sportlichen Zielen untergeordnet. Bei manchen Sportlern ist der Ehrgeiz sogar so groß, daß verbotene Substanzen zur Leistungserhöhung (Doping) verwendet werden: „Der Zweck heiligt die Mittel". Hauptsache, man ist bei Olympia dabei. Üblicherweise fällt aber unmittelbar nach den olympischen Spielen die Formkurve steil bergab. Diese Gesetzmäßigkeit ist in der Sportmedizin allgemein bekannt. Die Motivation, Bestform zu erreichen, ist erst einmal vorbei, und die Anstrengungen lassen nach. Ganz anders hingegen verlaufen die Formkurven bei zeitraumbezogenen Sportarten. Eine Fußballsaison dauert etwa 9 Monate und erfordert zahlreiche Pflichtspiele. Ziel eines jeden Spielers ist es hier, eine möglichst konstante Formkurve zu erhalten.

Aus der Tabelle 1 wird ersichtlich, daß die Konvergenzprüfung für die Teilnehmerstaaten offensichtlich eine ‚olympische' Motivation erzeugte. In allen Staaten wurden die Defizite im laufenden Haushalt reduziert. Besonders beeindruckend sind in diesem Zusammenhang die Zahlen für Griechenland und Italien, die aus zweistelligen Budgetdefiziten zu einem fast ausgeglichenen Staatshaushalt gelangten – Griechenland allerdings unter offensichtlicher Verwendung falscher Zahlen.

Insgesamt ist jedoch festzuhalten, daß sich die wirtschafts- und haushaltspolitische Konvergenz bis zum Stichtag recht erfreulich entwickelte, insbesondere auch bezüglich der Inflationsrate und der Zinsentwicklung (siehe *Deutsche Bundesbank* 1998). Bei der Entwicklung der kumulierten Staatsverschuldung war zwar kein rückläufiger Trend erkennbar, aber zumindest wurde die Tendenz zur weiteren Ausweitung gestoppt. Dies lag in erster Linie an der Reduzierung der Nettokreditaufnahme, die als wichtigstes Indiz für die tatsächliche Bereitschaft der Politik zur wirtschaftlichen Stabilisierung angesehen werden kann.

Tabelle 1: Neuverschuldung der öffentlichen Haushalte im Konvergenzzeitraum

Land	1991	1992	1993	1994	1995	1996	1997
Belgien	-6,3	-6,9	-7,1	-4,9	-3,9	-3,2	-2,1
Dänemark	-2,1	-2,1	-2,8	-2,8	-2,4	-0,7	0,7
Deutschland	-3,1	-2,6	-3,2	-2,4	-3,3	-3,3	-2,7
Finnland	-1,5	-5,9	-8,0	-6,4	-4,7	-3,3	-0,9
Frankreich	-2,1	-3,9	-5,8	-5,8	-4,9	-4,1	-3,0
Griechenland	-11,5	-12,8	-13,8	-10,0	-10,3	-7,5	-4,0
Irland	-2,3	-2,5	-2,7	-1,7	-2,2	-0,4	0,9
Italien	-10,1	-9,6	-9,5	-9,2	-7,7	-6,7	-2,7
Luxemburg	1,9	0,8	1,7	2,8	1,9	2,5	1,7
Niederlande	-2,9	-3,9	-3,2	-3,8	-4,0	-2,3	-1,4
Österreich	-3,0	-2,0	-4,2	-5,0	-5,2	-4,0	-2,5
Portugal	-6,0	-3,0	-6,1	-6,0	-5,7	-3,2	-2,5
Schweden	-1,1	-7,7	-12,2	-10,3	-6,9	-3,5	-0,8
Spanien	-4,2	-3,8	-6,9	-6,3	-7,3	-4,6	-2,6
Vereinigtes Königreich	-2,3	-6,2	-7,9	-6,8	-5,5	-4,8	-1,9

Quelle: *Deutsche Bundesbank* (1998, S. 31).

1.4.2. Nachlassende Stabilisierungsbemühungen nach dem 1. Januar 1999

Aus ordnungspolitischem Blickwinkel drängt sich die Frage auf: Ist die Konvergenz der Inflationsraten, Zinsen und finanzpolitischer Kriterien wirklich ein Zeichen des *dauerhaften* Stabilitätswillens? Die Statistik bestätigt die Konvergenz bis 1999, sie sagt jedoch nichts über die *Ursachen und Motive für diese Konvergenz* aus. Ist die Konvergenz wirklich Ausdruck einer ordnungspolitischen Neu-Orientierung oder aber nur das zeitlich befristete Zugeständnis an einen extern vorgegebenen Prüftermin? Das Problem ist in der Tat, daß keinerlei Rückschlüsse und Prognosen für zukünftiges Stabilitätsverhalten möglich sind.

Die Schattenseite des ‚Olympia-Syndroms' wird seit dem 1. Januar 1999 ersichtlich. Alle Antragsteller bestanden die Konvergenzprüfung und wurden in die Währungsunion aufgenommen. Auch Italien und Belgien wurde grünes Licht erteilt, obwohl sie beim Kriterium der kumulierten Staatsverschuldung extrem stark vom Referenzwert abwichen.[9] Lediglich Griechenland mußte ein Jahr warten, bekam dann aber im zweiten Anlauf die Freigabe. Mit der Aufnahme der Italiener, Belgier und vor allem auch der Griechen war aber klar, daß die letztendliche Entscheidung über den Beitritt zur Währungsunion *politisch motiviert* war. Gründungsmitglieder der EWG aus dem Jahre 1957 *wollte* man nicht ausschließen.

Nach dem Stichtag hingegen ist die wirtschaftspolitische Konvergenz in allen Ländern wieder rückläufig, vor allem in der zentralen Frage der Haushaltsdisziplin (siehe *Europäische Zentralbank* 2004b, S. 51, Statistischer Anhang). Das Drohmittel der stichtagsbezogenen Konvergenzprüfung war ‚über Nacht' entfallen. Außerdem war ebenfalls über Nacht der Wechselkurs zwischen den europäischen Währungen und damit die Möglichkeit der *Marktbewertung* entfallen. Damit hatte der wirtschaftliche Konvergenzprozeß *beide Sanktionsmechanismen gleichzeitig verloren*, ein in der modernen Wirtschaftsgeschichte einzigartiger Fall. Die Haushaltspolitik, die zumindest während der Konvergenzperiode der neunziger Jahre stabilisiert wurde, war damit wieder zur ausschließlichen Sache der Politik geworden – mit den zu erwartenden negativen Folgen für die Stabilität.

Besonders dramatische Konsequenzen hat das ‚Olympia-Syndrom' gegenwärtig in Osteuropa. Die erste große Hürde, der Beitritt zum 1. Mai 2004, ist überwunden. Angesichts des nachlassenden Stabilitätswillens in West-Europa und angesichts der Laxheit der EU im Umgang mit Stabilitätssündern haben viele Länder in ihren Stabilisierungsbemühungen deutlich nachgelassen. Die tschechische Republik, Ungarn und auch Polen haben beachtliche neue Defizite aufgetürmt (siehe Tabelle 2), wohl in der Vermutung und durchaus berechtigten Hoffnung, daß man es bei einer späteren Konvergenzprüfung hoffentlich auch nicht so genau nehmen werde.

---

9 Belgien wies 1997 eine kumulierte Staatsverschuldung von 122,2 Prozent auf, Italien kam auf 121,6 Prozent. Griechenland lag mit 108,7 Prozent ebenfalls weit entfernt vom zulässigen Referenzwert von 60 Prozent (siehe *Deutsche Bundesbank* 1998).

Tabelle 2: Fiskalische Stabilität der EU Mitglieder, die den EURO noch nicht eingeführt haben.

	CZ	DK	EE	CY	LV	LT	HU	MT	PL	SL	SK	SE	UK
2002	-6,4	3,1	0,3	-2,4	-1,6	-2,1	-4,4	-6,4	-3,5	-2,7	-6,0	2,8	0,7
2003	-6,4	1,7	1,8	-4,6	-2,7	-1,4	-9,3	-5,7	-3,6	-1,9	-5,7	0,0	-1,6
2004	-12,9	1,5	2,6	-6,3	-1,8	-1,7	-5,9	-9,7	-4,1	-1,8	-3,6	0,7	-3,2

Quelle: *Europäische Zentralbank* (2004b, Statistischer Anhang, S. 69).

2. Der Stabilitäts- und Wachstumspakt: Theorie und Erfahrung

„Der Euro wird so stabil wie die Mark."
Theo Waigel, 13. Dezember 1996, Dublin[10]

2.1. Ökonomische und politische Begründung des Paktes

2.1.1. Das Verhältnis von Geld- und Fiskalpolitik

Die stichtagsbezogene Festlegung der Wechselkurse und die Benennung der Teilnehmerstaaten definierten die Geburtsstunde des EURO. Gleichwohl war offensichtlich, daß die wirtschaftliche Konvergenz auch *nach dem Stichtag* beibehalten werden muß, um die Anforderungen an einen ‚optimalen Währungsraum' zu erfüllen. Die Inflationsrate, die Zinsrate und die Teilnahme am EWS entfielen als Konvergenzkriterien, da eine einheitliche europäische Geldpolitik diese gleichsam ‚verinnerlicht'. Keine nationale Notenbank hat mehr die Möglichkeit zu einer autonomen Zinspolitik. Dieser Teil der Stabilitätsvoraussetzungen ist also zufriedenstellend erfüllt: Die Europäische Zentralbank verfügt zudem über funktionelle, personelle, instrumentelle und finanzielle Unabhängigkeit, um ihr vorgegebenes Ziel zu erfüllen. Von der monetären Seite her scheinen die Institutionen insofern angemessen gestaltet, um dem Stabilitätsziel zu dienen.

Im Fall der Haushaltspolitik haben die Nationalstaaten prinzipiell jedoch noch vollständigen Freiraum. Eine stabilitätsorientierte Geldpolitik wird aber durch eine dauerhaft unsolide Finanzpolitik unterbunden. Erhöht der Staat systematisch seine Ausgaben und finanziert diese über Staatsschuldtitel, so muß er versuchen, diese über attraktive Zinsen bei den Privaten zu plazieren. Erster unerwünschter Nebeneffekt einer solchen Aktivität ist üblicherweise die Verdrängung privater Investoren aus dem Markt (crowding out). Vor allem in wirtschaftlich unsicheren Zeiten ist die sichere Anlage in Staatspapieren häufig eine bevorzugte Anlagemöglichkeit, gerade auch im Vergleich zu risiko-behafteten Realinvestitionen. Ist der Zinssatz der Staatstitel höher als die reale Wachstumsrate des BIP, so steigt der reale Bestand an Staatstiteln an. Wird jedoch die Obergrenze der Privaten für den Bestand an Staatstiteln erreicht, so entsteht für den

10 Am Freitag, den 13. Dezember 1996, wurden auf dem EU-Gipfel in Dublin die endgültigen Kriterien des Stabilitätspaktes vereinbart. Vom damaligen deutschen Finanzminister *Theo Waigel* wurden sie als großer Stabilitätserfolg gefeiert.

Staat ein Finanzierungsdilemma. Die Finanzierung der Zinsen kann nur noch über die Erhöhung der ‚Seigniorage'[11] und damit über Geldmengenausweitung finanziert werden. Es entsteht unmittelbarer politischer Druck auf die Zentralbank zur Ausweitung der Geldmenge und damit zur Erhöhung der Inflationsrate. Um dies zu verhindern, muß es also eine institutionelle Regelung geben, die staatlicher Überschuldungsneigung glaubwürdig entgegentritt, etwa in Form eines Stabilitätspaktes.

2.1.2. Der politische Hintergrund des Stabilitätspaktes

Die Erkenntnis über die Schädlichkeit staatlicher Defizite ist im politischen Sektor üblicherweise nicht verbreitet – zumindest ist sie nicht sehr beliebt. In jeder parlamentarischen Demokratie gibt es eine Tendenz zur Ausweitung und Zentralisierung staatlicher Aktivitäten (ausführlich *Wentzel* 1997). Es ist deshalb zunächst nicht unbedingt zu erwarten, daß ein auf Wiederwahl hoffender Politiker freiwillig einer Beschränkung seiner Handlungsoptionen zustimmt.[12] Gleichwohl wurde der Stabilitätspakt 1995 vom damaligen deutschen Finanzminister *Theo Waigel* initiiert. Ein Widerspruch zur üblichen Public Choice-Theorie?

Es ist nicht auszuschließen, daß *Waigel* in der konkreten Situation durchaus auch Interesse an der langfristigen Stabilität des EURO hatte: Es gab aber auch ein kurzfristiges politisches Argument für den Stabilitätspakt. Es darf nicht vergessen werden, daß die deutsche Bevölkerung zum damaligen Zeitpunkt mit großer Mehrheit *gegen* den EURO gestimmt hätte, wäre sie in einem Referendum befragt worden: Die Meinungsumfragen in diesem Punkt waren eindeutig. Die DM war ein Symbol des deutschen Wiederaufstiegs nach dem Zweiten Weltkrieg und ein Garant für Geldwertstabilität. In der Bevölkerung herrschten jedoch große Zweifel, ob die neue europäische Währung auch nur annähernd so stabil sein würde. Besondere Ängste bestanden in der Frage, ob die möglicherweise geringere monetäre und fiskalische Stabilität der kleineren Mitgliedsländer die Währungsstabilität in Deutschland nicht gefährden würde.

Die *Kohl*-Regierung versuchte deshalb mit allen Mitteln, die Zweifel der deutschen Bevölkerung an der neuen Währung zu zerstreuen. Ein Sanktionsinstrument, daß jeden Stabilitätssünder unmittelbar bestraft, erschien als geeignetes Mittel, um den EURO mit mehr Glaubwürdigkeit auszustatten. Der Stabilitätspakt war damit auch zu einem politischen Argument in Deutschland geworden, weil der EURO nicht durch einen Volksentscheid legitimiert war. Letztendlich diente der Stabilitätspakt politisch vor allem dem Zweck, den Deutschen die Angst vor dem EURO zu nehmen.

---

11 In der Geldtheorie werden die Einnahmen aus der Emission von Zentralbankgeld üblicherweise als ‚Seigniorage' bezeichnet. Die etwas ältere Formulierung für den gleichen Sachverhalt ist der sog. ‚Schlagschatz'.

12 Die Ökonomische Theorie der Politik hat einen wichtigen Erklärungsbeitrag geleistet, in dem Politiker als rationale Wählerstimmenmaximierer analysiert werden. Zwar gibt es historisch immer wieder Beispiele für gemeinwohlorientierte Politiker, die langfristige Entwicklungen im Blick haben: Eine generelle Politikerschelte ist deshalb nicht angebracht. Gerade aber in der Frage der Verschuldungsbegrenzung ist das Modell des *homo politicus* erklärungsstark.

2.2. Funktionsprinzipien

Die Grundstruktur des Stabilitätspaktes beruht auf mehreren Grundprinzipien. *Erstens* geht es um *kontinuierliche* fiskalische Stabilität aller Teilnehmerländer. Deshalb werden die entsprechenden Prüfroutinen des Paktes jedes Jahr angewandt. *Zweitens* geht es um größtmögliche Transparenz und Einheitlichkeit der Berechnungsgrundlagen. Formen ‚kreativer Buchführung' sollen durch einheitliche Bewertungsstandards verhindert werden.

Jeder Teilnehmerstaat der Währungsunion legt seine Haushaltsziele fest (1. Stufe) und präsentiert diese der Europäischen Kommission als Vorlage. Grundsätzlich ist, wie bereits erwähnt, jedes Land gehalten, einen *ausgeglichenen Haushalt* zu präsentieren. Bei einer positiven Neuverschuldung, die aber 3 % des BIP noch nicht übersteigt, gibt die Kommission eine Empfehlung, wie ein ausgeglichener Haushalt erreicht werden kann. Aber prinzipiell ist eine Neuverschuldung unter 3 % des BIP akzeptabel und das Verfahren für dieses Jahr abgeschlossen.

Bei Neuverschuldung höher als 3 % des BIP beginnt der Pakt zu wirken – jedenfalls in der Theorie (Stufe 2). Der Europäischen Kommission muß vom Stabilitätssünder ein Bericht vorgelegt werden, worin die Ursachen für die Verfehlungen zu sehen sind. Liegen ‚außergewöhnliche Umstände' vor, etwa Naturkatastrophen wie die große Überschwemmungskatastrophe in Ostdeutschland im Jahre 2002? Ist eine außergewöhnliche wirtschaftliche oder konjunkturelle Krise feststellbar? Die Stellungnahme des zu hoch verschuldeten Landes muß dann dem Europäischen Rat, konkret dem Rat der Finanzminister (ECOFIN), vorgelegt werden, der entscheidet, ob ein Verfahren eingeleitet wird. Es besteht *kein Automatismus* bei der Prüfung, sondern die Finanzminister haben einen Auslegungs- und Ermessensspielraum bei der Analyse der Daten und der Begründungen für die Staatsdefizite. Wenn der ECOFIN entscheidet, daß ‚außergewöhnliche Umstände' vorliegen, dann ist das Verfahren beendet.

Wird ein Verfahren eingeleitet, so tritt Stufe 3 des Paktes in Kraft. Die Stabilitätssünder müssen innerhalb von vier Monaten dokumentieren, wie sie wieder in eine Haushaltslage geraten wollen, die den Kriterien entspricht. Dieser Bericht wird vom ECOFIN geprüft (Stufe 4). Sind glaubwürdige Schritte in Richtung Haushaltskonsolidierung zu erkennen, so ruht das Verfahren; es kann jedoch später wieder aufgenommen werden. Besteht jedoch immer noch ein Defizit und sind keine Maßnahmen zu dessen Beseitigung erkennbar, tritt Stufe 5 des Paktes in Kraft. Die Europäische Kommission veröffentlicht dabei Empfehlungen, wie das betreffende Land wieder zu einem ausgeglichenen Haushalt gelangen könnte. Durch diesen Druck der Öffentlichkeit (und der Medien) entsteht auch innenpolitischer Druck auf die Regierungen, die zum Einlenken bewegt werden sollen.

Für den Fall, daß ein Land sich trotz der vorangegangenen Prüfroutinen nicht zu einer Verbesserung seiner Haushaltslage entschließen kann, tritt die letzte Stufe des Verfahrens (Stufe 6) in Kraft: Es kommt zu *finanziellen Sanktionen*, also zur Verhängung einer Geldstrafe. Diese berechnet sich nach der Wirtschaftskraft des betreffenden Landes. Die Sanktionen werden bei der EU hinterlegt. Die Höhe der Geldstrafe beträgt 0,2 % des BIP (fester Teil) zuzüglich eines variablen Teils in Abhängigkeit von der Höhe der Verschuldung. Der variable Teil der Geldstrafe ist 0,1 multipliziert mit der Differenz zwischen zulässigem Defizit und tatsächlichem Defizit.[13] Maximal darf die Geldstrafe 0,5 % des BIP betragen. Die Einlage muß unverzinslich hinterlegt werden. Allerdings ist die Strafe noch keinesfalls endgültig – das Verfahren geht also noch weiter. Nach zwei Jahren findete eine erneute Prüfung der Haushaltszahlen statt. Wenn wieder ein ausgeglichener Haushalt erreicht wurde, wird die Einlage zurückgezahlt. Für den Fall eines immer noch bestehenden Defizits wird die Einlage von der EU dauerhaft eingezogen und in eine tatsächliche Geldbuße umgewandelt.

2.3. Glaubwürdigkeit als geldpolitisches Problem

Die Basis einer jeden Geldordnung ist das Vertrauen der Menschen in die Verläßlichkeit des Zahlungsversprechens (vgl. *Eucken* 1952/1990). Moderne Geldordnungen verwenden stoffwertloses Geld, also im Prinzip ‚beliebig vermehrbare' Papierzettel, die nur darauf beruhen, daß sich in einer arbeitsteiligen Wirtschaft auch andere Menschen finden lassen, die an das Zahlungsversprechen dieses Papierzettels glauben. Nicht selten in der Wirtschaftsgeschichte ist dieses Vertrauen massiv mißbraucht worden – etwa bei der Hyperinflation des Deutschen Reiches oder in den sozialistischen Geldordnungen.

Die Dispositionen der Menschen im Umgang mit Zahlungsmitteln beruhen dabei auf *Erwartungen* über die Zukunft. Eine Währung kann trotz solider volkswirtschaftlicher, ‚objektiver' Daten ins Wanken geraten, wenn die Erwartungen der Menschen davon ausgehen, daß das Geld in Zukunft an Vertrauenswürdigkeit verlieren wird. Aus diesem Grund ist es das strategische Ziel der Zentralbank, ein hohes Maß an *Glaubwürdigkeit*[14] zu erlangen, damit Ankündigungen über zukünftige geldpolitische Maßnahmen auch wirklich von den Märkten und den dort agierenden Menschen geglaubt werden. Nur so kann die Zentralbank sicherstellen, daß sie das Geschehen an den Devisen- und Geldmärkten auch *systematisch* beeinflussen kann. Hat die Zentralbank erst einmal ihre Glaubwürdigkeit verloren, dann hat sie auch in hohem Maß ihre Einflußmöglichkeiten verloren: Man glaubt ihr einfach nicht mehr.

Für jede neue Währung ist es zunächst ausgesprochen schwierig, das Vertrauen der Menschen zu erwerben. Dies konnte in jüngster Zeit vor allem bei der Transformation der ehemals sozialistischen Länder hin zu Demokratie und Marktwirtschaft beobachtet werden (vgl. *Wentzel* 1995), aber auch immer wieder in den verschiedenen Währungskrisen in Lateinamerika. Die Währungsunion in Europa ist allerdings vor einem anderen Hintergrund zu sehen. Die Einführung des EURO geschah nicht, weil die Vorgängerwährungen zerrüttet waren und deshalb ein Währungsschnitt zu einem Neuanfang füh-

---

13 Beispiel: Ein Land hat eine Nettokreditaufnahme von 5 % des BIP. Zulässig wären aber nur 3 %. Der variable Teil der Strafe wäre also 0,1 * (5 – 3) BIP. Der feste Teil der Strafe ist immer konstant 0,2 % des BIP.

14 Der Begriff der Glaubwürdigkeit ist sowohl in der modernen Geldpolitik als auch in der Spieltheorie zu einem Schlüsselbegriff geworden. Exemplarisch sei hier auf die Arbeiten von *Kydland* and *Prescott* (1977) und *Barro* and *Gordon* (1983) verwiesen. Der ehemalige Präsident der Deutschen Bundesbank, *Carl Otto Pöhl*, hat Glaubwürdigkeit einmal sehr pragmatisch formuliert: Eine Zentralbank ist glaubwürdig, wenn sie sagt was sie tut – und wenn sie tut was sie sagt.

ren mußte. Statt dessen war die gemeinsame europäische Währung eine bewußte politische Handlung auf Konsensbasis, wobei man auf sehr stabile Vorgänger wie die DM zurückgreifen und sich deren Reputation nutzbar machen konnte. Beim Gesetz über die Europäische Zentralbank stand eindeutig das Bundesbankgesetz Pate, es wurde sogar teilweise verschärft bezüglich der *Unabhängigkeit der Notenbank* und des strategischen Ziels der EZB, nämlich der ausschließlichen Wahrung der Geldwertstabilität. Die EZB hatte also das große Glück, die Reputation der Deutschen Bundesbank zu ‚erben' – was nicht zuletzt Ausschlag gab bei der Wahl von Frankfurt als Sitz der EZB. Gleichwohl muß auch der EURO sich seine eigene Reputation dauerhaft verdienen. In diesem Zusammenhang sind beispielsweise die jüngsten Informationen über vorsätzlich gefälschte Budgetzahlen aus Athen äußerst bedenklich.

Als schwerwiegendes Problem für das ‚Projekt Währungsunion' und die Glaubwürdigkeit muß die Entwicklung des Stabilitätspaktes seit dem 1. Januar 1999 angesehen werden. Zentrales Problem des Paktes ist es, daß auch wiederholtes Verstoßen gegen die Auflagen des Paktes bisher *nicht sanktioniert* wird. Exakt dieses Verhalten haben die führenden Wirtschaftswissenschaftler in ihrem Aufruf gegen die Einführung des EURO aus dem Jahre 1998 prognostiziert. Frankreich hat zum vierten und Deutschland zum dritten Mal in Folge den Pakt ohne Konsequenzen und Sanktionsverfahren verletzt. Am 23. November 2003 hat der ECOFIN beschlossen, daß Defizitverfahren gegen Deutschland und Frankreich einzustellen. Dies war ein schwerer Schlag gegen die Stabilität des EURO, selbst wenn dies in der ganz kurzen Frist weder an der Inflationsrate noch am Außenwert abzulesen ist. Entscheidend ist, daß die *Glaubwürdigkeit* des Paktes schwer beschädigt wurde und damit für die Zukunft jedes glaubwürdige Sanktionsinstrument gegen eine Zerrüttung der Staatsfinanzen abhanden gekommen ist.

Dem ehemaligen EU-Währungskommissar *Solbes*, der sich für Strafmaßnahmen gegenüber den Haushaltssündern Frankreich und Deutschland aussprach, fehlte es an Macht und Durchsetzungsvermögen. Verlangte *Solbes* von den Sündern eine ordnungspolitische Umkehr, so hatte dies keine tatsächlichen Folgen. Solange der ECOFIN die letztendliche Entscheidung über die Aufnahme des Sanktionsverfahrens trifft, ist keine Stabilisierungsbemühung zu erwarten: ‚Sünder entscheiden über Sünder' oder, noch genauer, zukünftige Sünder entscheiden über aktuelle Sünder, die später vielleicht wieder auf der anderen Seite stehen. Kein Finanzminister wird seinen europäischen Kollegen hart bestrafen, wenn er im nächsten Jahr ein Wiedersehen in veränderten Rollen fürchten muß: Es kommt zu einer Art Kartellabsprache.

Als besonders schädlich erweist sich der Reputationsverlust bei den Neu-Mitgliedern der EU. Wie aus Tabelle 2 bereits ersichtlich wird, hat deren Stabilitätsbemühen drastisch nachgelassen. Tschechien beispielsweise, einstmals unter Ministerpräsident *Vaclav Klaus* ökonomischer Musterknabe unter den Transformationsländern, hat zwischenzeitlich zweistellige Budgetdefizite erreicht. Gegenüber diesen Ländern ist allerdings nicht glaubwürdig zu vermitteln, daß die EU auf die Einhaltung der Stabilitätskriterien pochen wird, wenn auch Frankreich und Deutschland dauerhaft folgenlos den Pakt verletzten. Damit verlieren die osteuropäischen Länder auch ein wichtiges Druckmittel bei der innenpolitischen Durchsetzung notwendiger Reformmaßnahmen. Keine

Regierung in Osteuropa dürfte nunmehr noch bereit sein, auch nur eine unpopuläre innenpolitische Maßnahme um des Stabilitätspaktes willen durchzusetzen.

Der neue Währungskommissar *Almunia* bemüht sich zwar um eine politische Lösung des Konflikts, um den Stabilitätspakt zumindest zu retten und dem Drei-Prozent-Kriterium noch einen Rest von Glaubwürdigkeit zu erhalten – zumindest im Sinne einer *Signalfunktion*. Hierbei werden jedoch die Stabilitätskriterien weiter nachhaltig aufgeweicht und der Beliebigkeit preisgegeben. Damit drängt sich die Frage auf: Warum wollen die politisch Verantwortlichen den Stabilitätspakt überhaupt weiter aufweichen (‚flexibilisieren'), wenn Verstöße ohnehin nicht geahndet werden? Die Antwort hierzu ist vor allem aus medienökonomischem Blickwinkel und der öffentlichen Meinung zu formulieren. Die Verletzung des Stabilitätspaktes ist zumindest in den Medien immer eine Topmeldung, die die politische Glaubwürdigkeit der Regierenden weiter untergräbt. Es ist zumindest für die publicity der Regierenden wenig erfreulich, einmal pro Jahr als Stabilitätssünder in der Öffentlichkeit dargestellt zu werden, selbst wenn man nicht unbedingt politische Konsequenzen daraus tragen muß.

3. Quo Vadis Europa?

3.1. Wirkt der Pakt ‚pro-zyklisch'?

Kritiker werfen dem Stabilitätspakt vor, er sei eine „Fehlkonstruktion und blanker Unsinn" (*Romano Prodi*, ehemaliger Präsident der EU-Kommission). Der Stabilitätspakt wird als Zwangskorsett der Finanzpolitik bezeichnet, der legitime Handlungsoptionen des Staates einschränke und pro-zyklische Wirkungen in der Konjunkturpolitik hervorriefe. Ist diese Kritik am Stabilitätspakt wirklich gerechtfertigt?

Zunächst sei daran erinnert, was jeder Student der Volkswirtschaftslehre in seinem ersten Semester Finanzwissenschaft lernt. Der Staat hat vielfältige Möglichkeiten, seine *Aufgaben* zu definieren und seine *Ausgaben* und seine *Einnahmen* zu gestalten. Auch der Bereich der Einnahmen ist vielfach untergliedert. So kann der Staat etwa direkte und indirekte Steuern erheben, Gebühren und Abgaben festlegen und auch Privatisierungserlöse erzielen. Die Nettokreditaufnahme ist nur *eine* unter vielen fiskalischen Optionen, die auch nur für den Sonderfall einer wirtschaftlichen Krise legitim ist. Die finanzpolitische Autonomie über Aufgaben, Ausgaben und Einnahmen bleibt also auch unter dem Stabilitätspakt vollständig erhalten; lediglich *Überschuldung* wird zweckmäßig begrenzt. Drei Prozent Neuverschuldung bei einem BIP von mehr als 2 Billionen EURO (wie in Deutschland) ist mehr als genug, in konjunkturell ‚normalen' Zeiten immer noch deutlich zuviel. Außerdem ist bei extremen Katastrophen (Flut in Ostdeutschland, Terroranschläge des 11. September 2001, Tsunami in Süd-Ost-Asien) eine weit höhere Verschuldung akzeptiert. Der Vorwurf, der Pakt wirke in Krisenzeiten pro-zyklisch, kann also als inhaltlich unbegründet zurückgewiesen werden.

Gleichwohl bleibt festzuhalten: Verschleppte Strukturreformen und überzogene Ansprüche einzelner Interessengruppen in einer parlamentarischen Demokratie können nicht durch Defizite geheilt werden. Diese führen dann nur in die Handlungsunfähigkeit der Schuldenfalle. Den europäischen Wohlfahrtsstaaten steht damit der eigentliche Belastungstest noch bevor. Immerhin fielen die Konsolidierungserfolge der neunziger Jahre in eine konjunkturelle Schönwetterperiode (Internet-Boom, Friedensdividende). Strukturelle Reformen stehen aber in vielen europäischen Staaten immer noch aus. Geldwertstabilität kann aber nur dann dauerhaft erhalten werden, wenn auch die öffentlichen Haushalte ihren Stabilitätswillen glaubhaft unter Beweis stellen. Doch gerade hier mangelt es offensichtlich an einem *wirtschafts- und integrationspolitischen Leitbild*. Der Stabilitätspakt wird aber nur dann erfolgreich sein, wenn er von einer ordnungspolitischen Orientierung und einem wirtschaftspolitischen Leitbild mitgetragen wird, das in der Geldwertstabilität und im Ausgleich der Staatsfinanzen und solider Finanzpolitik erstrebenswerte Ziele sieht und staatlichen und bürokratischen Neigungen zur Budgetausweitung und zur Verschuldung wirksam entgegentritt.

3.2. Ordnungspolitische Vorschläge für eine Härtung des Paktes

Ohne dauerhafte Haushaltskonsolidierung und Stabilisierung wird das Projekt einer europäischen Währungsunion scheitern. Der EURO wird dann, wie *Bernaldo de Quiròs* (1999) es formuliert, zur „politischen Zeitbombe". Aber: Kann es finanzpolitische Disziplin ohne Sanktionen geben?

Gegenwärtig liegen politische Vorschläge auf dem Tisch, den Pakt zu ‚flexibilisieren' – häufig verbunden mit dem irreführenden Hinweis, auch die USA würden ja riesige Defizite tolerieren und hiermit ihre Konjunktur wiederbeleben.[15] Konkret geht es beispielsweise darum, die Beiträge zur EU aus dem defizitrelevanten Budget herauszurechnen; damit hätte Deutschland als Nettozahler einen besonders großen zusätzlichen Verschuldungsspielraum. Sonderlasten der deutschen Vereinigung, so der aktuelle Vorschlag der Bundesregierung, seien ebenfalls aus dem verschuldungsrelevanten Budget herauszurechnen. Andere Vorschläge (Italien) sehen vor, Bildungsausgaben außerhalb des Budgets zu bilanzieren. Bildung, so der italienische Ministerpräsident *Berlusconi*, sei eine Zukunftsaufgabe, die nicht durch aktuelle Finanzierungsengpässe riskiert werden dürfe. In Frankreich wurde vorgeschlagen, Verteidigungsausgaben außerhalb des Budgets zu verrechnen. Alle Vorschläge dieser Art lassen sich auf einen Nenner bringen. Es geht darum, bestimmten Interessengruppen Zugeständnisse zu machen, deren Finanzierung dann über zusätzliche Verschuldung gesichert werden soll. Schätzt man den Budgeteffekt all dieser Maßnahmen, so könnte rein rechnerisch ein Staatsdefizit

15 Der Hinweis auf die Schuldenpolitik der USA ist falsch und irreführend. Das ‚Zwillingsdefizit' der USA ist keinesfalls nur ein konjunkturpolitischer Segen, sondern es birgt auch für die amerikanische und die Weltwirtschaft große Risiken. In zweierlei Hinsicht ist die amerikanische Entwicklung allerdings von der europäischen zu unterscheiden: Erstens zeigt sich in der Entwicklung des amerikanischen Haushalts, daß es immer wieder auch Phasen mit beachtlichen Budgetüberschüssen gab – zuletzt in der Endphase der *Clinton*-Administration. Offensichtlich scheinen die Amerikaner eher die politische Fähigkeit zu besitzen, in wirtschaftlich erfolgreichen Zeiten Schulden zurückzuzahlen. Dies ist Deutschland nie gelungen (siehe *Wentzel* 1997). Zweitens funktioniert in den USA der Arbeitsmarkt recht gut, so daß die Steuereinnahmen einer wachsenden und beinahe vollbeschäftigten Wirtschaft weiter ansteigen. Damit haben die Amerikaner zumindest die Option, ihre heutigen Schulden durch zukünftiges Wachstum zu finanzieren. Eine stagnierende Wirtschaft mit hoher und dauerhaft verfestigter Arbeitslosigkeit hat diese Option nicht. Das Risiko einer ungehemmten Schuldenpolitik ist in ihr noch viel größer.

von bis zu 10 % des BIP ‚stabilitätskonform' sein, weil man es auf die geforderten drei Prozent ‚herunterrechnen' könnte. Damit wäre der Staat endgültig und dauerhaft in die Schuldenfalle hineingetappt (siehe *Wentzel* 1997): Ordnungspolitisch wäre dies eine Bankrott-Erklärung für den Stabilitätspakt und langfristig auch der Staaten.

Eine mögliche Reform des Stabilitätspaktes muß deshalb genau in die entgegengesetzte Richtung wirken. Zu denken wäre an vier Vorschläge:

Erstens sollte das Sanktionsverfahren *automatisiert* werden. Nicht ein politisches Gremium wie der ECOFIN sollte über Sanktionsverfahren entscheiden, weil es dann niemals zu einem Sanktionsverfahren kommen wird. Am besten wäre, die Haushaltsentwürfe würden von einem unabhängigen Expertengremium geprüft, die dann ohne Rücksprache mit der Politik den gegebenenfalls notwendigen Bußgeldbescheid ausstellen könnte. Die Deutsche Bundesbank hatte einen ähnlichen Vorschlag für ein *automatisiertes Strafverfahren* bereits 1996 vorgelegt. Der Bußgeldbescheid wäre demnach quasi von einem Mitarbeiter bei „Eurostatistics" erteilt worden. Die Politiker wehrten sich jedoch gegen einen solchen Automatismus und wollten die letztendliche Entscheidung über einen Verstoß und eine zu erteilende Sanktion im politischen Bereich belassen. Damit war der Pakt von Beginn an mehr oder minder zum Scheitern verurteilt. Ein zentraler Reformvorschlag wäre also, diesen ersten Vorschlag der Bundesbank zu revitalisieren und den Einfluß des ECOFIN zu reduzieren.

Zweitens wäre darüber nachzudenken, ob Stabilitätssünder in den Abstimmungsprozessen auf europäischer Ebene Stimmrechte gestrichen bekommen. In jedem Jahr, in dem die Nettokreditaufnahme oberhalb der Drei-Prozent-Grenze liegt, sollten die Stimmrechte um exakt die Höhe der Verschuldung reduziert werden. Da ausufernde Staatsverschuldung eines Landes *negative Externalitäten* bei den anderen Teilnehmern der Währungsunion bewirkt, ist es nur sinnvoll, wenn deren politische Einflußmöglichkeiten ebenfalls beschnitten werden.[16]

Drittens ist darauf hinzuweisen, daß die Verschärfung des Paktes auch schon für Verschuldung unterhalb der Drei-Prozent-Regel greifen muß, denn auch eine Maastricht-konforme Neuverschuldung von drei Prozent führt über einen längeren Zeitraum von ca. 25 Jahren in die Schuldenfalle und die Zahlungsunfähigkeit. Schon heute dient ein Großteil der Nettokreditaufnahme allein der Bedienung bestehender Zinsverpflichtungen. Es wäre deshalb zu empfehlen, grundsätzlich bei jeder positiven Nettokreditaufnahme ein Defizitverfahren einzuleiten.

Viertens wäre dringend zu empfehlen, Verschuldung auch auf der Ebene der Nationalstaaten wirksam zu beschränken. Zu denken wäre an ein mehrstufiges Modell, bei dem mit steigender (ausufernder) Verschuldung systematisch die fiskalische Autonomie der Regierung eingeschränkt wird (ausführlich *Wentzel* 1997). Dieser Vorschlag wäre in der Verfassung der Staaten festzuschreiben, um ein glaubwürdiges Signal für dauerhafte Stabilitätskultur zu geben.

---

16 Dieser Vorschlag setzt allerdings implizit voraus, daß zumindest einige Länder noch auf Stabilitätskurs verbleiben. Verhalten sich jedoch alle Länder stabilitätsinkonform, so greift dieser Vorschlag ins Leere.

3.3. Der Ausstieg aus dem EURO: Eine realistische Option?

Vereinzelt wird gefragt, ob stabilitätsorientierte Länder nicht sogar den Ausstieg aus dem Projekt einer gemeinsamen Währung in Erwägung ziehen sollten, um sich gegen die negativen Externalitäten hoch verschuldeter Länder zu schützen. Aber ist der Ausstieg aus dem EURO wirklich eine ordnungspolitische Option, die ernsthaft in Erwägung gezogen werden kann?

Zunächst ist aus dem Blickwinkel konstitutioneller Ökonomik festzuhalten, daß der Austritt aus einer Gemeinschaft eine wichtige Sanktionsdrohung sein kann. ‚Exit and voice‘ sind zwei zentrale Drohmechanismen in einem wettbewerblichen Prozeß, die ausgesprochen effizient wirken. Nicht zuletzt aus diesem Grund erhält die europäische Verfassung ein ausdrückliches Sezessionsrecht, daß gerade den kleinen Ländern als ein wichtiger Schutz gegenüber möglichen Vereinnahmungstendenzen durch die großen EU-Länder galt. Die Drohung mit dem Austritt aus der EURO-Zone könnte also eine größere Sanktionswirkung haben als etwa der Stabilitätspakt in seiner jetzigen Form.

Auch geld- und währungspolitisch wäre eine Wiedereinführung des vormals gültigen nationalen Zahlungsmittels kein Problem. Deutschland hat erstens eine Währungsreform nach dem Zweiten Weltkrieg erlebt, zweitens den Umtausch der Mark der DDR gegen die DM im Jahre 1990 sowie drittens die Einführung des EURO 1999 bzw. 2002. Rein technisch und organisatorisch ist es lediglich eine Frage der Zeit und etwaiger Transaktionskosten, eine neue (oder die alte) Währung einzuführen.

Politisch wäre jedoch die Abschaffung des EURO ein schwerer Schlag für die gesamte Zukunft der europäischen Integration. Ohne Zweifel wäre es das Eingeständnis, daß Europa seine wirtschaftspolitischen Probleme nicht lösen kann. Gerade weil der EURO nicht nur ein technisch neutrales Zahlungsmittel ist, sondern vielmehr ein *Symbol des gesamten Integrationsprozesses*, hätte eine mögliche Wiedereinführung der nationalen Währungen äußerst nachteilige Konsequenzen. Der EURO ist in gewisser Hinsicht zum Erfolg verdammt, weil weder das Scheitern des Gesamtprojektes noch der Austritt einzelner Länder wirklich eine ordnungspolitisch tragfähige Option wäre. Ein amerikanisches Sprichwort sagt: „There is no second chance to make a first impression.“

4. Europa am Scheideweg: Ordnungspolitische Vernunft oder pathologisches Lernen?

Ohne Zweifel sind die bisherigen stabilitätspolitischen Erfolge des EURO in den ersten sechs Jahren seines Bestehens durchaus ansprechend. Die Inflationsrate der gemeinsamen Währung ist niedrig, der Außenwert des EURO ist im Prestigevergleich gegenüber dem US-Dollar beachtlich gestiegen. Die EZB hat die ersten Jahre in einem schwierigen wirtschaftlichen und politischen Umfeld gut gemeistert und einen vergleichsweise ruhigen geldpolitischen Kurs beibehalten. Die Persönlichkeiten an der Spitze der EZB haben die Glaubwürdigkeit und Reputation, die sie von der Deutschen Bundesbank ‚geerbt‘ haben, sinnvoll genutzt und weitergeführt. Das Statut der Zentralbank hält auch einer kritischen institutionenökonomischen Analyse stand und hat sich bisher bewährt.

Die große stabilitätspolitische Gefahr lauert offensichtlich weniger von der rein monetären, sondern vielmehr von der finanzpolitischen Seite. Alle großen Teilnehmerstaaten der Währungsunion, allen voran Frankreich, Belgien, Italien und auch Deutschland, haben sich durch eine ungebremste Staatsverschuldung in die sog. ‚Schuldenfalle' manövriert. Die Bedienung der Staatsschulden nimmt bereits im deutschen Staatshaushalt die zweite Stelle ein, noch vor dem Posten Landesverteidigung. Und auch ein Maastricht-konformer Staatshaushalt mit *nur* 3 % Nettokreditaufnahme wird schon als stabilitätspolitische Meisterleistung gefeiert. Dies ist ökonomisch falsch und widerspricht einfachsten mathematischen Überlegungen: Bei einer ungebremsten Neuverschuldung ist es nur eine Frage der Zeit, wann der Staat seine Zahlungsverpflichtungen gegenüber seinen Schuldnern einstellt oder aber drastisch reduziert. *Isensee* (2003) diskutiert das Problem des Staatsbankrotts und stellt hierzu fest, daß vom juristischen Standpunkt her der Staat konkursunfähig ist. De facto sind jedoch in der Wirtschaftsgeschichte zahlreiche Beispiele bekannt, wo Staaten ihre Zahlungsverpflichtungen eingestellt und mit einem Währungsschnitt einen radikalen Neuanfang gesucht haben. Ganz offensichtlich liegt hier ein Widerspruch zwischen Rechtsnorm und Wirklichkeit vor. Wenn nicht eine glaubwürdige Umkehr bei der Schuldenpolitik erfolgt, werden zahlreiche EU-Staaten schon in mittlerer Frist in die Gefahr der Zahlungsunfähigkeit gelangen. Was in Lateinamerika häufig geschah, ist auch für Europa mittelfristig nicht mehr auszuschließen.

Die Unabhängigkeit der Notenbank ist von Geldtheoretikern seit Jahrzehnten als Grundvoraussetzung für Geldwertstabilität erkannt worden (ausführlich *Schüller* 2004). Gleichwohl ist zu vermuten, daß diese wissenschaftliche Erkenntnis wohl kaum tatsächliche Gestaltungskraft erlangt hätte, wären nicht zahlreiche spektakuläre Beispiele für Währungszusammenbrüche zu beobachten gewesen. Die meisten Deutschen dürften wohl kaum mit den Arbeiten von *Alesina* and *Summers* (1991) über „Central Bank Independence and Macroeconomic Performance" vertraut sein. Gleichwohl wissen die Deutschen aus eigener Erfahrung zweier Währungszusammenbrüche um die schädlichen und unsozialen Effekte von Inflation. Dies ist eine besonders anschauliche Form des ‚pathologischen Lernens'.

Bezüglich der Wirkung von ungebremster Staatsverschuldung sind von Seiten der Wissenschaft vielfach eindeutige Erkenntnisse vorgelegt worden. In der Politik hat diese Erkenntnis bisher noch keine Verhaltensänderungen ausgelöst – vielleicht weil noch kein spezifischer Fall pathologischen Lernens im Gedächtnis ist. Der Stabilitäts- und Wachstumspakt war der Versuch, die permanente Tendenz zur Schuldenerhöhung auf nationaler Ebene durch einen Riegel auf einer übergeordneten, transnationalen Ebene zu begrenzen. Diese Hoffnung ist massiv enttäuscht worden. Der *homo politicus* hat sich durchgesetzt und eine Aufweichung der Stabilitätsgrundlagen bewirkt. Damit sind die Vorbehalte der führenden deutschen Wirtschaftswissenschaftler aus dem Jahr 1998 eindeutig bestätigt. Gleichwohl hat Europa keinerlei Alternative zu einer glaubwürdigen Schuldenbegrenzung, wenn nicht die bisherigen Einigungserfolge in monetärer, wirtschaftlicher und politischer Sicht aufs Spiel gesetzt werden sollen. Ein Ausstieg aus dem Projekt der gemeinsamen Währung wäre mit so hohen politischen Kosten verbunden, das diese Option nicht ernsthaft in Erwägung gezogen werden kann. Ordnungspolitisch besteht deshalb keine Alternative zu einem gehärteten Stabilitätspakt.

Literatur

Alesina, Alessandro and *Lawrence Summers* (1991), Central Bank Independence and Macroeconomic Performance: Some Comparative Evidence, Harvard University.

Barro, Robert J. and *David B. Gordon* (1983), A Positive Theory of Rules versus Discretion, in: Journal of Political Economy, Vol. 91, No. 4, pp. 589-610.

Bernaldo de Quirós, Lorenzo (1999), The European Monetary Union: A Political Time Bomb, in: Cato Journal, Vol. 19, No. 1, pp. 143-160.

Biskup, Reinhold (2004), Ordnungspolitik und europäische Integration, hrsg. von *Friedrun Quaas* und *Egon Tuchtfeld*, Bern, Stuttgart, Wien

De Grauwe, Paul (2003), Economics of Monetary Union, 5. Aufl., Oxford University Press.

Deutsche Bundesbank (1998), Stellungnahme des Zentralbankrates zur Konvergenzlage in der Europäischen Union im Hinblick auf die Dritte Stufe der Wirtschafts- und Währungsunion, Monatsberichte, April 1998, S. 17-40.

Deutsche Bundesbank (1999), Der Beginn der Wirtschafts- und Währungsunion am 1. Januar 1999, Monatsberichte, Januar 1999, S. 19-32.

Eucken, Walter (1952/1990), Grundsätze der Wirtschaftspolitik, Tübingen 1990.

Europäische Zentralbank (2004a), Montatsberichte, Dezember 2004.

Europäische Zentralbank (2004b), Montatsberichte, September 2004.

Frankfurter Allgemeine Zeitung (9.2.1992), Der Euro kommt zu früh. Manifest der deutschen Volkswirtschaftsprofessoren gegen eine verfrühte Einführung des Euro.

Görgens, Egon, Karlheinz Ruckriegel und *Franz Seitz* (2001), Europäische Geldpolitik, Theorie. Empirie, Praxis, 2. Auflage, Düsseldorf.

Isensee, Josef (2003), Die Insolvenzunfähigkeit des Staates, in: *Markus Heintzen* und *Lutz Kruschwitz* (Hg.), Unternehmen in der Krise, Ringvorlesung des Fachbereichs Rechts- und Wirtschaftswissenschaften der FU Berlin im SS 2003, Betriebswirtschaftliche Schriften, Heft 158, Berlin, S. 227-257.

Issing, Otmar (1993), Unabhängigkeit der Notenbank und Geldwertstabilität, in: Akademie der Wissenschaften und der Literatur Mainz, Abhandlungen der Geistes- und Sozialwissenschaftlichen Klasse, Jahrgang 1993, Nr. 1, Stuttgart, S. 1-32.

Issing, Otmar (2004), Geldpolitik für den Euroraum, in: Perspektiven der Wirtschaftspolitik, Band 5, Heft 4, S. 381-421.

Kydland, Finn E. and *Edward C. Prescott* (1977), Rules rather than Discretion: The Inconsistency of Optimal Plans, in: Journal of Political Economy, Vol. 85, No. 3, pp. 473-491.

Leipold, Helmut (2000), Die kulturelle Einbettung der Wirtschaftsordnungen: Bürgergesellschaft versus Sozialstaatsgesellschaft, in: *Wentzel, Bettina* und *Dirk Wentzel* (2000), S. 1-52.

o.V. (2002), Ist der Stabilitätspakt "dumm"? Verhängnissvolle Aussagen von Präsident Prodi, in: Neue Zürcher Zeitung, Nr. 242 vom 18.10.2002, S. 9.

Richter, Rudolf (1991), Altar der Einheit: Deutschland ist bereit, auf dem Gipfel von Maastricht ein großes Opfer zu bringen, in: WirtschaftsWoche, Nr. 49 vom 29.11.1991, S. 94-97.

Richter, Rudolf (1994), „Stabilitätskultur" als Problem der Institutionenökonomik, in: *Helmut Hesse* und *Otmar Issing* (Hg.), Geld und Moral, München, S. 73-90.

Schmölders, Günter (1966), Psychologie des Geldes, Reinbek bei Hamburg.

Schüller, Alfred (1975), Flexible Wechselkurse – Übergangs- oder Dauerlösung für die Weltwährungsordnung, in: ORDO, Bd. 26, S. 247-288.

Schüller, Alfred (1996), Ordnungspolitische Dimensionen der Globalisierung, in: *Reinhold Biskup* (Hg.): Globalisierung und Wettbewerb, Bern, Stuttgart und Wien, S. 81-127.

Schüller, Alfred (1998a), Der wirtschaftspolitische Punktualismus: Triebkräfte, Ziele, Eingriffsformen und Wirkungen, in: ORDO, Bd. 49, S. 105-126.

Schüller, Alfred (1998b), Die Europäische Union vor der Frage der Osterweiterung: Entscheidungslinien und Hindernisse, in: *Helmut Leipold* (Hg.), Ordnungsprobleme Europas: Die Europäische Union zwischen Vertiefung und Erweiterung, Arbeitsberichte zum Systemvergleich, Nr. 18, Marburg, S. 79-108.

Schüller, Alfred (2004), Grundprobleme der Geldwirtschaft, in: Fischer Abiturwissen Wirtschaft, Recht, S. 140-178.

Smeets, Heinz-Dieter (1993), Monetäre Integration: Vom EWS zur Währungsunion, in: *Helmut Gröner* und *Alfred Schüller* (Hg.), Die europäische Integration als ordnungspolitische Aufgabe, Bd. 43, Stuttgart, Jena und New York, S. 97-145.

Weber, Ralf L. (1995), Außenwirtschaft und Systemtransformation. Zur Bedeutung der Zahlungsbilanzrestriktion im Übergang von der Zentralplanwirtschaft zur Marktwirtschaft, Schriften zum Vergleich von Wirtschaftsordnungen, Bd. 46, Stuttgart, Jena und New York.

Wentzel, Bettina und *Dirk Wentzel* (Hg) (2000), Wirtschaftlicher Systemvergleich Deutschland/USA, UTB-Taschenbuch, Stuttgart and New York.

Wentzel, Dirk (1995), Geldordnung und Systemtransformation: Ein Beitrag zur ökonomischen Theorie der Geldverfassung, Schriften zum Vergleich von Wirtschaftsordnungen, Bd. 50, Stuttgart, Jena und New York.

Wentzel, Dirk (1997), Ökonomische Theorie der Verfassung und das Problem der Staatsverschuldung: Anwendungsfall für das Drei-Stufen-Modell, in: Arbeitsberichte zum Systemvergleich, Nr. 21, Marburg, S. 19-47.

Wentzel, Dirk (2004a), The European legislation on the New Media: An appropriate Framework for the New Economy? Will be published in: European Journal of Management and Public Policy.

Wentzel, Dirk (2004b), Perspectives and Challenges of EU Integration: Towards a further Enlargement of the Union, Paper presented at the "Osiek-Symposium" in Croatia, October 20-24, 2004 (wird publiziert).

Helmut Leipold und Dirk Wentzel (Hg.), Ordnungsökonomik als aktuelle Herausforderung
Schriften zu Ordnungsfragen der Wirtschaft · Band 78 · Stuttgart · 2005

Geldpolitik in Euroland: Strukturbrüche oder Strategiefehler?

H. Jörg Thieme

Inhalt

1. Gesamtwirtschaftliche Transmissionsmodelle und marktwirtschaftliche Funktionsprinzipien

Nicht erst seit der Gründung der Europäischen Währungsunion wird in der monetären Makroökonomik intensiv und kontrovers diskutiert, ob und inwieweit monopolisierte Zentralbanken mit ihrer Geldpolitik fähig sind, Inflationsprozesse in Marktwirtschaften dauerhaft zu vermeiden bzw. wirksam zu bekämpfen. In diesen Diskussionen ging es – neben vielen Details der Modellierung gesamtwirtschaftlicher Zusammenhänge, der Annahmen in den relevanten Verhaltenshypothesen, der Bedeutung von exogen oder endogenen Impulsen, der Wirkung von fiskalischen und monetären Schocks etc. – letztlich immer auch um das Verständnis der Funktionsweise von Marktwirtschaften (Übersicht bei *McCallum* 2002).

In Generationen von gesamtwirtschaftlichen Modellen, in denen monetäre und fiskalische Impulse auf ihre Wirkungen in Marktwirtschaften hin untersucht wurden (und werden!), sind Preis- und Preisniveauänderungen annahmegemäß ausgeschlossen. Die Transmission von monetären, fiskalischen oder im realwirtschaftlichen Sektor ausgelösten Impulsen erfolgt dann – wie z.B. in Modellen der keynesianischen Makroökonomik – als reine Mengeneffekte. Solche Analysen sind häufig elegante Modellkonstruktionen mit hohem mathematischen Aufwand. Sie vernachlässigen allerdings sträflich die ordnungsökonomischen Bedingungen von Marktsystemen und können deshalb theoretisch und vor allem empirisch kaum überzeugen. Diese Marktorientierung von Modellen ist sowohl für geschlossene wie offene Volkswirtschaften erforderlich. In den außenwirtschaftlichen Analysen von A. Schüller, dem dieser Beitrag gewidmet ist, sind die marktwirtschaftlichen Funktionsprinzipien stets beachtet worden.

Mit der Monetaristischen Gegenrevolution von Milton Friedman rückten die Ordnungsbedingungen von Marktwirtschaften wieder ins Zentrum der Analyse von gesamtwirtschaftlichen Transmissionsprozessen. Impulse lösen Änderungen der relativen Ertragssätze bzw. relativen Preise diverser Vermögensgüter aus, in deren Folge Mengenreaktionen auf den verschiedenen Vermögensmärkten entstehen. Preis- *und* Mengenreaktionen sind typische Merkmale marktwirtschaftlicher Anpassungsprozesse bei Störungen von gesamtwirtschaftlichen Gleichgewichtslagen (Überblick bei *Thieme* und *Vollmer* 1987). Wenngleich die abgeleiteten Ergebnisse plausibel sind, ist es bislang nicht gelungen, ein stringentes gesamtwirtschaftliches Portfoliomodell der Transmissionsprozesse zu konstruieren, das dynamische Anpassungsprozesse erklärt und vor allem auch empirisch überprüfbar ist.

Die Konkurrenz dieser Forschungsprojekte hat das Verständnis marktwirtschaftlicher Transmissionsprozesse verbessert, Fehler in Modelldetails beseitigt und teilweise auch deutliche Annäherungen in den konkurrierenden Erklärungsansätzen bewirkt (Überblick bei *Thieme* 1972, 1982). Gleichwohl bestehen unterschiedliche Bewertungen einzelner Theorieaspekte und insbesondere der Interpretation empirischer Testergebnisse. Diese Differenzen beziehen sich insbesondere auf die Beurteilung

- der Effizienz von fiskalischen Maßnahmen bei der Sicherung der gesamtwirtschaftlichen Stabilitätsziele, was in Europa gegenwärtig in der Diskussion über den Stabilitätspakt sichtbar wird;
- der Steuerbarkeit unterschiedlich definierter monetärer Aggregate;
- der Dominanz jener Faktoren, die monetäre und realwirtschaftliche Instabilitäten in Marktwirtschaften maßgeblich verursachen; und schließlich
- der geld- und fiskalpolitischen Empfehlungen, die aus den Transmissionsmodellen abzuleiten sind.

Die Diskussionen kreisen dabei letztlich immer wieder um die Kernfrage, ob das Verhalten der Marktakteure im Zeitablauf so instabil ist, dass der private Sektor verantwortlich ist für die empirisch gut beobachtbaren Instabilitäten in Marktwirtschaften. Oder werden sie verursacht durch einen immer stärker in Marktprozesse eingreifenden Staatssektor, dessen „antizyklische" Strategien Schocks auslösen, an die sich der private Sektor anpassen muss und dadurch die Schwankungen nominaler und realer gesamtwirtschaftlicher Aggregate entstehen?

Diese Diskussion hat mit der Währungsunion in Europa und der damit zu etablierenden Europäischen Zentralbank einen neuen Auftrieb erhalten: Welche Konsequenzen hat der deutlich größere und heterogene Wirtschaftsraum für die Wirksamkeit einer einheitlichen Geldpolitik? Können Strategiekonzepte, wie sie beispielsweise im Vorfeld der Währungsunion von einem einzelnen, wenn auch relativ großen Land wie der Bundesrepublik Deutschland jahrzehntelang entwickelt und praktiziert wurden, auf die Währungsunion übertragen werden? Wäre also das Geldmengenkonzept der Deutschen Bundesbank – sieht man von den politischen Widerständen in einigen Partnerländern ab – unter ökonomischen Aspekten geeignet gewesen, eine zieladäquate, also dauerhaft preisniveaustabilisierende Liquiditätsversorgung in Euroland zu gewährleisten (*Schumacher* und *Tober* 1999)? Oder zwingt der größere Wirtschaftsraum und die durch die gemeinsame Währung verstärkte Integration aller Güter- und Faktormärkte dazu, eine andere, neue geldpolitische Strategie zu entwickeln und umzusetzen? Reagieren Wirtschaftsakteure im gemeinsamen Wirtschaftsraum völlig anders auf mögliche Nachfrage- oder Angebotsschocks, so dass die traditionellen Transmissionskanäle nicht mehr geeignet sind, die Verhaltensweisen der Marktteilnehmer durch geld- oder fiskalpolitische Maßnahmen zieladäquat zu beeinflussen? Sind also vermeintliche Strukturbrüche beobachtbar, die neue theoretische Erklärungsansätze und politische Steuerungskonzepte erfordern?

Oder sind die behaupteten Strukturbrüche lediglich willkommene Anlässe für die (geld-)politischen Entscheidungsträger, unliebsame, weil verhaltensbindende Regeln, deren Einhaltung in der Öffentlichkeit gut kontrollierbar sind, abzuschaffen und durch ein flexibles System von Ad-hoc-Entscheidungen zu ersetzen? Sind die gegenwärtigen Diskussionen – angestoßen von Deutschland – über eine Aufweichung der Kriterien des Stabilitäts- und Wachstumspaktes nicht ein eindrucksvolles Beispiel dafür, dass strikte Regelsysteme politisch unerwünscht sind? Einige Fragen sollen exemplarisch aufgegriffen und für die Geldpolitik in Euroland beantwortet werden.

2. Mögliche Strukturbrüche und Geldpolitik

Unter den gegebenen Ordnungsbedingungen der in der Europäischen Währungsunion vereinten Marktwirtschaften sind es insbesondere vier Bereiche von Transmissionsprozessen, in denen strukturelle Veränderungen auftreten und die Übertragung von gesamtwirtschaftlichen monetären Impulsen so stören könnten, dass eine Neujustierung der geldpolitischen Strategie für die Europäische Zentralbank notwendig wäre (s. im Detail *Michler* und *Thieme* 2004):

Erstens könnte es für die Europäische Zentralbank unmöglich sein, die Primärgeldmenge zieladäquat zu steuern.

Zweitens könnte der bislang in Deutschland, aber auch in anderen europäischen Ländern recht systematische Zusammenhang zwischen Geldbasis und unterschiedlich definierten Geldmengenaggregate im integrierten Europa aufgelöst, der Geldangebotsmultiplikator also instabil sein, wodurch es den monetären Autoritäten unmöglich wäre, die Wirkungen von geldpolitisch ausgelösten Geldbasisänderungen auf die relevanten Geldmengen zu prognostizieren.

Drittens wäre das traditionelle Konzept der Geldmengensteuerung ineffizient, wenn die Geldnachfrage bzw. die Umlaufgeschwindigkeit des Geldes instabil ist, Geldangebotsimpulse also dauerhaft durch Reaktionen der Geldnachfrage absorbiert werden.

Viertens schließlich kann die Übertragung monetärer Impulse auf reale und nominale Variablen in der Währungsunion verändert, das Splitting-Problem also in quantitativer und zeitlicher Sicht neu gelöst sein, so dass die bislang transmissionstheoretisch postulierten und empirisch recht gut bestätigten Relationen nicht mehr gelten.

Für alle vier Bereiche möglicher Strukturbrüche in Euroland gibt es mittlerweile zahlreiche theoretische und empirische Analysen. Wenngleich die empirischen Ergebnisse wegen der kurzen Zeitreihen, die seit 1999 zur Verfügung stehen, nur vorläufig sein können und vorsichtig zu interpretieren sind, spricht vieles dafür, dass die ersten beiden Glieder der Transmission geldpolitischer Impulse nicht gestört sind. Das Instrumentarium der autonomen Europäischen Zentralbank musste zwar neu konzipiert werden, weil die institutionellen Bedingungen der Finanzmärkte im Allgemeinen und der Bankensektoren im Besonderen in den einzelnen Teilnehmerländern noch heterogen sind (*Görgens, Ruckriegel* und *Seitz* 2004; *Vollmer* 2004). Es ist aber völlig ausreichend, das Wachstum der Geldbasis durch zeitlich und quantitativ exakt dosierbare Offenmarktoperationen zielgerecht zu steuern. Voraussetzung dafür ist allerdings ein System weitgehend flexibler Wechselkurse, damit die Zentralbank nicht zu Devisenmarktinterventionen gezwungen ist, die ihre Offenmarktoperationen konterkarieren könnten. Da nicht das Eurosystem bzw. die Europäische Zentralbank, sondern der Rat der Wirtschafts- und Finanzminister der Europäischen Union (ECOFIN-Rat) für das Wechselkurssystem zuständig ist, können hierdurch Konfliktsituationen auftreten. Bislang wurden solche Interventionsverpflichtungen nicht beschlossen, wenngleich angesichts der anhaltenden Euro-Aufwertung immer häufiger politische Forderungen in dieser Richtung erhoben werden.

Die auf Euroland ausgerichteten geldpolitischen Instrumente sind seit 1999 wirksam und die Basisgeldmengensteuerung ist effizient. Abweichungen des faktischen vom angestrebten Wachstum der Basisgeldmenge wären somit von der Europäischen Zentralbank selbst verursacht; ihre Geldpolitik war außenwirtschaftlich abgesichert.

Auch die zweite Säule des Geldangebotsprozesses – der Zusammenhang zwischen der Geldbasis und den unterschiedlich definierten Geldmengenaggregaten – unterliegt keinem Strukturbruch, wie die Entwicklung der Geldangebotsmultiplikatoren in Abb. 1 zeigt.

Abb. 1: Geldmengenmultiplikatoren für M1, M2, M3 für Euroland

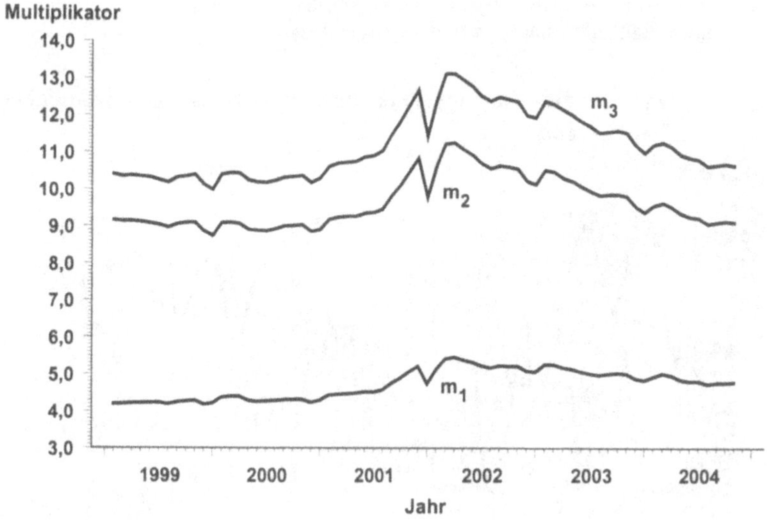

Wie früher die nationalen Geldangebotsmultiplikatoren insbesondere für eng abgegrenzte Geldmengenaggregate (M1) sehr stabil waren, sind auch die Multiplikatoren in Euroland stabil; nur in der Umtauschphase der nationalen Währungen in Eurobargeld vor und nach der Jahreswende 2001/2002 gab es erklärbare Schwankungen, die aber sehr schnell überwunden waren. Wenngleich die sechs Jahre seit der Gründung der Währungsunion zu kurz für eine systematische empirische Prüfung der Stabilität der Geldangebotsmultiplikatoren sind, spricht alles für relativ stabile Geldangebotsmultiplikatoren in Euroland, die es der Europäischen Zentralbank insbesondere bei engen Geldabgrenzungen erlaubt, die Liquiditätseffekte von Geldbasisänderungen gut vorherzusagen. Die Geschäftsbanken scheinen also Geldbasisvariationen – entgegen der häufig formulierten Credit-crunch-Hypothese – sehr wohl an die Wirtschaftsakteure weiterzugeben. Ursache für den zwischen 2000 und 2002 beobachtbaren Rückgang des Kreditgeschäfts der Geschäftsbanken in Deutschland waren nicht Brüche im Transmissionsprozess, sondern vor allem der konjunkturbedingte Kreditnachfrageausfall sowie ein feststellbarer Substitutionsprozess von Bankkrediten durch an Börsen handelbare Wertpapiere (*Paul*, *Stein* und *Thieme* 2004; *Michler* und *Thieme* 2004). Diese Anpassung in Europa an angelsächsische Finanzmarktverhältnisse muss beobachtet werden, weil hierdurch die Bedeutung des Bankensektors als Giralgeldproduzent tangiert ist. Von einem Strukturbruch der Transmissionskette im Geldangebotsprozess kann allerdings bislang nicht gesprochen werden.

Für den dritten Bereich eines möglichen Strukturdefekts – die Entwicklung der Umlaufgeschwindigkeit der Eurogeldmenge – ist die Antwort schwieriger: Lange Zeit konnte in der Transmissionstheorie davon ausgegangen werden, dass die Geldnachfrage eine stabile Funktion einer begrenzten Anzahl von Variablen (Zins, permanentes Einkommen, Inflationserwartungen, Präferenzen) ist und mittel- wie langfristig gut prognostiziert werden kann. Kurzfristig war die Umlaufgeschwindigkeit (g_{V1}) sehr instabil, weil sie das sehr zyklische Geldangebotsverhalten (g_{M1}) der nationalen Zentralbanken – auch der Deutschen Bundesbank – reflektierte (Abb. 2).

Abb. 2: Zyklen des Geldangebots und der Umlaufgeschwindigkeit in Deutschland

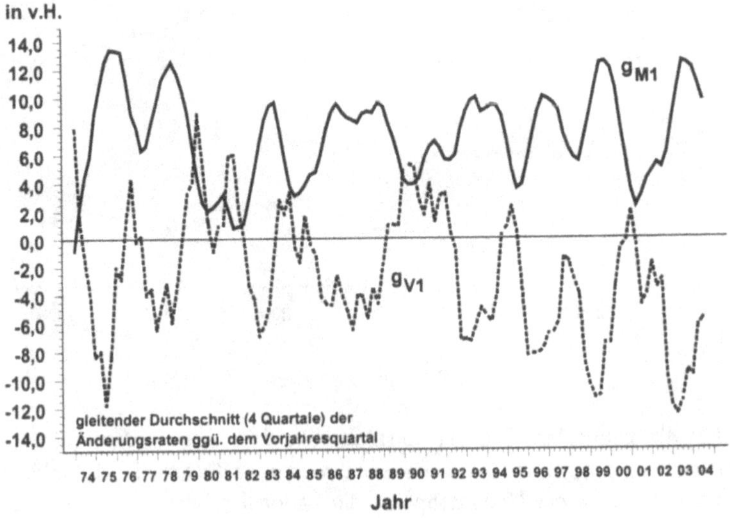

Diese Zyklik der Umlaufgeschwindigkeit wurde (und wird) häufig als generelle Instabilität der Geldnachfrage interpretiert und nicht als einfacher Reflex auf eine kurzfristig operierende, zyklische Geldangebotspolitik, die nicht einer Verstetigungsregel des Geldmengenwachstums mit dem eindeutigen Ziel der Preisniveaustabilität folgte, sondern kurzfristig wechselnde Konjunktur-, Beschäftigungs-, Wechselkurs- und Preisniveauziele zu verwirklichen suchte. Mittel- und langfristig war die Geldnachfrage jedoch nahezu konstant. Deutsche Bundesbank und auch die Europäische Zentralbank gingen deshalb bei ihrer Planung der jährlichen Wachstumsrate des Geldangebots von einer prognostizierbaren Reduktion der Umlaufgeschwindigkeit von jährlich ca. 0,5 v.H. bis 1,0 v.H. aus.

Bis Mitte der neunziger Jahre des vergangenen Jahrhunderts galt dies auch für Euroland. Wie Abb. 3 zeigt, ist die Umlaufgeschwindigkeit für alle drei relevanten Geldmengenabgrenzungen spätestens seit Ende der neunziger Jahre in Europa und besonders seit Gründung der Währungsunion in Euroland kontinuierlich gesunken.

Abb. 3: Entwicklung der Umlaufgeschwindigkeit in Euroland

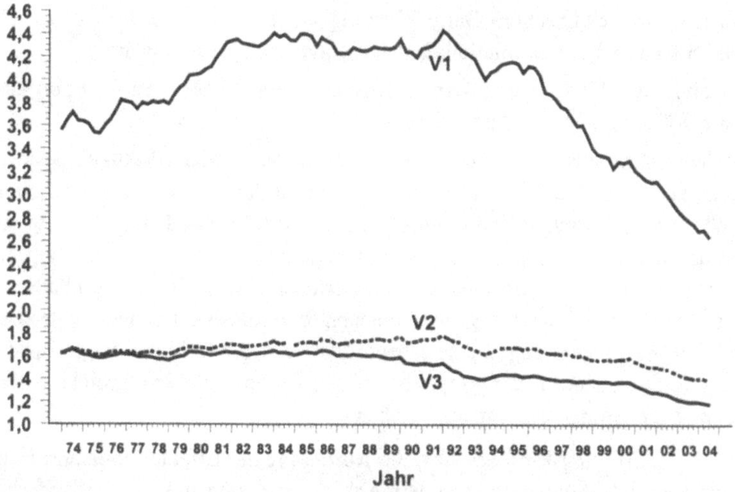

Dies geschah, obwohl das Geldangebot in dieser Periode keineswegs kontinuierlich, sondern sehr zyklisch gewachsen ist, wie Abb. 4 verdeutlicht.

Abb. 4: Entwicklung der Geldmengenaggregate in Euroland

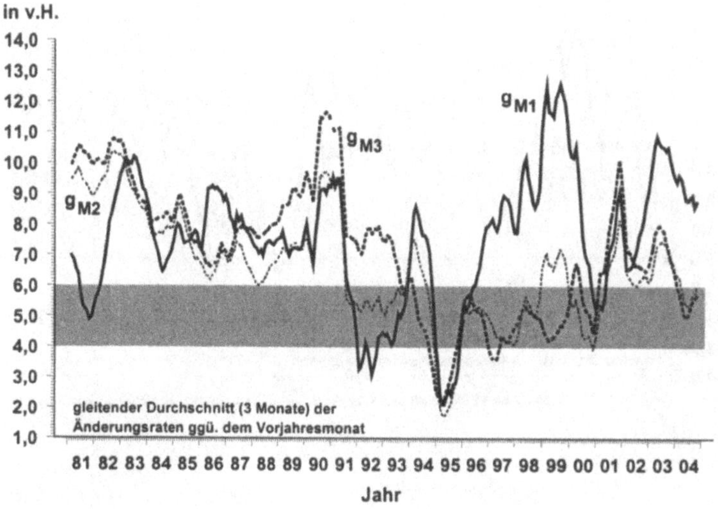

Ob und inwieweit diese Entwicklung einen Strukturbruch im europäischen Transmissionsprozess signalisiert und damit eine ähnliche Situation entsteht wie in den achtziger Jahren in den USA, ist gegenwärtig nicht endgültig zu beantworten (*Issing* 2004), weil die Zeitreihen für systematische ökonometrische Analysen zu kurz sind. Der beobachtete Anstieg der Geldnachfrage kann verschiedene Gründe haben (*Michler* und *Thieme* 2004):

- Reduktion des Chance-Risiko-Profils zinstragender Anlagen (*Carstensen* 2004);
- Anstieg der gewünschten Bargeldhaltung wegen Zunahme der Second-economy-Aktivitäten und der internationalen Nachfrage nach Reservewährung;
- Zunahme des Vertrauens in eine relativ preisniveaustabile Entwicklung und in die neue Währung und ihre Institutionen.

Das letzte Argument kann für einige europäische Länder (Portugal, Spanien, Griechenland, aber auch Italien) sehr bedeutsam sein, in denen in der Vergangenheit wegen sehr hoher und schwankender Inflationsraten die gewünschte Kassenhaltung sehr niedrig war und die nun nach dem Disinflationsprozess im Vorfeld der Währungsunion seit 1999 erstmals nahezu Preisniveaustabilität erleben. Wenn die Kassenhalter sich mit ihrer gewünschten Geldnachfrage an die neuen Stabilitätsbedingungen angepasst haben, spricht allerdings nichts gegen eine erneute Stabilität der Geldnachfrage. Insofern wäre es völlig verfehlt, eine in der Vergangenheit in Europa sehr erfolgreiche Strategie der Geldmengensteuerung vorzeitig aufzugeben.

Auch beim Splitting-Problem, also der Aufteilung der Effekte monetärer Impulse auf reale und nominale Aggregate, sind, wie Abb. 5 und 6 zeigen, keine Besonderheiten des Transmissionsprozesses erkennbar.

Abb. 5: Konjunktur- und Geldmengenentwicklung in Euroland

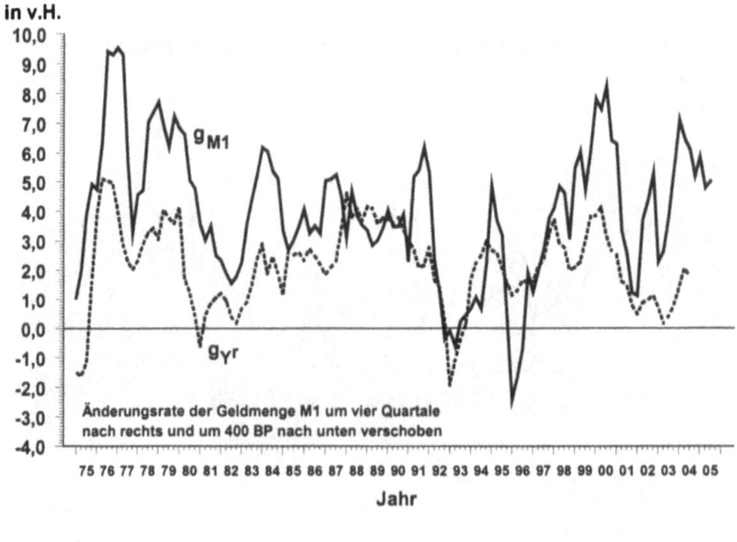

Abb. 6: Geldmengen- und Inflationsentwicklung in Euroland

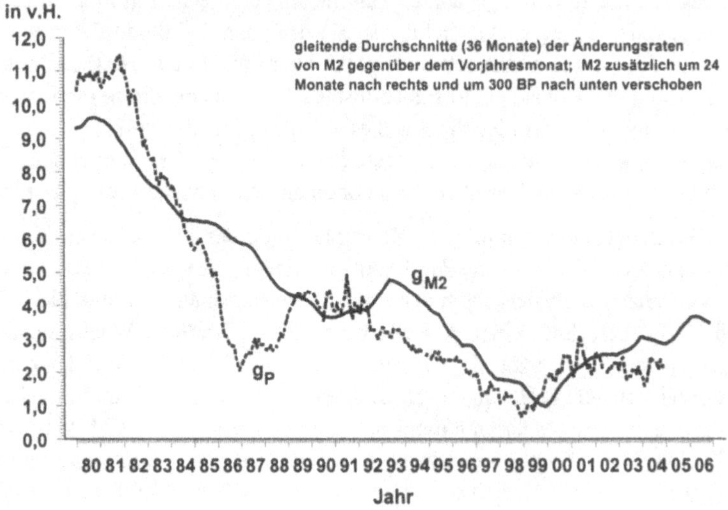

Die realwirtschaftliche Konjunkturentwicklung (g_{Yr} = Änderungsrate des Bruttoinlandsprodukts) folgt mit einem time lag von ca. vier Quartalen dem an der Wachstumsrate von M1 gemessenen monetären Impuls. Mit einer Verzögerung von ca. acht Quartalen reagiert die am harmonisierten Verbraucherpreisindex in Euroland gemessene Inflationsrate (g_P) auf spürbare Änderungen des Wachstums der Geldmenge M2.

Diese transmissionstheoretische Sicht und die visuelle Inspektion der verfügbaren empirischen Daten darf nicht darüber hinwegtäuschen, dass zahlreiche Unwägbarkeiten die konkreten Transmissionsprozesse prägen (*Michler* 2003). Das gilt für die Quantifizierung der realen und nominalen Effekte ebenso wie für ihre zeitliche Anordnung. Gerade weil diese Unsicherheiten im Transmissionsprozess bestehen und auch die neueren transmissions-theoretischen Erklärungsversuche (*Brunner* und *Gertler* 1995) keine besseren Ergebnisse vorweisen können (Überblick bei *Mishkin* 2001; *Thieme* 2003), ist eine geldpolitische Strategie mit Vorsicht und Sorgfalt zu formulieren.

3. Mögliche Strategiefehler und Konsequenzen

Mit der Gründung der Europäischen Währungsunion, dem Eurosystem und der neuen Institution der Europäischen Zentralbank wurde europaweit nicht nur über den Standort, sondern insbesondere auch über die anzuwendende geldpolitische Strategie der Zentralbank in Wissenschaft und Politik heftig gerungen (Übersicht alternativer Strategien bei *Siebke* 1995). Während sich in Deutschland vertretene Positionen bei der Standortfrage, beim Stabilitätspakt sowie weitgehend auch bei der Auswahl des geldpolitischen Instrumentariums durchsetzen konnten, sind eingegangene Kompromisse bei der Wahl der geldpolitischen Strategie unverkennbar. Die Deutsche Bundesbank hat mit ihrer Zwischenziel-Indikator-Strategie offiziell eine Verstetigung des Wachstums einer weit definierten Geldmenge M3 verfolgt. Sie hat ex ante für ein oder zwei Jahre Zwischenziele für das Wachstum der sogenannten Zentralbankgeldmenge formuliert, einer allerdings nicht adäquat, abgegrenzten Geldbasis. Sie hatte damit ein modifiziertes Verstetigungskonzept des Geldmengenwachstums proklamiert, wie es aus der monetaristischen Transmissionstheorie – quasi als Resignationslösung angesichts der beschriebenen Unsicherheiten – abgeleitet wurde. Sie hat dieses Konzept in der Praxis niemals konsequent umgesetzt, gleichwohl aber relativ gute Erfolge bei der Vermeidung hoher Inflationsraten erzielt und galt als Vorbild einer autonomen Zentralbankpolitik in Europa.

In der Währungsunion wurde diese Konzeption von der Europäischen Zentralbank verworfen und offiziell durch eine Zwei-Säulen-Strategie ersetzt (*Europäische Zentralbank* 2004). Danach analysiert sie in der ersten Säule Informationen über die Geldmengenentwicklung, berechnet einen Referenzwert für das jährliche Wachstum der sehr weit abgegrenzten Geldmenge M3, den sie seit 1999 für jedes Jahr mit der konstanten Änderungsrate von 4,5 v. H. angibt. Dieser Referenzwert ist kein traditionelles Zwischenziel, sondern wird als Orientierungsmaßstab interpretiert. Das Ziel Preisniveaustabilität, dem die Europäische Zentralbank in der Europäischen Verfassung verpflichtet wurde, sieht sie bei einer Preisniveausteigerungsrate von bis zu 2 v.H. als realisiert an. In der zweiten Säule sollen alle nicht näher spezifizierten realen und nominalen Wirtschafts- und Finanzindikatoren analysiert werden, die für die Verwirklichung des Ziels Preisniveaustabilität als relevant betrachtet werden.

Ist diese grob skizzierte geldpolitische Strategie eindeutig? Vermag sie die Glaubwürdigkeit der Europäischen Zentralbank zu fördern? Stabilisiert sie die Erwartungen der Wirtschaftsakteure über die zukünftige Inflationsentwicklung?

Die kurze Periode von sechs Jahren erlaubt es nicht, allein die empirischen Ergebnisse für oder gegen die geldpolitische Strategie der Europäischen Zentralbank heranzuziehen. Zu bedenken ist dabei vor allem, dass die Europäische Zentralbank im Jahre 1999 das schwere Erbe einer expansiven Geldpolitik der nationalen Zentralbanken in Europa übernehmen musste, die nach der überstandenen Konvergenzprüfung das Wachstum der nationalen Geldmengen zwecks Konjunkturankurbelung kräftig beschleunigt haben. Es ist der Europäischen Zentralbank gelungen, den aufkeimenden Inflationsprozess durch einen scharfen Restriktionskurs bei knapp über 3 v. H. zu stoppen und die Inflationsrate wieder unter die selbst definierte obere Bandbreite zu senken; dies geschah allerdings zu Lasten der realwirtschaftlichen Konjunktur, die auch nach der erneuten monetären Expansion nur mühsam angesprungen ist und zugleich neue Inflationsgefahren produziert hat.

Theoretisch können allerdings einige kritische Aspekte am geldpolitischen Konzept der Zentralbank formuliert werden:

Erstens ist die Zwei-Säulen-Strategie kaum geeignet, die Erwartungsbildung der Wirtschaftsakteure zu stabilisieren und dadurch die Glaubwürdigkeit in die Europäische Zentralbank zu stärken. Die vermeintliche Offenheit und Flexibilität des geldpolitischen Konzepts eröffnet faktisch erhebliche Gestaltungsmöglichkeiten für die geldpolitischen Entscheidungsträger. Sie können Ad-hoc-Strategien der geldpolitischen Steuerung anwenden, ohne dafür in der Öffentlichkeit zwangsläufig Verantwortung tragen zu müssen, weil Zwischenziele und Handlungsregeln nicht existieren. Unklar bleiben für die Wirtschaftsakteure auch die Begründungen geldpolitischer Aktionen, wenn sie an unterschiedlichen realen und nominalen Indikatoren orientiert werden, die in keiner systematischen Beziehung zueinander stehen. Es ist evident, dass eine Zentralbank alle verfügbaren Informationen für ihre Geldpolitik nutzen soll und muss. Es überzeugt aber nicht, wenn sie diese gegen die in der ersten Säule versammelten monetären Indikatoren stellt. Es verwundert dann nicht, wenn sie immer wieder in Begründungsnot darüber gerät, ob die erste oder zweite Säule den geldpolitischen Kurs dominiert.

Zweitens sind die von der Zentralbank verwendeten Geldabgrenzungen zu überprüfen. Sie hat neben der traditionell eng definierten Geldmenge M1 sehr weit abgegrenzte Geldaggregate M2 und insbesondere M3 verwendet, wobei sie ihren Referenzwert auf letztere bezieht. Je weiter aber Geldabgrenzungen gewählt werden, umso intensiver reflektieren die Aggregate auch die Portfolioentscheidungen der Vermögensbesitzer. Diese selbst gewählte „Endogenisierung" des ausgewählten Geldaggregats ist das Gegenteil der Steuerung einer exogenen Geldbasis, die den Einfluss der Zentralbank eindeutig erfasst und sichtbar macht. Es verwundert dann wiederum nicht, wenn die Zentralbank unerwünschte Veränderungen von M3 auf endogene Portfolioanpassungen der Marktakteure zurückführt.

Drittens sprechen einige Argumente dafür, auch die enge Definition des Geldaggregats M1 auf ihre Wertaufbewahrungsfunktion zu überprüfen: Portfolioumschichtungen der Wirtschaftsakteure beschränken sich nicht nur auf M2 und M3, sondern erfassen zunehmend auch – z.B. verzinsliche, jederzeit verfügbare Depositen bei Geschäftsbanken – Komponenten von M1. Auch der beobachtbare Anstieg der gewünschten Bargeldhaltung – wegen der Zunahme der Second-economy-Aktivitäten – kann den Anstieg der Kassenhaltung von M1 erklären. Insoweit empfiehlt es sich in einem Geldmengensteuerungskonzepte eine – gegenüber den siebziger Jahren modifizierte – exogene Geldbasismenge als Zwischenziel der Geldpolitik zu verwenden.

Die oftmals – insbesondere durch die unreflektierte Verwendung ökonometrischer Schätzverfahren in den USA – behaupteten Strukturbrüche im Transmissionsprozess monetärer Impulse sind bei genauer Betrachtung häufig singuläre Ereignisse, die kurzfristige Anpassungsprozesse initiieren, aber keineswegs das Konzept einer geldmengenorientierten Strategie in Frage stellen. Voraussetzung für deren Funktionsweise sind allerdings eindeutig abgegrenzte Geldmengenaggregate, die die Transaktionseigenschaften des Geldes betonen und gut kommunizierbar sind.

Literatur

Brunner, Ben S. und *Mark Gertler* (1995), Inside the Black Box: The Credit Channel of Monetary Policy Transmission, in: Journal of Economic Perspectives, pp. 27-48.

Carstensen, Kai (2004), Is European Money demand still stable?, Kiel Institute for World Economics, Working Paper, No. 1179.

Europäische Zentralbank (2004), Die Geldpolitik der EZB 2004, Frankfurt.

Görgens, Egon, Karlheinz Ruckriegel und *Franz Seitz* (2004), Europäische Geldpolitik, 4. Aufl., Stuttgart.

Issing, Otmar (2004), Die Risiken für die Preisstabilität haben sich erhöht, in: Frankfurter Allgemeine Zeitung, 13.12.2004.

McCallum, Bennett T. (2002), Recent Developments in Monetary Policy Analysis: The Roles of Theory and Evidence, in: Federal Bank of Richmond, Economic Quarterly, Vol. 88/1, pp. 67-96.

Michler, Albrecht F. (2003), Die Bedeutung der Geldmenge für die Konjunkturentwicklung in Industrieländern, in: *Dieter Cassel, Herbert Müller* und *H. Jörg Thieme* (Hg.), Stabilisierungsprobleme in der Marktwirtschaft, München, S. 55-82.

Michler, Albrecht F. und *H. Jörg Thieme* (2004), in: *Thomas Apolte, Rolf Caspers* und *Paul J. J. Welfens* (Hg.), Ordnungsökonomische Grundlagen nationaler und internationaler Wirtschaftspolitik, Stuttgart, S. 82-94.

Mishkin, Frederic S. (2001), The Economics of Money, Banking and Financial Markets, 6. ed., New York.

Neumann, Manfred J. M. und *Claus Greiber* (2004), Inflation and Core Money growth in the Euro Area, Deutsche Bundesbank (Hg.), Discussion Paper, No. 36.

Paul, Stephan, Stefan Stein und *H. Jörg Thieme* (2004), Forschungsergebnisse – Deflation, Kreditklemme und Bankenkrise, in: Ifo-Schnelldienst, Nr. 1, S. 14-30.

Schumacher, Christian und *Silke Tober* (1999), EZB-Strategie: Ist die reine Geldmengenstrategie eine realistische Option?, in: Wirtschaft im Wandel, Heft 8, S. 3-10.

Siebke, Jürgen (1995), Alternativen der Geldmengensteuerung, in: *Jürgen Siebke* und *H. Jörg Thieme* (Hg.), Geldpolitik: Zwanzig Jahre Geldmengensteuerung in Deutschland, Baden-Baden, S. 35-52.

Thieme, H. Jörg (1972), Geld- und fiskalpolitische Prozesssteuerung in der Marktwirtschaft – Alternative Stabilisierungskonzepte?, in: *Dieter Cassel, Gernot Gutmann* und *H. Jörg Thieme* (Hg.), 25 Jahre Marktwirtschaft in der Bundesrepublik Deutschland, Konzeption und Wirklichkeit, Stuttgart, S. 230-250.

Thieme, H. Jörg (1982), Keynesianismus – Monetarismus: Was bleibt?, in: *Joachim Starbatty*, (Hg.), Geldordnung und Geldpolitik in einer freiheitlichen Gesellschaft, Tübingen, S. 18-34.

Thieme, H. Jörg (2003), Transmission monetärer Impulse: Theoretische Grundlagen und geldpolitische Implikationen, in: *Dieter Cassel, Herbert Müller* und *H. Jörg Thieme* (Hg.), Stabilisierungsprobleme in der Marktwirtschaft – Prozesse und Strukturen, München. S. 15-32.

Thieme, H. Jörg und *Uwe Vollmer* (1987), Theorien des Geldwirkungsprozesses, in: *H. Jörg Thieme* (Hg.), Geldtheorie: Entwicklung, Stand und systemvergleichende Anwendung, 2. Aufl., Baden-Baden, S. 73-109.

Vollmer, Uwe (2004), Geld- und Währungspolitik, München.

Helmut Leipold und Dirk Wentzel (Hg.), Ordnungsökonomik als aktuelle Herausforderung
Schriften zu Ordnungsfragen der Wirtschaft · Band 78 · Stuttgart · 2005

Die Arbeitsmarktverfassungen und Lohnverhandlungssysteme im sich vereinigenden Europa:

Institutioneller Wettbewerb oder Harmonisierung?

Ulrich Wagner

Inhalt

1. Argumente für Wettbewerb als Verfahren zur Entdeckung der leistungsfähigsten Arbeitsmarktverfassungen und Lohnverhandlungssysteme

In der Überschrift ist dem Wettbewerb der Institutionen die Harmonisierung gegenübergestellt worden. Genauer hätte es „Harmonisierung von oben“, „dekretierte Harmonisierung“ oder „ex-ante-Harmonisierung“ heißen müssen, da Harmonisierung auch als Ergebnis des Institutionenwettbewerbs entstehen kann. Um die Überschrift nicht zu lang werden zu lassen, heißt es dort aber nur „Harmonisierung“. Man hätte auch Zentralität und Dezentralität gegenüberstellen können. Beides kann aber auch sowohl dekretiert werden als auch Ergebnis eines Institutionenwettbewerbs sein.

Ob Wettbewerb der Arbeitsmarktinstitutionen und Lohnverhandlungssysteme in Europa herrschen wird oder ob Einheitlichkeit dekretiert wird, ist für die Frage, welchen Reformzwängen Deutschland auf diesen Gebieten unterliegen wird, von großer Bedeutung.

Fortschritt besteht im Auffinden von bisher noch nicht Bekanntem. Da wir nicht wissen, welche Arbeitsmarktverfassung für welche Länder in Zukunft die besten Ergebnisse – insbesondere die niedrigsten Arbeitslosenquoten – hervorzubringen imstande ist, würde die Dekretierung einer einheitlichen Arbeitsmarktverfassung für Europa Verzicht auf das Herausfinden besserer Lösungen bedeuten. Die Behauptung zu wissen, welche Arbeitsmarktverfassung für Europa optimal wäre, bedeutete eine „Anmaßung von Wissen“.

> „*Weil niemand weiß*, wie im einzelnen die optimale Ordnung Europas in der Zukunft aussehen könnte, *weil niemand weiß*, welche Probleme entstehen werden und welche Lösungen wie gefunden werden können, ... müssen die Dezentralisierung der Entscheidungen, regionale Autonomie und die Freiheit des Wettbewerbs erhalten werden“ (*Prosi* 1991, S. 134 f.).

Einer „Harmonisierung von oben“ oder einer „Harmonisierung durch Vereinbarung“ (vgl. Kapitel 6.) ist das Verfahren „Versuch und Irrtum“ vorzuziehen, „da es die Voraussetzung für jede Art von Neuerung ist“ (*Watrin* 1998, S. 132). Das bedeutet, eine einheitliche oder viele differenzierte Arbeitsmarktverfassungen müssen in einem „Wettbewerb als Entdeckungs- und Kontrollverfahren“ (*Watrin* 1998, S.136, auch *Streit* und *Mussler* 2001, S. 401) gefunden und immer wieder zur Disposition gestellt werden, denn „der Wettbewerbsgedanke läßt sich ohne weiteres auch auf Institutionen und damit Rechtsordnungen übertragen“ (*Watrin* 1998, S. 136, auch *Prosi* 1991, S. 128 f.).

Man muß sich des Systemwettbewerbs bedienen. Dies ist „ein regelgeleiteter Interaktionsprozeß, in dem Elemente des ökonomischen und politischen Wettbewerbs wirksam werden“ (*Streit* und *Mussler* 2001, S. 400). Dabei wählen private Akteure zwischen verschiedenen für sie relevanten Regelungssystemen und zwingen damit die politischen Akteure, „die disziplinierenden Wirkungen des Wettbewerbs hinzunehmen“ (ebenda).

Welches Ausmaß an Harmonisierung oder Differenzierung jeweils in diesem Prozeß entstehen wird, können wir nicht vorhersagen, denn die Ergebnisse des Wettbewerbs als Entdeckungsverfahren sind nicht vorhersagbar. Wer sich für die Ergebnisse dieses

Wettbewerbs interessiert – und das sollten wir tun –, muß diesen Wettbewerb stattfinden lassen.

Eine wie auch immer einmal erreichte Harmonisierung oder auch nur Harmonisierungsbestrebung muß auch immer wieder auf den Prüfstand gestellt werden, insbesondere, wenn es durch den Beitritt neuer Länder in die EU zu einem Gewinn an Vielfalt gekommen ist (*Streit* 1998, S. 196).

Für Harmonisierung als Wettbewerbsergebnis spricht, daß im Systemwettbewerb ein Zwang zu *Benchmarking* und der Übernahme der besten Ergebnisse besteht. Gegen ein harmonisiertes Ergebnis im Sinne einer EU-weit einheitlichen Lösung spricht aber, daß dieser Wettbewerb immer Unterschiede durch Innovationen hervorbringen wird (*Prosi* 1991, S. 135) und ein Prozeß der „schöpferischen Zerstörung" weniger geeigneter institutioneller Arrangements stattfinden wird. „Der Preis des offenen Wettbewerbs und der in ihm eingeschlossenen qualitativen Verbesserung ist die Verschiedenheit" (*Watrin* 1998, S. 138). Institutioneller Wettbewerb der Arbeitsmarktordnungen bewirkt, daß solche Arbeitsmarktordnungen korrigiert werden, die Gruppen zum Nachteil der gesamten Gesellschaft privilegieren (*Farmer* 2000, S. 122).

Prosi (1991, S. 127) warnt vor der Harmonisierung mit Hilfe staatlicher Gewalt, denn: „bessere Lösungen werden freiwillig übernommen, nur schlechtere müssen zwangsweise ‚harmonisiert' werden." Zwingt man Länder, zu ihrem Nachteil schlechtere Lösungen zu übernehmen, entsteht daraus ein entsprechender Bedarf an Kompensationen mit Hilfe von Finanztransfers.

Ein weiteres wichtiges Argument gegen eine „Harmonisierung von oben" ist, daß Fehler, die dabei möglicherweise gemacht werden, nur eine geringe Chance haben, korrigiert zu werden, während die kleineren Einheiten, die in einer europäischen Konkurrenz um bessere Standortbedingungen stehen, ihre Fehler sehr schnell zu korrigieren gezwungen sind (*Prosi* 1991, S. 130). Zudem wird alles, was durch dekretierte Vereinheitlichung zu ineffizienten Lösungen führt, die Wahrscheinlichkeit von Protektion und damit Diskriminierung von Drittländern erhöhen.

Diese Ausführungen zu den Arbeitsmarktverfassungen sind auch für die Frage nach der Ebene relevant, auf der Lohnverhandlungen geführt werden sollen. Die in den letzten Jahren in einigen europäischen Ländern sehr erfolgreiche Politik der Dezentralisierung von Lohnverhandlungen als Instrument zum Abbau der Arbeitslosigkeit beweist, daß die „vorgeschlagene Zentralisierung von Tarifverhandlungen auf der europäischen Ebene ... ein Schritt in die falsche Richtung" ist (*Schnabel* 1996, S. 111).

Es hat sich auch gezeigt, daß „die Vielzahl von zum Teil konkurrierenden Tarifverhandlungen die Entwicklung neuer marktinterner Institutionen stärker (unterstützt) als der zwischen (Quasi-)Monopolen stattfindende Einigungsprozeß" (*Kruse* 1996, S. 192). Ein eindrucksvolles Beispiel sind die Parallelverhandlungen von Metallarbeitgeberverbänden mit der IG-Metall und der Christlichen Gewerkschaft Metall im Tarifvertrag „Phönix" (*Wagner* 1999, S. 152 ff.) und die Tarifvereinbarungen von Jenoptik mit dieser Gewerkschaft.

Insbesondere das Beispiel Großbritannien zeigt, daß durch eine „Vielzahl von Arbeitsmarktverbänden ... dezentrale, der jeweiligen Leistungsfähigkeit der Verhandlungspartner besser entsprechende Einigungen erzielt werden können" (*Kruse* 1996, S. 195). Man muß dazu zurückfinden, daß die Löhne in Zukunft die Knappheitsverhältnisse auf den Arbeitsmärkten widerspiegeln (*Schüller* 1998, S. 114).

2. Argumente für eine ex ante-Harmonisierung der europäischen Arbeitsmarktverfassungen und Lohnverhandlungssysteme

Die Argumente für eine ex ante-Harmonisierung der europäischen Arbeitsmarktverfassungen sind vor dem Hintergrund einer gewünschten Harmonisierung der Lohnverhandlungen, der Sozialpolitik und schließlich auch der Wirtschafts-, insbesondere der Beschäftigungspolitik zu sehen. Die Befürworter sind sowohl im Gewerkschaftslager als auch bei einigen Politologen zu finden.

Für die letztgenannte Gruppe sollen hier stellvertretend *Bieling* und *Deppe* stehen. Für sie bietet das sich einigende Europa eine Chance zum Paradigmenwechsel und zu einer neuen Wirtschaftsverfassung. Vereinbarungen sollen „progressiver" werden, was aber nur unter der Voraussetzung funktionieren könne, „daß die neoliberale Grundverfassung – d. h. die ökonomischen und institutionellen Zwänge, die durch die transnationale europäische Elite gesetzt werden – nicht als Naturkonstante akzeptiert, sondern in Frage gestellt wird" (*Bieling* und *Deppe* 1999, S. 293). Die ökonomischen Gesetze sollen durch Macht in den Händen der richtigen Politiker ausgehebelt werden. Da *Bieling* und *Deppe* (1999, S. 298) annehmen, „daß die Dynamiken der wettbewerbsorientierten Deregulierung und Austerität auch zukünftig weitere soziale Kämpfe provozieren werden", sehen sie „die Chance, diese allzu enge, nationale Orientierung zu überwinden". Als ihre „zentrale handlungsanleitende Idee" sehen sie die „Transformation der ‚Europäischen Wettbewerbsgemeinschaft' in eine ‚Europäische Solidargemeinschaft' oder ‚Sozialunion'." Hier wird die Chance gesehen, die in den Nationalstaaten nicht gelungene Radikaltransformation der Wirtschafts- und Gesellschaftsordnung über die Europäische Union zu schaffen.

Die Gewerkschaften hegen die Hoffnung, „daß durch die gemeinsame Währung die Chancen steigen, eine Sozialunion im politischen Entscheidungsprozeß durchzusetzen und dadurch den institutionellen Wettbewerb zumindest zwischen den EWU-Teilnehmerländern zu entschärfen" (*Berthold* und *Fehn* 1998, S. 482). Von Gewerkschaftsseite wird gefordert, daß auf EU-Ebene „länderspezifische Richtlinien für Löhne und Preise" aufgestellt werden (*Villé* 1996, S. 95). Die Vergabe von EU-Geldern zur Strukturförderung soll mit der Einhaltung dieser Richtlinien gekoppelt werden. Länder, die auf asymmetrische Schocks mit einem „destruktiv über die Lohnkosten geführten Wettbewerb" reagieren, sollen diesen so geschaffenen Wettbewerbsvorteil wieder verlieren, indem sie „vom Zugang zu den Strukturfördermitteln ausgeschlossen werden" (ebenda). Diese Koordinierungsstrategie sei auch „für die Sicherung der Wettbewerbsfähigkeit der EU insgesamt im Verhältnis zur übrigen Welt erforderlich" (ebenda, S. 97).

Die Wirtschafts- und Währungsunion wird auch als Instrument zur Einführung einer „Kollektivverhandlungsunion" gesehen. Nur so könnten die Gefahr eines „Lohndumpings" unterbunden (*Busch* 1996, S. 41) und Wettbewerbsverzerrungen vermieden werden (S. 44). Die notwendige soziale Akzeptanz und „Minderung der Abwärtsspirale" werden häufig als Argument für die Notwendigkeit von Mindestvorschriften angeführt (*Weber* 1998, S. 79). *Berthold* und *Fehn* (1998, S. 482) vermuten sogar, daß die Gewerkschaften die Forderung „gleicher Lohn für gleiche Arbeit in ganz Europa" aufstellen werden.

Ein anderes Argument gegen einen „unkontrollierten Wettbewerb" auf den Arbeitsmärkten wird in der Gefahr gesehen, daß dieser wachsende Nischen ungeschützter Beschäftigungsverhältnisse hervorbringt „in denen er zu höchst ungleichen Machtverhältnissen zwischen Arbeitsuchenden und ihren potentiellen Arbeitgebern führt" (*Rösner* 1997, S. 98). Ein wichtiges Argument der Harmonisierungsbefürworter ist, daß ohne Harmonisierung die Gefahr des sozialen Abwärtswettlaufes, des *race to the bottom* besteht. Ist diese Gefahr real?

Länder mit überhöhten, d. h. mit für die Beschäftigung prohibitiv wirkenden, teuren Sozialsystemen werden um eine Verschlankung ihrer Sozialsysteme nicht herumkommen. Die Alternative zu sozialen Reformen wäre längerfristig die Aufrechterhaltung der Ansprüche bei gleichzeitiger Nichtfinanzierbarkeit dieser Ansprüche. So lange die Ansprüche finanziert werden, führen die sozial motivierten Lohnersatzleistungen zudem zu über der Produktivität liegenden Anspruchslöhnen, insbesondere im Problembereich der Menschen ohne abgeschlossene Berufsausbildung. Neben einer mittlerweile persistenten unfreiwilligen Arbeitslosigkeit erhöht sich dadurch die ebenfalls persistente freiwillige Arbeitslosigkeit. Halbherzige Reformen wie Hartz IV werden in Zukunft nicht ausreichen (zu einem zielführenderen Vorschlag vgl. *Sinn* 2002 und Kapitel 9.5. dieses Beitrages).

Es gibt aber Mechanismen, die verhindern, daß es durch Sozialabbauwettlauf zur Harmonisierung mit niedrigsten Sozialstandards kommt. Ein gutes soziales Klima gehört nämlich zu den auch für Investoren positiven Standortfaktoren (*Kruse* 1996, S. 207; *Watrin* 1998, S. 137). Außerdem gibt es gegen diesen Wettlauf ein „Selbstschutz-Motiv" (*Schmidt* 2003, S. 78), das darin besteht, daß sich die Wohlhabenden durch die Finanzierung eines angemessenen Lebensstandards für die Bedürftigen sozialen Frieden und Schutz vor kriminellen Übergriffen erkaufen.

Den Beschäftigten soziale Leistungen zukommen zu lassen ist auch mit der Effizienzlohntheorie erklärbar: Wenn die Produktivität durch solche sozialen Maßnahmen stärker zunimmt als die Kosten, dann sinken durch diese sozialen Segnungen die Lohnstückkosten.

Schließlich wird angenommen (*Farmer* 2000, S. 121), daß die Nachfrage der Bürger nach sozialer Sicherheit eine Einkommenselastizität von größer 1 hat, was der Definition eines Luxusgutes entspricht. Dies bedeutet, daß wir mit wachsendem Wohlstand überproportional mehr soziale Sicherheit zu kaufen bereit sind. Dies wird auch für ärmere Länder wie die 10 neuen EU-Beitrittsländer in Zukunft verstärkt aktuell. Die ökonomische Aufholjagd der weniger entwickelten Länder wird von einer sozialen Aufholjagd begleitet sein.

Gleichwohl wird es im Wettbewerb um den mobilen Faktor Kapital zu einer Verbilligung der teuersten Sozialsysteme kommen müssen. Dies widerspricht nicht der These vom Luxusgutcharakter sozialer Leistungen, sondern man kann dies als Anpassung an die tatsächlichen Präferenzen der Bürger interpretieren. Mit zunehmender Transparenz der Kosten der Sozialsysteme wird es den Politikern immer schwerer fallen, den Bürgern teuere Sozialsysteme als Segnungen zu verkaufen, die man den Politikern zu verdanken und für die man dann bei den nächsten Wahlen seine Dankbarkeit zu zeigen habe.

3. Die Interessen der Tarifpartner

Gewerkschaften und Arbeitgeberverbände haben ein ambivalentes Verhältnis zu europaweiten Kollektivverhandlungssystemen. So hat der Europäische Gewerkschaftsbund (EGB) die Europäisierung der Tarifverhandlungen in seine Verbandsziele aufgenommen (*Sörries* 1999, S. 68). Gleiches gilt für den Europäischen Arbeitgeber-Dachverband UNICE.[1]

So wird gefordert, daß ein soziales Europa ein Kollektivverhandlungssystem enthalten müsse. Nur internationale Solidarität könne soziales Dumping verhindern. Dazu sei es auch notwendig, daß die europäischen Tarifpartner in „europäische politisch-administrative Entscheidungsprozesse" eingebunden werden müßten (*Sörries* 1999, S. 68, vgl. dazu auch Kapitel 6.). Dabei bestünde allerdings das Problem der asymmetrischen Betroffenheit der Gewerkschaftsmitglieder von europäischen Entwicklungen, die darin bestehe, „daß ein Teil ... von transnationalen Aktivitäten der Unternehmen profitiert, während andere ... die Verlierer sind. Das insider-outsider-Problem erhält damit eine weitere Dimension" (*Sörries* 1999, S. 51).

Eine Europäisierung der Gewerkschaften kann durchaus im Interesse von Gewerkschaftsfunktionären liegen, die die innereuropäische Lohnkonkurrenz moderat halten wollen (*Hartenberger* 2001, S. 192). Euroverbände haben aber das Problem, daß sie keine Machtmittel haben, um ihre Kollektivverhandlungsergebnisse den weiterhin bestehenden nationalen Gewerkschaften aufzwingen zu können (*Hartenberger* 2001, S. 189; *Keller* 2001, S. 333 f.).

Es ist nicht auszuschließen, daß die nationalen Gewerkschaften aus folgendem Grund europäische Lohnverhandlungen favorisieren könnten: So wie heute die Vorteilhaftigkeit von Verbandstarifverträgen gegenüber Firmentarifverträgen u. a. damit begründet wird, daß dadurch Konflikte von den Unternehmungen fern gehalten und auf die Verbandsebene delegiert werden (*Wagner* 1999, S. 144), könnte man natürlich auch weiter argumentieren, daß die nationale Harmonie zwischen den Tarifpartnern gestärkt werden kann, indem Tarifkonflikte auf die europäische Ebene verlagert werden.

---

1 *Sörries* (1999, S. 70); zur Organisation von EGB und UNICE siehe *Hartenberger* (2001, S. 160 ff.); *Keller* (2003, S. 18 ff.); *Hafner* (1998, S. 160 ff.).

Auch *Sakowsky* und *Ahrens* (1998, S. 69) sehen in der europäischen Integration einen „Faktor, der die Konvergenz der nationalen Arbeitsmarktordnungen vorantreibt". Es würde von der Kompetenzverlagerung auf die Gemeinschaftsebene eine Attraktivität für konfliktscheue nationale Akteure ausgehen, auf diese Weise ihre Verantwortung für eine gewünschte, aber unpopuläre Politik verschleiern zu können. Damit könnten sonst wirkende politische Kontroll- und Disziplinierungsmechanismen außer Kraft gesetzt werden. Für private Wirtschaftseinheiten könnten sonst verfügbare Exit-Optionen durch Zentralisierung vermieden werden (ebenda, S. 61). Allerdings sind dieser Strategie Grenzen gesetzt, da auch Exit-Optionen aus der EU heraus existieren und genutzt werden können.

Eine Bereitschaft nationaler Gewerkschaften und Arbeitgeberverbände, Kompetenzen auf ihre europäischen Spitzenverbände zu übertragen, ist (noch) nicht erkennbar (*Schnabel* 1996, S. 111). Die größere Zahl von Mitgliedern europäischer Verbände bei gleichzeitig heterogener werdenden Interessen dieser Mitglieder dürfte schon allein nach der „Logik des kollektiven Handelns" zur Nichtorganisierbarkeit dieser Interessen führen (*Olson* 1968, S. 40). Die sich nicht oder nicht richtig vertreten sehenden Verbandsmitglieder werden zudem Verbandsflucht androhen oder realisieren (*Farmer* 2000, S. 120).

Als Ersatz für europaweite Lohnverhandlungen wird die Koordination der in den Mitgliedsstaaten getrennt durchgeführten Tarifverhandlungen empfohlen. Dazu sollten die Verhandlungen zeitgleich stattfinden und die Laufzeiten angepaßt werden. Damit könnten die Forderungen der jeweiligen Partnerorganisationen unterstützt werden, und „grenzüberschreitende Solidarität würde zu einer erfahrbaren Realität". Darauf sollen, so wird gefordert, die Kräfte jetzt konzentriert werden (*Däubler* 1997, S. 115).

Die Bereitschaft von europäischen Arbeitgeberverbänden zu europaweiten Kollektivverhandlungen wird durchgängig für gering eingeschätzt. Die Unternehmungen haben durch den Binnenmarkt nicht nur die Möglichkeit, die Produkte dort einzukaufen, wo sie am günstigsten zu beziehen sind, sondern sich selbst mit ihren Produktionsstätten auch dort niederzulassen, wo sie mit den niedrigsten Kosten produzieren können. Diese jeweils länderspezifisch zu erreichenden Vorteile werden sie nicht durch europaweite Tarifverhandlungssysteme einebnen lassen (*Sörries* 1999, S. 72; *Keller* 2001, S. 333).

4. Die Interessen der Europäischen Kommission

Zu den Befürwortern einer europaweiten Vereinheitlichung des Arbeitsrechts und von europäischen statt nationalen Tarifverhandlungssystemen gehört die Europäische Kommission. Die Kommission erhält mit der neuen europäischen Verfassung mehr Möglichkeiten zur Politikkoordination in weiten Politikfeldern wie der Sozialpolitik und dem Arbeitsrecht. Sie kann in diesen Bereichen entsprechende Initiativen zu Leitlinien ergreifen (*o.V.* 2004). Aus dem bisherigen Verhalten der Kommission wird die Erwartung abgeleitet, daß sie diesen neu gewonnen Spielraum auch nutzt. Dies würde zu einer Einschränkung des zwischenstaatlichen Wettbewerbs um bessere Politik führen (*o.V.* 2004). Aus Eigeninteresse wird die Kommission versuchen, „weitere Kompetenzen an sich zu ziehen; daher wird sie sich für eine EU-weite Harmonisierung der Arbeitsmarktregulierung, für Transferprogramme und für eine gemeinschaftliche Beschäftigungspolitik einsetzen" (*Feldmann* 1998, S. 539).

Da im Vertrag von Maastricht in Art. 4 I des Protokolls über die Sozialpolitik der Weg zum Abschluß von Tarifverträgen auf Gemeinschaftsebene geöffnet wurde, besteht die Möglichkeit, daß dies zumindest zu gemeinschaftsweit geltenden Mindestvorschriften führen wird (*Kruse* 1996, S. 208). So zählt *Scorl* (2004) zu den wesentlichen institutionellen und materiellen Änderungen durch den Vertrag über eine Verfassung für Europa: „Die Beschäftigungs- und Sozialpolitik innerhalb der Mitgliedstaaten soll mit Mindeststandards koordiniert werden."

Die Kommission hat sich schon im Jahr 2000 bezüglich der damaligen Bewerberländer dahingehend geäußert, daß sie schon in ihrer Stellungnahme zu einem angemessenen Arbeitsentgelt ein Mittel gesehen hat, in den Bewerberländern (in einem Bereich, der eindeutig auch weiterhin unter die nationale Zuständigkeit fällt) zu einer Verbesserung der Arbeitsbedingungen und einer Bekämpfung der Diskriminierung zu kommen (*Europäische Kommission* 2000). Die *Kommission* (2004, S. 12) hat bereits die Weichen in Richtung „transnationale Kollektivverhandlungen" gestellt. Eine Studie darüber will sie in Kürze den Sozialpartnern zur Verfügung stellen.

Gegen die Erwartung, die Kommission könnte ihre gewachsenen Kompetenzen für europaweite Harmonisierungen tatsächlich auch nutzen, spricht aber, daß „die Gemeinschaft .. weder zum Erlaß eines leistungsfähigen kollektivarbeitsrechtlichen Rahmens" noch zur Schaffung von Regelungen für den Wettbewerb verschiedener Rechte fähig ist (*Kruse* 1996, S. 210). Deshalb sei zu erwarten, daß weiterhin das Prinzip gilt, daß das Recht des Landes angewendet wird, in dem ein Arbeitsvertrag abgeschlossen wird. Damit würde das Kollektivarbeitsrecht als Element des Standortwettbewerbs sogar noch an Gewicht gewinnen. Außerdem könnten die Sozialpartner die weitgehenden Konsultationszwänge im Gesetzgebungsverfahren dazu nutzen, ihren Interessen widersprechende Gemeinschaftsregelungen bereits im Konsultationsprozeß scheitern zu lassen (ebenda, S. 208 f.).

5. Die Bedeutung des Subsidiaritätsprinzips

Das Subsidiaritätsprinzip hat – so erscheint es zunächst – einen hohen Stellenwert im Vertrag über eine Verfassung für Europa. Bei einer konsequenten Anwendung des Subsidiaritätsprinzips wären viele der in diesem Beitrag vorgetragenen Gefahren der Zentralisierung und damit der Ausschaltung des Institutionenwettbewerbs gegenstandslos. Subsidiarität heißt nämlich „so viel Einheit und Gemeinschaftlichkeit wie nötig und so viel Unterschiedlichkeit, Vielfalt und damit auch Wettbewerb wie möglich" (*Scholz* 2002, S. 34). Damit biete die Anwendung des Subsidiaritätsprinzips für Europa die große Chance, die nationalen Rechtssysteme „miteinander in einen wirklichen Wettbewerb treten zu lassen, um ein Optimum für die Gemeinschaft aller europäischen Bürger zu erreichen" (ebenda). Das Subsidiaritätsprinzip müßte geeignet sein zu verhindern, daß tarifpolitische Kompetenzen auf die Gemeinschaft übertragen werden. „Die ordnungspolitische Position des Subsidiaritätsprinzips ist somit die des institutionellen Wettbewerbs" (*Rösner* 1997, S. 94). Art. I-11, Abs. 3 des Vertrags über eine Verfassung für

Europa legt fest: „Nach dem Subsidiaritätsprinzips wird die Union in den Bereichen, die nicht in ihre ausschließliche Zuständigkeit fallen, nur tätig, ... (wenn Ziele, U. W.) wegen ihres Umfangs oder ihrer Wirkung auf Unionsebene besser zu verwirklichen sind.“ Da das Subsidiaritätsprinzip im Vertrag über eine europäische Verfassung aber gerade nicht besagt, daß die Gemeinschaft nur das regeln darf, was der Nationalstaat nicht zu regeln imstande ist, sondern eine Generalbevollmächtigung der europäischen Institutionen enthält, alles zu regeln, was die Gemeinschaft (tatsächlich oder vermeintlich) besser regeln kann als die Nationalstaaten, ist die Anwendung dieses Prinzips in die Beliebigkeit der europäischen Institutionen gestellt worden. Das Subsidiaritätsprinzip ist damit nicht justiziabel. „Da das Subsidiaritätsprinzip kein inhaltliches Kriterium für eine sachgerechte Kompetenzverteilung liefert, ist es auch kaum einer gerichtlichen Kontrolle zugänglich.“[2] Nach *Möschel* (1993, S. 32 f.) kann es „mit der materiell begrenzenden Wirkung des Subsidiaritätsprinzips ... nicht weit her sein. Angesichts der Grössenunterschiede zwischen den Mitgliedstaaten, auch angesichts der unterschiedlichen finanziellen Leistungsfähigkeit und immer wieder auftauchender Interessenkonflikte zwischen den Mitgliedstaaten, läßt sich eine Priorität für eine zentrale Regelung allzu leicht begründen.“

Letztendlich müßte im Konfliktfall der EuGH entscheiden. Aber: „Schließlich ist der Gerichtshof ein Organ der Gemeinschaft. Und auch er versteht sich als Motor der Gemeinschaft“ (*o. V.* 2004).

6. Die europäischen sozialen Dialoge

Die wohl verblüffendste Interpretation des Subsidiaritätsprinzips besteht in den Regelungen zum „sozialen Dialog“, einem Dialog der europäischen Sozialpartner, der sogar zu Gesetzen ohne Einschaltung des Europäischen Parlamentes führen kann. Diese Konstruktion ist ein rechts- und ordnungspolitischer Sündenfall ersten Ranges, der aber kaum zur Kenntnis genommen wurde.

Der soziale Dialog ist bereits im EG-Vertrag angelegt. Im führenden Kommentar zu diesem Vertrag heißt es:

> „Der **soziale Dialog** ist **Ausdruck des Subsidiaritätsprinzips** und der Erkenntnis, daß Sozialpolitik auch auf Gemeinschaftsebene nicht allein vom Gesetzgeber gestaltet werden kann ... Die Vorschriften begründen einen europäischen **Verhandlungs- und Tarifraum** und tragen den veränderten Rahmenbedingungen einer WWU Rechnung, die die Tarifpolitik vor Aufgaben stellt, die sie national nicht mehr hinreichend lösen kann. WWU und die Einführung des Euro machen daher eine bessere Koordinierung der nationalen Tarifverhandlungen auf sektorieller und branchenübergreifender europäischer Ebene notwendig“ (*Lenz* 1999, S. 1150).

In diesem Zusammenhang wird auf ein Abkommen vom 6.9.1998 hingewiesen, in dem sich die niederländischen, belgischen, luxemburgischen und deutschen Gewerkschaften darauf geeinigt haben sich zu verpflichten, in Zukunft die Summe aus Produktivitätszuwachs und Preissteigerungen voll auszuschöpfen. Ebenso findet sich dort ein

---

2 *Kösters* (1998, S. 447), vgl. auch *Kösters* (1999, S. 189) und *Möschel* (1993, S. 33).

Hinweis auf eine Satzungsänderung des EGB, die die Verpflichtung enthält, „für die Konvergenz der Forderungs- und Tarifvertragspolitik der Mitgliedsorganisationen auf europäischer Ebene“ zu sorgen (*Lenz* 1999, S. 1151).

Der Kern dieser Regelung, die Sozialdialoge zu Europagesetzen werden läßt, besteht im folgenden:

> „In den durch Art. 137 (ex-Art. 118) (EG-Vertrag, U.W.) erfassten Bereichen können die Sozialpartner aber auch **gemeinsam beantragen**, daß ihre Vereinbarungen auf Vorschlag der Kommission **durch einen Beschluss des Rates durchgeführt** werden ... (Dies) ... führt zur Setzung von Gemeinschaftsrecht, an dem eine Mitwirkung des EP (Europäischen Parlamentes, U.W.) nicht vorgesehen ist“ (*Lenz* 1999, S. 1154, auch *Europäische Kommission* 2000, S. 2).

Damit kommt den Sozialpartnern eine „parlamentsersetzende Funktion im Normgebungsverfahren der Gemeinschaft zu ... Das Parlament soll .. durch die Sozialpartner substituiert werden“ (*Arnold* 2002, S. 122). Das Parlament wird durch europäische Interessenverbände ersetzt, und „eine demokratische Legitimation der gemeinschaftlichen Rechtsetzung durch das Parlament wird dadurch zur Disposition von Korporationen gestellt“ (*Arnold* 2002, S. 123). Damit sind die klassischen Prinzipien eines neoliberalen Staatsverständnisses, wie Gewaltenteilung und demokratische Wählerkontrolle (*Leipold* 1998, S. 170), mißachtet.

> „Nach Auffassung der Sozialpartner selbst, nach Auffassung von Kommission und europäischer Rechtsprechung und nicht zuletzt nach Auffassung der Wissenschaft (gemeint ist die Rechtswissenschaft U.W.) soll die Repräsentativität der Sozialpartner nicht nur eine Ersetzung des Parlaments rechtfertigen, sie soll auch den tieferen Grund für die Entwicklung eines europäischen Tarifvertragssystems bilden“ (*Arnold* 2002, S. 124).

Die Kommission möchte, daß der soziale Dialog zu „echten Kollektivverhandlungen auf europäischer Ebene“ ausgebaut wird (*Arnold* 2002, S. 123). Dabei geht die Europäische Kommission so weit, daß sie die Sozialpartner als Garanten für die Einhaltung europäischer Prinzipien wie das „Recht auf einen Arbeitsplatz“ sieht *(Europäische Kommission* 2000, S. 7 – wo dieses Prinzip verankert ist, hat die Kommission aber nicht verraten). Das Ergebnis der sozialen Dialoge sollen europäische Tarifverträge und eine „unbegrenzte automatische Allgemeinverbindlichkeit dieser europäischen Tarifverträge“ sein (*Arnold* 2002, S. 123).

Diese Entwicklung geht offensichtlich so geräuschlos über die europäische Bühne, daß sie die Ökonomen noch gar nicht bemerkt haben, obgleich schon „zahlreiche der an die europäischen Institutionen gerichteten gemeinsamen Stellungnahmen der Sozialpartner ... sich inhaltlich in EU-Rechtsvorschriften und -strategien niedergeschlagen (haben), insbesondere dank ihrer Funktion, die Kompromisspositionen der Sozialpartner aufzuzeigen“ (*Kommission* 2004, S. 14).

Darum geht es also: Was bei den Sozialpartnern konsensfähig ist, wird als gesamtgesellschaftlich konsensfähig betrachtet. Wenn es zum Gesetz erhoben wird, ist kein Widerstand zu erwarten. So gibt es bereits europaweit branchenübergreifende Rahmenvereinbarungen u.a. über Elternurlaub, Teilzeitarbeit, befristete Arbeitsverträge sowie Arbeitszeitvereinbarungen für Sektoren wie Seeverkehr, Zivilluftfahrt und im Eisenbahnsektor (*Kommission* 2004, S. 16 f.).

Leider zeigt aber die Praxis – insbesondere die leidvollen Erfahrungen mit dem, was im Prozeß der deutschen Vereinigung unter den Tarifpartnern konsensfähig war –, daß das gemeinsame Interesse der Tarifvertragsparteien noch lange nichts Positives für die Gesellschaft bescheren muß (*Schüller* und *Weber* 1998, S. 388; *Wagner* 1994, S. 191 ff.). Politiker glauben, wenn die Verbände der Arbeitgeber und der Arbeitnehmer „gemeinsam etwas beschließen, sei dies auch für das Gemeinwohl das Beste" (*Wagner* 1994, S. 194). Diesem Irrtum unterlagen sie bei der Einführung der Unternehmensmitbestimmung genauso wie bei der Übertragung der Tarifautonomie und des Sozialsystems der alten auf die neuen Bundesländer. Bei den Tarifverhandlungen in den neuen Bundesländern bildeten die Tarifvertragsparteien strategische Allianzen gegen potentielle Unternehmer und gegen gegenwärtige und zukünftige Arbeitslose (*Wagner* 1994, S. 194). Das gleiche gilt für das gemeinsame Interesse der Gewerkschaften und der Arbeitgeber an der Aufrechterhaltung teurer und kontraproduktiver Subventionen, insbesondere im Montanbereich (*Wagner* 2002, S. 7 ff.).

Der *Lenz*-Kommentar zum EG-Vertag (*Lenz* 1999) wirft die Frage auf, ob die Gewerkschaften angesichts ihres Mitgliederschwundes noch demokratisch legitimiert seien, an diesem Gesetzgebungsverfahren über Sozialdialoge mitzuwirken. Das ist eine völlig falsche Frage: Selbst wenn alle Arbeiter in Europa Gewerkschaftsmitglieder wären, würde dies die Gewerkschaften nicht vom Interessenverband zu einem vom ganzen Volk demokratisch legitimierten Parallelparlament machen dürfen. In Wirklichkeit ist nach *Arnold* (2002, S. 125) an die Stelle der demokratisch legitimierten Normgebung ein korporatistisches Gegenmodell gesetzt worden, das dem eines Ständestaates entspricht und die Gemeinschaft auf den Weg in eine „vordemokratische Vergangenheit" gebracht hat.

7. Der Reformdruck auf die deutsche Arbeitsmarktverfassung und auf die Verhaltensweisen der deutschen Tarifpartner

Da aber zumindest bis auf weiteres weder mit einer europäischen Arbeitsmarktverfassung noch mit europäischen Tarifverträgen zu rechnen ist, stellt sich die Frage nach der Europatauglichkeit der heutigen deutschen Arbeitsmarktverfassung und der aktuellen Verhaltensweisen der nationalen Tarifpartner. Ein geringer oder gänzlich fehlender Reformbedarf wird nur von denen behauptet, die zu Recht befürchten, daß sie durch Reformen verlieren: die Gewerkschaften, aber nicht deren Mitglieder, sondern deren Funktionäre.

Der geringe Reformbedarf wird in aller Regel mit der Exportfähigkeit der deutschen Wirtschaft begründet. Daß Deutschland bei den Güterexporten ‚Weltmeister' ist, wird als Beweis gewertet, daß die deutschen Arbeitskosten nicht zu hoch sind. Die Arbeitslosigkeit wird der zu geringen Binnennachfrage angelastet. Daraus ergibt sich dann kein Bedarf an Arbeitsmarktreformen und Lohnzurückhaltung, sondern ein Bedarf an mehr Binnennachfrage durch keynesianistische Nachfragepolitik und Ausschöpfung der sich durch Produktivitätsfortschritt und Preissteigerung ergebenden Verteilungsspielräume. Damit das Ganze ‚wissenschaftlich abgesichert' ist, sucht man dann einen Ökonomieprofessor, der diese antiquierte Theorie bereit ist noch zu vertreten, und entsendet ihn in den Sachverständigenrat. Weil dieser Professor Mitglied des Sachverständigenrates ist und eine leicht verständliche, wenn auch falsche Theorie vertritt, wird er ein bevorzugter Gast bei Talkshows – Veranstaltungen, aus denen das breite Publikum seine Ökonomiekenntnisse bezieht (dazu *Wentzel* 1998, 2002).

Daß die Exportfähigkeit der deutschen Wirtschaft auf immer mehr wachsende Importanteile an den Exporterzeugnissen zurückzuführen ist, wird ebenso verschwiegen wie der Beitrag der Rationalisierungen an den Exporterfolgen. „Die deutschen Exportfirmen sind wettbewerbsfähig, die deutschen Arbeitnehmer jedoch nicht" (*Sinn* 2004b, Nr. 57).

Die im Januar 2005 veröffentlichten deutschen Außenhandelsstatistiken sind den Zuschauern von ARD und ZDF als Belege für Erfolge auf breiter Front angepriesen worden: Die hohen Exporte seien Indiz für die internationale Konkurrenzfähigkeit Deutschlands. Die wachsenden Importe seien ein Beleg dafür, daß die Binnennachfrage jetzt auch zugenommen habe. Die Exporte befriedigten Auslandsnachfrage; die steigenden Importe seien aber auf steigende Inlandsnachfrage und damit auf die endlich anspringende Binnenkonjunktur zurückzuführen. Daß die steigenden Importe der Herstellung von Exportgütern dienen, war den Machern dieser Sendungen offensichtlich ebenso wenig bekannt wie die Tatsache, daß der Porsche Cayenne, wenn er exportiert wird, mit 100 % seines Wertes in die deutsche Exportstatistik eingeht, das Leipziger Porsche-Werk aber 88 % des Wertes dieses Autos aus dem Ausland, im wesentlichen aus der Slowakei, bezieht (*Sinn* 2004a, S. 8). Der Porsche Cayenne ist somit ein Erfolg für die Firma Porsche und die wenigen für seine Produktion in Leipzig benötigten Arbeiter. Würde man die 88 % Vorprodukte allerdings nicht aus dem Ausland beziehen, würden nicht einmal die jetzt bei Porsche in Leipzig Beschäftigten benötigt.

Tatsächlich gibt es kein schlimmeres Indiz für Reformbedarf als über 5 Millionen statistisch ausgewiesene und 7 Millionen oder mehr tatsächliche Arbeitslose. Es soll im folgenden die Frage gestellt werden, ob und in welcher Weise der Reformdruck durch die europäische Integration ausgelöst und/oder verstärkt wird.

8. Ursachen des Reformdrucks

8.1. Wegfall der Wechselkursänderungen als Schockabsorber

Durch die Währungsunion sind Wechselkursänderungen, die als Schockabsorber wirkten (beispielsweise bei über dem Produktivitätsfortschritt liegenden nationalen Lohnzuwächsen), weggefallen. Dadurch fallen der Lohnpolitik Anpassungslasten zu, die vorher von den Wechselkursänderungen übernommen wurden (dazu auch *Wentzel*, in diesem Band). Die Tarifpartner können „in der Währungsunion nicht mehr darauf bauen, daß überzogene Lohnabschlüsse ... im Wege einer Wechselkurskorrektur korrigiert würden".[3]

3 *Feldmann* (1998, S. 537); vgl. auch *Görgens* (1993, S. 227); *Busch* (1996, S. 44).

Fraglich ist allerdings, wie stark dieser Korrekturmechanismus bei veränderbaren Wechselkursen wirkt (zur Wirkung von Wechselkursänderungen bei asymmetrischen Schocks siehe *Berthold* und *Fehn* 1998, S. 475 ff.). Der Wechselkurs würde nur dann die negativen Auswirkungen überhöhter Lohnabschlüsse im Außenhandel neutralisieren, wenn alle Produkte den gleichen Anteil Arbeit an der Wertschöpfung enthielten und die Abwertung genau den Änderungen der Kaufkraftparitäten entsprächen. Das gleiche gilt für das sogenannte ‚Aufwertungsargument': Lohnzurückhaltung würde durch Währungsaufwertung neutralisiert und damit nicht zu mehr Beschäftigung, sondern nur zu einer Umverteilung zu Lasten des Faktors Arbeit führen.

Wenn wir aber eine nationale und internationale Konkurrenz von Gütern mit unterschiedlichen Arbeitsintensitäten und damit unterschiedlichen Anteilen der Arbeit an der Wertschöpfung haben, können Wechselkursänderungen die beschriebenen Neutralisierungseffekte nur sehr unvollkommen bewirken. Auf- oder Abwertungen werden Güter mit hohem Kapitalanteil in gleicher Weise betreffen wie Güter mit hohem Arbeitsanteil an der Wertschöpfung. Damit wird die Attraktivität der Substitution von arbeitsintensiven Gütern durch kapitalintensive Güter bei Abwertungen und der Substitution von kapitalintensiven durch arbeitsintensive Güter bei Aufwertungen bestehen bleiben, wenn sinkende Lohnkosten der Grund für Aufwertungen und steigende Lohnkosten der Grund für Abwertungen ist.

Es ist deshalb offen, ob und in welchem Ausmaß sich die Hoffnung erfüllen wird, daß wir durch die WWU „tatsächlich mit einer Eindämmung destabilisierender Verteilungskämpfe rechnen können" (*Görgens* 1993, S. 230 f.).

8.2. Größere Kosten- und Preistransparenz

Die Währungsunion, so wird vielfach behauptet, führt zu mehr Preis- und Kostentransparenz und diese „erleichtert den direkten Vergleich von Arbeits- und Sozialkosten für alternative Produktionsstandorte ... Damit würden die tarifpolitischen Entscheidungen der Sozialpartner zum wichtigsten der wenigen noch freien Gestaltungsparameter im Standortwettbewerb avancieren" (*Rösner* 1997, S. 96). Gestiegene Preistransparenz durch einheitliche Währung setzt allerdings die Vermutung voraus, daß die Menschen nicht in der Lage sind, mit einem Taschenrechner oder Währungsrechner umzugehen. Gleiches gilt für die These von *Berthold* und *Fehn* (1998, S. 482), daß „die bisher noch durch die Wechselkurse verschleierten Lohndifferenzen ... durch die gemeinsame Währung aufgedeckt werden".

8.3. Wegfall nationaler Geldpolitik

Die EZB kann nur eine europaeinheitliche Geldmengen- und Zinspolitik betreiben. Sie kann nicht für Irland und Deutschland differenzierte Geldmengenwachstumsraten oder Zinssätze festlegen. „Die Lohnpolitik kann somit nicht hoffen, daß länderspezifische Anpassungslasten durch eine akkomodierende Geldpolitik aufgefangen werden" (*Berthold* und *Fehn* 1998, S. 479).

Dies kann aber nur für die Lohnpolitiken derjenigen Länder zum Problem werden, deren Zentralnotenbanken früher von den Tarifpartnern produzierten Lohnkostendruck monetär alimentiert und damit die realen Lohnkosten abgewertet haben. Dies traf aber für Deutschland mit seiner autonomen, der Geldwertstabilität verpflichteten Bundesbank kaum zu.

Diese Überlegungen veranlassen aber Autoren wie *von Auer* (1996, S. 11) gleich zu der Forderung, der Europäische Gewerkschaftsbund mit seinen Mitgliedsorganisationen habe die Aufgabe, „über öffentliche Meinungsbildung und Bündnisse mit der Politik Einfluß auf eine Währungspolitik zu gewinnen, die das Beschäftigungsziel beachtet".

8.4. Sinkende Handlungsspielräume der Fiskalpolitik

So wenig das Tarifkartell in der Bundesrepublik erfolgreich war, „lohnpolitische Lasten über die geldpolitische Schiene zu externalisieren, ... um so erfolgreicher (war es), eigentlich von der Lohnpolitik zu tragende Lasten über die Fiskal- und Sozialpolitik zu externalisieren" (*Berthold* und *Fehn* 1998, S. 481). Daß dies insbesondere durch die Verschuldungskriterien des Stabilitäts- und Wachstumspaktes erschwert bis unmöglich gemacht wird, bemängelt insbesondere das Wirtschafts- und Sozialwissenschaftliche Institut des DGB: Es bedauert, daß die Vorgaben des Stabilitäts- und Wachstumspaktes die Möglichkeiten beschränken, „den Sozialpartnern bei den notwendigen Arbeitsmarkt- und Sozialreformen akzeptable Kompromisse vorzuschlagen, so dass das Erreichen eines Konsenses über Veränderungen noch schwieriger wird" (*Sarfati* 2004, S. 160 f.).

Eine nachfrageorientierte Wirtschaftspolitik müßte in einem integrierten Europa aber auch ohne die fiskalischen Restriktionen des Stabilitäts- und Wachstumspaktes scheitern: Erhöht die Regierung eines Mitgliedsstaates die Staatsausgaben mit dem Ziel, die Beschäftigung zu erhöhen, so wird u. a. wegen der Vorschriften zur europaweiten Ausschreibung der Vergabe von Staatsaufträgen nicht unbedingt die Beschäftigung im eigenen Land steigen, sondern in denjenigen Ländern, die wegen niedrigerer (Lohn-) Kosten bei der Ausschreibung zum Zuge kommen. Abschottungsversuche wie ‚Entsendegesetz' und ‚Tariftreuegesetz' dürften spätestens vor dem EuGH scheitern.

Allerdings ist die Befürchtung von *Berthold* und *Fehn* (1998, S. 484) nicht von der Hand zu weisen, „daß den EU-Institutionen früher oder später der Zugang zum Kapitalmarkt eröffnet wird. Dann sind aber auch von dieser Seite her deutlich steigende fiskalpolitische Aktivitäten zu erwarten, die sich insbesondere im Bereich der aktiven Arbeitsmarktpolitik abspielen werden". Sollte diese Vorhersage zutreffen, würden die Lasten verfehlter nationaler (oder irgendwann doch europäischer) Lohnpolitiken doch externalisiert werden. Spätestens dann wäre der Stabilitäts- und Wachstumspakt nur noch Makulatur.

8.5. Zuwanderung ausländischer Arbeitskräfte

Die meisten Autoren gehen von einem geringen zusätzlichen Reformdruck durch Migration aus den mittel- und osteuropäischen Ländern (MOEL) aus und begründen dies mit einer niedrigen Mobilität der Arbeitskräfte und einem bei uns fehlenden Niedriglohnsektor. Die mobilen Arbeitskräfte wären schon da und die immobilen würden nicht kommen. Kämen sie doch, dann würden sie – weil meist gering qualifiziert – wegen des fehlenden Niedriglohnsektors in Deutschland keinen Arbeitsplatz bekommen (*Belke* 2002, S. 98 ff., *Hafner* 1998, S. 142 ff.). So setzt *Belke* (2002, S. 100 ff.) der

Burda-Hypothese, daß die aus den MOEL einwandernden Arbeitskräfte eine Art Trojanisches Pferd wären, das bei uns Reformdruck erzeugen würde, die Gegenhypothese vom leeren Pferd entgegen: Da sind gar keine Arbeitskräfte drin, es kommen also gar keine Migranten. Weiter begründet *Belke* seine Vermutung der geringen Migrationswahrscheinlichkeit mit den z. B. in Deutschland durch Arbeitslosigkeit fehlenden Arbeitsplätzen für potentielle Zuwanderer (zur Frage des Migrationsdrucks siehe *Pfahler* 2003, S. 464 f.).

Dieser Argumentation setzt *Sinn* (2004b, Nr. 54) entgegen, daß zwischen 1970 und 2002 etwa 3,1 Millionen Ausländer offiziell in Deutschland Arbeit gefunden haben und in der gleichen Zeit die Arbeitslosigkeit der Deutschen um 3,2 Millionen zugenommen hat. Er meint, dies sei noch kein Beweis für einen Zusammenhang, wäre aber erhellend. So etwas käme zwangsläufig heraus, „wenn der Staat durch Lohnersatzleistungen eine Mindestlohnschranke im Tarifgefüge setzt und die Zuwanderung erlaubt" (*Sinn* 2004b, Nr. 54).

Die momentane von Sinn (2004b, Nr. 53) als grotesk bezeichnete Situation besteht darin, daß Osteuropäer zwar für eine Übergangsfrist von zwei Jahren mit Verlängerungsmöglichkeit bis 2010 vom deutschen Arbeitsmarkt ferngehalten werden können. Aber als Selbständige oder als nicht Erwerbstätige dürfen sie sofort kommen und sich in Deutschland niederlassen.

> „So wie der Berliner Taximarkt gerade von polnischen Kleinunternehmen aufgerollt wird, muss Deutschland sich auf eine Armutswanderung aus den Weiten der Slowakei und Polens gefasst machen" (*Sinn* 2004b, Nr. 53).

Die Folge dieser falschen Regelungen seien Wanderungen in zwei Richtungen:

> „Die Randgruppen der slowakischen Gesellschaft kommen jetzt nach Deutschland, und die deutsche Automobilindustrie verlagert einen immer größeren Teil ihrer Produktionskapazität nach Bratislava" (*Sinn* 2004b, Nr. 53).

8.6. Freizügigkeit von Kapital und Unternehmungen

Der bereits in Kapitel 7. angesprochene Sachverhalt wachsender Importanteile an den deutschen Exporten ist ein Indiz für die Verlagerung der Produktion von Vorprodukten und damit auch Arbeitsplätzen in das Ausland. Der Anteil ausländischer Wertschöpfung an einem Euro Exporterlös ist von 26,7 % im Jahr 1991 auf 38,8 % im Jahr 2002 gestiegen (*SVR* 2004/2005, Ziffer 466). Das dahinter stehende Problem spielt der Sachverständigenrat aber herunter:

> „Ein sinkender inländischer Wertschöpfungsanteil lässt sich als Beleg einer effizienten Einordnung der deutschen Exportunternehmen in die internationale Arbeitsteilung verstehen" (*SVR* 2004/2005, Ziffer 466).

Daß die deutschen Unternehmen sich effizient in die internationale Arbeitsteilung einordnen, wird von niemandem bestritten. Sie tun dies aber offensichtlich immer mehr zu Lasten der deutschen Beschäftigten bzw. Arbeitslosen.

> „Die Arbeitnehmer sind die Dummen. Wer eine Arbeitsleistung anbietet, die die Unternehmen im Ausland deutlich billiger einkaufen können, der kann nicht zu den Gewinnern der Globalisierung gehören ... Sie (die einfachen Industriearbeiter U.W.) haben die Wahl

zwischen einer Verteidigung der Löhne bei wachsender Arbeitslosigkeit und einem Erhalt der Arbeitsplätze bei fallenden Löhnen" (*Sinn* 2004a, S. 11).

Der häufig zu hörende Hinweis, daß den hohen deutschen Löhnen im Vergleich zu den Löhnen beispielsweise in den MOEL auch eine sehr viel höhere Produktivität gegenüberstehe, geht an der Wirklichkeit vorbei: Wenn eine deutsche Firma in der Slowakei produzieren läßt, dann tut sie das nicht mit einer Technologie aus der sozialistischen Vergangenheit dieses Landes, sondern mit neuester deutscher Technologie. Die Folge ist eine Produktivität von 90 % und mehr der deutschen Produktivität. Die Lohnkosten sind dort aber höchstens 20 % der deutschen Lohnkosten.

Bei der Einschätzung der Beschäftigungseffekte dieser Produktionsverlagerungen ist der Sachverständigenrat zurückhaltend. Vor dem Hintergrund der empirischen Studien falle „ein robuster qualitativer Befund zu der vieldiskutierten Frage der Beschäftigungseffekte von Direktinvestitionen in Niedriglohnländern für den deutschen Arbeitsmarkt ... schwer" (*SVR* 2004/2005, Ziffer 477). Er schätzt allerdings, daß per Saldo Arbeitsplätze geschaffen und erhalten werden. Den Exporterfolgen weist er selbstverständlich positive Beschäftigungseffekte zu, während die Verlagerung von Vorproduktionen insbesondere für den Problembereich deutscher Arbeitslosigkeit – gering Qualifizierte – negative Beschäftigungseffekte beschert (*SVR* 2004/2005, Ziffer 468 und Kasten 29). Daraus folgt unmittelbar für unsere Fragestellung: Der Reformdruck hat bei den Arbeitsmärkten für gering Qualifizierte durch Globalisierung im allgemeinen und EU-Osterweiterung im besondern am stärksten zugenommen.

9. Reformoptionen für Lohnbildungsprozesse in Deutschland

Die deutsche Arbeitsmarktverfassung ist offensichtlich sehr viel weniger als die Arbeitsmarktverfassungen anderer Länder in der Lage, ohne wachsende Arbeitslosigkeit Herausforderungen, wie sie insbesondere durch Strukturwandel, Globalisierung und die Osterweiterung der EU entstehen, zu verarbeiten. Das formuliert sogar der sich ständig vorsichtiger ausdrückende und nach allen Seiten absichernde Sachverständigenrat so, wenn er konstatiert, „dass es Deutschland schlechter als anderen Ländern gelingt, die hierdurch hervorgerufenen Anpassungsnotwendigkeiten auf den Arbeitsmarkt erfolgreich zu bewältigen" (*SVR* 2004/2005, Ziffer 483).

Die Ursache für die geringe Fähigkeit deutscher Arbeitsmärkte, Störungen zu verarbeiten, wird in der Regel in der Dominanz der Verbandstarifverträge, kombiniert mit Günstigkeitsprinzip, Tarifüblichkeitssperre, Fortwirkung von Tarifverträgen nach Verbandsaustritt und Allgemeinverbindlichkeitserklärungen, gesehen. Diese genannten Rechtsregeln führen „sowohl einzeln als auch gemeinsam zu einer Behinderung der Flexibilität der Arbeitsmärkte und verhindern damit eine reibungslose Faktorallokation. Ihre Nichtanwendung ist also als Gütezeichen einer Kollektivarbeitsrechtsordnung zu sehen" (*Kruse* 1996, S. 192).

Wir wollen uns, da es im Rahmen dieses Beitrages nicht möglich ist, die gesamte Reformdebatte aufzunehmen, auf die Frage beschränken, welche institutionellen Änderungen auf der Agenda stehen müßten. Vorrangig sollen einige Antworten auf die Frage gesucht werden, wer am besten mit wem Löhne aushandeln sollte.

9.1. Firmentarifverträge statt Verbandstarifverträge?

Verbandstarife könnten, wenn die Tariflöhne *unter* den Gleichgewichtslöhnen festgelegt werden, die ideale Lösung sein. Unter Gleichgewichtslöhnen werden diejenigen Löhne verstanden, bei denen Arbeitsangebot und Arbeitsnachfrage auf dem jeweiligen Arbeitsmarkt gleich groß sind. Zu diesen Löhnen gäbe es dann keine unfreiwillige Arbeitslosigkeit. Alle oder nahezu alle Firmen wären dann dazu in der Lage, eine Lohnspanne im Wettbewerb um Arbeitskräfte zu bezahlen. Auf Basis von kollektiv festgelegten Tariflöhnen, die als Mindestlöhne fungieren, könnten in einem wettbewerblichen Prozeß darüberliegende individuelle Effektivlöhne ausgehandelt werden, ohne daß dies zu Arbeitslosigkeit führt.

Das ist keine unrealistische Konstruktion, sondern die Beschreibung der deutschen Realität der Zeit zwischen 1960 und 1972. Aus Gründen, die hier nicht wiederholt werden sollen (dazu *Wagner* 1999, S. 146 f.), hat sich diese Situation grundlegend geändert: Die Tarifpartner vereinbaren für viele Arbeitsmärkte, insbesondere für diejenigen, auf denen gering Qualifizierte ihre Arbeit anbieten, über dem Gleichgewichtslohn liegende Tariflöhne. Die Folge ist Massenarbeitslosigkeit.

Die Appelle fast aller Wirtschaftswissenschaftler (zu den wenigen Ausnahmen zählen *Hickel*, *Kromphardt* und *Bofinger*), dem früheren Zustand wieder etwas näher zu kommen, indem weniger als der vermeintlich beschäftigungsneutrale Verteilungsspielraum „Produktivitätsfortschritt plus Inflationsrate" (dazu *Wagner* 1999, S. 163 f.) verteilt wird, haben nur wenig Gehör gefunden.

Geht man realistischerweise davon aus, daß es dem Selbstverständnis deutscher Gewerkschaftsfunktionäre widerspricht, durch zurückhaltende Lohnabschlüsse zu mehr Beschäftigung beizutragen, dann muß man auf anderen Ebenen als der Verbandsebene verhandeln. Es gibt zwar gute Gründe für die Verhandlungen auf Verbandsebene, insbesondere, daß dadurch Konflikte von den Unternehmungen ferngehalten und auf Verbandsebene verlagert werden. Wenn der Preis für diese Harmonie in den Unternehmungen aber Tariflöhne sind, auf die die einzelnen Unternehmungen nur noch mit Entlassungen, Nichteinstellungen, Rationalisierungen und Produktionsverlagerungen ins Ausland reagieren können, dann ist für die Volkswirtschaft und insbesondere für die durch Arbeitslosigkeit Betroffenen der Preis für die Harmonie und Konfliktvermeidung zu hoch.

Die Konsequenz aus diesen Überlegungen wäre das Ersetzen der heute dominierenden Verbandstarifverträge durch Firmentarifverträge. Der Idealzustand wäre aus dieser Sicht erreicht, wenn sich die Arbeitgeberverbände selbst auflösen würden – schließlich gibt es auch eine negative Vereinigungsfreiheit –, damit den Gewerkschaften der Verhandlungspartner für Verbandstarifverträge abhanden kommt. Der sächsische Metallarbeitgeberverband hat darüber schon einmal laut nachgedacht. So weit muß es aber nicht unbedingt kommen. Es gibt mittlerweile eine wachsende Zahl von regionalen „OT"-Arbeitgeberverbänden. OT heißt: ohne Tarifbindung. Dort können die Mitglieder Leistungen des Arbeitgeberverbandes in Anspruch nehmen, ohne an die Tarifvereinbarungen gebunden zu sein.

Das häufig ins Feld geführte Argument, daß Unternehmungen, die geringere Löhne zahlen als andere, damit ihren Geschäftspartnern signalisieren würden, daß ihnen das Wasser schon bis zum Hals steht und daß sich diese Geschäftspartner dann von diesen Unternehmungen zurückziehen werden (*Franz* 1996, S. 34), widerspricht offensichtlich der Realität: Wären diese Befürchtungen realistisch, dann müßten Aldi, Lidl, Schlecker, Birkenstock und McDonalds sowohl die Lieferanten als auch die Kunden weglaufen. Kostensenkungsstrategien, auch wenn sie den Faktor Arbeit betreffen, kommen offensichtlich bei Lieferanten und vor allem den Kunden recht gut an. Ebenso können sich diese Firmen nicht darüber beklagen, daß ihnen die Belegschaften abhanden kommen. Es sollten also mehr Unternehmungen aus der Tarifbindung der Verbände durch Austritt oder durch bloße „OT-Mitgliedschaften" ausscheren und zu solchen Löhnen kommen, die zu Beiträgen dieser Unternehmungen zur Beschäftigung und nicht zur Arbeitslosigkeit führen. Natürlich können die Gewerkschaften auch dann versuchen, diese Firmen zu Tarifverträgen zu zwingen, die dieses Ziel nicht erreichen. Die Frage ist aber, ob die Arbeiter gegen ihre eigenen Arbeitsplätze streiken würden, wenn ihnen die ökonomischen Zusammenhänge und Konsequenzen transparent gemacht würden.

9.2. Müssen Betriebsräte tariffähig werden?

Die Hoffnung, daß mit einem höheren Beschäftigungsstand kompatible, unternehmensbezogene Lohnabschlüsse zustande kommen, wenn § 77(3) Betriebsverfassungsgesetz und § 2(1) Tarifvertragsgesetz dahingehend geändert werden, daß Betriebsräte tariffähig gemacht werden, wird damit begründet, daß die Betriebsräte sehr gut die Situation ihrer Unternehmung kennen und darauf bei Lohnverhandlungen entsprechend Rücksicht nehmen.

Diese Hoffnung könnte sich aber als trügerisch erweisen. Zum einen geht das Bundesverfassungsgericht davon aus, daß zur Tariffähigkeit auch das Streikrecht gehört. Betriebsräte müßten dann das Streikrecht erhalten und könnten so den Betriebsfrieden und die Betriebsabläufe erheblich stören, und sie hätten durch die Möglichkeit, mit Streik drohen zu können, ein größeres Erpressungspotential gegenüber den Firmenleitungen.

Zum zweiten gehen die Befürworter der Tariffähigkeit von Betriebsräten implizit davon aus, daß es einen bestimmten „Typ" von Betriebsrat gibt, der die Interessen der gesamten Belegschaft vertritt. Dies könnte sich nach Einführung der Tariffähigkeit von Betriebsräten grundlegend ändern. Es besteht dann nämlich die Gefahr, daß solche Belegschaftsmitglieder zu Betriebsräten gewählt werden, die für hohe Lohnzuwächse zu kämpfen versprechen. Es ist nicht auszuschließen, daß die Theorie des Medianwählers dann plötzlich betriebliche Wirklichkeit werden könnte, zumal die Betriebsratsmitglieder faktisch unkündbar sind und deshalb die letzten sind, die nach überhöhten Lohnabschlüssen eine Kündigung zu befürchten hätten. Besser wäre es, *Belegschaften* von Unternehmungen, Betrieben, Abteilungen oder Gruppen mit bestimmten Gemeinsamkeiten (bestimmte vorhandene oder fehlende Qualifikation) tariffähig zu machen.

9.3. Was bringen gesetzliche Öffnungsklauseln?

Die negativen Wirkungen des Günstigkeitsprinzips und der Tarifüblichkeitssperre können durch Öffnungsklauseln in den Tarifverträgen vermieden werden. Da die Tarifpartner nur in wenigen Fällen freiwillig Öffnungsklauseln in ihre Tarifverträge schreiben (*Geue* und *Weber* 1998, S. 317) und dann noch die Abweichungen von ihrer Zustimmung abhängig machen (*Wagner* 1999, S. 150 ff.), werden gesetzliche Öffnungsklauseln gefordert. CDU/CSU und FDP haben bereits Gesetzesvorschläge dazu ausgearbeitet. Werden diese gesetzlichen Öffnungsklauseln, die beispielsweise die abweichende Regelung dann zulassen, wenn der Betriebsrat und drei Viertel der Belegschaft zustimmen, die Problemlösung bringen? Der große Vorteil einer solchen Regelung wäre, daß dadurch betriebliche Bündnisse für Arbeit ermöglicht würden. Diese Bündnisse haben aber immer defensiven Charakter, und sie sind insider-orientiert.[4] Sie dienen im günstigsten Fall der Erhaltung vorhandener Arbeitsplätze, könnten aber keine ‚Beschäftigungsoffensive' eröffnen.

Auch bei gesetzlichen Öffnungsklauseln können die gleichen Gefahren entstehen, die gerade für die Tariffähigkeit von Betriebsräten beschrieben wurden: Auch dann könnten Betriebsratsmitglieder nach ihrem zu erwartenden Verhalten bei der Korrektur von Flächentarifabschlüssen gewählt werden. Die Gewerkschaft hätte durch gesetzliche Öffnungsklauseln nicht mehr die Funktion, Lohnuntergrenzen und andere Mindestbedingungen zu garantieren. Dies müßte in diesem Fall von den Betriebsräten bewirkt werden. Die Versuche der Gewerkschaften, die Betriebsratswahlen und die gewählten Betriebsräte zu beeinflussen, dürften zunehmen.

Im übrigen kann gehofft werden, daß das Bundesarbeitsgericht seine Rechtsprechung zum Günstigkeitsprinzip entscheidend ändert und damit gesetzliche Öffnungsklauseln überflüssig macht. So geht *Rüthers* (2004) davon aus, daß mit der „Rahmenvereinbarung zur Standortsicherung" der IG-Metall mit Siemens die „Rechtsprechung des Bundesarbeitsgerichtes zum Tarifrecht ... als Fehlkonstruktion erkannt worden ist".[5] *Rüthers* ist der Auffassung, daß durch diese Vereinbarung klar geworden ist, „daß an der tarifrechtlichen und tarifpolitischen Vergleichbarkeit von Arbeitsplatzsicherheit und Beschäftigung kein Zweifel mehr bestehen kann". Außerdem sei „im Tarifvertragsgesetz ... diese verfehlte Auslegung des Günstigkeitsprinzips ... nicht verankert. Es handelt sich, im Gegensatz zu abwegigen Verteidigungsbehauptungen ihrer Erfinder, um reines Richterrecht des Bundesarbeitsgerichts".

Gesetzlich müßte dann nur noch geregelt werden, wer (Betriebsrat und/oder Belegschaft oder Belegschaftsteile) mit welchen Mehrheiten entscheiden muß, daß eine vom Tarifvertrag abweichende Vereinbarung mit der Unternehmensleitung für die betroffenen Arbeiter günstiger ist als der Tarifvertrag.

---

4 Zur Begründung der scheinbaren Ausnahme im Fall Viessmann siehe *Wagner* (1999, S. 156 ff.).

5 Zur bisherigen Rechtsprechung des BAG, insbesondere zum Fall Burda siehe *Wagner* (1999, S. 154 ff.); Bundesarbeitsgericht (1999).

9.4. Brauchen wir Betriebsräte?

Diese Frage hat immerhin kein geringerer als der Arbeitsmarktexperte *Wolfgang Franz* aufgeworfen, der bei seiner ersten Mitgliedschaft im Sachverständigenrat auf Vorschlag des DGB in dieses Gremium gelangt ist.

> „Wenn die betriebliche Mitbestimmung tatsächlich eine so segensreiche Einrichtung darstellt, wie oftmals behauptet, dann kommen Unternehmen und Belegschaft ganz von selbst auf die Idee, sich ihrer zu bedienen" (*Franz* 2004).

Franz zitiert eine Untersuchung des Instituts der deutschen Wirtschaft, das für das Jahr 2000 die Kosten des Betriebsverfassungsgesetzes auf 550 € pro beschäftigten Arbeitnehmer beziffert. Sein Vorschlag lautet, „die Arbeitnehmer prinzipiell hälftig an den Kosten des Betriebsrates" zu beteiligen. Selbst wenn man nur von 500 € Betriebsratskosten pro Arbeiter ausgehe, folge dann daraus, daß die Arbeitnehmer entscheiden sollen, ob ihnen der Betriebsrat 250 € pro Jahr wert sei. Sie würden auf kostengünstige und ihren Bedürfnissen entsprechende Regelungen dringen, „Freiwilligkeit und Kostenbeteiligung bewirken eine international wettbewerbsfähige betriebliche Mitbestimmung".

Der Gesetzgeber sollte nur die Zulässigkeit von Betriebsräten regeln, nicht aber, welche Betriebe einen Betriebsrat haben müssen, wie groß der Betriebsrat sein muß, ob und wie viele Betriebsratsmitglieder von der Arbeit freigestellt werden müssen und in welchen Bereichen deren Mitwirkung oder Zustimmung zwingend vorgeschrieben wird. Konsequenterweise wäre diese Frage auch für die Unternehmensmitbestimmung zu stellen.

9.5. Brauchen wir Tarifverträge?

Weshalb soll nicht der einzelne Arbeiter oder Arbeitsuchende das alleinige Recht haben, mit der Firmenleitung über Bezahlung, Arbeitszeiten, Kündigungsfristen und andere Konditionen zu verhandeln? Könnten nicht auf diese Weise für alle Arbeitswilligen Arbeitsverträge abgeschlossen werden, zu denen der Arbeiter bereit ist zu arbeiten und der Unternehmer bereit ist, ihn zu beschäftigen?

Wenn es jemand wagen würde, diese Frage zu stellen, würde ihm sofort Sozialdarwinismus oder Neoliberalismus vorgeworfen. Die Unternehmensleitungen hätten, so würde ihm entgegengehalten, in diesem Spiel mit asymmetrischer Macht- und Informationsverteilung die Möglichkeit, die Arbeiter nach Belieben auszubeuten. Es käme zu einer Abwärtsspirale der Löhne und Aufwärtsspirale der Arbeitszeiten, und inverses Arbeitsangebot würde aktuell werden.

Das kann schon so sein, aber nur als kurzfristiger Übergangseffekt und nur in den Problembereichen, nämlich den Arbeitsmärkten für Menschen ohne abgeschlossene Berufsausbildung. ‚Ausbeutung' bedeutet nichts anderes, als daß der Beitrag, den ein Arbeiter zum Umsatz leistet, größer ist als sein Beitrag zu den Kosten. Jeder Einzustellende und jeder nicht Entlassene leistet damit einen positiven Gewinnbeitrag. Die Unternehmungen würden die Chancen zur ‚Ausbeutung' von Arbeitern wahrnehmen, indem sie einstellen und nicht entlassen. Das Ergebnis wäre schließlich Vollbeschäftigung. Anschließend würde der Wettbewerb der Unternehmungen um die begehrten Arbeitskräfte zu Lohnerhöhungen führen. Schließlich haben die Unternehmungen in den

Vollbeschäftigungsjahren zwischen 1960 und 1972 ganz erhebliche Lohnspannen gezahlt, d. h. sie haben freiwillig höhere Effektivlöhne gezahlt, als sie tariflich zu zahlen gezwungen waren. In dieser Zeit hat ein gigantischer Strukturwandel stattgefunden bei unter 1 % liegenden Arbeitslosenquoten.

Um zu verhindern, daß dadurch Menschen trotz Arbeit kein menschenwürdiges Leben finanzieren können, müßte diese Individualisierung der Lohnvereinbarungen sozialpolitisch flankiert werden. Dies ist auch nötig, um zu einer Lohnspreizung zu kommen, die unbedingt nötig ist, um die gering Qualifizierten in Beschäftigungsverhältnisse zu bringen. Diese Flankierung dürfte nicht in Lohnersatzleistungen bestehen, sondern für Arbeitsfähige in Hinzuverdienstmöglichkeiten. Ob man das dann über Lohnsubventionen, negative Einkommensteuer (oder *earned income tax credit*) oder über Kombinationen aus diesen Möglichkeiten gestaltet, ist sekundär.

Dafür gibt es Vorschläge, insbesondere den im Vergleich zu Hartz IV sehr viel konsequenteren Vorschlag des Münchener Ifo-Instituts zur „Aktivierenden Sozialhilfe" (*Sinn* 2002, 2004a, S. 13, 2004b, Nr. 58). Dieser Vorschlag hat es immerhin geschafft, im Oktober 2003 als Gesetzentwurf des Landes Hessen eine Bundesratsmehrheit zu bekommen (*Sinn* 2004a, S. 13).

10. Schlußbemerkungen

Die Risiken falscher Entscheidungen auf europäischer Ebene sind um so geringer, je weniger dort vereinheitlicht und den Mitgliedsländern verbindlich vorgeschrieben wird. Eine Aussage aber, wie die europäischen Arbeitsmarktverfassungen und Lohnverhandlungssysteme in zwanzig Jahren aussehen werden, ist nicht möglich. Sie sollen so aussehen, wie sie sich in einem Verfahren institutionellen Wettbewerbs herausbilden werden. Welche Systeme sich aber durchsetzen werden, weil sie anderen überlegen sind, und welches das Ausmaß an in diesem Prozeß gewonnener Harmonisierung oder Unterschiedlichkeit sein wird, entzieht sich der Vorhersagbarkeit. Wenn Wettbewerb als Verfahren zur Entdeckung der leistungsfähigsten Institutionen stattfindet, dann ist es eben gerade nicht möglich, deren Ergebnisse vorherzusagen. Die Wahrscheinlichkeit, daß sich die leistungsfähigsten Arbeitsmarktverfassungen und Lohnverhandlungssysteme durchsetzen, ist um so größer, je mehr Vielfalt und je mehr nationale Reformen zugelassen werden. Die dekretierte Einheitlichkeit wäre der Verzicht auf die Möglichkeiten, bessere Lösungen zu finden. Da aber einige Akteure auf der europäischen Bühne sich Vorteile von einer schnellen Harmonisierung versprechen, gilt es, diese Akteure daran zu hindern, ihre eigenen Interessen zu Lasten eines zukunftsfähigen Europas durchzusetzen.

An Vorschlägen, welche nationalen institutionellen Reformen insbesondere das Problem der Arbeitslosigkeit am besten mindern können, mangelt es nicht. Es mangelt aber an Politikern, Ökonomen, Juristen und Journalisten, die neben Kenntnissen über ökonomische Zusammenhänge auch die nötige Courage haben, aufzuklären und sich gegen diejenigen zu stellen, die durch Reformen Machteinbußen hinnehmen müßten.

Literatur

Abel, Hans Jörg und *Joachim Sperling* (Hg.) (2001), Umbrüche und Kontinuitäten: Perspektiven nationaler und internationaler Arbeitsbeziehungen, München et al.

Arnold, Christian (2002), Die Stellung der Sozialpartner in der europäischen Sozialpolitik, in: *Scholz* (2002), S. 121-129.

Auer, Frank von (1996), Einführung: Ein gemeinsamer Währungsraum- ein fragmentierter Raum für Löhne, in: *Jacobi* und *Pochet* (1996), S. 9-13.

Baur, Jürgen F. u. a. (Hg.) (1998), Recht und Wirtschaft der Europäischen Union, Berlin und New York.

Belke, Ansgar (2002), Beschäftigungswirkungen institutioneller Arbeitsmarktunterschiede bei stufenweiser EU-Osterweiterung, in: *Hasse* u.a. (2002), S. 76-123.

Berthold, Norbert und *Rainer Fehn* (1998), Tarifpolitik und Arbeitslosigkeit: Löst die Europäische Währungsunion das Beschäftigungsproblem? In: *Cassel* (1998), S. 457-490.

Bieling, Hans-Jürgen und *Frank Deppe* (1999), Europäische Integration und industrielle Beziehungen: Zur Kritik des Konzeptes des „Wettbewerbskorporatismus", in: *Schmitthenner* u. a. (1999), S. 275-300.

Bundesarbeitsgericht (1999), Pressemitteilung Nr. 25/99, Unterlassungsanspruch von Gewerkschaften gegen tarifwidrige betriebliche Regelungen.

Busch, Klaus (1996), Die Europäische Wirtschafts- und Währungsunion und die Gefahr eines Lohn- und Sozialdumping, in: *Jacobi* und *Pochet* (1996), S. 41-53.

Cassel, Dieter (Hg.) (1998), 50 Jahre Soziale Marktwirtschaft, Stuttgart.

Cassel, Dieter und *Paul J. J. Welfens* (Hg.) (2003), Regionale Integration und Osterweiterung der Europäischen Union, Stuttgart.

Däubler, Wolfgang (1997), Entwicklung und Perspektiven des Europäischen Arbeitsrechts, in: *Platzer* (1997), S. 101-115.

Europäische Kommission (2000), Der Europäische Soziale Dialog, in: Mitteilungsblatt der Europäischen Kommission – GD Beschäftigung und soziale Angelegenheiten/D – September 2000.

Farmer, Karl (2000), Die Arbeitsmarktordnung der Sozialen Marktwirtschaft im Zeitalter der Globalisierung, in: *Farmer* u.a. (2000), S. 105-136.

Farmer, Karl, Reinhard Haupt und *Werner Lachmann* (Hg.) (2000), Individuelle Freiheit oder staatliche Lenkung? Markt und Staat im Lichte christlicher Wirtschaftsethik, Münster, Hamburg und London.

Farmer, Karl und *Hans-Werner Wohltmann* (Hg.) (1998), Quantitative Wirtschaftspolitik in offenen Volkswirtschaften: Theoretische Ansätze und aktuelle Entwicklungen, Münster.

Feldmann, Horst (1998), Arbeitsmarktbedingungen in der EWU: Die Gefahr einer raschen Harmonisierung, in: Wirtschaftsdienst, Nr. IX, S. 537-541.

Franz, Wolfgang (1996), Wirtschaftspoltisches Forum: Ist die Tarifautonomie noch zeitgemäß? Zeitschrift für Wirtschaftspolitik, Jg. 45, Heft 1, S. 31-38.

Franz, Wolfgang (2004), Betriebliche Mitbestimmung nur noch freiwillig, in: Frankfurter Allgemeine Zeitung vom 30.4. 2004, S. 16.

Geue, Heiko und *Ralf L. Weber* (1998), Arbeitsmarktverfassung und Tarifpolitik: Arbeitsmarktbeziehungen zwischen wirtschafts- und tarifpolitischer Regulierung, in: *Cassel* (1998), S. 287-320.

Görgens, Egon (1993), Der Arbeitsmarkt im europäischen Integrationsprozeß, in: *Gröner* und *Schüller* (1993), S. 197-236.

Gröner, Helmut und *Alfred Schüller* (Hg.) (1993), Die europäische Integration als ordnungspolitische Aufgabe, Stuttgart, Jena und New York.

Gutmann, Gernot und *Ulrich Wagner* (Hg.) (1994), Ökonomische Erfolge und Mißerfolge der deutschen Vereinigung – Eine Zwischenbilanz, Stuttgart, Jena und New York.

Hafner, Claudia (1998), Systemwettbewerb versus Harmonisierung in Europa: Am Beispiel des Arbeitsmarktes, Frankfurt a. M. et al.

Hartenberger, Ute (2001), Europäischer sozialer Dialog nach Maastricht, Baden-Baden.

Hasse, Rolf u. a. (Hg.) (2002), Europa zwischen Wettbewerb und Harmonisierung, Baden-Baden.

Jacobi, Otto und *Philippe Pochet* (Hg.) (1996), Gemeinsamer Währungsraum – Fragmentierter Lohnraum?, Düsseldorf.

Keller, Berndt (2001), Die europäische Wiedergeburt des Korporatismus? in: *Abel* und *Sperling* (2001), S. 331- 347.

Keller, Berndt (2003), Sektorale Sozialdialoge – vernachlässigte Bestandteile europäischer Arbeitsbeziehungen, in: Industrielle Beziehungen, Heft 1, S. 9-40.

Kösters, Wim (1998), Europäische Integration: Wirtschaftspolitischer Autonomieverlust durch Supranationalisierung politischer Entscheidungen, in: *Cassel* (1998), S. 441-456.

Kösters, Wim (1999), Systemwettbewerb erzwingt effiziente Lösungen – Zentralisierung entfaltet exzessive Eigendynamik, in: Internationale Politik und Gesellschaft, Nr. 2, S. 187-193.

Kommission (2004), Kommission der Europäischen Gemeinschaften, Mitteilungen der Kommission, Partnerschaft für den Wandel in einem erweiterten Europa – Verbesserung des Beitrags des europäischen sozialen Dialogs, Brüssel, KOM(2004) 557 endgültig.

Kruber, Klaus-Peter (Hg.) (1998), Europa-Herausforderung für die ökonomische Bildung, Bergisch-Gladbach.

Kruse, Martin (1996), Die Leistungsfähigkeit des britischen, deutschen und französischen Tarifvertrags- und Arbeitskampfrechts im Vergleich, Baden-Baden.

Leipold, Helmut (1998), Wertewandel und Wertverzehr: Moralische Dimensionen der Sozialen Marktwirtschaft, in: *Cassel* (1998), S. 153-175.

Lenz, Carl Otto (Hg.) (1999), EG-Vertrag: Kommentar zu dem Vertrag zur Gründung der Europäischen Gemeinschaften, in der durch den Amsterdamer Vertrag geänderten Fassung, 2. Aufl., Bundesanzeiger, Köln.

Möschel, Wernhard (1993), Eine Verfassungskonzeption für die Europäische Union, in: *Gröner* und *Schüller* (1993), S. 21-39.

o. V. (2004), Ein Fundament für die Union, in: Frankfurter Allgemeine Zeitung vom 24.6. 2004, S. 4 f.

Olson, Mancur (1968), Die Logik des kollektiven Handelns, Tübingen.

Pfahler, Thomas (2003), Osterweiterung als Herausforderung zur Reform der Arbeitsmarktordnungen in der EU, in: *Cassel* und *Welfens* (2003), S. 453-469.

Platzer, Hans-Wolfgang (Hg.) (1997), Sozialstaatliche Entwicklungen in Europa und die Sozialpolitik der Europäischen Union, Baden-Baden.

Prinz, Aloys u.a. (Hg.) (2003), Grenzüberschreitende Wirtschafts- und Sozialpolitik, Münster, Hamburg und London.

Prosi, Gerhard (1991), Europäische Integration durch Wettbewerb? Eine polit-ökonomische Analyse, in: *Radnitzky* und *Boullion* (1991), S. 119-135.

Radnitzky, Gerard und *Hardy Bouillon* (Hg.) (1991), Ordnungstheorie und Ordnungspolitik, Berlin et al.

Rösner, Hans Jürgen (1997), Globalisierung, Supranationalität und die Arbeitsmarktordnung in Deutschland, in: Hamburger Jahrbuch für Wirtschafts- und Gesellschaftspolitik, Bd. 42, S. 75-99.

Rüthers, Bernd (2004), Das Ende einer Illusion, in: Frankfurter Allgemeine Zeitung vom 1.7. 2004, S. 12.

Sakowsky, Dagmar und *Joachim Ahrens* (1998), Perspektiven für die Ordnungspolitik in Europa, in: *Farmer* und *Wohltmann* (1998), S. 57-79.

Sarfati, Hedva (2004), Sozial- und arbeitsmarktpolitische Reformen in Europa: Soziale Partnerschaft als Schlüssel zum Erfolg, in: WSI-Mitteilungen, Nr. 3, S. 159-166.

Schmidt, Jörg (2003), Die Zukunft der Sozialpolitik in der EU: Harmonisierung oder Systemwettbewerb? in: *Prinz* u. a. (2003), S. 53-85.

Schmitthenner, Horst u.a. (Hg.) (1999), Sozialstaat als Reformprojekt: Optionen für eine andere Politik, Hamburg.

Schnabel, Claus (1996), Lohnpolitik und die Europäische Währungsunion: Erfahrungen und Erwartungen in Deutschland, in: *Jacobi* und *Pochet* (1996), S. 99-111.

Scholz, Rupert (Hg.) (2002), Europa der Bürger, Veröffentlichungen der Hanns Martin Schleyer-Stiftung, Bd. 60, Köln.

Scholz, Rupert (2002), Die EU auf dem Weg zu einer großen Rechtsgemeinschaft? – Subsidiarität und Wettbewerb als maßgebliche Ordnungsprinzipien? in: *Scholz* (2002), S. 29-34.

Schüller, Alfred (1998), Der wirtschaftspolitische Punktualismus: Triebkräfte, Ziele, Eingriffsformen und Wirkungen, in: ORDO, Bd. 49, S. 105-126.

Schüller, Alfred und *Ralf L. Weber* (1998), Deutsche Einheit: Wirtschaftspolitische Weichenstellungen zwischen politischer und marktwirtschaftlicher Rationalität, in: *Cassel* (1998), S. 367-400.

Scorl, Konrad (2004), Brauchen „wir“ eine „Europäische Verfassung“? in: Journal der Hochschule Nürtingen, I/2004, S. 24-27.

Sinn, Hans Werner u. a. (2002), Aktivierende Sozialhilfe: Ein Weg zu mehr Beschäftigung und Wachstum, Ifo Schnelldienst, 9/2002, Sonderausgabe, München.

Sinn, Hans-Werner (2004a), Das Dilemma der Globalisierung, in: Forschungsgemeinschaft für Nationalökonomie (Hg.) Walter Adolf Jöhr-Vorlesung, St. Gallen.

Sinn, Hans-Werner (2004b), ifo-Standpunkte, Institut für Wirtschaftsforschung an der Universität München.

Sörries, Bernd (1999), Europäisierung der Arbeitsbeziehungen, München und Mering.

Streit, Manfred E. (1998), Soziale Marktwirtschaft im europäischen Integrationsprozeß: Befund und Perspektiven, in: *Cassel* (1998), S. 177-1999.

Streit, Manfred E. und *Werner Mussler* (2001), Integrationspolitische Strategien in der EU, in: Jenaer Beiträge zur Institutionenökonomik und Wirtschaftspolitik, Jena, S. 395-419.

SVR (2004/2005), Sachverständigenrat zur Begutachtung der gesamtwirtschaftlichen Entwicklung, Erfolge im Ausland – Herausforderungen im Inland, Jahresgutachten 2004/2005.

Vertrag über eine Verfassung für Europa (2004), http://europa.eu.int/constitution/index_de.htm.

Villé, Philippe de (1996), Tarifverhandlungen, Lohnpolitik und europäische Währungsintegration, in: *Jacobi* und *Pochet* (1996), S. 79-98.

Wagner, Ulrich (1994), Von der Arbeitskräftebilanzierung zur Tarifautonomie – der Weg der neuen Bundesländer in die Arbeitslosigkeit, in: *Gutmann* und *Wagner* (1994), S. 185-210.

Wagner, Ulrich (1999), Reform des Tarifvertragsrechts und Änderungen der Verhaltensweisen der Tarifpartner als Voraussetzungen für eine wirksame Bekämpfung der Arbeitslosigkeit, in ORDO, Bd. 50, S. 143-169.

Wagner, Ulrich (2002), Beschäftigungshemmende Reformstaus in der Bundesrepublik Deutschland und wie man sie auflösen könnte, in: Beiträge der Hochschule Pforzheim, Nr. 102, S. 1-26.

Watrin, Christian (1998), Integration durch Recht, in: *Baur* (1998), S. 126-144.

Weber, Birgit (1998), Die soziale Dimension Europas: Harmonisierung oder Wettbewerb?, in: *Kruber* (1998), S. 57-83.

Wentzel, Dirk (1998), Politischer Wettbewerb in der Informationsgesellschaft: Medien als Einflußträger und Kontrollinstanz der Wirtschaftspolitik? in: *Cassel* (1998), S. 711-740

Wentzel, Dirk (2002), Medien im Systemvergleich: Eine ordnungsökonomische Analyse des deutschen und des amerikanischen Fernsehmarktes, Stuttgart

Helmut Leipold und Dirk Wentzel (Hg.), Ordnungsökonomik als aktuelle Herausforderung
Schriften zu Ordnungsfragen der Wirtschaft · Band 78 · Stuttgart · 2005

Europäisches Vertragsrecht, Rechtsföderalismus und Ordnungsökonomik*

Wolfgang Kerber

Inhalt

---

* Der Beitrag basiert auf den Ergebnissen gemeinsamer interdisziplinärer Forschung mit *Stefan Grundmann* (Humboldt-Universität zu Berlin). Ihm sei an dieser Stelle für die hervorragende Zusammenarbeit gedankt.

1. Einführung

In enger Verbindung mit der wirtschaftlichen Integration entwickelt sich die Europäische Union bereits seit längerem auch zu einem integrierten Rechtsraum. Dies ist auf der einen Seite auf die Weiterentwicklung des europäischen Primärrechts durch Kompetenzübertragungen über Vertragsänderungen zurückzuführen. Auf der anderen Seite gibt es auf der Ebene des Sekundärrechts durch die Bemühungen zur Vollendung des europäischen Binnenmarktes einen von der Kommission und dem Europäischen Gerichtshof vorangetriebenen Prozeß der Vereinheitlichung oder wechselseitigen Anerkennung von rechtlichen Regeln in der Gemeinschaft, um die vier Grundfreiheiten im Binnenmarkt weiter durchzusetzen und damit die bisher noch vorhandenen Hindernisse für einen einheitlichen europäischen Markt zu beseitigen.

Im Bereich des Vertragsrecht ist nach einer Fülle von Einzelharmonisierungen über Richtlinien seit einigen Jahren eine intensive Diskussion entstanden, ob und inwieweit in der Europäischen Union ein eigener europäischer Vertragsrechtskodex eingeführt werden soll. Hintergrund dieser Diskussion ist die Vermutung, daß durch die Unterschiede zwischen den Vertragsrechten der Mitgliedstaaten die Funktionsfähigkeit des Binnenmarktes beeinträchtigt werden könnte. Ein europäisches Vertragsrecht kann in Form eines exklusiven oder eines optionalen Kodex eingeführt werden. Während bci einem exklusiven europäischen Vertragsrecht die nationalen Vertragsrechte aufgegeben werden müßten, würde die Etablierung eines Optionalen Europäischen Vertragsrechtskodex die Koexistenz von mitgliedstaatlichem und europäischem Vertragsrecht ermöglichen. Nach dem 2003 verabschiedeten Aktionsplan der Kommission ist diese Frage inzwischen zugunsten eines Optionalen Europäischen Vertragsrechtskodex vorentschieden. In den nächsten Jahren wird deshalb die Ausarbeitung eines solchen Optionalen Europäischen Vertragsrechtskodex auf der europäischen Agenda stehen.

Ziel dieses Beitrags ist es, sich aus ökonomischer Hinsicht (1) mit den Vor- und Nachteilen auseinanderzusetzen, die sowohl mit einem einheitlichen, zentralen als auch mit der Existenz unterschiedlicher, dezentraler Vertragsrechte innerhalb der EU verbunden sind, sowie (2) mit den spezifischen Fragen, die aus dem Vorschlag der Einführung eines Optionalen Europäischen Vertragsrechtskodex folgen. Mit diesen Problemstellungen sind auch grundlegende ordnungsökonomische Fragen verknüpft: So stellen sich Fragen nach der Zentralität und Dezentralität (Subsidiaritätsprinzip) sowie nach einem möglichen Wettbewerb vertragsrechtlicher Regeln in einem Mehr-Ebenen-System wie der Europäischen Union. Gleichzeitig aber kann gefragt werden, ob funktionsfähige Märkte in Europa nicht ein einheitliches Vertragsrecht als institutionellen Rahmen im Sinne der Wettbewerbsordnung von *Eucken* voraussetzen.

Für die Beantwortung dieser Fragen ist folgende Vorgehensweise gewählt worden. In Abschnitt 2 wird zunächst kurz die bisherige Diskussion um die Einführung eines europäischen Vertragsrechts vorgestellt. Anschließend wird ein theoretischer Rahmen präsentiert, der eine Analyse von Vor- und Nachteilen von Zentralität und Dezentralität von Rechtsetzungskompetenzen in einem Mehr-Ebenen-Rechtssystem erlaubt (Abschnitt 3). Mit dessen Hilfe wird in Abschnitt 4 begründet, weshalb eine geschickte

Kombination von zentralen, vereinheitlichten und dezentralen, unterschiedlichen vertragsrechtlichen Regeln in einem europäischen Zwei-Ebenen-System von Vertragsrechten angestrebt werden sollte. Anschließend wird verdeutlicht, weshalb in dieser Hinsicht gerade ein optionaler Kodex besonders interessante Gestaltungsperspektiven für das Vertragsrecht in Europa bietet und welche spezifischen Probleme hierbei zu beachten sind (Abschnitt 5). Im abschließenden Abschnitt 6 wird neben den Folgerungen für das europäische Vertragsrecht auch auf die ordnungsökonomischen Implikationen eines solchen optionalen Vertragsrechtskodex eingegangen.

2. Zur Diskussion um die Einführung eines Optionalen Europäischen Vertragsrechtskodex

Seit langem gibt es im akademischen Bereich eine Diskussion um die Vereinheitlichung des Zivilrechts in Europa. So gab es Arbeitsgruppen, die sich insbesondere auf der Basis der Methoden des Rechtsvergleichs mit der Entwicklung von allgemeinen Prinzipien für ein europäischen Vertragsrecht beschäftigten (vgl. z.B. *Lando* and *Beale* 1995-2003; *Gandolfi* 2001). Auf der politischen Ebene wurde das Projekt eines Europäischen Zivilrechtskodex erstmals 1989 vom Europäischen Parlament als Zielvorstellung formuliert. Weiterhin wurden in den 1990er Jahren durch eine Anzahl von speziellen EG-Richtlinien immer mehr spezielle Teile eines europäischen Rechts etabliert, die aber letztlich unsystematisiert blieben. Mit der EG-Kaufrechtslinie wurde 1999 erstmals ein zentraler Vertragstyp auf der europäischen Ebene geregelt (*Grundmann* 1999). Im gleichen Jahr entschied der Rat auf dem Gipfel von Tampere, daß das Projekt eines Europäischen Kodex in Angriff genommen werden sollte. Daraufhin veröffentlichte die *EU-Kommission* (2001) eine Mitteilung über das Europäische Vertragsrecht, in der sie verschiedene Möglichkeiten der weiteren Entwicklung des Vertragsrechts zur Diskussion stellte.

Die zentralen Ausgangspunkte der Überlegungen der Kommission in der Mitteilung sind zum einen, inwiefern der bisherige selektive Ansatz der Lösung von Binnenmarktproblemen durch Verabschiedung von sehr spezifischen EG-Richtlinien für einzelne Vertragsarten weiterhin sinnvoll ist oder ob eine weiterreichende Lösung angestrebt werden sollte. Zum anderen fragte sie, inwieweit die Unterschiede zwischen den Vertragsrechten der Mitgliedstaaten ein Problem für die Funktionsfähigkeit des Binnenmarktes darstellen. Dahinter steht die Argumentation, daß das Bestehen unterschiedlichen Vertragsrechts zu Transaktionskosten und damit zu einer Erschwerung grenzüberschreitender Transaktionen führen kann. Weiterhin stellte die Kommission verschiedene Möglichkeiten der Weiterentwicklung des Vertragsrechts in Europa zur Diskussion, wobei insbesondere die Vorschläge einer stärkeren Systematisierung des bisherigen europäischen Vertragsrechts (*acquis communautaire*) und der Einführung eines exklusiven oder Optionalen Europäischen Vertragsrechtskodex von besonderer Bedeutung sind.

Auf der Basis dieser Diskussion hat die *EU-Kommission* (2003) einen Aktionsplan vorgelegt, in dem weitere wichtige Weichenstellungen vorgenommen worden sind:[1] Der Kodex wird primär nur das Vertragsrecht abdecken. Ursprüngliche Pläne eines exklusiven Kodex, der die nationalen Vertragsrechte ersetzen würde, werden nicht weiterverfolgt. Vielmehr wird der auszuarbeitende europäische Vertragsrechtskodex ein optionaler sein, d.h. daß Wahlfreiheiten zwischen nationalem und europäischem Vertragsrecht bestehen werden. Allerdings ist bisher noch völlig offen, wie weitgehend diese Rechtswahlfreiheiten sein werden. In jedem Fall soll zunächst ein gemeinsamer Referenzrahmen (mit Prinzipien, Definitionen und Grundregeln etc.) ausgearbeitet werden. Darüber hinaus spricht viel dafür, daß die Kommission in ihrem Aktionsplan bei der Ausarbeitung des Kodex von dem bisherigen Gemeinschaftsrecht ausgehen möchte. Zur Zeit gibt es mehrere Gruppen von Wissenschaftlern, die Vorschläge für einen solchen europäischen Vertragsrechtskodex ausarbeiten. Diese Arbeiten beziehen sich aber primär darauf, wie die rechtlichen Regeln des Kodex inhaltlich aussehen sollen. Dagegen wird die spezifische Problematik eines optionalen Kodex, d.h. welche spezifischen Probleme und Vorteile mit der Optionalität verknüpft sein können und wie deshalb diese Rechtswahlfreiheiten ausgestaltet sein sollten, bisher kaum bearbeitet. An dieser Problemstellung setzt dieser Beitrag an.

3. Mehr-Ebenen-Ordnungen und Rechtsföderalismus

Eine der zentralen Erkenntnisse der Ordnungsökonomik in der Tradition der Freiburger Schule ist, daß für die Sicherstellung der Funktionsfähigkeit von Märkten ein fester institutioneller Rahmen im Sinne der Wettbewerbsordnung von *Eucken* (1952/1990) erforderlich ist. Vertragsfreiheit und Privateigentum gehören zu den wichtigsten konstituierenden Prinzipien einer solchen Wettbewerbsordnung. Neben der Eigentumsordnung in Form der Definition, der Zuordnung und des Schutzes von *Property Rights* (*Schüller* 1988) ist es das Vertragsrecht, das zu den wichtigsten institutionellen Voraussetzungen für eine funktionsfähige marktwirtschaftliche Ordnung gehört. Aus der Perspektive der Ökonomischen Analyse des Rechts lassen sich verschiedene Funktionen des Vertragsrechts unterscheiden (*Cooter* and *Ulen* 2004): Eine zentrale Funktion des vom Staat angebotenen Vertragsrechts ist es, Tausch- und Kooperationsaktivitäten auf dem Markt durch Senkung von Transaktionskosten zu erleichtern. Diese „unterstützende" (*enabling* oder *facilitative*) Funktion des Vertragsrechts besteht einmal im Angebot von rechtlichen Standardlösungen (*default rules*) für typische Vertragsgestaltungen, die die ex ante Verhandlungskosten vermindern, und zum anderen aus der Hilfe bei der Streitschlichtung und der Durchsetzung von Verträgen als weitere Dienstleistungen des staatlichen Justizsystems. Neben dieser die Vertragsfreiheit nicht einschränkenden Funktion haben sich jedoch auch zunehmend zwingende Teile des Vertragsrechts mit Regulierungscharakter herausgebildet, die durch Beschränkung der Vertragsfreiheit

1 Vgl. zu dieser Diskussion die Beiträge in *Grundmann* und *Stuyck* (2002) sowie *Ott* und *Schäfer* (2002b); *Staudenmayer* (2003); *Karsten* und *Sinai* (2003); *Müller* (2003); *Basedow* (2004); *Dauner-Lieb* (2004); *Grundmann* (2004); *Kerber* und *Grundmann* (2004); *Weatherill* (2004).

entweder ein vermeintliches oder tatsächliches Marktversagen bekämpfen oder andere wirtschafts- und sozialpolitische Ziele verfolgen möchten.

Die Ausgangssituation in Europa ist seit langem dadurch gekennzeichnet, daß die Mitgliedstaaten der EU jeweils über ein eigenes, oft seit vielen Jahrzehnten entwickeltes und meist auch qualitativ hochwertiges Vertragsrecht verfügen, das auch eng mit den jeweiligen nationalen Rechtsordnungen und -traditionen verwoben ist. Strebt man nun wie im europäischen Integrationsprozeß einen einheitlichen europäischen Binnenmarkt an, so stellt sich auch aus ordnungsökonomischer Perspektive die Frage, ob das bisher auf der mitgliedstaatlichen Ebene verankerte Vertragsrecht nicht statt dessen langfristig auf der europäischen Ebene angeboten werden sollte. Wäre es nicht naheliegend, langfristig die nationalen Vertragsrechte zugunsten eines einheitlichen europäischen Vertragsrechts aufzugeben? Aus ordnungsökonomischer Perspektive ließe sich z.B. folgendermaßen argumentieren: Interpretiert man die EU als eine Mehr-Ebenen-Struktur von staatlichen Gebietskörperschaften, so stellt sich die Frage, auf welcher dieser staatlichen Ebenen die Wettbewerbsordnung im Sinne der Freiburger Schule angesiedelt werden sollte. Bedenkt man weiterhin das Ziel eines integrierten Binnenmarktes und daß es eines der grundlegenden Prinzipien der Ordnungsökonomik ist, daß die Regeln, unter denen Marktprozesse ablaufen, für alle Marktteilnehmer gleich sein sollen (allgemeine, nichtdiskriminierende Regeln i. S. von *Hayek* 1976, S. 27 ff.), dann erscheint es sehr naheliegend, die Aufgabe der Etablierung und Sicherung der Wettbewerbsordnung nicht mehr den Mitgliedstaaten, sondern der EU-Ebene zuzuweisen.

Aus diesen Argumentationen könnte man folgern, daß aus ordnungsökonomischer Perspektive das Vertragsrecht als einer der Kernbestandteile der Wettbewerbsordnung langfristig harmonisiert und die entsprechenden Kompetenzen zentralisiert werden sollten. Als Konsequenz würde sich der langfristige Ersatz der nationalen Zivilrechtskodizes wie z.B. des deutschen BGB oder des französischen Code Civil durch ein europäisches Zivilgesetzbuch begründen lassen. Im folgenden möchte ich zeigen, weshalb eine solche Schlußfolgerung auch aus ordnungsökonomischer Sicht zu kurz greift.

Der entscheidende Punkt liegt darin, daß es nicht mehr der Komplexität der realen Welt entspricht, von einem Staat mit ‚seinen' privaten Wirtschaftssubjekten auszugehen, die diesem monopolistischen Staat (und dessen Zwangsgewalt) ausgeliefert sind. Vielmehr leben wir in einer Welt mit einer Vielzahl von staatlichen Gebietskörperschaften, zwischen denen die privaten Wirtschaftssubjekte sowohl rechtlich als auch faktisch zunehmend leicht wechseln können. Als Folge dieser steigenden Mobilität, die in der EU durch die Durchsetzung der vier Grundfreiheiten stark unterstützt wird, ergeben sich Wettbewerbsphänomene zwischen diesen staatlichen Einheiten (Standortwettbewerb, interjurisdiktioneller Wettbewerb). Darüber hinaus haben wir eine sich vertikal ausdifferenzierende föderale Mehr-Ebenen-Struktur von Gebietskörperschaften, wobei auf jeder Ebene eigene politische Strukturen in Form von Regierungen, Parlamenten sowie Entscheidungskompetenzen über Politiken und rechtliche Regeln existieren. Aus dieser staatlichen Mehr-Ebenen-Struktur mit einer Vielzahl von territorial definierten Gebietskörperschaften folgt eine komplexe Mehr-Ebenen-Ordnungsstruktur, da über

Politiken und rechtliche Regeln auf allen Ebenen entschieden wird.[2] Der bestehende interjurisdiktionelle Wettbewerb in solchen Mehr-Ebenen-Ordnungen impliziert dann auch das Phänomen eines Wettbewerbs zwischen Ordnungen.[3]

Selbstverständlich ist mit diesen (letztlich empirischen) Feststellungen über die Existenz von Mehr-Ebenen-Ordnungsstrukturen und Ordnungswettbewerb noch nichts über deren Funktionsfähigkeit und Wünschbarkeit aus normativer Sicht ausgesagt. Vielmehr wird damit zunächst nur der aus ordnungsökonomischer Perspektive bestehende institutionelle Möglichkeitsraum erheblich erweitert: (1) Die ordnungsökonomisch notwendigen Aufgaben des Staates können auf mehrere staatliche Ebenen verteilt sein. (2) Der Staat handelt nicht mehr nur als Monopolist, sondern ein Teil seiner Aufgaben kann auch im Wettbewerb mit anderen staatlichen Einheiten angeboten werden, wodurch sich sein Charakter grundlegend ändert (*Kerber* 1998a). (3) Aus ordnungsökonomischer Sicht wird gleichzeitig die Frage nach einem angemessenen institutionellen Rahmen für solche Prozesse des interjurisdiktionellen Wettbewerbs aufgeworfen (Wettbewerbsordnung). Ordnungspolitisch stellt sich damit die Frage, welche Struktur ein solches Mehr-Ebenen-System von Gebietskörperschaften haben soll, d.h. welche Kompetenzen für Politiken und rechtliche Regeln auf welchen staatlichen Ebenen angesiedelt werden sollen und inwieweit bzw. unter welchen Regeln ein interjurisdiktioneller (Ordnungs-) Wettbewerb zwischen diesen staatlichen Einheiten stattfinden soll.

Für die konkrete Untersuchung einer solchen ordnungspolitischen Fragestellung kann auf Kriterien zurückgegriffen werden, die in den ökonomischen Theorien des Föderalismus und des interjurisdiktionellen Wettbewerbs entwickelt wurden (*Breton* 1996; *Oates* 1999; *Siebert* und *Koop* 1990). Denn faktisch geht es um die Frage der optimalen vertikalen Allokation von Kompetenzen und der Funktionsfähigkeit von interjurisdiktionellem Wettbewerb in einem föderalen Mehr-Ebenen-System von Gebietskörperschaften. Da sich mein Ausgangsproblem aber auf die Frage des Vertragsrechts bezieht, konzentriere ich mich im folgenden auf die Analyse der optimalen Struktur von Mehr-Ebenen-Rechtssystemen. Dies ist deshalb von besonderer Bedeutung, weil die Föderalismustheorie in der Ökonomie fast ausschließlich im Rahmen der (finanzwissenschaftlich geprägten) Theorie des Fiskalföderalismus entwickelt wurde. Folglich wurden primär Steuern und öffentliche Güter im Hinblick auf Zentralität / Dezentralität sowie interjurisdiktionellen Wettbewerb untersucht, aber seltener Regulierungen und praktisch nie rechtliche Regeln im engeren Sinne. Insofern existiert bisher noch keine ausgearbeitete ökonomische Theorie von Mehr-Ebenen-Rechtssystemen, und auch die Ansätze zur Analyse von Regulierungswettbewerb (*regulatory competition*) stecken noch in den Anfängen.[4]

---

2 In der politikwissenschaftlichen Literatur ist hierfür der Begriff der *Multi-level Governance* entwickelt worden (*Marks, Hooghe* and *Blank* 1996).

3 Vgl. *Streit* und *Mussler* (1995); *Vanberg* (1996); *Schüller* (1996); *Kerber* (1998b); *Streit* und *Wohlgemuth* (1999).

4 Vgl. aber die Beiträge in den Sammelbänden von *Esty* and *Gerardin* (2001a); *Marciano* and *Josselin* (2002, 2003) und *Ott* und *Schäfer* (2002a) sowie *Oates* and *Schwab* (1988); *Vanberg* und *Kerber* (1994); *Streit* und *Mussler* (1995); *Sun* und *Pelkmans* (1995); *Bratton* and *McCahery* (1997); *Sinn* (1997); *Van den Bergh* (1998, 2000); *Kerber* (1998b); *Kirchner*

Im folgenden soll in knapper Form ein analytisches Kriterienraster vorgestellt werden, mit dessen Hilfe untersucht werden kann, ob und inwieweit bestimmte rechtliche Regeln zentral oder dezentral und mit oder ohne Regulierungswettbewerb angeboten werden sollten. Entstanden ist dieses (immer noch sehr vorläufige und unzureichende) Kriterienraster zum einen durch eine konsequente Auswertung der oft (über verschiedene spezielle Rechtsgebiete) weit verstreuten Literatur, in denen über Fragen von Zentralisierung / Harmonisierung vs. Dezentralität / Regulierungswettbewerb gearbeitet wurde, und zum anderen durch den Versuch einer konsequenten Anwendung der ökonomischen Föderalismustheorie und der Theorie des interjurisdiktionellen Wettbewerbs sowie unter Hinzuziehung von Argumenten aus der Ökonomischen Analyse des Rechts (*Law and Economics*). Die folgenden Überlegungen können auch als vorläufige Zwischenergebnisse eines langfristigen Forschungsprogramms zur Entwicklung einer ökonomischen Theorie von Mehr-Ebenen-Rechtssystemen verstanden werden.[5]

Übersicht 1: Beurteilungskriterien für Zentralität und Dezentralität von Rechtsetzungskompetenzen in einem Mehr-Ebenen-Rechtssystem

Gruppe I: Kosten – statische Skalenvorteile – Informations- und Transaktionskosten – geographische Reichweite von Problemen (Externalitäten) – Konsistenz der Rechtsordnung – Handelshemmnisse und Wettbewerbsverzerrungen Gruppe II: Heterogenität – Heterogenität von Präferenzen – Heterogenität von Problemen	Gruppe III: Wissen und Innovation – dezentrales Wissen – Innovation und Anpassungsfähigkeit Gruppe IV: Politökonomische Probleme – *rent seeking*-Probleme – politische Transaktionskosten Gruppe V: Pfadabhängigkeiten – dynamische Skalenvorteile – historische Ausgangssituation Gruppe VI: Regulierungswettbewerb

Die erste Gruppe von Kriterien ist vor allem mit Kosten verknüpft, die sich entweder beim Angebot oder der Verwendung von Vertragsrecht ergeben. Sicherlich ergeben sich statische Skalenvorteile für die Gesetzgeber, was ein Argument für eine Zentralisierung des Angebots von Recht sein kann. In eine ähnliche Richtung führen auch Argumentationen, die mit Recht auf die erheblichen Informations- und Transaktionskosten hinwei-

---

(1998); *Apolte* (1999); *Garcimartín* (1999); *Ogus* (1999); *Trachtman* (2000); *Kieninger* (2002); *Kerber* und *Budzinski* (2003).

5 Vgl. zu dem folgendem Kriterienkatalog *Kerber* und *Heine* (2002) sowie bezogen auf das Vertragsrecht *Grundmann* und *Kerber* (2002) und insbesondere *Kerber* und *Grundmann* (2004); siehe auch *Van den Bergh* (2002).

sen, die mit der gleichzeitigen Existenz einer Anzahl unterschiedlicher Vertragsrechte für die Rechtsanwender verbunden sind. *Ott* und *Schäfer* (2002b) zeigen aber anhand von Stellungnahmen von Verbänden zu der Mitteilung der Kommission, daß dies offensichtlich für die Wirtschaft kein so relevantes Problem ist, wie es aus theoretischer Sicht scheinen mag. Durch zentralisierte Rechtsetzungskompetenzen könnten auch besser Externalitätsprobleme gelöst werden, die durch dezentrale Rechtsetzung aufgrund einer Nichtidentität der geographischen Reichweite von Problemen und dem Anwendungsbereich von rechtlichen Regeln entstehen. Dies kann insbesondere für umweltrechtliche Regeln von Bedeutung sein. Ein spezielles Problem stellt die Konsistenz der Rechtsordnung dar, die zumindest theoretisch bei einem zentralisierten Recht einfacher herstellbar sein müßte als in einem dezentralisierten Rechtssystem. Solche Probleme sind in der Ordnungsökonomik auf einer abstrakteren Ebene mit dem Argument der Interdependenz der Ordnung thematisiert worden. Als umstritten muß das letzte Kriterium in dieser Gruppe angesehen werden, nämlich ob bereits die schlichte Existenz unterschiedlicher rechtlicher Regeln als Handelshemmnis zu werten ist, aus dem sich Wettbewerbsverzerrungen ergeben *(Van den Bergh* 2002).

Die Kriterien der zweiten Gruppe beziehen sich auf die Homogenität bzw. Heterogenität von Problemen und Präferenzen innerhalb der EU. Soweit Bürger regional unterschiedliche Präferenzen, z.B. in bezug auf die Schutzfunktion des Verbraucherrechts, haben und deshalb unterschiedliche normative Ziele verfolgen, erweisen sich unterschiedliche Regeln als optimal. Unterschiedliche Regeln sind aber auch dann effizient, wenn selbst bei gleichen normativen Zielen in den verschiedenen Ländern die zu lösenden Probleme sich in unterschiedlicher Weise oder in unterschiedlichem Umfang stellen. Eine stärker dezentralisierte Rechtsetzung ermöglicht entsprechend eine bessere differenzierte Anpassung der rechtlichen Regeln an die regional unterschiedlichen Probleme und Präferenzen der Bürger.

Es war insbesondere *Hayek* (1996), der in der Ökonomie auf grundlegende Wissensprobleme von Regierungen und Gesetzgebern hingewiesen hat. Relevant ist hierbei zum einen das von ihm herausgearbeitete Problem des nur dezentral vorhandenen Wissens. Denn insoweit lokale oder regionale Regierungen über mehr Informationen zu den tatsächlichen Problemen und den Präferenzen der Bürger verfügen als auf der zentralen Ebene, kann dieses dezentrale Wissen in einem stärker dezentralisierten Rechtssystem besser genutzt werden. Mindestens ebenso wichtig ist jedoch, daß nicht davon ausgegangen werden kann, daß die optimalen rechtlichen Lösungen für Transaktions-, Kooperations- oder Regulierungsprobleme bereits bekannt sind. Insofern kann ein dezentrales Experimentieren mit unterschiedlichen rechtlichen Problemlösungsversuchen, aus denen Erfahrungen mit der Möglichkeit des wechselseitigen Lernens gewonnen werden können, von zentraler Bedeutung für die langfristige Verbesserung der Qualität von rechtlichen Regeln sein. Insbesondere aus evolutionsökonomischer Sicht wird argumentiert, daß dezentralisiertere Rechtssysteme (mit einem Wettbewerb von rechtlichen Regeln) unter bestimmten Bedingungen eine systematisch größere Innovations- und Anpassungsfähigkeit besitzen können als ein zentralisiertes Rechtssystem (*Kerber* 2005). In der Föderalismustheorie ist dieser Effekt von *Oates* (1999) mit dem Konzept des *laboratory federalism* verknüpft worden.

Die vierte Gruppe berücksichtigt Kriterien, die sich mit politökonomischen Problemen befassen. Aus der positiven Theorie der Regulierung ist bekannt, daß Interessengruppen versuchen, durch Lobbyismus Regulierungen zu ihren Gunsten zu beeinflussen (*rent seeking*-Aktivitäten), was sowohl zu nicht rechtfertigbaren Umverteilungen als auch zu gesamtwirtschaftlich ineffizienten Regeln führt. Solche *rent seeking*-Aktivitäten können sowohl auf der zentralen als auch auf der dezentralen Ebene auftreten. Obwohl gute Argumente dafür sprechen, daß langfristig eine größere Gefahr von Staatsversagen durch *rent seeking*-Aktivitäten bei zentralisierten Regulierungen besteht, weil es weniger endogene Korrekturmechanismen gibt, wissen wir aber auch aus der Erfahrung mit Deregulierungsprozessen in der EU, daß bestimmte Reformen nur über den Umweg über die EU-Ebene möglich waren, weil der politökonomische Einfluß der Interessengruppen auf der mitgliedstaatlichen Ebene stärker als auf der EU-Ebene war. Andererseits können dezentralisiertere Rechtsetzungskompetenzen zu einer stärkeren Kontrolle der Regierungen durch ihre Bürger führen (Bürgernähe). Darüber hinaus sind hier auch die oft wesentlich höheren Konsensfindungskosten zu berücksichtigen, die auf zentraler Ebene anfallen können (politische Transaktionskosten), insbesondere bei komplizierten Entscheidungsverfahren mit vielen beteiligten Akteuren, wie dies z.B. auf der EU-Ebene oder in Deutschland (über die zustimmungspflichtigen Gesetze im Bundesrat) der Fall ist (‚Politikverflechtung').

Eine weitere fünfte Gruppe von Kriterien umfaßt die historische Ausgangssituation sowie bestimmte dynamische Mechanismen der Rechtsentwicklung, die beide mit dem allgemeinen Konzept der Pfadabhängigkeit in Verbindung gebracht werden können. Aus der Ökonomischen Analyse des Rechts ist bekannt, daß die Qualität von Recht, insbesondere in bezug auf Rechtssicherheit, vor allem auch abhängig ist von der Anwendungshäufigkeit rechtlicher Regeln und dem Umfang von entschiedenen Fällen durch die Rechtsprechung. Ökonomisch bedeutet dies, daß hier dynamische Skalenvorteile eine große Rolle spielen können (*Kahan* and *Klausner* 1996). Dies würde bedeuten, daß ein bereits seit langem existierendes und ausdifferenziertes Vertragsrecht über eine wesentlich höhere Qualität verfügt als ein neues Vertragsrecht, das erst eingeführt wird. Dies bedeutet, daß die Einführung eines neuen europäischen Vertragsrechtskodex aufgrund des durch dynamische Skalenvorteile bestehenden Vorsprungs der nationalen Vertragsrechte unter Umständen sehr schwierig sein kann, insbesondere wenn man den Weg eines optionalen Kodex wählt. Gleichzeitig aber eröffnet die Einführung eines neuen Rechts aber auch die Möglichkeit, bestimmte negative pfadabhängige Entwicklungen, die sich in nationalen Vertragsrechten herausgebildet haben und durch *lock in*-Effekte kaum mehr korrigierbar sind, hinter sich zu lassen. In jedem Fall wird deutlich, daß die Frage von Zentralität und Dezentralität von Vertragsrecht auch stark von der historischen Ausgangssituation abhängt („historisches Moment", *Eucken* 1952/1990). Hierbei spielen nicht nur solche Pfadabhängigkeiten eine wichtige Rolle, sondern auch die Menge des bereits in die Kenntnis und Vertrautheit mit einem bestimmten existierenden Recht investierten Humankapitals, und zwar sowohl bei Rechtsanwälten und Richtern als auch bei den direkten Rechtsnutzern. Angesichts der bereits existierenden, wohletablierten nationalen Vertragsrechte deuten diese Überlegungen auf sehr hohe Kosten einer Zentralisierung des Vertragsrechts bei einer Abschaffung der nationalen Vertragsrechte hin.

Insoweit Rechtsetzungskompetenzen nicht vollständig zentralisiert sind, d.h. dezentrale Kompetenzen bestehen und gleichzeitig auch noch Mobilität zwischen Gebietskörperschaften bzw. gar Rechtswahlfreiheiten für private Wirtschaftssubjekte existieren, können in größerem oder geringerem Umfang Wettbewerbsphänomene zwischen den rechtlichen Regeln verschiedener Rechtsordnungen auftreten. Gerade für die Frage der Einführung eines optionalen europäischen Vertragsrechts, für das das Bestehen von Rechtswahlfreiheiten konstitutiv ist, ist damit das Problem der Funktionsfähigkeit von Regulierungswettbewerb von zentraler Bedeutung. Gleichzeitig kann sich dabei aber auf einen bestimmten Typ von Regulierungswettbewerb konzentriert werden, nämlich auf Wettbewerbsprozesse zwischen rechtlichen Regeln durch die direkte Wahl von Recht.[6] Solche Wettbewerbsprozesse können dabei sowohl horizontal zwischen Vertragsrechten auf der gleichen Ebene als auch vertikal zwischen den Ebenen stattfinden. Mit der Einführung eines optionalen europäischen Vertragsrechts würde es gerade darum gehen, daß auf diese Weise ein vertikaler Wettbewerb zwischen diesem europäischen Vertragsrecht und den nationalen Vertragsrechten der Mitgliedstaaten entstehen könnte – zumindest soweit zwischen beiden Rechtswahlfreiheit bestünde.

Wie aus der Theorie des Regulierungswettbewerbs bekannt, können solche Wettbewerbsprozesse sowohl mit erheblichen Vorteilen als auch mit gravierenden Problemen verbunden sein, die teilweise auch eng mit den obigen Vor- und Nachteilen von Zentralität und Dezentralität verknüpft sind.[7] Als mögliche Vorteile werden üblicherweise u.a. eine erhöhte Effizienz, eine größere Innovations- und Anpassungsfähigkeit und weniger *rent seeking*-Probleme angeführt. Mögliche Probleme können u.a. in *race to the bottom*-Problemen, Anreizproblemen für Politiker, Informationsproblemen für Regelnutzer sowie Umgehungsproblemen bestehen. Eine wichtige Erkenntnis der bisherigen Forschung über Regulierungswettbewerb besteht darin, daß keine generellen Aussagen über dessen Vorteilhaftigkeit möglich sind, sondern daß differenzierte Analysen für die einzelnen Rechtsbereiche notwendig sind:

> „In some circumstances competitive pressures may be welfare-enhancing, but in other cases, the same pressures will prove to be welfare-reducing. Comparative analysis may, however, provide leverage in thinking through when positive results might be expected and when more negative outcomes are likely to emerge" (*Esty* and *Gerardin* 2001b, S. XXV).

Insofern wird auch für den Bereich des Vertragsrechts im Detail zu analysieren sein, inwieweit ein Wettbewerb zwischen vertragsrechtlichen Regeln auftritt, ob und unter welchen Bedingungen er mehr positive als negative Wirkungen hat und ob er deshalb wünschenswert ist oder durch geeignete institutionelle Rahmenregeln eingeschränkt werden muß.

---

6 Andere Typen von Regulierungswettbewerb, die z.B. als Transmissionsmechanismen die interjurisdiktionelle Mobilität von Produktionsfaktoren voraussetzen oder ausschließlich über einen Yardstick-Wettbewerb funktionieren, sind für dieses Problem weniger relevant. Für eine Differenzierung in verschiedene Typen von Regulierungswettbewerb vgl. *Heine* (2003) und *Kerber* und *Budzinski* (2003).

7 Vgl. die in Fn. 4 angeführte Literatur.

4. Für ein europäisches System der Vertragsrechte

Was folgt aus diesen Überlegungen für die Beurteilung des Vorschlags der Einführung eines Optionalen Europäischen Vertragsrechtskodex? Wie in Abschnitt 2 gezeigt, impliziert dieser Vorschlag, daß (1) es eine Menge von europäischen vertragsrechtlichen Regeln geben soll, die von privaten Wirtschaftssubjekten wählbar sein sollen, (2) es aber weiterhin (ausgehend vom *acquis communautaire*) einen erheblichen Bestand an harmonisiertem europäischem Vertragsrecht geben wird, für den keine Optionalität besteht, und (3) auch weiter die nationalen Vertragsrechte der Mitgliedstaaten erhalten bleiben. Implizit beinhaltet der Vorschlag eines optionalen Kodex somit das Konzept einer Mischung von harmonisiertem EU-Recht, dezentralen nationalen Vertragsrechten und einer Menge von Rechtswahlfreiheiten zwischen nationalen und europäischen vertragsrechtlichen Regelungen. Zu klären ist dabei zum einen, welche Regeln ein solcher optionaler Kodex konkret enthalten sollte, und zum anderen, wie die Regeln für die Optionen (d.h. für die Rechtswahlfreiheiten) gestaltet sein sollten, d.h. wer welche (europäischen und nationalen) Regeln wählen darf bzw. inwieweit man entweder den europäischen oder nationalen Regeln zwingend unterworfen ist. Diese Fragen können mit Hilfe des in Abschnitt 3 entwickelten allgemeinen Kriterienrasters untersucht werden. Der Optionale Europäische Vertragsrechtskodex wäre dann als ein zentraler, integrierter Teil eines solchen Zwei-Ebenen-Systems von Vertragsrechten zu verstehen, für das *Grundmann* und ich die Bezeichnung *European System of Contract Laws* vorgeschlagen haben (*Grundmann* und *Kerber* 2002).

Der mit dem optionalen Kodex verbundene Vorschlag einer Mischung zwischen harmonisiertem EU-Recht, dezentralen Regeln sowie einer begrenzten Menge von optionalem Vertragsrecht entspricht in seiner Grundstruktur auch dem, was sich nach einer ersten vorläufigen Analyse als Ergebnis der Anwendung des Kriterienrasters aus ökonomischer Sicht abzeichnet. Aufgrund der starken Vorteile, aber auch der oftmals gravierenden Nachteile von Zentralität und Dezentralität von Vertragsrecht wird die optimale Lösung weder in der völligen Zentralität noch in der völligen Dezentralität liegen. Vielmehr ist davon auszugehen, daß es gerade durch eine geschickte Kombination von zentralen und dezentralen vertragsrechtlichen Regeln sowie einer differenzierten Zulassung von Optionalität und Regulierungswettbewerb gelingen kann, möglichst viele Vorteile von Zentralität und Dezentralität in einem solchen Zwei-Ebenen-System zu kumulieren und möglichst viele ihrer Nachteile zu vermeiden oder zumindest zu begrenzen (*Grundmann* und *Kerber* 2002, S. 305 f.).

Die Aufgabe der ökonomischen Analyse besteht deshalb darin, auf der Basis des in Abschnitt 3 vorgestellten Kriterienrasters die einzelnen Teile des Vertragsrechts daraufhin zu untersuchen, welche zentral, dezentral und mit oder ohne Optionalität angeboten werden sollten und daraus wichtige Gestaltungsempfehlungen für einen Optionalen Europäischen Vertragsrechtskodex abzuleiten. Selbstverständlich ist dies eine sehr umfangreiche und nur durch enge interdisziplinäre Zusammenarbeit bewältigbare Forschungsaufgabe für die nächsten Jahre. In diesem Beitrag können nur kurz erste vorläufige Ergebnisse einer solchen Analyse präsentiert werden, die aber durchaus bereits erste tendenzielle Aussagen zulassen.

Die Forschungsstrategie besteht dabei darin, das Kriterienraster auf zunächst drei verschiedene Grundtypen vertragsrechtlicher Regeln anzuwenden. Basis ist dabei die bereits erwähnte zentrale Differenzierung zwischen unterstützendem Vertragsrecht (im Bereich des dispositiven Rechts) einerseits und zwingendem Vertragsrecht (mit Regulierungscharakter) andererseits. Die zweite Gruppe wird dann nochmals in zwei Untergruppen differenziert, nämlich in zwingende inhaltliche Regeln (*mandatory substantive rules*), in denen die Vertragsfreiheit materiell eingeschränkt wird, weil bestimmte Vertrags- oder Leistungsgestaltungen ausgeschlossen werden, und zwingende Informationsregeln (*mandatory information rules*), in denen den Vertragsparteien Informationspflichten auferlegt werden, aber der eigentliche Inhalt der Verträge nicht beschränkt wird. Vielmehr ist es gerade der Zweck dieser Informationsregulierungen, die Vertragsfreiheit durch die Lösung von Informationsproblemen durch die zwingende Weitergabe von Informationen an den potentiellen Vertragspartner zu stärken.

4.1. Zwingende inhaltliche Regulierungen

Zweifellos handelt es sich bei den zwingenden inhaltlichen Regulierungen um den aus ordnungsökonomischer Sicht problematischsten Typ von vertragsrechtlichen Regeln, da durch solche Regeln die Vertragsfreiheit privater Wirtschaftssubjekte direkt beschränkt und in die Privatautonomie eingegriffen wird. Insofern sind zu ihrer Rechtfertigung sehr gewichtige Gründe auf der Basis von Marktversagensproblemen oder zur Verfolgung anderer Ziele anzuführen. Die seit langem geführte Auseinandersetzung um Regulierung und Deregulierung von Märkten bezieht sich primär auf diesen Typ von Regeln. Prinzipiell ist damit die Frage nach der Zentralität und Dezentralität solcher zwingenden inhaltlichen vertragsrechtlichen Regeln und eines möglichen Regulierungswettbewerbs immer auch mit der grundsätzlicheren Frage von Regulierung vs. Deregulierung verknüpft, was hier aber nicht weiter verfolgt werden kann.

Kriterien, die Kostenaspekte betonen, wie z.B. statische Skalenvorteile oder Informations- und Transaktionskosten (Gruppe I), weisen klar auf die Vorteile von harmonisierten, zentralen inhaltlichen Regulierungen hin, da nur einmal solche Regulierungen etabliert werden müssen (Einsparungen von *set up*-Kosten) sowie wesentlich weniger Informationskosten bei grenzüberschreitenden Transaktionen auftreten. Letztere können aber auch bereits durch das optionale Anbieten europäischer Regulierungen vermindert werden. Dagegen stellen einheitliche Regulierungen dann ein Problem dar, wenn die Präferenzen und normativen Ziele zwischen den Bürgern in verschiedenen Mitgliedstaaten unterschiedlich sind, weil dann die Regulierungen nicht nach den jeweiligen Präferenzen differenziert werden, sondern für alle unbefriedigende Durchschnittslösungen beschlossen werden (Gruppe II). Solche Probleme können insbesondere im Bereich verbraucherrechtlicher Regelungen auftreten, weil in den einzelnen Mitgliedstaaten eine unterschiedliche Einstellung zur Einschränkung der Vertragsfreiheit aus Verbraucherschutzgesichtspunkten besteht. Sowohl das Kriterium nur dezentral vorhandenen Wissens als auch das bei zwingenden inhaltlichen Regeln besonders wichtige Problem unseres beschränkten Wissens über die richtigen Regulierungen deuten auf die Nachteile von zentralisierten Rechtsetzungskompetenzen hin. Insbesondere das zur Verbesserung und Anpassung von Regulierungen so wichtige dezentrale Experimentieren mit der Möglichkeit wechselseitigen Lernens (z.B. auch in Richtung auf Deregulierung) weist auf die möglicherweise großen Vorteile dezentralisierter Lösungen in bezug auf eine größere Innovations- und Anpassungsfähigkeit hin (Gruppe III).

Gerade bei zwingenden inhaltlichen Regulierungen ist das Problem ihrer Beeinflussung und Verzerrung durch *rent seeking*-Aktivitäten besonders groß. Auch wenn sicherlich sowohl auf der EU-Ebene als auch auf der Ebene der Mitgliedstaaten die Interessengruppen versuchen werden, Regulierungen zu ihren Gunsten zu beeinflussen, so ist die Gefahr des diesbezüglichen Staatsversagens, die von zentralen Regulierungen langfristig ausgeht, wesentlich größer, weil die Möglichkeiten des Ausweichens, das bei dezentralen Regulierungen besteht, hier nicht mehr gegeben ist. Insofern ist aus politökonomischer Sicht erhebliche Zurückhaltung gegenüber einer Zentralisierung der Kompetenz von zwingenden inhaltlichen Regulierungen angebracht (Gruppe IV).

Aus Pfadabhängigkeitsargumentationen sowie der historischen Ausgangssituation lassen sich Pro- und Contra-Argumente in beide Richtungen ableiten (Gruppe V). Die zentrale Frage, die sich aber bei inhaltlich zwingenden Regulierungen stellt, betrifft das Problem, ob hier Optionalität und Regulierungswettbewerb zugelassen werden können oder ob dies nicht zu massiven Umgehungsmöglichkeiten und *race to the bottom*-Problemen führt (Gruppe VI). Modelltheoretische Analysen zeigen klar, daß *race to the bottom*-Prozesse auftreten können, die letztendlich zu einem insgesamt ineffizient niedrigen Regulierungsniveau führen können (*Sinn* 1997). Empirisch konnten bisher aber keine gravierenden Probleme beobachtet werden. Somit sind differenzierte Analysen in bezug auf die jeweiligen konkreten vertragsrechtlichen Regeln erforderlich, um das Ausmaß dieses Problems zu beurteilen. Die naheliegende und im europäischen Integrationsprozeß bereits weithin praktizierte Lösung für dieses Problem besteht in Mindestharmonisierungen, die weiterhin unterschiedliche Regulierungen und einen begrenzten Regulierungswettbewerb zulassen, aber eine nicht unterschreitbare Grenze nach unten absichern. Die entscheidende Problematik liegt hier aber in der Höhe dieses Minimums. Je höher dies fixiert wird, desto stärker nähert sich diese Lösung einer vollständigen Harmonisierung an.

Eine zusammenfassende vorläufige Beurteilung legt nahe, daß bei zwingenden inhaltlichen Regulierungen im allgemeinen keine Zentralisierung vorgenommen werden sollte, d.h. daß diese dezentral und – wenn möglich – auch unter einem Regulierungswettbewerb anzubieten wären, wobei auch Rechtswahlfreiheiten zwischen europäischen und nationalen Regulierungen eine interessante Lösungsmöglichkeit sein könnten. Gravierende Probleme in bezug auf die Umgehung von Regulierungen sowie *race to the bottom*-Effekte können dabei mit einer vorsichtigen Minimumharmonisierung gelöst werden.

4.2. Zwingende Informationsregulierungen

Da Informationsregulierungen trotz ihres verbindlichen und nicht abdingbaren Charakters die Vertragsfreiheit im materiellen Sinne nicht einschränken, sondern nur durch Informationsprobleme auftretende Marktversagenstatbestände lösen helfen wollen, greifen sie wesentlich weniger in die Marktprozesse und die Privatautonomie der Wirtschaftssubjekte ein und sind folglich auch aus ordnungsökonomischer Perspektive als erheblich weniger problematisch anzusehen als die zwingenden inhaltlichen Regulierungen.[8] Allerdings schließt dies selbstverständlich nicht aus, daß die konkret etablierten Informationsregulierungen falsch ausgestaltet oder übertrieben sind. Letzteres könnte z.B. zu hohen Kosten für die Anbieter führen, die dann entsprechend auf die Preise überwälzt werden. Gerade für die EU sind solche Informationsregulierungen besonders bedeutsam, da fast alle (bereits weitgehend harmonisierten) vertragsrechtlichen Regeln in bezug auf Geschäfte mit Verbrauchern aus solchen Informationsregulierungen und nicht aus zwingenden inhaltlichen Regulierungen bestehen. Insofern geht die EU in ihrer Verbraucherpolitik weitgehend von dem Informationsparadigma aus, d.h. Verbraucherschutzprobleme sollten möglichst durch die Weitergabe von Informationen und nicht durch direkte Einschränkung der Vertragsfreiheit gelöst werden.

Sollten solche Informationsregulierungen nun zentral oder dezentral und mit oder ohne Optionalität angeboten werden? Wenn man wieder von den Kostenkriterien (Gruppe I) her argumentiert, dann dürfte klar wiederum eine zentrale, harmonisierte Lösung zu empfehlen sein (statische Skalenvorteile, Informations- und Transaktionskosten). Dieses Argument bekommt nun aber noch ein anderes Gewicht, weil es ja gerade Zweck dieser Regulierungen ist, Informationsprobleme zu lösen, d.h. wenn jetzt zusätzlich Informationskosten auftreten, um sich über die Informationsregulierungen verschiedener Mitgliedstaaten zu informieren, dann stellt dies die Erfüllung des Ziels der Informationsregulierungen überhaupt in Frage. Auch wenn in bezug auf die Lösung von Informationsproblemen unterschiedliche Präferenzen und Probleme in den verschiedenen Mitgliedstaaten vermutet werden können, so dürfte dies aber eine wesentlich geringere Rolle spielen als bei zwingenden inhaltlichen Regulierungen (Gruppe II). Während dezentral vorhandenes Wissen über Informationsprobleme vielleicht von geringerer Bedeutung ist, gibt es mit großer Wahrscheinlichkeit noch erhebliche Wissensprobleme, welche die richtigen Informationsregulierungen sind, weil es sich dabei noch um einen relativ jungen Regulierungsbereich handelt, in dem noch nicht so viele Erfahrungen gesammelt werden konnten. Dies wiederum würde eher dafür sprechen, durch dezentrale Regeln einen Experimentierprozeß zu etablieren, um den Lernprozeß zu beschleunigen (Gruppe III).

Zwar sind auch im Bereich von Informationsregulierungen *rent seeking*-Aktivitäten wahrscheinlich, aber sie werden vermutlich erheblich weniger wichtig sein, da sich die Regulierungen nur auf Informationspflichten beziehen (Gruppe IV). Da es sich bei Informationsregulierungen um relativ neue Regulierungen handelt, ist der Vorsprung von nationalen Vertragsrechten in diesem Bereich weniger gravierend, so daß die Argumente der historischen Ausgangssituation und dynamischer Skalenvorteile auch hier weniger ins Gewicht fallen (Gruppe V). Weniger bedeutsam als bei zwingenden inhaltlichen Regulierungen sind vermutlich auch die Effekte, die aus einem möglichen Regulierungswettbewerb von Informationsregulierungen aufgrund von Rechtswahlfreiheiten folgen, da sowohl die Vorteile als auch die Nachteile, z.B. in Form eines *race to the bottom*, letztlich begrenzt bleiben (Gruppe VI).

Für Informationsregulierungen erweist sich eine Gesamtbeurteilung als besonders schwierig. Auf der einen Seite gibt es gute Gründe, die für eine stärker dezentrale Lö-

---

8 Vgl. allgemein zur Ökonomie von Informationsregulierungen *Rubin* (2000).

sung sprechen. Hierzu gehören neben heterogenen Präferenzen vor allem die vermutlich großen Lernvorteile, die aus einem dezentralen Experimentierprozeß mit den noch jungen Informationsregulierungen folgen würden. Auf der anderen Seite stellt die Existenz von vielen verschiedenen Informationsregulierungen im grenzüberschreitenden Handel, insbesondere bei Verbrauchern, ein schwieriges Problem dar, das gerade den Sinn dieser Informationsregulierungen in Gefahr zu bringen droht. Gleichzeitig stellen wir fest, daß aus bestimmten Gruppen von Kriterien nur relativ schwache Argumente für Zentralität oder Dezentralität abgeleitet werden können. Insbesondere sind vermutlich sowohl *race to the bottom*-Probleme geringer als auch die Gefahren von *rent seeking*-Aktivitäten bei einer zentralisierten, harmonisierten Lösung. Hieraus ließe sich schließen, daß sich bei diesem Typ von vertragsrechtlichen Regeln vielleicht auch eine zentralisierte und harmonisierte Lösung innerhalb der EU vertreten ließe. Allerdings sollte sich diese Harmonisierung dann auf einen Kernbestand von Informationsregeln und Minimumstandards beschränken, so daß darüber hinaus die Mitgliedstaaten auch andere und weitergehende Informationsregeln etablieren können, was eine gewisse Heterogenität und zumindest einen beschränkten Experimentierungsprozeß zulassen würde. Interessant wäre aber auch die alternative Lösung, daß für inländische Transaktionen die Informationsregeln des jeweiligen Mitgliedstaates und bei grenzüberschreitenden Transaktionen generell die europäischen Informationsregeln gelten, so daß private Wirtschaftssubjekte nur jeweils mit zwei unterschiedlichen Informationsregulierungen konfrontiert wären, entweder den einheimischen oder den europäischen Regeln. Insgesamt ist dies aber eine Frage, die noch besonders eingehender Forschung bedarf.

4.3. Unterstützendes Recht

Alle vertragsrechtlichen Regeln, die lediglich die Transaktionskosten für die Vertragspartner senken, indem sie die Vertragsdurchsetzung erleichtern oder möglichst gute vertragsrechtliche Standardlösungen (*default rules*) anbieten, können zu dem Bereich des ‚unterstützenden Rechts‘ gezählt werden. Hier wird nicht in die Vertragsfreiheit eingegriffen, und insofern handelt es sich hier nur um eine Dienstleistung des Staates, die die privaten Wirtschaftssubjekte nutzen können oder nicht. Eine Analyse nach den einzelnen Gruppen von Kriterien führt zu dem relativ klaren Ergebnis, daß sowohl die Mitgliedstaaten als auch die EU solche vertragsrechtlichen Regeln anbieten sollen und daß die privaten Wirtschaftssubjekte über eine weitgehende Wahlfreiheit in bezug auf das Vertragsrecht verfügen sollen, das sie ihrer Transaktion zugrundelegen möchten. Da die Wahl dieser vertragsrechtlichen Regeln nur die Vertragsparteien selbst betrifft, fällt es schwer, eine entsprechende Einschränkung ihrer Rechtswahlfreiheit zu begründen.[9] Besonders gute Gründe für diese Lösung ergeben sich aus den Vorteilen des Angebots einer Vielfalt von transaktionskostensenkenden vertragsrechtlichen Lösungen, so daß sich geeignetere Lösungen für jedes Transaktions- und Kooperationsproblem finden

9 Zu diesem Ergebnis kommt auch *Van den Bergh* (2002). Eine Ausnahme stellt aber unter Umständen das Recht der Allgemeinen Geschäftsbedingungen für Massengeschäfte dar, da hier auch eine Inhaltskontrolle von Verträgen stattfindet. Darauf kann hier nicht weiter eingegangen werden. Eine nähere Analyse legt aber nahe, daß das Recht der Allgemeinen Geschäftsbedingungen als ein eigener weiterer Vertragsrechtstypus unterschieden werden sollte, der einer eigenständigen Analyse bedarf.

lassen. Desweiteren kann somit besser mit neuen Formen unterstützender vertragsrechtlicher Lösungen experimentiert werden, so daß rechtliche Standardlösungen auch schneller für neue Probleme gefunden werden. Insofern würden sich auch große Vorteile aus einem eventuellen Wettbewerb zwischen diesen vertragsrechtlichen Regeln ergeben, während gleichzeitig bei diesem Regeltyp keine Gefahr eines *race to the bottom* auftreten kann. Auch *rent seeking*-Aktivitäten dürften hier kein Problem darstellen, da dieser Vertragsrechtstyp keinen Regulierungscharakter hat. Als Ergebnis kann somit festgehalten werden, daß ein zukünftiger Optionaler Europäischer Vertragsrechtskodex auch vertragsrechtliche Regeln enthalten sollte, die lediglich Transaktionskosten senken. Dies ist deshalb bemerkenswert, weil das bisherige europäische Vertragsrecht diesen Kernbestand einer Privatrechtsordnung, nämlich vertragsrechtliche Regeln, die ohne Regulierungszweck nur die Tausch- und Kooperationsaktivitäten von privaten Wirtschaftssubjekten erleichtern, nicht enthalten hat.

4.4. Folgerungen

Auch wenn es sich hier nur um vorläufige Ergebnisse erster Analysen handelt, so wird doch deutlich, daß die Anwendung des Kriterienrasters zu unterschiedlichen Empfehlungen in bezug auf die Zentralität, Dezentralität und Optionalität der verschiedenen Typen vertragsrechtlicher Regeln führt: Zentrale, harmonisierte Regeln lassen sich am ehesten im Bereich von Informationsregulierungen vertreten, während zwingende inhaltliche Regeln eher dezentral und unter Wettbewerb, wenn auch unter Umständen kombiniert mit Minimumharmonisierungen, angeboten werden sollten. Unterstützendes Recht kann dagegen mit weitgehenden Wahlfreiheiten von beiden Ebenen gleichzeitig bereit gestellt werden.

Betrachtet man unter Berücksichtigung dieser Ergebnisse nun die in Abschnitt 3 gestellte ordnungsökonomische Frage, auf welcher Ebene das Vertragsrecht als Teil der Wettbewerbsordnung im Sinne von *Eucken* in diesem Zwei-Ebenen-System angeboten werden sollte, so zeigt sich, daß für verschiedene Teile des Vertragsrecht diese Frage unterschiedlich zu beantworten ist. So kann z.B. das Vertragsrecht als unterstützendes Recht gleichzeitig auf beiden Ebenen und in Wettbewerb zueinander angeboten werden. Insofern können hier die Vorteile eines Ordnungswettbewerbs genutzt werden. Bei zwingenden inhaltlichen Regeln gibt es zwar auch gute Gründe, sie auf der zentralen Ebene anzusiedeln, gleichzeitig aber können die Vorteile von Dezentralität und Ordnungswettbewerb sich als größer erweisen als z.B. die Nachteile aufgrund von Informationsproblemen und eventuellen *race to the bottom*-Problemen. Mit der naheliegenden Lösung einer Kombination von Dezentralität und Ordnungswettbewerb mit Minimumharmonisierung würde sogar eine Splittung der Kompetenzen auf beide Ebenen empfohlen. Lediglich für Informationsregulierungen würden die vertragsrechtlichen Kompetenzen primär der Ebene der EU zugeordnet, aber auch diesbezüglich sind differenzierte Lösungen naheliegend. Insofern ist die Frage der Zuordnung des Vertragsrechts als Kernbestandteil der Wettbewerbsordnung in einem Mehr-Ebenen-System mit einer sehr differenzierten und komplexen Antwort verbunden.

5. Zum Vorschlag eines optionalen Vertragsrechts: Mehr als eine pragmatische Lösung

Für die Beurteilung des Vorschlags eines Optionalen Europäischen Vertragsrechtskodex folgt aus den Ergebnissen des letzten Abschnitts, daß sich eine Menge von vertragsrechtlichen Regeln identifizieren lassen, die auf der europäischen Ebene optional angeboten werden sollten.[10] Allerdings sollte nicht das gesamte Vertragsrecht auf europäischer Ebene optional gemacht werden. Vielmehr gäbe es eine Anzahl vertragsrechtlicher Regeln, insbesondere im Bereich von Informationsregulierungen, die einheitlich und zwingend für die gesamte EU sein sollten. Zum Teil aber sollten, insbesondere im Bereich von zwingenden inhaltlichen Regeln, bestimmte Regulierungen auch nur im nationalen Vertragsrecht vorliegen, zwischen denen aber auch Wahlmöglichkeiten (oder zumindest eine wechselseitige Anerkennung) bestehen könnten. Auf jeden Fall ist zu empfehlen, daß ein optionaler europäischer Kodex auch vertragsrechtliche Regeln aus dem Bereich des unterstützenden Rechts (wie z.B. *default rules*) enthalten sollte, so daß das europäische Vertragsrecht auch als dispositives Recht Relevanz gewinnen könnte. Spezifischere Aussagen, welche Regeln im Detail ein Optionaler Europäischer Vertragsrechtskodex umfassen sollte (oder wie diese gar inhaltlich konkret beschaffen sein sollten), können an dieser Stelle nicht gemacht werden. Allerdings lassen sich noch weitere Überlegungen über die prinzipielle Gestaltung der Optionen sowie über grundsätzliche Probleme der Einführung eines optionalen Kodex anstellen (vgl. ausführlicher *Kerber* und *Grundmann* 2004).

Ein zentrales Problem der Einführung eines optionalen Vertragsrechts ergibt sich durch die Erfahrungen, die mit dem bisher wichtigsten internationalen Vereinheitlichungsprojekt gemacht wurden, nämlich der Einführung des sog. UN-Kaufrechts von 1980 (*UN Convention* 1981, S. 178 ff.). Obwohl die Regeln des UN-Kaufrechts als qualitativ hochwertig gelten und bei grenzüberschreitenden Verträgen als *default rule* automatisch gelten, wenn man sie nicht bewußt abwählt (*opt out*-Regel), wird sie bei internationalen Kaufverträgen zwischen Unternehmen meist gemieden und dafür ein nationales Vertragsrecht gewählt. Das UN-Kaufrecht stellt folglich ein optionales internationales Kaufrecht dar, das sich aber in der Praxis als wenig erfolgreich erwiesen hat. Folgende Gründe werden für diesen Mißerfolg angeführt: Die Anwendbarkeit des UN-Kaufrechts ist auf internationale Sachverhalte und auf gewerbliche Geschäfte zwischen Unternehmen beschränkt, so daß weder inländische Transaktionen noch Geschäfte mit Verbrauchern darüber abgewickelt werden können. Gleichzeitig existiert kein internationaler Gerichtshof, der für eine einheitliche Auslegung zuständig wäre (*Grundmann* 2004). Damit sind die Voraussetzungen für ein Ausnutzen von dynamischen Skalenvorteilen durch eine breite Anwendung dieses Rechts und das Entstehen einer umfangreichen, in sich konsistenten Rechtsprechung zur Steigerung der faktischen Qualität des Rechts (Rechtssicherheit) nur beschränkt gegeben.

Ein Optionaler Europäischer Vertragsrechtskodex steht folglich vor einem gravierenden Problem des Markteintritts. Die potentiellen Rechtsanwender müssen zunächst

---

10 Zur generellen Vorteilhaftigkeit eines Zwei-Ebenen-Systems sowie eines optionalen Kodex aus rechtswissenschaftlicher Sicht vgl. auch *Smits* (2002) und *Wilhelmsson* (2002).

erhebliche Informationskosten aufwenden, um sich mit dem neuen Recht vertraut zu machen. Da die dynamischen Skalenvorteile bei dem neuen europäischen Vertragsrecht erst mit der Zeit und bei genügender Anwendung ausgenutzt werden können, werden die nationalen Vertragsrechte für eine erhebliche Zeit einen qualitativen Vorsprung in bezug auf Ausdifferenzierung und Rechtssicherheit haben. Diese gravierenden Markteintrittsprobleme sind deshalb bei der Gestaltung des europäischen Vertragsrechtskodex systematisch zu berücksichtigen. Folgende Vorschläge lassen sich daraus ableiten: (1) Der Kodex sollte möglichst das Vertragsrecht in seiner ganzen Breite umfassen, damit es von privaten Wirtschaftssubjekten für möglichst viele unterschiedliche Transaktionen genutzt werden kann. Insbesondere sollte es eben auch dispositives Recht umfassen. (2) Es wäre zweckmäßig, bei der inhaltlichen Formulierung von Regeln möglichst eng von dem bisherigen *acquis communautaire* auszugehen, weil hier bereits eine bekannte Rechtspraxis mit entsprechender Rechtssicherheit existiert. (3) Um eine möglichst hohe Anwendung zu erleichtern, sollte bei grenzüberschreitenden Transaktionen grundsätzlich das europäische Vertragsrecht anwendbar sein, wenn es nicht bewußt zugunsten eines nationalen Vertragsrecht abgewählt wird (*opt out*-Regel). (4) Ein wesentlich weitergehender Vorschlag bestünde darin, daß private Wirtschaftssubjekte auch für rein inländische Transaktionen aus dem nationalen Vertragsrecht herausoptieren und in das europäische Vertragsrecht hineinoptieren könnten (*opt in*-Regel). Dies würde dem europäischen Vertragsrecht erlauben, in einen umfassenden Wettbewerb mit den nationalen Vertragsrechten zu treten.

Aber auch unabhängig von der Überwindung der Markteintrittsprobleme könnte eine Regelung, bei grenzüberschreitenden Transaktionen von einer *opt out*-Regel und bei inländischen Transaktionen von einer *opt in*-Regel für europäisches Vertragsrecht auszugehen, aus ökonomischer Perspektive zweckmäßig sein. Primär inländisch agierende Wirtschaftssubjekte könnten dabei bei ihrem vertrauten nationalen Vertragsrecht bleiben, ohne allerdings wie zur Zeit auf das inländische Recht festgelegt zu sein. Für grenzüberschreitende Transaktionen würde sich das europäische Vertragsrecht anbieten, das zusätzlich den Vorteil bietet, daß kein Vertragspartner durch Anwendung seines eigenen nationalen Vertragsrechts bevorzugt wird. Europaweit agierende Unternehmen können versuchen, möglichst alle Transaktionen nur noch mit dem europäischen Vertragsrecht abzuwickeln, was die Ausnutzung von Skalenvorteilen bei der Rechtsanwendung ermöglichen und die Attraktivität des europäischen Vertragsrechts erheblich steigern würde.[11]

Gleichzeitig würde auch die Möglichkeit erhalten bleiben, daß die privaten Wirtschaftssubjekte – über ein *opt out* aus dem europäischen Vertragsrecht – weiterhin nationales Vertragsrecht bei grenzüberschreitenden Transaktionen wählen können. Als Ergebnis könnte sich eine sehr differenzierte Nutzung der verschiedenen Vertragsrechte in Europa herausbilden, wobei die meisten privaten Wirtschaftssubjekte – selbst bei Einbeziehung grenzüberschreitender Transaktionen – nur mit maximal zwei verschiedenen Vertragsrechten arbeiten würden, nämlich ihrem nationalen und dem europäischen

11 Zu den Vor- und Nachteilen eines europäischen Vertragsrechts im Vergleich zur bisherigen Situation für große und mittlere bzw. kleine Unternehmen vgl. *Ott* und *Schäfer* (2002b).

Vertragsrecht. Insofern können durch die Einführung eines Optionalen Europäischen Vertragsrechtskodex durchaus die Vorteile von Dezentralität, Heterogenität und Experimentierungsprozessen mit den Vorteilen eines zentralen Rechts in Form von Ausnutzen von Skalenvorteilen, verringerten Informations- und Transaktionskosten und damit geringeren Hindernissen für den Binnenmarkt verbunden werden.

Ein zentraler kritischer Einwand gegen ein optionales europäisches Vertragsrecht bezieht sich darauf, daß durch die Wahl europäischen Rechts die Funktionen des zwingenden nationalen Rechts, insbesondere in bezug auf den Verbraucherschutz, gestört werden können und man diesbezüglich auch nicht auf den Systemwettbewerb vertrauen könne (*Müller* 2003). Letztlich betrifft dies die Frage, welche Regeln ein optionaler Vertragsrechtskodex umfassen sollte. Der hier vertretene Ansatz würde diese Bedenken sehr ernst nehmen und eine differenzierte Prüfung anhand des in Abschnitt 3 vorgestellten Kriterienrasters empfehlen. Allerdings dürfen dann nicht nur diese etwaigen Probleme gesehen werden, sondern es müssen alle Vor- und Nachteile von Zentralität, Dezentralität, Optionalität und Regulierungswettbewerb berücksichtigt und gegeneinander abgewogen werden.

Eine andere zu berücksichtigende Dimension von Optionalität bezieht sich auf die internationale Ebene, nämlich die Frage, inwieweit auch Vertragsrecht von Nicht-EU-Ländern gewählt werden kann. Bisher bestehen durch die (kollisionsrechtlichen) Regeln des sog. ‚Internationalen Privatrechts' sehr weitgehende Wahlfreiheiten für das Vertragsrecht bei internationalen Transaktionen. Insofern wird im internationalen Bereich oft auch Vertragsrecht aus Nicht-EU-Ländern, insbesondere aus den USA, gewählt. Dies kann zusätzlich auch noch mit der Möglichkeit von internationalen privaten Schiedsgerichten kombiniert werden, wodurch auch systematisch noch weitere transaktionskostensenkende nichtstaatliche Institutionen für die Unterstützung von internationalen Transaktions- und Kooperationsaktivitäten ins Spiel kommen (*private regulation*). Bei der Einführung eines optionalen europäischen Vertragsrechts ist zum einen darauf zu achten, daß diese Möglichkeiten des Hineinoptierens in Nicht-EU-Vertragsrechte systematisch erhalten bleiben und nicht eingeschränkt werden. Dies betrifft primär vertragsrechtliche Regeln aus dem Bereich des ‚unterstützenden' Rechts. Gleichzeitig aber bedeutet dies auch eine erhebliche Konkurrenz für das zu etablierende europäische Vertragsrecht, das die Notwendigkeit seiner internationalen Wettbewerbsfähigkeit verdeutlicht.

Ein weitere grundsätzliche Problemstellung betrifft die langfristige Stabilität eines Optionalen Europäischen Vertragsrechtskodex innerhalb eines Zwei-Ebenen-Systems von Vertragsrechten in Europa. Das von *Grundmann* und mir (2002) vorgeschlagene „European System of Contract Laws" geht von der Vorstellung aus, daß ein solches Zwei-Ebenen-System mit einem erheblichen Kern an optionalen Regeln auch langfristig bestehen bleiben soll, weil sich auf diese Weise die Vorteile von zentraler und dezentraler Rechtsetzung am besten kumulieren lassen. Insbesondere würde ein Zwei-Ebenen-System mit Rechtswahlfreiheiten und Regelwettbewerb die Innovations- und Anpassungsfähigkeit des Vertragsrechts an neue Umstände fördern. Auch wenn zur Zeit auf der politischen Ebene eine solche optionale Lösung angestrebt wird, so bestehen erhebliche Gefahren für ihre langfristige Stabilität. Zum einen wird von vielen Befürwortern der Einführung eines europäischen Vertragsrechtskodex dessen Optionalität nur als eine (zunächst politisch nicht zu umgehende) Übergangslösung angesehen, die aber letztlich doch in einen exklusiven, einheitlichen Zivilrechtskodex münden soll. Die Optionalität kann damit als Einstieg in eine gewünschte zentralisierte Lösung gesehen werden.

Auf der anderen Seite kann bei Einführung eines optionalen europäischen Vertragsrechts nicht prognostiziert werden, ob es – neben dem ebenfalls nicht gewünschten Mißerfolg wie beim UN-Kaufrecht – durch die faktische Rechtswahl der privaten Wirtschaftssubjekte nicht umgekehrt auch zu einer weitgehenden Verdrängung der nationalen Vertragsrechte durch das europäische Vertragsrecht kommen kann. Eine faktische Monopolisierung durch das europäische Vertragsrecht in einem solchen ‚Markt' für Vertragsrechte kann in einem Zwei-Ebenen-System nicht ausgeschlossen werden und ist eines der möglichen Marktergebnisse. Um so wichtiger wäre es dann aber, daß trotzdem die Kompetenzen der Mitgliedstaaten für das Angebot von Vertragsrecht langfristig erhalten bleiben, so daß – z.B. bei etwaigen gravierenden Fehlentwicklungen im europäischen Vertragsrecht – endogene Korrekturmöglichkeiten durch Reaktivierung von nationalen Vertragsrechten über die Rechtswahlfreiheiten von privaten Wirtschaftssubjekten bestehen blieben.

6. Folgerungen

Als Ergebnis kann festgehalten werden, daß das in der EU verfolgte Projekt eines Optionalen Europäischen Vertragsrechtskodex als prinzipiell sinnvoll und unterstützenswert angesehen werden kann. Bei geeigneter Ausgestaltung kann es gerade als eine intelligente Lösung für die Problematik gesehen werden, daß auf der einen Seite große Vorteile aus dem Angebot von einheitlichem Vertragsrecht erwachsen können, auf der anderen Seite aber gerade auch die Dezentralität und der Wettbewerb zwischen vertragsrechtlichen Regeln zu erheblichen positiven Effekten führen können. Die durch den Beitritt neuer Staaten wachsende Heterogenität der EU und die Dynamik des globalen Umfelds erfordern eine hohe Evolutionsfähigkeit des in der EU angebotenen Vertragsrechts, die in einem stärker dezentralisierten und mit Rechtswahlfreiheiten ausgestatteten Zwei-Ebenen-System von Vertragsrechten als größer eingeschätzt werden kann als bei einem vollständig harmonisierten Vertragsrecht. Unabhängig davon, ob man die bisher verfolgte Strategie selektiver Harmonisierungen im europäischen Vertragsrecht als richtig ansieht, kann nicht bestritten werden, daß auch das Beharren auf der traditionellen Struktur nationaler Vertragsrechte keine zukunftsweisende Lösung für die EU darstellt. Insofern könnte die Einführung eines optionalen Vertragsrechtskodex innerhalb eines „European System of Contract Laws" eine solche Zukunftsperspektive darstellen.

Auf einer weiteren Ebene liegt jedoch die Frage, wie ein solcher optionaler Kodex konkret ausgestaltet sein sollte. Es konnte gezeigt werden, daß diese Frage zum einen im Kontext der Gestaltung des gesamten Zwei-Ebenen-Systems von Vertragsrechten in Europa zu beantworten ist und zum anderen hierfür auch maßgeblich auf ökonomische Kriterien für Zentralität und Dezentralität von Rechtsetzungskompetenzen in einem

Mehr-Ebenen-Rechtssystem zurückgegriffen werden kann. Auch wenn bisher eine ökonomische Theorie des Rechtsföderalismus noch nicht systematisch ausgearbeitet ist, so läßt sich doch eine erhebliche Anzahl von Kriterien herausarbeiten, unter welchen Bedingungen vertragsrechtliche Regeln harmonisiert oder dezentral angeboten werden sollen bzw. wann und unter welchen Regeln Regulierungswettbewerb sinnvoll ist oder nicht. In diesem Beitrag wurde beispielhaft gezeigt, wie bei solchen ökonomischen Analysen vorgegangen werden kann und welche vorläufigen Folgerungen sich aus den ersten Untersuchungen ziehen lassen. Allerdings ist hierbei noch viel interdisziplinäre Forschungsarbeit zu leisten.

Die hier verwendete Konzeption von Mehr-Ebenen-Rechtssystemen ist stark durch grundlegende ordnungsökonomische Prinzipien geprägt, gleichzeitig zeigen sich aber auch neue Perspektiven für eine Weiterentwicklung der Ordnungsökonomik. Die so weit wie mögliche Stärkung von Dezentralität und Rechtswahlfreiheit steht für die Verwirklichung des Subsidiaritätsprinzips und die Sicherung der Privatautonomie. Gleichzeitig aber hat sich gezeigt, daß die Wettbewerbsordnung als institutioneller Rahmen für Märkte durchaus differenziert auf verschiedene Ebenen eines föderalen Systems zugeordnet werden kann. Selbst zentrale Elemente der Wettbewerbsordnung, wie z.B. das Vertragsrecht, sind teilweise harmonisiert der obersten Ebene zuzuordnen, teilweise können sie aber auch dezentral und unter Wettbewerb angeboten werden. Insoweit aber ein solcher Ordnungswettbewerb (entweder über Standortwettbewerb oder direkte Rechtswahl) stattfindet, ist das ordnungsökonomische Prinzip zu beachten, daß er selbst wieder unter einem adäquaten institutionellen Rahmen stattzufinden hat. Insofern bleibt der Primat eines einheitlichen institutionellen Ordnungsrahmens erhalten, allerdings nicht im Sinne eines einheitlichen Sets von rechtlichen Regeln, sondern vielmehr als eine Menge von Metaregeln, die ein föderales Mehr-Ebenen-Rechtssystem strukturieren und die Funktionsfähigkeit von Wettbewerbsprozessen zwischen rechtlichen Regeln (Ordnungswettbewerb) sichern. Dies impliziert auch, daß Unterschiedlichkeit von rechtlichen Regeln in einem integrierten Wirtschaftsraum wie der EU kein Problem darstellt, sondern für ein solches föderales System sogar konstitutiv ist (*Kerber* und *Heine* 2003). Für das ordnungsökonomische Forschungsprogramm folgt hieraus, daß die Ordnungsökonomik stärker in Richtung auf eine Theorie komplexer Mehr-Ebenen-Ordnungen weiterzuentwickeln ist.

Literatur

Apolte, Thomas (1999), Die ökonomische Konstitution eines föderalen Systems: Dezentrale Wirtschaftspolitik zwischen Kooperation und institutionellem Wettbewerb, Tübingen.

Basedow, Jürgen (2004), Ein optionales Europäisches Vertragsgesetz – opt-in, opt-out, wozu überhaupt?, in: Zeitschrift für Europäisches Privatrecht, Jg. 12, S. 1-5.

Bratton, William W. and *Joseph A. McCahery* (1997), The New Economics of Jurisdictional Competition: Devolutionary Federalism in a Second-Best World, in: The Georgetown Law Journal, Vol. 86, pp. 201-278.

Breton, Albert (1996), Competitive Governments: An Economic Theory of Politics and Public Finance, Cambridge.

Cooter, Robert and *Thomas Ulen* (2004), Law and Economics, 4th ed., Reading/Mass.

Dauner-Lieb, Barbara (2004), Auf dem Weg zu einem europäischen Schuldrecht, in: Neue Juristische Wochenschrift, No. 20, S. 1431-1434.

Esty, Daniel C. and *Damien Geradin* (eds.) (2001a), Regulatory Competition and Economic Integration, Comparative Perspectives, Oxford.

Esty, Daniel C. and *Damien Geradin* (2001b), „Introduction", in: *Esty, Daniel C.* and *Damien Geradin* (eds.), Regulatory Competition and Economic Integration, Comparative Perspectives, Oxford, S. XIX-XXXI.

Eucken, Walter (1952/1990), Grundsätze der Wirtschaftspolitik, 6. Aufl., Tübingen 1990.

EU-Kommission (2001), Mitteilung der Kommission an den Rat und das Europäische Parlament zum Europäischen Vertragsrecht, KOM (2001) 398 endg. = Abl.EG 2001 Nr. C 255/1.

EU-Kommission (2003), Mitteilung der Kommission an den Rat und das Europäische Parlament – ein kohärenteres europäisches Vertragsrecht, ein Aktionsplan vom 12.02.2003, KOM (2003) 68 endg. = Abl.EG 2003 Nr. C 63/1.

Gandolfi, Guiseppe (ed.) (2001), Code européen des contrats – avantprojet, Mailand.

Garcimartín, Francisco J. (1999), Regulatory Competition: A Private International Law Approach, in: European Journal of Law and Economics, Vol. 8, pp. 251-270.

Grundmann, Stefan (1999), Europäisches Schuldvertragsrecht: das Europäische Recht der Unternehmensgeschäfte (nebst Texten und Materialien zur Rechtsangleichung), Berlin u.a. (ZGR-Sonderheft 15).

Grundmann, Stefan (2004), The Optional European Code on the Basis of the Acquis Communautaire: Starting Point and Trends, in: European Law Review, Vol. 10, pp. 698-711.

Grundmann, Stefan and *Wolfgang Kerber* (2002), European System of Contract Laws: A Map for Combining the Advantages of Centralised and Decentralised Rule-making, in: *Stefan Grundmann* and *Jules Stuyck* (eds.), An Academic Greenpaper on European Contract Law, Den Haag u.a.., pp. 295-342.

Grundmann, Stefan and *Jules Stuyck* (eds.) (2002), An Academic Greenpaper on European Contract Law, Den Haag u.a.

Hayek, Friedrich A. v. (1996), Die Irrtümer des Konstruktivismus und die Grundlagen legitimer Kritik gesellschaftlicher Gebilde, in: *Friedrich A. v. Hayek*, Die Anmaßung von Wissen (hg. v. *Wolfgang Kerber*). Tübingen, S. 16-36.

Hayek, Friedrich A. v. (1976), Law, Legislation and Liberty, Vol. II: The Mirage of Social Justice, London and Henley.

Heine, Klaus (2003), Regulierungswettbewerb im Gesellschaftsrecht: Zur Funktionsfähigkeit eines Wettbewerbs der Rechtsordnungen im europäischen Gesellschaftsrecht, Berlin.

Kahan, Marcel and *Michael Klausner* (1996), Path Dependence in Corporate Contracting: Increasing Returns, Herd Behavior and Cognitive Biases, in: Washington University Law Quarterly, Vol. 74, pp. 347-364.

Karsten, Jens and *Ali Sinai* (2003), The Action Plan on European Contract Law: Perspectives for the Future of European Contract Law and EC Consumer Law, in: Journal of Consumer Policy, Vol. 26, pp. 159-195.

Kerber, Wolfgang (1998a), Erfordern Globalisierung und Standortwettbewerb einen Paradigmenwechsel in der Theorie der Wirtschaftspolitik? in: ORDO, Bd. 49, S. 253-268.

Kerber, Wolfgang (1998b), Zum Problem einer Wettbewerbsordnung für den Systemwettbewerb, in: Jahrbuch für Neue Politische Ökonomie, Bd. 17, S. 199-230.

Kerber, Wolfgang (2005), Applying Evolutionary Economics to Economic Policy: the Example of Competitive Federalism, in: *Kurt Dopfer* (ed.), Economics, Evolution and the State: The Complexity of Governance, Cheltham (im Druck).

Kerber, Wolfgang and *Oliver Budzinski* (2003), Towards a Differentiated Analysis of Competition of Competition Laws, in: Zeitschrift für Wettbewerbsrecht - Journal of Competition Law, Vol. 1 (4), pp. 411-448.

Kerber, Wolfgang and *Stefan Grundmann* (2004), An Optional European Contract Law Code: Advantages and Disadvantages (Tagungsbeitrag: Annual Meeting of the European Association of Law and Economics – EALE, Zagreb, 23.-25.09.2004).

Kerber, Wolfgang und *Klaus Heine* (2002), Zur Gestaltung von Mehr-Ebenen-Rechtssystemen aus ökonomischer Sicht, in: *Claus Ott* und *Hans-Bernd Schäfer* (Hg.), Vereinheitlichung und Diversität des Zivilrechts in transnationalen Wirtschaftsräumen, Tübingen, S. 167-194.

Kerber, Wolfgang und *Klaus Heine* (2003), Integrationstheorie und Wettbewerbsföderalismus, in: *Dieter Cassel* und *Paul J.J. Welfens* (Hg.), Regionale Integration und Osterweiterung der Europäischen Union, Stuttgart, S. 107-128.

Kieninger, Eva-Maria (2002), Wettbewerb der Privatrechtsordnungen im Europäischen Binnenmarkt, Tübingen.

Kirchner, Christian (1998), The Principle of Subsidiarity in the Treaty on European Union: A Critique from the Perspective of Constitutional Economics, in: Tulane Journal of International and Comparative Law, Vol. 6, pp. 291-308.

Lando, Ole and *Hugh Beale* (1995-2003) (eds.), Principles of European Contract Law, Teil I und II 2000, (Teil I schon 1995), Teil III 2003, Den Haag u.a.

Marciano, Alain and *Jean-Michel Josselin* (eds.) (2002), The Economics of Harmonizing European Law, Cheltenham.

Marciano, Alain and *Jean-Michel Josselin* (eds.) (2003), From Economics to Legal Competition, Cheltenham.

Marks, Gary, Liesbet Hooghe and *Kermit Blank* (1996), European Integration from the 1980s: State-Centric v. Multi-level Governance, in: Journal of Common Market Studies, Vol. 34, pp. 341-378.

Müller, Markus (2003), Gefahren einer optionalen europäischen Vertragsrechtsordnung – Aktionsplan der EG-Kommission zum Europäischen Vertragsrecht, in: Europäische Zeitschrift für Wirtschaftsrecht, Vol. 14 (22), S. 683-686.

Oates, Wallace E. (1999), An Essay on Fiscal Federalism, in: Journal of Economic Literature, Vol. 37, pp. 1120-1149.

Oates, Wallace E. and *Robert M. Schwab* (1988), Economic Competition among Jurisdictions: Efficiency Enhancing or Distortion Inducing?, in: Journal of Public Economics, Vol. 35, pp. 333-354.

Ogus, Arthur (1999), Competition between National Legal Systems: A Contribution of Economic Analysis to Comparative Law, in: International and Comparative Law Quarterly, Vol. 48, pp. 405-418.

Ott, Claus und *Hans-Bernd Schäfer* (Hg.) (2002a), Vereinheitlichung und Diversität des Zivilrechts in transnationalen Wirtschaftsräumen, Tübingen.

Ott, Claus und *Hans-Bernd Schäfer* (2002b), Die Vereinheitlichung des europäischen Vertragsrechts: Ökonomische Notwendigkeit oder akademisches Interesse?, in: *Claus Ott* und *Hans-Bernd Schäfer* (Hg.), Vereinheitlichung und Diversität des Zivilrechts in transnationalen Wirtschaftsräumen, Tübingen, S. 203-236.

Rubin, Paul H. (2000), Information Regulation (Including Regulation of Advertising), in: *Boudewijn Bouckaert* and *Gerrit De Geest* (eds.), Encyclopedia of Law and Economics, Vol. V, The Economics of Crime and Litigation, Cheltham, pp. 271-295.

Schüller, Alfred (1988), Ökonomik der Eigentumsrechte in ordnungstheoretischer Sicht, in: *Dieter Cassel, Bernd-Thomas Ramb* und *H. Jörg Thieme* (Hg.), Ordnungspolitik, München, S. 155-183.

Schüller, Alfred (1996), Ordnungspolitische Dimensionen der Globalisierung, in: *Reinhold Biskup* (Hg.), Globalisierung und Wettbewerb, Bern u.a., S. 81-128.

Siebert, Horst und *Michael J. Koop* (1990), Institutional Competition: A Concept for Europe?, in: Aussenwirtschaft, Vol. 45, S. 439-462.

Sinn, Hans-Werner (1997), The Selection Principle and Market Failure in Systems Competition, in: Journal of Public Economics, Vol. 88, pp. 247-274.

Smits, Jan M. (2002), Toward a Multi-Layered Contract Law for Europe, in: *Stefan Grundmann* and *Jules Stuyck* (eds.), An Academic Greenpaper on European Contract Law, Den Haag u.a., pp. 387-398.

Staudenmayer, Dirk (2003), Ein Optionales Instrument im europäischen Vertragsrecht, in: Zeitschrift für Europäisches Privatrecht, No. 4, S. 828-846.

Streit, Manfred E. und *Werner Mussler* (1995), Wettbewerb der Systeme und das Binnenmarktprogramm der Europäischen Union, in: *Lüder Gerken* (Hg.), Europa zwischen Ordnungswettbewerb und Harmonisierung, Berlin, S. 75-107.

Streit, Manfred E. und *Matthias Wohlgemuth* (1999) (Hg.), Systemwettbewerb als Herausforderung an Politik und Theorie, Baden-Baden.

Sun, Jeanne-May and *Jacques J. Pelkmans* (1995), Regulatory Competition in the Single Market, in: Journal of Common Market Studies, Vol. 33, pp. 67-89.

Trachtman, Joel P. (2000), Regulatory Competition and Regulatory Jurisdiction, in: Journal of International Economic Law, Vol. 3 (2), pp. 331-348.

UN Convention (1981) on Contracts for the International Sale of Goods (11.4.1980), United Nations, Official Records 1981.

Van den Bergh, Roger (1998), Subsidiarity as an Economic Demarcation Principle and the Emergence of European Private Law, in: Maastricht Journal of European and Comparative Law, Vol. 5, pp. 129-152.

Van den Bergh, Roger (2000), Towards an Institutional Legal Framework for Regulatory Competition in Europe, in: Kyklos, Vol. 53, pp. 435-466.

Van den Bergh, Roger (2002), Forced Harmonisation of Contract Law in Europe, Communication from the Commission on European Contract Law, in: *Stefan Grundmann* and *Jules Stuyck* (eds.), An Academic Greenpaper on European Contract Law, Den Haag u.a., pp. 249-268.

Vanberg, Viktor (1996), Subsidiarity, Responsive Government and Individual Liberty, in: *Knut W. Nörr* und *Thomas Oppermann* (Hg.), Überlegungen zur Subsidiarität, Tübingen, S. 255-271.

Vanberg, Viktor und *Wolfgang Kerber* (1994), Institutional Competition Among Jurisdictions: An Evolutionary Approach, in: Constitutional Political Economy, Vol. 5, pp. 193-219.

Weatherill, Stephen (2004), Why Object to the Harmonization of Private Law by the EC?, in: European Review of Private Law, Vol. 12, pp. 633-660.

Wilhelmsson, Thomas (2002), The Design of an Optional (Re)statement of European Contract Law – Real Life Instead of Dead Concepts, in: *Stefan Grundmann* and *Jules Stuyck* (eds.), An Academic Green Paper on European Contract Law, den Haag u.a., pp. 353-372.

Helmut Leipold und Dirk Wentzel (Hg.), Ordnungsökonomik als aktuelle Herausforderung
Schriften zu Ordnungsfragen der Wirtschaft · Band 78 · Stuttgart · 2005

Harmonisierung oder Wettbewerb der Wettbewerbssysteme?

Wernhard Möschel

Inhalt

1. Der Sachverhalt

Die Wirtschaft handelt zunehmend global. Recht definiert sich in aller Regel national, vereinzelt wie innerhalb der Europäischen Gemeinschaft auch regional. Hier entsteht ein Spannungsverhältnis. Es läßt sich in zahlreichen Zusammenhängen beobachten, etwa bei der Bankenaufsicht, der Versicherungsaufsicht, im Steuerrecht und so fort. Auch im Wettbewerbsrecht ist das Problem nicht ganz neu. Stichworte sind:

- die gescheiterte Havanna-Charta aus der Zeit nach dem Zweiten Weltkrieg,
- das in vielen Rechtsordnungen praktizierte Auswirkungsprinzip, namentlich in den USA, aber auch auf der Ebene der EU,
- die dadurch ausgelöste Abwehrgesetzgebungen (*blocking statutes*),
- die Versuche der Harmonisierung oder der Kooperation, z. B. auf der Ebene des GATT oder heute der WTO,
- die Schaffung von Diskussionsplattformen der Kartellbehörden, das International Competition Network (ICN) im Jahre 2002.

Die Frage ist wieder aktuell geworden durch einige jüngere Sachverhalte wie

- dic Fusion von Boeing/McDonnell-Douglas mit einer gleichzeitigen Prüfung in Brüssel und in Washington,
- die divergierenden Entscheidungen der Europäischen und der US-amerikanischen Antitrustbehörden im Zusammenschlußfall General Electric/Honeywell,
- kumulierte Sanktionen, Mehrfachbestrafungen in Kartellverfahren, wie sie z. B. im Fall des internationalen Vitamin-Kartells auftreten,
- Sanktionen in Mißbrauchsverfahren, die sich nicht auf eine Rechtsordnung begrenzen lassen, sondern weltweit wirken. Ein Beispiel ist das Verfahren der Brüsseler Kommission gegen Microsoft mit der Anordnung, bestimmte Quellcodes offenzulegen. Ein ähnlicher Konflikt hatte sich bereits beim Mißbrauchsverfahren gegen IBM im Jahre 1984 ergeben (*Turner* 1986): Die Verpflichtung von IBM, rechtzeitig Schnittstellen offenzulegen, damit Konkurrenten bei der Entwicklung sogenannter Peripheriegeräte nicht behindert würden, wirkte sich im wesentlichen zugunsten japanischer Unternehmen aus. Diese hatten mit dem gesamten Verfahren nichts zu tun.

2. Lösungsansätze

Es kommen verschiedene Wege zur Überwindung des genannten Spannungsverhältnisses in Betracht (*Möschel* 2003; *Mestmäcker* und *Schweitzer* 2004, S. 156 ff.).

2.1. Harmonisierung des materiellen Rechts

Hier gibt es wiederum verschiedene Varianten:

(1) Zentralisierung des Rechts

- Schaffung von *international law*,
- seine Durchsetzung zentral/dezentral oder in Zwischenformen.

(2) Multilaterale Abkommen

Diese führen zu einer Vereinheitlichung der unverändert national bleibenden Rechte. Zu denken ist an:

- Mindeststandards,
- einen *common approach*,
- *soft law* (etwa unverbindliche Empfehlungen),
- Diskussionsforen nach Art des ICN.

2.2. Harmonisierung der Verfahrensregeln

Zu denken ist etwa an vereinheitlichte Formblätter und Fristen innerhalb der Fusionskontrolle.

2.3. Kooperation

Quer zu beiden Ansätzen steht die Praxis der Kooperation bei im übrigen selbständig bleibenden Rechtsordnungen, gegebenenfalls in Anwendung eines Auswirkungsprinzips. Hierher gehören:

- Kooperationen in der Ermittlung (*joint case teams*),
- der Abbau von rechtlichen Hindernissen beim Austausch von Informationen zwischen verschiedenen Kartellbehörden,
- eine negative *international comity* (Rücksichtnahme auf die Interessen eines anderen Staates bei der Anwendung des eigenen Rechts) oder eine positive *international comity* (Unterstützung eines ausländischen Verfahrens durch die eigene Kartellbehörde).

3. Orientierungspunkte

Zwei konzeptionelle Ansätze liefern Orientierungspunkte (vgl. *Vaubel* 1996; *Möschel* 1998; *Kerber* und *Budzinski* 2003).

3.1. Wohlfahrtstheoretische Überlegungen

a) Externe Effekte

Eine erste Argumentationslinie verweist auf externe Effekte. Eine nationale Wettbewerbspolitik führt zu positiven externen Effekten in anderen Ländern, welche die Position eines Trittbrettfahrers einnehmen können. Das heißt, sie praktizieren keine oder nur eine lasche Wettbewerbspolitik in der Erwartung, dadurch für das eigene Land die Wohlfahrt zu steigern (*Sinn* 2003, S. 194 ff.). Man kann auch umgekehrt formulieren: Ein Land, welches Abstinenz übt, erzeugt negative externe Effekte in den anderen Ländern. Da in solchem Szenario der Wettbewerb auf den Gütermärkten per definitionem gestört ist, handelt es sich um Externalitäten im technischen Sinne, nicht etwa nur um pekuniäre. Das Argument findet sich ähnlich in der Theorie der strategischen Handelspolitik: Ein Staat solle die Schaffung monopolistischer Positionen bei Unternehmen, die seiner Jurisdiktion unterworfen sind, fördern oder wenigstens eine nachträgliche Teilhabe an solchen Positionen erleichtern. Durch *rent creation* oder *rent shifting* ließen sich auf diese Weise Wohlfahrtsgewinne für das eigene Land erzielen.

Es lassen sich in der Tat Bedingungsannahmen formulieren, wonach jedenfalls im statischen Modell solche Wirkungen eintreten. Es hat mit der Wirklichkeit nichts zu tun. Denn es gibt ein vergleichsweise einfaches Instrument, mit welchem man im Ausland veranlaßte Wettbewerbsbeschränkungen auf den Prüfstand des inländischen Rechts zwingen kann. Es ist das bereits mehrfach erwähnte Auswirkungsprinzip. Die wesentlichen Kartellrechtsordnungen unserer Zeit legen es ganz selbstverständlich zugrunde. Ein Zwang zu einem *race to the bottom* entfällt. Hierin liegt ein wichtiger Unterschied zu Materien wie Steuerrecht, Arbeits- und Sozialrecht oder Recht des Umweltschutzes, die traditionell als Prüfgegenstände der nützlichen oder schädlichen Wirkungen eines Systemwettbewerbs herangezogen werden. In diesen letzteren Bereichen haben wir eine personale oder subjektiv-territoriale Anknüpfung für die Anwendung nationalen Rechts. Ein Unternehmen kann sich dem durch *exit*, durch Abwanderung, entziehen. Unter der Geltung eines Auswirkungsprinzips ist dies beim Wettbewerb zwischen *Wettbewerb*sordnungen nicht möglich.[1]

b) Gleichheit der Wettbewerbsbedingungen

Mit der Forderung nach einer Gleichheit der Spielregeln, einem *level playing field*, assoziieren viele Menschen positiv besetzte Werturteile wie Gleichheit der Startchancen und ähnliches. Die deutsche Monopolkommission hat das zurückgewiesen:

> „Ausstattungs- und Präferenzunterschiede und auch die institutionellen Rahmenbedingungen determinieren die komparativen Vor- und Nachteile einzelner Länder im weltweiten Wettbewerb, deren Ausnutzung Wohlfahrtssteigerungen erst ermöglicht. Ein level playing field eliminiert die komparativen Vorteile und bedeutet für die betroffenen Länder einen Verlust der Wettbewerbsfähigkeit und einen Wohlfahrtsverlust für die Weltgesellschaft durch Behinderung der internationalen Arbeitsteilung. Zu bedenken ist auch, daß nationale institutionelle Regelungen die heimischen Präferenzen reflektieren. Mit einer Harmonisierung der Vorschriften würden den betroffenen Ländern zugleich einheitliche Präferenzen oktroyiert; dies ist unvereinbar mit dem Freiheitsgedanken. Eine sinnvolle ökonomische Begründung für die Schaffung eines level playing field läßt sich nicht finden" (*Monopolkommission* 1998, S. 22).

c) Transaktionskosten

Schlüssig ist ein immer noch wohlfahrtstheoretisch begründbares Argument, nämlich der Hinweis auf einzusparende Transaktionskosten bei einer Harmonisierung des Rechts. Ein typisches Beispiel ist das *one-stop-shop*-Prinzip innerhalb der europäischen Fusionskontrolle, d. h. ab einer bestimmten Größenordnung ist allein und ausschließlich die Kommission in Brüssel zuständig. Die beteiligten Unternehmen benötigen nicht ein Plazet gegebenenfalls von mehreren Kartellbehörden in den Mitgliedstaaten. Dies bleibt freilich nur *ein* Abwägungstopos unter vielen. Welches tatsächliche Gewicht kommt solchen Kosteneinsparungen im jeweiligen Zusammenhang zu? Ist die Frage nach dem richtigen Recht, welches aus einem Wettbewerb der Rechtsordnungen entstehen mag, nicht wichtiger als das „billigere" Recht? Ist das nicht ein naives Denken in Endzustän-

---

1 Die Analyse von *Sinn* (2003) bezieht sich auf einen Wettbewerb der Wettbewerbsregeln ohne Auswirkungsprinzip. Sie verfehlt insoweit die Realität zur Gänze.

den? Man kennt abschließend das richtige Recht, das dann möglichst weltweit, mindestens europaweit durchzusetzen wäre. Besteht nicht das Risiko der Fehlerpotenzierung bei einer weitgehenden Vereinheitlichung und/oder zentralen Durchsetzung eines materiellen Rechts?

3.2. Politökonomische Erwägungen

Eine andere Qualität haben zwei politökonomische Erwägungen:

a) Grenzen des Auswirkungsprinzips

Man kann Zweifel formulieren, ob einzelne Staaten die politische Kraft haben, ein Auswirkungsprinzip im Wettbewerbsrecht durchzusetzen. Im Extremfall kann es zu den erwähnten Abwehrgesetzgebungen betroffener Staaten kommen. Sie verbitten sich die Einmischung einer anderen Rechtsordnung in Angelegenheiten, die man als ausschließlich „interne" qualifizieren möchte. Bei einer solchen Sachlage kann eine übergreifende Kompetenzbegründung auf höherer Ebene sinnvoll sein. Doch trägt solche Erwägung in der Realität nicht weit. Abwehrgesetzgebungen richten sich in aller Regel gegen einen als imperial oder hegemonial empfundenen Regelungsanspruch des US-amerikanischen Rechts (*Baudenbacher* und *Behn* 2004; *Körber* 2004; *Shenefield* und *Beninca* 2004). Sie belegen eher die Kraft des Davids gegenüber Goliath. Diese Kraft läßt sich eher leichter für ein funktionierendes Auswirkungsprinzip einsetzen. Denn dieses Prinzip ist innerhalb der verschiedenen Kartellrechtsordnungen weit verbreitet, gerade bei den wichtigsten.

b) Unvollkommenheiten des politischen Prozesses

Ein weiteres Argument knüpft an Unvollkommenheiten des politischen Prozesses in den einzelnen Staaten an. Gruppeninteressen können sich durchsetzen, welche auf Wettbewerbsbeschränkungen zielen. Der Einsatz öffentlicher Unternehmen kann solche Wirkungen nach sich ziehen. Hier ist die Einrichtung eines übergeordneten Schiedsrichters eine Lösungsoption. Die Aufsicht über staatliche Beihilfen nach Art. 87 ff. EG-Vertrag belegt den Gedanken. Eine Art Lückenargument, fehlende Fusionskontrolle auf mitgliedsstaatlicher Ebene, war historisch das entscheidende Motiv, welches zur Herausbildung der europäischen Fusionskontrolle geführt hatte. Doch sind zwei Vorbehalte mitzudenken:

- Wenn ein nationales Recht strenger ist als ein übergeordnetes oder gleich streng, gibt es keine "Unvollkommenheiten", die einer Korrektur von höherer Warte aus bedürfen.
- Im übrigen bleibt abzuwägen, auf welcher Ebene man die größeren politökonomischen Risiken sieht, auf einer nationalen oder einer übergeordneten. Dies ist selbst im Verhältnis der EU zu den verschiedenen nationalen Rechtsordnungen nicht auf ewige Zeiten ausgemacht. Die Frage ist in der Perspektive einer soeben stattgefundenen und noch zunehmenden Erweiterung der EU zu sehen. Es könnte ein Zeitpunkt kommen, zu dem man nationales Recht als sicheren Hafen bewerten mag. Mindestens bliebe ein eigenständig gestaltbares nationales Recht eine zusätzliche Handlungsoption.

4. Schlußbemerkung

Es entsteht die Notwendigkeit, zwischen verschiedenen Lösungsansätzen unter Bedingungen nur begrenzter Kenntnis abzuwägen. Ich neige von daher nicht zu schneidigen Lösungen, sondern eher zu behutsamen. Dies wären vorsichtige Schritte auf einem Weg, den man erst dann weitergeht, wenn man mit der zurückgelegten Strecke zufrieden war. Dies schließt Überlegungen ein von der Art:

- Besteht ein Bedarf z. B. nach materieller Harmonisierung?
- Gibt es ein Risiko der Verwässerung von Standards, besteht gar die Gefahr einer Erstarrung?
- Wie realistisch ist die Durchsetzbarkeit einzelner Vorschläge?
- Gibt es verhältnismäßigere Optionen, welche das Problem gegebenenfalls lösen können?

Im Jahre 2002 verständigten sich, wie erwähnt, die Kartellbehörden aus rund 60 Ländern auf das *International Competition Network*. Dies ist nichts weiter als eine Plattform für einen strukturierten Dialog. Er soll vornehmlich Entwicklungsländern eine Hilfe sein. Für mehr scheint die Zeit nicht reif.

Literatur

Baudenbacher, Carl und *Karsten Behn* (2004), Back to „Betsy“: Zur Empagran-Entscheidung des US Supreme Court, in: Zeitschrift für Wettbewerbsrecht, Bd. 2, S. 604-626.

Kerber, Wolfgang und *Oliver Budzinski* (2003), Towards a Differentiated Analysis of Competition of Competition Laws, in: Zeitschrift für Wettbewerbsrecht, Bd. 1, S. 411-448.

Körber, Torsten (2004), Die Empagran-Entscheidung des US Supreme Court, in: Zeitschrift für Wettbewerbsrecht, Bd. 2, S. 591-603.

Mestmäcker, Ernst-Joachim und *Heike Schweitzer* (2004), Europäisches Wettbewerbsrecht, 2. Aufl., Stuttgart.

Möschel, Wernhard (1998), Die deutsche Fusionskontrolle auf dem Prüfstand des europäischen Rechts: „Überflügelung“ oder Harmonisierung?, in: Die Aktiengesellschaft, Bd. 43, S. 561-566.

Möschel, Wernhard (2003), Wettbewerbsrecht als Ordnungsfaktor einer globalisierten Marktwirtschaft, in: Bundeskartellamt (Hg.), Wettbewerbspolitik am Scheideweg? XI. Internationale Kartellkonferenz, Bonn, S. 137-142.

Monopolkommission (1998), Systemwettbewerb, Sondergutachten 27, Baden-Baden.

Shenefield, John und *Jürgen Beninca* (2004), Extraterritoriale Anwendung US-amerikanischen Kartellrechts/Hoffmann-La Roche v. Empagran, in: Wirtschaft und Wettbewerb, Bd. 54, S. 1276-1284.

Sinn, Hans-Werner (2003), The New Systems Competition, Oxford.

Turner, Donald F. (1986), Application of Competition Laws to Foreign Conduct: Appropriate Resolution of Jurisdictional Issues, in: Swiss Review of International Competition Law, Heft 26, S. 5-19.

Vaubel, Roland (1996), Ein Vorschlag für die Reform der europäischen Wettbewerbspolitik, in: Verein der Freiburger Wirtschaftswissenschaftler (Hg.), Ordnungspolitische Aspekte der europäischen Integration, Baden-Baden, S. 173-179.

Helmut Leipold und Dirk Wentzel (Hg.), Ordnungsökonomik als aktuelle Herausforderung
Schriften zu Ordnungsfragen der Wirtschaft · Band 78 · Stuttgart · 2005

Internationale Regeln und nationale Wirtschaftspolitik: Erfahrungen mit internationalen Wirtschaftsordnungen

Josef Molsberger

Inhalt

1. Das Problem der internationalen Wirtschaftsordnung: Handlungsbedingungen für weltwirtschaftliche Rationalität

Internationale Wirtschaftsbeziehungen erfordern eine internationale Wirtschaftsordnung. *Wilhelm Röpke* (1954, S. 105 f.) hat dafür eine klassische Begründung gegeben:

> „Wir haben mit der Feststellung zu beginnen, daß ein intensiver Wirtschaftsverkehr, der ja eine weitgestaffelte Arbeitsteilung und damit eine starke wechselseitige Abhängigkeit der Individuen einschließt, sich nur unter einer wesentlichen Voraussetzung entwickeln und erhalten kann. Die sich in diese Abhängigkeit Begebenden müssen sich in einem ihre Tauschbeziehungen und ihre daraus fließenden Ansprüche formell und materiell schützenden Rahmen moralisch-rechtlich-institutioneller Art geborgen fühlen, und zwar so weit, daß sie die mit diesem wohlstandssteigernden Verkehr verbundenen Risiken fortgesetzt auf sich nehmen können. ... Die wirtschaftliche Integration ... setzt immer eine entsprechende außerwirtschaftliche, ‚soziale' Integration im Sinne der genannten Rahmenbedingungen voraus."

Das gilt für internationale Wirtschaftsbeziehungen nicht anders als für intranationale. Was *Röpke* als „soziale" Integration der Weltwirtschaft bezeichnet, umschreibt *Alfred Schüller* (1996, S. 83) als die Gewährleistung von „Handlungsbedingungen ..., die es ermöglichen, daß in weltweiten Bezügen aus einzelwirtschaftlichen Rationalitäten eine weltwirtschaftliche Rationalität entstehen kann". Dies leistet eine funktionsfähige internationale Wirtschaftsordnung. Sie erleichtert den internationalen Austausch, indem sie ihm einen rechtlichen Rahmen setzt. Dieser Rahmen besteht aus einem System von *Regeln* für die Wirtschaftssubjekte und aus *Institutionen*, die die Einhaltung der Regeln sichern.

Prinzipiell ist die Aufgabe, eine internationale Wirtschaftsordnung zu schaffen, der Errichtung einer Wirtschaftsordnung innerhalb eines Staates vergleichbar. Allerdings gibt es dabei wesentliche Unterschiede:

(1) Es gibt keinen Weltstaat und keine Weltregierung, die eine internationale Wirtschaftsordnung einführen und für die weltweite Einhaltung der Regeln sorgen könnten, wie dies innerhalb eines Staates möglich ist (*Röpke* 1954, S. 107). In einem System souveräner Staaten können diese (völkerrechtlichen) Regeln nur durch Konsens der Staaten vereinbart werden.

(2) In einer nationalen Wirtschaftsordnung richten sich die Regeln meistens direkt *an die Wirtschaftssubjekte*, vor allem an Unternehmen. Die Regeln der internationalen Wirtschaftsordnung richten sich *an die Staaten*, an die Regierungen. Diese Regeln setzen der nationalen Souveränität im Bereich der Wirtschaftspolitik Grenzen.

Durch Konsens, normalerweise in einem Vertrag, verpflichten sich die Staaten, die einem internationalen Regime beitreten, bestimmte wirtschaftspolitische Maßnahmen zu unterlassen, die an sich im Bereich ihrer wirtschaftlichen Souveränität und ihrer technischen Möglichkeiten lägen, die aber *negative externe Effekte* auf andere Staaten, d.h. auf deren Bürger, hätten. In einigen Fällen verpflichten sich die Staaten auch zu positiven Maßnahmen, z.B. Transparenz für ihre wirtschaftspolitischen Maßnahmen zu gewährleisten oder sogar Gesetzgebungsverfahren einzuleiten.

Die Tatsache, daß die Staaten eine derartige Begrenzung ihrer Souveränität, ihrer Handlungsfreiheit im Bereich der Wirtschaftspolitik, akzeptieren, kann mit dem Gefangenendilemma erklärt werden: Die wirtschaftspolitische „Abrüstung" eines Partnerlandes, die erreicht werden soll, ist an die eigene wirtschaftspolitische Abrüstung gekoppelt. Nur durch Kooperation ist dieses Dilemma zu überwinden. Die internationale Wirtschaftsordnung beruht somit auf einem System von Verträgen mit reziproken Verpflichtungen oder dem Prinzip des *do ut des*.

In der Vergangenheit hat es zwei verschiedene Modelle einer internationalen Wirtschaftsordnung gegeben: dasjenige des letzten Drittels des 19. Jahrhunderts, das bis 1914 bestand, und dasjenige der ersten Jahrzehnte nach dem II. Weltkrieg. Ein drittes Modell einer internationalen Wirtschaftsordnung entwickelt sich seit kurzem. Es basiert auf der Nachkriegsordnung des zweiten Modells, weist aber – vor allem in der internationalen Handelsordnung – wesentliche Änderungen auf. Das Verhältnis von internationalen Regeln und nationaler Wirtschaftspolitik ist in diesen drei Modellen unterschiedlich bestimmt worden.

2. Die internationale Wirtschaftsordnung des 19. Jahrhunderts: Internationale Regeln begrenzen die nationale wirtschaftspolitische Autonomie

Die letzten Jahrzehnte des 19. Jahrhunderts werden von vielen als eine erste Periode der Globalisierung angesehen. Gewiß kann die Verkehrs- und Informationstechnik dieser Zeit nicht mit der von heute verglichen werden. Auch gab es noch keine vertikale internationale Arbeitsteilung innerhalb einer multinationalen Unternehmung, d.h. die vertikale Zerlegung der Stufen des Produktionsprozesses und ihre Verteilung auf mehrere Länder, wie dies für die heutige Globalisierung typisch ist. Aber auch schon in dieser Zeit des 19. Jahrhunderts übertraf die Wachstumsrate des internationalen Handels diejenige des Weltsozialprodukts – wie in der Periode nach dem II. Weltkrieg (*Rainelli* 1996, S. 8). Es gab schon nennenswerte internationale Direktinvestitionen. Die internationale Integration der Finanzmärkte war weit gediehen; es sei nur auf das Beispiel der französischen Rentiers verwiesen, die ihr Kapital in russischen Staatsanleihen anlegten. Der internationale Zahlungsverkehr verlief ohne Probleme.

Welche internationale Wirtschaftsordnung hat diesen intensiven wirtschaftlichen Austausch, der vielleicht noch nicht „globalisiert", aber ganz gewiß internationalisiert war, möglich gemacht? Ihr lag das gleiche „liberale Prinzip der grundsätzlichen ‚Entpolitisierung' des wirtschaftlichen Bereichs" (*Röpke* 1954, S. 109) zugrunde, das auch für das Wirtschaftsleben innerhalb eines Landes galt. Dieses liberale Prinzip, nach dem der Staat eine Wirtschaftsordnung, d.h. einen rechtlichen und institutionellen Rahmen für den Wirtschaftsverkehr schaffen, aber nicht direkt in den Wirtschaftsprozeß intervenieren soll, bestimmte die innere und die äußere Wirtschaftspolitik der Staaten. Auf der internationalen Ebene konkretisierte sich dieses Prinzip im Goldstandard und im Freihandel. In beiden Fällen, in der Währungspolitik wie in der Handelspolitik, akzeptierten die Staaten freiwillig die Verpflichtung, Regeln zu respektieren und damit ihre politische Autonomie zu beschränken.[1]

2.1. Goldwährung

Die Goldwährung war zunächst eine nationale Währungsordnung. Gleichzeitig war sie aber auch eine internationale Währungsordnung, „die auf ‚struktureller Gleichartigkeit der nationalen Systeme' beruhte (*Röpke* 1954, S. 112, unter Zitierung von *Stark*). Diese internationale Währungsordnung funktionierte ohne Verträge und internationale Organisation, allein durch Selbstbindung der Staaten, die eine Goldwährung eingeführt hatten.

Die Regeln der Goldwährung setzten der nationalen Geldpolitik Grenzen. Diese Regeln erlaubten keine autonomen, voluntaristischen Entscheidungen der nationalen Währungsbehörden. Die Geldpolitik wurde allein durch die Situation der Zahlungsbilanz bestimmt, genauer: durch die Veränderungen des Goldbestands der Zentralbank. Die Kontrolle der Geldmenge war so sehr entpolitisiert, daß man für die Zentralbanken sogar den Status einer privaten Aktiengesellschaft wählen konnte. Die Wechselkurse ergaben sich aus den Goldparitäten der nationalen Währungen und blieben fix. Selbstverständlich war der internationale Zahlungs- und Kapitalverkehr einschließlich des Goldhandels keinerlei Devisenkontrollen unterworfen.

2.2. Freihandel

Als erstes Land führte Großbritannien nach 1846 den Freihandel ein. Das Freihandelsregime verbreitete sich mehr und mehr unter den damals schon industrialisierten Staaten, vor allem nach dem Abschluß des *Cobden*-Vertrags zwischen Frankreich und Großbritannien im Jahre 1860, durch den bilateraler Freihandel zwischen diesen Ländern vereinbart wurde.

Durch das Freihandelsregime wurde das liberale Prinzip der Nichtintervention in die Märkte auf den internationalen Handel ausgedehnt. Genauso wie der Staat den Wirtschaftssubjekten im Innern eines Landes Handlungsfreiheit gewährte, intervenierte er auch nicht in die grenzüberschreitenden Marktprozesse. Der Freihandelspolitik lagen die gleichen Motive zugrunde wie der Errichtung einer Marktwirtschaft innerhalb eines Landes (*Molsberger* 1986, Sp. 695): Der Staat erlaubte freie Marktprozesse, damit Wettbewerb und Innovationen die Versorgung der Konsumenten verbesserten und den Wohlstand der Nation erhöhten.

2.3. Regelbindung der Wirtschaftspolitik

Die auf der Goldwährung und dem Freihandel beruhende internationale Wirtschaftsordnung verlangte von den Staaten den Verzicht auf wirtschaftspolitische Maßnahmen zur direkten Beeinflussung der internationalen Wirtschaftsbeziehungen. Die Staaten

---

1 Eine auch heute noch lesenswerte Darstellung und Analyse der internationalen Wirtschaftsordnung des 19. Jahrhunderts findet sich bei *Röpke* (1954, S. 105 ff. und S. 218 ff.). Vgl. auch *Willgerodt* (1989, S. 421).

konnten diese Begrenzung der wirtschaftspolitischen Autonomie um so leichter akzeptieren, als sie praktisch noch keine interne Wirtschaftspolitik betrieben.

Solange die Staaten die – selbstgesetzten – Regeln der Nichtintervention befolgten, hat diese Ordnung der Weltwirtschaft, trotz gewisser Probleme, ziemlich gut funktioniert. Selbst als nach 1880 eine Reihe von Staaten zum Protektionismus zurückkehrte, stand das Überleben dieser internationalen Wirtschaftsordnung nicht in Frage: Auch (mäßige) Schutzzölle gefährdeten sie nicht.

Der I. Weltkrieg setzte der liberalen internationalen Wirtschaftsordnung ein Ende. In den zwanziger Jahren konnte die Vorkriegsordnung nicht vollständig wiederhergestellt werden, und auch dies nur für kurze Zeit. Während der Weltwirtschaftskrise der dreißiger Jahre gaben die Staaten in der Verfolgung kurzfristiger und kurzsichtiger nationaler Interessen der nationalen wirtschaftspolitischen Autonomie Vorrang und mißachteten gänzlich die überkommenen Regeln. Unter dem Ansturm neuartiger Interventionen – konkurrierende Abwertungen, Devisenbewirtschaftung, Prohibitivzölle, Mengenkontingente – brach die alte internationale Wirtschaftsordnung zusammen. Diese Ordnung, die im Kern noch auf das 19. Jahrhundert zurückging und auf der von *Willgerodt* (1989, S. 421) als „Notbehelf" bezeichneten grundsätzlichen Entpolitisierung des ökonomischen Bereichs einschließlich der internationalen Wirtschaftsbeziehungen beruhte, konnte in einer Welt interventionistischer Staaten, die keine Einschränkung der wirtschaftspolitischen Autonomie akzeptierten, nicht überleben. Aus dieser Erfahrung kann man mit *Willgerodt* (1989, S. 403) folgern:

> „Eine friedliche und berechenbare internationale Ordnung kann nur Bestand haben, wenn die nationale Souveränität im Verkehr zwischen den Nationen ebenso beschränkt und an das Recht gebunden wird, wie die innerstaatlichen Kräfte im Interesse des rechtlich gesicherten Friedens auf beliebige Handlungsfreiheit verzichten müssen."

In der modernen Staatenwelt kann diese Bindung an das Recht nur durch internationale Verträge erreicht werden.

3. Die internationale Wirtschaftsordnung nach dem II. Weltkrieg: Die nationale wirtschaftspolitische Autonomie untergräbt die internationalen Regeln

Vor dem Hintergrund der historischen Erfahrungen, insbesondere der dreißiger Jahre, wurde nach dem II. Weltkrieg eine neue internationale Wirtschaftsordnung entworfen (*Wentzel* 1999, S. 358, 363 f.). Auf verschiedenen internationalen Konferenzen zwischen 1944 und 1948 suchte die Staatengemeinschaft eine Ordnung zu errichten, die eine Wiederaufnahme und eine Ausweitung der internationalen Wirtschaftsbeziehungen ermöglichen sollte. Diese internationale Wirtschaftsordnung wurde für ein System souveräner Staaten konzipiert, die auf wirtschaftspolitische Interventionen nicht verzichten wollten – weder auf nationaler noch auf internationaler Ebene. Aber im Unterschied zur Situation der dreißiger Jahre – und gerade wegen der unheilvollen Erfahrungen während dieser Zeit – waren die Staaten jetzt gewillt, auf der Grundlage internationaler Verträge zu kooperieren. Dieser Wille konkretisierte sich in der Errichtung des Systems von

Bretton Woods als neuer internationaler Währungsordnung und in der Konzeption der Havanna-Charta für eine neue internationale Handelsordnung.

3.1. Das System von Bretton Woods

Die auf der Konferenz von Bretton Woods beschlossene internationale Währungsordnung war der Versuch, die Autonomie der nationalen Geldpolitik (und, ganz allgemein, die Autonomie einer nationalen makroökonomischen Politik) mit einem System fixierter Wechselkurse zu versöhnen.[2] Diese internationale Währungsordnung war asymmetrisch. Sie setzte nur für die äußere Währungspolitik der Staaten Regeln, und zwar für die Festlegung der Paritäten, die Interventionen zur Stabilisierung der Wechselkurse, die Paritätsänderungen, die Devisenbewirtschaftung, die Ziehungsrechte beim Internationalen Währungsfonds (IWF). Aber es fehlten Regeln für die innere Geldpolitik, und das mit voller Absicht: Man wollte die Goldwährungsdisziplin nicht wiedereinführen. Ganz im Gegenteil sollten die Mitgliedstaaten des Währungssystems die Freiheit haben, eine *keynes*ianische Geld- und Fiskalpolitik zur Überwindung oder Vermeidung einer Rezession einzusetzen, ohne daß diese Politik durch die Zahlungsbilanzsituation beschränkt würde. Selbst die Konditionalität für die Kredite des IWF an die Schuldnerstaaten sollte erst bei den höheren Kredittranchen greifen.

Als das System von Bretton Woods beschlossen wurde, nahm man an, daß die neuen *keynes*ianischen Rezepte geeignet seien, eine konjunkturelle Rezession *schnell* zu überwinden. Ein Konflikt zwischen einer expansiven Konjunkturpolitik und den Erfordernissen der Zahlungsbilanz wäre somit nur von kurzer Dauer. Folglich würden *kurzfristige* Kredite des IWF genügen, um die kurze Zeitspanne bis zur Wiederherstellung des Gleichgewichts zu überbrücken.

Es zeigte sich dann, daß diese optimistische Hypothese unzutreffend war. Denn viele Mitgliedstaaten des IWF begannen, eine expansive Geld- und Fiskalpolitik nicht als Instrument einer kurzfristigen Konjunkturpolitik, sondern als Instrument einer langfristigen Wachstumspolitik einzusetzen. Daraus ergaben sich permanente Zahlungsbilanzprobleme, eine langfristige Verschuldung und folglich zunehmende Spannungen im System fixierter Paritäten. Die logische Lösung dieser Spannungen war die Einführung flexibler Wechselkurse für die wichtigsten Währungen in den siebziger Jahren.

Ein weiterer Pfeiler des Systems von Bretton Woods wankte, als die USA infolge einer inflationistischen Geldpolitik die Stabilität der Schlüsselwährung des Systems und ihre Konvertierbarkeit in Gold nicht mehr garantieren konnten.

Weil dieses internationale Währungssystem keine Regeln für die interne makroökonomische Politik vorsah, wurden die – im Ansatz relativ strikten – Regeln für die äußere Währungspolitik durch eine nicht-kooperative Ausübung der nationalen wirtschaftspolitischen Autonomie untergraben. Diese Erfahrung bestätigte „die systemtheoretische Erkenntnis, daß einzelne Verhaltensregeln ... nur dann eine ordnungsbildende Funktion ... haben können, wenn sie mit anderen Verhaltensregeln eine geeignete Kombination,

---

2 Zu Einzelheiten vgl. etwa *Jarchow* und *Rühmann* (1997, S. 108 ff.); *Gröner* und *Schüller* (1989, S. 445 ff.).

eben ein System mit einheitlichem Ordnungsprinzip bilden" (*Gröner* und *Schüller* 1989, S. 450). Die Konzeption des Systems von Bretton Woods von 1944 erwies sich als ungeeignet zur Ordnung internationaler Währungsbeziehungen mit freiem Kapitalverkehr.

3.2. Das GATT-System

Die Konzeption der internationalen Handelsordnung für die Nachkriegszeit unterschied sich von der des Systems von Bretton Woods in einem wichtigen Punkt: Die Autoren dieser Konzeption waren sich bewußt, daß unter den Gegebenheiten moderner interventionistischer Staaten keine klare Trennungslinie mehr zwischen der Außenhandelspolitik „an der Grenze" und der inneren Wirtschaftspolitik gezogen werden kann; Verzerrungen des internationalen Handels ergeben sich nicht nur aus der eigentlichen Handelspolitik, sondern auch aus anderen wirtschaftspolitischen Maßnahmen. Deshalb sah das Statut der geplanten Internationalen Handelsorganisation (ITO), das in der Havanna-Charta von 1948 niedergelegt war, außer den Regeln für die Außenhandelspolitik auch Regeln für bestimmte Bereiche der inneren Wirtschaftspolitik der Staaten vor, z.B. für die Beschäftigungspolitik und die Wettbewerbspolitik (*Beise* 2001, S. 37).

Insbesondere weil er diese Regeln für die innere Wirtschaftspolitik ablehnte, war der Kongreß der USA nicht bereit, die Havanna-Charta zu ratifizieren. Diese umfassende Konzeption einer internationalen Handelsordnung scheiterte.

Als Ordnung des internationalen Handels blieb nur das als provisorisch gedachte Allgemeine Zoll- und Handelsabkommen (GATT). Dieses Segment der internationalen Wirtschaftsordnung war nur ein Torso. Aus dem Kapitel über die Handelspolitik der Havanna-Charta hervorgegangen, enthielt das GATT ausschließlich Regeln für die Außenhandelspolitik im engeren Sinne, d.h. für Maßnahmen „an der Grenze" (*border measures*). Es berührte die inneren Wirtschaftspolitiken überhaupt nicht.[3] Im Gegenteil: Das Protokoll über die vorläufige Anwendung des GATT statuierte, daß die Regeln des GATT nur insoweit anzuwenden waren, wie sie mit dem in Kraft befindlichen nationalen Recht nicht in Konflikt standen. Priorität hatte also die nationale wirtschaftspolitische Autonomie. Außerdem wurden auch die Regeln des GATT für die Handelspolitik durch zahlreiche Ausnahmen abgeschwächt (*Beise* 2001, S. 42 ff.).

Folglich konnte das GATT nur eine sehr unvollkommene und unvollständige internationale Handelsordnung konstituieren. Die Liberalisierungserfolge, die es gleichwohl verzeichnen konnte, waren eher seiner Funktion als Verhandlungsforum zuzuschreiben denn der Disziplin seiner Regeln.

Die fortschreitende Liberalisierung und die quantitative und qualitative Intensivierung der internationalen Wirtschaftsbeziehungen ließen die Unzulänglichkeiten und Lücken der GATT-Ordnung deutlicher hervortreten (*Molsberger* und *Kotios* 1990, S. 93 ff.). Seit dem Anfang der achtziger Jahre wurde klar, daß das GATT den ordnungspolitischen Herausforderungen dieser intensivierten Internationalisierung des Wirtschafts-

---

3 Lediglich im Gebot der Inländerbehandlung, d.h. in dem Verbot von protektionistischen Ersatzmaßnahmen, die erst *nach* dem Import und der Verzollung von ausländischen Waren greifen würden, kann man eine Regel für die innere Wirtschaftspolitik sehen, die allerdings in sehr engem Zusammenhang mit *border measures* steht.

verkehrs nicht genügen konnte. Hauptziel der Verhandlungen in der Uruguay-Runde (1986-1994) war es, das GATT-System an die Bedingungen einer globalisierten Wirtschaft anzupassen.

4. Eine internationale Wirtschaftsordnung im Werden: Regeln für eine globalisierte Wirtschaft

Der Begriff der ‚Globalisierung' hat sich seit einiger Zeit eingebürgert, um die *intensivierte* Internationalisierung der Wirtschaftsbeziehungen zu charakterisieren, die sich seit etwa zwanzig Jahren entwickelt hat (*Wentzel* 1999, S. 336 ff.). Diese intensivierte Internationalisierung betrifft alle Bereiche des Wirtschaftslebens:

- Der internationale Warenhandel hat stark zugenommen, einmal infolge der Liberalisierungen im GATT, zum andern infolge des Auftretens neuer Wettbewerber, insbesondere aus Entwicklungs- und Transformationsländern.
- Der internationale Austausch von Dienstleistungen hat zum erstenmal in der Wirtschaftsgeschichte eine herausragende Bedeutung gewonnen. Er ist noch stärker gewachsen als der Warenhandel.
- Die Direktinvestitionen haben schnell zugenommen und sich auf neue Gastländer gerichtet.
- Infolge einer neuen *vertikalen* Arbeitsteilung innerhalb von multinationalen Unternehmungen, d.h. einer Aufteilung verschiedener Produktionsstufen in der Wertschöpfungskette auf Standorte in verschiedenen Ländern, hat der internationale Handel mit Zwischenprodukten – z.T. innerhalb eines Unternehmens – immer größere Bedeutung erlangt. Das Endprodukt, das aus einer solchen internationalisierten Produktionskette hervorgeht, kann nicht mehr einem einzelnen Land zugeordnet werden.
- Infolge einer fortschreitenden Deregulierung hat eine weitgehende Integration der Finanzmärkte die Internationalisierung des Waren- und Dienstleistungsaustauschs begleitet und erleichtert.
- Alle diese Entwicklungen sind durch den technischen Fortschritt auf den Gebieten des Verkehrs und der Informationsübermittlung gefördert worden.

Diese intensivierte Internationalisierung läßt das Ordnungsproblem der Weltwirtschaft dringlicher erscheinen. Welche internationale Wirtschaftsordnung kann die „soziale" Integration (*Röpke*) der solchermaßen globalisierten Wirtschaft leisten?

Die zwei Modelle internationaler Wirtschaftsordnungen, die in der Vergangenheit getestet wurden, sind aus unterschiedlichen Gründen gescheitert: Das Modell des 19. Jahrhunderts war funktional, opferte aber die Autonomie der nationalen Wirtschaftspolitik *vollständig* der Respektierung der internationalen Regeln, was von modernen Staaten nicht mehr akzeptiert wird. Das Modell der zweiten Hälfte des 20. Jahrhunderts gab der nationalen wirtschaftspolitischen Autonomie Priorität auf Kosten der Respektierung der internationalen Regeln und funktionierte deshalb nur unzulänglich.

Seit etwa zwanzig Jahren entwickelt sich ein neues Modell einer internationalen Wirtschaftsordnung, das die Respektierung der internationalen Regeln wieder stärker betont. Dieses neue Modell verändert und erweitert die internationale Wirtschaftsordnung der Nachkriegszeit, um sie besser auf die Gegebenheiten der Globalisierung auszurichten. Das impliziert, daß die Regeln für die äußere Wirtschaftspolitik der Staaten durch Regeln für die innere Wirtschaftspolitik ergänzt werden. Während man bei der internationalen Währungsordnung noch im Stadium der Diskussion ist, hat die internationale Handelsordnung schon weitgehende Veränderungen erfahren.

4.1. Der IWF: Wie sind Währungskrisen zu vermeiden?

Durch den Übergang zu flexiblen Wechselkursen für die international wichtigen Währungen in den siebziger Jahren wurden die wichtigsten Strukturprobleme des Systems von Bretton Woods gelöst. Gewiß entsprachen die Wechselkursbewegungen nicht immer den ökonomischen Basisdaten. Auch hat die Wechselkursflexibilität keine vollständige Autonomie der nationalen Geldpolitik garantiert, wie viele geglaubt hatten. Aber die flexiblen Wechselkurse haben verhindert, daß eine größere Unabhängigkeit der nationalen Wirtschaftspolitik das internationale Währungssystem gefährdet. Insgesamt stellen die flexiblen Wechselkurse kein Problem für die *Surveillance*, die Überwachung durch den IWF, dar.

Dagegen hat sich die *Surveillance* des IWF bei den Ländern mit fixierten Wechselkursen als unzulänglich erwiesen. Die großen Währungskrisen sind gerade in der Gruppe dieser Länder ausgebrochen, um nur Mexiko, Brasilien und Asien zu erwähnen. Der IWF hat diese Krisen, die die Stabilität des Währungssystems erschüttert haben, nicht verhindern können (*Weber* 1999). Das Instrument der Konditionalität hat sich als unwirksam erwiesen. Vieles spricht sogar dafür, daß die Politik des IWF dazu beigetragen hat, das Ausmaß der Krisen zu verstärken: Die Erwartung eines *bail out* durch den IWF bei Eintritt einer Krise fördert den *moral hazard* nicht nur der privaten Finanzinvestoren, sondern vor allem auch der Regierungen, die es unterlassen, rechtzeitig die Anpassungen der inneren Wirtschaftspolitik (und auch der Wechselkurse) vorzunehmen, die die Zahlungsbilanzsituation erfordert. Nach wie vor gilt, was *Gröner* und *Schüller* 1989 (S. 455) festgestellt haben:

> „Im Konflikt zwischen internationalen Anpassungszwängen und nationalem Reformbedarf ist der Fonds, so wie er heute organisiert ist, nicht nur überfordert, sondern selbst der Gefahr ausgesetzt, ungewollt mehr internationale Spannungen zu produzieren als zu absorbieren."

Der Konflikt zwischen nationaler wirtschaftspolitischer Autonomie und Stabilität des internationalen Währungssystems kann nur gelöst werden, wenn die internationale Währungsordnung durch Regeln für die innere Wirtschaftspolitik ergänzt wird. Ein erster Schritt dazu war die Verabschiedung des *Code of Good Practices on Transparency in Monetary and Financial Policies* im Jahre 1999 (*IMF* 1999). Aber dieser Kodex ist ein typisches Beispiel von *soft law*, das keinerlei zwingende Verpflichtung für die Regierungen begründet.

Es bleibt das Problem zu lösen, wie die Respektierung dieser internationalen Regeln gesichert werden kann, um Währungskrisen wirksam zu vermeiden. Die Diskussion dieses Problems erstreckt sich auf eine neue Definition der Konditionalität, die Praxis der wirtschaftspolitischen Empfehlungen des IWF und des *bail out*, eine Neufestlegung der Kreditpolitik des Fonds und eine verbesserte *Surveillance* (*Wurm* 2004). Bisher gibt es noch keine offiziellen Antworten auf diese Fragen. Die Entwicklung des Stabilitäts- und Wachstumspakts der Europäischen Währungsunion zeigt, wie schwer es schon in einer relativ homogenen Gruppe von Staaten ist, Regeln für die nationale Wirtschaftspolitik nicht nur festzulegen, sondern auch durchzusetzen. Das gilt um so mehr für den heterogenen Kreis der Mitgliedstaaten des IWF.

4.2. Die WTO: Über die Handelspolitik hinaus

Das System der Internationalen Handelsorganisation (WTO), das 1995 aus den Verhandlungen der Uruguay-Runde hervorgegangen ist, unterscheidet sich wesentlich vom System des ‚alten' GATT 1947.[4] Vor allem ist die multilaterale Disziplin auf Kosten der nationalen wirtschaftspolitischen Autonomie gestärkt worden. Dies geschah schon durch Artikel XIV Absatz 4 des WTO-Übereinkommens, der verlangt, daß die WTO-Mitgliedstaaten die jeweilige nationale Rechtsordnung den unter dem Dach der WTO vereinigten internationalen Verträgen – also auch dem GATT 1994 – anpassen:

> „Each member shall ensure the conformity of its laws, regulations and administrative procedures with its obligations as provided in the annexed Agreements."

Das ist das Gegenteil von dem, was das Protokoll über die vorläufige Anwendung des GATT 1947 festlegte. Ferner wurde das Streitschlichtungssystem wirksamer gestaltet und rechtlich verfestigt.

Schließlich hat die neue internationale Handelsordnung der nationalen wirtschaftspolitischen Autonomie auch materielle Grenzen gesetzt: Verschiedene Abkommen des WTO-Systems beschränken sich nicht mehr auf Regeln für Maßnahmen „an der Grenze" (*border measures*), sondern haben die Trennungslinie zwischen äußerer und innerer Wirtschaftspolitik überschritten, die das GATT 1947 minutiös beachtet hatte. Hier seien nur die wichtigsten Beispiele genannt:

- Das Abkommen über die Landwirtschaft ergänzt – sachlogisch richtig – die Bestimmungen über die Reduzierung des Protektionismus an der Grenze durch Regeln über die Reduzierung der *internen* Stützungsmaßnahmen für die Landwirtschaft.
- Das Abkommen über die handelsrelevanten Aspekte der Rechte am geistigen Eigentum (TRIPs) verpflichtet die WTO-Mitgliedstaaten, in ihrer nationalen Gesetzgebung einen wirksamen Schutz der Rechte am geistigen Eigentum einzuführen und durchzusetzen. Das betrifft ausschließlich die *interne* Politik.
- Das Abkommen über den Dienstleistungshandel (GATS) fordert – außer der Meistbegünstigung und der Transparenz der Politik – eine zunehmende Liberalisierung des Zugangs zu den Dienstleistungsmärkten für ausländische Anbieter. Da der Protektionismus für Dienstleistungen sich nicht auf Zölle oder andere Maßnahmen an der Grenze stützt, sondern auf eine *interne* Regulierung der Märkte, impliziert die Liberalisierung wesentliche Änderungen dieser Regulierung (allerdings keine vollständige Deregulierung). Die vier Formen des internationalen Austauschs von Dienstleistungen, die in Artikel I Absatz 2 des GATS definiert werden – Angebot

4 Siehe *Beise* (2001); *Molsberger* (1996); *Schüller* (1996, S. 93 ff.).

über die Grenze, Konsum im Ausland, Angebot durch eine Niederlassung im Ausland, Angebot durch natürliche Personen im Ausland – machen deutlich, daß die Regeln des GATS das Niederlassungs- und Aufenthaltsrecht, die Zulassung zum Gewerbe, die Bankenregulierung und andere *interne* ordnungspolitische Regelungen berühren.

Diese Beispiele zeigen, wie weit einzelne WTO-Regeln schon über die Ordnung der Außenhandelspolitik hinausgehen. In einer umfassenderen Sicht ist der Zusammenhang zwischen Handelspolitik und anderen Bereichen der Wirtschaftspolitik Gegenstand aktueller Diskussionen. Der World Trade Report 2004 der WTO stellt die Auswirkungen der nationalen Wirtschaftspolitiken auf den Außenhandel in den Vordergrund. In der Ankündigung dieses Berichts betont der Generaldirektor der WTO *Panitchpakdi* die ordnungspolitische Interdependenz zwischen Handelspolitik und interner Wirtschaftspolitik:

> „Governments cannot hope to reap the real benefits of open trade if they fail to secure macroeconomic stability, supportive infrastructure, properly functioning domestic markets and sound institutions. These things go hand in hand" (*WTO* 2004).

Um das gute Funktionieren des Binnenmarkts („properly functioning domestic markets") und die außenwirtschaftliche Liberalisierung wirksam zu garantieren, ist eine Wettbewerbspolitik unabdingbar. Im regionalen Kontext ist das seit den Anfängen der europäischen Integration akzeptierte Praxis: Das Verbot aller staatlichen Hemmnisse für den Handel zwischen Mitgliedstaaten der Europäischen Union wurde durch eine gemeinsame Wettbewerbspolitik ergänzt. Im WTO-System fehlt diese Ergänzung (*Schüller* 1996, S. 87 ff.). Seit dem Ende der Uruguay-Runde wird über die eventuelle Einführung von Wettbewerbsregeln in das WTO-System diskutiert (*Wins* 2000). Die Europäische Union hat sich in der Doha-Runde dafür eingesetzt, während die USA gegenüber solchen Regeln, in denen sie eine Einschränkung der nationalen Autonomie sehen, eher reserviert sind.

Andere Vorschläge der EU (und anderer Staaten) zur Erweiterung des Regelsystems der WTO stoßen auf den Widerstand der Entwicklungsländer. Dies betrifft vor allem die mögliche Einführung von Umweltstandards (*Schimmelpfennig* 2005) und Sozialstandards. Sie werfen allerdings ordnungspolitisch kontroverse Probleme auf, die weit schwieriger zu lösen sind als die Frage der internationalen Wettbewerbsregeln.

Der Diskussionsstand in der Doha-Runde zeigt, daß es angesichts divergierender nationaler Interessen schwierig sein wird, einen Konsens zur Weiterentwicklung der internationalen Handelsordnung über den Stand der Uruguay-Runde hinaus zu finden. Auch heute noch bleibt die Feststellung von *Gröner* und *Schüller* von 1989 (S. 458) aktuell:

> „Mit einem neuen und in mancher Hinsicht erfolgreichen Stil der internationalen Wirtschaftspolitik ist es gelungen, Lehren aus der Geschichte der zwanziger und dreißiger Jahre zu ziehen. Doch es gibt auch Anzeichen dafür, daß die Aufgaben, die die kommende Zeit wirtschaftspolitisch stellt, auf eine Denkweise treffen, die im Widerspruch zum Auf- und Ausbau einer internationalen Wirtschaftsverfassung des Wettbewerbs steht."

Literatur

Beise, Marc (2001), Die Welthandelsorganisation (WTO): Funktion, Status, Organisation, Baden-Baden.

Gröner, Helmut und *Alfred Schüller* (1989), Grundlagen der internationalen Ordnung: GATT, IWF und EG im Wandel – Euckens Idee der Wirtschaftsverfassung des Wettbewerbs als Prüfstein, in: ORDO, Bd. 40, S. 429-463.

IMF (1999), International Monetary Fund, Code of Good Practices on Transparency in Monetary and Financial Policies, www.imf.org/external/np/mae/mft/index.htm.

Jarchow, Hans-Joachim und *Peter Rühmann* (1997), Monetäre Außenwirtschaft: II. Internationale Währungspolitik, 4. Aufl., Göttingen.

Molsberger, Josef (1986), Freihandel, in: Staatslexikon, 7. Aufl., Bd. 2, Freiburg, Basel und Wien, Sp. 694-696.

Molsberger, Josef (1996), Die Zukunft des GATT, in: *Werner Zohlnhöfer* (Hg.), Zukunftsprobleme der Weltwirtschaft, Berlin, S. 69-97.

Molsberger, Josef und *Angelos Kotios* (1990), Ordnungspolitische Defizite des GATT, in: ORDO, Bd. 41, S. 93-115.

Rainelli, Michel (1996), Le commerce international, 5. Aufl., Paris.

Röpke, Wilhelm (1954), Internationale Ordnung – heute, 2. Aufl., Erlenbach-Zürich und Stuttgart.

Schimmelpfennig, Alexander (2005), Eine umweltpolitische Reform des WTO-Systems?, Baden-Baden.

Schüller, Alfred (1996), Ordnungspolitische Dimensionen der Globalisierung, in: *Reinhold Biskup* (Hg.), Globalisierung und Wettbewerb, Bern, Stuttgart und Wien, S. 81-127.

Stark, Werner (o.J.), Währungsverträge, in: Festschrift für Oskar Engländer, Brünn; zitiert in: *Röpke* (1954), S. 112, 130.

Weber, Ralph L. (1999), Währungs- und Finanzkrisen: Ursachen und Lehren für Transformationsländer, in: ORDO, Bd. 50, S. 371-404.

Wentzel, Dirk (1999), Globalisierung als Ordnungsproblem, in: *Peter Engelhard* und *Heiko Geue* (Hg.), Theorie der Ordnungen: Lehren für das 21. Jahrhundert, Stuttgart, S. 335-369.

Willgerodt, Hans (1989), Staatliche Souveränität und die Ordnung der Weltwirtschaft, in: ORDO, Bd. 40, S. 401-427.

Wins, Henning (2000), Eine internationale Wettbewerbsordnung als Ergänzung zum GATT, Baden-Baden.

WTO (2004), Impact of Domestic Policies on Trade the Focus of 2004 WTR, in: WTO News, 16 September 2004, www.wto.org/english/news_e/pres04_e/pr385_e.htm.

Wurm, Heiko (2004), Neuere Vorschläge zur Reform des Internationalen Währungsfonds, Diplomarbeit, Wirtschaftswissenschaftliche Fakultät der Universität Tübingen.

Die Autoren:

Armbrecht, Dipl.-Vw. Henrik, Wiss. Mitarbeiter an der Universität Münster

Cassel, Prof. Dr. Dieter, Universität Duisburg-Essen

Delhaes, Dr. Karl von, Herder Institut Marburg

Fehl, Prof. em. Dr. Ulrich, Universität Marburg

Fleischmann, Dipl.-Vw. Jochen, Wiss. Mitarbeiter an der Universität Bayreuth

Gutmann, Prof. em. Dr. Dr. h.c.mult. Gernot, Universität zu Köln

Hamm, Prof. em. Dr. Walter, Universität Marburg

Hartwig, Prof. Dr. Karl-Hans, Universität Münster

Kerber, Prof. Dr. Wolfgang, Universität Marburg

Krüsselberg, Prof. em. Dr. Hans-Günter, Universität Marburg

Leipold, Prof. Dr. Helmut, Universität Marburg

Meyer, Prof. em. Dr. Wilhelm, Universität Marburg

Möschel, Prof. Dr. Wernhard, Universität Tübingen

Molsberger, Prof. em. Dr. Dr. h.c. Josef, Universität Tübingen

Oberender, Prof. Dr. Dr. h.c. Peter, Universität Bayreuth

Schenk, Prof. em. Dr. Karl-Ernst, Universität Hamburg

Schwarz, Dr. Gerhard, Neue Zürcher Zeitung, Redaktion Ressort Wirtschaft

Thieme, Prof. Dr. H. Jörg, Universität Düsseldorf

Tietzel, Prof. Dr. Manfred, Universität Duisburg-Essen

Vanberg, Prof. Dr. Viktor, Universität Freiburg

Wagner, Prof. Dr. Ulrich, Hochschule Pforzheim

Watrin, Prof. em. Dr. Christian, Universität zu Köln

Wentzel, Prof. Dr. Dirk, Hochschule Pforzheim

Willgerodt, Prof. em. Dr. Hans, Universität zu Köln

Kolibri 360 GmbH
Ferdinand-Jühlke-Straße 7
99095 Erfurt, Deutschland
produktsicherheit@kolibri360.de